汉译世界学术名著丛书

国家精英

——名牌大学与群体精神

〔法〕布尔迪厄 著

杨亚平 译

商务印书馆
创于1897 The Commercial Press

Pierre Bourdieu
LA NOBLESSE D'ÉTAT
Grandes Écoles et Esprit de Corps

本书根据法国午夜出版社 1989 年版译出

本书出版得到法国外交部的资助
Ouvrage publié avec le concours du
Ministère Français des
Affaires Etrangères

汉译世界学术名著丛书
出 版 说 明

我馆历来重视移译世界各国学术名著。从20世纪50年代起，更致力于翻译出版马克思主义诞生以前的古典学术著作，同时适当介绍当代具有定评的各派代表作品。我们确信只有用人类创造的全部知识财富来丰富自己的头脑，才能够建成现代化的社会主义社会。这些书籍所蕴藏的思想财富和学术价值，为学人所熟悉，毋需赘述。这些译本过去以单行本印行，难见系统，汇编为丛书，才能相得益彰，蔚为大观，既便于研读查考，又利于文化积累。为此，我们从1981年着手分辑刊行，至2020年已先后分十八辑印行名著800种。现继续编印第十九辑，到2021年出版至850种。今后在积累单本著作的基础上仍将陆续以名著版印行。希望海内外读书界、著译界给我们批评、建议，帮助我们把这套丛书出得更好。

商务印书馆编辑部

2020年7月

目　　录

第二部分 圣职授任礼

第三部分 名牌大学场域及其变化

第四部分　权力场域及其变化

第五部分 国家权力与支配国家的权力

学校里，贵族子弟靠着大把的钱币
跃居王室百合花徽的高台。
吹着口哨，哼着小曲，心里装着各自的情人，
身披无知做成的铠甲，胸怀财富筑起的自负，
二十岁的加图们[①]胡乱行事，
昏昏无所求。

《裸露的玫瑰花盆：揭去
面纱的法国国会》(1789)

① Catons，原指大加图（公元前234—前149，古罗马政治家、作家、拉丁语散文文学的开创者）和他的曾孙小加图（公元前95—前46，古罗马政治家）。——译者

序言　社会结构和心智结构

正如人们通常所想象的，社会学的目的在于揭示构成社会空间的不同社会人群的最深层的结构，以及倾向于确保社会空间的再生产或者变革的“机制”。在这一点上，它更接近于心理学，但是，它与人们通常所理解的心理学或许又非常不同。对客观结构(structures objectives)的这种探索本身就是对认知结构(structures cognitives)的探索，而行动者(agent)在对于具有如此结构的社会世界的实际认识中正是运用这种认知结构：在社会结构和心智结构之间，在社会世界的客观划分(尤其是不同场域中的支配者与被支配者)和行动者划分社会世界的关注原则(principes de vision)与划分原则之间，存在着对应关系。 7

以“结构主义”(structuraliste)和“构成主义”(constructiviste)为特征的两种研究方法，尽管它们在逻辑上不可分割，但是这项研究要求我们要么侧重于探索客观结构(如本书第三部分)；要么则相反，侧重于分析行动者的行动和表现中的认知结构，因为正是通过这些行动和表现，行动者建构着社会现实，协调着他们赖以实施相互交流的条件(如本书第一部分[1])。但是，对结构和“机制”的

① 前人的一项研究给出了某种最典型的构成主义的研究，而学业分类学的爱好

8 分析之所以具有强大的说服力和真实的表现力，只是因为这项分析是对行动者（无论是学生还是老师）在进行判断和从事实践活动中所运用的感知图式、评价图式和行动图式进行分析后得出的结果：尽管学校确实让人想起一台巨大的认知机器，这架机器根据学生在前一次分配中的位置，连续不断地再分配着经过它检测的学生，然而，教学机构的分类行动其实只不过是行动者所完成的成千上万次行动以及由此产生的成千上万个效应的集合——他们行动着，就像无数台认知机器，彼此之间既相互独立，但在客观上又配合默契。反过来说，对行动者的建构行为进行分析，即对他们在表现中和实践中实施的建构行动进行分析，都必须重新把握他们表现在这些表现和实践中的认知结构的社会起源，只有这样，这项分析才具有全部的意义。此外，尽管这项分析同样是以主观经验来理解社会的**先天**形态，但是它仍有别于人种学方法论学家所做的各种类型的本质性分析——他们总是以或多或少经过革新的面孔推出这些东西来迎合时尚：行动者或许建构了社会现实，或许进行了以推行自己观点为目的的斗争和妥协，但是他们这样做的时候总是带着自己的观点和利益，带着他们自己的关注原则，而所有这些观点、利益和关注原则，又是由他们在这个他们企图改变或者维

者们时常将它搬出来作为《再生产》（*La reproduction*）的对立面（我由此想起了 A. 西库黑尔［A. Cicourel］，想起了他与人合著的《语言的使用与学校表现》［*Language Use and School Performance*］，纽约，学术出版社，1974）。这项研究阐述了教师和学生如何配合默契地接受某一交流的情境，而如果要精确地衡量它的技术效率的话，这种交流情境似乎完全是运作不良的。在这种情境中，教师好像已经得到了所有人的理解，因而避免对理解进行任何形式的检测；学生们自以为全部都懂了，也避免对权威话语的可理解性提出疑问（参见布尔迪厄、帕斯隆［J.-C. Passeron］、莫尼克·德·圣马丁［M. de Saint Martin］：《教学关系与交流》［*Rapport Pédagogique et communication*］，巴黎，穆东出版社，1965 年）。

护的世界中所处的位置决定的。在社会关系上建立的偏爱体系(systèmes de préférences)的基本结构，是人们选择学校、学科，甚至选择体育运动，选择文化和政治观点的最根本的统一原则，它可以通过某种可认知的关系与社会空间的客观划分联系在一起。以名牌大学的学生为例，在经济资本或文化资本方面，社会空间的客观划分就是在权力场域的两个极点(pôles)之间建立起来的。

人类学不是一门社会物理学，但是也不能将它归化为现象学或者符号学。统计学能够帮助我们阐明某些过程，比如说，最终导致对不同社会出身的学生进行差异淘汰的过程，这个过程在错综 9
复杂之中却表现出了高度的规律性，以至我们真想借助机械论者的暗喻手法来描绘它们。事实上，人类社会的关键问题并不是某些惰性的并且可以互换的物质颗粒，而是可以区分的具有辨别力的行动者——正是他们完成了无以计数的圣职授任(ordination)活动，社会秩序正是通过这些活动不断地进行着再生产，不断地进行着变革。不过，这远不是动机明确的能够产生行动的意识。判断力既是分类行为的根源，也是分类产品的根源，就是说，判断力是实践活动、话语(discours)或者各类作品的根源，因而这些活动、话语或者作品都是能够区分的，也是能够分类的。由此说来，判断力并不是意识的理智活动，确切地说，并不是以在按照某一计划建构起来的若干可能性中进行果断选择为目的的某种意识的理智活动，而是惯习(habitus)的实践活动，也就是说，判断力是分类与可分类的实践活动的生成性图式(schèmes générateurs)：这些图式在实践中运作，却没有明确的表现；它们是社会空间中的差别位置(position différentielle)以习性(disposition)的形式混合后形成的产物——斯特劳森(Strawson)对社会空间给出了确切的定义,即位置的互为外在性。根据遗传学的观点,由于惯习总是与某一位置联系在一起(在结构上也是如此),因而它总是倾向于通过作为惯习混合形式的某些图式来表达构成社会空间的不同的或相互对立的位置空间(如:高的/低的),同时也表达关于这个空间的实际立场(诸如“不论我身居高位还是低位,我都应该坚守我的立场”)。通过确认自己在环境面前的自主性(而不是屈从于环境的外在确定性,比如说,物质的外在确定性),并且根据自己的内在确定性,即**自然倾向**(conatus),惯习使自己得以永存的倾向就是使某一特殊的身份得以永存的倾向。因此,惯习的**自然倾向**是再生产策略的原则,而再生产策略的目的就在于维持间隔、距离、等级关系,并且在实践中(并非自觉地、有意识地)促进对构成社会秩序的差异体系进行再生产。

因此,社会现实所要求的双重解读包含着与片面的研究方法
10 的双重决裂——只有在对权力进行分析的时候,我们才能够真正体会到这些研究方法中的不足之处,而这里所要分析的权力,必须是只有在权力的强加者或权力的承受者的积极同谋下才能够运行的权力,比如说,教育体制中的权力。[①] 只有细致地分析实施象征

① 我不想重复,因为以下的全部工作都是为了证明:我绝对不同意狭隘地拒绝某种研究方法,有的人组织问卷调查与统计,只用话语分析或者通过直接观察得来的材料说话;而另外一些人则从事所谓基本性质的研究,只关注统计学中极为独特、高度规范化的某一习惯做法,对除此之外的一切都毫不关心。科学社会学的最基本技术足以证明,某些人种方法论学家对社会学家进行的揭露,这些社会学家仅仅以某种方法构想社会科学,而这种方法或许还是美国那里主要的方法,而且这些技术之所以能够产生动员性的效果,那是因为它们使许多社会学家得以将他们自己在知识方面的某些欠

性暴力的机构所具有的客观特性之间的关系，以及象征性暴力所针对的行动者在社会关系上建构起来的习性，我们才能够理解被人们匆匆地认作为“国家意识形态机器”的东西所具有的象征性暴力。事实上，这项有影响的真正的魔法活动（如果不说得那么严重，我们应该说，这项**魔法的占有**［possession］活动）的成功取决于它的承受者也为了促成它的效能而努力；此外，也只有在魔法的承受者通过事先学习具有了**认同**（reconnaître）这项活动的预先倾向的前提下，魔法活动才能够对他产生制约。如果我们能够认识到这一切，象征性效能的奇迹便瓦解了。无论是教师给某一份作业的评语，还是学生对某一所教学机构或者某一学科的偏爱，只有当承受魔法活动的人在个人行为中所采用的感知范畴和行动范畴与教学机构的客观结构迅速达到和谐时，魔法才能够真正起作用，因为教学机构的“意志”和权力正是通过个人行为实现的，而且个人行为中的感知范畴和行动范畴也正是教学机构的客观结构混合在一起的产物。

在整个这部书中，我们将会遇见某些中了魔法的人：是他们构成了教学机构的四个意志，因为他们就是教学机构的化身；不论是被支配者还是霸权者，他们之所以全面地承受或者运用象征暴力，只是因为他们与之融合在一起，与之化为一体，并且使之得以具体体现。面对不同形式的着魔，科学的任务具有表面上相互矛盾的 11

缺转化为有选择的拒绝；此外，社会学的最基本技术还足以说明，对于方法论学家所建立起来的绝对准确的规则，哪怕只有稍许的违反，都可能招致方法论学家的轻蔑，正是这种轻蔑常常能够掩盖某一实践活动的俗套与平庸——这一实践往往是缺乏想象的，而且几乎丧失了真正严密性所需要的所有真实条件：对于技术与程序的自省性批评。

双重性:原始倾向认为,不同形式的着魔都是符合常理的,因为它们都处于事物的范围之中;在反对这一原始倾向时,科学必须让人们注意到,它所观察到的各种激情的表现所具有的专断的、无法辩护的,甚至是反常的特性。要做到这一点,科学有时必须求助于(往往)与普通论战中仅仅是幽默的批判混合在一起的具有间隔效果的辩术,这样,它才能够打破对于明证性的教条式信奉。[①] 但是,建立在幻觉基础之上的某些激情,即在竞技中的投入,都是在惯习和惯习与之对应的场域的关系之中滋生起来的;科学必须对这些激情做出解释,解释它们存在的理由、它们的必然性,并且将它们从错误的荒诞中解救出来——当人们将热情当作自由地进行选择,而这种选择又自愿屈从于权力的蛊惑而自我异化时,激情就会沉溺于荒诞之中。因此,科学废除了"中央集权主义者"的关注与人们称之为"自发主义者"的关注之间的过于简单的更替——这种"中央集权主义"存在于具有最高的象征性强制权的"意识形态机器"中,它是所有行为、所有异化表现的根源;而"自发主义"作为

① 在所有用来抵制科学分析的策略中,最可靠的策略就是通过将有距离的(distanciée)描绘还原为日常生活中的"批评",甚至变为讥讽和流言蜚语,以便达到摧毁整个客观化的尝试的目的,而这些描绘,由于它们要进行信念的悬置(也就是说,悬置自然态度的教条信念),所以它们必定被认为无足重要,或者遭人的嘲讽。实践活动和客观化的教学机构都有其必然性,为了传递这种必然性所做的努力完全有可能受到误解(当它由于前期的逆向误差[erreur inverse],比如说,由于典型的功能主义者的合法性尝试,而没有得到不折不扣的理解的时候),因而对描绘进行还原就显得更加容易,更加有可能。当科学在论述像大学场域和智性场域(champs intellectuel)这样的社会空间的时候,这个问题就极其尖锐地摆在了它的面前,因为像这样的社会空间都是以宣称自身垄断了客观化为特征的,而且在这些空间中,行动者不断片面化自己的对手,又美化自己的"准客观性",而且极其擅于构造这样一个"几乎真实"的东西,而这个"几乎真实"的东西就成为拒绝揭示真实的一个最令人震惊的防线。

前者的简单逆转，将非强制的服从原则，有时也称为“自愿接受制约”的原则写进了每一个被支配者的心里，就是说，服从制约、服从命令或者服从权力的诱惑(“权力来自下面”)。

如果有必要重申被支配者总是促成对他们自身的支配，那么 12
同时也应该说明，使他们倾向于这种同谋关系的习性也是一种效应，一种混合了霸权的效应。由此说到同一主题中马克思也说过使“统治者受制于自己的统治”的那些习性。象征性暴力就是这种特殊形式的制约，制约的实施取决于受制约人的主动同谋，以及那些在丧失了以觉醒为基础的某种自由的可能性的情况下做出决定的人的主动同谋；而这里所说的主动同谋，并不意味着是有意识的自觉自愿的同谋。① 每当客观结构遇见了与之相适应的心智结构，人们所默认的这种制约必然得以实施。正是在客观结构与作为其产物的认知结构之间的原始同谋关系的基础上，绝对的、即时的服从才得以建立，这种服从就是人们出生所在的人群的教条经验中的服从——那个人群是一个毫不感到惊讶的社会，在那里，一切都被当作不言而喻的事情来感知，因为现有秩序的内在倾向不断地同化某些本能地准备超越这些内在倾向的期待。

我们将会发现，这项分析对于步入了大学场域的行动者也同样有价值，因为那些在关于权力方面，甚至在关于“自愿接受制约”

① 吉尔·德勒兹(Grilles Deleuze)在他的《意识的提高》(Augmentation de conscience)一文中对自由问题进行了分析(参见德勒兹：《褶子——莱布尼茨与巴洛克艺术》[*Le pli, Leibniz et Baroque*]，巴黎，午夜出版社，1988年，第99—102页)。在此，我通过其他途径佐证了他的观点。矛盾的是，有的人为了把某些分析贬低为“决定论”的，总是企图通过扩大为意识和解释的空间来为那些被分析的对象(比如说，此处的教师)提供自由的可能性。

方面著书立说,并且本能地将自己排除在自己的分析之外的人,就来自于大学场域的行动者中间。当人们的心智结构在客观上与他们小宇宙的社会结构相互协调时(他们的特殊利益就是在这种协调中并且通过这种协调在这个小宇宙中建构起来,并且被倾注于这个小宇宙中的),也只有在这种情况下,人们才会不自觉地促进作用于他们及其无意识之上的象征性霸权:由于与将行动者和社会空间的结构联系起来的关系是一样的,因此,建构学业空间的等
13 级制度,比如学科之间、专业之间、教学机构之间的等级制度,也是一个主动性的中介(médiation active),尤其是当它们以混合的状态,作为学业空间的生产者或产品的等级化原则进行运作的时候(这些原则在形式上是中立的);通过这个主动性的中介,社会结构客观性中所固有的等级制度得以行动起来。用马克思的话来说,只要引导实践活动的原则一直处于无意识的状态,一般的存在之间的相互作用就是"以事物为媒介传递的人与人之间的关系":经济资本和文化资本的分布结构以及其转化形式的感知原则和评价原则,以无意识评判"主体"的形式存在于评判者与被评判者之间。

因此,教育社会学是知识社会学和权力社会学的一个篇章,而不是一个微不足道的部分——更不用说它对于权力哲学的社会学意义了。教育社会学远不是那种运用型的末流科学,它不像人们习惯上所认为的那样,仅仅是一门有益于教学的科学,事实上,教育社会学构成了关于权力和合法性问题的普通人类学的基础:因为它能够引导人们探索负责对社会结构和心智结构进行再生产的"机制"的本原:无论从遗传学上来看,还是从结构上来看,心智结

构都是与社会结构连接在一起的，因而它导致误识这些客观结构的真实性，并因此而认同它们的合法性。正如我在其他文论中已经论述的那样，[1]由于社会空间的结构，比如说，我们在差异化社会(sociétés différenciées)中注意到的社会空间的结构，是经济资本与文化资本这两个基本的分化原则(principe de différenciation)的产物，因此，对文化资本分布的再生产起决定性作用，进而又对社会空间结构的再生产起决定作用的教学机构，就成了人们为了垄断霸权位置而进行的争夺的关键。

"救世学校"(Ecole libératrice)[2]确保后天获致重于先赋，主动谋取的重于消极获取的，实干重于出身，才智业绩重于世袭人 14
脉。但是为了感知教学机构真正的社会功能，就是说，将这些教学机构作为霸权和使霸权合法化的基础之一来看待，我们就必须抛弃"救世学校"的神话。(决裂并不容易)由于那些应该完成此项使命的文化生产者是这种合法幻象的最初的受害者，同时也是最初的受益者，所以决裂的实施与推行就更加艰难。只需看一看所有无意识地得益的人在期待文化修复事业时的那份热切就足够了——因为这项事业的唯一的好处只在于麻醉那些陶醉于自己的文化特权的人感到的伤害，而这种伤害是由于他们特殊的爱好被

---

① 参见布尔迪厄：《区分：判断力的社会批判》(*La distinction, Critique sociale du jugement*)，巴黎，午夜出版社，1979年；以及《社会空间与"阶级"起源》，《社会科学研究学报》(*Actes de la recherche en sciences sociales*)，第52—53期，1984年6月，第3—14页。

② 此处指精英学校。

揭示出只不过是建立在平凡的社会基础之上所引起的。

无论科学地揭露“救世学校”可能带来什么样的好处，这种揭露往往都会造成痛苦，而痛苦的根源就在于文化资本的特性，就是说，文化资本总是以被混合的状态，以心智结构的感知图式和行动图式、关注原则和划分原则的形式存在的。正如大规模的象征性革命，例如宗教革命、政治革命、艺术革命激起的暴力反抗所表明的那样（对这种反抗所进行的科学分析表明，它总是变化着的，又是极为彻底的），思想和行动图式暗含的客观化或许是对意识的结构本身的一次难以正名的违背，同时，对于人的愉悦体验（expérience enchantée）——胡塞尔称之为“自然的态度”——来说也是一种暴力。[1] 没有什么比“学界的争吵”或者有关文化问题的争论更像宗教战争的了。社会保险的改革或许比正字法或者文学史大纲的改革更容易，何以至此？这是因为文化资本的拥有者，毫无疑问，首先是那些有点像文化领域中的“劣等白人”的低微的文化传播者，他们通过维护文化独裁中最独裁的方面来维护他们的资产（actifs），同时也维护能够证明他们心智廉正的某样东西。

15 社会科学的职责本能地反对这样的狂热，因为这种狂热植根于拜物教的盲从之中。科学就是这样，无论是在这一问题上还是在其他问题上，当它遵从自己的天职，剥夺出身所赋予的特权，揭穿决定命运的魔法的时候，同时也就揭开了等级化原则和评价原

---

① 在此，我特别想起了对教师群体的感知结构所做的分析，同时我也想起了这个分析所激起的痛苦而愤怒的反应（参见第一部分的第二章）。

则的历史基础和社会决定因素的神秘面纱——所有这些历史基础和社会决定因素的象征性效能，尤其是在学业评判对命运的影响中表现出来的象征性效能，都是作为绝对的、普遍的、永恒的存在强制给出的。

第一部分

学业分类形式[①] 17

为了保证魔法评判与论证的效力，就必须有一个不受检验的原则。人们讨论了各种各样的影响，却没有讨论神力的影响。其实，评判与论证的原则就是哲学上人们所说的范畴。如果没有这些原则，评判与论证就不可能为人们相信。范畴总是存在于言语之中，但是范畴在言语中却没有必然的外显性。确切地说，范畴以意识的直接习惯形式存在，而它本身却是无意识的。

马塞尔·莫斯(Marcel Mauss)，

《宗教现象分析导言》(1906)

---

① 这部分的第一稿是与莫尼克·德·圣马丁合作完成的。

第一章　二元论思想及对立面的妥协

或许没有一个研究对象能够比**优胜者**(lauréats)群体的统计数据系统更能让人们理解支配学业评判的社会结构和心智结构：全国中学优等生会考中的优胜者代表了学业“精英分子”的卓越形象，他们就像投影测验那样，不断提供着分类图式，而“精英分子”本身便是这些图式的产物。表面上最难以描述的学业优异分子的定义原则，无论是尚未表述的还是无法表述的，除了在那些或多或少制度化了的选择程序中得到承认或流露之外，不会有更多的机会，因为这些程序实际上就是一些**自行遴选**(cooptation)活动，这一活动是在有选择的类聚这一实践导向的指引下完成的。

我们将调查问卷邮寄给了 1966 年、1967 年和 1968 年全国中学优等生会考中的优胜者，这里所做的分析就是在这次问卷调查的基础上进行的。问卷的回复率非常高(三年分别为 81%、79%和 71%)，这表明了优胜者们良好的道德状况(尤其是当我们意识到第三次问卷是在 1968 年 5 月之后不久回收的)。从标准的可检验性来看，回复问卷的人群没有大的偏差。例如，样本中女生占 33%，而在优胜者总人数中，女生占 32.5%；在样本和总人数中，理科学生都占 23%；在优胜者中，巴黎中学生占 35.5%，而在学生总人数中，巴黎学生占 39%。通过对这 20 年(1966 年至 1986 年)反复进行调查，我们可以确认，从主要变量上来看，我们所分析人群的结构一直处于完全恒定的状态，除了轻微的向上平移(translation vers le haut)，或许这与竞争的加剧有关，也与按照社会出身进行分配的加强有关(参见 95—104 页附录 1 和附录 2)。

20 所有这些资料都是过去的(datées)。这是否意味着它们已经陈旧过时了，就像人们平时听到的那样？确实，教育体制的状况又回到了从前，我们所分析的分类体系在这一教育体制中找到了自己完备的运行环境：1968 年，学生的大批判，社会学著作的传播(这是个绝好的机会，它召唤社会学家在他的对象中不断地与社会学相遇)，教师群体的改变，尤其是学科等级的变动，法语，尤其是哲学让位于数学，所有这一切或许使得教师的分类学如今不能够再天真自得地将一些被引用的文献当作远古时期的化石。这就意味着，比如说哲学，尽管它失去了传说中的英雄般的边缘性身份，从而痛苦地落入一种选择性的边缘性之中，但在知识场域的某些区域，哲学仍然一直被认为是最权威的思维形式(即使不是独一无二的形式)；此外，由于惯习的滞后效应，哲学仍然坚持推行其分类上的大的更替，而文化记者的怀旧情绪又能够不断地强化这种滞后效应。同样，我们或许还应该指出，法语教学基本上成功地保全了它崇拜文本的“天职”，代价是它经历了一次简化，而这次简化是由错误地远离了符号学和各种形式的话语分析所致。

但是这并不是主要的：社会学家不是要将一个有时间、有地点的具体对象作为一个简单的机会或者机遇来探究，他们对研究对象的琐碎的，或者说**历史的**(historique)（指词的原初意义）方面不感兴趣。社会学家的目的不是叙述一个故事，而是分析社会世界的某一状态或者某一事件，以便得出能够理解或者解释其他历史对象的原理，因此，对于社会学家来说，如今圣·吉约姆大街对未来政府高级官员的培养和18世纪第戎对国会议员的教育具有同样重要的意义。这种类型的理论归纳，其目的就是从被视作“可能的个别情况”的历史情境中，得出在今后的每一次实践中都基本上站得住脚的原理或者假说的主要部分。正因为如此，这里介绍的 21
分析方法要求关注这样一些问题，比如说，数学教师是基于怎样的分类体系，怎样的指标，与他们20年前的法语同事一样（如果不是更好），通过学生的学习成绩来理解社会的特性，并且在一定程度上**应用**(naturaliser)这种结果。

对学业分类形式进行社会学分析，例如，对那些可能在某一特殊场合被观测到的学业分类形式进行社会学分析（只是我们应该反对那些喜欢在所谓的哲学问题上高谈阔论的人，防止他们在社会科学领域中花开二度），可以帮助我们提出任何一项研究都可能面临，也必须面临的问题，即关于截然不同的行动者和截然不同的环境的问题（在这个问题上，应该克服纯粹地服从材料的超级经验主义的幻觉）：问题不在于否认差异的真实性，况且数学教师所面对的差异并不会比法语或者哲学文论中存在的差异更大；但是，1988年的数学教师们用来给差异命名的感知范畴和表达形式究竟凭借什么，又是怎样才击溃，或者说削弱别人用已经取得的成就和将要取得的成就构筑成的社会阵地？而且数学教师们又是如何摆脱人们对于各种原因(causes)的所有疑问的——包括在教师把握之外的那些不取决于教师本人的疑问,还有那些直接取决于教师本人的疑问,比如说,他对规范(norme)的表达,或者说他在给出成绩时的癖好——他们喜欢用一种反历史主义和非历史主义语言来给成绩命名,然而,这种语言却是带有社会内涵和社会先决条件的,其结果便是从本质上改变了成绩的性质。

在这种情况下,就像写一整部著作一样,人们不得不放弃按付出努力的多少来成比例地叙述研究成果的做法,不得不接受在两种要求之间进行调解,有时这是很痛苦的:一方面,经验论者的实证要求希望人们细致、透彻、程式化地展示所有的研究活动和结果,就是说,展示几百张具体的统计分析图表,以及经过仔细的阅
22 读和理解之后从会谈、著作或历史文献中摘来的引文;另一方面,论证的严密性和论述的流畅性又必须精简论证的构架,并且取得读者的信任——读者常常会参阅过渡性的文字,其中对所有必要的附件都有更详细的交代。

智者的学科

根据"才与德的等级"(rangs de mérite)划分出来的类别与会考的概念联系极为密切,以至模糊了学科(discipline)分类的界限:哲学或者法语,以及同属一类的数学,都被看作是需要才华和天赋的学科,而且这些学科还与拥有非常可观的由继承得来的文化资本相关联。相反,地理学和自然科学则被认为是最需要努力和学习的学科。历史和语言,无论古代语言还是现代语言,介于前面两

者之间(参见表 1 和表 2)。学科之间最主要的差异在于它们与文化的联系方式中所表现出来的某些征象:一方面,有的学科由于自身使命的模糊性和不确定性,成功和失败的征象既不明显又不稳定,而且还需要事先常常无法确定的知识储备(“必须读过很多书”),因而这些学科挫伤了人们对于学业的忠诚和热忱;另一方面,有的学科可能给出一些能够做得“很好”的工作,而且从事这些学科会让人觉得“有把握”“有收获”,因为你知道该在哪里花力气,工作的效果也很容易被衡量出来。

表 1　各学科中学优等生会考优胜者的特征 23

	哲学	法语	拉丁-希腊语	历史-地理	语言	数学	物理	自然科学	其他
性别									
男生	61.9	66.7	63.3	87.8	26.9	100	100	86.7	57.5
女生	38.1	33.3	36.7	12.2	73.1	-	-	13.3	42.5
父亲的文凭									
无回复	4.7	8.3	6.7	9.7	21.1	12.9	11.7	13.3	15.0
无文凭	4.7	-	-	4.8	5.7	-	-	-	2.5
职业教育证书	23.8	25.0	13.3	17.1	3.8	3.2	11.7	33.3	17.5
中学第一阶段毕业证书	14.3	-	13.3	12.2	7.7	6.4	5.9	20.0	7.5
业士文凭	4.7	8.3	30.0	17.1	9.6	12.9	5.9	6.7	17.5
普通学院文凭	-	-	-	2.4	-	9.7	5.9	6.7	5.0
学士文凭	33.3	41.7	23.3	21.9	46.1	35.5	17.6	20.0	30.0
大中学教师学衔	14.3	16.7	13.3	14.6	5.7	19.3	41.2	-	5.0
中学毕业年龄									
无回复	-	16.5	-	-	-	-	-	6.5	5.0
<15 -<16 岁	-	-	-	-	-	6.4	-	-	-
15 - 16 岁	4.7	33.3	26.7	7.3	7.7	29.0	5.9	-	2.5
16 - 17 岁	38.1	8.3	40.0	43.9	42.3	41.9	52.9	6.7	25.0
17 - 18 岁	42.8	41.7	30.0	41.4	30.7	16.1	41.2	66.7	30.0
18 - 19 岁	14.3	-	3.3	7.3	19.2	6.4	-	20.0	37.5

续表 1

作业评语									
无回复	19.0	8.3	3.3	4.9	5.8	6.4	5.9	-	50.0
中等	4.7	25.0	-	2.4	13.5	12.9	5.9	-	7.5
好	66.7	50.0	66.7	70.7	61.5	45.2	47.0	60.0	22.5
很好	4.7	16.7	23.3	22.0	15.4	32.2	35.3	40.0	15.0
优异	4.7	0	6.7	0	3.8	3.2	5.9	-	5.0
年内获得奖项									
无回复	23.8	-	3.3	2.4	11.5	12.9	-	6.7	15.0
无	-	8.3	-	4.9	5.8	3.2	5.9	13.3	50.0
1 项	9.5	33.3	3.3	7.3	11.5	3.2	5.8	26.7	12.5
几项	38.1	41.7	30.0	39.0	38.5	32.3	29.4	20.0	12.5
优异奖	28.6	16.7	63.3	46.3	32.7	48.4	58.8	33.3	10.0
你是最好的学生吗?									
无回复	14.3	8.3	-	-	5.7	6.4	17.6	6.7	2.5
一般化 NSP	-	16.7	6.7	2.4	-	6.4	-	-	2.5
不是	42.8	50.0	33.3	46.3	55.8	48.4	11.8	53.3	80.0
是	42.8	25.0	60.0	51.2	38.5	38.7	70.6	40.0	15.0
成功的因素									
无回复	-	8.3	3.3	-	-	6.4	-	-	5.0
天赋	28.6	50.0	40.0	31.7	50.0	29.0	47.0	6.6	45.0
用功	19.0	-	3.3	2.4	3.8	9.7	5.9	13.3	2.5
机会	4.8	8.3	-	4.9	3.8	3.2	-	-	-
方法	19.0	25.0	40.0	43.9	21.1	29.0	29.4	46.7	25.0
教师	19.0	8.3	3.3	12.2	13.5	16.1	11.8	26.7	22.5
其他	9.5	-	10.0	4.9	7.7	6.4	5.9	6.6	-
认识或能列举以前优胜者									
无回复	52.4	50.0	50.0	58.5	59.6	51.6	47.0	40.0	55.0
0 个	14.3	16.7	10.0	12.2	15.4	12.9	11.7	40.0	22.5
1 个以上	33.3	33.3	40.0	29.2	25.0	35.5	41.2	20.0	22.5
你属于哪一类学生									
无回复	52.4	41.6	46.7	53.7	51.9	54.8	41.2	40.0	60.0
轻松	19.0	16.7	16.7	22.0	21.1	16.1	23.5	33.3	25.0
刻苦	9.5	16.7	26.7	19.5	7.7	16.1	29.4	-	-
钻研	14.3	8.3	3.3	2.4	15.4	9.7	5.9	26.7	12.5
杰出	4.8	16.7	6.7	2.4	3.8	3.2	-	-	2.5

表 2　各学科中学优等生会考优胜者的特点 24

	哲学	法语	拉丁-希腊语	历史-地理	语言	数学	物理	自然科学	其他
职业兴趣									
无回复	-	-	10.0	4.9	7.7	9.7	5.9	-	7.5
律师	-	-	3.3	2.4	1.9	3.2	-	-	2.5
外交官	4.7	25.0	3.3	48.8	9.6	-	5.9	26.7	7.5
工程师	-	-	-	-	5.7	12.9	11.7	13.3	-
教研人员	71.4	41.7	63.3	31.7	32.7	67.7	76.5	53.3	42.5
艺术家	23.8	33.3	20.0	12.2	42.3	6.4	-	6.6	40.0
对地理学的兴趣									
无回复	4.7	-	3.3	-	3.8	3.2	-	6.7	-
无兴趣或兴趣不大	28.6	41.7	26.7	-	25.0	45.2	29.4	13.3	42.5
一般	33.3	33.3	40.0	12.2	44.2	35.5	41.2	60.0	32.5
非常感兴趣	33.3	25.0	30.0	87.8	26.9	16.1	29.4	20.0	25.0
理想的教师									
无回复	-	-	3.3	-	-	3.2	-	-	2.5
杰出的人	9.5	25.0	3.3	14.6	9.6	12.9	11.8	6.7	7.5
认真负责	9.5	-	6.7	19.5	3.8	12.9	-	40.0	5.0
有教学才能	33.3	16.7	46.7	48.8	63.5	58.1	58.8	33.3	55.0
学识渊博	4.8	-	10.0	4.8	3.8	-	17.6	6.7	10.0
有创造性	42.9	50.0	16.7	12.2	15.4	12.9	11.8	6.7	15.0
其他	-	8.3	13.3	-	3.8	-	-	6.7	5.0
去电影院的次数									
无回复	4.7	-	-	-	1.9	6.4	-	6.7	7.5
没有去过	9.5	-	10.0	4.9	3.8	6.4	-	13.3	-
每周 1 次	23.8	50.0	10.0	9.7	25.0	16.1	17.6	26.7	25.0
每月 1 次	47.6	25.0	43.3	51.2	38.5	32.3	52.9	33.3	37.5
不定期	14.3	25.0	36.7	34.1	30.8	38.7	29.4	20.0	30.0
政治倾向									
无回复	19.0	16.7	23.3	14.6	17.3	19.4	5.9	20.0	15.0
无特别倾向	-	8.3	-	4.9	13.5	3.2	5.9	6.7	7.5
极左派	19.0	8.3	3.3	9.7	7.7	6.4	17.6	13.3	10.0
左派	33.3	50.0	30.0	22.0	28.8	32.3	47.1	13.3	25.0
中间派	23.8	-	20.0	26.8	17.3	12.9	17.6	40.0	27.5
右派	4.7	8.3	6.7	7.3	13.5	9.7	-	6.7	10.0

续表 2

极右派	-	-	3.3	7.3	1.9	6.4	-	-	2.5
其他	-	8.3	13.3	7.3	-	9.7	5.9	-	2.5
你向往的著名高等学府									
无回复	61.9	58.3	56.7	70.7	69.2	58.1	52.9	46.7	80.0
无	23.8	8.3	-	-	5.7	-	-	13.3	20.0
巴黎高师	14.3	33.3	40.0	19.5	15.4	16.1	29.4	6.7	-
巴黎综合工科学校	-	-	3.3	-	3.8	12.9	17.6	6.7 -	
法国行政学院	-	-	-	4.9	1.9	3.2	-	6.7	-
巴黎政治研究学院	-	-	-	4.9	3.8	3.2	-	-	-
其他	-	-	-	-	-	6.4	-	20.0	-
你如何评价自己的数学?									
无回复	4.7	-	3.3	4.9	-	6.4	-	-	2.5
非常差	14.3	25.0	-	12.2	15.4	-	-	-	7.5
差	28.6	25.0	6.7	12.2	21.1	-	-	33.3	27.5
中等	33.3	33.3	46.7	48.8	42.3	3.2	-	53.3	42.5
好	14.3	16.7	33.3	17.1	21.1	35.5	47.1	13.3	17.5
很好	4.7	-	10.0	4.9	-	54.8	52.9	-	2.5

拉丁语和希腊语的优胜者"成绩优异奖"的比例很高(63.5%,而哲学的比例为 28.5%,法语仅为 16.5%)。他们由于一系列特征而不同于其他人:与其他文科学生相比,他们更经常地自称是班级里最好的学生(他们中 60%的学生是如此,哲学学生为 43%,法语学生仅为 25%)。此外,他们中自称擅长数学的学生也最多(43.5%,其他文科学生为 19%),而且从不认为自己数学很差。他们比其他人更倾向于将自己
25 的作业评价为很好或者非常好(26.5%比 18%),他们喜欢用同样的词汇来形容他们想成为的学生和像他们那样的学生,这些**自我确定性**(certitudo sui) 征象与对他们的学业神化是相称的。他们几乎全部都打算将来进入巴黎高师(92.5%,没

有回复的不包括在内)。他们比其他人更倾向于将教师职业或者科研人员的职业放在第一位(63.5%,法语为41.5%,地理为35%,其他语言为33%,历史为29%)。他们当中能够说出以前优胜者名字的人也占有很高的比例(80%,而自然科学优胜者为33.5%),而且打算去全国中学优等生会考优胜者协会注册的人也是他们的比例最高。

我们把来自社会空间支配者区域(régions dominantes)的法语优胜者(他们中女性的比例很高)和中等区域的古代语言优胜者进行了对照,这时,位置的对抗性表现得非常激烈:"杰出"和"认真"这一对标准的反题集中体现了这种对抗性,大中学文学教师学衔和语法教师学衔之间的对立也体现了这一点。来自中等区域的古代语优胜者多数都出生于人口不多的家庭,他们更多地受到家庭的"推动"(入学前就学会了识字,很早就听说了中学优等生会考,等等),而且他们中有更多的人(75%)表现出了顺从和坚韧的品德,这一点似乎通过成绩优异奖得到了进一步的肯定。由于他们非常积极地赞同学业准则(他们认为加入中学优等生会考优胜者协会是为了"捍卫人文科学",他们将教师"水平下降"看成是自己的责任),所以他们中的大多数人都将名牌大学预备班作为自己的目标,并且把教师和科研人员的职业当作自己的第一选择。相反,来自社会空间支配之极的法语优胜者一般都非常早熟,其中一半人在学习期间跳过级;他们要求教师首先应该是一位创造者,或者是一位杰出的人。他们把天赋当作成功的主要因素,而且比其他人都更轻蔑地理学;他们与学校文化维持着最自由的联系。

需要才华的学科能够为继承所得的文化资本带来最高的投资回报，所谓继承所得的文化资本，就是被称为“自由文化”的文化（它是“学校文化”的对立面），它与只有通过家庭教育的潜移默化
26 才能够获得的文化具有亲密联系；所以，需要才华的学科招生的社会水平要高于这样一些学科：它们为来自社会空间中被支配区域的学生提供机会，让他们表现自己的某些道德习性，证明他们有能力在其他方面更好地发挥自己的补偿性机能。

法语和数学的优胜者中对地理学表示轻蔑的人最多（数学优秀者为45％，41.5％的法语学生承认对地理学只有一点点兴趣，或者根本没有兴趣，而语言优胜者的此项比例为25％，自然科学优胜者仅为13.5％）；法语优胜者最习惯于用“天赋”来解释自己的成功（历史学、地理学、自然科学的优胜者通常认为成功的原因在于有条不紊、持之以恒地学习）；最后要说的是法语和哲学优胜者将理想的教师定义为“创造者”，而历史学、地理学、自然科学的优胜者则认为他们应该是“认真负责的人”。[①] 更有意义的是，文科中最高贵的优胜者，

① 关于成功的因素，回答靠“天赋”的法语优胜者为50％，拉丁-希腊语优胜者为40％，自然科学优胜者为6.5％。另外，50％的法语优胜者认为理想的教师应该是一个创造者；17.5％的地理学优胜者（历史和地理两项的优胜者为19.5％）和40％的自然科学优胜者认为理想的教师应该是一个“认真负责的人”，而法语优胜者从来没有将这一点放在首要地位。认为理想的教师应该是一个博学的人的拉丁-希腊语优胜者为10％，法语优胜者为0，哲学、历史学和地理学的优胜者为5％。

> 即法语和哲学优胜者由于他们广大的阅读面和对其他学科的广博知识而有别于其他优胜者，而且这些学科都不是直接由学校讲授的，如绘画和音乐（与其他人相比，他们更能说出那些很少被提到的画家和音乐家的名字）。

在面对整个学校文化的时候，有的学生总是将自己的知识、爱好、实践活动（无论是“古典的”“书本上的”活动，还是“学业方面的”活动）直接从属于学校，即使这一切并不是直接从学校的训练
中得来的。法语和哲学的优胜者则不同，他们以各种方式表现自 27
己有足够大的余力，能够自由而安全地维持与文化的联系，也就是与通常被理解为更“自由”，更不“书本化”的文化的联系；在这种联系中，他们常常表现出很高的修养以及广博的爱好，因而这种联系可能会扩展到或者说被移置到学校教育尚未认识或者尚未顾及到的领域：正因为如此，他们频繁地出入电影院（至少每个星期去一次的法语优胜者为50％，哲学优胜者为24％，而地理学和拉丁-希腊语优胜者仅为17.5％和10％）[1]，更为重要的是，他们具有要从这些“自由的”学科门类（电影或者爵士音乐）中“培植”出某种习性来的强烈癖好。

---

① 在广播和电视方面也存在着同样的差异：高贵学科的优胜者经常收听的是“文化”频道（法国-音乐和法国-文化），地理学，尤其是自然科学的优胜者经常收听传播较为广泛的频道（法国-国内和周边国家的广播）。同样，关于体育，哲学优胜者侧重其知识和美学方面的作用，地理学和自然科学的优胜者则更看重其行为道德方面的作用。

> 以下优胜者对爵士音乐的评论就很好地说明了他们之间存在的差异：(1)“一种非常丰富，非常诱人的艺术表现形式”(男，法语，父亲为化学工程师)；“有时候爵士音乐中有那种被人们称为情感语言的东西”(男，哲学，父亲为记者)；“爵士音乐是一种独特的艺术尝试，它是黑人民间宗教音乐和欧洲民间音乐的融合，‘黑色’的加入带给了它强劲的、不可抗拒的节奏……我们‘感受’到演奏者赋予艺术作品的一切。另一方面，爵士乐曲并不是凝固不变的，而是正相反，它不同于‘封闭’在自己的乐谱中的其他音乐作品，爵士音乐是很容易变化，很容易以新的、独创的方式来演奏的”(男，数学，父亲为技术工程师)。(2)“爵士音乐的节奏富有现代感，它似乎传达出了人们所有的渴望，尤其是在黑人演奏的时候”(男，自然科学，父亲为商人)；“新奥尔良蓝色时代的爵士乐表达出了黑人的某种精神痛苦”(女，自然科学，父亲为机械工人)。

社会出身和政治观点之间存在着直接的联系，这在其他学科
28 的优胜者中表现得非常清楚，而法语和哲学优胜者却颠倒了，或者说，混淆了这一点。从法语和哲学优胜者表现出来的这种强烈倾向中，我们还可以看到一种迹象，就是他们常常做出新知识分子的某种姿态：法语和哲学优胜者(分别为 58.5％和 52.5％)常常比地理学优胜者(24％)发表更多的左派或者极左派言论，而地理学优胜者中则有很大一部分人(35％)保持中间立场；那些古代语优胜者，他们的社会地位虽然不怎么优越，但是他们表达的右倾观点似乎更多一些(拉丁语和希腊语分别为 10％和 25％)。在这里，我们

首先应该注意到的是，学业越成功（至少在文科），这种倾向就越明显（因为12.5％的“优异奖”自称是极左派，而“鼓励奖”中自称极左派的人只占7.5％）；其次，中庸的选择（左派，中间派，右派）和弃权者加在一起，地理学达到了70％，自然科学为60％，古典文学为56.5％，法语则仅为33％；第三，出身上层社会的优胜者而又自称左派的人，在法语和哲学学科中要多于其他学科。如果注意到了以上三点，我们就可以推论，上述选择表明了他们赞同知识分子中最流行的表现和价值准则，确切地说，这些选择表明了他们的一种意识：他们有权利和义务通过对现今社会定义中铭刻在每一个真正的知识分子日志上的问题进行表态，来塑造知识分子的某种形象。

> 无论在实践中还是在宣言里，哲学优胜者似乎比包括法语优胜者在内的其他任何人都更愿意采取知识分子的某种姿态。由于他们全部都读一种或者几种“知识分子”杂志：《现代》《批评家》《原本如此》《分析手册》等，因而当问到哪一种思想流派更能够代表他们的观点时，他们能够毫不费力地自我定义（拉丁-希腊语的优胜者则相反，他们中的大多数人都不做回答；而法语优胜者，他们需要犹豫一会儿才回答），并且常常说出许多保留意见和细微差别，似乎只有这样才能够更好地表现自己思想的独创性：“重要的不是要知道什么思想流派最能够表达我们的观点，而是要知道什么流派是属于必需的。 29
> 马克思主义吸取了黑格尔哲学的精华，就有很多我们应该学习的东西。”（商务经理之子）几乎所有的人在知识方面都有自

己的宏伟计划，或者打算献身于文学（“文学不是旅行故事，它就是旅行本身”；行政干部之子），成为作家、诗人、小说家（“我深切地感到我必须写作”；商务经理之子），或者打算献身于哲学（“这是一个独一无二的学科”；商务经理之子。“哲学囊括了其他所有的学科”；作曲家之子）。根据同样的逻辑，他们还被请来回答，什么是他们理想的未来。哲学优胜者总是做笼统的、“不现实”的回答：“革命，剥削的终结”（邮局分拣中心主任之子）；“没有阶级的社会”（商务经理之子）；“一个没有战争的未来，一个开放的社会”（高级管理干部之子）。他们与自然科学优胜者截然不同，后者关注的问题更加直接。这些问题常常与他们自己的未来，说得更确切些就是与他们自己未来的职业有联系：“我嘛，将来做个医生”（商人之子）；“就是能够从事我想从事的职业，并且建立一个家庭”（艺术家之子）。在回答不限于自己个人经历的问题时，那些远离精英学科的优胜者便成了能力主义意识形态的卫士：“以金钱为基础的不平等的消失，出身和种族让位于和平社会中以能力为基础的等级制度，这样的话，所有的需求都将会得到满足，大多数的时间都将奉献给艺术和文化。”（地理学优胜者，邮电部门检测员之子）

因此，法语优胜者集中了理想学生类型的所有特征，法国教育体制正是凭借这些特征来识别其杰出群体中的精英，并且确认杰出者的行为方式的；哲学优胜者也一样，只是在程度上，他们比法语优胜者略微低一些。[①] 考虑到整个文科的传统历来特别信奉的价值准则与成功者的实践与言论中流露出来的价值准则如此和 30
谐，我们就不应该为此而感到惊讶了。1969 年，以《创造》和《阅读》为题的两篇作文得了大奖，尽管作文的标题具有某种客观偶然性，但是，我们对这两篇作文进行一次即兴分析，要比发表一篇文绉绉的关于文学的长篇大论更有意义；这次分析让我们更清楚地看到，充满人道主义、人格主义和唯灵论思想的人文科学教育传统与贬低一切和学校有关的学业价值，崇拜带有所谓“个性”字眼的表达方式的教学传统之间的深刻的一致性。[②] 其实，这就是作家活动的卡里斯玛表现，因为他们的活动被描绘成了“创造性”的和“神秘”的活动；同时，也是作品解读活动的卡里斯玛表现，因为这种解读被设计成了一种“创造性的”阅读，必须使读者之“我”和作家之“我”达到精神上的一体化；这样，那些感觉或情感具有随意性的主观主义者的激情便有了基础，那些喜欢通过抒发个人情感来炫耀自己的人也找到了借口，浪漫的神秘主义者和喜欢对存在加以夸张的人也有了得意扬扬地进行自我吹嘘的托词。[③]

---

① 优胜者们的习作被当作文学上的大事来对待：就像被接受进入法兰西学院时的演说词一样，全国中学优等生会考或者中学毕业会考中最优秀的几篇法语作文一般都发表在报纸的文学版面上（如《费加罗文学报》、《世界报》文学增刊）。

② personnel 这个形容词用于赞扬的意义时间并不长，Lalande 词典将它解释为：“独创的，由思考和真实诚恳的情感产生，而不是来自于记忆和模仿。”这个词不曾出现在利特雷、达姆斯特泰尔、哈茨费尔特和托马斯的著作中，而只出现在“文学评论和艺术评论中，以及教学法中”，用以形容“思考、感知、自我表达的方式”。

③ 参阅本部分的附录 3。在法语、哲学还有外语（主要是英语）的优胜者中，女生占有很大的比例。她们一般出身于知识分子家庭或者从事天主教活动的家庭，非常积极地赞同文学的价值准则和知识活动的神化表现。男生或许由于得优异奖的机会比

因此，通过分析需要“才华”的学科和需要“努力”的学科之间的学生的系统性差异，我们能够清楚地揭示各种特性之间的对立体系，或者构成评判结构的相互对抗和相互补充的品性之间的对立体系。因此，我们可以建立一个类别表，这些类别深深地印在老师和（好）学生的脑海里，并且被贯彻到所有学业现实和能够让人
31 联想到学业的现实活动中（这些现实活动本身就是按照同样的原则客观地组织起来的）；就是说，这些类别既适用于个人，包括教师和学生，也适用于他们的作品、功课、学业、思想和话语：优异/平淡；轻松/勤奋；杰出/一般；学识渊博/囿于课本；有个性/平庸；有独创性/普通；活跃/死板；细致/粗糙；令人注目/一无是处；敏锐/迟钝；反应强烈/沉闷；优雅/笨拙，等等。

> 在这么多可能说明问题的原始资料中，我们还记得大中学教师学衔评审委员会，或者说巴黎高师评审委员会的报告，这几乎就是官方宣布的法律文件：“简言之，无论是从叙事的真实性（……），用词的准确性，还是从情感的优雅看，考生的阐述总体上充斥着无知、混乱和庸俗，给我们留下了令人担心的印象。”（大中学男性文学教师学衔考试，1959 年）“对于各式各样的笨拙，甚至个别人的违背常理，评审委员会已经有所

女生多得多，因而他们更积极地投身于理科和不那么“高贵”的文科，如古典文学、历史、地理学和自然科学。他们中更多的人打算将来进入权力机构。（如果这就是不同性别间的差异，就像学业逻辑中所表现出来的性别差异一样，那么我们可以料想，随着教师群体，特别是文学系的教师群体的女性化，支配这类研究的强烈的精神氛围也将进一步得到强化。）

所准备,但是他们绝不会容忍愚蠢的自负、卖弄和庸俗。”(于
尔姆高等师范学校入学考试,法语译讲,1966 年)“只有这样
我们才能超越作为一位辛勤探索者所作的卑微而苦涩的努
力,达到将优雅和准确融为一体的自如的译文。”(同上)“我们
期望容易(的题目)能够使一些人的自如(aisance)脱颖而
出。”(大中学男性语法教师学衔考试,1962 年)在学校引以为
评判依据的所有对立当中,最有说服力的或许就是博学和才
华之间的对立,博学总让人联想起勤奋索取,而与才华相关联
的则是大文化的概念;这一对立面也是那些被认为是仅仅需
要记忆的学科之所以威信扫地的根源,因为记忆是所有才能
中最受轻视的。“缺乏大文化(culture générale)才是敏感的
问题,(……)对考生来说,大文化往往比让他们摸不着头脑的
故作高深的著述更有用。”(大中学男性文学教师学衔考试,
1959 年)“不可能让每一个人都有才华。”(同上)“十几张考卷
显示出了一份实实在在的才华。”(同上)“死记硬背渐渐地让
位于才华。”(大中学男性文学教师学衔考试,1962 年)“这篇
文章能够让我们非常肯定地分出才华的等级。”(同上)“我们
几乎要说:但愿他们知道得更少(moins)一些,但是了解得更
深入(mieux)一些。”(同上)“我们很想根据考生的鉴赏力和
判断力,而不是直接根据他们的记忆力来区分他们的高下。”
(大中学男性文学教师学衔考试,1959 年)“当然,我们不能忽 32
视,在文献学中,熟记能力是必不可少的,但依然是通过思考
之后得到的文化能够赋予语言行为以意义,并且最后赋予它
们以教育学的和人文的意义。”(大中学女性语法教师学衔考

试，1959 年）

文科优胜者用来说明他们的作业不同寻常的理由，恰当地阐明了学科在等级序列中的客观位置与它自身形象之间的对应关系，而学科本身的形象又是与这门学科在与其他不同学科的社会联系中所表现出来的特征分不开的。

一方面："或许是因为文笔吧？"（法语，医学院教师之子）；"独创性，严密性，对问题的敏感性"（法语，化学工程师之子）；"我认为他不同寻常是因为他具有某种个性"（法语，记者之子）；"有个人见解，不过分囿于书本，清晰明白"（哲学，熟练工人之子）。另一方面："或许是因为图示吧，蛮全面的，还有就是对中央高原和孚日山脉的某些知识比其他山地的知识更广泛一些"（地理学，职员之子）；"提纲清楚"（地理学，邮电部门检查员之子）；"清楚、提纲、参考书目"（自然科学，制图教师之子）；"朴实，明了"（自然科学，工人之子）；"概要的质量和字数合适，提纲严谨"（自然科学，商务经理之子）。古代语似乎占据着中间位置。数学和物理学的优胜者提得最多的是清楚、严密、准确、精密，但并不是完全没有提到方法："编辑、严密、论证的方法"（数学，航海教育学教师之子）；"我认为我的作业的特别之处在于思路明晰，并且解题的方法比较快捷"（数学，高等师范学校文科预备班学前班教师之子）；"快捷明了的解题方法"（数学，医生之子）。

用于对学科进行分类并确定学科所要求的品行的分类学，同时还构成了学生对自身品行进行感知和评价的结构——他们都是“守纪律”的学生，都必须对学科做出选择，因此，学业评判对于“志 33
向”的操纵权就不难理解了；统计分析揭示出来的不同学科被赋予的社会属性与这些学科中的成功者（或者传授者）的习性之间的严格的对应关系也是可以理解的。[①] 正如学生选择学科，学科也选择学生，而且它在选择学生的同时，还向他们强制推行关于学科的，关于职业生涯的，以及关于他们自身能力的感知范畴；因此，学科在选择学生的同时，还使学生有了一种默契的意识——在不同类别的学科，或者从事这些学科的不同的方式（理论的或经验的），与学生自己在学业方面建构起来的或者奉献出来的能力之间的彼此默契的意识。学业评判常常用带有“天赋”字眼的语言陈述出来，它能够产生和强化一种信念——一切都是命中注定的，而这种信念对于确定“志向”起着极为重要的作用；因而这种信念是实现教学机构**预言**的一种途径。

自如的特权

学科之间的差异在双重意义上**掩盖**着社会差异：像法语或古典文学、数学或物理学这样的在社会上被认为是最重要、最高贵的

---

① 人们对全国中学优等生会考中优胜者的特性进行了分析，这项分析表明了学科之间存在着差异体系，显然，其他水平的大学课程也存在着这一差异体系，尤其在巴黎的学校之中（参见布尔迪厄：《学院人》[*Homo academicus*]，巴黎，午夜出版社，1984 年）。

标准学科，神化了(consacrent)这样一些学生：他们常常来自社会地位和文化资本都相对优越的家庭；从比例上来说，从六年级到中学毕业，他们中有更多的人是循着中学教育和古典文化教育的康庄大道走过来的，而且在中学教育阶段跳过级；关于可能的专业方向和职业生涯，他们往往有条件获得更多的信息。在这种情况下，学科等级与按照优胜者的平均年龄建立起来的等级之间的相互吻合就一点也不令人奇怪了——从数学到物理学和理科中的自然科
34 学，再从法语或古典文学到历史学和地理学，以及文科的实用语言，情况都是如此。

人们赋予卡里斯玛才华以特权，这导致学校忽视了获取知识的狭义的学业活动；关于这一点，最能够说明问题的就是人们对早熟的崇拜——作为“天赋”的象征，早熟被大大地提高了身价。

> **早熟**(précocité)的概念是一种社会建构。这种社会建构的定义只能在人们完成一项活动时的年龄与被认为是完成这项活动的“正常”年龄之间的关系中进行，说得更确切些，这一定义只能在人们完成一项活动的年龄与作为参照的人群完成这项活动的模态年龄(âge modal)之间的关系中进行；当涉及学业方面的早熟时，则是在个人达到一定的学习水平的年龄与人们通常达到这个学习水平的模态年龄之间的关系中进行。我们立刻就会发现这样一个问题，正如性早熟概念的前提条件就是要或多或少地参照按照年龄分类建立起来的定义，学业早熟概念的前提条件是必须存在根据学业等级讲授的**课程**(cursus)，这些等级代表逐步获取知识的不同**阶段**

(gradus)，并且与特定的年龄段相对应：然而，正如菲利普·阿里耶斯所指出的，这样一种结构一直到16世纪初才建立起来。中世纪对教学对象不加区分的教学法不注重“能力结构和年龄结构”[①]之间的联系。随着课程结构的明确和稳定，尤其是自17世纪以来，早熟的人生经历越来越少见，也正是从这时候起，早熟开始作为一种优越的征象和一种成功的标志在社会上出现。

早熟学生的极至就是如今人们常说的“神童”或者“超级天才”，他们以堪称神奇的学习速度证明其天赋的广泛，这种天赋使得他们能够节省普通人专心致志地学习，缓慢地积累知识的过程。事实上，**早熟**只不过是文化特权在学业上的一个翻版。在18岁到19岁中学阶段最后两年的优胜者中，父亲和母亲方面业士以上文凭的持有率分别为38%和3%，17岁到18岁的为39%和21%，16岁到17岁的为52%和31%，15岁到16岁的为69.5%和37%(家 35
庭出身也呈现同样的变化)。毫无疑问，被视作早熟的那个东西实际上是文化继承的一种表现，它与所有这些成功的因素是紧密相连的。

天赋的概念和早熟的概念之间的联系极为紧密，以至青年学生倾向于自己建构才华的保障。因此，大中学教师学衔

① 菲利普·阿里耶斯(Philippe Ariès)：《旧制度下子女和家庭生活》(*L'enfant et la vie de famille sous l'Ancien Régime*)，巴黎，普隆出版社，1960年，第202页。

评审委员会可能会通过这些新人,通过这些“年轻的才子们”而发现一场“才华横溢”的会考:“今年我们已经发现了好几位十分突出的新成员。在27位入选者当中,有14位没有教过书,其中8位进入了前十名(……)。面对学子们的成功,我们不能忘记教师的功绩,他们在并不有利的工作条件下,付出了卓越的努力,并且战胜了困难(……)。但是对那些第一次参加会考就脱颖而出的考生,我们不仅要感谢他们以自己的勃勃生气和渴望令人折服的抱负使整个口试过程充满生气,而且还要感谢他们给我们提供了一个珍贵的例证。”(大中学男性语法教师学衔考试,1963年)“在口试中,越年轻的考生常常表现得越出色:他们的谈话更活跃,更清醒,更无拘束。在一年又一年的会考中,呆板渐渐让位于雅致。”(于尔姆高等师范学校入学考试,哲学口试,1965年)早熟的学生是评审委员会宠爱的孩子,是特别宽容的对象。他们的缺点和他们的错误甚至都可以被当作是“年轻人的过失”,并由此而进一步证明他们的才华:“她们比上一年的考生更年轻。我们应该想到,她们中许多人的问题都是由于不够成熟,或者缺乏经验造成的,她们的缺点很快都会得到纠正(……)。她们的笨拙和天真背后,常常隐藏着天赋和严谨的品质,而这一切同样都是成功的保证。”(现代文学女性教师学衔考试,1965年)

事实上,教学机构在获取文化的方式上享有特权,其征象种种,而早熟只不过是其中的征象之一,不过,却是一个特别确定的征象。学业分类学区分出来的那些行为方式体系之所以总是反映

着某些社会差异（无论差异的程度是如何微弱），是因为在文化方 36
面，获取知识的方法总是以某种运用知识的形式永存于已得到的知识中。个人与学校、与学校传播的文化、与学校使用和要求的语言之间的联系具有怎样的*形态*（modalité），取决于他家庭的社会地位与学业空间之间的距离，以及他在这个体系中幸存（survie）下来的一般机会，就是说，取决于他达到在客观上与他出生的群体联系在一起的某一特定的学业位置的可能性。因此，当我们通过某些意味着“自如”和“有天赋”的不易表达的细微之处，认同人们确实认为“有教养”的行为或话语的时候（因为从他们身上看不出努力过，或者为了获取知识而用功过的任何迹象），我们事实上参照的是*一种获取知识的特别方式*：人们称之为自如的东西，其实就是某些人的特权，他们以一种不自觉的耳濡目染的方式，在他们的家庭环境中获取了知识，因而他们对于自己的母文化有着渊博的知识，并且能够与之保持一种亲密的联系，这意味着他们能够无意识地获取这种文化。

> 家庭给予的帮助在不同的社会阶层呈现着不同的形式：明示性的、易于领会的帮助（建议、解释等）随着社会地位的提高而增加（从普通阶层的10%上升到中间阶层的25%，上流阶层的36%），尽管随着成功层次的提高，这类帮助似乎有所下降（因为鼓励奖获得者中有38%的人宣称曾经得到过这类帮助，而真正获奖者的此项比例仅为27%）；可见，帮助依然是孩子们从家里得到的各类“馈赠”（dons）中*看得见*的部分。如果我们还记得，那些在童年时期（11岁以前）第一次和他们

的家人参观博物馆的优胜者的人数随着他们家庭出身的提高而增加(这只不过是家庭给予的各种间接而含糊的鼓励的各种指标之一),我们就会发现,出身上流阶层的子女能够兼得含糊性的和明示性的两种帮助,中等阶层的子女(尤其是职员和小学教员的子女)得到的主要是直接的帮助,普通阶层的子女,除了个别例外,得不到其中的任何一种,而这两者都是能够直接给学业带来效益的。

37 在培养行为方式的同时,也就是说,在与文化和语言建立联系的同时(显然,这种语言从内容到形式都存在着实实在在的差异),教师实施评判的核心,即传统的分类学,就像一面转播屏(relais-écran)一样起着作用。教师运用这种分类学,把它当作一部祖传的法典,不假思索地从中搬用那些刻板的形容词和礼仪性的套语;而这些形容词和套语却是要构造学业"评判"的各种理由的,这些理由既是技术的,又是美学的和道德的。就这样,这个转播屏既在学生的社会出身与学校颁发的评语之间建立了联系,同时又掩盖了这种联系。当教学机构被按照它本身的结构组织起来的人所感知的时候,这些机构本身就具有了一种明证性;由于被赋予了这种明证性,学业分类学就能够借助传递这种分类学的传统词汇,在教育学和政治学的警戒线之下,行使其社会歧视的权力。① 因此,教员在中立性的幻觉中讲授着学业评判的准则;然而,就像暗喻和形

① 因此,一方面是有意识控制的教育话语或政治话语,另一方面是由超我活动的口令和使惯习露馅的词——如使隐藏不慎的习性流露出来的那些的口误笔误——荒诞地拼凑在一起而产生的词语联盟,这两者之间存在着巨大的差距与不协调。

容词的选择所证实的那样，这种学业评判几乎无法掩盖社会偏见。[①] 例如，在一大堆表示“认真”(sérieux)意思的形容词当中，学业分类学会认定一个能够概括学生所属阶层特征的所有实践活动的母原则，比如说，中等阶层出身的学生应该满怀诚意寻找他们必不可少的源泉，以便通过用功来弥补自己由于文化资本的不足所造成的缺陷；小资产阶级家庭出身的优胜者就是这样，他们往往比其他阶层出身的学生更经常地赋予自己顽强的品行，[②]此时，他们 38
往往清楚地(这种清楚只不过是他们服从于学业评判的一种征象)表现出了自己学业实践的客观真实性——处于这样一个勤奋而紧张的状态中，他们学业实践的客观真实性必然也被贴上了这样的标签：他们不得不持续不断地付出努力，才能够维持自己在学业体系中的位置(就像人们所说的那样“牢牢跟上，以免掉队”)。

> 除了所有这些已经注意到的特征之外，我们还必须指出这样一个事实，那些出身于中等阶层的优胜者中，有更多的人(相对而言)加入了文化性的组织(他们的比例为29.5%，上流阶层优胜者的比例为14%)，这种倾向在职员和小学教员

---

① 这里有一个具有这种特征的例子：“粗心大意和行话隐语的混合，这既是为赶时髦而在词语方面的胆大妄为，又包含着老百姓才会犯的句法错误。这种混合的不协调令人就像看见一个肮脏的人佩带了一堆假首饰那样不愉快。我们的那些最聪明的考生怎能对此不反感(choqués)？他们怎么可能会当众用如此刺耳，如此低劣的方式来表达自己精心构思的那些通常既正确又精细的思想？[聪明的考生是绝不会这样做的。]”(大中学男性文学教师学衔考试，1959年)

② 同样，在高等师范学校文科预备班的学生中，工人的子女最不倾向于将天赋视作成功的决定因素，相反，他们中将刻苦勤奋放在第一位的人最多(其比例为44%，中等管理干部和小学教员子女的比例为45%，而优越家庭子女的比例为35.5%)。

> 的子女中尤其明显。除此之外，他们一般还参加一些协会。我们还可以看到另外一种迹象（但是可能比较模糊），出身中等阶层的优胜者倾向于将自己所有的努力集中在学业活动中，而参加体育活动的时间却比其他人少（他们中有 39％的人不参加体育活动），工人的子女中这种情况相对来说比较多（46％），而在优越家庭的子女中这种情况相对较少（24.5％）。但是尤其要注意的是，中等阶层出身的优胜者中，学业正常的人更多（不跳级也不留级），获得成绩优异奖的人也稍微多一些。当然，与中学毕业会考中的成绩优异奖不同，此处的优异奖奖励的是，根据学校推行的原则，教师认为学习勤奋，顺从温良的学生：出身于中等阶层的学生中有 40.5％的人获得了当年的成绩优异奖，而出身于上流阶层学生的此项比例为 38％；同项比例中，小学教员的子女为 60％，大中学教师的子女为 35％（大中学教师的子女多数来自巴黎的中学，那里竞争更加激烈，选拔更加严格，这是事实，但这并不足以说明此项差异）。在名牌大学文科和理科预备班里，出身社会中间阶层的学生获得成绩优异奖的人数最多（出身社会下层的学生也一样），但是在中学毕业会考中的情况却正好相反，他们获得此项评语的人数最少。

这一切似乎说明，对知识、才能、伦理习性（一直作为学业评判的内容）进行检测的期限拉得越长，出身于被支配阶层的学生就越能够令人欣赏他们勤奋、毅力、顺从温良等方面的品质；而出身于
39 上流阶层的学生则能够更轻松地通过期末考试，尤其是通过口试，

让人们信服他们的才能——如今，关于才能的定义更需要展示卡里斯玛神功和英才勃发的品质。散漫(discontinu)与持之以恒之间的对立，尤其是敏锐与迟钝之间的对立，正好与早熟和晚熟之间的对立相吻合；因此，这些对立关系都以一种专横的姿态进入了对知识和能力的评价中(这些对立面将成为名牌大学预备班的主要的选拔原则，而这些预备班正是将理解速度和解题速度作为淘汰的条件之一)。

学院式平庸

教师的教学实践，主要是他们的选拔程序，反映了学业准则与世俗准则之间，小资产阶级习性和以学校为表现场所的资产阶级习性之间的紧张状态。学校完全承认自己与这种只有在校外才能够获得的文化的联系，因此，它无法做到既不否认学校特有的教学方式，又彻底蔑视与这种文化的关联。这样，学校一方面庇护那些在本质上最不依靠学校的学生，同时，对那些将一切都归功于学校，并且表现出了不容忽视的诚意和顺从的学生，学校也不能完全予以否认。

其实，学校倾向于作出宽容的姿态，倾向于尊重与这种文化的负面联系，特别是当这种联系表现为学校与这种文化的正面联系所付的代价的时候：大中学教师学衔评审委员会对“放肆”和“傲慢”(对文化和评审委员会不尊敬的表现)进行了有力的惩罚，要求有志于教师职业的学生至少应该明确表示

> 赞同学校以及学校用自己的生动和热情维护并信守的价值准则。他们不断地衷心呼唤“个性的介入”和“自信”，这两者都是与“应该受到谴责的不在乎”和“机巧的谨慎”截然不同的：“她甚至有勇气介入，带着个性、智慧和才华介入进来”（大中学现代文学教师学衔考试，女生，1965 年）。他们要求在文笔
> 40 中和口头上都“投入一些活力”，他们为这种“清新”感到愉悦，或许这种“清新”就是年轻的候选人的“天真”（naïve）。他们还呼吁，“作为一项忠告，适当地懂得分寸，甚至表现机灵和那么一点小小的热情也是很有必要的，通过这么一点小小的热情，讨厌的语法练习（pensum grammatical）会变成一项真正的精神享受”（大中学语法教师学衔考试，女生，1959 年）。“喜欢书本上的语言游戏（jeux de langage）和复杂的动词，这样会使人们减弱对问题的真正理解，同时，也不利于评论文的写作和思路的清晰，考官对此印象极深。”（于尔姆高师入学考试，哲学口试，1965 年）考官还责备“那些对文科持怀疑态度的考生，他们只精通各类杂技训练（exercices de voltige）和原文如此不如此（sic et non）的玩意”（大中学文学教师学衔考试，男生，1959 年）。这种指责并不是批评他们运用了“高超的修辞手段，因为在理性的范围内，高超的修辞手段并不妨碍热烈（chaleur）和微笑并行”（大中学语法教师学衔考试，女生，1959 年）。

因此，一面是学校与小资产阶级习性或资产阶级习性（人们一直没有从这些习性的阶级基础中感知它们）之间的矛盾感情，另一

面是学校与学习方法的学业生产方式之间的矛盾感情，这两者叠合在一起，宛如**同一平面上的两幅叠影**（surimpression）。显然，像“学校”这样的集合名词的人格化，能够展现机构的意图和愿望，但是机构的这些意图和愿望只有通过单个的行动者才能够实现，确切地说，就是只有通过行动者的习性才能够实现，因为在某种意义上，他们的习性会“激活”与位置有关的内在倾向。因此，在个别情况下，小资产阶级出身的教师（尤其是低级教员的子女）特别容易对教育体制产生悖谬，甚至处于与教育体制相矛盾的地位：由于他们一方面倾向于反对属于无产阶级的那些人或者自由知识分子中那些被神化了的人；另一方面又倾向于反对权力场域中霸权位置的占据者，此外，还由于他们因此而被迫参照在文化方面与自己完全相反的立场来进行自我定义，因此，他们本能地向“中间”立场倾
斜，这种立场完全适合在先锋知识分子的果敢和保守资产阶级的 41
惰性之间负责文化维护机构的裁判工作的官僚主义者。

他们一方面轻视普通脑力劳动者劳劳碌碌的习性，另一方面又在精神上拒绝世俗的成功，由于这些矛盾，他们便一方面崇拜“杰出”——这与“书本知识”在学业上的贬值是相关联的；另一方面，他们又不得不认同狭义的学习成绩，于是，这种紧张的情绪便导致了他们对中庸之道的狂热，以及对**学院式中庸**的狂热——所谓学院式中庸，其实就是中等德行的代名词（或者说僧侣式德行的代名词，以区别于先知式的）：因此，正如“全优生”的广泛兴趣与“没有光芒”的好学生“勤勤恳恳的”顽强，以及业余爱好者的妄自尊大之间存在着对立，经过学院式的高贵气度衡量出来的沉着完全不同于以空泛的技巧表现出来的那些靠不住的机灵，或者创造

的野心不可控制的鲁莽，当然，也与训导式的平庸卖弄，以及仅仅博学的笨拙也是相互对立的；而学院的沉着是由谨慎的雅致和有节制的热情构成的，它是以学识和与学识的距离为前提的。

大中学教师学衔考试的报告不断地向考生重申，要求他们避免任何形式的过度。这些报告明确地认同了两种不同形式的成就："这两份极其完美的答卷表明，并不存在任何必不可少的秘方。其中的一份完全沉浸在自己的论述之中，它以一种坚定而*准确*的语气和始终如一的忠实笔调*脱颖而出*；让人觉得作者好像一下子就进入了作品之中，令作品*光芒四射*。另外一份，写得似乎不是太好，*辛辛苦苦*，*有条不紊*，*严严密密*，一段一段地攻克主题，一步一步地向前推进，其理性配得上任何赞美，真像打一场大战。评审委员会在认同*自如*（aisance）和*努力*（effort）的同时，还希望所有考生明白，最辉煌的*天赋*会在无所事事中消损，*努力工作*最终将造就一个*天才*。"（大中学古典文学教师学衔考试，男生，1967年）他们尤其鼓励将知识分子的两种对立德行的各种形式温和地联合起来："应该不惜代价地避免*两种应该受到谴责的态度*：一是欣赏按既定程序办事，二是固执地贬低现有体系。"（大中学古典文学教师学衔考试，女生，1962年）"在干瘪和冗长之间，还存
42 在着一种柔和的、灵活的、谨慎的推论方式，可以慢慢地推出主要的结论。"（同上）"一旦人们用智慧阅读了这篇文章，*就不会把自己当作一个自以为是的读者*，也不被这些文字所*吓倒*，也不会犯连诵之类的错误……"（大中学语法教师学衔考试，

男生，1963年）“我们发现，那种自以为是的、毫无用处的抽象的笔墨少了，‘时髦’的词也少了（……）。人们为简洁明晰所做的努力固然值得颂扬，但是，也不应该因此而不讲究文笔，以至于沦落为松松散散，甚至低级庸俗的大白话。”（大中学现代文学教师学衔考试，女生，1965年）“我们还想告诉未来的考生，法语分析是字面分析和文学分析的巧妙组合……这是一种经过谨慎思考之后的机智选择。”（大中学语法教师学衔考试，男生，1957年）“……一段自如的表述要避免带有过度夸张或过度矫饰的泛泛之谈。就像在一篇课文中，词汇的朴实……和语言的优雅——如果可能的话——是主要的美。”（大中学文学教师学衔考试，男生，1965年）“狂妄和骄傲的语调，一副似乎要给这些大作家上课似的神态，这是令人反感的，也是非常可笑的。这不仅是不尊重人，而且是鄙视人的表现。我们知道雨果曾经无耻地卖弄过华丽的辞藻。”（大中学文学教师学衔考试，男生，1962年）

正面定义高等教育“得体之处”的那些性质，自然都是从探索对立面的妥协这一过程中得来的：正是“评判”“鉴赏力”“措施”“手段”的融合，孕育了思想、细微的差异，以及萦绕在人们脑海里的那些被认为是“公正而细致的”区别；同样，也正是这种融合避免了“格调和品位方面的错误”，避免了“恬不知耻”和“粗俗鄙陋”。

“在这些令人颇感棘手的情境中……唯一的标准就是鉴赏的标准，唯一可行的态度就是审慎地赞同”（大中学古典文

> 学女性教师学衔考试，1962年)；“(……)适度地、有分寸地进
> 43 行评论”(大中学语法教师学衔考试，女生，1959年)；“……必须找到某种准确的语调”(大中学文学教师学衔考试，男生，1962年)；“对于未来的教师或者现行的教师，我们常常是徒劳地期待我们有权要求他们做的事情，即以一种活泼和才华来让我们聆听和欣赏一篇译文；要传达文章的趣味，不仅解释文章的结构，还应该传达它的美妙之处”(大中学语法教师学衔考试，女生，1959年)。“这段文章要求读者将基础语法知识与善于思考的品质和细腻的情感结合在一起。”(大中学文学教师学衔考试，男生，1962年)“法语分析最容易显示人们精细的品质和灵活的大脑，也能够展示善于判断的天赋。”(于尔姆高等师范学校入学考试，法语分析，1965年)

随着教师在行业等级中地位的提高，教师与自身实践活动真实性之间的矛盾或许越来越激烈了；这些矛盾从来没有像在那些自欺欺人的游戏中表现得那么突出——当他们履行阅卷者的角色，希望一篇角逐未来教师岗位的论文能够包含更多的内容，而不仅仅是一篇学校里的作业练习时，他们就会受到这些自我欺骗的游戏的制约：“事实上，我们不得不按照一些俗陋的，甚至可以说是令人难堪的准则来评卷。”(大中学文学教师学衔考试，男生，1959年)他们确实能够激发“创造的”习性(“独特性”“创造性”等)和“个性”品质，然而，代价是将掌握知识和技能的过程降低到“课业秘方”(recettes scolaires)或者“书本知识”的地位，即便这样，他们也毫不放松惩罚的尺度，哪怕与学校的清规戒律只有丝毫偏差。但

是，如果在对才子进行神意裁判(ordalie)[1]的这幅神圣画面里，显露出来的却是招聘中学教师的考场上的令人乏味的现实，那将如何是好？此时，“上策或许并不是要忘记人们在考场上度过的时刻(这显然也是不可能的)，而是要永远记住这些文章本来就不是为了做会考的题目而写的：那原本是一些呼唤，是一些人对另一些人的呼唤”(大中学语法教师学衔考试，男生，1962 年)。若是过于严格地要求会考的真实性，那么，那个仅仅是个好学生而已，并且许诺要做个好老师的人就会捅破这层迷彩，还这份职业以真实性，尽管这份职业或许比其他任何一份职业都更需要人们将它作为不同寻常的职业来对待。如果所做的一切，包括虚构在内，还不如摧毁这种虚构更有意义，那么，人们是否会对所有这些“装模作样”的勉励和劝告作另外一种理解？经过长期准备的即兴之作中，假冒的创造和强装出来的真诚肯定会遇到一种同谋关系，而且这种同谋关系必然会拒绝那些由于明显的教训语气，或者由于公然搬用别人的东西，从而使自己成为一个有可能不会，也可能不想“玩这个 44
游戏”的人的参与：“考生用从一篇评论文章上照搬下来的东西来取代人们期待的个性发展……一边还谦虚地说：我不知道怎么说更好。对于这样的事情，我们是不能接受的。”(大中学文学教师学衔考试，男生，1962 年)

---

① 中世纪的一种裁判法，令被告将手放入火或者沸水中，若不受伤，则判无罪。——译者

"学业"的客观真实性在人们对于学业陈规的一成不变的揭露中得到了最好的体现:"有些考生认为,一篇论说文如果不分成三部分来写,似乎就不会是一篇好文章。"(大中学文学教师学衔考试,男生,1959 年)"他们(指考生)只会运用那些由学校传统一代一代积累起来的规律构成的陈旧秘方,因为人们指望通过这些规律免去思考的麻烦。"(同上)"写在考卷上的文字似乎一下子就变得庄严起来。"(同上)"一部作品被写进了大纲,但是这部作品并不因此而不再是一部具有人情味的作品,但愿考生能够想明白这一点。"(大中学文学教师学衔考试,男生,1962 年)人们之所以会如此经常地责备考生的"教训语气",或许正是因为他事先僭取了权威的特权,要么就是因为他是以过于明显的方式提请人们注意练习的真实性,除此以外别无其他。

我们或许可以毫不费力地发现,同样的矛盾,而且是更加明显的矛盾还存在于学生关于学习、老师和自身能力的表现中:向往范围更小、更加"课本化的"学习框架,与典雅自由、无拘无束地进行学习的诱人的理想情景相互交替;他们期待"杰出的"、"不过分拘泥于课本的"、受到"圣火"激励的、"充满活力的"、能够"让人喜欢他所讲的并且能够与公众建立联系的"引人入胜的"导师"(根据与里尔学生的会谈记录),同时,他们又期待"有用的""上得好的""条理清楚的""容易跟得上的""资料丰富的""课程"。尽管这两种期待完全是根据类别,尤其是根据学生的社会出身和学科类别而变化的(正如全国优等生会考中所显示的那样),但不管怎样,那些神授的才华所

> 具有的优势足以使所有“学业上的”要求面带羞赧，自知有错。 45

然而，矛盾的是，通过对“导师”的崇拜（在这种崇拜中，哲学教师比其他教师的作用更大），学校得到了任何规章制度都不可能确保的忠诚和自我牺牲。这是因为正是学校在为这一切提供制约、大纲、时间表和教科书，以及自由。自由其实也是制度化的，它和规章制度一起运行，其目的不是要削弱规章制度，而是要（在维护它的同时）使之更加完善：最典型的卡里斯玛神功几乎永远有它自己的原则，这就是以一种多少有点炫耀的方式放弃来自学校的最明显的保护；这种神功是对个人的杰出加以肯定的最强劲的动力，它是言语的杂技，是难以理解的暗示，是令人困惑的品行评价，或者是一种绝对的晦涩；除此之外，还有给他们作参考资料或者辅助教材的那些诸如隐瞒原始资料或者在文中插入一个做作的玩笑之类的技术秘诀；然而，无论是那些神功，还是这些技术秘诀，它们所产生的象征性效能都应该归功于学校为他们布置的具有感召力的环境。因此，学校允许教师职位的向往者出于自身利益的考虑违背这个职位应有的权威，通过这种方式，学校就能够获得最可靠的办法，使自己的员工投入他们所有的资源和热忱服务于他们的职务，与此同时，为教学内容之故，学校还倾向于颠覆自己那已受到颠覆的声誉，而所谓“不可取代的”教学方法就是要为自己一代又一代的教学者谋取这种声誉。

> 一部作品既能够通过否认的陈述（“确实……但是……”）表明教师职能的真实性，同时又能够表明教师的职业体验的

真实性；由于得到传统定义的支持，教师的职能构成了对教师完成的任何一项实践活动进行完整定义的组成部分；我们需要在这里引证的就是这样一部作为典范的作品中的段落：“确实，导师和弟子的相遇是根据国民教育的常规，在国民教育的规章制度下自然而然地进行的，至少在一般情况下是这样的。但是，只要这些技术模式一直处于主导地位，导师和弟子就仍
46 然是(demeure)一种教学关系；而忠诚地履行自己作为员工的职责的小学教师、中学或大学教师并不是严格意义上的导师。通常说来，为师的前提(présupposer)是某些物质和技术条件，但是与其说为师者是在利用这些物质和技术，还不如说他们是在为这些物质和技术服务。教学机构、学习阶段和学习计划为师徒相遇提供了机遇和理由，只是这些条件并不是必不可少的，因为在这些条件之外，师徒关系也能够建立，而且仅有这些条件也是不够的，因为在没有导师的情况下，教学仍然可以存在。”“即使成功地通过教学资格证书考试，学士文凭考试，或者大中学教师学衔考试，即使获得了大学区区长关于非正式教师任命书，或者部长的任命书，你也不会一下子就成为一位导师。一纸任命可以指定一位小学教师或者中学、大学教师，但是它不能够奉献出一位导师来，同样，也没有任何一纸法令能够罢免或者废除一位导师……再要说的就是，大多数教员都不是导师，他们照顾班级，他们上课，像一个优秀的员工。他们把自己积累起来的知识重新传播出去，他们从来没有想过要超越他们所从事的职业的真实性，并且从中显示出一种更高尚的本性的存在。人们向教师索取的是某一

> 类知识，而向导师要求的却是某一种能力；这种能力的前提是超越知识，使知识相对化。”“课程表、教学大纲和教科书都是经过教育部的专家治国论者精心设计后开出的秘方，但这只不过是一种障眼法。**确实**，课程表的惯例通常愚弄了它的执行者和许多与之有关的人。然而，另一方面，又必须设立课程表，少了它学校……很快就会陷于物质的和精神的解体。**但是**，课表只是一个**借口**，它的真正职能是安排那种暗中进行的、全凭运气的师徒**相遇**，安排导师和弟子之间**对话**，就是说，安排每一个人与自我交锋。”①

因此，一方面是教学机构的客观结构，例如，客观上等级化了的“学科”（或者“课程”）之间的知识分布、作者分布，以及相应的导师和学生的分布；另一方面是心智结构，我们可以在分类产品中，或者在伴随着分类活动的话语中体会到这种结构的表现；这两种 47
结构之间存在的对应性使我们能够做出结论——正是通过教学机构的结构和教学活动，人们才能反复灌输，强制推行构成感知、判断、思想和行动结构的图式。

一方面是与客观结构中的不同位置客观地联系在一起的特性，另一方面是学生和相应的教师的社会特性和学业特性，这两方面的特性之间存在着一致性；这种一致性能够在心智结构和教学机构的客观结构（如不同专业、不同学校、不同学科的等级）之间的

---

① G. 居司道尔夫（G. Gusdorf），《为什么是教师？》（*Pourquoi des professeurs?*），巴黎，帕尤出版社，1963 年，第 10、49、105 页（强调为我所加）。

辩证关系中找到自己的根源，这种结构上的辩证关系初看起来是错综复杂的。如果说有必要不同于机械论者对行为的看法，重申社会行动者以个体的方式，同时也以集体的方式建构着社会现实，那么我们就必须像相互作用论者和人种学方法论者那样，牢记这样一个事实：他们并没有构造他们在这项建构工作中所使用的范畴，因为建构行为（学业评价就是其中的一个例子）无意识的主观结构是和客观结构一起经过一个长期而缓慢的无意识过程而得来的。因此，正是教学机构的客观结构（如学科的等级）和社会空间的结构（对应性关系将这两种结构连接在一起）引导着（至少是消极地引导着）旨在维护或者改变这些结构的行动。问题不在于那些根据眼前的时尚，在报纸媒体上宣布“主体”的死亡或者复活的人如何看待这个问题：问题只在于将行动者与在结构的维护或改变中实实在在落到他身上的那一部分对应起来，尽管这个行动者并不一定是他的思想和行动的主体；同时，还要重建他在不知情的情况下承担的责任，因为此时他正受到我们可以称之为异化（aliéné）的无意识的摆布；既然他只是一个内在化了的外在，那么，他就同意使自己成为表面上的行动主体，而这些行动的真正主体是结构。

第二章 不认同和象征性暴力 48

关于教师心照不宣地用于评判的那些范畴，人们提出了一些假说，以便阐明优胜者群体的社会特征和学业特征的变化（主要是随着学科变化）。对于实证主义严格科学的观点来说，这些假说的出现可能是一个挑战。事实上，怎么能从经验上判定这样一种方法是有效的，它用对产生了事实的探究进行探究代替了对事实本身进行的探究？实际上，这种方法就是一个研究纲领，它将行为者用来构成其确定的研究对象的实践纲领当作其研究对象，而且这一纲领也以实践的状态存在于研究者（和读者）的思想里。实际上，通过对一批新发现的资料进行分析，我们当初为了解释在全国中学优等生会考优胜者调查中获得资料而不得不作的种种假设都得到了直接而系统的验证。新发现的这批资料其实十分平常，但却是**系统地建构**起来的，因而可以当作一份非同一般的文献[①]：巴黎高师女子文科预备班的一位哲学教师在 20 世纪 60 年代连续四年在一些个人卡片上（N＝154）记载了一些分数（每个学生有五到

---

① 由于这批资料几乎都是“私人问题”，因而不可能获得关于其他班级的类似资料，也不能非常准确地断定研究对象的哪些东西应该归属于学校、集体（女性）、教师。但是有一点似乎是可以肯定的，我们所采用的分类原则的普遍性是有效的，尤其是对于会考报告所做的分析。

六个分数),而且还记载了每个学生的书面作业和口头表达的“评语”,甚至还记录了他们的出生日期、父母的职业和住址,以及中学阶段就读的学校。

49 这些资料为研究试卷**评语**(appréciation)中所使用的不同形容词之间的关系提供了可能性。我们由此可以设想,这些形容词形成了一个差异体系,这个体系中的每一个词都被赋予了不同于其他词的意义;而且正如这些形容词本身所表明的那样,它们还构成了教师评判的结构:这与一方面是试卷上数字化了的评判,另一方面是学生的社会出身是同样的道理——社会出身也是这两种评价方式(用一个或几个形容词,或者用分数)的对象。但是,通过对这种由一位普通教师完成的法律文件式的东西和他的评判理由进行分析,我们尤其应该理解,而**学业分类形式**作为艾弥尔·涂尔干和马塞尔·莫斯曾经谈到过的一种“最初的分类形式”,实际上是社会结构混合后的产物,因为正是社会结构在组织教学机构,尤其是通过学科和专业的划分来组织教学机构,此外,社会结构本身也与社会空间的结构存在着对应关系。

为了对构成教师评判的认知结构进行探索,与其求助于更为精巧的统计技术,我们宁可选择求助于从雅克·贝尔丹(Jacques Bertin)那里借用的一套非常简单的程序;这套程序的优点就在于它能够以一种可感的方式展示分析过的数据,这种可感的方式赋予**模型**直接可见的实在性,从而使这个**模型**能够解释经过分析的数据。

在刚开始进行分析的时候,我们在列表中为遇到的每一个形容词建立一列,为每个学生建立一行来注明其社会出身,并且用一个黑方块来表示给她的评语中所包含的形容词在图中所处的位置，用带影线的方块表示图中的形容词与评语中的形容词有细微的意义差别，或者意义有所保留（比如说，“口头表达自然但不够流畅”；“用功但缺乏独创精神”；“偏激但行为端正”；“散漫而平庸，但有组织能力”）。图 1 中的每一行都是教师对学生进行评论的论域，然后我们将所有形容词整理为 27 类，并且把意思相近、组合几率最高的形容词归并在同 51
一类；接下来，我们将所有资料“对角线化”（diagonalise）（将行和列相继倒置），建立形容词等级与社会出身等级之间线性分布的最相近的关系（所有黑方块成对角线分布）。我们已经注意到，所有形容词大致按照从最贬义到最褒义的顺序排列，按照社会出身排列出来的等级与人们以家庭文化资本为标准建立的**先天**等级非常接近，因而我们按照学生所继承的文化资本的总量来对我们研究的某一年份的学生进行分类；说得更确切些，就是根据她们与教育制度，以及与教育制度所传递的文化的距离，即以其父母的职业和家庭住所（住在巴黎还是住在外省）为依据来对学生进行分类，因为除此以外没有更加切实的标准。因而这里的排列顺序是从中等阶层出身的学生（农业劳动者、工人、小职员的子女实际上并不出现在这个水平的课程中）到支配阶层出身的学生；而在支配阶层出身的学生中，又从文化资本相对欠缺的阶层（工业家、管理人员）排列到文化资本最丰富的阶层（大学教师）。自由职业者介于前两个阶层之间。最后，我们将每一位学生在一个学年中得到的**所有分数的平均值**安排在图的最右边。

50

图1　教师认知范畴中的学生

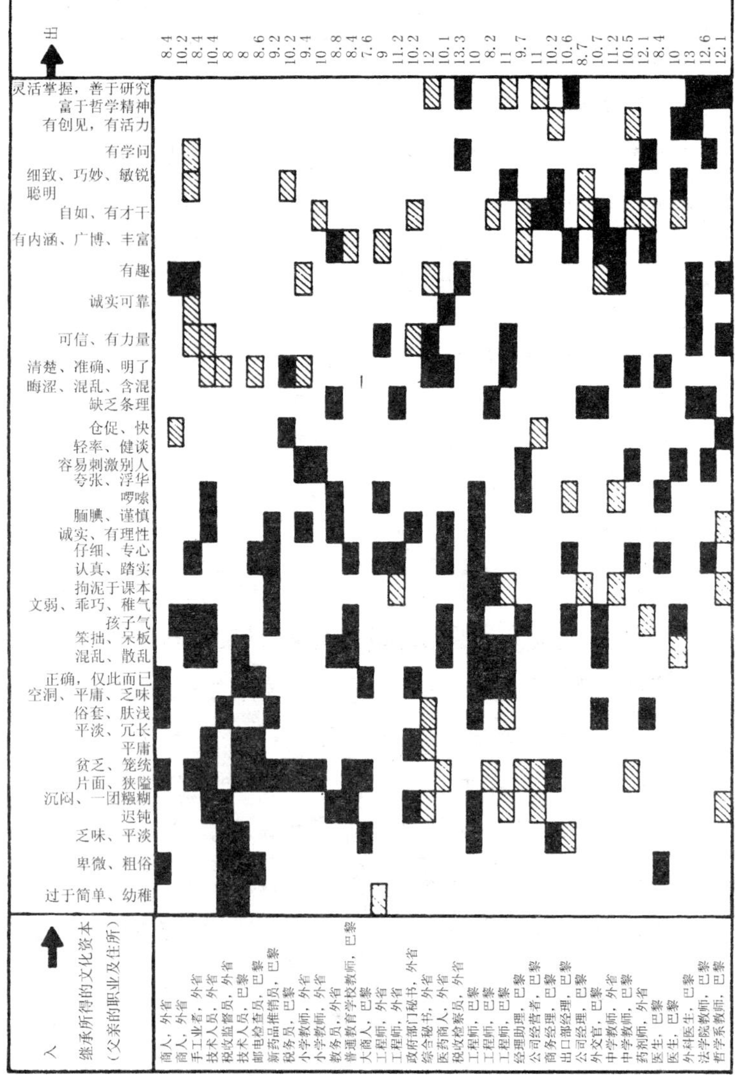

认知机器

我们一眼就能够看出，随着学生社会出身的提高和分数的提高(其中有几个反例)，最高荣誉的形容词出现得越来越频繁。一切似乎都表明，出身于巴黎构成了一项额外的优势，因为在同样社会出身的学生中，出身于首都的学生获得珍贵的品质形容词的比例总是要稍微高一些，尽管外省学生要进入这一水平的课程，要进入学校为杰出分子开设的高等师范学校文科预备班，都经过了十分严格的筛选。出身于社会空间中等区域的学生(她们占了7.5分到10分这一组学生的一半以上；而在12分以上的这一组，她们却完全空缺)是专门接受否定性评判的对象，有时她们还是某些最具消极意义品质形容词的受用者，如“过于简单”“缺乏独立精神”“粗俗”等。只需将人们喜欢用在她们身上的品质形容词集中起来，就能够看到资产阶级对这些小资产阶级的看法：“贫乏”“狭隘” 52
“平庸”“品行端正，仅此而已”“愚笨”“笨拙”“混乱”，等等。人们对她们的德行评价也是否定的：“书本化”“仔细”“专心”“认真”“有条不紊”“缺乏自信”“谨慎”“老实”“懂道理”。即使当人们需要承认她们身上具有诸如明白、坚定、细致、敏锐、聪明、有修养等珍贵的品质的时候，也几乎总是带有保留的成分(表3中的评语1b具有典型特征)。出身于商业资产阶级家庭的学生全部逃脱了最不公正的评价，即使要以她们为对象作贬义的评价，词语间都有所保留；她们能够获得最罕见的品质形容词，但是也常常带有保留的成分。出身于知识分子家庭的学生则不然，她们几乎全部都没有得到过最为消极的评价，包括那些措辞委婉的消极评价；甚至连那些用来褒扬小资产阶级品行的评价她们都没有得到过；人们授予她们的常常是最为珍贵的德行。

事实上，我们这里所采用的分类方式具有缩小差异的倾向。在分类学中占据中间位置的形容词的散乱分布，并不完全出自于这个位置本身的原因，甚至也不是由于不同形容词的重新组合所产生的影响，尽管这些形容词的意义都非常接近。这种散乱分布的主要原因或许在于同一形容词可以进入不同的组合，从而获得完全不同的意义：尤其是像“solide”（稳固的）这样的形容词，和“仔细”“专心”搭配在一起，就是对小资产阶级最典型的平庸德行的婉转表达（“品行端正，仅此而已”中的**仅此而已**就是一种绝妙的表达）；而它和“聪明”“敏锐”的组合则是完美的学业德行的综合。

53 **表 3 部分评语概要**

	1	2	3
	父亲：技术人员——巴黎	父亲：工程师，母亲：秘书——巴黎地区	父亲：医生——巴黎
a 8－10 分	幼稚、平庸、不明确、结构混乱、有意义，但不够深入 概述正确，但过分拘泥于原文 过于平淡 个别文句不错（是别处搬来的吗?），只是文章过于细致、散乱	混乱。哲学碎片充斥全文，让人产生幻觉，但实际上没有作过任何研究，只是一篇纯粹的作业 缺乏条理、无活力，表达自如，但不连贯 混乱。知识脱漏，比无知更糟 提出了一些观点，但是很不连贯 正确 较好	富于知识性，但文中的哲学概念仅用于华饰文采，空话连篇；有学识，有条理 概述缺乏自信 富有知识性，表达较清楚，但缺乏直接分析 材料很好，但缺乏连贯性，引文不合规范

续表 3

b 10－12 分	**父亲:手工业者(细木匠)母亲:邮电部门职员——外省** 不笨,但有点孩子气;不完整,而且显得不够熟练,但是有趣,而且有一定的文采 知识不扎实,论述可信,但过于片面 可靠、认真,有些腼腆,德语使用正确 善于接受别人的观点;呆板,但可靠、认真,堪称典范	**父亲:出口部门副主管——巴黎** 丰富、长、论述比较合理;有些啰唆,但还是很认真,而且有自己的思考;面对难题不知所措 表达方式混乱、平淡,但文章结构清楚,总体上主题突出;但是书写过于凌乱,涂改过多 较好。认真,但是主题不够深入 缺乏表现力和判断力,但主要观点正确 滥用自己不懂的语汇	**父亲:物理－化学教师,母亲:自然科学教师——巴黎地区** 准确、认真、清晰,但不够开阔 有几处明显的错误,但不乏才气 准确、具有刺激性,自信、诡辩 细致,写得比较好,但有时不够准确
c 12 分以上		**父亲:高级行政管理人员,母亲:小学教师——外省** 好。有文采,有思考;写得比较好,甚至有不少超越自己知识的探索 比较好 有趣,熟练掌握	**父亲:外科医生——巴黎** 有趣,但缺乏条理 论述有力,推理可信;结论似乎过于神秘,但不乏哲理 很有创见,但写得不好 充满力量,写得较好 有趣,但晦涩,表达上有欠缺

上表转引的是部分学生学习情况登记卡上教师记录的评语和平均成绩。

每位学生卡片上登记评语的次数不相同,因为老师有时候只登记了分数,没有写评语。

另外,我们还发现,在分数相同或者相近的情况下,社会出身
越低下的学生,人们评价她们的方式就越严厉,越激烈,越不委婉。
(为了对此有一个直观的了解,我们只需看一下一览表中分数大致
相同而社会出身不同的学生得到的评价就够了。例如同一行中的 54
1b,2b,3b。)我们还注意到,与分数所表达的内容相比,**判决理由**
似乎与社会出身联系得更加紧密,其原因或许在于,判决理由更直

接地显露了这样一个事实——教师根据自己从别处得来的对学生的形体常态(hexis corporelle)的认识形成对学生的看法,并且是按照另外一套标准来评价学生,而这套标准与得到明确认同的对成绩进行技术定义的标准毫无关系。

> 教师的评语与人们对一张不公开姓名的考卷所作的评判不同。教师评语的依据是对学生"本人"的直接而持久的认识,就是说,教师是以学生在学校的学习和作业,以及学生的体格外貌提供的所有含糊的、永远不可能阐明、不可能确切、不可能系统化的征象作为其评语的依据的。关于字写得怎样,往往会有明确的评语,但若是被写上了"丑陋"或者"幼稚",那也是运用某种实践分类学进行感知和评价的结果,而这种分类学远远不可能做到社会关系上的中立,因为它也是围绕着"杰出"与"幼稚"或"粗俗"这样的对立面组织起来的。论述性的文章只是偶尔有评语,但是,教师也是通过带有社会关系标记的东西来理解这类文章的:在这里,过度的潇洒和过分的仔细都要挨罚。文笔和"大文化"显然是应该考虑的内容,只是程度不一样,不同的学科或许有不同标准(比如说,哲学和法语的标准就不一样)。
>
> 这一切似乎说明,具体文化,比如,在个别情境中,对哲学作者的了解,对哲学术语的把握,建构一个问题并进行一项严密论证的能力,其实并不像人们想象的那样完全支配着对书面作业的评价。除了几个能够表明课业练习特殊性质的品质形容词("不全面""粗浅""混乱""冗长""有条理""晦涩""含

混”“模糊”“无条理”“清楚”“确切”“简单”)之外，几乎教师用到的所有形容词都表明了**个人的品质**。就好像教师不是在评价学生适应严格的技术要求的能力，而是按照学校虚设的标 55
准，以文学评论和艺术评论的方式，在评价学生顺应某种终究无法定义的理想的综合能力。这种综合能力就是清晰、坚定、严密、真实、自如、善于解决问题、细致、敏锐、创造性诸因素的绝妙组合。那一堆一堆的形容词好像是在庆祝一件艺术品的诞生，而实际上只不过是一些并不传递任何信息的**感叹**(除非在精神上)。因此，这些形容词足以证明，它们所指代的那些品质或许从来就是无法感知，也无法分辨的，因为在实践状态中，无论哪一个词都不具有平常语言中所固有的那些分类体系。

毫无疑问，声称适用于所有个体的那些评判，不仅将狭义的，总是带有社会标记的体貌特征考虑了进去，比如服装、饰物、美容技巧，尤其是举止和仪表都成了评判的内容，而且这一切都是通过建构在社会关系上的分类学来感知的，因此，也是作为个人的品质和才能的标记被解读的。[①] 就像在巴黎高师毕业生的讣告中读到的那样，追念逝者的悼文之所以总要花费很大的篇幅来描绘逝者的体格外貌，是因为这一描绘不仅可以帮助人们回忆，而且也是逝者可感知的**代理物**(analogon)。这种描绘往往从第一次相遇时说起，因为第一次相遇是产生某种“最初直觉”的机会，这种直觉常常概括为对某

---

① 我们本来想在所用的形容词与教师通过学生的体格外貌可能对学生产生的认识之间建立联系，但是由于贴在卡片上的照片质量不好，我们只得放弃。

一**形体常态**和某一说话的音调的追忆："他这个人给人留下了这样的感觉，他之所以拥有一个躯体，只是因为人都必须有躯体，即使并不十分清楚躯体的用处。他那长长的脖颈支撑着一颗既可爱又奇特的脑袋，它总是或者倾向于这一边，或者倾向于那一边。他那没有血色的面孔，再配上金色的头发，就是在得到精细照料的脆弱的孩子们的眼里也是整洁的——那是一些由已经上了年纪的怯弱的妇女照料得或许过于精细的孩子；他的眼睛很大，隐隐约约地扑闪着，像一片蓝色的海；他的鼻子即使说不是孔代(Condé)式的，至少可以说很具有17世纪的特征；他天庭饱满，但不过分肥大。"(罗贝尔·弗朗西雍的讣告，《巴黎高师年鉴》，1974年，第46页)肖像里表达的所有直觉之所以也能够有效地支持人们追忆逝者在智力和道德
56 方面的品质，这是因为**形体常态**为本能的相面术提供了一整套的征象体系，通过这些征象可以看出，某人的出身等级**被认同或者不被认同**的情况："高贵儒雅""富于诗意""有创见，但是他那富有感染性的腼腆在一定程度上掩盖了他的独创性""疑虑重重，而且敏感"。同样，另外一份美德罗列清单("有很强的工作能力""参加各种各样的科学活动并且富有成果""健壮，勤奋，面带微笑，为人善良")只不过是对一些散乱的评语作了一通随意发挥，人们仍然能够从中回忆起逝者的**形体常态**："强健的体魄，铁一般的身体""朝气蓬勃的男子汉"(路易·雷奥的悼文，《巴黎高师年鉴》，1962年，第29页)。

如果只考虑社会出身和分数这两项特别的内容(因为通常人

们必须列出这两项以建立社会出身和学校成绩之间的关系)，我们只能在图中看到一幅简单的机械草图，它接收的是根据暗含的社会类别等级化了的产品，输出的产品却按照明确的学业类别等级化了，而这个学业类别实际上与最初的社会类别是非常接近的。这样，我们就可能忽略这架奇特的认知机器本身的效应，然而，这架奇特的机器事实上实施着一整套的认识与评价程序，这套程序在客观上倾向于建立输入类别与输出类别之间的严密的对应性，而类别的社会原则或社会准则却**从来没有得到正式的承认和认同**。一位教师指出学生中的某某人身上的典型的小资产阶级品行，若是有人怀疑他的这番评论是以等级评判为依据的，即使这种怀疑非常含糊，也很可能会激怒这位教师。事实上，以形容词体系形式具体表现出来的官方分类学履行了相互矛盾的双重职能：它既是输入类别和输出类别之间的中继站，又是其中的显示屏，而输入类别并没有明确地作为教师评判的内容。[①] 根据否认逻辑而行 57
动，官方分类学无须亲自出面就能够以它本来的形式完成某种社会分类。

在实践中表达并且构成学业感知的分类学是一种中立化的、令人难以辨认的分类学形式，也可以说是一种婉转化了的分类学形式：它是根据品行等级建构起来的，通常属于被支配者(即“民

① 对学生社会出身的回顾是学校陈规中的一条自动程序，但是大多数教师都不使用这条或许刚刚收集就被忘记的信息，这一点应该是可以肯定的。无论如何，社会出身从来就没有作为学业评判和更广泛意义上的实际评价的原则。因此，尽管传记体裁的作品有这样的惯例，但是在有关社会出身的参考资料中，以下将要分析的悼念文章还是有相当数目的缺失(16/50)；而且这些悼词的作者，虽然与所追忆的人非常接近，却常常说不得不做一些专门的研究以便能够提供这条信息。

众”）的品行是卑屈、粗俗、笨拙、迟钝、平庸等，属于中间阶层（即“小资产阶级”）的是小气、狭隘、平凡、规矩、认真等，而优越阶层品行则是真诚、广博、丰富、自如、善于解决问题、优雅、创造性、敏锐、聪明、有教养之类。作为实践状态下的关注原则和划分原则体系，学业分类学的基础在于对杰出品行的含糊定义——它将社会关系上霸权者所具有的社会品行当作杰出的品行，并且神化他们的存在方式和他们的身份。

事实上，正是通过这个分类体系，学业分类活动建立了行动者的社会属性和学业位置之间的对应关系，而学业位置本身又根据教学、教学机构、学科或专业的等级而等级化了；对于教师而言，学业位置的等级化则是根据学校的级别和学校所在的地点来划分的。处于等级化了的学业位置上的行动者的序列反过来又构成了将继承所得的资本转化为学业资本的主要机制之一。然而，只有当对应关系仍然处于隐匿状态，而且在实践中表达感知并且构成感知的一对一对的形容词在支配性分类学的所有对立面中（“杰出”/“暗淡”，“灵巧”/“笨拙”，等等）处于社会关系上的最中立的状态的时候，或者当这些对立面的婉转化形式在社会关系上处于最中立的状态时，进行资本转化的这个机制才能够运行：“笨拙”变成“迟缓”，“身体结实”或者“稳健有力”；“头脑简单”变成“天真”，“浅
58 显”变成了“好理解”，通过这些词汇中所表现出来的父亲般粗暴的好意，原来那些形容词中所包含的明显的贬义实际上已经得到了缓解。

某些在普通语言中几乎已经不用的形容语表现出了明显

的粗暴，例如“奴性十足的”(servile)意思是说“低声下气”(意指卑贱者)或者“低微的”(指那些“低微的人”)。这种粗暴是无法掩盖的：学业幻想促使人们对某些青少年实施评判，认为他们尚可调教，因而可以接受更粗暴、更率真的对待(参见“可爱”“幼稚”“孩子气”)；允许人们施加象征性处罚的矫正状态与从前某些地方和某些时代的人实施体罚是一样的；“精英学校”的共同传统就是严厉和纪律；然而，上述任何一条都不足说明教师有权力悠然自得地实施这种象征性侵犯，而且学生在学业上被神化的程度越高，象征性侵犯似乎反倒越严重。

书面和口头评语是确认和灌输教师价值准则的一个机会。几乎整个杰出学生群体都表现出依赖性与顺从性，因此，教师的价值准则毫无疑问能够得到完全一致的肯定。有意义的是，在一位巴黎高师文科预备班教师的悼词中，他从前的一位学生会激动地追忆他批在作业本上的那些从内容到形式都十分传统的评语：“没有人会忘记他的严格要求：我们觉得他的严格合情合理，我们感谢他强迫我们遵守这些要求时的毅力……他的方法？那是极好的。一切都是他形象的写照：他和我们进行的是真正的谈话——确实如此——他把他的看法打印出来，粘贴在发回来的作业上。我们班当时有40多个学生，我们很潇洒地交给他八大张作业纸，有时候甚至是潦草难认的字。他的‘信’常常要占半页纸，甚至更多。他是那么地希望帮助我们、理解我们，他是那么英明睿智，以至我们觉得他的戒尺都带着深情，尽管有时很严厉。他的俏皮话是那么有活力，有时候又是那么好玩，有效，我们保留着这样一部作品集！‘简单得可怕——文笔贫乏无华——你像是在烤蜂窝饼的铁格子里面做文章——跋涉了漫长的一段路还是只见电报线不见电文——使用清水重新加工——你写文章像是在拳击：偶尔能够击中一两拳’……”（保尔·迪伏罗的悼词，《巴黎高师年鉴》，1974 年，第 52 页）

59 即使教师和学生都一致坚信“粗暴的直率”是杰出分子之间唯一适当的交流方式，教师的自得或许也不太可能在学生身上遇到同样的自得。虽然双方的自得或许都有可能在构成教师精神气质的贵族主义和苦行主义的结合体中找到他们的根源，但是教师以学生不符合尖子的理想为理由来斥骂优等生，并将她们逐出尖子群体，这种做法表面上具有普遍性，但是实际上针对的却只是她们中的几个人，就像图 1 所明确显示的那样。然而，这种斥骂与驱逐正是反复灌输尖子主义思想的习惯做法的组成部分。

集体否认（dénégation collective）使得直接感知学业评判的社会基础变成了一件不可想象的事情，无论是否认的宣告者，还是被否认的对象都是如此，因为学业评判已经被简化成了人们在传授知识的过程中完成的那些脱离现实的一般的习惯行为。然而，这种非同寻常的集体否认并不是将所有的个人否认集中在一起的简单结果。事实上，无论是我们这里所说的还是在别的什么地方，集体的信仰总是存在于学业空间划分的客观结构与介入其中的行动者实施关注原则和划分原则时的认知结构之间的即时协调之中。我们其实就是行动的最不可捉摸的本原，这个本原既不存在于结构中，也不存在于意识中，而是存在于客观结构和具身结构（即惯习)之间最接近的关系中。只是因为有了行动者才有行动，才有历史，才有结构的维持与演变；而行动者之所以行动着，有效能，则是因为他们并没有被简单地归结为人们通常按照个体的概念理解的那种人；作为社会化了的有机体，行动者被赋予了一整套的习性——其中既包含了进入游戏和玩游戏的癖好，又包含了进入游戏和玩游戏的天赋。当教师的感知和评价认为一份考卷“乏味”或者一份书面陈述“刚刚及格”的时候，或者当学生的自我感觉同别人对他的看法正好一致，因而觉得自己应该献身于拉丁语和地理学的时候，这时，在每一个教师和学生身上行动的既不是社会空间的客观结构，也不是这个空间的各种位置上的人的主观意识，而是客观结构和主观结构之间的本体意义上的对应关系：一方面是按照教学机构(普通大学学院和名牌大学)、学科、专业等分类原则组 60
织和划分的某一场域的结构——这种分类原则以一种难以辨认的形式对最基本的社会分类原则(支配者/被支配者，等等)进行再生产；另一方面是学业分类实践中所采用的分类学，这是主导性分类学的*中立化形式*——这种分类学是一个相对自主的场域运作的产物，同时也是为了这个场域的运作而生产的，因此，它将普通语言的分类学放在了中立化的第二位。从这个意义上来说，学业化语言作为这些关注原则和划分原则的主要载体，有助于使某些机制的运作成为可能——通常，只有当行动者决定按照这些机制的逻辑行动的时候，这些机制才能够运作；然而，这一切的前提条件是：这些机制必须以一种暗含的形式为行动者们指明目标。

连续不断的分类使学业体制中的分类产品具有了与学业分类学一样的观点。或许正是通过这些连续的分类，作为学业体制中的分类产品的学生和教师，都根据自己在这些结构中的位置，不同程度地掌握了分类原则的实际运用——这些分类原则在趋势上符合使他们能够对所有事物进行分类的客观分类法；分类首先从学生和教师自己开始，按照能够同时作用于他们双方的学业分类学，满怀诚意地进行；它就像一架机器，不断地将社会类别转化为学业类别，也就是说，将社会类别转化为被认同的或者不被认同的社会类别。在最初的学习过程中，客观结构变成了心智结构；而这一学习过程正是在按照这些结构和某些评判规则建构起来的空间中完成的，这些评判规则也是用按照同样的对立面建构起来的语言表达出来的。从这个意义上来说，学业分类学正是按照这些结构本身的逻辑进行分类，而学业分类学本身又是这些结构的产物，它所作用的对象同样也是这些结构的产物。由于在按照同样的原则组织起来的社会空间里得到了持续不断的肯定，学业分类学便以明证性的观念运作起来，而这种明证性正是社会世界的教条式经验的特性，也是社会世界之人们所没有想到也不可能想到的另一特征。

负责实施分类的行动者之所以能够完成他们在社会分类中的
61 社会职能，这仅仅是因为这项社会职能是**在**实施学业分类的**形式**
下进行的。他们之所以能够做好他们(客观上)应该做的事情，只是因为他们认为自己是在做另外一件事，而不是在做自己所做的事情；而且还因为他们对自以为在做的事情坚信不疑。作为被愚弄而又好愚弄人的人，他们是自己实施的分类活动的第一批受害者。这是因为他们自以为在进行一项纯粹的学业上的分类活动，甚至还要更专业化一些，一项“哲学”(或者“文学”，等等)的分类活动;因为他们以为自己在颁发文学或者哲学(或者“哲学思想”,等等)的享有特权的资格证书,然而,学业体制却能够从根本上改变他们实践活动的意义,从而让他们做了他们无论如何都不会愿意做的事情。

也正是因为他们以为自己作出了严格的学业评判,社会评判才可能在他们用学业化语言表达的婉转的判决理由的掩护下,产生神化(consécration)本身的效应(无论是积极的效应还是消极的效应):使成为评判对象的人相信这项评判只针对着哲学学生或者哲学弟子本身,只针对着他“本人”,他的“精神”或者他的“智力”,而无论如何绝不涉及他作为社会人的方面,说得更露骨一些,就是不涉及是教授的儿子还是商人的儿子;这样一来,学业评判就获得了一种认同或者不认同的权力,而这种权力或许是社会评判所得不到的,尽管学业评判是社会评判的婉转化形式。由社会资格向学业资格的转化并不是一个没有结果的简单的文字游戏,而是在实施一种社会炼金术,它使词汇具有象征性的效能,并使之在实践中具有持续性的动力。一个句子,在它未经改变的形式下(“你不过是个工人的儿子”),甚至在它的更高级的形态中(“你是个粗俗的人”)是没有任何象征效能的;甚至只能引起人们对教学机构和它的主持者们的反抗,假如真像人们所说的,这句话是从一位教师的嘴里说出来的。同样还是这句话,如果以学业场域特有的审查所说的不易辨认的形式表达出来,如“正确,仅此而已”“毫无意义的作业”“文笔平淡乏味”,等等,那么这句话就变得可以接受并且被接受,可以承认并且被内在化。教学机构将学业品性的学业分类学 62
搬出来作为人类优秀分子的等级表,这种分类学介于每个行动者和他的"志向"之间。正是它支配着"志向"朝着学业评判事先设定好的某某学科或者某某专业运动(比如说,"我非常喜欢地理学")。

学业评判毫不懈怠地更新着内容。从第一张成绩报告单到最后的悼词,它们自始至终陪伴着教师。或许它们应该将自己隐性指令所具有的象征性效能归功于婉转化所取得的成果,每一次教师要在恰当又谨慎的限度内运用修辞手法写负面评语的时候都要用到它。在作品分析、推荐信和毕业论文评语中,或者在自行遴选的实施现场对候选人的毁誉之词中,以及在那些让同行能够读懂字里行间的内容,能够听懂那半句话的意思的话语中,赞美之词时时能够自我否定,这是因为,他在赞美的同时还可以把意思往"被支配的""微不足道的"之类的品质上引(如"认真勤奋""论证真实"),而表示这些品质的词总让人想起还缺了一个表示级别的附加词("优异",等等),此外,赞美词也可以通过显现为常规和习惯的说法而自我否定(评语如"中等上下""有待今后努力""需要做出新的努力""太拘泥于资料")。"自X小姐进入这个系学习以来,我一直都比较了解她。她给我的印象一直是非常认真,非常勤奋。她曾经好几次把她的会考试卷给我看,成绩都在中等左右。这可以看作是对她今后学习的鼓励。因此我希望她经过新的努力能够成功地通过大中学教师学衔考试。""X小姐于1970—1971年在我的指导下完成了她的硕士课程论文。她写得非常认真,资料很丰富,论证极其仔细,只是她的论述太拘泥于资料,缺乏与文本的必要距离。我欣赏X小姐的才能，认为她经过了一次失败的尝试，终将会成功地获得大中学教师学衔。我希望她能够进入良好状态以准备下一次考试。我补充说明，她不但勤奋还很谨慎，这都是她将来取得成功的条件。”（介绍信档案，1972 年 9 月）

要真正领会这段话的影响，就必须将语言放到它产生和使用的社会条件中去，在词语（mots）的外面，在产生这些词语的机制中，在传播并且接受这些词语的人群里去寻找能够使这些词语产 63
生影响的根源。规范使用规范的语言只不过是象征性权力产生效能的条件之一，但却是只有在某些条件下才会起作用的一个条件。学业上的婉转措辞的影响，只有在那些由于社会方面和学业方面的生产条件都预先倾向于绝对认同这些话语而被选拔来的行动者身上才能够绝对有效。

当学业体制所传递的信息的结构与负责信息传递的老师和接受信息的学生的心智结构达成一致的时候，教学机构实施的象征性强制便实现了它的效应：比如说，一位哲学教师带着其社会方面无意识的东西来到课堂，面对一群想在课堂上得到点什么的青年资产阶级学子，他们谈起了柏拉图学说中关于**知识**和**意见**之间的区别，或者海德格尔关于“常人”，以及关于“闲谈”的论述；由于讲课的需要，这些概念以最简单的表达形式，归结为一种贵族式的断定：大思想家与“粗人”以及与“普通常识”之间确实存在着距离；这就是哲学家深奥哲学的神秘根源，也是这种哲学之所以能够轻而易举地激发青年学子哲学热情的根源。[①] 这是一种合法的泄露，以一种多少简化了的哲学话语的方式泄露给合法的接收者，其实这种哲学话语是以一种秘传和委婉的形式给出了社会的主流看法，而这种看法一定会得到认同，不过这种认同实际上只不过是，如果人们允许这样说的话，一种形式的非不认同：当杰出与平庸，
64 罕见与平常这些对立按照大师及其弟子原创性等级的不同，以“本真的”和“非本真的”这样几乎没有“共同”之处的拐弯抹角的哲学术语表达出来的时候，实际上是很难分辨出来的。[②]

同类人的评判和教育伦理

教师理解的范畴形成了一系列的评判，经历了所有这些评判最终进入了教师行业的那些人，又不断地经受根据同样的关注原

---

① 人们很愿意接受拉康的观点：“尚福尔的格言中关于‘可以肯定，大众的观念，即所有被接受的习俗，都是愚蠢的东西，因为它适合于大多数人’的说法，肯定会让那些自以为不属于他的法则的人感到高兴，确切地说，就是让那些觉得自己不属于大多数的人高兴。”（J. 拉康［J. Lacan］：《作品集》［*Ecrits*］，巴黎，色伊出版社，1966 年，第 21 页）。只是应该加上这段话里没有提到的核心部分，即被分析者所遗忘的（这种故意的遗忘毫无疑问是这种分析所运用的极具魅力的原则之一）被社会和教育机构当作是幸福的少数中的“大多数”。

② 从更广泛的意义上来说，似乎有必要重申，在西塞罗之后，所有被人们称为庸俗哲学的学说，比如，唯物主义、经验主义，以及其他过于接近“常识”的“粗俗”学说，都经历了公开的或者心照不宣的贬值，许多的迹象都证明了这一点：所有那些有点庸俗的哲学家在课堂上和教科书中遭受的命运就是例证，比如休谟、孔德、涂尔干很快就受到了谴责；此外，还有从礼仪性的排除和侮辱性的驱逐（“唯科学主义”“心理主义”“社会学主义”“历史主义”）一直到以各种形式进行的吞并活动等，无数的贬低科学话语的严密和确实的方法。

则和划分原则进行的评判。为了揭示这一切，我们采取了与分析入学志愿者评语时同样的程序，对巴黎高师历届学生联合会年鉴中收集的讣告进行了分析：联合会在对其亡故的某个成员所作的最后评价中，仍然采用了当初它决定吸收这个成员进入群体时所用的分类原则。[①] 我们发现，与论文“评语”中的形容词体系非常相似的一个形容词体系仍然在悼词中运作；而且学业分类学就像是一个社会分类工具，自始至终都在教师的职业生涯中起作用。65 事实证明，巴黎高师毕业生的职业生涯之间的差异是与他们的社会出身的差异联系在一起的，尽管同样的神化、同样的教育，尤其是同样严格的超级选拔所产生的联合效应使他们达到了形式上和实际上的“平等”。

> 我们按照与前面一样的方法，以 1962、1963、1964 和 1965 年《巴黎高师历届学生联合会年鉴》中的讣告为基础，建立了图表（参见图 2）。我们将 34 位从前巴黎高师的学生按照他们的社会出身排列在这张图中，即根据可用材料，主要是根据其父亲或者母亲的职业，他们出生时父母的居住地，以及他们大致的家庭文化氛围，尽可能地判断出他们所出身的家

① 联合会通过合法委任的代言人对其成员作最后评价（同届校友负责致悼词，只有在不可抗力事件发生的情况下才能将悼词委托给其他人，但是这个人必须是巴黎高师的毕业生，就像入学会考评审委员会中的情况一样）。这项评价是集体劳动的结果，当编撰者插入了由其他人提供的资料和评价时，这种痕迹有时候会显露出来。（联合会负责管理象征性生产方面的工作——还有伦理方面的——并且在必要的时候会反对以死者的名义积累起来的象征资本被人占为己有，因为致悼词就是一个积累象征资本的好机会，所以，在这种情况下，要控制联合会的合法代言人的人选。）

庭在文化资本和社会资本中所占的位置。与预备班的情况一样，这项分类显然不可能毫无独断之处，尤其是对那些出身于资产阶级家庭和小资产阶级上流阶层的学生来说，更不能完全排除这种可能性：我们常常不知道官员的级别，也不知道他们所受教育的情况（比如说，究竟是圣·西尔[Saint-Cyr]的毕业生，还是巴黎综合工科学校的毕业生）；同样，我们也不知道教师的确切职位，不知道有关的工商企业在其行业中的位置。然而可用材料的缺乏以及其他一些诸如此类的困难并不是唯一的问题，权力场域的结构和这个结构中不同职业的差别性位置（position différentielle）演变的社会历史才是科学研究的先决条件——尽管所有的“机动性”研究对此都不屑一顾，有关社会轨迹的任何一项严密分析都必须以此为先决条件，对于建立分析所需的单侧亲缘等级（hiérarchie unilinéraire）来说，这个先决条件就更加重要了。另外，要对家庭的职业状况和家庭居住地所产生的相关影响进行估计也是极其困难的：一切都促使人们作出这样的考虑，巴黎籍和外省籍之间的对立关系通过说奥依语[①]和奥克语[②]之间的对立面得到了强化，而这两种语言之间的差异又以口音（accents）的形式进入了人们的惯习中；因而对于高水平的大学课程来说，巴黎籍和外省籍之间的对立面起着决定性的作用，因为这些课程极其需要与名牌大学的形象相匹配的素质

① 中世纪法国卢瓦尔河以北地区方言。——译者

② 中世纪法国卢瓦尔河以南地区方言。——译者

图 2　学业分类与社会水平分类综合图 66

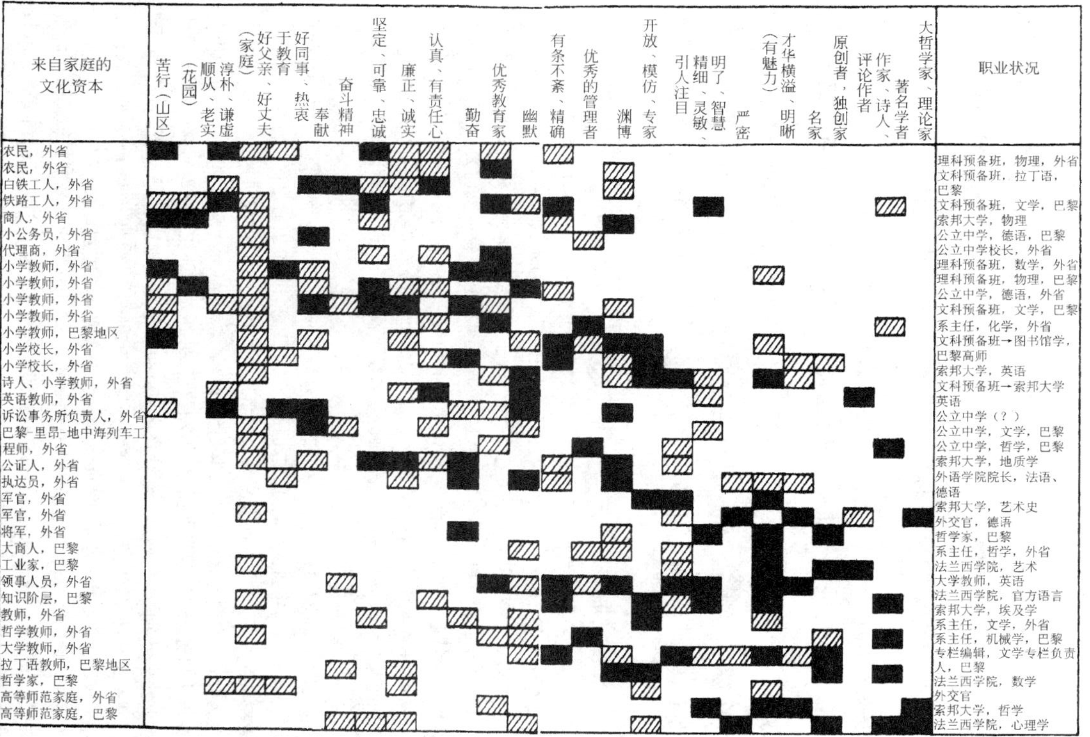

与之对应。[①]

67 通过对十几年的《年鉴》进行分析，我们为品质形容词建立了26个等级，我们用一个黑方块来代表每一份受到重视的讣告中相对来说显得最为重要的品质（一般都用形容词来表示）；说它受到重视，是因为在那些最长的讣告中这些品质被反复提到过好几次，并且在那些最简短的讣告中也强调了这些品质，或者对这些品质采用了夸张的表达方式；但是每一个黑方块所代表的品质形容词都不超过十个。[②] 用以构成已故教师的不同特征的形容词体系展现了一个与教师的位置结合在一起的**伦理可能性空间**（espace des

---

① 在讣告中，只提到了与大多数人的口音比起来显得异常的“南方”口音，除此以外没有提到过其他的口音。“他有比利牛斯山区人粗粝的口音，靠颤动舌尖来发 r 音，并且把某些辅音读得很重”（G. 吕默的讣告，他出身于上比利牛斯山的阿尔贝奥斯特，父亲为小学教师，《巴黎高师年鉴》，1962 年，第 42 页）；“说话嗓门大，带着乡音中的颤音”（A. 蒙特撒拉的讣告，他出身于塔尔纳省的喀斯特尔，《巴黎高师年鉴》，1963 年，第 51 页）。发音或许是生存方式的一个最好的例证：它持久地，有时甚至是不可磨灭地令人回想起某种获取知识的方式；因此，它的运作就像一架强大的社会机器，不断给人们打上各种各样的烙印。

② 这里涉及的巴黎高师学生大多数都出生于 1880—1890 年，他们所活动的年代是 1905—1955 年间。由此可见，此处追忆的巴黎高师学生的形象适应于体制相对古老的教育状态。从这项分析中得出的结论显示，讣告中没有说明社会出身的学生与我们这项分析中的所有对象比起来并没有明显的差异（分析对象中 6 人出身于中等阶层，5 人出身于上流阶层，但是我们没有获得另外 5 人的任何材料），此外，用于对他们进行评价的品质形容词也正好符合这项分析所得出的规律。（通过查阅档案卷宗，我们甚至还发现，那里收藏的学校评语和悼词中的评语几乎是完全的一致的。）成为讣告中对象的学生与所有亡故了的学生相比似乎没有什么差别，或许只是在对母校的依恋上有所不同。因此，在年鉴的终身订阅者当中，成为讣告中对象的人数似乎要略微高于其他人数。最后，一切都似乎说明，讣告的作者和讣告的对象之间的关系并不是偶然的，他们通常都具有大致相同的社会出身，来自共同的学科，有着一样的职业生涯。

possibles éthiques)——只有将它与权力场域中与其他位置联系在一起的其他空间进行比较时，这个空间才能够完全显露出它的真实性。当人们切实感觉到以普遍性的表象建构这个空间的分类学在命名那些离开了大学场域的高师毕业生的德行时所表现出来的十足尴尬的时候，人们实际上就真正触及到了这个空间的边界，比如说外交官们，对他们的赞美是那些光荣地脱离了教师行业的
人给予的，于是人们就走进了一个话语空间(诸如“对国家的忠诚” 68
或者“将一生全部奉献给了国家”)，它表明这是一个完全不同的社会空间——那是一个对立的，甚至是背反的空间(“他的使命不是教育”“不是处身于教室这个陈旧而狭小框架里”“他所有的渴望将他引向更为广阔的地平线”)，也是政府高级官员或实业大资产阶级的空间。

> 权力场域是一个斗争的场所，像其他一些场域一样，其争夺的目标就是伦理评价原则的等级。伦理社会学的首要任务应该是清理和分析实际状态下或者明确状态下与权力场域中的不同位置相匹配的德行体系：我们已经开始收集所有的庆典演说，以便进行比较分析，如悼词、欢迎会演说词，等等。在这些演说中，各种团体都通过他们中的某个成员来相互赞美，这是一个阐明态度，并使之系统化和普及化的重要时刻。由此，一个团体可以将它的精神气质变成伦理；将群体所共有的、在客观上系统化了，因而在群体内部的实践中普遍化了的惯习原则，转化为由适用于人们的普遍抱负的明确准则构成的人为的严密体系。对于一项进行伦理生产的事业来说，追

悼会是一个特别有利的机会：它可以迫使人们将分裂团体的冲突搁置一旁，并且使人们有理由展开对于团体的颂扬，当然首先是对追悼会主角的颂扬——在通过同一化（identification）实施统制（annexion）的某些序幕里，我们曾经清楚地见到过这一场景；人们可以通过颂扬团体杰出成员中的这一位来颂扬这个团体，因为直至此时，他还具有某种潜在的威胁性，但是从此以后，他就不在游戏之中了，不再构成任何威胁，而是成了人们为了抢夺以他的名义积累起来的象征资本而展开的斗争的焦点。

巴黎高师学生的社会出身和学业成就之间的统计学相关性与机械的因果关系不存在任何联系，[①]尽管各种各样的同质化效应
69 对他们产生过影响。这种相关性是在无数次评价（和自我评价）行为中持续渐进地建立起来的——这些评价和自我评价建构现实所运用的工具就是学业分类学。教师作为一种分类产品，正是按照学业分类原则不停地进行相互分类和自我归类。通过持续不断的自我评价行为（在实施这些行为的过程中，并且通过这些行为，个人的愿望以及个人的自我定位得以确立），他们的抱负预测并期待着学校对他们抱负的评判。在这个意义上，当悼词中颂扬某某人

① 15位出身于社会空间下层区域的前巴黎高师学生中，有12位成了中等教育或中等教育高级阶段的教师（高等师范学校文科预备班教师，高等学校或者巴黎综合工科学校数学专科预备班教师），仅有3位在普通大学的那些被认为是次等的学科中（实用语言和化学）从事高等教育，而且一般都在外省；而在19位出身于社会空间上层区域的学生中，仅有2位做了中学教师，却有2位做了外交家，2位作家，13位高等学校教师，而且大部分都在巴黎，其中有4位在法兰西公学（Collège de France）。

将自己在大学学院或者在巴黎的“辉煌人生”献给了“快乐的外省生活和家庭生活”时，这些悼词只不过是在表面上迷惑人：机遇和愿望之间的辩证关联十分严密，因而将属于客观决定论的与属于主观决定论的问题分辨得太清楚是没有意义的。外省人并不接受一个不愿意接受他们的巴黎；中学教师拒绝接受大学学院，正如大学学院拒他们于大门之外一样。任何一次成功的社会化过程都趋向于使行动者成为自己命运的同谋。

通过各种细微的“选择”，未来可能的轨迹渐渐地显露了出来；事实上，每一次这样的选择都为减少投资（désinvestissement）的工作贡献了一分力量；这项工作必将走向**最后的赞礼**（amor fati），达到讣告所赞美的逝者的美德，只是人们需要为此而要弄几个不怎么诚实的计谋。不同的等级化原则（教学机构、家庭居住地、学科）之间的相对独立性产生了一种模糊效应，它能够极大地简化必要的工作，使人们能够更方便地将失败转化为有选择的拒绝，从而体面地放弃已经破灭的希望：如果巴黎某名牌中学的哲学教师想要说服自己无须羡慕外省的某个毫不起眼的学院里的一位英语教师，那简直是太容易了，他只需要在学术杂志上稍微写点什么就行了。反之亦然。因此，追思逝者的惯例所必须举行的仪式为丧事确 70
立了一个比较正确的概念，正因为有了丧事活动，那些自以为“有望于更高远前程”的人永远都可以在对自我的评价中重建自我。

学业分类学所产生的等级通过某些关系结合在一起，而这些关系绝对不是纯逻辑的。在个别情境中，教师德行空间所遵守的等级，也就是说，人们在行为方式空间所必须遵守的等级（要达到学业优异就必须具备这些行为方式），与人们可能的职业生涯的等级是密切相关的，也就是说，与教学机构的等级是紧密相关的。一切的发生就好像每个行动者客观上都处在属于自己的位置上，而这个位置是由他自己的德行在等级化了的品行空间中所占的位置决定的——教师群体认同这些等级化了的品行，并且把它们视作自己的品行，同时，他们又根据自己最优秀的弟子的品行来辨认它们：处于最底端的是最微不足道的品行，也是任何一位“青年一代的教育者”早有预料的品行——好爸爸、好丈夫的居家美德，或者尽心尽力地将自己奉献给学生的教师们所表现出来的最基本的教师品德或良知；处于另一端的是最完美的品行，它不接受一般德行所表现出来的那副消极的样子，但也绝对不会发展到否认一般德行中的积极方面（因为大哲学家也会因为他作为一家之主的某些品德，或者因为他对母校的依恋而得到人们的赞扬）。

因此，在这最后的检验中，这些“逝去了的同学”冥冥中又看着自己被划分了一次等级，正如他们活着的时候一直被人们按照微妙地等级化了的学业品行划分着等级；即便此时，在这大学课程的最后关口，那些等级化了的学业品行仍然与社会出身有着实实在在的但却看不见的联系。对于外省的那些默默无闻的教师，人们授予他们的是最基本的品行——好老师，通常还要加上好父亲和好丈夫；接下来是末流知识分子的品行，他们认真、学识渊博、诚实，或者还具有足以对付低级活动的各种才能，比如说，他们译书、编写作品评论、出一些与学术有点关系而学校却不以为然的成果。位于这两种平凡的文化侍应者的二流美德之上的，是那些善于展示自己的杰出，同时又违背学校关于杰出的定义的人所表现出来
71 的卓越品行：团体通过其周围的人（就大学教育而言）向某个实现

了它的卓越理想的人表达的最崇高的敬意，就是要将他置于所有的学业等级之上——这也是学业分类一直都在谋划的事情。

以下从《巴黎高师历届毕业生年鉴(1962年)》中摘出来的三段讣告可以作为上述三种等级的说明材料：

——保尔·苏歇，1886年1月10日出身于凡尔赛，外省中学德语教师；父亲为商人。

"继关于赫夫曼(Hoffmann)的论文之后，他又推出了许多译作。他以优雅自如的文笔重组原文的句子顺序，从而准确地传达原文的意思。他的一些长长的引言总是能够突显出一些有时是含混的或者有争议的根本的文学问题。

……本来只需不多的时间苏歇就可以作出一篇优秀的论文，就可以打开通往我们学院的道路，就可以令他从前的导师无限欣慰。我想，他不是受到了困难的羁绊，因为这些困难对他来说根本就不算什么；也不是他的学识不够渊博而达不到要求，因为他一直是满怀兴趣，轻松自如地沉湎于学习和研究。其实，他那丰富的内心世界对他来说就足够了：阅读、思考，还有旅游。他背着背包，长途跋涉；或徒步，或骑车；他征服了阿尔卑斯山上广阔的地平线，那里的岩石上有他用膝盖和手指留下的印痕。1926年，他与同样从事国民教育工作的一位同事组建了家庭，婚姻带给了他和睦的家庭生活。所有这一切足以填补和丰富他理想中的人生。"(第36—37、38—39、54—55页)

——罗歇·庞，1905年8月28日出身于厄哥尔德维耶，路易大帝中学文科预备班的文学教师；母亲为小学教师，祖父母都是农民。

“他的独一无二的成功来自于他每时每刻的忘我工作。作为伟大的人文学者，罗歇·庞潜心研究作品和作者。无论是对帕斯卡尔还是对狄德罗，对克劳岱尔还是对纪德，他都努力传达作品本身的声音，发掘它们本身的价值，在一种朴实的氛围中热情地款待它们。他总是遵从作品本身的特性，而不是试图取代它们或者曲解它们。作为大中学教师学衔会考严谨的评委和监察员，罗歇·庞还是一位教师，他将自己的经验和学识奉献给教育事业，奉献给教师们……罗歇·庞一生著述颇多，无论是简短的注释还是宏篇大论，他都仔细认真，力
72 求准确和细节上的完善，每每做到笔力雄健明晰，富有激情。然而，这位巧匠因为不停顿地为人们创造既有益又有用的作品，最终为工作，为友情，为责任所吞噬；为命运所出卖。因而，罗歇·庞作为伦理学家和评论家，只来得及接触这部伟大作品的外围，只作了一个开场白，或者说只绘制了一张草图。从事高等教育的苦行主义再加上作为基督教徒的谦逊也不允许他（因为美德就是进行残酷而毁灭性的冒险）说出最重要最独到的部分，处处是隐讳的表达，从来没有无拘无束地畅所欲言。”

——莫里斯·梅洛-庞蒂，1908年出身于海滨城市洛什弗尔，巴黎高师入学会考评审委员会成员，法兰西公学哲学教

师;其父为炮兵部队的军官。

“我又看到了那个时代的他,他的严谨的作风、他听讲时极其专注的神情,想起了他回答问题时的确切中肯,以及他在科学地陈述问题时的那种莫测高深。他身上有一种贵族气质,一种距离感,遇见他的人都能够因此而感到一种深度……莫里斯·梅洛-庞蒂属于伟大的哲学家之列,从某种意义上说,他继承了阿兰和柏格森的学说;从另一种意义上说,他又与 J.-P. 萨特很接近,因为他像萨特一样,也受到胡塞尔和海德格尔的影响。”

可能德性的空间

因此,只有参照进入了教师行列的每一个巴黎高师学生所面对的可能德性空间的结构,才能够确定他们每一个人所具有的德行的**社会价值**。根据同样的道理,在研究的样本中,从外省任何一所中学的实用语言教师到法兰西学院的哲学教授,这中间可能的位置空间限定了可能的轨道空间。由于未经过最初的分化,这个可能的轨道空间平等地向同一届巴黎高师学生中的每一个人开放,而且从客观上讲,人们可以根据这个可能的轨道空间来确立个人轨道的不同价值,而个人轨道的不同价值就是成功或失败的主观经验的客观基础。由此可见,讣告中笼统地赞美的那些美德和职业生涯成了人们感知和评价的双重对象。低级德行由于它们本 73
身的原因而得到了人们的理解,因此,作为学业“优异”定义的组成部分,尽管它们微不足道,但却是基础,就是说,它们既平凡又非常重要，这些低级德行成了人们绝对地、无条件地认同的对象，因为这些德行的缺失足以对人们是否能够归属于这个群体构成问题。不过，人们不会彻底忘记，高等教育中的苦行主义，以及被简化为苦行主义的优异学业的否定的真实性：简单而朴实，明智而内心宁静，顺从命运又不失尊严，正直而且勇于献身，这就是普通教师的生活，作为普通教师的某某或者某某都是这样生活的；他们背着包，来往于山岭之间，耕种自己的学园，照看自己的孩子；然而，一旦将他们放回到具备可能轨道的场域中，他们绝不会不让生活呈现它应有的样子。[①] 低等的德行，还有中等的德行，比如像教学才能、清晰、有条理之类，或者像学识渊博、严密、精确之类的低等智德，尽管它们已经很特别，已经不那么完全属于道德方面的东西，

① 因此，这首题为《小小巴黎高师生》的幽默诗以一种带有偏见而又极其忠实的自嘲再现了巴黎高师学生的模态轨迹。诗的最后一节写出了这些“简朴的人”的追悼会上的真实情况：

“……

七

他去了，躺在墓穴里
这时人们说他是第一
忧伤的调子
无尽的赞词
一个好丈夫，好父亲
当然还是个好公民
但是他生性古怪
因为他满腹华才
我们的朋友，如此如此。”

（P. 鲁塞尔[P. Roussel]：《立方体集》[*Le livre des cubes*]，引自 A. 佩瑞费特[A. Peyrefitte]：《于尔姆街，巴黎高师学生生活集》[*Rue d'ulm*, *Chroniques de la vie normalienne*]，巴黎，弗拉马利翁出版社，1963 年，第 2 版，第 316—319 页。）

但是它们从来都只能是支配性德行剩下来的边角余料，只有与那些支配性的德行结合在一起，它们才能够获得完整的价值，因为只有支配性的德行才有能力弥补和拯救它们那种苦苦耕读收获平平的学业状况：学识渊博只有“饰以高雅”才能完全体现出它的价值，而博学的人们只有“不封闭在自己的专业里”才能够真正得到认 74
同。上乘的德行变得越来越稀罕，道德便渐渐地在颂扬中占据了所有的位置，从这个意义上来说，道德只能是这样一种东西：它能够让人们在一个以智德为至尊的空间里接受智德的界限。不仅如此，即便是最动听的赞美也常常会暴露出最不知羞耻的事实：人们总是将被支配的那些品质与诸如顺从、谦逊、谨慎、拒绝荣誉、正直之类的德行结合在一起，因为这些德行能够让人们接受更低的位置，而又不至于因为过度投入却收获甚微而愤恨不平；这确实是很有意思的事情。再说，那些默默无闻的人也有了他们同谋的群体；当他们试图通过颠倒是非，将默默无闻转化为对功德的选择，并因此而不再对那些必须通过不名誉的手段才能够获得的耀眼的荣誉所带来的声望保持谨慎与疑虑的时候，这个群体就会将他们谦卑的道德准则作为一种荣誉。①

官方回忆录的作者所赞美的顺从和睿智可以从不同的教学类别在完全等级化了的场域内部所拥有的相对自主性中找到客观基础。每一个这样的次场域（sous-champs）都以轨道的形式（这种轨

① 默默无闻从来就没有被当作一项值得研究的品德来赞美，实际上，它只能作为一种蔑视荣誉，完成学业后拒绝继续追求功名的积极德行得到认同。二十几年前，索邦大学的某教师对一位考生说过一句话，这位考生以哲学家、评论家和记者身份写了不少文章，并因此而小有名气。教师说，“您不够默默无闻”。这句话就是很好的证明。

道至少在主观上与任何其他的轨道都是无法比较的)以及以与不同的轨道联系在一起的不同生活方式的形式,为巴黎高师学生等级归属中暗含的个人抱负提供一种特别的实现形式:在外省任何一所普通公立中学,大中学哲学教师学衔获得者总是由于他行为方式的简朴和生存方式中充满哲理的睿智而引起学衔稍低的同事们的尊敬;而名牌大学文科预备班或者数学预备班的教师则总是能够赢得一代又一代的巴黎高师向往者的绝对拥戴,而且向往者们总是自然而然地将自己拥戴的教师融入巴黎高师神化的形象;如此类推,及至各个水平、各个等级的学校和专业。

75 以下是无数回忆记录中的两个例子:“有一天,圣·安德烈的U字形公路上开来了一辆装运厩肥的卡车,这是一辆非常地道的厩肥车。司机将车停在高坡上,随后坐在路边的长凳上吸烟,从那儿看出去景色很好,还可以喘口气。这时,突然来了一家城里人,他们是来度假的。这一家人在司机旁边坐了下来,父亲让孩子们欣赏旷野的美丽景色,还用拉丁语为他们朗诵了一句《田园诗》。这时,帕斯隆站起身,接着吟诵后面的诗句,然后,他登上了自己的卡车。度假人目瞪口呆,惊羡不已,他们想不到尼斯伯爵领地上的农民竟然知道维吉尔[①],而且还能够背诵出来!”(雅克-亨利·帕斯隆的讣告,《巴黎高师年鉴》,1974年,第120页)“正在这时,他发现一个德国人超过了他,而且这个人正急于发表他的成果……自从

① 维吉尔(Virgile,公元前19—前70),古罗马诗人。——译者

> 有了这个发现,他彻底绝望了,他有点不知所措,尽管得到了许多鼓励,他还是决定退而求其次,转入中学教育……在拉·弗勒西也像在巴黎高师一样,他仍然不怎么爱表现,只和亲近的人交往,不参加社交,然而,他在整个城市都非常著名,特别受人尊敬。因为他善于适时地帮助别人,而且总是非常真诚……极其谦虚,没有任何野心,也从来没有任何要求,他就是这样在拉·弗勒西生活了35年直至退休。"(保尔·布拉塞勒的讣告,《巴黎高师年鉴》,1962年,第41页)

因此,任何一个巴黎高师的学生都在不同程度上具有可能德性空间中的特性,并且他们还很自然地为这些德行加上一个高师学生专用的形容词("高师生的幽默")。智德和道德的卓越组合是教师群体中的"杰出分子"对自己的要求,也是对别人的要求,确定这个群体在社会空间中的位置的一切因素都能够在这个独特的组合体中得到解答。教师的习性构成了教师的特征,并使他们有别于"资产阶级"(在权力场域占据支配位置)和"艺术家"(在权力场域的被支配区域处于俗权方面的被支配位置),这些习性的根源就在于教师在组织权力场域的经济和政治权力的等级中,以及在知识权威与声望等级中所处的中间位置:在作家和艺术家的眼里,他们太"资产阶级"了,而在"资产阶级"的眼里,他们又太"知识分子"
了,所以只有在贵族式的顺从中,或者说只有在与家庭生活有关的 76
满足中,他们才能够为自己在前面两个等级中的双重半失败找到一种补偿,因为他们的生存环境,他们与自己的社会轨道联系在一起的习性,以及相关的婚姻策略,都有利于他们的那种满足或者那种顺从。由于他们在家庭方面的德行；由于作为他们生活作风之原则的贵族式的苦行主义——更何况当其他的合法化原则全部消逝的时候，贵族式的苦行主义还能够为自信心提供最后的援助；又由于投身于社会和社会的高尚事业——他们从事的“公益服务”(service public)和他们的“献身”精神经常被授予勋章，并且将他们引向行政官员的职业生涯；由于所有这一切，教师比某些知识分子和艺术家距离政府的高级职务更近，尽管他们主持着对这些知识分子和艺术家的崇拜。

教师群体最显著的特征之一就是他们内婚(endogamie)的比例极高。1964年对巴黎高师文学院6届(1948－1953)毕业生的婚姻策略调查(N＝155，回复率为83％)显示，他们的已婚率为85％，而已婚者中59％的人的配偶是教员，在其配偶为教员的人中，58％的人的配偶拥有大中学教师学衔，在其配偶拥有大中学教师学衔的人中，49％的人的配偶是塞夫尔女子高等师范学校的毕业生(而在其他人群中，配偶从事知识性职业的为6％，从事自由职业的为4％，担任中等管理人员的为2％，在调查时没有从事任何职业的为28％)。我们不能过高地估计这种婚姻策略对于受到过多保护的教师空间的自我封闭状态所起的作用。在与艺术家的比较中，大学教师更“资产阶级”，更“规矩”的风貌清楚地显露了出来。对*Who's Who in France*(1969—1970)中的大学教师、艺术家、作家进行抽样分析表明，大学教师的单身率很低(0.9％)，比在*Who's Who*中统计出来的作家和艺术家的单身率要低得多(尽管这些人不是他们那个行当中最“自由”的人,其单身率仍然为16.6%);大学教师的离婚率也很低(0.9%,作家和艺术家为10.7%),而平均拥有的子女人数却高得多(2.39,作家和艺术家为1.56)。他们高度的社会整体化(intégration à l'ordre social)可以从他们经常获得的各类勋章中得以体现
(他们中有65.1%的人获得了荣誉勋位勋章,而作家中获得 77
该勋章的仅为39.2%)。

如果教师群体不牺牲与他们的实际职务相对应的价值准则,他们就不可能实现他们所认同和赞美的作家和艺术家的价值准则;教师群体的这种双重真实性可以从里尔大学区区长对罗曼的非常含糊的评价中看出来。罗曼当时是某公立中学的一位年轻的哲学教师:“有教养,有独创性,或许他在文学方面的抱负使他有点心不在焉,当然,他的抱负是绝对合情合理的。”[①]职位的定义本身包含着矛盾,群体的社会特性又不断地再生产着这些矛盾,只有那些在退出大学场域时(或者必要时占据着大学场域中像法兰西公学这样的“纯净场所”,并且)实现了智力杰出者所宣布的理想的人,才有可能得到跨越这个矛盾的某种机会。因此,苦行主义和教师群体轻蔑荣誉的真实性其实就是某种剥夺形式的象征性倒置;如果说这一真实性在教师群体的下层分子(他们在世俗上的被支配空间里处于被支配的位置)中,或者说在他们被迫接受的精神上和物质上的双重放弃中得到显现或流露的话,那么,在教师群体的

① 罗曼的悼词,《巴黎高师年鉴》,1974年,第43页。

中间阶层，在他们世俗上的半神化状态中，则显现或流露出了更多的真实性：要么就像那些在大学范围内实现自己智力理想的人一样，达到某种智力上的荣耀，不过，即便用他们自己认同的准则来衡量，这种荣耀也是不足的；要么就与那些已经占有并且顺应这个非权力空间所提供的权力的人（系主任、校长等，他们常常就是前面那一批人）一起，认同这一双重的半成功（double demi-réussite）中所包含的双重抱负。

教师的感知图式和评价图式与构成任何一项实践活动结构的生成性图式所起的作用是一样的，尤其是这个生成性图式也构成了文化产品这一特殊类别的生产活动的结构，如课程、教材、博士论文之类的纯学业活动的结构。作为**学院式平庸**构成成分的那些习性，实际上就是在有关知识的问题上崇尚适中和均衡的德行，比
78 如说，拒绝任何形式的过度，即使涉及发明和独创也不例外；这些习性或许就包含在大学教师在艺术家和资产阶级之间所占据的具有双重否定意义的中间位置之中。在智德范畴中确实能找到人们在道德范畴中所遇到的矛盾的对等物：比如说，独创的要求与传统所要求的文化和折衷之间存在着矛盾，这个矛盾就包含在文化生产事业本身的目标之中；由于文化再生产事业必须服从再生产的要求，所以其中总是包含着简单再生产的成分——当人们从课本、教材之类的低级形态，经过在大学里能够行使权力并且被封为圣品的百科全书、字典之类的典范工具，再过渡到通常也是来自于课堂的博士论文或者综合性著作这样的高级形态，简单再生产的成分渐渐地减弱了，尤其是被掩盖得越来越严实了。

> 从对讣告的分析中可以看出，中学教师没有著述（其中唯一的例外是一位译者）。文科预备班和数学预备班的教师的著述几乎是清一色的教材和各类教学用书。“这些书构思严谨，写作清晰，出版后，总是能够切中要点，成为学生的重要工具。”（吉约姆·吕默的讣告，数学预备班物理教师，《巴黎高师年鉴》，1962 年）至于国民教育部门的高级官员，总学监或者大学区区长，对于他们的作品，可以用人们评价阿尔迪院长著作的话来描绘：“但是自从阿尔迪来到达喀尔，对他来说，伟大的工作就是为教学提供教材和所有必备书籍，以便为各种学习计划‘制定大纲’。阿尔迪为此做出了榜样，开辟了道路，开创了系列。他出版了从教材和教学文论到综合性参考书的各种教学用书。”（《巴黎高师年鉴》，1965 年，第 38 页）大多数高等学校的教师都著有论文和综合性书籍（这些著作“是清楚的概括与谨慎的渊博真正成功的结合”，奥赫廉·迪迥的讣告，《巴黎高师年鉴》，1963 年，第 58 页）；特别是还有小说和富有创见的评论，这些都是积聚了“才智”“灵感”“魅力”和“清晰” 79
> 的作品。只有对知识分子阶层，人们才说“著作”，而对于法兰西公学的教授，我们说“巨著”。

对讣告进行社会学分析所发掘出来的感知图式和评价图式也被用到了大学里，进入了对于伊壁鸠鲁和斯宾诺莎、拉辛和福楼拜、黑格尔和马克思的作品的解读。作品的维系与神化都由教育体系来承担，这些作品因此不断地被进行再生产，其代价是某种程度的曲解——产生作品的图式和**被吸引来的解释者**所运用的图式之间的距离越远，曲解的程度就越大；事实证明，正如韦伯（Weber）所言，解释者们只能“戴上眼镜，全神贯注地”将原作读一遍，然后再根据他们自己的想象对原著进行再创造，除此之外，他们找不到更好的事情可做。同一类的习性实际上会由于大学场域中每一位读者所处的位置而被特定化。比如说，以最普通的方式来阅读前人的某段作品（哦，伊壁鸠鲁的花园！[①]）最终可能就会将所有的一切都归功于外省园丁的勤劳美德；还有的人以贵族式的苦行主义来对海德格尔作寻常的或者不寻常的解释，这种苦行足以吓跑林间小径或者山间小道上那些意志薄弱的普通旅人或者他们的同类；（坏）学生来了一批又一批，我们必须不断地把他们从“世俗的”尘嚣中或者“庸俗的”好奇中拉回来；诸如此类的事情，我们怎能视而不见？

因此，在整个大学课程中不断地运作同一个分类图式体系。在这个奇特的行程中，所有的人都进行分类，所有的人都被分类，被分为最好类别的人们变成了初入行程者的最好的分类者：从中学的优等生会考到巴黎高师的入学考试，再到大中学教师学衔考试，从教师学衔考试到博士学衔，从博士学衔到索邦大学，从索邦大学到法兰西研究院，在这一运行周期中，所有会考中的最高类别通过控制水平紧随其后的分类决策机构的通道，实际上支配着所有的分类程序。后面的再控制更后面的，以此类推。通过决策机

① 伊壁鸠鲁，希腊哲学家，在雅典等地创办了自己的学校，名为“学园”（l'Ecole du jardin）。——译者

构的等级制度推行的外部调整——急于改善自己类别的大学教师 80
必须表现得尊重现有的类别，无论是在他的生产中，还是在他作为大学教员的实践中——只是强化了那些能够自动调整并且符合规范的习性的效应，尤其是这些习性都在前期的所有分类程序中接受过选拔和强化。对“真正的”大学教师来说，大学的评判就是最终的评判。

因此，我们发现，在每一项明文规定之外，甚至在大多数时候，教学机构在违背了那些将自己的目标与学校拴在一起的人的意愿，也违背绝大多数自以为实现了自己目标的人的意愿的情况下，却还能够作为一架巨大的实施分类的认知机器而正常运作的原因——尽管教学机构实施的分类被赋予了中立性的各种表象，但是这些分类仍然再生产着预先存在的社会类别。这架机器的隐喻形式有利于让人们了解教学机构的整个运作过程，而这一过程通常是要避人耳目的，但是它不能够蒙骗事实：我们已经通过前面的图表介绍过这架分类机器的模型本身，那些图表反映的是将社会等级转化为学业等级，或者将学业等级转化为社会等级的逻辑；然而，正是这架模型将认同工具（所有的形容词类别）和认同行为（评语）放在了整个装置的中央。教学机构善于认识和辨认在社会关系上配置最优秀的人，并且把他们当作具有学业天赋的人来认同，教学机构正是以这样的方式履行着认知职能，而这一认知职能又是通过无以计数的认知行为来完成的；至于这些认知行为，尽管它们是在独特性的幻象和中立性的信念中实施的，但是它们在客观上彼此协调，并且服从于社会结构再生产的迫切需要，因为它们在实践中运用的感知范畴和评价范畴正是这些社会结构混同之后改造出来的产品。

是否应该说“结构主义”和“个人主义”离我们一样遥远？被称为“结构主义”的观点赋予“主导性的意识形态”和“国家的意识形态机器”一种永动力(dynamique auto-suffisante)，从而将所有行动者置于进行结构再生产或者进行结构转化的游戏之外；而被称为“个人主义”的观点则重新引入行动者，但是这些行动者已经被简化成了计算机中可以相互置换的没有历史的纯意愿。在上述两
81 种情境中，被忽略的是在惯习(即在社会关系上结构化了的生物学个性特征)与从历史中继承得来的客观结构的关系中形成的实践活动的真实逻辑，教师的日常分类行为就是这一逻辑的实施范本。要阐明这个逻辑，就必须在权威性的评判中运用关系性的或者说结构主义的思维方法。人种学家对亲族关系、动植物以及疾病的分类中都曾经运用过这种思维方法，但是他们却没有接受行动哲学，而行动哲学常常被用来研究那些来自异域的奇异的东西。确实，学业评价或者艺术评判所采用的分类学不能够产生结构性的效能，其原因仅仅在于这些分类学本身已经具有了一定的结构。然而，假如人们确实不能理解分类方面的某某对立面的意义和作用，或者不能在形容词所属的体系之外理解某对形容词的意义和作用，这并不意味着它们就能够接受将它们从实际运用环境中剥离出来的绝对内在的分析。我们应该承认，实践活动总是要让建构现实的行为介入进来，这就要调动复杂的认知结构；同时，又应该毫不矛盾地承认，这项认知活动根本不可能等同为对自身有意识的智力活动。实践认识调动某些生成性图式(schèmes générateurs)，这些图式参照某些实践机能组织感知，并且建构实

践的结构:作为一代又一代人的实践活动的产物,这些在实践活动中并且通过实践活动得来的被付诸于实践状态的图式,虽然最终没有明确的表现,却是作为变革的实施者运作的——客观结构正是通过这些变革的实施者(他们就是客观结构的产物)获得了一种有效能的存在,并且真正地有助于自身的再生产或者自身的转化。

附录1　全国中学优等生会考优胜者社会出身的差异(1966—1986)

我们按照基本相同的程序有规律地重复进行了这项调查(只是从1968年起,我们凭借的是一种简易的调查问卷)。调查结果显示,从根据其父亲和母亲的职业得出的社会出身来看,优胜者的分布结构具有很大的稳定性。我们甚至还发现,与我们收到的关于“民主化”的观点相反,在最初阶段已经非常突出的一些类别又有了微微上升的趋势(这一点在各“精英”课程中也有体现):优胜者中父亲为教师的1986年为24%,而在1966年仅为15%;父亲为高级管理人员的1986年为40.5%,1966年仅为27%(母亲方面也表现出同样的趋向:母亲为教师的优胜者1986年为29%,1966年仅为12%)。

83

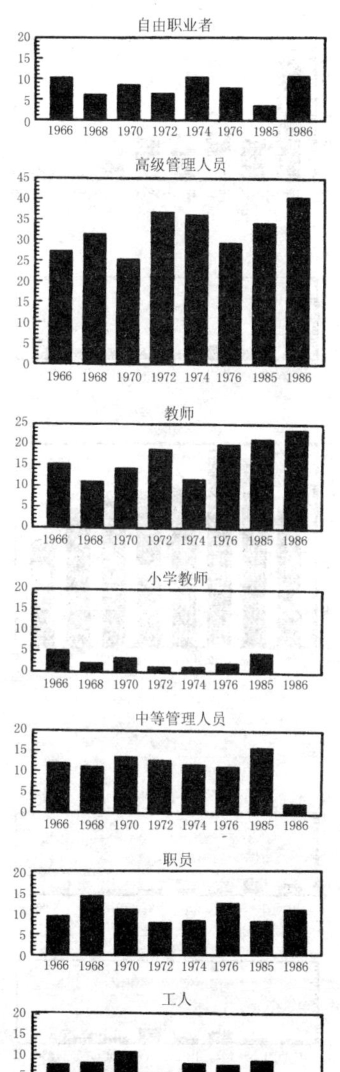

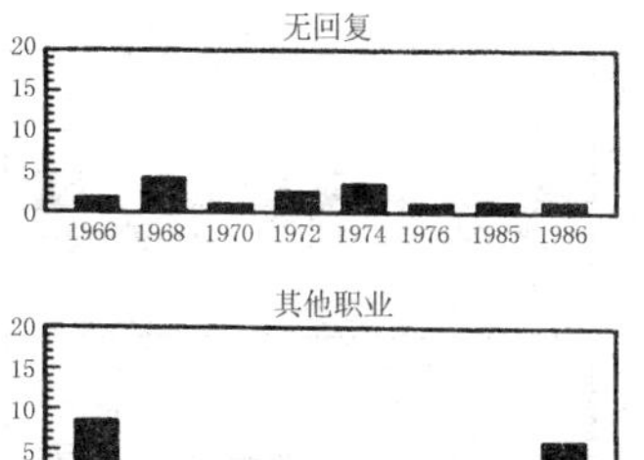

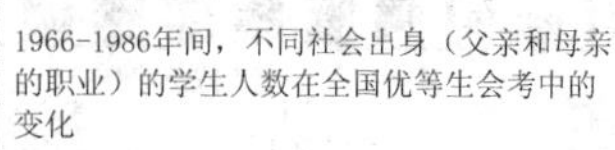
1966-1986年间，不同社会出身（父亲和母亲的职业）的学生人数在全国优等生会考中的变化

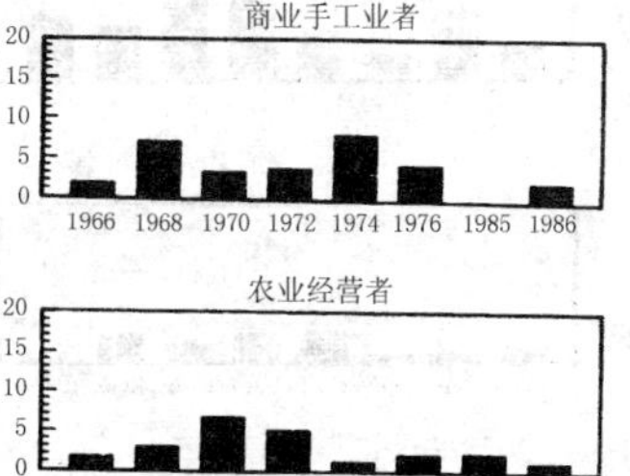

84

自由职业
20
15
10
5
0
1966 1968 1970 1972 1974 1976 1985 1986

高级管理人员
20
15
10
5
0
1966 1968 1970 1972 1974 1976 1985 1986

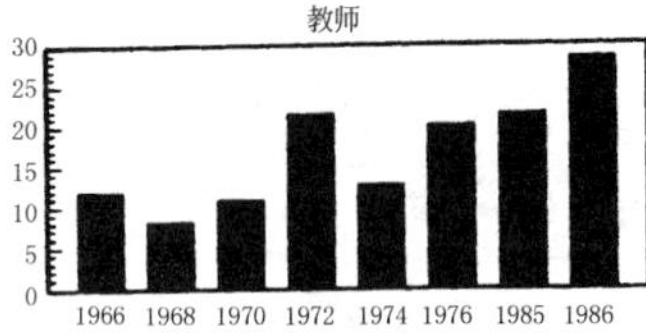
教师
30
25
20
15
10
5
0
1966 1968 1970 1972 1974 1976 1985 1986

小学教师
20
15
10
5
0
1966 1968 1970 1972 1974 1976 1985 1986

中等管理人员
20
15
10
5
0
1966 1968 1970 1972 1974 1976 1985 1986

职员
20
15
10
5
0
1966 1968 1970 1972 1974 1976 1985 1986

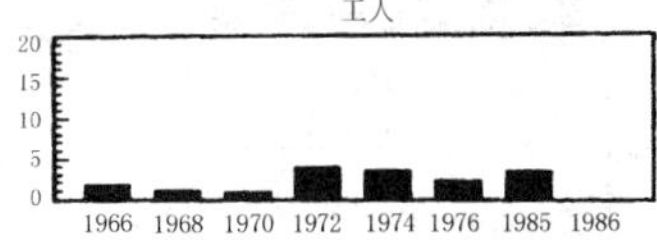
工人
20
15
10
5
0
1966 1968 1970 1972 1974 1976 1985 1986

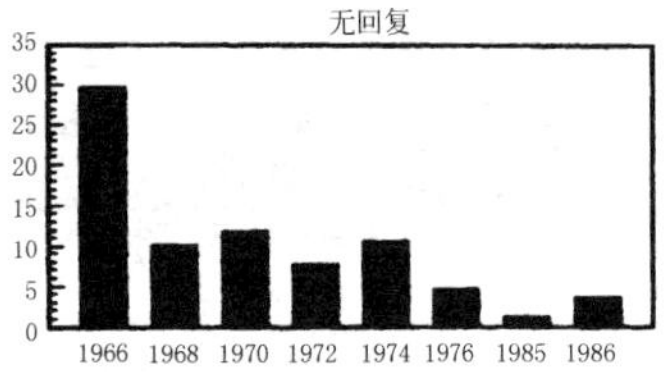
无回复
35
30
25
20
15
10
5
0
1966 1968 1970 1972 1974 1976 1985 1986

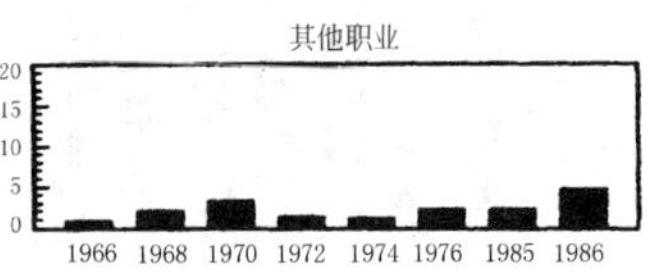
其他职业
20
15
10
5
0
1966 1968 1970 1972 1974 1976 1985 1986

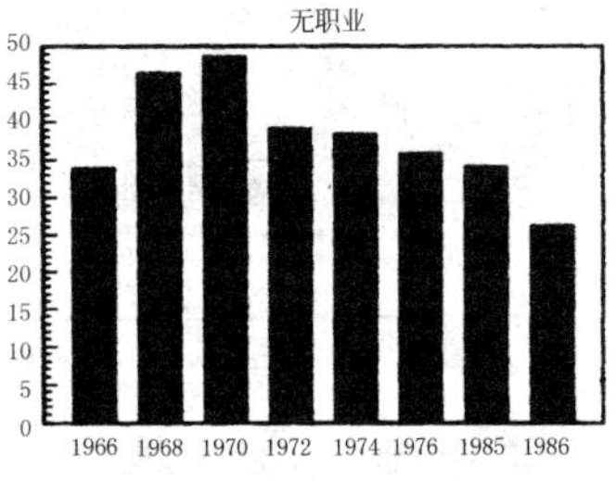
无职业
50
45
40
35
30
25
20
15
10
5
0
1966 1968 1970 1972 1974 1976 1985 1986

商业手工业者
20
15
10
5
0
1966 1968 1970 1972 1974 1976 1985 1986

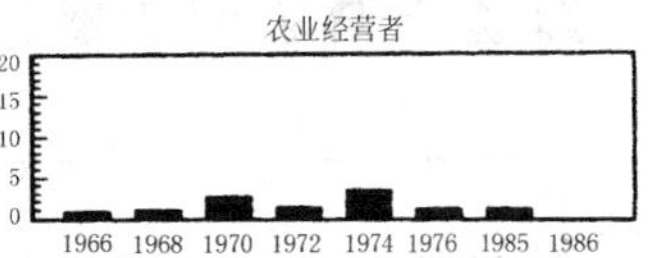
农业经营者
20
15
10
5
0
1966 1968 1970 1972 1974 1976 1985 1986

附录2 选拔和超级选拔

我们对全国中学生会考中的优等生的社会特征和学业特征进行了分析，分析表明：这个群体的选拔遵循总的法则，这个法则支配着选拔与淘汰的全过程，并且使某一学业类别的社会构成直接取决于选拔的严格程度（学业类别就是这种选拔的产物）；学业群体在大学课程中所处的位置越高，也就是说，在一定水平的大学课程中，这个群体在学校、学科或者专业等方面的学业等级中所占据的位置越高，那么整个群体给予自己最优越的人群的位置就越高。因此，优胜者群体与毕业班群体不同，他们拥有一系列的社会优势，他们是在毕业班内部经过两度筛选才选拔出来的，先是中学教育机构为了选拔自己最好的学生参加优等生会考而进行的筛选，然后是评审委员会在候选人中进行选拔：优胜者一般都更加年轻（因为在一年级时还不满17岁，也就是读毕业班时还不到18岁[①]的优胜者占优胜者总人数的50%，而同年级的学生总人数中，此

① 法国中学教育的第一年为六年级，以后依次为五年级、四年级……直至毕业班。其中第一阶段为四年，从六年级至三年级，完成第一阶段的学习之后，学生可以选择进入职业教育，也可以选择继续普通教育，进入中学第二阶段；中学第二阶段为三年，即二年级、一年级、毕业班，此后学生进入高等教育阶段，为了便于阅读，一年级将统一译为高二。——译者

项比例为 32%),①其中有更多的人来自巴黎地区的中学(他们的比例为 35.5%,而在中学第二阶段的学生总人数中,此项比例为 20%),从六年级起就在公立中学(lycée)注册的人也更多(80.5%,而 1962—1963 年在这个班级注册的学生总人数中,也就是说在当年优胜者们就读的这个班级的总人数中,此项比例为 27%);同时,优胜者群体属于最优越的阶层,从他们的社会地位来看是如此(其中 61%的人属于富裕阶层,而在二年级的学生总人数中,此项比例仅仅为 17%,在大学生总人数中,此项比例为31.5%),从文化资本方面来看也是如此(他们中 47%的人父亲的文凭在业士以上,而在男性就业总人口中,此项比例为 3%;23.5%的人母亲的文凭在业士以上,而在女性就业总人口中,此项比例为1.1%)。优胜者中来自社会上流阶层的比例(61%)绝对要比大学学院里学生的同项比例高,但与预备班中的同项比例非常接近——文科预备班
86 中出身社会上流阶层的学生的比例是 62.5%,数学预备班的同项比例为 57.5%;与名牌大学的同项比例也非常接近。②

一定的社会类别被表现的机会越少(之所以如此,是因为这个社会类别在更大程度上,或者说在更多的数量上表现出了被淘汰的特征),出身于这个类别的学生所表现的属于这个类别的总体特征就越少——人口统计学特征、社会特征和学业特征都是如此(反

① 普通学生的年龄在每学年的 1 月 1 日计算,优胜者的年龄则是在 6 月 1 日计算,因此普通学生和优胜者的年龄差异还要更大一些,这一点此处没有反映出来。

② 在理科中的数学和物理学优胜者中,以及文科的法语和古典文学优胜者中,出身上流社会的学生的比例更高。与其他学科的学生相比,他们中有更多的人表示要进入预备班继续学习(74%的优胜者表示将进入预备班继续学习,只有 26%的人表示进入大学学院继续学习,而预备班只能够接收大约 1/20 的继续接受高等教育的学生)。

过来说，表现得更多的是这个类别的罕见特征）。学生们就读的课程水平越高，或者说，在一定水平的大学课程中，他们在学校、学科或者专业的等级中所占据的位置越高，上述情况就越明显。尽管全面统计无法避免的缺陷使我们不可能用系统的方法将出身于不同社会阶层的中学优等生会考中的优胜者的社会特征和学业特征与属于同样阶层的毕业班学生的社会特征和学业特征做比较，但是我们还是获得了一系列的征象。我们将这些征象汇聚起来仍然可以得出结论：在此情境中，上述规律仍然成立。在优胜者中，工人的子、女所占的比例分别为 5%和 9%，他们所出身的家庭的教育水平比同类家庭的教育水平似乎更高一些[①]：优胜者的父亲中（其职业为工人），只有 8.5%的人无任何文凭，19%的人获得了中学第一阶段结业证书（BEPC），而在就业总人数中这两项的比例分别为 58%和 2%。工人家庭出身的男性优胜者中，曾经留过级的比例最低（为 5%，而在候选人总数中，曾经留级的人数占 19%）；而且自从入学以来，他们跳级的比例相对较高（23%，显然非常接近全体候选人 24%的平均比例），而这一点通常被看作是出身上流阶层学生的特权。[②] 农民家庭出身的男性优胜者也一

① 在预备班人群中也存在类似的关系：在文科预备班获得 6 项以上的优异奖的学生中，出身普通阶层的学生为 28%，出身中等阶层的学生为 15.5%，出身上流阶层的学生为 14.5%。

② 出身工人家庭的优胜者似乎都享有独特的好处，或是因为他们要重续父辈被中断了的轨迹（“我父亲本来打算作一名工程师，但是他的父母病倒了，因而他没有能够继续他的学业”——男生，其父为轮转印刷机操作工，持有专业技能合格证书；祖父为技术工人），或是因为他们母亲的文化水平相对较高，或是因为他们哥哥姐姐的成功为他们“开辟了道路”（“多亏了我姐姐，我才得以更早更容易领会她已经领会的东西”——女生，其父为泥水匠，其姐姐准备考枫特纳高师）。

87 样，除了家庭人口较少之外（平均 1.8 人，而农业劳动者的家庭平均人口为 3.33 人，优胜者家庭的平均人口为 2.85 人），他们常常毕业于公立中学，并且一般从六年级起就读于公立中学（此项比例为 46%，而农民和农业工人总体人数的此项比例分别为 16.5%和 11%）；会考时他们一般都就读于巴黎的某所公立中学（23%）。①

至于中等管理人员和小学教员之子，他们全部都是从六年级起就进了公立中学，而且很早就听人谈起过中学优等生会考（36.5%的中等管理人员之子和 40%的小学教员之子在中学三年级以前就听说过，而优胜者总人数的此项比例为 27.5%）。他们中的许多人（65%）就读的公立中学在上一年的会考中产生过优胜者，这个比例几乎与高级管理人员之子或者自由职业者之子的同项比例相同（61%）。

同样，我们还发现，女生进入优胜者行列的机会明显不多，因为她们只占优胜者总人数的 32.5%，而在毕业班中，女生占总人数的 48%。但是女性优胜者却比男性优胜者具有更优越的特征：她们中有 67%的人属于上流阶层，而男生的此项比例仅为 58%；79.5%的女生的父亲持有中学第一阶段结业证书以上的文凭，而男生的此项比例为 66%；至于女生的母亲，她们的高等教育文凭持有率与男生的母亲相同，但是她们持有中学第一阶段结业证书

① 为了证明这些“农民”家庭的非典型性特征，我们可以指出，出身于这些家庭的优胜者中有 38.5%的人从事“高贵”运动（网球、骑马、击剑、帆板或者滑雪），虽然低于自由职业者子女的这项比例（58.3%），但是却与高级管理人员子女（42%）及教师子女（38%）的这项比例非常接近，而且明显高于小学教员之子（33%）、中等管理人员之子（27%）、职员和手工业者之子（22%）以及工人子女（4%）的这项比例。

和业士文凭的比例较男生的母亲高许多(40%对 25.5%),而且女生的母亲中做小学教员或者教师的比例也比男生母亲的比例高(26%对 9%);女生家庭中受过高等教育的人数更多(平均 2.9人,而男生家庭为 2.5 人)。除此以外,女性优胜者的学习能力比男性优胜者强——自从六年级起,她们中有 26%的人跳过级,男生的此项比例为 19.5%;她们中有 21%的人留过级,男生为
27%。不管怎么说,为了精确起见,我们所进行的比较应该考虑这 88
样一个因素:在文科中,女生的年龄比男生小(69%的女生高二时不足 17 岁,毕业班不满 18 岁),她们的成功主要是在像语言类(其中73%的优胜者是女生)这样的在学业等级中地位较低的学科;而在理科中,女性优胜者除了在自然科学中占有 13.5%的比例,其余则完全被排除在外。由此可以说明:关于优胜者群体的任何经验关系总体上都倾向于低估那些补偿性的优越条件,而女性优胜者正是必须享有这些补偿性的条件,才能达到与男性优胜者同等的行列。

根据同样的逻辑,我们就能够理解,在数学和物理学上的成功比例更低,因为文科的优胜者人数是数学和物理学优胜者人数的两倍[①];而且成功的机会事实上都落到了占毕业班总人数 21.5%的基础数学学生的头上,因为相对来说他们都经受了更严格的选拔。哲学学生,尤其是实验科学的学生则不同(分别占毕业班总人

① 原文是“… la réussite en mathématiques ou en physique, moins fréquente—puisque les lauréats sont deux fois moins nombreux dans les displines littétaires…”按照原文,这一句应该译成:“数学和物理学方面的成功比例更低,因为文科中优胜者的人数要少一倍……”考虑到上下文意思的连贯,故译文中在“dans les displines littétaires”的前面加上了“que”。——译者

数的 38.5%和 31.5%)，他们走进这些学科常常是出于消极志愿(vocation négative)。相比之下，要取得成功，数学和物理学比文科各专业需要更为雄厚的资本：数学优胜者显然更年轻(77.5%的数学优胜者在高二时还不到 17 岁，在毕业班时不到 18 岁，而法语优胜者的这项比例为 50%)；他们是清一色的男生，并且他们中的绝大多数人都来自生产优胜者的大户(80.5%的数学优胜者和 82.5%的物理学优胜者来自上一年产生过优胜者的公立中学，而法语优胜者和哲学优胜者的这项比例都是 50%)；数学和物理学优胜者一般来自社会地位更优越的家庭(73%的人来自上流社会，而在法语和哲学优胜者中，来自上流社会的比例分别为 66.5%和 57%)和文化地位更优越的家庭(数学优胜者中，父亲持有业士以上文凭的人为 65%，而哲学和法语优胜者的这项比例分别为 58.5%和 47.5%)。[1]

只要再运用一次普遍法则就能够理解：对于出身于非优越阶层的优胜者来说，越是具备其所属阶层罕见特征的人，或者说，越
89 是具备补偿性优越条件的人，他们往往也越年轻，因而越能够在短时间内就达到同样成功的水平。[2]

因此，我们越是把目光投放到更为年轻的年龄层，来自人口相对较少、社会状况和文化水平都更为优越的家庭的优胜者就越多；

[1] 在文科高师生和理科高师生中，我们也发现同一类型的差异，尽管不是很明显。

[2] 从那些在好几个专业报过名的优胜者身上，我们能够发现同样的规律：这些优胜者所属的家庭无论在社会水平上(他们中 70%的人属于优越家庭，而那些只报考过一个专业的人中，属于优越家庭的占 56.5%)，还是在文化水平上(他们中 52.5%的人父亲的文凭在学士以上，而在其他人中，这项比例为 41%)都处于更加优越的位置。

父亲和母亲学业水平指标的变化，父亲做教师的比例，以及第一次参观博物馆的年龄等项指标的变化都显示了这一点。那些成熟最早的优胜者，由于他们在社会方面享有特权，因而在学业方面也享有特权。相对来说，他们中有更多的人从六年级起就步入了学业上的康庄大道，因为这些人往往从六年级起就在巴黎地区的公立中学读书，此外，他们也是最了解学校情况的人。我们发现，早熟的征象很早就表现了出来：三分之二的优胜者在上小学之前就会识字，会数数；而且早熟的征象在整个学习期间从没有间断；因而这种早熟必将在名牌大学里被神化，因为只有名牌大学有能力确保那些最终闯到了它的门下的人获得永恒的早熟——学校可以一劳永逸地将他们置于一条社会轨道上，一旦上了这样的轨道，他们总是能够在同样的时间里更快地达到同一个目标，或者说，抵达更高更远的地方。

附录 3　两篇获奖作文的醒目主题[①]

创　　造

“一种‘受本能支配的创作’”(论文 1),“是‘另一个我’在写作”(论文 1),“是作品指挥着他的手”(论文 1)。

神　　秘

“艺术天赋的奥秘”(论文 1),“(词语)的魔力”(论文 1),“神秘的美丽”(论文 1),“阅读的奥妙”(论文 1)。

① 论文中提出的主题如下:“既然作品只有在阅读中才能够得到完善,既然艺术家必须向另一个人倾诉自己创作的情怀,既然只有通过读者的感知,他才能够作为自己作品的精髓得到理解,那么任何一部文学作品都是一声呐喊……作家求助于读者的自由,以便使这种自由与他的创作相互配合……艺术品是一种价值(valeur),因为她在呼唤(appel)”,J.-P. 萨特早在 1948 年就明确地说过。1953 年 G. 皮宫(Picon)对此作了进一步的断言,引起了反响。他说:“任何一种艺术品都需要进行价值评估,而对这种呼唤不予回应的评论使我们深感失望。”作为读者,你们的个人经历与这些作家和评论家关于文学作品与公众关系的明确态度是否相符?此处分析的两篇论文发表在 1969 年 6 月 21 日《世界报》的文学增刊上。

精神身份的判定

“站在幽蓝的海边的是我自己，是我自己的目光在注视”（论文1），“我们自己创造的作品”（论文 2），“我遇见的是我自己”（论文 2），“作品成了我自己的创造”（论文 2），“读者的角色不能简化为被动的角色”（论文 1），“我能够参与文学创作”（论文 2），“我听见人物在呼喊”（论文 2）。

唯灵论者的主观主义 91

“从同一个人物，同一个动作，同一个句子中，引出了如此迥然各异的解释！”（论文 1），“小说中的人物和小说中的情感，对每一个人来说都具有特别的含义”（论文 1），“……令我感动”（论文 1）。“我们可不可以评价……？”（论文 2），“……是为我自己”（论文 2），“……一直是为我自己”（论文 2），“文学作品在我身上打开了印象和感觉的回声”（论文 2），“为了使我们能够随心所欲地，按照我们自己的感觉去解释它们”（论文 1），“我们能够理解一部文学作品，能够解释它，尤其是能够感受它”（论文 2）。情感的主观主义必然拒绝任何可能显现为“还原”的尝试：“使作品顺应某些标准，就好像一件工业产品，这样做永远是一件危险的事情”（论文 2），“文学作品被分解为某一个人物……？”（论文 2），“文学作品所代表的远不止这些”（论文 2）。

对于那些怀疑这项分析的有效性，怀疑这项分析中的文献资料的代表性的人，我们很愿意从文学和语法教师学衔考试分析报告和巴黎高师入学考试分析报告中摘取一些段落，这里边就有关于文学作品的"已成定义的"解释原则。我们希望由此能够说明，在清楚明了的"解释课文"的教学语言和经过"创造性"阅读训练的学生写出来的评论文之间，没有太大的出入。也可以说，对于"感觉"的同一主题："两篇论文都阐明了微妙的文学意识。"（1959 年男性文学教师学衔考试）"文中表现出了令人惊奇的文学感觉。"（1962 年男性文学教师学衔考试）"表现出某种音乐感和诗意，这是必不可少的"，"这就需要有感觉——一种清新的感觉，或许有点天真，因为它拒绝到大师的那些本来就不甚明了的宣言背后去寻找诗的奥义（'如果您走进厨房里来……'拉·布吕耶尔[La Bruyère]就这么说过），因为它会用纯朴的方式来迎接'伟大爱情的侍者'那令人激动的内心情感，这是从充满情感的记忆中提炼出来一种感觉"。"人们早就分辨出了那些有价值的术语，那些原汁原味的口音，以及那些在内在的活力和潜在的但却强烈地感觉到了的愿望中战栗的言简意赅的段落。""第一次接触中的神清气爽可以很方便地取代一门无限繁杂学科……当人们的眼前放着西尔维亚的充满柔情和幽默的篇章，有什么必要再笨嘴笨舌地去说起纳尔瓦勒的疯子？"（1966 年于尔姆高师入学考试，法语评注）"半行诗句一旦回到它的上下文中，就让它在我们的身上再回响一次
92 吧……诗歌的驱魔法（exorcisme poétique）并没有彻底驱散人们的苦恼，在我们的灵魂与我们的肉体中，我们又感觉到了那最后的诗行，就好像伤口仍旧开着。"（1959 年女性语法教师学衔考试）"当考生来到这些神奇的诗句面前……我们很愿意建议考生就主

题好好地幻想一会儿……”(1959年男性文学教师学衔考试)

自　夸

“正是在对自我的阅读中，在对我们个性的倾诉中，小说才能够达到完美”(论文1)。

浪漫的神秘主义

“于是我就逃脱了”(论文2)，“这个梦冲着我奔过来……”(论文2)，“这些转瞬即逝的感觉将我的日常生活变成了梦幻和神奇”(论文2)，“那仙国一般的境地”(论文2)，“神秘的影子”(论文2)，“(词语)的魔力”(论文1)，“我们自己创造了这部作品，并且把我们的梦和我们的幻想编织了进去”(论文2)，“怪异离奇，有时也是荒诞的”(论文2)，“作品是一种现实，它有时会藐视逻辑法则”(论文2)。

存在的夸张

“所有的梦幻不停地纠缠着我，撕扯着我”(论文2)，“不疲的求索”(论文2)，“人类痛苦的喊叫”(论文2)，“撕裂”(论文2)，“变幻莫测”(论文2)。

93

附录 4　四位优胜者

类别与学科	法语奖	译文奖	地理学奖	自然科学奖
父亲的职业及家庭住所	美国证券交易所办公室负责人，居住巴黎。	电子工程师，居住里尔。	商务代理人，居住奥墩。	猪肉食品商，居住夏尔特尔。
成功的原因	小说的新颖。或许还有文笔的原因？	译文漂亮。	……我的作业至多不过属于中等水平，或许我花的心思不够，因为我没能在地理学方面深入推进，必须承认，我缺乏这方面的知识……在这种情况下，只能靠自己的写作天赋，从大处把握主题，绝不要在细枝末节上纠缠不清（原因不必再说了！），不停留在解读上，不用任何数字、任何资料来破坏文章的流畅性。	朴实、清晰。
会考的准备情况	没有做过准备。大量地阅读，但不是为了全国中学优等生会考。	在拉丁语方面没有做过任何准备。	没有做过准备。我在课外确实读了许多书，但大多不是地理学方面的。我主要是读历史学和法语方面的书。	准备过。读的是自然科学方面的书。
94 希望从事的职业及选择的理由	作家、儿童问题法官。理由：独立、相对清静。	教师、记者、外交官。理由：可以和社会保持经常而且多样的联系。	有点滑稽的告白：我本意是更愿意写作。但我知道我不能将我的生活建立在这个最缥缈的希望上，于是我打算朝水和森林方面发展，这样我可以离我所热爱的大自然更近。但不幸得很，这条路也行不通，因为它科学性太强，所以对我来说，只有从事教学还有可能。所以我打算做个历史教师，可能的话我想教预备班，或者从事高等教育，在大学里（……）。	研究人员、自然科学教师、兽医（可能）。理由：我喜欢解剖学，喜欢研究动物。

续表附录 4

类别与学科	法语奖	译文奖	地理学奖	自然科学奖	
喜欢的作家	加西亚·洛尔迦、波德莱尔、兰博、洛特雷阿蒙、圣琼佩斯、帕斯卡尔、蒙田、桑德拉斯、布列东、迪雷尔、卡夫卡、凯诺、马拉美、克洛岱尔、莎士比亚、圣经、陀思妥耶夫斯基、果戈理、博斯凯、阿波里奈尔、米萧、维扬。	加缪、海明威、福楼拜。	又是一个很微妙的问题。显然每一位作家都有他的特点。你们一定要我选择(……):卢梭,然后是维尼,还有另一个层面上的作家,如瓦莱里和纪德。	无回复。	
喜欢的画家	戈雅、博歇、凡·高、夏加尔、莫迪戈里雅尼、毕加索(素描)、维埃拉·达·西尔瓦、迪布费、玛塔、达比斯。	德拉夸、伦勃朗、雷诺阿。	我喜欢的画家,名单列出来会很长,有些画家同属于不同的流派,这一点也不奇怪,每个人都有他的长处:塞尚、凡·高、马奈、莫奈、德加、高更、布拉克、图卢兹-洛特勒克、多米埃、皮撒洛、雷诺阿等法国画家;格雷科、戈雅、委拉兹凯等西班牙画家;提香、维洛讷兹、勒·科雷季、达·芬奇等意大利画家;佛莱芒地区则有布律格尔、伦勃朗、鲁本斯学派。	毕加索-凡·高(原文如此)。	95
听音乐会情况	5、6 次。贝卢特歌剧院(连续 3 个晚上)。	0 次。	没去听过音乐会。	今年 1 次。	
参观博物馆情况	每个星期六,看巡回画展,参观卢浮宫,参观橙园等。参观过一次人类博物馆。	里尔美术学院。凡·高画展。	我从来没有参观过真正意义上的博物馆,也没有看过有价值的画展。这一切都在巴黎或者在大城市。我参观过奥墩博物馆和我们地区的所有博物馆,但这些没什么可说的;这些博物馆一般都没有什么东西。我也参观过几个有趣的画展,但从来没有参观过大型的。	现代艺术博物馆。文物博物馆。自然历史博物馆。	
看电影情况	一周一次至一月一次。	一学期一次。	学校每星期放映一场电影,这些电影一般都是那些堪称为"饭桶"的东西。	一学期一次。	96

续表附录 4

类别与学科	法语奖	译文奖	地理学奖	自然科学奖
报刊阅读情况	经常阅读:《美国艺术》、《快报》、《实事》、《费加罗文学报》、《老实人》、《视线》、《蓝蝴蝶花》、《丁丁》、《斯毕柔》、《狂欢》、《迷人的小报》。 有时阅读:《比赛》、《她》。	《巴黎-赛报》、《快报》。 有时阅读:《世界报》、《历史学》。	我当然读杂志,看报纸,如《世界报》、《门神》、《历史的镜子》、《历史学》、《巴黎-赛报》、《新文学》(……)。 有时也翻阅一些其他的刊物(《穿越世界》、《大学学报》)。	经常性的有:《世界报》。 间或读的有:《科学与生活》、《法国猎人》。
最接近的思想流派	存在主义。	我等待哲学来为我作决定。	我以为,我们对世界了解得还不够,哲学也有待于我们进一步去认识,而在我们这样的年龄,要想认识清楚自己属于哪一个思想流派,似乎还早了一点。	浪漫主义。
上一次度假地点	在希腊,与班级里的同学一起。参观伯罗奔尼撒、希腊岛屿、突尼斯的中途停靠港。	与德国朋友一起,参观了德国的席勒博物馆、捷克多森、路德维斯堡、斯图加特、图宾根。	我喜欢一个人度假,我喜欢独处,尽管我待在X地的家里……那儿有X地美丽的森林……,那是一个真正的卢梭式的隐居地。	无回复。
97 到过的国家	瑞士(1952-1966)、英国(1964、1965、1966年)、希腊(1967年)、奥地利(1965年)、意大利(1967年)、西班牙、撒丁岛、比利时。	德国(西德)(1961-1967)、东德(1965年)、奥地利、瑞士(1964年)。	我还没有享受过到其他国家游览的乐趣,尽管我极其渴望。我试图更好地了解法国,并以此自慰。	比利时(1965年)。
当代最重要的诗人	阿兰·博斯凯、圣·琼·佩斯、P.埃玛涅尔、H.米萧。	阿波里奈尔、克洛岱尔、普雷维尔。	无回复。	伯拉尚。
最重要的剧作家	尤奈斯库、贝克特、品托、奥巴尔迪亚、利克多。	季洛杜、阿奴伊、T.威廉姆斯。	无回复。	无回复。

续表附录4

类别与学科	法语奖	译文奖	地理学奖	自然科学奖	
文化活动：本学年以来看过的剧目	《回来》、《长颈鹿》、《一天，我遇见了真实》、《贝格》、《夏天》、《白痴》、《厨房》、《克里皮尔》、《李尔王》、《椅子》、《哦！愉快的日子》、《国王要死了》、《下一次我来为你唱》、《无法受理的证据》、《处于》。	《玛丽·司徒亚尔》。	我已经说过，这所公立中学不提倡文化活动，因此，我对这些方面的忽略也就不足为奇。本学年我总算还看了三部戏剧：《费多》、《禁闭》、《西拿》。再说，住在乡下，远离所有重要的文化中心，我很难使**假期的这段空隙变得充实**。	《侵犯》、《修正》。	
造型艺术实践	在校外从事过：油画和素描。	没有从事过。	独自处身于大自然中令我感到满足，但人们可能会把这当作安格尔(Ingers)①的小提琴。于是，我们就推出摄影吧。	无回复。	98
对爵士乐的看法	是的(我喜欢它)。我不怎么懂，但它和古典音乐一样美，或许还更有生命力。	是的(我喜欢它)，不(我说不出为什么)。	对于爵士乐，我无法作出有价值的判断，因为我懂得很少；我承认有时候某些片段会打动我，但是这种情况很少，而能够征服我的就更少。	不(我不喜欢它)。	
从事的运动	骑马、网球、古典舞、滑雪、在体育俱乐部游泳。	游泳。	我喜欢忍受学校要求从事的体育运动。之所以选择忍受这个词，是因为我对这门课没有什么兴趣，也确实没有什么天赋。之所以这样，在某种程度上是因为这项练习是强加给我的，而且我总是拒绝它，确实是这样。	在师范学校踢足球，打篮球。	
是否听广播	有时。法国音乐和法国文化。我喜欢的节目：小提琴及其演奏者(音乐会请柬)。	经常。欧洲一台、法国国际广播电台。有时：法国文化。	我当然听广播，而且特别爱听法国文化、法国音乐节目，这是仅有的两个内容丰富的节目。如果没有这些节目，我就听法国国际广播(……)。遗憾的是戏剧和文学论坛播得不多。不管怎么说，节目的播发者都是优秀的文化传播者。	经常：RTL、欧洲一台、法国国际广播、BBC。我喜欢的节目：多种多样，游艺节目。	

① 多米尼克·安格尔(Dominique Ingres)，19世纪法国画家，以笔法清纯著称。主要作品有《西斯庭教堂》《路易十三的心愿》等。——译者

第二部分

圣职授任礼

有一句古老的玩笑话是这样说的："上帝给谁一项职能，也会赋予他相应的能力。"在我们这个时代，没有人愿意认真地对待这句话。

黑格尔，《法哲学原理》，"序言"

第一章　精英的产生 101

将教学活动简单地归结为教学的技术职能的普遍表现以一种极其显著的威势迫使人们接受它，以至我们难以对它产生怀疑，即使当它在事实面前受到最强烈的抵触的时候，因为对人们所担任的职务有用处的大部分技能每每都只能在实际工作中获得，而人们通过称号所实际拥有的，或者说得到正式保证的主要技能，如古希腊语或画法几何学等方面的知识，却从来都得不到运用。从学校里获得的技术性能力在职业实践活动中运用得越少，或者说运用的时间越短，确保这些能力的称号所产生的社会效益就越大；一名巴黎综合工科院校毕业生社会成功的最佳标志，或许就是在多少有点早熟的年龄里，避开工程师或者研究人员之类的纯技术的职务，以便达到某些权威性的职位；当我们注意到了这一切的时候，又该说些什么呢？然而，在这个逻辑中，最使人不安的情境是教学机构以英国公学或者巴黎政治研究学院和国家行政学院的方式，按照能够保证为它们提供这样一些学生而精心设计的最佳的程序招收学生，而这些学生通过家庭教育已经具备它们所要求的习性——这种做法是如此明显，以至人们不得不这样问自己，这些教学机构是否会像罗马人常说的那样，不满足于“教鱼游泳”。

尽管有可能显得过分，而且还有可能使那些沉着的人能够十分谨慎地澄清误会,尽管要冒这样的风险,我们还是必须"往另一个方向拧",[①]并且站在只愿意从教学活动的技术效应这一主导性表现的对立面来考虑这样一些问题:以准备占据霸权位置为目的的任何一项教学活动难道在一定程度上不就是一项以造就分离的
102 神圣人群为目的的神化行动,或者说一项制度化的仪式?甚至在教学活动最具技术性的方面也是如此。换一句话说,精英学校的技术职能所产生的效应难道不就是掩饰学校履行其礼仪性排斥的社会职责,并且赋予圣职授任礼(cérémonie du sacre)以理性的合法化的表象?所有以理性自诩的社会正是通过这些圣职授任礼来造就他们的精英。[②]

为了解答这些问题,我们给自己设立了一个对象,这个对象通过自身的存在提出了这样一些问题:名牌大学的预备班作为一定地点、一定时间的一个对象,适宜让人们全凭经验地进行观察和分析,但是又必须把它当作"精英学校"这个空间中的特殊情况来对待——所谓"精英学校",就是负责对那些被召唤进入权力场域的人(其中大多数都出生于这个场域)进行培养,并且对他们加以神

① 传说有的洗衣妇出于吝啬,不用肥皂,总是用棒槌来替人洗衣服,使衣物磨损很快,而这些衣物的主人都是贫穷的苦力。于是,在她们死了以后,上帝惩罚了她们,让她们每天夜里去自己生前所在的洗衣场清洗、晾晒裹尸布。为了报复,她们央求过往的行人帮助她们拧干衣物的水渍:如果顺着她们的方向拧,使她们的工作不得进展,则可以幸免于难;但是如果不小心拧反了,则会被裹尸布缠绕而死。——译者

② 每当需要推翻这种看法(doxa)的明证性,人们必然要用决裂之类的策略;这些策略必定是悖论性的,而且有着与它们本身性质不同的各种表象。或许有人将会站出来以理智的观点反对这种对常识的挑战,或者站出来重申教学活动的技术效能也(aussi)是必须考虑的(此处的策略与人们曾经用过的策略是极其相似的:曾经就有人提请人们注意,经济资本也在学业淘汰中扮演着一个角色,而且被支配者也进行着"抵抗"以对付学校的强制规定)。

化的机构。因此，我们可以潜入某个具体机构的特性之中，以一种尽可能全面，尽可能具体的方式来把握其效能和其机制中那些不变的和变化着的东西。

然而，要从事一项真正的比较历史学研究，还必须探索“精英学校”的可能形式这个空间，我们所研究的学校只是这个空间中的特例。这种宗教入门式的考试是以隐修和苦行为基础的，它构成了精英学校的普遍特征；一旦我们将其中的逻辑告白天下，我们就有可能根据人们强制推行的这些考试的形式和性质的民族传统来系统地探询其中的变化，因为这些考试几乎可以利用任何活动，任何已经不用的语言，以及板球、足球或是军事小制作来制造间隔。我们或许应该从权力场域结构的特性来研究这些变化的根源，因为正是权力场域结构的特性构成了民族传统差异的特征；或许我们还应该尽量将维多利亚时代人们对公学体育队的崇拜与反理智主义联系起来，因为反理智主义是同一类原因产生的另一种结果， 103
在其他的贵族政治中（例如在日本）也能够被观察得到；但是，维多利亚时代人们对公学体育队的崇拜应该更直接地与堂皇的精英群体的习性联系在一起，因为这些习性是以忠诚和对团体利益的服从这一军事道德准则为基础的。说得更确切一些，就是必须考虑这样一些问题：使权力合法化的极其实际的工作，以及更广泛意义上的关于社会公正（sociodicée）的极其实际的工作（证明社会的公正性）——这也是霸权者时时处处向委托了自己继承者的教学机构所要求的东西——在定义上会不会随着需要再生产的权力的基础的变化而变化？说得更加明白一些，这些极其实际的工作会不会随着权力形式或者资本类别的变化而发生相应的变化？要知道，在关键的时候，某种权力形式或者资本类别能够成为权力场域的支配者。

1968年，在伊维特·德尔梭(Yvette Delsaut)和莫尼克·德·圣马丁的合作下，对预备班学生的研究得以进行。这一年的3月份，问卷调查在一些公立中学的文科预备班里进行。其中有孔多塞中学(Condorcet)、费纳隆中学(Fénelon)、路易大帝中学(Louis-le-Grand)、巴黎莫里哀中学(Molière à Paris)、布勒斯特的凯立襄中学(Kérichen à Brest)、克莱蒙-费朗的布莱兹-帕斯卡尔中学(Blaise-Pascal à Clermont-Ferrand)、里尔的费德尔博中学(Faidherbe à Lille)、里昂的花园中学(Lycée du Parc à Lyon)、图卢兹的皮埃尔-德-费尔玛中学(Pierre-de-Fermat)的文科预备班(N=330)，以及巴尔扎克荣誉中学(Honoré-de-Balzac)、孔多塞中学、路易大帝中学、巴黎圣路易中学(Saint-Louis à Paris)、塞纳河畔诺依利的巴斯德中学(Pasteur à Neuilly-sur-Seine)、克莱蒙-费朗的布莱兹-帕斯卡尔中学、里尔的费德尔博中学、里昂的花园中学、图卢兹的皮埃尔-德-费尔玛中学和凡尔赛的圣热纳维埃夫学校(l'école Sainte-Geneviève à Versailles)的A、A'和B类数学预备班(N=881)。我们建立了样本，并且使这个样本能够代表“可考取的”(intégrables)整个学生群体：就是说，对于不同的预备班，我们不计算它的学生人数占全部在册预备班学生总人数的比例，而是计算这个预备班被录取的人数在所有最著名大学录取的学生总人数中所占的比例。由此得出，巴黎文科预备班的学生占整个样本的58.5%（而在1967－1968年，他们仅占整个文科预备班注册总人数的52%）；1967年于尔姆文学院和塞夫尔文学院录取的总人数中，来自巴黎文科预备班的学生占60.5%。巴黎的名牌中学，如路易大帝中学、亨利四世中学和费纳隆中学，1967年为于尔姆和塞夫尔的文科专业提供了49.5%的学生；这些名牌中学在样本中所占的比例是48%（而他们只占文科预备班在册总人数的31%）。按照同样的逻辑，1967年，来自路易大帝中学、圣路易中学和凡尔赛的圣热纳维埃夫学校数学预备班的学生占于尔姆高师理科专业录取学生的43%、巴 104
黎综合工科学校录取学生的39%、中央高等工艺制造学校(Centrale)录取学生的36%，占参加问卷调查学生的37%（而只占1967－1968年注册的数学预备班总人数的20%）。同样，外省的名牌中学，尤其是里昂的花园中学，在样本中所占的比例要高于他们的学生人数在预备班总人数中所占的比例。

为了便于比较，我们还利用了前面两次调查所得的材料，其中一次是以6000名理科学生为样本，另一次的样本为2300名文科学生。在1968年的2月和3月，我们和预备班的学生以及大学生进行了一系列的谈话(N=40)，还通过深入会谈(N=160)进行了一项调查，会谈人员中有20名文科预备班的教师，20名巴黎及外省的数学预备班的教师，40名数学和物理学教员，40名来自巴黎和外省大学文、理科的法语、拉丁语、希腊语教员。最后，我们还利用了多种信息渠道

(男子名牌中学校长,以前的文科预备班和数学预备班的教师,等等),以及各种书面材料(学生成绩单、杂志、纪念性作品、小说,等等)中任何有关预备班生活的最具常规性的方面(他们的流行语言、升学典礼,等等),同时,在接受并且产生信仰的过程中,他们用来表达私人的,甚至是隐秘的个人经历的所有习语,我们都努力进行调查统计。

作为完全来自于耶稣会中学和拿破仑时代大学的真正的教育机构,名牌大学的预备班在一个被隔离的空间里集中了那些在很大程度上由于他们的学业特性以及他们的社会特性而聚集在一起的青少年。这一选择性的封闭所产生的效应造就了一个具有极高的同质性的群体,这一群体的同质性又通过同窗学友之间持续而漫长的接触所引起的彼此间的社会化而得到进一步的强化(参见表 4 至表 7)。因此,通过限制可能经常出没的社会场所,这种有选择的封闭有助于(在广义上)限制产生**不良婚姻**(mésalliance)的机会,这样做具有持续性的效果,因为这种有选择的封闭能够通过青少年时代以一种特殊的力量建立起来的情感联系而预先建构日后的自行遴选行为。

表 4 1967—1968 年理科预备班学生情况 105

社会属性	巴黎高师 (n=881) %	路易大帝中学 (n=146) %	圣路易中学 (n=96) %	圣热纳维埃夫中学 (n=88) %	巴黎其他中学(1) (n=133) %	里昂 (n=83) %	外省其他中学(2) (n=335) %
父亲的职业							
农业工人、农场主	3.5	1.5	2.0	-	-	6.0	7.0
工人	4.5	2.5	2.0	2.0	3.0	5.0	6.5
职员	5.0	2.5	5.0	2.0	2.0	6.0	7.0
手工者	3.0	1.5	5.0	-	2.0	5.0	4.0
商人	5.0	5.5	4.0	8.0	3.5	2.0	4.5
中等管理人员	14.0	12.5	20.0	5.0	20.5	11.0	13.5
小学教师	4.5	1.5	3.0	-	-	6.0	8.5
农业经营所有者	1.5	-	1.0	3.5	-	-	2.0
工业家、大商人、管理人员	26.0	35.5	24.0	35.5	31.0	31.0	19.0
工程师	14.0	16.5	10.5	21.0	22.0	11.0	9.5
自由职业	8.0	7.0	9.5	18.5	7.0	5.0	6.0
教师	8.5	7.0	11.5	1.0	5.5	8.5	12.0
无回复及其他	3.0	6.5	2.0	3.5	3.5	3.5	0.5
母亲的职业							
无职业	52.0	49.5	49.0	50.0	56.5	53.0	52.0
工人、农民	2.5	1.5	2.0	-	-	5.0	4.0
手工业者、商人	2.5	2.5	1.0	4.5	1.0	1.0	3.0
职员、中等管理人员	9.0	12.5	12.5	3.5	10.0	8.5	8.0
小学教师	9.5	1.5	10.5	2.5	4.5	13.5	15.5
高级管理人员、自由职业者	3.5	8.0	1.0	5.5	4.5	1.0	2.0
教师	4.5	5.5	8.5	3.5	3.0	5.0	4.5
无回复	16.5	19.0	15.5	30.5	20.5	13.0	11.0
祖父的职业							
无职业	1.0	-	2.0	-	0.5	-	1.5
农业工人、农业经营者	10.5	7.0	7.5	3.5	4.5	11.0	16.5
工人	9.0	7.0	11.5	4.5	5.5	8.5	13.0
手工业者、商人	17.0	18.0	19.0	12.5	10.0	23.0	19.0
职员	5.0	5.5	4.0	1.0	4.5	7.0	5.5
中等管理人员	7.0	13.5	3.0	5.5	7.5	6.0	5.5
小学教师	2.5	4.0	-	1.0	2.0	2.5	2.5
高级管理人员、教师、自由职业者	21.5	18.0	19.5	38.0	30.0	24.0	16.0
无回复	26.5	27.0	33.5	34.0	35.5	18.0	20.5
父亲的文凭							
无文凭	1.5	2.5	2.0	1.0	3.0	-	1.0
职业教育证书-专业技能合格证书	12.0	15.0	10.5	1.0	6.5	19.5	14.5
中学第一阶段结业证书-工业学校毕业证书	8.0	4.0	13.5	3.5	6.0	12.0	8.5

续表 4

高中毕业证-业士文凭	15.5	18.0	19.0	3.5	10.0	14.5	19.5
末流大学、高等教育肄业	8.5	7.0	4.0	7.0	10.0	9.5	10.0
学士、二流大学	22.0	29.0	20.0	43.0	27.0	20.5	13.0
大学、中学教师资格,名牌大学	13.5	15.0	13.5	18.5	19.5	12.0	9.5
无回复	19.0	9.5	17.5	22.5	18.0	12.0	24.0
母亲的文凭							
无文凭	2.0	2.5	2.0	-	1.5	1.0	3.0
职业教育证书-专业技能合格证书	10.5	12.5	9.5	1.0	4.0	14.5	15.0
中学第一阶段结业证书-工业学校毕业证书	11.5	11.0	18.0	3.5	16.0	12.0	10.0
高中毕业证-业士文凭	24.0	31.5	16.5	27.5	20.5	27.5	22.0
末流大学、高等教育肄业	3.0	5.5	2.0	2.0	2.0	5.0	2.0
学士、二流大学	11.5	12.5	10.5	19.5	11.0	11.0	8.0
大学、中学教师资格,名牌大学	1.0	1.0	1.0	1.0	2.0	-	1.0
无回复	38.0	23.5	40.5	45.5	43.0	29.0	39.0
升 6 年级时家庭所在地							
国外	2.0	1.5	4.0	5.5	-	2.5	1.0
小于 10000 人的城镇	20.0	8.0	13.5	23.0	3.0	29.0	31.0
10000 至 100000 人的城镇	22.5	18.0	12.5	12.5	1.5	29.0	37.5
100000 人以上的城镇	21.0	9.5	17.0	35.0	6.0	32.0	25.5
巴黎及巴黎地区	31.5	59.0	51.0	23.0	87.0	5.0	1.0
无回复	3.0	4.0	2.0	1.0	2.5	2.5	4.0
家庭规模							
独子	12.5	13.5	10.5	4.5	12.0	8.5	16.0
2 个孩子	31.5	31.5	28.5	16.0	35.5	33.5	34.5
3 个孩子	24.0	23.0	25.0	21.5	26.5	23.0	24.0
4 个孩子	15.0	18.0	16.5	21.5	12.0	19.5	10.5
5 个孩子	7.5	7.0	14.0	12.5	6.5	7.0	8.0
6 个或 6 个孩子以上	9.0	7.0	14.5	21.5	7.5	8.5	6.0
无回复	0.5	-	1.0	2.5	-	-	1.0
平均子女数	3.05	3.0	3.3	4.0	2.9	3.1	2.8
建议读理科预备班的人是(3)							
老师	56.5	55.0	59.5	59.0	46.5	62.5	58.5
家长	43.5	45.0	33.5	60.0	46.0	52.0	38.0
其他人	13.0	5.5	10.5	14.5	8.5	12.0	18.5
没有人建议	10.0	11.0	8.5	7.0	11.5	6.0	10.5
无回复	5.5	5.5	7.5	4.5	9.0	5.0	4.5

(1) 巴黎其他公立中学:巴尔扎克中学、孔多塞中学、巴斯德中学(塞纳河畔讷伊校区)。

(2) 外省其他公立中学:克莱蒙-费朗中学、里尔中学、图卢兹中学。

(3) 由于多项选择,所以总数超过了 100。

表 5　1967—1968 年理科预备班学生情况 106

学业属性	巴黎高师 %	路易大帝中学 %	圣路易中学 %	圣热纳维埃夫中学 %	巴黎其他中学(1) %	里昂 %	外省其他中学(2) %
年龄							
17 岁	3.0	2.5	3.0	6.0	5.5	3.5	1.0
18 岁	34.5	42.5	28.0	46.5	29.0	29.0	34.0
19 岁	39.5	34.5	41.5	35.0	40.0	44.5	40.0
20 岁	18.5	14.0	20.0	10.0	21.0	23.0	21.5
21 岁及 21 岁以上	3.5	4.0	6.5	2.5	4.0	-	3.5
无回复	1.0	2.5	1.0	-	0.5	-	0.5
6 年级就读的学校和专业							
普通教育中学	7.5	9.5	6.0	-	4.0	13.5	9.5
公立中学或现代普通中学	15.5	22.0	25.0	-	16.5	8.5	15.5
公立中学或传统普通中学	57.5	55.0	49.0	43.0	67.5	60.0	60.5
现代私立教育机构	2.5	1.5	2.0	3.5	3.0	-	3.0
传统私立教育机构	13.0	8.0	8.5	46.5	3.0	17.0	10.0
无回复	4.0	4.0	9.5	7.0	6.0	1.0	1.5
中等教育阶段留级情况							
2 次留级	3.0	-	1.0	5.5	4.0	-	5.0
1 次留级	12.5	16.5	16.5	17.0	19.5	7.0	7.0
未留级	83.0	83.5	82.5	75.0	75.0	92.0	86.0
无回复	1.5	-	-	2.5	1.5	1.0	2.0
会考情况							
未参加	57.5	46.5	54.0	*	55.0	47.0	67.0
参加・未通过	29.0	40.5	28.0	-	31.0	48.0	18.5
・获奖或者可以录取	2.0	6.5	3.0	-	1.5	-	0.5
无回复	11.5	6.5	14.5	-	12.5	5.0	14.0
优异奖							
无	36.0	37.0	37.5	20.5	54.0	25.5	35.0
1 - 2	28.0	29.0	31.5	29.5	28.5	27.5	27.0
3 - 4	14.5	11.0	12.5	21.5	9.0	23.0	14.5
5 - 6	9.0	9.5	8.5	14.0	4.0	11.0	9.0
7 及 7 以上	9.5	12.5	6.0	7.0	1.5	13.0	11.5
无回复或人次数不确定	3.0	1.0	4.0	8.0	3.0	-	3.0
中学毕业会考评语							
及格	27.5	15.0	25.0	24.0	42.0	11.0	32.5
较好	34.5	34.5	37.5	41.0	37.0	25.0	34.0
好	26.5	34.5	25.0	22.5	13.5	47.0	25.0
很好	10.0	15.0	9.5	8.0	6.0	17.0	7.5
无回复	1.5	1.0	3.0	4.5	1.5	-	1.0

续表 5

走读与寄宿情况							
一直走读	46.5	45.0	45.0	7.0	88.5	47.0	41.5
走读和寄宿	6.5	18.0	4.0	8.0	1.5	2.5	4.5
一直寄宿	43.5	34.0	41.0	85.0	4.5	49.5	51.0
无回复	3.5	3.0	10.0	-	5.5	1.0	3.0
修学资格							
3/2	65.0	75.5	60.5	71.5	61.0	56.5	64.5
5/2	34.0	24.5	37.5	27.5	38.0	42.5	35.0
7/2	0.5	-	2.0	-	-	-	0.5
无回复	0.5	-	-	1.0	1.0	1.0	-
文化实践活动及政治观点＊＊							
在声誉等级中排名第一的学校							
于尔姆	64.0	72.5	62.5	65.0	47.5	73.5	65.0
巴黎综合工科学校	33.5	26.0	33.5	35.0	46.0	26.5	32.5
无回复	2.5	1.5	4.0	-	6.5	-	2.5
经常阅读的周报							
无	49.0	52.0	51.0	34.0	47.5	38.5	54.5
至少一份	47.5	46.5	41.5	65.0	43.5	59.0	43.5
其中·《快报》	15.5	7.0	10.5	36.5	13.5	18.0	15.0
·《新观察家》	10.0	13.5	9.5	17.0	8.5	15.5	6.0
·《鸭鸣报》	3.0	1.5	2.0	1.0	6.0	1.0	4.0
无回复	3.5	1.5	7.5	1.0	9.0	2.5	2.0
学生工会情况							
反对	18.0	9.5	26.0	25.0	10.5	24.0	19.5
不关心	31.5	34.5	25.0	34.0	31.0	40.0	29.5
有好感	15.0	15.0	14.5	7.0	17.5	14.5	16.0
工会会员	7.0	15.0	4.5	7.0	4.5	-	6.5
活动分子	2.5	5.5	2.0	-	2.0	3.5	2.0
无回复	26.0	20.5	28.0	27.0	34.5	18.0	26.5
政治状况							
极左派、左派	32.5	42.5	33.5	10.0	37.0	36.0	31.0
中偏左、中间派、中偏右	31.5	35.5	25.0	46.5	23.5	36.0	30.0
右派、极右派	15.0	8.0	14.5	21.5	17.0	12.0	15.5
其他	5.5	2.5	5.0	6.0	4.5	5.0	8.0
无回复	15.5	11.0	22.0	16.0	18.0	11.0	15.5
从事体育活动情况							
无	41.5	42.5	45.0	20.5	43.5	46.0	44.0
网球、赛马	14.5	12.5	13.5	24.0	19.5	6.0	13.0
其他	42.0	42.5	39.5	54.5	32.5	48.0	42.0
无回复	2.0	2.5	2.0	1.0	4.5	-	1.0

＊无对象(参加天主教学校会考)。

＊＊关于学业属性和学业观点问题(如学校的排名)的回复率达到了最大值,而关于工会问题和政治状况的回复率明显下降。

表 6　1967—1968 年的文科预备班学生情况 107

社会属性	巴黎高师 (n=330) %	路易大帝中学 (n=110) %	费纳隆中学 (n=48) %	巴黎其他中学(1) (n=35) %	里昂 (n=42) %	里尔 (n=49) %	外省其他中学(2) (n=46) %
性别							
男生	65.5	100.0	–	51.5	100.0	59.0	39.0
女生	34.5	–	100.0	48.5	–	41.0	61.0
父亲的职业							
农业工人、农场主	2.5	1.0	4.0	–	2.5	4.0	6.5
工人	3.5	–	–	3.0	2.5	12.0	6.5
职员	4.0	–	–	–	9.5	10.0	6.5
手工业者、商人	3.0	2.0	–	6.0	4.5	2.0	6.5
中等管理人员	13.5	11.0	19.0	11.5	12.0	14.5	15.5
小学教师	5.5	7.5	2.0	3.0	4.5	8.0	6.5
农业经营所有者	2.0	1.5	4.0	–	2.5	–	–
高级管理人员、工业家	33.0	38.0	41.5	40.0	28.5	26.5	19.5
工程师	5.0	8.0	4.0	5.5	2.5	4.0	2.0
自由职业者	10.5	12.0	12.5	14.5	4.5	6.0	13.0
教师	14.5	18.0	8.5	11.5	26.0	10.5	8.5
无回复及其他	3.0	1.0	4.0	5.5	–	2.0	8.5
母亲的职业							
无业	45.5	41.0	33.5	48.5	57.0	55.0	46.0
工人、农民	2.0	2.0	–	–	–	6.0	4.5
手工业者、商人	3.5	2.0	–	3.0	12.0	4.0	4.5
职员、中等管理人员、小学教师	19.0	14.5	25.0	17.0	19.0	22.5	19.0
高级管理人员、自由职业者	6.5	12.0	12.5	8.5	–	–	–
教师	16.0	20.5	21.0	8.5	12.0	8.0	15.0
无回复	7.5	8.0	8.0	14.0	–	4.0	11.0
祖父的职业							
无业	0.5	–	–	3.0	–	–	–
农业工人、农民	12.5	12.0	12.5	8.5	19.0	10.0	15.0
工人	10.0	14.5	–	–	7.0	16.5	13.0
手工业者、商人	16.0	16.5	12.5	14.0	14.5	26.5	11.0
职员、中等管理人员、小学教师	17.0	18.0	16.5	8.5	16.5	16.5	21.5
高级管理人员、教师、自由职业者	26.0	23.5	46.0	43.0	26.5	12.0	11.0
无回复	18.0	15.5	12.5	23.0	16.5	18.5	28.5
父亲的文凭							
无文凭	0.5	–	–	–	–	2.0	–
职业教育证书-专业技能合格证书	11.0	10.0	8.5	8.5	2.5	16.5	19.5
中学第一阶段结业证书-工业学校毕业证书	6.5	2.0	8.5	3.0	5.0	12.0	15.0
高中毕业证-业士学位证书	17.5	17.5	12.5	8.5	19.0	20.5	26.0

续表 6

末流大学、高等教育肄业	8.5	7.0	12.5	5.5	14.5	8.0	6.5
学士、二流大学	26.0	34.5	29.5	37.0	16.5	16.5	13.0
大学、中学教师资格，名牌大学	15.0	19.0	16.5	11.5	23.5	8.0	4.5
无回复	15.0	10.0	12.5	25.5	19.0	16.5	15.5
母亲的文凭							
无	3.5	5.5	-	5.5	2.5	4.0	-
职业教育证书-专业技能合格证书	8.5	5.5	8.5	8.5	2.5	16.5	13.0
中学第一阶段结业证书-工业学校毕业证书	11.0	9.0	12.5	5.5	14.5	10.0	15.0
高中毕业证-业士学位证书	24.0	22.5	25.0	20.0	28.5	35.0	15.0
末流大学、高等教育肄业	4.0	5.5	4.0	3.0	-	4.0	4.5
学士、二流大学	20.5	19.0	33.5	26.0	26.0	8.0	13.0
大学、中学教师资格，名牌大学	4.5	9.0	8.5	-	-	-	2.5
无回复	24.0	23.5	8.5	31.5	26.0	22.5	37.0
读 6 年级时父母的家庭所在地							
国外	2.5	2.5	-	-	-	-	11.0
小于 10000 人的城镇	14.0	8.0	8.5	3.0	28.5	22.5	19.5
10000 至 100000 人的城镇	28.5	23.0	21.0	14.0	31.0	53.0	32.5
100000 人以上的城镇	19.5	14.5	12.5	3.0	35.5	22.5	32.5
巴黎及巴黎地区	34.5	52.0	54.0	80.0	2.5	2.0	2.0
无回复	1.0	-	4.0	-	2.5	-	2.0
家庭规模							
独子	17.0	13.5	17.0	20.0	9.5	18.5	28.5
2 个孩子	30.5	33.5	41.5	25.5	35.5	22.5	17.5
3 个孩子	23.5	30.0	12.5	25.5	21.5	22.5	22.0
4 个孩子	11.5	7.5	12.5	14.5	19.0	8.0	15.0
5 个孩子	8.0	4.5	8.5	3.0	12.0	16.5	8.5
6 个或 6 个孩子以上	7.5	7.5	4.0	11.5	-	12.0	8.5
无回复	2.0	3.5	4.0	-	2.5	-	-
平均子女数	2.9	2.8	2.7	3.0	2.9	3.2	2.9
建议读文科预备班的人是(3)							
老师	67.5	65.5	66.5	65.5	64.5	83.5	61.0
家长	42.5	41.0	54.0	45.5	50.0	28.5	39.0
其他人	16.5	21.0	25.0	5.5	16.5	4.0	15.0
没有人建议	6.5	6.5	8.5	5.5	2.5	4.0	13.0
无回复	1.5	2.0	-	3.0	2.5	-	2.0

(1) 巴黎其他公立中学：孔多塞中学、莫里哀中学。
(2) 外省其他公立中学：布勒斯特中学(Brest)、克莱蒙-费朗中学、图卢兹中学。
(3) 由于多项选择，所以总数超过了 100。

表 7 1967—1968 年文科预备班学生情况 108

学业属性	巴黎高师 %	路易大帝中学 %	费纳隆中学 %	巴黎其他中学 %	里昂 %	里尔 %	外省其他中学 %
年龄							
17 岁	2.0	-	8.5	-	2.5	-	4.5
18 岁	32.5	26.5	50.0	28.5	26.0	26.5	43.5
19 岁	39.0	36.5	33.5	48.5	43.0	49.0	30.5
20 岁	18.0	22.5	4.0	20.0	26.0	18.5	13.0
21 及 21 岁以上	5.5	9.0	4.0	-	2.5	4.0	6.5
无回复	3.0	5.5	-	3.0	-	2.0	2.0
6 年级就读的学校和专业							
普通教育中学	0.5	-	-	3.0	-	-	2.0
公立中学或现代普通中学	2.5	-	4.0	-	5.0	6.0	2.0
公立中学或传统普通中学	80.5	85.5	83.5	71.5	74.0	79.5	80.5
现代私立教育机构	-	-	-	-	-	-	-
传统私立教育机构	14.5	13.5	12.5	17.0	19.0	14.5	13.0
无回复	2.0	1.0	-	8.5	2.0	-	2.0
中等教育阶段留级情况							
2 次留级	2.0	2.0	-	5.5	2.5	2.0	-
1 次留级	9.0	3.5	-	23.0	12.0	12.0	13.0
未留级	88.5	94.5	100	68.5	85.5	86.0	87.0
无回复	0.5	-	-	3.0	-	-	-
会考情况							
未参加	42.0	29.5	21.0	48.5	37.0	57.0	61.5
参加 · 未通过	47.5	59.0	66.5	51.5	46.0	34.0	25.5
· 获奖或者可以录取	5.0	8.0	8.5	-	8.5	2.0	2.5
无回复	5.5	3.5	4.0	-	8.5	7.0	10.5
优异奖							
无	22.5	16.5	25.0	43.0	28.5	24.5	13.0
1-2	25.0	30.0	4.0	34.0	19.0	32.5	24.0
3-4	16.5	21.0	12.5	6.0	9.5	20.5	19.5
5-6	12.5	12.0	21.0	6.0	19.0	8.0	11.0
7 及 7 以上	17.5	13.5	37.5	3.0	19.0	10.5	21.5
无回复或次数不确定	6.0	7.0	-	8.0	5.0	4.0	11.0
中学毕业会考评语							
及格	14.5	14.5	8.5	31.5	9.5	12.0	13.0
较好	40.5	26.5	37.5	45.5	52.5	51.0	52.0
好	33.5	43.5	41.5	14.5	28.5	31.0	24.0
很好	10.0	15.5	12.5	3.0	7.0	6.0	6.5
无回复	1.5	-	-	5.5	2.5	-	4.5

续表 7

走读与寄宿情况							
一直走读	62.5	53.5	79.0	88.5	47.5	57.0	65.5
走读和寄宿	7.5	12.5	8.5	-	9.5	4.0	2.0
一直寄宿	26.0	28.5	12.5	3.0	40.5	37.0	26.0
无回复	4.0	5.5	-	8.5	2.5	2.0	6.5
修学资格							
二年级学生	65.0	52.0	79.0	57.0	66.5	75.5	74.0
复读二次的学生	26.5	34.5	21.0	34.5	21.5	18.5	19.5
复读一次的学生	8.0	13.5	-	8.5	12.0	6.0	2.0
无回复	0.5	-	-	-	-	-	4.5
文化实践活动及政治观点							
在声誉等级中排名第一的学校							
于尔姆	59.0	60.0	50.0	45.5	74.0	43.0	78.5
国家行政学院	31.0	24.5	50.0	48.5	21.5	36.5	15.0
无回复或其他学校	10.0	15.5	-	6.0	4.5	20.5	6.5
经常阅读的周报							
无	69.5	72.0	87.5	57.0	66.5	71.5	54.5
至少一份	25.0	22.5	12.5	31.5	26.5	18.5	43.5
其中·《快报》	2.5	3.0	-	-	2.5	6.0	4.5
·《新观察家》	9.5	9.0	8.0	11.5	9.5	10.0	8.5
·《鸭鸣报》	4.5	2.0	4.0	5.5	7.0	-	13.0
无回复	5.5	5.5	-	11.5	7.0	10.0	2.0
学生工会情况							
反对	18.0	16.5	8.5	25.5	21.5	10.0	30.5
不关心	24.5	26.5	25.0	23.0	21.5	26.5	21.5
有好感	18.0	10.0	41.5	14.5	24.0	16.5	11.0
工会会员	12.5	17.0	8.5	8.5	7.0	22.5	2.0
活动分子	5.5	11.0	4.0	3.0	2.0	6.0	-
无回复	21.5	19.0	12.5	25.5	24.0	18.5	35.0
政治状况							
极左派	16.0	21.5	21.0	14.5	14.5	6.0	11.0
左派	32.0	30.0	42.0	25.5	26.0	45.0	21.5
中偏左、中间派、中偏右	17.5	15.5	29.0	14.5	12.0	10.5	26.0
右派、极右派	12.0	12.0	4.0	20.0	16.5	6.0	15.5
其他	6.5	12.0	4.0	-	9.5	4.0	2.0
无回复	16.0	9.0	-	25.5	21.5	28.5	24.0
从事体育活动情况							
无	56.0	65.5	62.5	45.5	50.0	36.5	58.5
网球、赛马	11.0	7.5	12.5	14.5	5.0	14.5	19.5
其他	29.0	23.5	16.5	34.5	42.5	43.0	22.0
无回复	4.0	3.5	8.5	5.5	2.5	6.0	-

长期以来，实业大资产阶级面对公立教育满腹犹豫，他们 109
忧心忡忡，试图将自己的子女从大学生活的“危险”中、各种各样的“诱惑”中，以及知识界的堕落影响中抢救出来。对于他们的期待，名牌大学预备班以及名牌大学本身所作的反应比大学的学院要积极得多。在这个意义上，圣热纳维埃夫学校作为一所为理科名牌大学会考做准备的耶稣会中学，或许代表了苦行主义教育的现实理想，这一点正是一本正经的资产阶级本身难以做到，因为他们越来越无法将苦行主义教育与某种生活方式以及某些被深刻改变了的权威模式协调起来：在生活戒律和学习戒律之间，居住场所和学习场所之间确保一种绝对模糊的状态，通过这种方式，学校就可以将会考前的准备与更全面的训练协调起来——这种训练既是“人文的，又是精神的”，它能够“将学生应该在学校里学习的一切统一在同一类型的努力中”(《服务》，圣热纳维埃夫学校历届学生成绩单，82，1969年4月，第57、87、108页)。学校确实是“什么都管”，它组织文化活动、社会活动(帮助盲人阅读，为北非人上课，使青年之家富有生气，等等)，开办带有政治倾向、社会倾向或者宗教倾向的讲座；它还让指导神甫或老前辈，简言之，就是那些竭力为每一个学生谋求“茁壮成长”途径的人，来承担对学生进行才智上指导和灵魂上净化的重任。在这些方面，圣热纳维埃夫学校可以说达到了极致。它的功劳就在于它时时提醒人们，与精英学校(如英国公学)推行的隐退和修行联系在一起的空间上和情感上的分离并不与社会的连续性相互排斥，与此同时，它顺便回击了那些将它理解成为和家庭

> 之间存在鸿沟的人：资产阶级家庭与这些“第二家庭”签订了无条件的委托合同，事实上，这些“第二家庭”设立的真正鸿沟并不存在于这些学校与家庭之间，而是存在于学校与被排除在外的人们之间，以及这些学校与普通大学生所共有的东西之间，**更不必说**那些还不是大学生的人了。

然而，尤其重要的是，在社会鸿沟的形成和群体分离的过程中，经过仔细选拔之后录取的学生被建构成了一个被分离的群体；当人们将这一过程当作合法化的选择来理解和认同的时候，它本身就会孕育出一种象征资本；如此建构起来的群体限制越严，排他
110 性越强，其象征资本的意义就越大。**垄断**一旦得到认同，就会转化为**精英**。这种效应会越来越得到肯定和强化，原因在于这个群体中的每一个人，除了具有集体拥有的凝聚在**称号**(titre)里的象征资本之外，还在这种**神奇的参股**(participation magique)逻辑中具有了这个群体中的每一个成员以个人的名义拥有的象征资本。因此，这种异乎寻常的**象征资本的集中**便得以完成：聚集在一起的每一个年轻人都间接地借助于现有的象征资本(在优等生会考中获得荣誉，业士会考中不同寻常的评语，受人尊敬的家庭姓氏，等等)和潜在的象征资本(难得的观点，有名的作品，等等)而使自己变得辉煌，而这些资本又都是同窗学友中的每一个人，也是以往的所有学生共同累积起来的。

通过这些行动以及许多应该深入分析的其他行动(因为这些行动常常为普通的感知所忽略)，名牌大学预备班倾向于向所有被委托给它的人(而不仅仅是向那些经过准备而成功地通过了会考，

并将继续被神化的人）推行和灌输一种人类学意义上的真正的共同文化（culture commune）。

> 从人种学的意义上说，这种文化的最具仪式意义的方面有时会成为规范化的对象，就像英国公学的《学校简介》（*Notions*）一样，那是一本长达 38 页的手册，其中叙述了应该熟记于心的各种规章、传统、歌曲和歌谣短语（J. 韦克福特，《修道院中的精英》，伦敦，麦克米伦出版社，1969 年，第 56 页），或者像《巴黎综合工科学校校规》（参见《黄与红》，1978 年 6 月 31 日，第 39—40 页），或者像西点军校学生的《荣誉守则》——它们都用一种荒唐的方式叙述着支配学生行为的习惯法。手工艺学校学生（Gadz'arts）的《传统手册》也是一样。新生入学典礼只不过是在预备班和名牌大学本身完成的许多制度化的仪式中的最明显、最容易观察到的一种，也是人们灌输这些传统的时机之一。

同窗学友之间的一见如故比简单的共同利害具有更深层的意义，名牌大学之间的"秘密联系"所包含的各种效应正是由此而来；然而作为这一切的基础并且持续地维持这种效应的与其说是人们加入到了同一种文化之中（从传统的意义上来说，所谓同一种文化就是所有合法的知识和本领），还不如说是加入到了无法明言的行为方式和言谈举止之中——那是学校行话最典型的表达方式，其中浓缩了具体化了的价值观；那是语言的诡秘技巧，开玩笑时的习 111
惯，形体的架势或者声调处理上的细微之处；那是笑时的样子，是与人交往，尤其是与同类人打交道的方式。

各种惯习之间的协调，以及学习和生活戒律所确保的令人放心的严格，确保了社会的和谐。这种得天独厚的和谐经历或许会进入许多人对往事的怀念中，而对于那些已经为最优越的团体所接受的历届毕业生来说，这种怀念常常是与他们在学校或者在预备班里度过的岁月联系在一起的。不然的话，"为什么会如此着魔？为什么巴黎综合工科学校毕业的某某人在看一部闪现着他的校园生活的影片时会出现如此愉悦的神情？是不是他在影片里找回了他青年时代的某段时光，或者是他以为自己被搬进了影片的情节里？不管怎样，让他的20岁重新活一次，哪怕是只有短短的一个小时，就已经是一个很难得的奇迹。但是，这却是可能的。让他欣喜若狂的，不仅是回想起他年轻时的岁月，更主要是他回想起了自己生命中一段特别快乐的时光，一段他自己保留得十分完美的记忆"……。[①] 因此，当我们看到传统的力量能够强迫人们接受一种对于现状的感知方式，而且这种感知方式的结构完全符合前辈人追溯往昔时的表现所提供的范畴时，我们就能够更加深切地理解人们称之为传统的力量的东西。像这样，眼前这位文科预备班学生现在的经历就是未来美好的回忆："(文科预备班)是一个比较特殊的社会环境。对于它所提供的任何接触和往来，人们都将保留美好的记忆。所有从文科预备班出来的人都感到被一种共同的东西联结在一起。这种共同的东西让他们回想起来感到愉快，

① M. 科迪(M. Corday)著，R. 斯沫特(R. Smet)的前言，《综合工科学校的新行话》(*Le nouvel argot de l'X*)，巴黎，戈蒂耶-维拉尔出版社，1936年(参见附录"愉快的经历")。

并且对他们的精神形态已经起了决定性的作用。”(圣路易中学,19岁)同类人能够互爱,能够自我欣赏,由此产生的情感愉悦、同心智结构的同质性联系在一起的**合理的随大流**,共同构成了人们所说的**群体精神**的基础之一:事实上,与群体利害一致的意识是以感知图式、评价图式、思维图式和行动图式的一致性为基础的,正是这种一致性支撑着彼此极为协调的无意识的反应性默契(con- 112
nivence réflexe)。[①]

英式的压力和法式的压力

使预备班不同于所有高等教育机构的,首先是一整套制度上的方法,如激励体系、约束体系和控制体系,这些方法促使人们将那些我们在此还称之为“学生”(élèves)[以区别于“大学生”(étudiants)]的人的整个存在简单地归结为紧张而不间断的学业活动的连续——无论在时间上还是在节奏上,人们都对“学生”的学业活动作了严密的调节和控制。从效果上看,实施教育的环境潜移默化地传授的东西比课堂上明白无误地传授的知识更重要:人们所传递的内容的主要部分不是存在于大纲、课程之类的表面材料之中,而是存在于教学行动本身的结构之中。

① 伯特兰·罗素真正说出了与精英主义传统相符合的效应,这些传统通常总是与创造和自由的吁求联系在一起:“那些从很小的时候起就学会了惧怕来自群体内部的非议,并且把它看成是最大的厄运的人,与其忍受蠢人的轻蔑,他们会宁可在一场他们一无所知的战争中死在战场上。英国**公学**将这一传统推向了极致,而且它们还常常灭绝才智,使之受制于民众。”(伯特兰·罗素[B. Russel]:《教育与社会秩序》[*Education and the Social Order*],伦敦,艾伦和昂温出版社,1932年)

许多作家将“精英学校”所产生的效应归咎于寄宿制学校的封闭性，并且倾向于将这种可见的特征看成是这些教学机构以整个机构身份运作的必不可少的条件。事实上，教育倾向于将任何存在都集中在纯粹以学业为中心的关怀周围，尽管寄宿制造成的这种与世隔绝的集体生活的戒律代表了这种教育的最明显的方面，但应必须避免将那些实际上属于对紧张的学习进行严密组织的东西都算在寄宿制的头上。关于这一点，调查结果可以证实，在文科预备班和数学预备班的情境中，寄宿生的身份在实践中似乎与任何重要的成体系的差异并没有什么联系。

113 已经证实，纯粹组织方面的影响远比寄宿生封闭环境所产生的影响重要得多，因而，在一切条件都相等的情况下，尤其是就被给予的功课量和对空余时间的利用而言，寄宿生与非寄宿生之间的差异要远远小于一般预备班学生和大学生之间的差异。尽管走读生交给老师的作业与寄宿生一样多，但是前者更经常地把星期日也用来学习，而很少用于上电影院。除此之外，在关于空余时间的利用方面，我们没有发现任何有意义的差异，只不过在刊物的阅读方面（走读生读日报的情况多一些，而寄宿生读周报的人更多）或者文化实践方面略有不同（在数学预备班中，走读生上剧院的时候多一些，寄宿生中听音乐会的人更多）。[①]

① 在此，我们受到了问卷调查和统计分析所能够提供的情况的限制。期望通过设计得尽可能细致的间接性问题来把握他们构思、组织编排、完成功课的方式，以及在实际活动中真正决定他们在智力实践和文化方面表现的东西，这或许有点太天真了，更何况这些实际情况就连行动者本身常常也并不清楚。

与任何传统教学一样，预备班的教学也是通过一整套组织方面的条件和实践活动来实现其主要的教学效能的，严格地说，我们不能将这些条件和实践都称为教学，因为它们不是像明确的教学计划中所真正要求的那样[①]：传授和灌输知识和技术，作为教育事业中看得见的正当的方面，在这里却是在某种社会环境中完成的，而这种社会环境中却心照不宣地包含了自发的观点和实践的预期理由（pétitions de principe）。因此，这就完全是一个文化和理智工作的定义问题，而这个定义通过工作组织本身，尤其是通过将学习附属于紧急需要从而得到了承认。

一切就好像教学机构行动的首要目的就是要创造一个设计得
极其紧张的环境，就像传授宗教奥义的入门考试一样。在这个环 114
境里，初来乍到的人必须证明，通过模仿自己的前辈或者老师，他们有能力找到必要的手段和力量来迎战他们将要面对的严酷形势——无情的法则只青睐那些应对能力最强的人。[②] 正如在耶稣会中学“人们用来对学生进行训练的时间是讲课时间的两倍”，[③]因而教学机构的首要行动就是要创造条件以便能够紧张地利用时

① “批改每一份作业，我都给学生发一份修改过的提纲，使他们从例文中受到教育，他们可以了解我是怎样教课的。从前，我的学生们对此很感兴趣，他们称之为我的转换术。”（文科预备班教师，历史学）

② “我的观点……是，那些占据了某个位置的人是因为他们选择了那个位置，而且他们也配得上那个位置。如果他们不行，那就算了，下一次还可以再来。我很有信心……我觉得与和二年级在一起时的责任不一样：那时，当他们中有人要往下滑的时候，我们不能让他们滑下去。而现在，不管怎么说，要吊他们的胃口，这样做，我一点都不自责。”（文科预备班教师，文学）

③ F. 夏尔莫（F. Charmot）：《耶稣会学校的教育》（*La pédagogie des jésuites*），巴黎，SPES 出版社，1943 年，第 221 页。

间，并且将持久、快速，甚至急促的学习方式作为幸运地留下来和适应教育机构的要求的必要条件。[①]

尽管我们无法用共同的标准将文学院和理学院大学生的作品与文科和理科预备班学生的作品联系在一起，因为这些作品在内容、形式和思想方面都存在着很大的差异，但是我们以这两类教学机构的学生和老师的明确陈述为基础作了估计，由此可以断定，预备班学生的生产力非常高，是大学学院里的学生所无法比拟的。[②]

> 每一年，数学预备班的学生比理学院数学和物理学专业的大学生多交 2 至 3 次数学作业和物理作业（预备班每科作业大约 20 至 25 次），还不包括好几次法语和其他语言的作
> 115 业：此外，在数学预备班，几乎所有的学生都能够将布置的几乎全部作业交给老师，而大学生们只能完成作业量的三分之一至三分之二（11 月至次年 4 月）。[③] 从总体上来说，预备班

---

① “国家行政部门根据会考的需要来建构中学生的生活：例如，半寄膳学生在餐后无权外出；不能浪费时间。如果哪位老师不能来上课，学监就会来通知并且给学生布置作业，末了，她肯定会说：‘好了，那么，你们做两小时的作业，不要浪费时间。’”（费纳隆中学文科预备班学生，20 岁）

② 这或许就是大多数“精英学校”的一个显著特征。因此，根据国家舆论研究中心的资料（《给国家直属教育统计中心的报告》，编号：300－78－0208，芝加哥，NORC 出版社，1980 年 11 月，第 8—9 页），预备学校（prep schools）三分之二的学生声称他们必须“经常地”写论文、作诗、写故事，而在公立高中（public high-schools）中，这样的学生只占大约四分之一（27％）。

③ 假如不是将比较局限在像古典文学、数学、物理学这样的具有直接可比性的学科，而是与社会学、心理学、语言等学科进行比较，大学生与预备班学生之间的差异大概还会更加明显。

最有特征的效应在于,它们最终使几乎所有的学生达到了最高的生产力:数学预备班四分之三(73%)的学生经常性地要求自己做额外的作业(其中五分之一的人每星期至少五小时),这种训练几乎是理学院的大学生没有经历过的(他们中只有6%的人声称经常做,43.5%的人偶尔做超出教师布置的练习)。同样的差异也存在于文科预备班和文学院之间。文科预备班学生的学业实践的高度同质性与文学院大学生的学业实践的高度离散性形成鲜明的对照:以路易大帝中学为例,文科预备班的学生在一学年中要写10到12篇论说文,30到35次本国语言和外语的互译练习,还不包括那些“模拟会考”练习,而文学院的大学生中只有极个别的人能够达到这种学习强度。

预备班学生的高度生产力是以一整套制度上的条件为前提的:教师公开推行成套的学业规范和学业检查,并且运用以强化同学团体内部的竞争为原则的激励机制。因此,按时上课是强制性的纪律,教师则必须毫无例外地履行对缺勤者进行检查与惩戒的职责。除了极个别的例外(而且这些例外总是立刻就被学生所揭发),教师总是布置数量可观的作业和训练,并且要求学生准时上交;教师则按照学业传统中最规范的方式来批改这些作业。

“每个学生都要交作业。不交作业多开心!但是他们不 116
会这样做,如果不交的话,他们就不敢来上学!若是作业课不得不缺席,他们就会事先告诉我,我就让他们回家去做,然后在星期一交来。”(文科预备班,拉丁-希腊语教师)“您因作业对学生实施过实质性的处罚吗?——是的(微笑),我要求段与段之间空一行。我要求交上来的作业应该有完整的提纲。如果发现了第五个拼写错误,这份作业就算零分,就是说,我不再改下去了:一份作业里出现了五个拼写错误,我甚至看都不会再看下去,我给它打上零分,然后我搁下笔。”(文科预备班,拉丁语言文学教师)“至少应该写两次草稿。页左空白很重要,我一直要求在每一页的左边留出足够的空白以备更正,咳,很多人常常做不到。我强调将法语译成外语的时候字迹应该十分清楚,每一个书写不规范的字母算一个错,就像在会考的时候一样。”(文科预备班,拉丁-希腊语教师)大部分的作业都批分数,并且常常要将这些分数庄严地公之于众:将近一半接受调查的数学预备班的教师都在全班宣读过这些分数,多数时候按照排名顺序宣读;而在那些放弃了这种做法的教师中间,有的人还是继续将学期排名张贴出来,其他人则更愿意在每份考卷所得的分数旁边写上全体学生的平均分数。预备班的老师似乎越来越少地采用竞赛之类非常明显的激励技巧(宣布并且评讲“模拟考试”结果,按从低分到高分的顺序宣读考试分数,等等),但是要说真正杜绝传统激励技巧中那些最奏效的部分,绝对不再像呼唤神灵一样通过明说或者暗指的方式来提示会考,真正能够做到这一点的教师怕是极少数:“我一直参照会考中的内容。我要让他们知道这不是开玩笑。我问他们是否有能力参与。我告诉他们会考是怎么一回事,但是不明着说。”(文科预备班,历史学教师)“是的,我经常不

> 厌其烦地跟他们谈这件事，比如我说'像这样参加会考，你们会不及格的；记住，只有三个月时间了'。于是，一个冷颤便会顺着他们的脊梁骨往下滑。他们并不会十分慌乱，不会的，这些班级颇为令人欣赏，但是他们有一个基本的弱点：这就是会考时时刻刻萦绕在他们心间，对于那些在预备班度过了第四个年头的考生（bicas）来说更是如此。会考就像一个不灭的幽灵，似乎一直伴随着他们。"（文科预备班，法语-拉丁语教师）

人们将一切存在都变成紧张气氛中的竞争，或者说变成一项 117
"各人分别计时的比赛"，与此同时，人们又在学校空间里创造了**自由的气氛**（skholè），也就是说创造了闲暇、没有动机、没有目的，这一切其实就是一般存在中真实竞争的模拟和再现，就像其他传统中的体育竞争一样。这样一来，人们顺带还强化了那些深层的习性，而根本不需要清楚地陈述这些习性的根源；对于习性，人们用不着像要求和传授道德准则那样费力气，因而习性也没有必要暴露自己隐藏着的，有时候甚至是不可告人的真面目：毫无疑问，正是这种紧张地利用时间的癖好和能力构成了学业竞争中的重要优势（在会考的情境中尤其如此），以及在日后的职业生存竞争中的优势；但是与这种癖好和能力并行的是人们与文化以及与脑力劳动的工具性的、实用性的，甚至是精密算计性的联系。智力方面的雄心和爱好其实就是体育实践中受到赞扬的"赢的愿望"在学业上的等同物；正是这种雄心和爱好导致最神圣的人们达到了超越自我的境界，但是，就像在体育运动中一样，这种雄心和爱好并非自始至终都倾向于公平竞争(fair play),此外,它们更多的是准备着投入人人与人为敌的竞争之中,而对于配合与协作却准备得不那么充分。

紧急的逻辑,作为所有这些习性的原则,其实就是行动的逻辑,因此,事情通常是这样的,与人们深信不疑的观念相反,紧急的逻辑相对来说或许更有利于就业供职的实际要求,而不是更有利于从事研究和脑力劳动的实际要求:例如,在文科预备班的日常生活中,任何一项活动(比如说阅读作品)都不会直接产生效益(即不会"对会考有用"),也不是一下子就能够轻易地把握的,因此一切活动的展开都必须针对那些有明文规定的必须检查的功课,例如将本国语言翻译成外国语,将外国语译成本国语,或者用于课程的学习。同样,必须尽可能快地、不顾一切地回答任何一个可能的问题,这一必要性迫使人们求助于论术的秘诀和策略,因为这些秘诀和策略不仅能够让人们在节省深入研究的力气的同时掩饰自己的无知和缺陷,而且还能够让人无休止地夸夸其谈,摆出一副原创者的姿态,就好像那些被人引用最多,让人迫切等待的"妙言警句
118 (topo)[①]"都是由他原创的。此外,这一必要性还迫使人们利用学业陈规中的产品,比如那些被节选出来的片段或教科书之类的能

① "topo"又称为"pécu"或者"PQ",意思为"妙言警句",是文论的基本单位,常常来自于课堂或者课本,有时候也可能是深谙此道的使用者本人自己调制出来的。只要进行必要的改编和修饰,"妙言警句"能够适合各种类型的高谈阔论。好的妙言警句能够适用于各种不同场合,甚至用于同一次会考中的各种不同类型的论说文(哲学的、法语的或者历史学的)。文科预备班的学生极想获得能够"无穷无尽地高谈阔论"的本领,实际上就是要掌握一种拼凑艺术(ars combinatoria)。有了这种艺术,就能够衍生出无尽的"充满妙言警句的"的文论。

够为人提供方法的东西，这样，人们只要花最少的精力就能够达到学业上的要求；更为普遍的是，这种必要性会促使人们去迎合各种手段和技巧，然而过早地掌握这些手段和技巧却会使人们在知识上预先倾向于偏离诚实和严密；这种必要性还会促使人们与实践家的“秘诀”靠近，从而远离研究者的方法和技术。[①]

因此，任何旨在将“精英学校”变成真正管理人员学校（écoles de cadres）的会考，比如说，使学习服从于紧张的压力，严格而持续地用各种条条框框来指导学生的课业，都有利于反复强化人们与文化的这种既驯良又自信的联系；至于这种联系，与其说它有利于探索性的实践，还不如说它更有利于权力的运用；实际上，当人们谈起“大文化”的时候就会提到与文化的这种联系。在瞬息间调动一切可用资源，并且吸取其中的精华——这种艺术被某些名牌大学的会考（比如说国家行政学院的会考）发展到了登峰造极的地步；在得到被所有名牌大学承认并被神化的“重要德行”中，这种艺术，以及与精通此术同时并存的合法保障，或许是属于第一位的；事实上，所有这些“重要德行”预先更倾向于实用主义的算计和不折不扣地服从明确的规定，却不那么倾向于从事科学或艺术探索所需要的果敢与决裂。

① 当被问到他们在最近一次论说文中引证的材料时，路易大帝中学文科预备班的学生们一般都列举课本中的材料，如拉卡尔德与米夏尔（Lagarde et Michard），夏桑与斯宁格（Chassang et Senninger），卡斯泰与苏黑（Castex et Surer），还有博尔达（Bordas）出版的一些作品片段，以及拉鲁斯（Larousse）出版的一些经典段落，而列举作品评论或者原文的人却不多。

从根本上来说，人们赋予名牌大学学生的德行说到底其实一直是人们共同期待的活动家的德行："会考，尤其是口试，非常有利于那些善于保持冷静的考生；而好的口才(bonne
119 présentation)同样也有助于成功。然而，冷静和善于表达都是就业供职(vie active)所要求的基本素质。同样，(会考前)应该加的'那把劲'与每一个人的职业生涯必须经受的周期性拼搏也是一致的……面对一个考题，即使他知道应该如何作答，却仍然会'败北'的考生，常常与那些不知道如何'面对'生活中危难的人是同一类人。"(《法国名牌大学的发展条件、招生条件、运作条件和定位条件》，研究小组给总理的报告，1963年9月26日。法国文献，1964年，巴黎，专题研究与论文45，第41页)另一份半官方文献中谈到，数学预备班"除了给予学生理论知识和技术知识之外，还培养了他们的工作纪律，以及为公用事业和国营或私营企业所欣赏的快速而严密的工作习惯"；这份文献反对人们诽谤数学预备班在"工作的习惯性效能"方面对学生进行的反复强化训练，以及在"培养他们的上进心"方面所作的训练(《关于高等教育和名牌大学的报告》，由服装业委员会提供，《黄和红》，1967年7月，第16－17页)。

"大文化"也是人们与专业知识、特殊知识、零星知识，以及与这些知识的持有者之间的一种稳固的联系，这种联系是通过某种感觉建立的，而这种感觉就是能够(或者已经)通达真正的基础，或者说通达科学，即通达普通负责执行的行动者特有技术的共同基

质。人们不得不去接受许多无用的知识,并且为此浪费大量的时
间——即便是获取职能所严格要求的能力也远远不需要花费那么
多的时间,这种明显的浪费或许由此可以得到解释。在技术需要
与社会需要之间,职位的技术定义所要求的才能与社会合理需要
所要求的才能之间存在着矛盾;这一矛盾在霸权者,尤其是企业领
导者(主要在经济场域中非国有的那一端)与文凭的关系中处于核
心地位,因为文凭是选拔企业管理者的标准。此外,这一矛盾还掩
盖和强化了经济资本的持有者,即权力场域内部的支配者与这个
场域内的被支配者(如知识分子、艺术家,甚至教师)之间的矛盾,
同时还掩盖了他们在与自己生产或再生产的文化的关系中遇到的 120
矛盾:当他们将自己放在“人民”一起考虑(比如说,在平常的实践
中选择自己的生活方式,或者明确选择合法性话语)的时候,他们
就会把自己与智慧、思想、无私、雅致、文化等放在一起;而当他们
将自己与知识分子、艺术家,尤其是当他们将自己与真正理智的知
识分子的定义——批判精神、与权力的距离,或者简单地说,博学、
学术成就、研究——联系在一起考虑的时候,他们就让自己站在力
量、行动、刚强、实用主义、效能一边。[①] 这一双重矛盾是实业资产
阶级与教育体制深刻的矛盾感情的根源:对于培养“精英分子”的
教学机构,实业资产阶级的期望是,它们能够传授知识而又不造就

① 参见J.韦伦斯(J. Wellens):“西方反理智传统”,《不列颠教育研究杂志》(“The Anti-Intellectual Tradition in the West”, *British Journal of Educational Studies*),第8期,1959年11月1日,第22—28页,以及L.斯通(L. Stone):“日本和英格兰:比较研究”(“Japan and England : A Comparative Study”),同前刊,第101—114页,P. W.缪斯格拉夫(P. W. Musgrave)主编。

知识分子,“既训练又不扭曲”,既影响又不至于“玷污”,[①]就像人们无数次说过和写过的那样,尤其是像人们在68年以后或者在其他时候说过的那样,不要“腐蚀年轻一代”。出于这样的期望,实业资产阶级在逻辑上倾向于授予名牌大学预备班和名牌大学(尤其是理科的预备班和名牌大学)无须争辩的优先权,尽管它们没能达到这个目的,但是它们似乎准备着要在教学机构所具有的深刻矛盾中满足实业资产阶级的这个要求。

121 大文化与专业文化,普通教育与技术教育,构想与实施,理论与经验,综合(《综合笔记》《综合报告》等)与分析,在所有这些对立面中起作用的,是最暴露、最有争议、最容易受到攻击的社会边界,也就是在与名牌大学一体化的进程中被神化了的那条社会边界。它用一条神化的鸿沟,(从词的最广泛的意义上)将综合工科学校的毕业生(polytechniciens)和技术员(techniciens)分离开来,将人

① “从前的大学学院现在只能算是革命的助产士。它们既不培养国家需要的高级管理人员,也不培养国家需要的科学家。这些学院出产的只是碌碌无为者和鼓动闹事者。要不要举个例子?在巴黎七大,古典文学和现代文学的学生必须在一年级的时候接受一场真正的洗脑筋教育,因为在基础教育和必修课中出现了马克思、列宁和毛泽东的名字,而且是主修课。这就等于在巴黎七大,如果一位学生读不好马克思、列宁、毛泽东的文章,他就不能够成功地研究蒙田、莫里哀、拉辛、雨果、波德莱尔。真是骇人听闻!一位是德国人,其政治经济学如今差不多等于是迪雅弗瓦瑞兄弟的医学(迪雅弗瓦瑞兄弟[Diafoirus]是莫里哀喜剧《妄想病人》中的人物,既无知又自负。——译者),一位是俄国人(他只传授毁灭我们的文明和自由的方法,除此之外没有讲过别的),另一位是中国人,我们的街头艺人(此处指法国17世纪著名诙谐剧艺人安托万·季拉尔,人称Tabarin。——译者)早就在他的日程中否定了他的思想,这样三个人从今以后将在这所大学里(或许还在其他大学)为我国伟大的思想家和伟大的作家担任引见者的重任。那些没有在中国人、俄国人和德国人自卖自夸的吆喝声中熏陶过的人将不可能拥有法国的文凭。”(P.伽克佐特[P. Gaxtte]:“向皇后求助”[Recours à la reine],《费加罗报》,1970年7月25—26日)。

们喜欢称之为“无所不能的专家”和仅此而已的专家分离开来，并且将所谓的高级管理者和中等管理者分离开来。因此，尽管综合工科学校或者国家行政学院“年轻的先生们”与巴黎高师“年轻的大师们”之间存在着差异，然而，一旦从他们的反习俗中分离出某些属于习俗的东西，他们之间的共同之处就会比表面上所呈现出来的要多；事实上，“年轻的先生们”正是由于他们那“人为的表面上的早熟”，才能够带着极端的优越感和所有合法性的外部特征早早地占据“国家管理者”职务，同时还期待着私营企业中管理者的职位，因为这些职位更加有利可图；至于巴黎高师“年轻的大师们”，就像涂尔干所说的那样，他们被培养出来“过早地以一种轻率的方式从事生产活动”，此外，对于书本和自己天资的过度信任常常导致他们智力上的某种满足——那是天真的名牌大学学生在理想破灭了之后的满足，因为他们仍然有足够的自信向一切没有打上这种无法仿制的名校标记的东西投去他们充满智慧的微笑，而且有足够的自信在外省某公立中学的讲台上，或者登上某个名家论坛，对着一本“暗淡”的教科书，或者一篇“充满智慧”的论文，讲授他们继承得来的确实性。

象征性封闭

事实上，在对最终考验充满焦虑的等待中，持续不断的竞争造成的急迫而焦虑的环境能够比单纯的寄宿制环境产生更大的象征性封闭效应。或许是因为他们难以想象出比传统迫使他们接受的学习策略（即无条件地服从学习效能的需求）更有效的策略，或许

122 是因为教育机构的整套逻辑倾向于向他们强调的合法保障阻止了他们对这种残缺(这是他们为自己的选择支付的代价)产生怀疑,或许正是由于上述原因,名牌大学文科预备班和数学预备班的学生渐渐地学着将他们“感兴趣”的东西与“对会考有用”的东西等同起来,与此同时,他们还学着无视自己所不知道的,满足于自己所知道的。

> 校园行话是被接纳或者被排除的符号,也能够对自我封闭起促进作用,因此,校园行话中必定包含着校园生活的某些参照;我们可以从这一现象中看出自我封闭的某种征象。在巴黎高师的行话中,有指学校场所的(aquarium,boyau),有指学校膳食的(pot,poter,antipoter,prépoter,hypopot,khôn au pot),有指刚入学的新生的(amphibase,cirage,culage,culer,méga,vara);此外,还有宗教方面的(指和尚)(tala,antitala,atala),有指军队的(bonvoust);尤其是还有指各种学业等级的:大中学教师学衔考试的应试者(agrégatif),巴黎高师校友(archicube),文科预备班的复读生(bica),一年级新生(bizuth),高等师范学校入学考试第一名获得者(cacique),巴黎高师入学考试第一名获得者(cacique général),争考第一名(caciquer),二年级学生(carré),新手(conscrit),复读两次的学生(cube ou khûbe),巴黎高师录取的最后一名(culal),文凭应试者(diplomitif),巴黎高师入学考试第二名(Hk ou hypocacique),文科预备班学前班(hypocagne ou hypokhâgne),文科预备班学前班学生(hypocagneux ou hypocag-

neux)，次新手(hypoconscrit)，巴黎高师入学考试第三名(hypohypocacique)，数学预备班学前班(hypotaupe)，数学预备班学前班学生(hypotaupin)，学士学位应试者(licenciatif)，五项竞技运动(penta)，文科预备班的(sekh)，综合工科学校发展区(Z. A l'Ecole polytechnique)，等等。在所有这些行话中，表示巴黎高师内部等级的词汇比表示学业等级的词汇所占的比例更大一些。这一点是可以理解的，因为许多实践活动，首先是各种过渡礼仪(rites de passages)[①](直至1968年，这类礼仪在巴黎高师最为频繁)，都趋向于用人们在教学机构中的资历(ancienneté)所代表的等级来取代学业名次所代表的等级(参见词条absorption，ancien，antique，尤其是cocon，lambda——"从班级的第一名[major]到最后一名[culot]，词的话语层都是等距离的"——而"botte"和"bottier"这两个词则不同[②])。与巴黎高师学生的行话相比，巴黎综合工科学校学生的行话中军事方面的词汇显然更多一些，尤其是关于社会生活的词汇和具有表现力的词汇也更多一些[③](如：amphi-

① 人类学用语，指从一组人转入另一组人的过渡礼仪(见《法语大词典》，西南师范大学出版社，第2536页)。——译者

② "absorption"的意思是"吸收"，也作"全神贯注"解；"ancien"意为"资深的"；"antique"意为"古老的，老式的"；"cocon"意为"茧"；"lambda"的意思是"中等的"，这些都是词的本意。"botte"和"bottier"这两个词则不同，从本意上看，"botte"是指"长筒靴"，"bottier"为"制鞋匠"；但是在学生的行话中，"botte"和"bottier"都是指"巴黎综合工科学校的优秀毕业生"。——译者

③ 巴黎高师学生的行话参见《不列颠教育研究日志》第8期A.佩瑞费特的文章(1959年11月1日，第289—405页)；巴黎工科学校学生的行话参见R.斯沫：《巴黎综合工科学校的新行话》，巴黎，戈蒂耶-维拉尔出版社，1936年。

danse,BDA,caisse et caissiers,commiss,point gamma,①等等)。

当问到预备班的教学内容是否不应该与会考内容直接有关系时,66%的文科预备班学生和62%的数学预备班学生或者作否定回答,或者不予回答:对于教学大纲和教学结构中所包含的文化定义的普遍赞同还可以从另一事实中得到解释:
123 数学预备班的学生们(85%)常常表示无法了解数学和物理学研究方面的情况,但仍然有很大比例的人(56.5%)认为,数学预备班的教学内容超过了大学学院的教学内容。但是超负荷的时间安排无论如何不允许文科预备班的学生以及数学预备班的学生去大学学院里听课,况且大学学院总是将自己最不利的一面呈现在这些学生的面前,68年以后更是如此:(在巴黎)只有1%的数学预备班学生和10%的文科预备班的学生经常与大学学院有接触。预备班与大学学院之间的这条鸿沟助长了学生对未知事物的拒绝,至少可以说,这条鸿沟有助于人们自满自足地蜷缩在这个基本社会单元里:“数学预备班好比是修士的斗室。那儿的好些疆界都是人迹罕至的。很少发

① “amphi-danse”中的“amphi”有“双”“两”的意思,也指“大学里的梯形教室”,“danse”意为“跳舞”,因而“amphi-danse”是否可以理解为教师和学生在课堂上的关系;“BDA”是“bande de dessin animé”的缩写,本意是“动画片电影胶片”,但是“bande”除了“电影胶片”之外,还有“一帮,一伙,一群”的意思,因而在学生行话中“BDA”似乎可以理解为“一群动画人”;“caisse et caissiers”可以译成“鼓和鼓手”,暗指教师和学生的关系;“commiss”或许是与动词 commettre 有关,有“做蠢事”“信笔涂抹”之类的意思;“point gamma”本意是“春分点”,“春分”这一天,太阳直射赤道,阳光普照大地,人间冷暖相对均匀,但是从此以后,阳光渐渐成了北半球居民的特权。因而在学生行话里“春分点”应该是指能够决定命运的重大考试。对于当年学生的行话,如今一般的法国人也不甚明了,所以只能作以上猜想。——译者

> 生一个数学预备班的学生到另外一个数学预备班去找练习做的情况。不管有没有道理，反正任何一个数学预备班的学生都认为自己班级的课程是最好的。”（数学预备班，数学教师）

学生们都被选拔过，而且又按照他们自己的习性针对学校做过自我选择，也就是说，按照他们的顺从性进行过自我选择，至少可以说，学生们都根据自己的学习能力进行过自我选择；此外，学生们在一个受到保护的、没有任何物质忧虑的空间里封闭了三四年，他们对于世界的了解差不多仅限于他们从书本里学来的东西。从本质上来说，对这样的青年学生施加压力就等于是生产发育不太健全的虚假的智者（intelligences forcées）；萨特曾谈到他自己在 20 岁时阅读某些作品的情景，正如他所说的那样，这样的智者读起书来清清楚楚，似乎什么都懂了，但是又确确实实什么都没有懂。[①] 我们不禁又一次想起耶稣会中学的教育，就像涂尔干所描绘的那样：“他们所讲授的文化是高度速成的极不自然的文化。就好像……一种无限的力量要以近乎于粗暴的方式将人的心智推向某种人为的、表面上的早熟。所以，他们要布置大量的书面作业，要迫使学生不断地上紧发条以便不停地运转，还要迫使他们早早地以一种轻率的方式从事创作。而在大学教育的普遍状态中却存在着某种不那么仓促，不那么紧迫，也不那么令人炫目的东西。”[②]

事实上，预备班和大学学院之间的对立面并不是在哪一 124

① 萨特：《辩证理性批判》，巴黎，伽利玛出版社，1960 年，第 23 页。

② 涂尔干：《法国教育的演化》，巴黎，阿勒甘出版社，1938 年，第 2 卷，第 107—108 页。

个关键点上显得更加激烈一些。因为62%的数学预备班的学生认为，数学预备班好学生的特点就是学习起来速度更快，而只有15%的人认为好学生的特点在于他们具有深入学习的能力。数学和物理学二年级(MP2)的大学生中69.5%的人认为深入学习的能力是好学生最重要的品质(只有18%的人将学习速度放在第一位)。同样，23.5%的MP2的大学生将创造能力(确切地说是使用学到的知识的能力)视作优秀大学生的品质，而在数学预备班中，持这种态度的人仅为11%。

但是，如果肩负指导重任的教师自己没有被完全封闭在这座他们表面上是在担任狱卒的神奇的监狱里，那么封闭所产生的效应或许就不会很彻底。然而，事实上，由于数学预备班和文科预备班的教师几乎全部都曾经是这些教学机构的学生，因此他们本能地，或者说在很大程度上不知不觉地倾向于传输并且承认这些教学机构的价值准则，并且将认同这些教学机构的价值置于一切之上，因为他们自己的整个价值常常都来自于这些教学机构。作为某种意义上的教练员，他们不是通过直接明了的教学，而是通过努力创造有利于紧张训练的环境来反复强化一定数量的技能的实施要领，以便应对学业上的紧急情况。①

① “我想，我们是在教学生们快速地学习，教他们在紧迫的时间里跨越好几个领域。”(文科预备班，法语教师)“对于教师来说，重要的是给我们制定一个学习框架。他拿来给我们学的东西比他教我们的东西对我们更有用。”(路易大帝中学，文科预备班学生，20岁)

由于预备班的教师都是从事中等教育工作的杰出分子，常常被这个教学序列中的教师资格会考(大中学教师学衔，中学师资合格证书)请去担任评委，他们作为模范中学教师的教学生涯几乎总是以中等教育总督学的头衔而辉煌地结束，所以预备班的教师们都全身心地奉献于自己的职责，恪尽职守地担负学生实践活动的指导者的任务，甚至是担负对学生的实践进行“持续地封闭”的重任。中学教师与大学学院里的教 125
师不同，大学教师根据不同的等级被划分为从事教学的和从事研究的，属于大学场域的和属于知识场域或者科学场域的。而中学教师实际上从来没有什么研究活动(有时候甚至被认为是“偷”学生的时间来做其他的事情)；即使他们还没有出版什么教材，但一般至少都在计划着做这件事情。

根据欧洲社会学中心1972年对3500名中学教员进行的调查(由让·米歇尔·夏布里和多米尼克·梅尔里耶负责)，预备班的教师集中体现了教学体制中完美产品的所有特征：作为从前的好学生，他们更早地具有了人们最渴望同时也是最罕见的被神化的特征。他们中的绝大多数人至少在中学毕业会考中获得过良好的评语(他们的比例为78%，而在持有中学师资合格证书的所有教师中，此项比例为58%，助教的此项比例为32%)，因而与其他教师相比，他们被推荐去参加全国中学优等生会考的机会更多(他们的比例为48.5%，而大中学教师学衔获得者的此项比例为34%，持有中学师资合格证书教师的此项比例为12.5%，助教的此项比例为5.5%)。他们几乎全部都在预备班里度过了至少一年的时间

（他们的比例为86％，而其他人的比例依次为61％、34％和20％）。他们中66％的人参加过某所高等师范学校的会考（其他人的比例依次为43.5％、16.5％和4％），他们获得大中学教师学衔的时间也比其他人早（他们中有30.5％的人在24岁之前获得此学衔，而在其他此学衔获得者中只有20％的人在24岁之前）。最后，他们中25.5％的人毕业于于尔姆或塞夫尔高师，而其他中学教师学衔持有者的此项比例为10.5％，中学师资合格证书持有者的此项比例为0.5％；他们中有19.5％的人毕业于枫特纳和圣克鲁，而教师学衔获得者的此项比例为9％，中学师资合格证书持有者的此项比例为2％。他们比其他在预备班任教的男教师、女教师们经受过更严厉的选拔，因而他们在最大程度上兼容了教育体制中完美产品的一切特征。从社会出身方面来看，预备班教师介于中学教师和高等学校教师之间。中学教师出身的家庭环境很好，尤其是在文化方面；而高校教师很少出身于支配阶层，与前者相比，他们中有更多的人出身于中等阶层，出身于权力场域被支配区域。预备班教师中有84％的人宣称不从事任何研究活动。由于致力于教学，他们常常（39.5％的人）计划着在什么时候编写一本教材。44％的预备班教师是会考评审委员会的成员（大中学教师学衔考试，中学师资合格证书考试，
126 名牌大学入学考试）。他们中只有个别人希望转入高等教育；要是有人问在未来的十年中他们打算从事什么活动，大多数人（85％）都会说，他们将再教一个预备班（只有10.5％的人会想转入高等教育，而在获得了教师学衔的其他教员中，此项

比例为 18.5%)。[①]

正如人们所说的那样,这些杰出的教师完全投身于教学任务的实施之中,并且期待着回报。他们的教学活动其实就是辅导教师(répétiteurs)所从事的活动——在传授知识之前,先将训练的安排和学习的构架传递下去:他们讲课的首要目的就在于提供对会考有直接帮助的知识;他们出习题,批作业,给答案;通过书面问题或者口头问题来检查学习情况,因此每一位学生在学年结束的时候都能得到 30 个至 50 个认认真真登记出来的分数。[②] 由于每一位学生的成功(主要是最优秀学生的成功)都与教师个人有关,由于他们履行着教师的完整定义中所包含的每一项任务(在这一点上,他们与普通大学学院里的教师不同,尤其是与有头衔的教授不同),因此,就像耶稣会中学的学监或督察那样,这些杰出的教师倾向于与自己的学生维持一种具有传统风格的全面的关系,直至

① 当有人问到他们是否曾经喜欢过或者仍然喜欢去高等学校教书时,大多数人的回答都是否定的:"我讨厌高等学校里那种习气和那种故弄玄虚。那儿的仕途不是向'配得上'的人开放,而是向自行遴选开放。"(数学预备班,数学教师)"我喜欢学生们更守规矩,自己做出取舍,就像预备班里我的那些学生一样。"(数学预备班,数学教师)"在大学里,教师连学生都不认识,这不能够算作教学工作。"(数学预备班,物理教师)"不,因为我喜欢教学,我不喜欢太专业化的东西。"(文科预备班,文学教师)

② "对于作业的成绩,我用蓝颜色的笔勾画出复读两次的学生(les cubes),用红颜色的笔勾画出复读一次的学生(les bicas)。当然,我有每一年所有学生会考的分数,书面的和口头的都有。对于会考成绩合格的学生,我把他们的会考成绩抄写在另外一张纸上。此外,我们还有从文科预备班一年级升入二年级的程度测试成绩,每一个学期都排出班级总名次,其中每一科都加上会考成绩的系数。您看,红色的是论说文的平均分,蓝色的是语言的。我还做了一幅类似于矩形统计图的示意图,有总分,有名次。"(文科预备班,哲学教师)

生活的所有层面。[①]

127 预备班的学生和教师之间的关系比大学里的师生关系更紧张、更无差异、更具整体性，就像在其他问题上所反映出来的一样，比如说某些文科预备班的学生用来称呼他们的老师的词汇："有时候那些复读生跑来对我说：'导师(Maître)，我能不来上您的课吗?'；我很乐意地准许了他们的要求。是的(微笑)，他们把所有文科预备班的老师都称作导师，只有预备班的学生这样称呼他们的老师，至少在亨利四中是这样。关于这一点至少可以追溯到阿兰[②]那个时代。不是我们想把自己划进学者的圈子里，但是这个称呼确实有别于中学教师。您知道，从某种意义上说，我们和我们的学生很亲近，我们连着三年和他们在一起。他们都是精选出来的，这本身就是一个精英群体，没有什么纪律问题。确实，这是希腊语教学的最后一个堡垒！(笑)。我同时还在索邦大学教古代史，那里的学生们总是旷课，我从来就弄不懂他们。"(文科预备班，历史学教师)"每当他们(学生)旷了课的时候，他们就称你为'导师'请求原谅……尤其是当他们有什么事情需要饶恕的时候，

① 这样，他们就能够重拾最具耶稣会中学特征的习惯做法，就像这位专业数学教师的做法一样，他要求自己的每一位学生学做他人的学监："每一位学生都应该将他旁边缺课同学的名字告诉我，这是理所当然的事情。在这件事情上，我信任他们，因为即使作弊也不能隐瞒很久。"(数学预备班，数学教师)

② 阿兰(Alain)，本名艾米尔·夏尔蒂耶(Emile Chartier，1868—1951)，法国哲学家，长期在亨利四中教学。——译者

他们就会称你为‘导师’。”（文科预备班，拉丁语教师）

教师们喜欢回忆自己的工作，尤其是当他们教主课的时候，特别是教像哲学这样的课。他们将自己的工作看成是智者之师甚至是精神指导者的工作。他可以介入任何问题，而这些问题都直接或者间接地涉及学习生活的安排，如阅读、做作业、安排复习、睡眠的节奏、饮食的搭配，以及外出等等。“四五年前，我们的学生受大学生的影响，想废除数学预备班。我就对他们说：‘这样做很幼稚，而你们都是有天赋的人。你们这是在让那些对你们不怀好意的人牵着走。’现在，一切都过去了。他们不再要求取消数学预备班，他们看到了大学里的混乱。他们知道没有什么不公平，我们都是为他们好。他们觉得自己受到了好的教育和引导，他们有一位或者几位精神上的父亲。”（数学预备班，数学教师）

置身于教育体制再生产机制的中心，同时又作为这个体系中 128
最优秀的产品，预备班的教师不需要刻意地追求使自己的教学与从来没有间断过的会考的要求协调一致。他们曾经是文科或者数学预备班的学生，尔后又成为了那里的教师，这之间的连续性是如此完整，以至他们只需要完全本色地出现在评委们的面前就足以介绍他们那些经过充分“准备”的学生；评委们也是同一生产条件中的产品，他们只会听之任之地为他们放行，以便维持“会考的精神”。“我是大学和中学历史教师学衔评委会的成员……在为学生纠正问题的时候，我想，我确实是处于会考精神的指导之下；再说，阅卷者都是校友，他们要问的问题可能就是我要问的问题。”（文科预备班，历史学教师）这个机构的良好运作和协调永存几乎完全依赖于惯习的同质性：惯习就是由这个机构生产的；此外，由于惯习是在瞬间或者经过岁月，就是说，在穿越了年龄的差异之后被自动地赋予的，因而惯习往往是在事关明证性的问题上分享彼此的观点所产生的快乐中，在通过契约、规章或者官僚主义的控制表现出来的明确的规范化之外，人们以即时的、直觉的、实践的方式获得的。

> 行动者之间的角色是可以互换的，因为他们是为了适应制度上共同的必然性而被调节的工具；文科预备班的一位教师所说的一番话道出了行动者之间的这种完美配合，尽管他自己并没有意识到："我向他们推荐大家都在看的书，比如勒韦克的，他是我的一位朋友。"这位教师在谈到他的一位同事时流露出来的正是他作为机构的化身所特有的真实性——在同一个句子中，这位同事先是被当作一样东西，一本教科书（"**勒韦克的书**"），一种常用的东西，或者说用普通名词来指代的纯粹的教学工具；然后，用 G. 伏科尼埃的话来说，[①]通过突然的"空间转换"，这位同事又变成了与一个专有名词联系在一起的个体，而且（通过一个从句"他是我的一位朋友"）这一个体被赋予了一个特征：他在教学方面的**知己**(alter ego)。
> 129 还有一位教师这样说："很难将我曾经在文科预备班学到的东西与我任教的预备班区分开来——总的来说，是快了一点，我

① 参见 G. 伏科尼埃(G. Fauconnier)：《心智空间：论自然语言中的语意构造》(*Espaces mentaux. Aspects de la construction du sens dans les langues naturelles*)，巴黎，午夜出版社，1984 年。

接受任命时才 27 岁:这事是有点乱糟糟的。但有一点是肯定的,这就是对于像我这样的人来说,除此以外不会有,绝对不会有其他工作适合我,我这样说或许有点傻。”(文科预备班,文学教师)①

有些课程,特别是法语和哲学课程,呈现为各种可能课业的预期答案,然而它们本身也受到会考实战要求的影响。由于必须训练学生回答学校的提问,文科预备班的教师不得不事先根据学生们在回答这些问题时必将遇到的结构来安排学生谈话的套路。大多数数学预备班的教师都从历年会考疑难问题汇编中选择练习题——或许为了避免千篇一律,他们会“作一些改动”。他们所担任的角色不是要打乱“装配线”,而是要成为其中的一道工序,按照教学大纲来规划学生的思路。由此可见,学业传统遗留下来的所有题目并不单是一本本的论述文大全(topiques),其作用也不单是使某种文化传统能够借以生产不同题材的产品;事实上,这些题目是作为真正的思想范畴运作的,它们推行一整套明确划定了范围并且可能真的会在考场上遇到的练习题,并以此来限制思想的空间;然而,当这些思想范畴扩张到了整个社会空间,它们就为这个完善的、封闭的、十全十美的社会制造了幻觉。②

① 人们或许应该承认这是对命定的爱(amor fati)的典型表白,就像是客观化了的机构和被归并了的机构之间的交会。另外参看附录“永恒的回归”(L'éternel retour),第 223—224 页。

② 对于文科预备班生产和再生产思维模式所具有的结构的威力,从法国知识分子场域的运作中能够看到最清晰的迹象。这个场域并不将其成员间整体上的密切关系归因于巴黎的凝聚力,而是将它归因于同质的以及使群体具有同质性的社会化

130 数学预备班与文科预备班一样，上课常常就像一本口头教科书，以一种简单而凝练的形式提供事先设计好的对学习有用的知识（比如说“课堂提问”）。一位数学预备班的教师是这样说的：“我力求把课上得让绝大多数学生都能够消化，让绝大多数学生都会做其中的绝大多数习题。”一位历史教师也承认，他准许复读生不上他的课，假如他们已经在两年前以几乎同样的方式听过这门课的话。寻求在有限的时间里传输和接受最大数量的信息导致了一种教条的灌输方式，因而只有教师“预先消化”才能弥补吸收环节（很费时间）的不足，而不那么专制的教学方法则允许吸收环节的存在。教师们能够指靠学生们会与自己合力同谋，因为学生也非常担心浪费时间，以至于他们都避免用问题或者不同意见来打断老师的讲课[①]。只有9.5%的数学预备班的学生和12%的文科预备班的学生说自己经常在课堂上发言，这一点或许可以说是令人吃惊的，因为大学实践课的上课条件与预备班的上课条件差不多，而大学实践课的发言人数却比预备班的发言人数多得多，在数学和物理二年级的大学生中，有38%的人经常在课上发言。“我上两个小时的课，真是精彩极了。学生们有时候

(socialisation homogène et homogénéisante)所产生的效应，这一点早已是老生常谈了。一旦将某种标准的论述方式推向市场，无论这是决定论的或是自由论的，结构的或是历史的，有意识的或是无意识的，即便是最蹩脚的评论作者也一定会察觉到记者和周刊主编之间的同谋关系，更不用说哲学教师或文学教师了。其实，人们所说的“世俗”成功常常是建立在作品与时尚制造者(taste makers)所构成的学业期待之上。

① 为此，我们看到了《世界报》上的一条消息，1970年2月巴黎某预备班的学生“为了更好地学习而举行罢课”。

会打断我一下，但是他们知道课上只能花很少的时间去领会。他们明白应该节省时间来听课。要做的事情很多：他们不是作为业余爱好者到文科预备班来自学的。再说课程很精彩，使人不得不听，或许可以说就好像法律规定人们不得不听一样。在诸多体制的弊端中，这些课确实是不错的了。”（文科预备班，历史教师）

由于上课的目的首先就是要在尽可能短的时间内传授尽可能多的有用的知识，因而课程常常都遵循书本所展示的最传统的规则，就像三点论式大师托马斯·阿奎那所说的那样，必须有明确的提纲，而且提纲必须在论说中通过分级符号（Ⅰ，Ⅱ，Ⅲ，1，2，3，a，b，c）和符合修辞学规范的引言、过渡、结论体现出来。这种专制而
又教条的教学却很少让学生感到它的专制性，因为它在功能上是 131
与会考和会考的极其特殊的要求联系在一起的，因而这种教学方法的明确职能主要是确保节省阅读和个人研究的时间，而不是激发个人去阅读和研究。

“我从来不列书目，这毫无用处。他们可能会什么都不知道，然后乱写一气。我总是将预先消化好的知识交给他们。”（文科预备班，英语教师）“我要求他们在自己的书橱里放几本必备书……谁掌握了基础语法的点点滴滴，就有可能在会考中甚至在大中学教师学衔考试中派上大用场，您难道不相信这一点吗？每当碰到了难题，他们就会告诉我……我给他们写上满满几大张纸，我知道他们会拿去复印的。”（文科预备

班，拉丁-希腊语教师）

然而，如此形式化的教育的悖论是，这样的一种教育却能够将由于职能的卡里斯玛(charisme de fonction)而被制度化了的所有资源用来为教师服务。事实上，导师们常常试图从典型的“学院式的反学院派”[①]的学业传统中，吸取教学活动的戏剧化已经验证了的各种花招和技巧，从而使诸如上课或者交作业这样的最基本的学业行为都变得不同凡响（似乎这些活动也是富有灵感的研究或者充满文学天赋的仪式），并因此而使人们更加坚定地崇拜文化和文化殿堂里的住持教士；其实，当导师们这样做的时候，他们就使自己处于难以选择的境地。教练员也是学校教育的狂热的专业人员，他们能够在规定的时间内使人们对那些“标准的论述方式”充满激情，因为演讲者的姿势(action oratore)总是能够使这些东西获得新的时尚。这类策略与教师职位的客观定义配合在一起，既恰到好处地促进了大师和学生们的过度投入，又助长了他们的投机取巧——这种投机取巧正好奠定了基础，使人们对教学机构以及教学机构所允诺的前景充满信仰。要将他们职位的真实性与他们在其职能的传统定义的激励下赋予这个职位的表现协调起来，
132 哲学教师或许比其他人有更多的困难，但是哲学教师被认为是操纵这些诚实的和不诚实的游戏的大师，这一点却并不是偶然的。正如布讲福音弃绝法利赛人的天主教会可能感到自己是处于仪式

① 参见 J. R. 利文森(J. R. Levenson)：《现代中国与儒家的历史》(*Modern China and its Confucian Past*)，纽约，安克尔出版社，1964 年，第 31 页。

之外，因为它使对仪式的揭露变得惯例化（ritualise）了，因此，没有任何一种学校的哲学会不为自己和他人制造这样的幻想——通过求助于教学机构所神化的某些反制度的哲学家的保护而摆脱学校哲学的陈规。但是，哲学教师有一个强烈的习惯，这就是他们总是摆出一副苏格拉底的派头，更为普遍的是，他们总是对教师方面的因循守旧（如总是求助于教材）进行各种各样的简单揭露；正如他们的这种强烈的习惯所证明的那样，这仍然是教学机构在为它的行动者提供条件和工具，使他们能够对学业惯例进行惯例化的揭露，并在此基础上为它的行动者的卡里斯玛确保一种原动力。

二元性结构

精英课程（filières nobles）的存在所产生的最隐秘的效应毫无疑问是与教学结构中的二元性（dualité）联系在一起的，例如，大不列颠的**公学**和**普通中学**，法国的名牌大学和大学学院。正是在这两类教学机构的**系统性对立关系**中产生了它们各自的独创性、彼此的差别（积极的或者消极的差别），以及它们传授给自己产品的象征性价值。预备班学生和大学学院学生之间的划分包含并且强化了两种学习风格之间，甚至两个习性体系和两种世界观之间的对立；而这种对立又在一个预先倾向于认同这些对立表现的某个空间里得到了承认，并因此而不断得以强化。

文学院或者理学院最重要的特征来源于这些教学机构在高等教育场域中所占据的低下的被支配性位置，以及他们所宣布的目标与他们的客观职能之间的不协调，因为他们的目标是善于研究

并且善于教人做研究，这一目标也是教师群体中地位最高的那一
133 部分人所要求的，而他们的客观职能却是培养教师和国有或私营企业的中等管理者。

> 毕业于1969—1970年，并且1973—1974年在业的文科（人文科学①除外）硕士文凭持有者中，男性中的65%和女性中的74%是中学第一阶段（初中）或者第二阶段（高中）的教师；在同样情况的理科硕士文凭持有者中，担任中学第一阶段或第二阶段教师的男性和女性的比例分别为37%和72%。相反，在文科硕士文凭持有者中，仅有5%的男性和1%的女性在业者从事研究和高等教育工作；理科中的同项比例则分别达到了14%和10%。如果我们还能够理解中学师资合格证书和大中学教师学衔的持有者，无论文科还是理科，几乎全部都在从事中学教育工作，那么，接下来的事情令人感到颇为吃惊，因为文科的那些已经撰写了博士论文的人更多的是进入了初中或者高中教育（男性为52%，女性为43%），而不是进入研究领域或高等教育（男性为23%，女性为14%）。②

无论是大学学院的教学活动，还是这些学院所采用的强制式和灌输式的教学方式，它们所具有的最合理的特征的全部根源都在于缺乏紧张而持续的教学工作所需要的制度上的条件，而预备

① 此处的人文科学主要指心理学、社会学、语言学。——译者

② 参见A.夏尔罗等（A. Charlot et al.）：《大学和劳动市场》（*Les université et le marché du travail*），巴黎，法国文献出版社，1977年。

班却系统地融合了所有这些条件。此外，教学实践的特征在某种意义上被演绎成了开展教学活动所需要的结构上的条件，以及教学活动实施对象的习性。因此，没有什么能够比教师职能的**分散化**(atomisation)更彻底地构成预备班结构的对立面，因为在预备班，正如我们所看到的那样，几乎所有的教学任务都集中在两三位教师的手里，他们担负着讲课、出习题、批作业的任务，布置口头和
书面问答题。如今，我们能够在理学院看到教师职能的分散化，在 134
文学院也能够看得到，尽管程度不高。

> 在我们进行调查的过程中，在巴黎，有七八位不同身份的教师给数学和物理学专业的大学生(MP)上课：教师们确保课程的精彩，助教们安排练习、负责指导实验课和实践课的操作；作业和问题由助教们轮流设计，并且经常交给成绩好的学生或者名牌大学的学生批改；口头提问由助教主持，也可能由修完了大部分课程的学生(colleurs)主持。因而很少有教师一星期在同一个班级担任四节以上的课程，也难得有教师会在学年结束的时候发给学生十多个分数。①
>
> 当预备班的教师对教师的职能表现出完全一致的看法时，大学学院的导师们却普遍地与纪律和最明显的“学业”要

① 在预备班，成员之间整体上的密切关系是围绕着教学活动建立的，是以首要条件的一致性为基础的。这种密切关系处于以学业方式定义的群体的水平上，由于成员之间(自进入这个学校以后)的持久联系，群体才得以保持。而在大学学院里，这种密切关系是以次要条件(教派联合会，党派，工会，小集团)的一致性为基础的，它所采用的形式是精神上的象征性的密切关系，而不是在某个共同的规划和同一社会等级的意识推动下形成的同窗学友群体内部的真正的密切关系。

求保持了更大的距离[①]：他们常常把教学活动置于第二位，就连那些最忠于职守的教师都感到确实必须迎合一下，至少在表面上应该让人觉得他们是在搞研究；另外，教学实践中的许多细节都表明，他们拒绝使自己沦落为教师职能的最微不足道的方面。正因为如此，甚至在必须指导实践课的理学院，大部分教师（尤其在巴黎）都不愿意检查学生的学习是否勤奋认
135 真。对最“书本化的”或者说“最初级的”教学手段的厌恶，促使他们拒绝采用生硬或者粗糙的鼓励和检测方法：大多数助教和讲师在交作业的期限和次数上都给予学生极大的自由。“系里说交作业是强制性的，但是我公开对学生说，我不记录谁交了谁没有交。我不会定这样的规定……我无论如何不赞同那些强制性的技巧，因为那意味着我自己是个没办法让人感兴趣的教书匠，不应该通过强制性的手段来迫使人们对教师感兴趣……我从来不对迟到的学生说任何指责的话。”（物理学讲师）

所有的人达成了共识，都认为应该避免使颁发分数成为过于隆重的事情，避免这件事给学生留下过于深刻的印象，因而大家都毫不犹豫地放弃使用文科预备班和数学预备班教师所依赖的这件

① 大学学院里教师的教学实践（或许还有预备班教师的教学实践）总是根据学科，根据现有的经历和已经显示出来的未来轨迹的趋向进行变化（我们通过一定年龄的人所占据的位置就能够把握这种趋向）。因此，最学业化的教学实践特别能够得到最传统学科中教师的尊重。这些教师长期从事中等教育工作，在教育的高度发展时期，他们接受招聘，进入了大学学院。

最有效的武器。即使谈起考试，学院里的教师最多也就是给一些提示，泄露一些技术性的秘诀，以便使学生放心。教学关系是两种自由、理性活动的毫无拘束的交融，因此，这种关系不会用粗暴的方式强迫人们接受纪律和知识：学习应该遵守它自身的规律（“学生应该得到适合于他们的东西”），对于知识，吸收的质量比吸收的数量更重要。

> 很明显，在任何方面，无论是颁发分数的程序，对考试情况的讲评，还是限制学生功课的条条框框，大学教师似乎都采取与预备班对立的做法，尽管大学教师中的很大一部分人都是从预备班出来的：“任何情况下，出于人们常说的心理上的考虑，都应该避免公然进行贬义评论。根据我的原则，我作口头评论的时候都说好话，有点奉承的味道。”（拉丁语助教）“对于交作业这件事，我有一套经验：我把考分好的试卷按照从高分到低分的顺序排列，其他试卷则不按分数排序。我发现，如果根据考试成绩的好坏发试卷，等到最后一个被报到名字是一件很羞耻的事情。得了不好的分数已经蛮难过了……我把
> 考卷发给他们，不作评价……在批改的时候，我常常会列举某 136
> 篇在我看来特别好的译文和某篇我觉得不好的译文，但都是采用匿名的方式。”（法语助教）“当然，我有时候会谈到考试，但绝对不会用威吓的语气！相反，我更倾向于去除语气中的夸张成分。不，我不使他们对考试产生恐慌。我尽量往纯语文学的方向引导他们。”（希腊语文学助教）“我不认为应该增加作业量，因为一篇做得好的作业抵得上三篇胡乱涂鸦。”（拉

丁语讲师）

在数学、物理学助教和讲师中，不到三分之一的人说本学年以来至少要求学生做过一道书面问答题，不少人说他们至今还没有记录任何一个分数。“书面问答题，这在中学是个好办法，但在大学里就完全不一样了。”（力学助教）许多助教从事的工作就是使学生避免一切看来属于强加的或者强制性的事情，同样也要避免教科书中的以及其他任何形式的“陈规化”的知识：“我甚至希望他们不要刻板地照抄我写的东西，希望他们不要一切照搬。”（数学讲师）“学生尤其不应该使用陈旧过时的书，我有时推荐他们看几篇新出来的论文，或者推荐他们看几本书……”（法语讲师）

这两种相互对立的教学形式之间存在着系统性的差异，这些差异一方面可以通过它们各自的实施条件得到解释，另一方面，预备班教师和大学学院教师在教育机构的结构中处于不同的位置，不同的位置又使他们倾向于与职业保持不同的联系，这也是造成系统性差异的原因。由于不得不重视教师职能的社会定义——这一定义倾向于从教学工作中清除那些与高等教育不相称的条条框框的指导性工作，又由于为了征服听众而被卷入了竞争，而听众群体又是变化着的，断断续续的，人数众多的，而且常常并没有准备接受某些学习纪律，因此，大学学院的教师只能摒弃一切与中等教育有关的实践活动，因为这些活动只会让他们显得好像是混进高
137 等教育的中学教师，此外，还会使他们失去那部分几乎不令他们劳神的听众，不仅如此，这些实践活动还可能给他们带来大量的工

作，而这些工作与他们所能支配的时间是不成比例的，尤其是当他们想做或者不得不做一些研究的时候。因此，教学上的“自由主义”或“宽容主义”就构成了符合客观形势的解决办法。除此之外，与预备班的教师群体不同，大学学院的教师是一个等级化了的群体，有正式头衔的教授有权通过明确指派的方式，或者通过避开那些被认同为最明显的“教学”活动（“教学”活动也因此而贬值为次等的活动）这样的简单行为来决定教师之间的分工；正如勒南所说，在这样的教师群体中，拒绝“一切中学气息”实际上总是包含着暗暗地与高等教育等级制度的结构进行对照。[①] 然而，助教和讲师们给予学生自由同时也意味着他们在自己工作的最严格的定义中窃取了同样多的自由，或者说，他们在必须要做的事情面前作出了同样多的逃避。由于学生人数的增加，以及由此带来的职位的增多，助教们对于继续担任教学体制中按照先前状况定义的职位越来越没有思想准备，就是说，当助教的人数刚刚比正式教授的人数多出一点来的时候，对职位的重新定义（redéfinition du poste）就更加迫切地摆在了他们的面前，[②]助教们本来已经得到允诺，也想好了要继任教授的职位：企图与学生建立密切的关系，缩短相互间的距离，并且表达对他们的理解，有时候甚至成为学生们心照不宣的或者公开的同谋；对于普通教师中那些最没有神圣感的教员

① 因此，对于学生迟到，教师和助教会有两种典型的不同表示：“他们对礼貌方面的顾忌非常有限，我所能要求他们的只是别弄出太大的响声”；“我不会让迟到的人站在外面，我们毕竟不是在小学。”前者仅限于悲观地、不抱任何希望地要求学生服从最基本的礼节规范；而后者则表示，他不会和小学教员混为一谈，极具自由主义色彩。

② 参见布尔迪厄：《学院人》（*Homo academicus*），第171—205页。

来说(因为他们担负着双重任务，无休止地在教学与研究之间疲于奔命)，这种同谋也是一种要求和取得学生理解和宽容的办法，简单地说，也是一种减轻工作负担的策略，因为他们的工作常常
138 是极其繁重的，尤其是在那些人数太多的学科里，因为人们招收新生的时候，根本不问学生在学习天赋和学习能力方面存在的差异。①

这样的教学结构有助于在学生身上发展与教师策略相对应的策略，其实，与其说是策略，还不如说是有意疏漏(par omission)：教师的许多实践活动在一定程度上都是由于他们不像学生那样坦率地接受自我，因为他们所处的客观环境没有向他们提供这样做的条件。由于得不到学校的持续援助，并且不得不将学习设想成个人的事情，因而教师们常常被迫在手段和目的皆无保障的教学活动与他们的个人爱好之间摇摆——这种个人爱好尤其表现为他们拒绝学习纪律和学业检查，或者表现为他们满怀喜悦地赞同知

① 这就是学院与预备班之间存在的一个最主要的差异。由于筛选得更加精细，预备班的学生群体比大学学院的学生群体更具有同质性，无论在社会出身方面还是在过去的学习成绩方面都是如此：86.5%的数学预备班A′类学生和84%的文科预备班的学生获得了具有良好评语的业士文凭，几乎所有(95%)的文科预备班的学生都通过了古典专业课程的学习。对课本语言的运用和理解能力的衡量不仅反映出文科预备班学生的学习成绩高于大学学院学生的学习成绩，而且还反映出文科预备班学生在对词语进行定义的这类练习中的成绩也远远高于一般水平，因为在这类练习中，文科预备班学生完全没有不好的分数或者很不好的分数(参见布尔迪厄、帕斯隆及M.德·圣马丁：《教学关系与交流》，巴黎，穆东出版社，1966年，第66—68页)。由此可见，预备班的教师们避免了一个最困难的教学问题，也是理学院的一个非常敏感的问题，这就是所招收的学生水平的极大离散性带来的问题。

识分子使命的完美形象：这实际上是他们对学习的客观真实性和学业活动所导致的职业的客观真实性的双重否定。

因此，只需将构成这两类教学机构特点的一系列特征集中起来，就能够发现它们之间的相互对立所产生的效应。教学结构有能力通过它的激励机制，通过持续地限定活动的范围和对理解进行不断的检测来获取最大的学习效率；与这种教学结构相适应的是那些在社会关系方面和学业方面受益最多的群体（几乎全部都是男生）。相反，从这两类教学机构的客观目的来说，最没有能力获取高学习效率的教学结构所面对的学生群体，无论在年龄和学业资本方面，还是在智力条件方面都存在着很大的离 139
散性；同时他们在学业方面和社会关系方面也处于相对弱势地位，因此，由于缺乏制度上的激励、约束和检查，他们简直就是在白费力气。

高等教育中的二元结构所产生的效应，就是它扩大了学生群体的原始差异，因为从主流标准来看，最完美的教育只青睐那些在社会关系上和学业上最优越的人。然而，仅仅这样说还不够。事实上，教学机构的职能不能够减缩为进行技术能力的生产和再生产的纯粹技术职能，关于这一点，高等教育的交叉结构就是最好的证明：从科学的角度来说，最罕见（rares）的教育和教师都给了那些选拔最不严格的学生，而那些看起来最有条件成为研究人员的学生却必须接受另外一种教学——那是一种最书本化的，最不开放因而最不利于研究的教学，但是由于这种教学结构上的严谨，以及整个教师群体的热情奉献，因而，这种教学最适合履行对社会结构进行再生产的社会职能。[①] 如果我们能够认识到所有等级化了的课程划分中的焦点问题和社会效应并非全部都处于知识与科学的范畴中，而且知识性与科学性工作的划分逻辑不断地被霸权的分工逻辑所扰乱，那么，所有这些蹊跷的事情就全部都可以得到解释了。

---

① 同样的荒谬关系也存在于英国和美国，预备学校（prep school）提供的是对学生，对学校最为忠诚的老师（以至于人们说他们担负着双重责任；参见 P. W. 库克松等（P. W. Cookson Jr. and C. Hodges Persale）：《准备就职》[*Preparing for power*]，纽约，巴斯克出版，1985 年，第 85—88 页），但是他们得到的报酬却常常很低，而且他们一般都出身于不太优越的阶层。

第二章　制度化的仪式 140

这是两个彼此分离，却又相互限定的教育体系，就像圣人和不信教者一样，由于彼此间相互排斥的关系而被联系在一起。“精英学校”一直履行着**神化**的职能，它们在教育过程中完成的那些技术性活动其实与**制度化仪式**的各个时刻是紧密地联系在一起的；这两个教育体系的存在或许就足以让我们注意到这一点：选拔就是“当选”，考试即是“考验”，训练就是“苦行”，离群索居就是接受奥义传授时的僻静，技能就是卡里斯玛资格。换言之，在“精英学校”里通过**分离**和**聚合**这样的神奇活动完成的转化过程倾向于产生**被神化的**精英群体——A. 旺·热纳普(Arnold van Gennep)认为，这些神奇的活动是与日常礼仪所完成的那些活动相类似的。这一被神化的精英群体不仅有别于其他群体，与其他群体相分离，而且还得到了别人和他们自己的认同，就好像他们真的名副其实。对新生实施一项行动，并由此改变他自己以及他的职能的表现；这一行动也作用于其他人，同样也改变其他人对于他的表现；于是，这样一项行动就会使得“普通存在中的这一位”“此后不再是从前的他了”，而且“只要他脱离那些影响他本质的低级粗俗的东西，仅仅需要做到这一点，他就能够使自己变得高尚和神圣”。[1]

学校选拔它所认定的最有天赋的人，就是说，对学校最有好感的人（从词的本意上来说就是最**顺从**的人）和最富有学校所认同的特性的人，与此同时，学校在实施分离活动的同时使这些人的习性得以神化，从而强化了这些习性。这项看不见的行动是通过法定指派（assignation statutaire）所产生的效应完成的（“是贵族就得行为高尚”），而法定指派则是由于场所和身份的分派（affectation）产生的结果——这些场所和身份在社会关系上是不同寻常的。从
141 某种意义上来说，分派就是**做标记**，就是设立神奇的边界，而这条边界常常由于一条横在里面的人和外面的人之间的真正的围墙而得到承认。[2] 考试的逻辑在“被录取者”和“被淘汰者”之间，更加戏剧性的是，在会考的最后一名录取者和最前面一名淘汰者之间造成了绝对的不连续性；正如考试的逻辑以其最典型的方式所显示的那样，学业制裁能够出色地发挥社会作用，就是说，能够产生某些特殊的、被分离的、被神化的人群，要做到这一点，只需让所有的人认识并且认同这条将他们从普通人中间分离出来的边界，并且使他们得以被神化的差别成为公开的、人尽皆知的、得到**共识**的事实；并且由此转变被录取者的信仰，使他们认识到（并且认同）自

---

[1] 这段话引自涂尔干对“消极崇拜”（culte négatif），即对苦行主义的效应所作的论述（参见涂尔干：《宗教生活的基本形式》（*Les formes élémentaires de la vie religieuse*），巴黎，法国大学出版社，1968 年，第 442 页）。

[2] “在索邦大学，我们成群地出去，人们说，贵族从不单独外出。在阶梯教室，我们的位置最高，别人都害怕我们的嘲讽，我们总是低声交流着嘲讽人的话。另外，我们都不愿意做作业；我们接受批评，因为批评是轻描淡写的；还有评语，分数。”（J. 朋贝尔，引自 A. 佩瑞费特，同前书，第 365 页）

己的特别。会考是强制推行人数限制(numerus clausus)的一种手段,也可以说是一种设立围墙的行为,它在最后一名入选者和最前面一名淘汰者之间建立了一条社会边界——一种不连续性。正如齐美尔(Simmel)所注意到的那样,只要力量和权力之间的交会点还没有准确的、有明文规定的定义,这条社会边界就有能力赋予社会关系一种它自身并不具备的威严。在成就的连续性中(人们常常谈起毫厘之差)将两类彼此分离的人群区分开来的划分程序,就是生活中的神化行动,也可以说是圣职授任行动。按照马克·布洛赫的说法,这一神化行动就像当年授予某人骑士封号那样,也建立了一种秩序,就是说,建立了对于社会世界的一种合法的划分方式——那是神奇般地产生的,并且是有法律保障的一种划分方式。[1] 与军事精英一样,学业精英也是优秀个体的集合:通过学业评判合法地建立起来的分类等级一劳永逸地取代了已经存在的个体分类等级——这些个体的成绩,作为不同的本质的实现,在社会
关系上是不能比较的,即使它们在“技术上”可以相互取代(就像 142
“代职者”或“灰衣主教”[2]的成绩那样)。

① “人们不仅是‘造就’了一个骑士,而且还如此这般地‘授予他圣职’……获得了称号的骑士群体又构成了一个‘等级’:*ordo*。在基督教作者从古罗马文化中得来的词汇里,*ordo* 一词既代表着俗权社会的划分,也代表着教权社会的划分。这种划分是完全确定的,与神权中的划分方案是一致的。事实上,这是一项授职,而不仅仅是一种现实”(马克·布洛赫[Marc Bloch]:《封建社会,人群的划分与统治》[*La société féodale, les classes et le gouvernement des hommes*],巴黎,阿尔班·米歇尔出版社,第 4 版,1949 年,第 49 页)。

② 灰衣主教(l’Eglise grise)原指法国红衣主教黎塞留的亲信约瑟夫神甫。——译者

为奉献者祝圣

我们还是必须驻足留意一下这个神秘的过程，因为这一过程表面上的明证性只是因为人们总是漫不经心地关注自己所熟悉的情况；此外，还必须努力弄明白学校授予某人骑士称号的行为(acte d'*adoubeme*)之所以能够产生神奇效能的真实根源。事实上，(就词的广义来说)最终导致精英产生的那个过程只有在行动者与集体性的转变工作之间的相互联系中才能够完成——一方面，从社会关系上来看，行动者被认定是有差别的(贵族与平民，年长者与年幼者，男孩与女孩，等等)，因此，他们(在社会关系方面)都预先倾向于接受自己所特有的命运；另一方面，要使那些意识到并且感觉到自己"有望于更远大的前程"的人(从学业传统上来说，就是那些"有天赋的人")都实现自己的前途或本质，集体性的转变工作是必不可少的。

在谈到中国的长城时，欧文·拉铁摩尔说过，长城的作用是阻止邻国的入侵，但它同样也阻止了中国人出行。[①] 或许社会等级(caste)造成的所有障碍都是如此，"精英学校"长期以来努力建立的等级障碍更是如此。学业神化必须使"精英"的边界(就是将作为领导者的资产阶级与作为执行者的小资产阶级分离开来的边界)得到认同，不仅要得到被排除在外的人的认同，同样也要得到

① O. 拉铁摩尔(Owen Lattimore)：《中国在亚洲内陆的边界》，波士顿，贝坎出版，1962年，第XLVI页。

被包含在内的，那些为了维持原状既不得不接受必不可少的制约，又必须做出必要的牺牲的人的认同，就像威尔津森所指出的那样，这种必要的牺牲，就是把特权作为一种责任，一项公益服务来体验。[①]

很清楚，选拔的结果，比如说，会考这种选拔形式所产生的结 143
果，其实就在于让人们认识并且认同当选者的杰出之处，将这种杰出公之于众，并且使它具有通过集体表现产生出来的社会力量。此外，会考的效应还在于通过当选者使它的威严得到认同，这是最主要的，而人们却不能够清楚地看到这一点：使某些不同寻常的姓氏或头衔获得威望的魔法，只有当这些姓氏和头衔所区隔的人被赋予了它们所包含的特殊责任时，才能够生效。正如对预备班学生的学业和社会方面的资料进行的调查所显示的那样（对名牌大学的学生更有理由作同样的调查，因为他们是新一轮的训练与选拔行动的对象），在很大程度上，这些游戏都是事先设置好了的：训练与转化行动之所以能够成功，只是因为这一行动的实施对象是某些已经训练好了的本来就符合教育事业期望的人；此外，这一行动的成功还因为它的主要职能就是加强人们在这所令新手趋之若鹜的教学机构里的投入。[②]

---

① 参见 R. H. 威尔津森（R. H. Wilkinson）："绅士观念与政治精英的主张，两个案例的研究：唐、宋、明、清时期的儒家教育与维多利亚后期的公学（1879—1914）"，见 P. W. 缪斯格拉夫主编：《社会学，历史学与教育》，伦敦，梅休因出版社，1970 年，第 130 页。

② 读者有可能会认为，此项调查对预备班学生和大学学院的学生没有作平等的处理，甚至还可能将社会学家个人的性情态度，以及他与这两个对象的不同联系看成是这些差异的根源。如果这样想就有可能忽略一个问题，由于这两种学校象征性强制的力量极其不平等（为预备班学生和名牌大学的学生而作的大量的祝词就表明了这一

预备班的学生确实是漫长的一系列神化行动的产品，这些神化行动既是分离行动，又是聚合行动。[①]这些连续性行动中的每一项，如好分数、成绩优异奖、全国优等生会考中的提名奖，或者中学毕业会考时的良好评语，以及其他等等，都既是对竞争游戏和学业价值准则趋向于认同的习性的结果，又是这种习性的原因，而这种
144 习性本身又同时是学业成功的结果和原因；接着，学业成功又在循环强化的持续性过程中反过来促进对于这种习性的认同（相反，否定性的学业制裁则是导致失败和自弃这一循环过程的根源）。

通过*神化与认同的辩证关联*，名牌大学选择那些因为得到了它的选择而选择它的人；各种各样的机制使名牌大学能够通过自己的神化职能来吸引那些最符合它所有明的和暗的要求，最有可能使学校的荣誉亘古留传的人，而*神化与认同的辩证关联*就是其中的机制之一。学校之所以利用自己的相对自主性来推行某些等级体系，将大学教师的职业作为功德圆满的职业，并且出于学校自

点），因而即便是科学的程式也必须根据分析中可能遇到的阻力，尤其是在那些与处于霸权位置的学校关系最为密切的读者身上遇到的阻力，来调节措辞的烈度（显然，这样做也有可能迎合某些怨恨情绪。相比之下，这种怨恨情绪在那些与处于被支配位置的学校有联系的人身上并不多见，而在那些与名牌大学擦肩而过却没有成功的人身上反而更为常见一些，常用来指代后者的例词就是“名次排在最前面的落榜者”[le premier collé]）。如此说来，我们就能够注意到，社会学家在这两种情况下完成的是同一件工作，这就是*找出*行为举止的*必然性*，并且把它们从任意性中拉回来，同时重建限定这些行为举止的空间，而不是试图解释它们。

① 一切效果只有在这样高水平的大学课程中才能够看得更加清楚，因为在这些课程中经过淘汰后留下来的人与被淘汰出局的人之间的鸿沟是以一种慎重的方式被表现出来的；这些效应还在学业生涯中所有关键性的时候发挥作用，就是说，每一次相对来说比较重要的选拔——比如说，从前是升入六年级，现在是进入二年级——都会将人群分成不同的等级（C类/其他，等等）。

身的利益，改变一些青少年的人生方向，尽管他们出身的阶层不那么倾向于认同学校的评判，那是因为，学校只有在对那些已经转变了的人进行说教的时候才能够取得彻底的成功，要知道，这些人本身就是教员的后代或者类似的修士(oblats)，自稚童时代起，他们就向往某一所名校，对于这所学校，他们不可能有任何的违抗，既然他们把一切都归功于它，未来的一切也都全指靠着它；要知道，他们都是社会世界被支配区域的"奇迹"。[①]

这些超出了常规的命运正好可以解释"救世学校"的奥秘所在；或许正是在这些非同一般的人生情景中，人们可以找到最好的角度来窥视那通往最终圣礼的漫长的分离过程。实际上，如果说名牌大学的这批学生因学习成绩优异而有别于他们所出身的那个社会类别中的其他人，那么预备班里来自社会空间被支配区域的人同样也有别于其他人，而且是从一开始就由于某些次要的优越条件而有别于其他人，而这些次要的优越条件便可以解释他们被录取的原因。统计分析本身正好显示了这一点。

> 在按照社会出身、性别、年级的定义划分出来的类别中，某个类别的人越是没有机会达到选拔过程中的某个高度，那么这个类别中幸运地留下来的人就越少地表现出这个类别的整体的社会特性和学业特性，反过来说，他们就会越多地表现出相对于这个类别来说实属罕见的特性(确切地说，这是因为 145

① 这种效应导致某类行动者寻求并且钟情于教师的职位，因而它有助于解决这样一个矛盾：那些有权力颁发通往最高位置的罕见称号的人却在经济方面和社会方面都处于比较低的位置上(学究)。

这个类别在更大的程度上，或者说，这个类别中有更多的人具有容易被淘汰的特性)。因此，占理科预备班学生总数4.5%和文科预备班学生总数3.5%的工人子女所属的家庭似乎与一般的工人家庭不同，因为这些家庭的文化水平和社会地位相对来说都比较高：在工人家庭出身的理科预备班学生中，48%的人的祖父属于中等阶层，而在所有就业人口中，中等阶层仅占18%；另外33.5%的理科预备班学生的母亲和25%的文科预备班学生的母亲(职业都是工人)持有中学第一阶段结业证书(BEPC)。[①] 工人子女还因为前期学业上的异常成功而有别于其同窗：97%的理科预备班学生和91%的文科预备班学生(都是工人的子女)在中学阶段从未留过级，而理科

① 我们知道，在大多数情况下，父亲的职业并不能完全反映出身状况：只有将父母双系(父亲和祖父，母亲和外祖父)中所有成员(至少是父亲方面的)在他们不同的人生阶段的社会状况都考虑进去，同时还要考虑其兄弟姐妹们的状况，就像我们在所有调查中所做的那样，只有这样社会出身才能够得到较为准确的定位。因此，在文科预备班的学生中，母亲的社会出身常常比父亲的略微高一点，文化资本也略微丰厚一点，尤其是在文学和艺术方面，父亲在学业和社会等级上所处的位置越低，这种情况就越普遍。以下是从路易大帝中学文科预备班得来的几个例子。例1：父亲为工业家，是一家糖衣丸剂厂的业主，持有药剂学专业文凭；祖父为国营铁路公司职员；母亲为绘画艺术家(artiste peintre)；外祖父为美术学院的建筑师。例2：父亲为工程师，业士学位；母亲为国家博物馆馆员，业士学位，外加双学士文凭；外祖父为物理学教师。例3：父亲无职业，参加中学毕业第一阶段会考；母亲的职业为医生，巴黎医院的住院部实习医生；外祖父属于食利者阶层。例4：父亲为邮电部门的检验员，初等教育修业文凭；母亲为司法情报员(informatrice juridique)，法学学士。例5：父亲为银行职员，初等教育修业文凭；母亲为小学教员，业士学位。例6：父亲为电话安装工，持有专业技能合格证书；母亲为社会保险医疗秘书，心理学学士。如此看来，无论人们衡量得多么精确，社会出身都只能是一个显示器，而不是一切的根源：它可以用来发现文化资本移转的不同方式。这一点才是最重要的。

预备班和文科预备班学生此项比例的平均数分别为83%和88.5%；同样，理科预备班和文科预备班学生中分别有66.5%和81%的人至少得过两次成绩优异奖，而这两项的平均数分别为48%和64.5%。农业工人的子女和小农耕作者的子女也以相同的方式有别于他们所出身的类别的总体特性：他们
一般都从六年级起就读于公立中学（理科预备班的比例为 146
52%，文科预备班的比例为62.5%，而普通大学理学院此项比例为28.5%，农业耕作者和农业工人此项比例的平均值仅分别为16.5%和11%），而且他们几乎从来没有留过级（理科预备班为89%，文科预备班为100%）。

同样，文科预备班的女生由于受到更加严格的挑选（她们大约占高等学校文科女生的1/200，而文科预备班男生的相应比例是1/100），因而她们以学业方面的一系列补偿性优越条件有别于文科预备班的男生：她们中有更多的人从六年级起就读于公立中学（84.5%，男生为79%），她们常常将学习上的极大成功看成是自己进入文科预备班的原因（她们中94%的人从未留过级，45%的人至少得到过4次成绩优异奖，男生的这两项比例分别为86.5%和32%）。此外，案例中26.5%的人的母亲持有学士以上文凭，而男生母亲的此项比例为24%；其中27.5%的人是中小学教师，男生母亲的此项比例为23.5%。在费纳隆中学，人们对女生的筛选尤其严格（但进入塞夫尔高师的比例却是最高的），那儿的女生年龄更小，从未留过级，常常都被推荐参加全国优等生会考，并且在中学毕业会考中得到与男生一样多的良好评语；她们出身的

家庭人口都不多,主要是她们的母亲在很大比例上持有学士或者学士以上的文凭,而且都有职业。

有人幻想,不那么专制的教学关系可能就会产生更加"民主"的结果(在这些问题上与在其他问题上一样,自由放任只会倾向于对幸运者有利);然而,可以肯定的是,与这种幻想相反,预备班的教学活动中的特定的学业结构倾向于为这些修士们确保一种补偿性的优越条件,而这一条件正好能够帮助他们缩小自己的不足,有时还能够帮助他们在学校布置好的封闭性场域中获胜。学业世界或许相对地认同有利于出身于社会空间被支配区域学生的某些价值准则和德行——这种认同,以及学业世界可能因此而对这些学生进行的神化(这种神化进行得越少,它的效应就越神奇),这两者所产生的效应反过来又使人们着了迷一般地归依于学校:选择所
147 产生的神奇感觉总是伴随着它的不可能性。[①] 各种各样的效应使人们所说的最高圣礼(尽管总是会有更高的,就像连续不断的会考的必然逻辑所期望的那样)极其圆满地促成了当选者群体的聚合,以及这个群体与被淘汰的群体的不可避免的分离,进而在特殊情况下与他们所出身的群体的分离;而这里所说的,就是其中的一种。

① 一个空间,由于它在表面上部分地摆脱了社会歧视的普通形式(如种族主义),那么它就会作为一种神奇的特例出现。有的学生出身于某些带有耻辱烙印的群体,在这些学生的情景中,这个空间所产生的魅力或许会达到极致(这有助于说明,无论出身如何,犹太人,尤其是共和国学校的英雄时期的犹太人,还有更极端的——殖民地的人们,他们都常常表现出对"救世学校"的热情,这种热情的限度与修士们的热情非常接近;参看附录雷奥波伊德·塞达尔·桑格尔[Léopoid Sédar Senghor]的证词[边码 180 附近])。

跨越分离“大众”与“精英”的界限，其前提条件是决裂，甚至是背弃；其实，跨越、决裂、背弃只不过是一系列漫长而极其细微的决裂的最终结果，即无数差别性偏离的累积；用学术语言来说，正是无数的差异性偏离造成了社会轨道的重大偏差。[①] 名校加以区分和神化的那些人，实际上从我们所能够追溯到的最远的源头开始就已经与他们的同类人分离开来，或者就像人们所说的被割裂开来。他们的父亲一般也都经历过一次分离，或许因为分离得太软弱，与所要抛弃的群体太黏糊，因而他们的分离都很敏感（人们会因此想起那些工头、技术员、小工程师、小职员，他们最终都过着一种与他们出身所属的人群有直接接触的生活）。由于时不时地受到这样一位父亲的“督促”，于是，与平常人相比，他们从一开始就表现出了轻微的差异：在入学前就已经识字、跳级、获得各种特许、助学金、一等奖、优异奖、全国中学优等生会考提名奖、中学毕业会考的良好评语，等等；而所有这一切就是疏离的积累过程的根源。[②] 每一次学业神化行动只是加深最初的裂痕，并且把这种裂痕同时建 148

① 我们应该从这个角度来分析矫正乡音的过程——这一过程伴随着神化的脚步，同时也是社会鸿沟最显著的征象之一。“精英学校”将合法的语音作为选拔的模糊标准，并且心照不宣地、不无强制性地以根除的方式迫使人们矫正语音（还有句法）（我们都知道巴黎预备班拥有什么样的特权），“精英学校”就是这样倾向于生产人们所说的全国的“精英”，也就是说，断绝了与地方的任何联系的“精英”。

② 我们发现，在全国中学优等生会考优胜者群体中，出身于中等阶层的学生在古代语言方面“不同寻常”，他们还由于一系列与出身有关的不同特征而与其他优胜者不同，特别是与出身于支配者阶层的法语优胜者不同：他们出身的家庭一般人口不多，几乎所有的人入学前就已经识字。同样，他们也是最能够全身心地投入的人：大多数人都打算进入名牌大学预备班学习，因此，他们通常将教师和研究人员的职业放在第一位。

立在现实中和意识里。在现实中，这种裂痕是通过某些完全能够产生真实社会效应的象征性行为来建立的，如空间上的指定（公立中学与普通中学）或者时间上的分派（学校假期），空间和时间都被分离得太彻底以至于不能再分离，即便是对"公学学生"充满矛盾感情的崇拜，或者对"好学生"的钦羡也能够建立裂痕。在人们的意识里，则通过天真的尖子主义者的自豪感来建立裂痕——每一次神化行为都反复地灌输这种自豪感，而且这种感觉可以使背叛者隐隐约约的犯罪感变得麻木，使暴发户忘记自己的双重孤独，但是这种感觉却无论如何也不可能了却他们重返故土的乡愁，因为在面对接收空间对新闯入者的拒绝时，故土仍然是他们的庇护所。

正如尼赞[①]在他的书中所说的那样，跨越名牌大学的入学线是一次回顾父亲的机会，也是与出生有关的克里纳门偏差法则的体现，[②]但这一切并不是偶然的：实际上，当由父亲开凿的裂痕渐渐地演化成了与父亲的裂痕时，就要考虑将自己视作是背叛者背叛了的儿子，当然与父亲是永远不可能彻底分离的；要么就应该考虑对父亲进行双重谋杀——既否认他身上尚存的百姓意识，又否认他已有的小资产阶级习性；既否认他的归依，又否认他的变节；既否认他与人的亲密联系，又否认他对人的轻蔑，等等。假如万一

① 保罗·尼赞（Paul Nizan，1905—1940），法国作家。作品有小说《安托万·布鲁瓦耶》（*Antoine Bloyé*）、《密谋》（*la Conspiration*），以及许多抨击性作品，其中有著名的《亚丁阿拉伯》（*Aden Arabie*）。在第二次世界大战中，尼赞既是战士又是记者。1940年他在敦刻尔克附近遇难。——译者

② 参见萨特为尼赞的《亚丁阿拉伯》写的序言。巴黎，马斯佩罗出版社，1960年，第34—43页。

最初的裂痕发展到了对抗父辈的冷漠，甚至发展为对父辈的敌意，那么其结果肯定是不无痛苦的：背叛者不会愿意取得一项成功却又完全不能够与“自己人”分享。

其实，无论是个人还是群体，与过去的联系都与现在有关，确切地说，就是与个人或者团体的现在向他们的过去承诺的未来有 149
关。这种联系在不断地变化着，从这一个体到另一个体，或者在同一个体一生中的此时到彼时，我们都能够觉察得到，而变化的原因或许就在于这一社会轨道类别迫使人们接受与轨道的双重联系，进而迫使人们接受关于历史和历史观的双重观念，这是一种摇摆不定的矛盾观念。背叛者在现实地估计自己的社会位置时（社会位置是人们无意识地采取立场观点的基础之一，它影响着人们对世界的看法，不论是乐观的还是悲观的，进步的还是倒退的），总是会参照他们所出身的群体的轨道类别，并且会发现他们目前在位置方面所取得的进步，而这种进步与世界的进步，与“救世”学校，与社会的“民主化”，等等，都是分不开的。但是他们也会参照像他们一样被学校录取了的其他人的轨道类别，参照“巴黎高师学生”的和已经取得了“教师学衔”的人的轨道类别，或者“教授们”的轨道类别，这时，他们便会把自己的轨道看成是模态轨道的负向偏离（déviation négative）所得的产物，有时还会将它归因于出身所产生的效应。与模态轨道相比，他们自己的轨道便变成了一种失败。与轨道的联系总是包含着与行程起点的联系：为此，背叛者们从来都不多谈他们自己，除非话题涉及“出身”“百姓”“地区”，等等。无论是谈橄榄球还是谈奥克语，无论是谈田野劳作还是谈矿工宿舍区的生活，也无论是谈儿时的学校还是第一次做寄宿生的经历，他们常常是只谈论自己与客体的联系，其他的几乎只字不提。就是说，他们只谈论返回故土时他们自己的那些虚情假意，至于这一类的省亲，他们也是不得已而为之，因为他们在与资产阶级全面一体化的过程中遭遇了挫败(挫败当然都发生在选拔赛的赛场上)；有时候他们也谈自己与唯美主义者(例如那些被称为地方文学作家的小说家)，甚至与人种志之间的有距离的联系，因为有了这种联系，他们就可以通过泄密来支付一体化所需要的代价。[1]如此看来，教员的职业，再加上在政治上的某种介入(并不因此
150 而排他)，似乎就成了人们最乐意接受的可能的社会职能。究其原因，除了前面已经论述的之外，还因为教师在权力场域中所处的位置可以使教师职位的占有者成为支配者中的被支配者；此外，教师的职位还能够为发展新教徒的文化行动提供机会，那些急于废除自己特权并且泄露了这一愿望的新归依者就是人们的发展对象。

学业上的神化行动之所以具有如此的效能，只是因为这些行动针对的几乎都是这样的归依者。就像为骑士授封号或者为教士祝圣一样，官方**称号**的授予(随之而来的往往是一些庄严的仪式，例如英国或者美国大学的**开学仪式**)不仅庄严地标志着漫长的传授奥义的预备阶段已经结束，而且还通过官方证书批准了在缓慢

---

① 从这个意义上来说，那些无论从社会空间还是从地理空间上看都属于受支配区域的作家，他们写出来的多少带一点自传性质的故事就构成了社会学研究的无与伦比的文献。相比之下，这些文献中提供的证据更加可靠，因为文中有关社会轨迹的**经历**都非常自然逼真(不是指与“现实”相符)，令人难以想象。

的变革中完成的归依——这一缓慢的变革是在人们对于神化的期待[①]中完成的，也是通过这种期待实现的。发自内心的赞叹和喜悦是教育事业成功的最确实的表现——教育事业从来也没有像现在这样神奇，因为从某种意义上来说，它终于达到了目的，终于能够让人们像期待奇迹的发生一样来期待那原本就最有可能成就的命运，就好像在继承者的问题上，由于遗产的原因，继承人也必须接受被继承(只是从表面上看来，这一切是不言而喻的)。

> 对于神化带来的非同寻常的喜悦，我们可以找到无数的证据："哈波松陶醉了，他乐得站都站不稳……巴黎高师的学生！终于，他成了高师的学生！"[②]同样的原因产生同样的结果。我们毫不惊讶地发现，在对大多数"科举"体制下的会考所要求和强化的习性进行的每一处描绘中，都能够找到名牌大学法语会考中所具有的大多数特征。例如，完全地归依于
> 传统，为了强迫人们尊重传统甚至还发展到了闹事的地步；人 151
> 们不惜代价地追求成功，乃至运用各种弄虚作假的伎俩；此外，还有全身心投入的种种表现，比如说，劳累而死，因失败而自杀，等等。这里就有一件(中国)科举中发生的令人震惊的

① 我们可以在闭幕式的等级中整理出博士论文答辩的惯例，体悟一门课最初开始时的仪式，聆听中世纪发言人的回声，回味教学活动中开创性的那一幕；在同业公会中，这一幕标志着多年来学徒考试生涯的结束。在谈到盎格鲁-撒克逊人的大学文凭时，有时候也会提到这些，常用的表达式就是"考试合格"(periculo facto)；参见 W. J. 翁格的"拉丁语研究——一种发身期礼仪的复兴"，P. W. 缪斯格拉夫主编，同前书，第232—248 页。

② A. 埃尔芒(A. Hermant)：《哈波松先生》(*Monsieur Rabosson*)，巴黎，当图出版，1984 年，A. 佩瑞费特的文中引用了其中的文字，同前书，第 96 页。

事情。[1]

“三十年前我在北京等待发榜
那是怎样的苦闷!
路人说我中了,
这喜讯像雷鸣把我震惊。
是弄错了,或是一场梦。
我陷入了空前的疑虑与担忧。
然而这是真的,慈祥的邓先生给了我一纸便签……
他说,我的名字跃然榜上
于是我被救出了深渊……
父母们无论怎样爱他们的孩子,
却无力使他成为入选者中的一员。
唯独考官能使年轻人显耀,
拯救他们于黑暗,带他们步入天堂”。[2]

① 参见 R. M. 马绪(R. M. Marsh):《中国官员,中国精英分子的流动,1600—1900》(*The Mandarins, The Circulation of Elites in China, 1600—1900*),纽约,格伦科的自由出版社,1961 年。

② 1768 年,袁枚在考进士时按照考官邓逊斋的要求作了这首诗(马绪在他的书中引用了这首诗,见前书,第 8 页)。在 J.-F. 彼尔特(J.-F. Billeter)的“科举制度的历史社会学研究”(Contribution à une sociologie historique du mandarinat)一文中还可以找到很有价值的证据,见《社会科学研究》(*Actes de la recherche en sciences sociales*),1977 年,第 15 期,第 3—29 页。

译者注:作者对这首诗的解释与原文有些出入,兹将全诗录下:
戊子(乾隆三十三年,1768 年)发榜日,作一诗寄戊午座主邓逊斋先生
九月十一日,戊子秋榜悬。门外车马走,彻夜声喧阗。群官一帘撤,诸生万颈延。
得者眉欲舞,失者泪涌泉。恐此得失怀,贤圣难免焉。我今五十三,登榜三十年。
翰林曾一人,花县曾九迁。挂冠廿余载,万念付云烟。惟逢发榜夕,犹心动不眠。
棘院一声鼓,神魂与周旋。并非望弟子,胡为情牵连。只缘少也贱,历尝考试艰。
四上不中隽,自信几不坚。未知今生世,与榜可有缘。于今痛定久,思痛辄隐然。

苦行与皈依

如果说我们不但要揭示学校的神化行为要求被神化的对象具备怎样的条件才能够产生效能，而且还要揭示那些在对象身上发挥效能的人，以及效能运行的整个社会空间，或者说**信仰空间**（马塞尔·莫斯就曾强调，**信仰空间**是这种神奇效能的基础），那么我们同样也不能无视人们为了确定皈依过程而故意安排的活动所产生的效能。①

正如涂尔干所说，②在传授奥义的过程中，为了使个人服从新 152
的生存方式，适应新的生活环境，人们不断地对新生进行刁难与作弄；就像韦伯所说的那样，③这些刁难与作弄远不仅仅是理性化教学体系中用以唤起和考验新生神圣资格的所有技巧的最后招数。

苦记戊午岁，待榜居幽燕。夜宿倪公家，昏黑奔跹跹。道逢报捷者，惊喜如雷颠。疑误复疑梦，此意堪悲怜。鯱鯱邓夫子，两目秋光鲜。书我到榜上，拔我出深渊。敢云文章力，文章有何权？敢云时命佳，时命究谁宣？父母爱儿子，不能道儿贤。惟师荐弟子，暗中使升天。岂非恩师德，还在父母前？吾师在何处，渺渺五云边。见榜疑见师，感触涕涟涟。有如骏马老，重对孙杨鞭。又如烧尾鱼，重过龙门巅。此恩此日酬，陆庄惭荒田。此恩异日酬，两鬓惊华颠。不如歌一曲，聊写心拳拳。无由侍绛帷，且凭鸿雁传。（《袁枚全集·小仓山房诗集》卷21，江苏古籍出版社1993年版，第425—426页。）

① 在学校祝圣礼仪的运行条件中，必须把那些针对名牌大学的带有美化色彩的文学传记，以及那些半官方日报上刊登的会考录取名单、考题考虑进去，此外，还有偶尔登载出来的考生的好文章，等等。

② 涂尔干：《宗教生活的基本形态》，第448页，注释3。

③ M.韦伯：《经济与社会》（*Wirtschaft und Gesellschaft*），科隆-柏林，基彭霍伊尔&维驰出版社，1964年，Ⅱ，第861页。

事实上，这些刁难和作弄只不过是宏大的一整套神化仪式中最明显的礼仪化了的场景：离开习惯了的环境，与熟悉的一切断绝联系（对寄宿生来说多少有点太严酷），进入教育修道院，改变生活中的每一项举止言行，苦行，为唤起适应新生活的能力而进行的身心训练，还有在获取了具有卡里斯玛资格之后重复不断的考试，以及一系列不同等级的考验和考验之后庄严的接见——在所有录取者这个大圈子里，庄严地接见那些又一次“经受了考验的人”，这些考验将开启通往“神圣之旅”的大门；一切目的在于迫使人们认同某种“社会能力”（与此同时，强化点点滴滴的技巧能力）的各种极具魅力的神秘特征都融合在了“精英学校”的日常课程中。[①]

学校首先剥夺个人赋予自己的价值（这里指的是学业方面的价值，也就是说，个人作为使自己被神化的这所学校的驯良弟子而赋予自己的价值），然后再将他们当作合法成员用称号来神化他们，通过这种方式，学校再重建个人先前被剥夺的价值。学校使得个人的价值只有依赖于学校才能够存在，在此基础上，学校迫使个人无条件地归依于学校。于是，学校便进一步确立了自己在价值
153 授予领域中的垄断地位。比如说，对于刚进校门的新生，那些旨在

① M. 韦伯，同前。作者认为，与毛利人专为贵族子弟开设的“贵族学校”相比（参见 R. H. 洛卫：《社会组织》[*Social Organization*]，纽约，霍尔特，莱因哈特和温斯顿出版，1960 年，1948 年，第 197 页），或者与日本德川时代由武士大家族中的长子组成的寄宿生群体相比（参见 R. P. 多尔：《日本德川时期的教育》[*Education in Tokugawa Japan*]，伦敦，卢德里奇和基根·保罗出版社，1965 年），或是与维多利亚时期英国的寄宿学校相比（参见 J. 维克伏德：《修道院中的精英——对英国公立寄宿学校的一项社会学分析》[*The Cloistered Elite, A Sociological Analysis of the English Public Boarding School*]，伦敦，麦克米伦出版社，1969 年），预备班和名牌大学与如此明显的专司祝圣之职的机构之间的距离比人们想象的更接近。

使他们公开放弃自己的雄心与抱负的实质性的或者象征性的作弄，[①]归根结底，与传统上教师们援用的惯常策略起着同样的作用——当他们以唤起学生对会考要求的重视为借口，全面地压低分数的时候（例如，将低于平均分的分数给予"名列前茅的人"，而对于名次居后的人则给予否定性的分数），他们就会用到这些策略；或者他们还会一面斥骂全场听众，一面为那些不那么配得上自己身份的人与其他孜孜好求者之间的距离感到惋惜，并期望以此来激活所有人的抱负与目标，这时，他们也要用到这些策略。

永恒会考的逻辑，以及由这一逻辑设立的时不时的考验，显然在很大程度上都存在于完成皈依的过程之中；学业称号的追求者们都必须完成这一过程才能够达到与被称号神化了的社会身份的完全一体化。竞争要求通过竞争和为了竞争而选拔出来的人（他们都被囚禁在由竞争者组成的封闭的世界中）全身心地投身于竞争之中：这种为生活而战并且倾向于使每一个人都成为他人的对手的学习方式是以教学内容、教学方法、考试、导师和学生等方面的过度投入为前提的，同时，它又能够激发这些方面的过度投入；简言之，这种学习方式能够使人们全身心地投入游戏，投入于通过

① "文科预备班对学生的作弄尽管比同类群体要温和得多，却总是不乏创意：诗歌比赛中，我很看重其中一首模仿安德烈·歇尼埃风格的习作。然而，这场比赛却很使我赧颜——评判规则乃至比赛的结果一直都是评审委员会手里的秘密，最后，奖状只发给那个最清白的人。其他的伎俩似乎也都是为了抹杀人们的热情和期望，或是为了让人们放低调子。前辈们不让我们说巴黎高师的会考：学士助学金竞赛是唯一被接受的词（这些助学金都作为慰问品被发给了那些正好在录取线以下的人）。"J. 普雷沃(J. Prévost)：《第十八年》(*Dix-huitième année*)，巴黎，伽利玛出版社，引自 A. 佩瑞费特，同前书，第 83 页。

游戏产生似乎又构成了游戏基础，并且使游戏得以合理化的所有价值准则。

此外，以培养“精英”为目标的所有学校之所以共同推行苦行主义的教学实践，首先是进行必要的训练，以便获得一种确定的脱离生活的文化，这或许是因为，正如涂尔干所说，苦行主义是“整个
154 人类文化的组成部分”，此外，所有企图确保自己对于神圣人群和人类优秀分子垄断的人都必须经过这所学校的历练，因为它“对于人才的成长和锤炼是必不可少的，对于获得大公无私、坚韧不拔的品质也是非常必要的”，[①]事实上，这些品质正好可以证实人们控制本性的能力，就是说(这并非涂尔干所说)，正好可以证明人们控制那些不善于控制自己本性的人的能力。“我是我自己的主宰，就好比我是这个空间的主宰”，在传授伦理信仰的行业中，霸权者要用他与生俱来的控制自己本性的能力来证明自己统治的合理性。在这个意义上，获取文化便成了一种葬礼——它埋葬的是老人，而在此情景中，我们可以说它埋葬的是青年，连同他的激情，他的欲望，简言之，他的本性。[②]

只有当人们在灵魂深处深切地、不自觉地有意于(最广义的)文化苦行和各种考验的时候——这些考验作为自制力的公开证明，同样也是控制他人的权力的证明，只有在这样的条件下，人们才能够透过表面上的反常(paradoxe)，理解为什么不同时期和不

① 涂尔干:《宗教生活的基本形态》，第452页。

② 同样，对女生进行伦理方面的控制也可以通过美学方面的间接途径来实现(如排斥某一种服装，某一种装束，某一种“粗俗的”穿戴)，而对男生性方面的控制则可以通过规定在校时间等方面的纪律来进行。

同国家的“精英学校”都要让那些注定要行使权力的人接受最严厉的训练。[①] 事实上，我们发现，尽管已经有了这样和那样的废除通告，但是“精英学校”仍然一直都非常重视那些形式化的、无目的的、不怎么令人满意的基础学习——因为这类学习已经简化成了知识方面和体格方面的戒律：那些已经死亡了的语言（如古代拉丁语在欧洲，古代汉语在日本，等等）往往成了人们进行纯语法训练的题材，却没有成为阅读作品和了解文化的工具；古代经典作品是令人敬仰的，是神圣的，而对于现在却完全没有用处，然而在各种各样的历史背景中，它们却是最宽阔的文化舞台的重要支撑；它们就像文艺复兴时期的拉丁语作家，是横在不敬神者和虔诚的教徒 155
之间的一道鸿沟，也是横在通俗的、家庭的、女性的、母系的世界与博学的男性世界之间的一道鸿沟。[②] 如今，现代数学也是如此。尽管它表面上作用不小，但是与古典人文科学中那些古老的智力训练相比，它与现实的联系不会更紧密，也不会更有实效。[③] 正如

---

① “普通民众把美国的预备学校想象成是学海中的绿洲，或者是高雅的殿堂，但是这种看法是极其天真的。事实上，预备学校是艰苦的地方，从晨曦初现到暮色茫茫，那儿每一个人的生活都按照规章进行着，要靠偷偷摸摸才能够弄到一点自由。”（P. W. 库克森[P. W. Cookson Jr.]和 C. 霍奇斯 · 帕塞尔[C. Hodges Persell，或者 Persale，原文如此]：《准备就职，美国精英的寄宿制学校》（*Preparing for Power, America's Elite Boarding Schools*），纽约，巴斯克出版，1985 年，第 19—20 页。）

② 参见 R. H. 威尔津森和 W. J. 翁格的观点，以及 F. 冈贝尔（F. Campbell）的“拉丁语与教育中的精英传统”，P. W. 缪斯格拉夫主编，同前书，第 249—264 页。

③ 引用一位地位颇高的研究人员的话来衡量数学教学的纯技术性功效：“几年来我管理一所学校，培养研究性工程师。我深切地感到我们教学体制的失败，预备班和毕业班的教育更是如此。我确信，强制性地实施现代数学教育，以及在更广泛的意义上强化注重演绎的形式主义思维方式，对青年人的创造性简直就是一个灾难；人们要合成金刚石，要用专利证书来保护一项新的微循环，要用聪明的方法来检测一种药品，这一切并不是靠几条定理就能够解决的。说得更普遍些，把教条主义灌输给中学生，

历史学的比较所阐明的那样，几乎任何一项内容之所以都能够成为教学苦行的支撑，如射箭、板球、橄榄球、拉丁语、音乐、数学、水彩画、荷马史诗式的诗歌等等，那是因为人们传授的文化首先是进行形式化训练的题材；涂尔干认为，这些训练是作为否定性的惯例运作的，进而又作为工具，作为真正的人与普通人之间的一道神奇的鸿沟运作的；所谓真正的人就是有能力从事纯粹性活动的人，就是说，摒除了一切亵渎性、实用性、利益性目的的活动。卓越的人都致力于自身的升华。同时，教学内容的重要性并不在于这些内容本身，也不在于获得这些内容，而在于人们为了获得这些内容而必须经受的考验中学到的东西。“有人常对我们说，伊顿公学什么也没有教给我们。或许确实是这样，但是我想，我们可能还是学到了很多。”[①]从拉丁语到板球，用以论证某某教学内容的依据几乎一成不变地阐明了作为精英教育组成部分的苦行训练的真实作
156 用：与任何一项有目的的并且具有潜在用途的活动相反，苦行训练的合理性就在于自身完成的过程中；也可以说，苦行训练充其量只能从人们对于某些规则的绝对服从中得到满足，除此之外，它本身并不构成任何让人感到满意的理由。[②] 但是像这样的唯意志论或

这对未来的社会生活是严重的威胁”（P.-G. 德 · 热纳［P.-G. Gennes］：《1981 年在 CNRS 金奖颁发大会上的演讲》［*Discours prononicé le 5 mars 1981 à l'occasion de la remise de la médaille d'or du CNRS*］，第 4 页）。

① 洛德 · 普吕莫（Lord Plumer）：“对历届伊顿公学学生的讲话”，由 B. 西门和 I. 布拉德雷引用（主编），《维多利亚时期的公学，对教育机构发展的研究》（*The Victorian Public School, Studies in the Development of an educational Institution*），都柏林，吉尔和麦克米伦出版社，1975 年，第 23 页。

② 我们找到了好几段文字来证明“在洒满阳光的草地上打着板球或者在泥泞的足球场上度过的时光”，见 J. A. 芒冈（J. A. Managan）：“田径运动：教育意识形态演变的案例研究”（Athleticism : A Case Study of an Educational Ideology），B. 西门和 I. 布拉德雷（主编），同前书，第 146—167 页，主要是第 154 页。

许就是“一种理由充分的幻觉”：由于教学活动的目的实际上的不确定性（杰出在定义上是超越任何定义的），达到目标的具体手段实际上也是不确定的，这就意味着实际教学效果的不确定性，因此，教学技巧之所以产生效能，其根源在很大程度上或许就在于群体对于技巧所产生的效能的信仰；那些把青春用于学希腊语或者学橄榄球的人，都相信这些实践活动所产生的训练功效，因为他们身边所有人都对此深信不疑，所以说，这种信仰在客观上和主观上改变了这些人。[①]

是贵族就得行为高尚

如果在现实中没有一定的基础，会考评审委员会划定的社会边界或许就不可能如此广泛地进入人们的信仰中，但是并不能因此而否认，社会边界的真实性在一定程度上是因为：这些边界是在人们的信仰中建立起来的。因此，那些企图为会考划分的边界提供合理依据（比如说，将文科预备班学生的个人经历或者他们的作品按照是否能够成为巴黎高师的学生这一标准来进行比较）的人务必不要忘记，建立一条多少带有任意性的鸿沟会产生非常真实的效应，而且分析研究也不能孤立地进行：这不仅是因为这条鸿沟 157
能够使更多的人认同它，使那些趋向于相信它的人在现实中接受

① 年老的校友们（old boys）在这种信仰的循环强化机制中起着决定性的作用。事实上，他们只能够证明与他们的优异成绩有关的某项教育活动的目的和方法（根据典型的推理：我们杰出，因为作为我们的生产机器的教育是杰出的；反过来说，我们的教育是杰出的，因为有我们这样杰出的产品）。

它,从而使差异进入现实中,而且更重要的是这条鸿沟还渗入到了它所分离的人群的信仰中,并且同时迫使他们用自己的言行举止来证明自己的不同,无论是在别人的眼里还是在他们自己的心目中。[①] 说到这里,我们就会想起诺贝尔·埃利雅斯(Norbert Elias)描写的贵族。人们出生高贵,但是人们还必须变得高贵。只有高贵的人才能够行为高尚,但是如果人们的行为不再高尚,那么他就不再是一个高贵的人。换一句话说,社会魔力能够产生十分真实的效应。将一个人划定在一个本质卓越的群体里(贵族相对于平民、男人相对于女人、有文化的人相对于没有文化的人,等等),就会在这个人身上引起一种主观变化,这种变化是有实际意义的,它有助于使这个人更接近人们给予他的定义。因此,差异意识迫使预备班的学生和名牌大学的学生不得不履行的实践在客观上倾向于强化他们的差异。或许正是通过努力表现出高贵的外表和智力强大的样子(尤其是在他们同类人面前),他们不仅有了自信的举止和作风——这些都是作为高贵的人的最显见的特征,而且还有了良好的自我感觉,而这种感觉能够将他们引向极大的

① 换言之,人们经常衡量的那些由学校奖惩制度产生的效应(如把一个群体划定为"强的"或者"弱的"),就是学业体制长期作用的表现之一,更普遍地说,也是以造就高贵群体,或者说合法精英群体为目的的任何一个祝圣机构长期作用的表现之一,参见 R. A. 罗森塔尔(R. A. Rosenthal)和 L. 雅各布逊(L. Jacobson):《学校里的皮格马隆》(*Pygmalion à l'école*),巴黎,卡斯特曼出版社,1971 年。人们声称要衡量普通研究人员的声望与他那些一旦由于其生产力的原因而被客观化了的学业称号之间的统计学关系,但是他们往往无视这一点,就好像他的生产力与他目前的声望之间不存在任何关系,尤其是与他原有的称号没有任何联系:然而,通过对称号的向往,借助称号所强制的义务,这些称号能够迫使人们表现出更高更罕见的劳动生产率(参见布尔迪厄:"科学场域"[Le champ scientifique],《社会科学研究》,2—3,1976 年 6 月,第 88—104 页,尤其是第 94 页)。

野心和最有声望的事业，无论是在他们的生活中，还是在他们的使命里。①

没有什么能够比那些最为雄心勃勃的巴黎高师学生（首 158
先是那些在特别的神化活动之后进入了像哲学这样的最有声望的学科的人）的有点书本化的刻苦用功更能说明他们渴望攀上自己心目中的高度的那种忧虑。他们的这种有点书本化的用功其实就是将英雄主义的职位强加给自己，强迫自己成为智力精英中的一员，也可以说，他们是迫使自己"学习作为天才的艰难行当"②："这个行当里的每一个成员都必须成为他自己的神话，都必须披上比正常人更伟大更有力量的人物的外衣，而且所有的人也都这样期待着他们。我们知道确实发生过这样的事情，某人在夜里 11 点钟从床上跳起来，用低沉的声音宣布蔑视自己；而且永远会有另外一个什么人对自己讲出同样愚蠢但又很可爱的污辱性的话；至于第三个人，在面对每一位来访者时，必定会进入同样荒诞的但却是很迷人的套路中。别去要求他们克制自己：一种内在的必然性在驱使着他们，不然的话，简陋的教室里就会充斥着某种意义的背叛，就会有人认为自己受到了伤害——那一阵一阵的笑声里总是包含着新的内容。这样的场合会让你觉得好像是芭蕾舞

① R. H. 威尔津森提到了"心理学方面的效应"，就是说，"精英的风格"对个人的影响，尤其是它能够促使自我评价的提高和自信心的提高（参见 R. H. 威尔津森，同前书，第 126—142 页，尤其是 133 页）。

② P. 格瑞科，引自 A. 佩瑞费特，同前书，第 276 页。

中出了一个漏洞”。[1] 这类实践活动是如此严酷，如此刻板，如此程式化，以至各个时代的巴黎高师学生或许都有可能在被追念的大人物的名字下面排上几个属于他们的专有名词；然而这类实践活动不是别的，只是个人为了提高自身的价值所作的种种努力（其实，这也是一项很好的投资，如果人们考虑到那些直接发表的或者间接转引的回忆录和青少年发自内心的羡慕不止一次地构成了大学遴选的基础）。每一位高师的学生都觉得必须投入这项故弄玄虚的集体事业，为了他自己，同时也为了他的同类人，即便不向他们介绍他们所期待的高师生的形象，他们也能够在他们自己的形象中找到同类人的影子。这就是“命运”，它来自于人们必须不惜代价去填补的可
159 能的未来与学校允诺的未来之间的差距。[2]

① H.贝洛奈，引自A.佩瑞费特，同前书，第185—186页。社会学竟然能够在高师学生留下来的文字中发掘出那么多光彩的事情，如果人们对此感到惊讶，并且由此得出结论：或是这些高师学生的脑子特别灵敏，或是社会学家对这些学生怀有特别的厚爱，那是因为他没有了解学校在此情景中所采用的特殊的哄骗手段，也就是说，学校鼓励它选拔来的人通晓认同-不认同之间的联系。比如，学生对老师起哄（khanular）（这是从学校最诱人的传统中借鉴来的非常得意地表达对学校不满的一种手段），以这种神秘兮兮的方式来揭穿学校的故弄玄虚，这其中便让人窥见了一种令人迷惑的同谋关系，甚至从中解脱出来的内心愿望。正出于此，神秘兮兮的揭露能够比那些惯用的苍白无力的讥讽更好地回答人们寻求解答的双重疑问——既建立学校的客观职能，又建立掩饰这种职能的内部机制。

② 假如这些都市里的攀登者没有如此这般地投身于学校推崇的勃勃雄心之中，那么这种屋顶上的习惯性漫步或许不会在高等师范生的神话里占据如此重要的位置。以下是几个典型的例子：“站在高处，放眼望去，巴黎的南半部分尽收眼底。你会看到林立的圆屋顶和钟楼，以及那烟云缭绕的朦朦胧胧的地平线。这时，你便会激动，便会有一种因为海拔高度而产生的权威的感觉”（P.尼赞：《密谋》[*La conspiration*]，巴黎，伽利玛出版社，1938年，引自A.佩瑞费特，同前书，第59页）。“优秀的室内散步者同

学校的精英群体就是集体信仰为特殊的命运选定的人群；从模态命运(destinées modales)的标准来看，或者说，从最普通、最平凡、最正常的命运的标准来看，这个群体的建立所产生的效应就是建构了最杰出的命运，而杰出命运的征象就是最崇高、最难企及的人生轨迹。学业神化行为按照称号选定和建构起来的合法等级里集中的个人实际上构成了统计学等级，因此，这里的统计等级是通过某种离散差来定义的。从这个意义上来说，学业上的神化行为导致全体当选者都期待着自身的圆满，然而，这种圆满只有一小部分人能够达到。这样，神化行为最终使得这个等级中的所有成员都全身心地投入，而其中的绝大多数人只能处于远离那条康庄大道的社会轨道上。由于这种投入适应于最高层的社会轨道，因而只有很少一部分人——他们致力于为自己提供新的力量，以便榨取新的投入——能够真正得到回报。其实，只需"读两页年鉴，随便运用一下概率，就足以使人相信，要想遇见一位巴黎高师的校友，在任何一所中学都比在某某大使馆、法兰西新期刊(NRF)的鸡尾酒会，或者巴黎综合工科学校的舞会上要容易得多。总之，任何一所中学的巴黎高师校友都比需要足够的声望才有资格前去吸一口气的场合要多。多少个科达尔(Cotard)里才有一个庞特(Ponte)？多少个法里古勒(Farigoule)才能出现一个

样也是野心的幻想者。"(朱尔·罗曼(Jules Romains)：《善良的人们》[*Les hommes de bonne volonté*]，第3卷，引自A.佩瑞费特，同前书，第63页)"他们就像著名学府屋顶上的宠物猫，趴在天沟里，幻想着埃里奥、塔迪厄、罗曼、季洛杜式的辉煌前程"(P.居特，《细高个让娜与爱情》[*Jeanne la mince et l'amour*]，巴黎，弗拉马利翁出版社，1962年，引自A.佩瑞费特，同前书，第87页)；加重为我所加。

罗曼？① 得有多少个索里雅挪(Soriano)才能有一个弗朗索瓦·蓬
160 塞(François-Poncet)？”然而，整个体制趋向于将所有人的渴望都引向人们最热切而又最难企及的轨道，然后再消除职业生涯实际分配中的一切真实性，使那些将被职业分配的真实性带到最容易企及，也是最平凡的职业生涯的人(如中学教师)也努力投入，因为只有他们的投入才能够使杰出者的轨道变得合理，才能够使那些用显赫的称谓命名的人生轨道，如哲学家或者作家的轨道，以及另外一个场域中的大使、高级公务员或共和国总统的轨道具有存在的合理性。显然，对于整个体制的合力同谋，现代统计学也无力以对。“我以为我一直在考虑我的志向，事实上，我几乎没怎么认真地考虑教师这个职业。因为除了两三个人之外，所有我接触过的教师都令人不快。在我看来，这个职业毫无声望可言，能够让人从事教师职业的高等师范多得很，问题是，我有些与众不同，我想远离政治，如从事新闻工作或者文学创作。我对以前的高师学生了解不多，我觉得他们属于中流人物，而我只愿意考虑那些能出名的，鼓舞性的职业。”②

学业分类所产生的类别中的所有成员都被真实地赋予了一定的轨道(因此，按照实际标准建构起来的同一届学友的职业生涯都表现得很具体)，事实上，正是在这一轨道体系的内部，每一条独特

① P.格瑞科，引自 A.佩瑞费特，同前书，第 275 页。(朱尔·罗曼为法国著名诗人、剧作家、小说家，他写有许多小说，主要的有《同伴》[*Les copains*]、《善良的人们》等，朱尔·罗曼是他的笔名，他的正式名字为路易·法里古勒[Louis Farigoule]。——译者)

② J.普雷沃，引自 A.佩瑞费特，同前书，第 316 页。

轨道的客观价值和主观价值都得到了定义，同时，减少投入之后的劳动规模也得到了确定，正如人们通常所说的那样，减少投入是“放弃幻想”，也就是说，是中和过度投入的效应所必需的。事实上，幻灭从来没有来得这么突然，这么彻底，以至于人们几乎都可以预料得到理想中的未来和现实中的未来之间的差距。称号的纯法律效应从来就没有被彻底废除，正如破落贵族仍旧是贵族，因而巴黎高师的学生和综合工科学校的学生终身都能够从与普通平民的合法差异中获取物质上的和象征性的好处。此外，最伟大的成功都被历届名人象征化了，而且这种成功的可能性从属性上被赋予一个群体，因而能够作为这个群体中的一员，这本身就是在客观上和主观上加入到了这种成功之中，具体地说，就是加入到了象征 161
资本之中，因为这种象征资本是确保给群体中的所有成员的——全体成员（尤其是他们当中那些最有声威的成员）共同积累起来的罕见特征确保了这一点[①]：一道神秘的栅栏将这个等级中的最后一名与所有其他的人分离开来，尽管他在任何方面都与其他人相同，唯一的差异就是他加入到了象征资本之中；对于这一点，他自己是这么认为的，别人也是这么看的。

如果进入一个群体所作的投入与人们所承受的考验的难

① 在此，有必要分析一下当涉及一位名人，一位人们都熟悉的名人的时候，什么样的动机促使某些人声称曾经和这位名人一起在巴黎高师读过书，或者更简单些，声称这个人是综合工科学校毕业的。通过如此这般的声明就能够参与分享利益，无论是主观的还是客观的。这些利益正构成了社会资本保障下的种种好处。

度，以及人们为进入这个群体所作的牺牲成比例，[1]那么一般来说，投资规模的大小以及为减少投资所采用的经营策略很可能是根据人们社会出身方面的差异进行变化的：对素描教师进行的一项最新调查显示，那些一开始就将画家这个职业作为自己的奋斗目标，并且长期为之努力的人（他们一般都出身于资产阶级家庭，而且都在美术学校学习过），与那些一开始就朝着教师这个职业方向发展的人（他们一般都出身于小资产阶级家庭，或者工人阶级中的少数上层人物家庭）相比，两者之间表现出了极大的系统性对立，无论在他们的实践活动中，或者在他们的美学观点或是政治立场方面都是如此。“哲学家”中或许也存在着同样的对立：同样的轨道，若是距离梦想中的轨道越远，那么它就越让人难以忍受；事实上，梦幻中的这条轨道通常是与哲学或者“哲学家”的卡里斯玛见解结合在一起的。那些通往离散性较小的职业生涯，并且因此而对出身优越的学生不怎么具有吸引的学科，比如说地理学或者地质学，或许就不那么容易造成愿望与机会之间的不一致，因而也就不那么容易产生与突然减少投资联系在一起的不满。

162 无论如何，在继续投资还是减少投资这个教学机构无论如何

① E. Aronson and T. Mills, "The Effects of Severity of Initiation on Looking for a Group", *Journal of American Social Psychology*, 1959, p. 177-181; H. B. Gerard and G. C. Mathewson, "The Effects of Severity of Initiation on Looking for a Group, A Replication", *Journal of American Social Psychology*, 1966, p. 278-287.

都必须解决的问题上，巴黎高师一直处于一种特别的情境中，尤其是当它的学生远离世俗权力的时候。高师学生必须迫使自己有选择地放弃他们在世俗场地上的疯狂投资应得的红利——尽管这种疯狂投资是在学校的要求下进行的，违抗者迟早将被当作资产阶级"大家庭中的白痴"来对待；而对于只有智力上的成功才能获取的象征性利益，人们拥有得越多，就越能够轻松自如地拥有它，只是这种成功从来都是没有保障的。

163 # 第三章 能力的不确定性

只要奔它而来的人不认同它的真实逻辑，教学机构就会在自己力所能及的范围内行使象征暴力（violence symbolique）；通过教学机构本身的运行逻辑，确切地说，通过它实施的这种象征暴力，教学机构最终强迫人们对它形成一种看法；如果我们不真正改变教学机构迫使人们接受的看法，那么，我们就不可能真正地理解教学机构的问题。[①] 凡是习惯于看重理性训练，或者习惯于通过技术资格证书来认可人们获得的各种各样专业技能的地方，就应

---

① 关于这种象征性强制力的最好证明就在于，任何一项科学性的专题研究中，人们针对学校空间特有的实践活动所作的分析即使不缺乏，至少也是很少见的，尤其是对能够最完善地显示大学无意识结构的实践活动所进行的分析就更少见。之所以会如此，或许是因为，在这种情况下，客观分析不可避免地要包含自我分析的内容（例外几乎总是来自于利文森、林格［Ringer］等历史学家，这并不是偶然的。因为对他们来说，时间上的距离有时还要加上文化上的距离能够使工作变得更容易一些）：批评的观点作为科学精神的组成部分，实际上能够使对象非神化（désacralisation），在一些学者的眼里，这简直就是叛逆。接受奥义秘传的级别是与进入最后一道神化程序的级别成比例的，而这道程序本身又与投资于精英群体中最隐秘信仰的多少同时并行，因此也是与对秘密保持沉默的癖好相辅相成的，而沉默的癖好一般都归咎于对于秘密的无意识，两者之间的联系极其紧密，简直是无以复加（尽管对公共信仰采取放肆的态度也是那些接受奥义秘传的高贵人的特权，而这种态度对于普通人当然是禁止的）。总而言之，被精选出来的群体是要受到保护的，是不可能让人分析的——要么是知道的人不说，要么是愿说的人又不知道，确切地说，力图进行批判性分析的作品一般都是社会边缘人或者被排除在社会之外的人所为。

该注意担负神化职能的法庭背后隐藏的内容。劳动的技术性分工
要求对技术能力进行再生产；通过对技术能力进行再生产，神化法
庭就能够在社会能力的再生产中发挥越来越大的促进作用，所谓
社会能力，就是在法律上得到认同的行使权力的能力；这种能力对
于在时间上具有连续性的劳动的社会分工是不可缺少的。谁也不
能否认，在传播知识和本领方面，尽管学校不像人们想象得那么神 164
奇，但是它确实起着决定性的作用；然而，学校对于权力和特权的
分配，以及对于这一分配的合法性同样一直都起着更大的促进作
用，这一点也是没有什么值得怀疑的。如今神化的魔法行动落到
了学校的头上，而在其他的空间，这一行动是由宗教法庭来承担
的；神化行动其实就是要在社会的连续性中开凿一系列或多或少
有点专制性的鸿沟，并且通过象征性的工作使之合法化，因为象征
性的工作可以使它们被承认，被证实，并且使它们符合一切事物的
本质和一切存在的等级；总之，为了达到上述目的，人们总是在某
些仪式上或者演说中公开地、庄严地宣布它们，从而使它们得到官
方的证实；至于那些仪式，神化就是其中的范式；还有那些演说，诸
如种姓或等级划分的社会“理论”就是它的典型用语。涂尔干认
为，只有最狭义、最通常意义的宗教能够阻止人们认为学校实际上
就是一种宗教法庭：通过设立边界，将那些在经受了学校的所有重
要考试之后被选拔出来的人与普通人区分开来，这样，学校就建构
了一个“精英群体”，并且通过分离行为，赋予这个群体通常只属于
神者的一切特征。[①] 因此，我们可以描绘最终导致了神化的分离

① 或许有点牵强，但我们还是可以这样写——“救世学校”是人民吸食的新型鸦

过程，正是在这一过程中学校造就了"国家精英"——他们都被授予了（在国家权限所及的范围内）被普遍认同的称号，不仅有权享受权力位置中的特定等级，而且还有权得到认同与尊敬，正如 A. 旺·热纳普所说，这一切就好像是入门仪式，或许更应该说是制度化的仪式。[①]

经过一番再思考，我们发现，在权力和特权永恒的再分配中，教学机构起着决定性的促进作用，这种促进是通过两条相互区别、相互补充的途径来完成的：一方面，学校在某些学业类别之间分配它的学生（在统计学上，这些学生的学业类别与他们出身的类别是
165 一致的），这一过程是通过推行在某些结构中被客观化了并且包含在习性之中的划分原则来完成的；另一方面，学校迫使学生将学业分类学运用于他们对专业、课程和学科的选择中，并以此来支配他们对于自己工作的评价；通过这样的手段，学校使学生投身于聚合与分离的无限劳动；在此，学业分类学作为一种没有被承认的简单的社会分类学形式，渐渐地渗入到了学生的无意识中——这种渗透是通过长期以来从权威性评判那里延续来的经验和按照所有这些原则建构起来的对教学机构进行划分的经验来完成的。由此，教学机构通过行使**任命**权，参与了原本属于国家的对象征暴力的合法垄断，并在其中起着决定性的作用。赐予某人一个学校出产的

片。这样说至少可以让人们看清楚，那些仍然在挥动政教分离大旗的人距离他们的预期目的是多么遥远：一场战斗可以掩盖另外一场战斗。社会学在让人们看清楚边界和前线位置移动的同时，也将在战斗中落在后面的人凸现了出来，从而激发了等级的捍卫者们身上的毫不含糊的情感和进步的拥护者们身上的矛盾感情。

① 参见布尔迪厄："制度化的礼仪"（Les rites d'institution），《社会科学研究》，43，1982 年 6 月，第 58—63 页。

称号，实际上是一项进行合法分类的法律行为（acte juritique），通过这一行为，对社会身份或许起着决定性作用的重要标志被颁发了出去（还要再加上这一法律行为对于职业的限定，在这方面它的作用是巨大的）。至于社会身份，难道还需要再重复吗？社会身份一直就是社会差异，就是区别，有积极的，有消极的，事实上，社会身份与被神奇边界所分隔的不同群体间的不公平待遇是分不开的。这项权力最典型的表现形式就是证书（学历证明，能力证明，等等），所谓证书，就是权力机构颁发的关于能力的证明，就是对证书持有者的技术能力和社会能力进行担保和认证的社会委任书，是以对发证机构的集体信仰为基础的信誉称号。

学业评判通过它自己实施的"俄狄浦斯效应"，或许是如今对个人身份进行建构的决定性因素之一：这些评判往往既全面又粗暴，无论是在进行庆典还是在实施处罚都是如此，而且这些评判几乎永远是通过同类人的群体，尤其是通过家族来承继和强化的；对于这些评判，后代们，尤其是最没有资本的后代们，是没有办法与之对抗的，也找不到任何一个法庭去上诉——否则，就得向儿童心理学家或者是精神病医生请求援助了。社会魔法最终真正改变了行动者：它能够使所有的人，[①]因此，也使有关的行动者本人（因为
他们不得不忍受逆向地思考这份命运的宣言），认识和认同关于他 166
们身份的预测，或者说，关于他们身份的预言——身份是群体中的预言权威赋予的，因此，身份被转化成了命运。"是什么种子你就

① 因此，我们明白了（在官方报纸或者极有影响的半官方报纸上）公布会考成绩的重要性。这些公告（就像另外一个序列中的结婚公告一样）使社会状况的改变得以正规化。

开什么花。”证书，由于它能够指定一种本质，因而它能够生产它所证明的，同样也能够认可它所证明的：通过颠倒具有社会炼金术特征的原因和结果之间的关系，教学机构能够赋予人们抵达某一职位的权力——在这个职位上，人们通常能够获得占据这个职位所必需的主要技能，正如技能证书让人们有权得到一个职位一样。学业称号的魔法具有一种权力，所有能够对群体产生影响的团体都通过符号的象征效能持有并且利用着这种权力：荣誉称号或者耻辱的标记，民众的谴责或者民众的颂扬，凡是社会认同的权威人士所作的庄严评判都代表着官方权力机构的预言，都具有将预言变成现实的倾向，不论吉言或是恶语，同样都是决定前途和命运的符咒。

正如大多数的入门礼仪建构了所有普通的人，学业礼仪建构所有持有称号的人，作为制度化礼仪之一的学业神化过程建构了神圣群体，从法律上来说，就是使他们成为某种社会品德或者某种能力的合法垄断者，就是说，使他们成为法律认同的有效权能的垄断者，因为这是合法垄断（就像行使下达命令的权力一样）：在像割礼这样的礼仪中，需要垄断的或许是“男性的价值”，男人的雄浑，这是荣誉攸关的事情，也是男性的基本特征[①]；而在学校的重大考试中，需要垄断的是技能（compétence），就是与技术性和社会性不

① 在前面提到的文章里（参见前面一个注释），我力图证明：与“入门仪式”（rite de passage）这个词所强调的第一种表现相反，制度化的仪式（rites d’institution）（我喜欢用这个词）不是要将接受了考验的男孩与所有年龄更小的（尚未行过割礼的）男孩分离开来，而是要将他们与所有的女性分开，与所有没有受到礼仪约束的女性分开，而这种仪式本身就构成一种特权（即使它表现为一种非常严酷的考验，就像我们这个时代的兵役或名牌大学预备班）。

可分割的能力，这或许是因为，能力囊括了男性的和资产阶级的典
型美德，比如说个性，男子气概（manliness），领导能力以及热心于
公益事业，等等，这些美德都是美国白人领导者（WASP）支配下的
精英大学的典型特征。在社会头衔独立于技术能力的所有征象 167
中，最无可置疑的征象或许就是社会头衔能够要求得到物质方面
的对等物（另一个有实际意义的称谓是报酬）以及其他的象征利
益，而这种象征利益并不与实际能力相协调，而是与称号及称号所
确保的身份（statut）有关；社会头衔的另外一个更加明显的独立征
象，就是它不仅是一种入场权，而且还是某种终身能力的保证。相
反，技术能力则总是面临衰退的危险，不是因为遗忘，就是因为过
时；而头衔，正如教规学者所言，却是不败的，或者至少可以说，头
衔只能和它的持有者一起消亡，而且它不会衰老，它是受到保护
的，比如说皇家的头衔，就不会受到时事兴衰的影响，人类的智慧
和记忆即便瓦解，也不能影响它的威严。头衔的介入几乎无所不
在，就像我们这里，为了超越人类学的边界，头衔又介入进来——
正因为头衔几乎时时刻刻地介入，我们才认识了社会的魔法。

然而，即使有必要强调称号的神奇方面，削弱它所掩盖的技术方面，但这显然并不意味着我们必须将自己封闭在专家治国论的信仰（foi technocratique）与激进的唯名论（nominalisme radical）的更替中：或者坚守自己以社会能力的唯技术论为基础的信仰，或者随心所欲地将生产头衔的权力（作为资本）信贷给教学机构。事实上，专家治国论的幻觉是片面的；而不认同，作为称号魔法效能的根源和所有任命行为的象征暴力的根源，它之所以能够产生效应，这只是因为称号也能够证明人们掌握的技术能力（与之相对应

的是人们称之为风格的或者象征性的特性)。拥有称号的人是稀有位置的合法拥有者,在某种程度上,他们也是杰出技能的掌握者,这一切便构成了他们垄断的基础。[1] 我们还注意到,无论称号的市场价值是多么地依赖于人们强制推行的象征性效应,但是在一定程度上,它总是由人们所提供的技能在市场上的稀罕程度决定的。

168 如此说来,我们无法一劳永逸地确立在各种情况下学校担保的每一种能力究竟哪一部分是属于纯技术能力(capacité proprement technique),哪一部分纯粹是来自于社会头衔(dignité)。首先,因为技术能力本身没有定义,而且每一个社会空间都按照它自己的历史传统和它的文化随意性来确定统治者所要求的能够在本质上为他们的统治奠定基础的技术能力:统治者总是趋向于将他们自己熟练掌握的能力强行规定为必要的合法能力,并且将他们自己擅长的实践活动纳入杰出的定义。其次,因为建立在对某一称号垄断基础上的群体终于能够推行他们自己的信条:他们有学业保障的文化属性对于履行职位中所包含的技能要求是必不可少的,而且对特权的垄断必须以对能力的垄断为前提:他们确实总能找到堂而皇之的理由来拒绝对技术能力进行任何纯技术性的测定,因为任何纯技术性的测定都有可能使称号的效应客观化,从而使人们对这项能力产生疑问,甚至使整个神化过程乃至整个群体

① 学校对精英群体的垄断与对技术能力的垄断之间的联系是比从前更紧密了还是不如从前紧密?无论相信"理性"的进步和成就归属(achievement à l'ascription)更替的专家-贤人治国论者在这个问题上持什么态度,我们都不能肯定这个问题是否提得恰当;同样,是否能够为这个问题找到科学的答案,其结果也是无法肯定的。

本身的生存都陷于危险之中。最后，主要是因为属于能力的还是属于头衔的，干出来的还是从存在本身得来的，技术性的还是象征性的，所有这些方面的比例都会随着称号的等级以及与称号有关的职位级别的不同而产生极大的变化：因此，在官方的分类学中，随着等级的降低，人们越来越全面地根据*他们所做的*来为行动者定义，就是说，根据行动者的称号或者职位中所包含的从技术方面定义的能力以及他们所做的技术方面的工作来为他们定义；相反，随着等级的提高，这种定义却越来越取决于*他们是什么*，好像随着头衔的提高，（相对地说）行动者就越来越不需要技术方面的保证。*行业辞典*（Dictionnaire des métiers）上对 côneur 这个词作了长长的一条定义："经过训练的非技术工人，负责将贴压在锥体上的外罩拉平，使之没有褶皱"。而对于同页上的另一个词 le conseiller d'Etat，其定义则是简单而且重言式的："行政法院成员"。

在为了争夺社会分类中的位置而展开的象征性斗争中，学业
称号既是武器，也是争夺的对象：学业称号的等级越高，它就越倾
向于作为贵族封号或爵位起作用，因为这些封号、爵位能够一劳永 169
逸地免去其持有者的麻烦，他们无须拿出证据，无须在实践中证实
自己的能力；同样，学业称号的等级越高，它在*分类争夺*中所起的
作用就越大，因为分类争夺的关键问题主要是优先权的选择问
题——是将优先权赋予称号和职位的象征方面，还是赋予它们的
技术？然而，在为日常生存而展开的象征性竞争中，行动者很乐意
看到自己的学业称号被当作自己头衔的保障，别人的称号被当成
简单的能力证明。正因为如此，经济权力的拥有者一旦以劳动力
购买者的身份行动，就会自然而然地倾向于赋予技术能力以特权，

而将称号的象征方面看成是市场竞争和市场力量这个自由法则的障碍。[①] 因此，他们用自己的方式来表达经济场域的逻辑——由于他们的逻辑只认识生产和生产力的必要性（至少在正式场合是如此），因而他们倾向于仅仅用技术能力来衡量劳动者（即下属）的价值。

除非他们是学业称号的受益者，否则这些领导者对学业称号所产生的纯象征性效应就会采取敌对的态度；学业称号之所以能够产生纯象征效应，这是因为它保障了一项权能，而且这项权能还因此被赋予了三个主要特征：首先，这项权能可以与某一实际能力相对应，也可能不与之对应（这主要是因为，正如人们所看到的，称号的永恒性能够掩饰能力的陈旧）；第二，它可以声称自己在所有的交易中都能够得到认同：与"企业"中和某一职位联系在一起的称号不同，学业称号以货币的形式使能力得以普遍化，同时也使劳
170 动者因此而获得了"自由劳动者"的身份；第三，它可以不去适应由工艺的变化和竞争所决定的职位的变化。就是说，学业称号具有相对永恒的普遍价值，它能够确保经济行动者及其社会能力获得

① 有两个例证。例一："如何防止年轻人滋生幻想——由给予他们的文凭中的'高等'这两个字所引发的危险的幻想？去掉这个词，或许可以消除到目前为止已经被提到的所有困难"（M. 勒曼（M. Lehmann）："电器总公司"（Compagnie générale d'électricité），载《科学研究的传播》（*L'expansion de la recherche scientifique*），第14期，1962年10月；强调为我所做）。第二个例子更加简单："如果高等技术教育文凭能够被这些文凭同化和吸收，尤其是被化学技师的文凭和物理技师的文凭同化和吸收，那么，要使人们接受这张经过技术教育或者高等教育才获得的文凭，就不会有任何麻烦了，条件是高等教育真正承认自己富有此项使命。但是一张现有文凭中最高级别的文凭会令我们感到害怕"（M. 阿尔诺（M. Arnaud）："化学工业协会"（Union des industries chimiques），出处同前）。

相对于劳动市场法则而言的自主性，而这种自主性也能够为被支配者带来益处，尤其是在与雇主的交易中：无须限于目前职位所需要的可以从技术上衡量的能力，他们的劳动售价和他们的社会身份照样可以得到持续的保证，因为称号中已经包含了他们对特定级别的职位享有的权力。[①]

这就是大型企业的领导者在与教学机构的关系中所表现出来的双重性的又一个基础，尤其是当他们自己也得到学业称号对他们能力的证明，而且这种证明对于行使经济权力一天比一天不可缺少的时候。企业领导者中有越来越多的人毕业于名牌大学（或许都是最不“学业化”的名牌大学），对于既构成了他们的权力基础，又使他们在向部下行使权力的时候受到制约的学业称号，他们不能够公开地怀疑其合法性；一方面是对有技术资格的劳动力进行技术性再生产的逻辑，另一方面是对权力的分配进行社会生产的逻辑（其中，给予被支配者的权力保障是一种不受欢迎的对等物），企业领导者们渴望将这两者区分开来；带着这样的渴望，他们梦想一种由三方面组成的教育：首先，名牌大学，尤其是那些最驯良，对他们最有利的大学，如巴黎高等商学院、国家行政学院以及中央工艺制

① 我们看到，要对简单价值以及任何与教学机构有关的一份文件进行评价是不可能的。作为再生产的工具，教学机构也担当着人们称之为“民主”的职责。因为在雇员与经济权力持有者的交易中，教学机构所扮演的角色也保证了一丁点儿公正。不管怎样，可以肯定的是，被支配者或许全部都在合理化（rationalisation）中得到了好处，比如说，在所要求的才能方面，在传授才能和评价才能的方式方面，以及在对称号所确保的特性进行定义方面。

造学校，它们负责造就经济师和国家高级公务员；其次，直接或者间接地处于企业领导者们的控制之中的技术性大学（还有“世家学校”，即附属于企业或者与之混为一体的教育机构），它们负责对有技术资格的劳动力进行再生产；第三，大学
171 则只负责对教育与研究进行再生产。霸权者关于教育问题的话语存在着自相矛盾，造成这些矛盾的更普遍原因是：他们希望获得教学机构在促进社会再生产和技术再生产的过程中为他们谋取的尚未偿清的好处——无论是学业称号为被支配者提供的保障，还是学业体制中的纯技术性不足，比如说，在对生产者进行生产的过程中表现出来的结构上的落后；即使这种落后在一定程度上来源于学校，因为学校倾向于根据对自身进行再生产的迫切需要来优先组建自己，那么学校在特权的赋予问题上所作的选择也是导致这种落后的原因——当涉及霸权者的时候，学校授予的特权总是优先满足社会再生产的迫切需要，而不是技术再生产的迫切需要。①

在很大程度上，教育体制正是通过它在个人或者集体的雇佣

① 人们的歧视曾经使美国三所最著名的大学（哈佛、耶鲁、普林斯顿）中的犹太人成为牺牲品，在那个年代，他们的技术能力（以及其他方面的能力，都是与他们在智力方面的天赋联系在一起的）对于科学和经济的发展似乎显得特别重要。我们从中可以发现将再生产的技术性迫切需求附属于再生产的社会性迫切需求所产生的反生产效应（effets contreproductifs）（参见：J. Karabel，“Status-Group Struggle, Organizational Interests and the Limits of Institutional Autonomy: The Transformation of Harvard, Yale and Princeton, 1918—1940”, *Theory and Society*, vol. 13, 1984 年 1 月 1 日，第 1—39 页）。在人们给予被支配者的待遇中，类似的效应更加普遍，而社会科学是其中的主要受害者。

交易中所扮演的决定性的角色直接促进着社会类别的再生产，其中顾主企图以最少的费用获得称号所确保的能力，雇员则希望兑现他们的文凭所具有的权力。只有超越结构分析(以及对经济的和学业的“法庭陈述”所做的信口之言)和策略分析之间的学术对立，以便对称号和职位的技术和社会定义的模棱两可所导致的伎俩和双重手法进行仔细的研究，我们才有可能真正理解学校是如何通过(以或多或少有点严格的方式)向个人分配具有合法保障的、有权享受一定社会地位的学业身份，从而真正介入于对社会现实进行象征的和实践的建构。

如果人们想按照民族方法学所仰仗的胡塞尔的说法，真正地
“回到事情本身”，那么就必须致力于策略的研究，但是这些策略又 172
是与人们制定策略时所在的结构条件联系在一起的，就是说，是与力量关系联系在一起的，而这些力量关系却支配着在称号的持有者和职位的占有者之间发生的无以计数的交锋——交锋的形式各种各样，但是鉴于有关的行动者的相对位置，这些交锋都是必不可少的。学校通过学业称号出现在个人之间的各种冲突、协商、合同中，同样也出现在劳资合同之中——劳资合同是顾主与雇员之间签订的合同，涉及所有将他们分离开来的关键问题，如关于工作岗位的定义，就是说，职位的占有者必须完成的工作，以及他们有权拒绝的工作；关于就职条件，就是说，任职者必须具备的特性，尤其是必须具备的学业称号；关于报酬，有绝对的报酬和相对的报酬，名义上的报酬和实际报酬；最后是关于职业称谓，这也是象征性报酬的组成部分——对于那些具有诱惑力的职业来说，其称谓具有积极的意义，而对于那些侮辱性的，不体面的，或者不那么光彩的

行当来说，其称谓则具有消极意义，而且人们将它们当作侮辱性的行业来对待，官方一般都用婉转的措辞来指代它们。

在这些交锋中，职位的候选人应该具备的条件全部归结为任职行为中暗含的能力，或者正在担任一个职务（如企业工程师），或者曾经担任过一个职务（如工作证明）；反过来说，也可以归结为他们所持有的称号，尽管这个称号可能并不包含与担任一项特定职务（如大中学教师学衔获得者、国家行政法院成员）所需能力有关的任何信息，因为许多行动者——他们主要集中在社会空间的中等区域——的特性往往一方面与职位联系在一起，一方面与学业称号联系在一起。称号的定义与职位的定义（以及两者之间的关系）越模糊，越难以确定，或者说，彼此的定义越不成体系，越容易受到不同的解释和说明的制约（比如在演出、通讯、社会工作等新兴行业中），那么，可供吹嘘的余地就越大，社会资本和象征资本（高贵的姓氏、“荣誉称号”等）的持有者为他们的学业资本获取丰厚收益的机会也就越多。

173　事实上，即便是最严格意义上的个人之间的冲突或者协商也不可能在社会真空中展开，那么在此情况下以及在其他一些情境中，无视结构对整个交流过程的制约，尤其是无视个人或集体的前期斗争在社会结构和心智结构中遗留下来的所有沉积，却企图对人们在面对面的相互作用下完成的话语进行尽可能细致的分析，没有什么比这种做法更没有意义的了。无论是在团体协商的决策机构，还是在分类问题上为资方与劳方之间的力量关系确立了合法状态的**劳资合同**（conventions collectives）中，所有的斗争都制度化了。诸如指标范畴这样的标准化的分类学是一定时期的前期分类斗争的产物，也是一定时期旨在为位置的物质方面或者技术方面，象征方面或者名义方面创立一种**通用话语**（homologein）而进行的**认可**（homologation）工作的产物。但是，对于旨在维持或者改变这些分类学的策略来说，这些分类学则既是工具又是人们争夺的目标。因此，人们可以给予或者接受一种象征性的满足，作为交换，就必须放弃物质上的具有积极意义的满足（比如说提薪），或者具有消极意义的满足（如减轻劳动强度）。人们可以授予某一行动者或某一群行动者一个职位，而不给予他们应有的物质的或者象征的利益：人们可以向他们确保所有物质上的好处，而唯独不给称号（"代理职务者"）；相反，人们也可以用一堆名称当作给他的报酬，如授予他一个更加适当的名称（邮差[facteur]变成邮递员[préposé]），或者给予他一个更加吸引人的职业称号，而不给予他相应的物质利益（"技术助理"变成"工程师"，但是不增加薪水）。对于这样一些策略，学业称号的持有者可以创造一个已成定局的形势来给予回击：先取得职业称号，再来谋取报酬或者相应职务的定义；或者反过来，先取得职务，再争取相应的职业称号。这样，学业称号的持有者就能够很好地开发利用那条支配学业称号和职业称号之间关系的规则。

简言之，在象征性和技术性之间，名义和实际之间，存在着永恒的距离，不同的时期，不同的行业，其间的距离有大有小。这种 174
距离为各种各样的策略提供了无尽的可能，它使名义得以向实际靠拢，或者使实际能够与名义接近。[①] 在群体之间，或者在职业和

① 劳动市场只不过是进行社会身份的争夺与交易的永恒场所之一。

工作岗位的称谓之间,一定时期斗争与协商的特定产物就是人们争夺和协商的武器和赌注,学业称号就是这样:语义学的协商是表达和产生社会差距的方式之一,某一群体可以通过改换名称来维持与另一群体的距离,或者与另一群体接近。至于官僚主义的分类学,其范式毫无疑问就是国家经济研究与统计局的社会职业分类代码,因而这种分类学是记录的产物;这份记录,作为官方的书面材料,既是被认证了的,又是可以作为证明的,它承认并认可某些分类——尽管这些分类并不是用科学的方法产生的,但是它们经历了顾主和雇员之间物质的和象征的斗争与妥协,是在实际(pratiquement)协商中形成的分类。① 官僚主义的记录所产生的分类学是一种具有实证主义本质的行为,它将认知的对象转变为认知的工具;我们只有从中寻找冲突和协商的轨迹,这些分类学才能够显示出它的意义来,因为正是这些冲突和协商产生了这些分类学,也正是在这些冲突和协商中,学业称号作为社会世界合法的官方经历的重要组成部分起着决定性的作用。②

① 官僚主义的分类学来自于谈判,它不断地屈从于不同群体的压力所造成的扭曲(déformations),更重要的是,普通语言表达的分类学尽管不那么标准化,却能够在实践中起作用。在社会编码中,文字的后面都紧随着效应:伤残或者疾病证书都包含一项权利——享受抚恤金或者公假。在对职业的名称与相应的工作进行定义的机构中,如果忘记了一个词,你就必须完成一项你不想做的工作,或者反过来,你可能没被获准完成一项你想承担的工作。

② 因此,我们可以更清楚地看到,用民族方法学将科学简化为简单记录的行为所隐含的一切(简单记录这个词很好地注释了 *account* 这个词的含义,对卡尔芬格尔来说,这个词很重要)。这份记载着各种普通常识的记录被当成了建构世界的文字工具:这一方法论上的公设,距离实证主义的传统比距离真正的现象学精神要更近一些,它使得研究者听命事实所呈现的样子,即它建构前的状态,就像户籍主管官员那样行事;而不是打破事实的显现,以重建可能的社会条件和社会建构所依赖的历史法则。

表示职业称谓的术语，就像其他社会表示亲戚关系的术语一 175
样，同属于官方的等级范畴；在设置了教学机构的社会中，官方等级划分逻辑及权限的核心都来源于教育体制。表示职业称谓的术语之所以能够将各式各样的职业情境纳入明确而同质的等级体系，这或许是因为教育体制通过学业称号为它提供了一个通用的标准；作为整个劳动市场普遍需要的入场券，文凭的影响日益扩大，随之而来的是，在通过学业分类严格等级化了的空间里，所有的职业都被纳入了文凭的通用标准，即便对于传统的继承方式来说最不合理、最无人问津的那些职业。

附录　关于预备班和名牌大学生活经历的材料

那些在前面提到的教育机构里没有直接经历，或者只是通过圣徒们的描绘（历届学生对此都有所作为）才了解这些学校的人，以及我们这里开展的对象化分析可能会触及的有这种经历的人，都可能会认为，我们是在扭曲事实，将"巴黎高师学生"或者"综合工科学校学生的生活"中那些明白无疑的特征强化到了漫画的程度。因此，我们收集了一些样本，针对的是我们的分析所涉及的学生经历的决定性方面。

封　　闭

"绝对荒谬的工作体系，很可能对正在形成的思想造成伤害；没有可能参加任何校外生活，因为对任何事情都没有可能去了解，尤其是没有可能去对它感兴趣"；"现在的教学不像你所说的那样，而是那种完全使人变得愚蠢的教学，其唯一目的就是获得文凭。因此我只是希望不要把我的青春全部都荒废了，不要使我的生活情调全部丧失……"当我们问他们更接近哪一种思想流派时，说这番话的圣热纳维埃夫中学理科预备班的学生只是不停地重复着说，他们没有时间“去考虑数学或者物理以外的其他事情”：“没有其他事情，我只对这个感兴趣”；“我们没有时间来考虑这么重要的问题”；“除了会考之外，我没有时间想其他的事情”。

他们的声明通过教员的陈述得到证实：“如果在这屋子里做一项统计，我们就会发现，由于现实方面的原因，他们确实没有很多时间。仅有的几分钟空余时间，他们更愿意用来放松一下。那么，这会是什么样的放松呢？他们会去找书看。什么样的书能够让他们感到放松？你猜猜看。他们先从《斯彼儒》(*Spirou*)开始，这本卡通书显然不用他们花任何力气，属于初级心理世界。然后是《斯
彼儒》《丁丁》等一些画报，不需要任何想象力或创造力，然而，如果 177
阅读，就必须对自己所读的文章进行创造，从某种意义上说，就是再创作，得做好一些努力。于是他们选择了像《斯彼儒》《丁丁》这样的画报，这样他们就不需要做创造性的努力。第二类他们喜欢看的书是侦探小说，这里面的问题要更严重一些，因为书中贯穿着根深蒂固的偏见；侦探小说作为他们的第二种放松形式，其实是一些科普读物。他们之所以喜欢这类书，是因为这是一个传统的空间，相对来说比较抽象，说到底，还是因为这些书没有使他们远离他们所习惯的操练方式。这使得他们热衷于侦探小说，并且沉溺于此。但事实上，这能够给他们带来什么，留下什么呢？什么也没有，必须好好认清这一点。几个小时过后，他们就忘记了。”(*Servir*，圣热纳维埃夫学校历届学生成绩册，58，1963 年 4 月，第 59—60 页)

迷人的经历

“邮政大街——圣热纳维埃夫学校的所在地！这是我少年时代的美好记忆之一。我来自外省，能够通过中学毕业会考，我感到很自豪。我就要见到巴黎，就要在巴黎居住，要在圣热纳维埃夫山生活，出入于巴黎综合工科学校和巴黎高师之间，而且著名的索邦大学和矿业学校也就在近旁；我将要在那里专门学习数学，几年的时光或许会像几个世纪那么漫长；一想到这些，我就兴奋得直哆嗦。现实远远超出了我的梦想。高雅的建筑物外观，令人赞叹的纪律——严格而又富有人情、威严地支配着那里的一切，还有科学、奉献、导师们的慈祥，再加上我的绝大多数新同学的良好教养，所以，从最初的日子起，我就被所有的一切吸引住了。想起我们的杜·拉克校长，我们的贝朗热学监，还有我的基础课教师贝尼埃神甫，以及我的专业课教师埃斯克雷泊神甫和苏西埃神甫，我从来都无法不激动；而在一道精彩的论证面前，在人们对那时还无法解释的某些数的性质、二次曲线或者二次曲面的性质进行充满智慧的明确阐述时，我总是感到极其愉快，而每每想起这些，我总是不得不激动；还有我们每个星期三的漫步，朋友们一起边走边聊，我们重新认识了首都。我们在建筑物的每一块石头上，在公园小径的沙砾上，在古老的街石上，我们阅读着法国的历史，每当想起这些，我总是满怀着激动。当我们沿着圣热纳维埃夫山散步，无论是在前往的路上，还是在归来的途中，我们大家都表现出一致的豁达气
178 度；我们常常从巴黎综合工科学校的门前走过，对我们来说，那是

神殿的入口处，是专为人类精英分子设立的祈祷大堂的门槛，我们似乎看到了镌刻在大堂墙壁上的金字，‘自由、平等、博爱’，那不是低能儿和说谎者的三项式，而是柏拉图神秘的话语：‘上帝是永恒的几何学家。’”……

“从圣热纳维埃夫毕业之后，我进了综合工科学校，那是令人陶醉的两年。出于平常的原因和特殊的原因，我们常常穿着制服外出，斜佩在身旁的利剑轻轻地拍打着皮靴套，整个巴黎都满怀钦羡地注视着我们，这真让人感到兴奋；初次接触高深的分析，我们也兴奋不已；漫步在幽雅的花园里，那花瓣就是一道道的微分方程，就是椭圆的函数，就是想象中的极限积分，就是各种物理现象，就是化学定理，就是天文学中透露出来的光辉，这一切怎不令人兴奋？令人兴奋的还有综合工科学校学生之间的友谊，那是在大教室里或者在课间休息的庭院里酝酿而成的——我们常常围绕着院子一面坦率地交谈，一面作匀速运转。那是在一次又一次的外出中结下的终身友谊，它比后来的友谊要深厚千百倍，珍贵千百倍，因为这些友谊是那么年轻、那么自然、那么亲密、那么宽厚、那么无私，并且交织着那么多的兄弟般的情感；我们有着那么多的共同语言，彼此之间是那么地心有灵犀，一次最轻微的触及，最微弱的气息，最不易察觉的激动都能够产生共鸣。哦，是的，在综合工科学校的那些日子，我很愉快，我为能够成为一名巴黎工科学校的学生感到自豪，我敢说，我的这种自豪感是任何一位工科学校的学生也不可能超越的。然而作为工科学校学生的陶醉并不能抹去我对在邮政大街度过的岁月的美好记忆；在相距将近半个世纪的今天，那两行深深的足迹仍然清晰地并列着，从来没有被覆盖。”（皮埃尔·

泰尔米埃，矿业学校总督学，法兰西科学院院士，*Servir*，37，1931年4月，第11—14页）

“我得以进入路易大帝中学，我想，我应该感谢索邦大学的埃尔驽教授……在那里我找到了仁慈的勒阿弗尔港湾：老师们时时照管着我，同学们总是使老师的教学更完善。但是首先，这是一种物质上的安全感，就像兵营里的那种。因为在1928—1931年间，路易大帝中学还保留着拿破仑教育中的某些东西，咚咚的鼓声就是它的象征……至今老师与同学们的声音仍然回响在我的耳边。

“我的导师，他们的名字是巴耶、弗朗索瓦、巴尔奈、博拉翁、加纳、盖汝、朋匈、特拉维尔、儒泊、寓毕。或许他们的名字我拼读得不是很准确，但是无论什么时候，每当年轻时的清晰记忆在我的脑海里涸开来，我就好像听见了导师们的声音，看见了他们的一举一
179 动，想起他们的癖好、他们的衣着，哦！尤其是想起他们上课时的情景，还会想起他们给予我们几个‘外国人’的那种关怀，那种关切：印度支那人法穆·迪伊·克里穆，安得列斯人路易·阿西尔、埃沫·塞泽尔、奥古斯特·布格龙都得到过那种关怀。导师们身上最吸引我的地方首先是这种关切，这种对任何一个有色人种学生的亲切态度。他们拒绝种族歧视，渐渐地，他们的这种态度在日常行为中变成了不带任何私情的对人的厚意。对我来说，这就是法国人天性的第一特征。

“从课堂上，我学到的最基本的东西就是方法……如今，当我回想起那关键的几年，我又发现了导师带给我们的另外一样东西，一样起初被我忽略了的东西，这就是做人的道理（sens de l’Homme）。这是法国人天性中的第三个特征。在文学方面，这

种特征尤其明显。拉丁语作家的比例(ratio)对于罗马的辉煌功效显著，希腊语作家的逻各斯是城邦(Polis)和谐的真理，相比之下，法语作家更道德(moraliste)，哪怕是像波德莱尔那样的诗人。即使法语作家否认道德的真实性，那也是以未来道德的名义否认官方的道德——在未来的道德中，人同时既是主体，又是客体……

"我说过，从同学那里受到的教育能够完善老师的教育。确实，这种补充性的教育不以权威(ex cathedra)自居。在我看来，这种教育来源于同学们经常性的介入：来源于我们在课间休息的庭院里或者在大教室里的自由讨论和亲密交谈……如今我最好的朋友还是我在文科预备班时的老同学，最初是他们把我带进了他们学生时代的内心世界和他们所关心的事物之中，是他们带领着我进入了现代法国：它的艺术、它的文学、它的政治。为什么不可以这样说？乔治·蓬皮杜对我的影响就曾经是决定性的。是他使我归依了社会主义，使我爱上了巴雷斯、普鲁斯特、纪德、波德莱尔、兰波；是他使我有了对戏剧和博物馆的鉴赏力，还有巴黎情调。我还记得那些长长的漫步，在甜甜的雨丝中，在灰蓝色的雾霭里；我还记得那些街道上的阳光，在春风中，在秋日里，金色的光线暖暖地洒在久经风雨的街石上和人们的面孔上。

"如果说我对人和人们的思想具有好奇心，如果说我已经成为了一个作家和艺术爱好者，如果说我一直是法兰西的支持者，那么这一切主要应该归功于我在路易大帝中学的老同学们。

"我已进入垂暮之年。在我这样的年纪，我仍然会满怀激动地想起我在路易大帝中学度过的岁月，但愿人们不会为此感到惊讶。我常常想起我的导师，想起我的老同学，我身上最优秀的东西就是

从他们那里得来的——这就是人道主义的精神，它使我能够恰当
地评价荣誉。因为最终起决定作用的是友谊，是爱，它能够使艺术
具有表现力，使它有价值。”（L. S. 桑戈尔，“路易大帝中学：法国文
180 化的胜地”，见《路易大帝中学四百年，1563—1963：研究、回忆、文
献》，巴黎，[路易大帝中学，1963 年]）

永恒的回归

“确实，我在这幢亲切的老房子里说的话已经够多的了，我要感谢您，校长先生，感谢您想到要让我回味我的年轻时代。从 1911 年起，我就经常在这里讲话，作为学生，作为教师，作为督学；从 15 岁起，我总共在这里度过了 15 年，我以为，我不是在变老，而是在实现一种永恒的回归……

“但是，在 1911 年 1 月，我讲话的时候比今天要安全得多。那时，我很年轻……经过无数次的战役，我成了路易大帝中学文科预备班的学生。最后，我实现了自己所有的愿望。我曾经听说，在法国，这里是传授逻各斯的最好地方；这种逻各斯既是谎言和真理的手段，也是造就诡辩家和贤人的辩术。在经过了漫长的人生之后，我越来越认识到，它是一种可怕的力量，或许还是这个世界的一切秩序和混乱的原则。那时，我们五十来个青年人曾经在这里努力，期望获得这种力量。我不知道如何表达我对这些同学的感激，因为这是一个文科预备班，学生本身是最重要的……我们有最好的老师：拉封、达尔西、贝罗，还有我特别感激的亨利·杜朗——他把拉封丹解释得精妙绝伦，听他讲课，我第一次意识到了法语老师的

重要作用;他拨开迷雾,具有巫师的神功;他是了不起的艺术家,是所有艺术家的调和者,是在所有的伟大与美丽中支撑他祖国的思想和语言的人。

“三十年之后,在同一间教室里,站在同一个讲台前,轮到我来讲拉封丹,还有其他作家,我力图讲得和我的导师亨利·杜朗一样好。我仍然还在文科预备班里,**我将终身做一名文科预备班的学生**。我很清楚,我永远无法用适合这个仪式的语言平静而礼貌地谈论我工作中的此情此景,请你们务必原谅这一点。我猜想,在座的有许多人是教师,我相信你们会理解我,即便是当我无意中特别强调了我的专业,强调了法语教学的重要性的时候。我们大家都坚信自己所做的事情,教孩子使用他们的语言,对他们来说,就是教他们学会使用一把万能的钥匙,这显然是最重要的事情。预备
班的年轻人都热爱这种语言,并因此而聚集在一起,通过事实,通 181
过最美妙的文章,共同认识这种语言的所有秘密,所有计谋和力量;我有机会向这样的年轻人讲授他们的语言,和他们一起追求真与美,用思想来充实自己,和他们一起分辨思想的力量和语言的形式,不,我无法表达这项工作将会多么有趣,课堂上的交流将会是多么精彩。”[J.盖埃诺,演说词,见《路易大帝中学四百年,1563—1963:研究、回忆、文献》,巴黎,(路易大帝中学,1963年),第8—9页,强调为我所做]

第三部分

名牌大学场域及其变化

最后的分析表明，获取权势、等级和声望的机会始终受到威胁，为了得到这些机会而进行斗争的必要性迫使一切与之有关的人都根据支配性体制本身的等级化结构服从于某种礼仪，而这种礼仪对所有人来说都是一种负担。群体中的任何一个成员都不可能发动一场变革。即便是最微弱的变革企图，或者对既不稳定又处境危急的结构做最轻微的变动，都必然会导致问题的产生，导致个人或者家庭的权利和特权的缩小甚至废除。某种禁忌不允许这个社会的上流阶层去触动此类获取权势的机会，而要彻底清除这些机会则更加不可能。任何有关的尝试都可能招致强大的特权阶层的反对，因为他们担心，只要人们触及现有秩序的一分一毫，那么赋予他们所有特权的权力结构就有可能陷于停滞甚至坍塌，或许他们的担心并非没有道理。因此，一切都不会改变。

诺贝尔·埃利雅斯，《宫廷社会》

第一章　结构的状况[1]

我们不再计算究竟有多少文章和书是为名牌大学而写的：那些直言不讳的或者拐弯抹角的庆典话语，是通过大中学教师学衔的授予对精英群体进行神化所产生的最明显效应之一；那些抨击性文章则常常透露出内在的矛盾感情；至于那些满怀雄心的科学研究作品，经过或多或少地改头换面之后，或许能够具备前面提到的两种类型中的某一类别的特征，但仍然很难避免辩解或者论战的企图，哪怕这些作品属于历史层面。[2] 对于所分析的学校的兴趣，即使以达到科学上的升华为目的，也仍然是扎根于人们为这所学校而设立的社会关系中：一所学校的研究者几乎永远是这所学校某一年的毕业生，心理上的纽带把他们和学校联结在一起，这种联系在其强度和导向上的变化——无论是积极的导向还是消极的导向——主要是根据他们的社会价值在多大程度上还依赖于他们的最初归属。（事实上，根据前期的调查，我们可以得出结论，普遍看来，行动者的社会价值越是完全取决于某一称号或者某一特性，而且他们越是不具备任何更为罕见的特征，那么，他们就越是表现

① 本章与莫尼克·德·圣马丁合作完成。

② 参见本部分的附录1，庆典话语。

出对于这个称号或者这种具有学业保证的能力的依附性，拉丁语知识就是这样；相反，诺贝尔奖就能够表现出对大中学教师学衔的极大疏离。）

最值得注意的是，所有这些工作都是针对某一所名牌大学展开的，无一例外，也就是说，针对某一单独的、孤立状态下的名校，不考虑它与其他名牌大学以及其他高等教育机构之间的客观联系，尽管正在研究的这所学校在教育机构等级中所具有的实际的和潜在的位置几乎永远是真正的关键问题，甚至是献给这所学校
186 的最常规的演说词的根源。[①] 然而，在社会科学方面，最关键的问题是对研究对象进行的最初划分。建构论者（constructiviste）和实在论共同构成的认识论受到了所有科学的承认，这种认识论要求人们将调查技术或分析方法的选择从属于研究对象的建构，而这种对象是符合于调查技术和分析方法的（这就不可避免地包含着一种逻辑循环——为了证明人们提出的模型的有效性而给出的数据其实是对包含在这个模型中的数据进行建构的产物）。事实上，无须进入关于“归纳基础”的漫长争论我们就可以指出，社会学分析将科学场域当作社会和科学共同支配的斗争场域，并以这样的方式分析科学场域的起源和运作，由这样的社会学分析导致的

---

① 在这些心照不宣的参照对象中，唯一的例子是从综合工科学校校友会（AX）P. D. 格特（Pierre D. Cot）所主持的委员会的报告中得来的。这份报告发表在 1968 年 10 月校友会的会刊《黄与红》（*La Jaune et la Rouge*）上：“法律和行政方面的教育，即使在性质上带有经营管理的成分（明显影射巴黎政治研究学院和国家行政学院所给予的教育），但并不可能是唯一适合于高级行政管理人员的教育”（“高级工程师群体在法国现代社会中的作用。”《黄与红》，第 230 期，1968 年 10 月，第 18—19 页）

历史理性主义，可以避免人们以几乎没有什么新意的方式来对科学进行思考，从而避免无尽的二难选择：认为科学理性是历史的产物，认为随着场域的相对自主性的增强（相对于外部决定性因素而言），科学理性便会越来越明确地显现出来，认为科学世界也会更加全面地肯定它所特有的运行法则，尤其是在讨论和批评等方面；这实际上就是对"逻辑主义者"的绝对主义和"历史主义者"或者"心理主义者"的相对主义的否认。"逻辑主义者"有卡尔纳普①、波普尔②、赖欣巴赫③等，他们力求为科学的方法提供先验的"逻辑基础"；而"历史主义者"或"心理主义者"的相对主义则按照奎因④的说法，他们坚持认为，将数学归化为逻辑这一尝试的失败，只能使人们"自然化认识论"并把它与心理学联系起来，除此之外没有其他出路。⑤

在个别情况下，我们既要预先认同场域（这个差异化了的社会 187
中所特有的社会小宇宙）运作的普遍法则，又要对场域的效应给予经验性的关注，即关注在高等教育机构（名牌大学或普通大学、大学学院、预备班等）这个空间的内部可以观察到的场域效应，只有同时做到这两点，我们才能够把高等教育机构这个空间作为一个

① 卡尔纳普（Paul Rudolf Carnap，1891—1970），哲学家、逻辑学家，著有《语言的逻辑句法》（1934 年），《语义学入门》（1942 年）。——译者

② 波普尔（Karl Popper，1902—1994），英国哲学家，主要从事认识论研究，著有《开放社会及其敌人》（1945 年），《科学发现的逻辑》（1959 年）等。——译者

③ 赖欣巴赫（Hans Reichenbach，1891—1953），德国哲学家、逻辑学家。——译者

④ 奎因（Willard Van Orman Quine，1908—2000），美国逻辑学家。——译者

⑤ 参见奎因："自然化认识论"（Epistemology Naturalized），见《本体论的相对性及其他论文》（*Ontological Relativity and Other Essays*），纽约，哥伦比亚大学出版社，1969 年。

场域来对待，才能够找到在这些教育机构之间建构**客观关系**网的方法；事实上，这些教育机构就像同属于一个引力场的天体，由此及彼远距离地相互作用。场域效应的存在——比如说，国家行政学院的出现使于尔姆高师和巴黎工科学校发生了突如其来的转变——是所有行动者和机构作为场域运作的重要标志之一，也是凭借经验确定场域边界的最可靠的一种方法，而场域的边界不是别的，正是场域效应停止的地方(lieu où cessent ces effets)。比如说，此类场域效应一旦消失，人们就会对同一座城市或同一个省份的各种联合会，以及美国同一个州的各种联合会是否构成一个场域感到怀疑。反过来说，所有的大学构成一个场域，这是很明显的事情，至少在美国是这样，而且场域的结构迫使其中的每一分子采取与自己的位置相适应的策略。所有的研究工作都证明了这一点，其中包括杰罗姆·卡拉贝尔(Jérôme Karabel)所做的研究，他至少考虑到了高等教育空间里的某些不同的位置。

这一方法论使我们将所有与问题有关的特征集中起来，就是说，这些特征不仅适应于相关教学机构中的所有学生(或者一部分有代表性的学生)，而且还符合不同的教学机构中那些能够说明问题的意义深远的变化。之所以说这些机构与问题有关，是因为它们对于要阐明教育机构之间的客观关系体系是必不可少的。[①]

模　　型

188　无论是从所有教学机构(N＝84)来理解(为了比较的需要，所

① 关于建构教育机构结构性样本的系统方法，关于调查的展开，参见本部分的附录2。

有这些教学机构都以学生的社会出身作为其唯一的指标)，还是从不同地位学校的结构样本(échantillon structural)(N=21)来理解(一整套与问题直接有关的系统化标准构成了这些学校的特征)，高等教育机构场域都存在着差异化。从第一层面来看，这种差异化是随着学校的社会声誉及其在学业上的罕见程度两者归并在一起的指标展开的，无论是像于尔姆高师、巴黎综合工科学校、国家行政学院这样能够通达最高社会地位的最著名的大学，还是外省那些通往中等管理人员职位的不著名的教育机构，无不说明了这一点(参见表8)。从第二层面来看，根据竞争所需的学业资本的大小，以及竞争的准则和争夺目标的纯学业自主性，高等教育机构场域分布于两个极点之间：一个极点代表科学与知识，是学业方面的支配者，经济方面和社会方面的被支配者，于尔姆理学院和于尔姆文学院是这方面的典型；另一个极点代表行政与经济，是学业方面的被支配者，社会和经济方面的支配者，以国家行政学院和巴黎高等商学院为典型。

高等教育机构场域和名牌大学次场域(sous-champs)的主要社会效应可以在这种结构上的双重对应性中找到根源：首先，高等教育机构场域的基本对立面与另一个对立面之间存在着对应性，其中，高等教育机构场域的基本对立面造成了名牌大学与普通大学(或者与大学学院)之间的分离，而另一个对立面则是在基本对立面的协助下，在整个社会空间内部建立起来的一个对立面——它在社会空间的某个最重要的战略要点建立起一条决定性的、明确的、位于大门与小门之间的社会边界，从而构成了大资产阶级与小资产阶级之间、高级“管理者”(自青少年时代起，他们那决定性的社会身份就是一项投资）与人们称之为中等管理人员或者称之为“行伍出身”的管理人员（即便在最乐观的情况下，这些“出身行武的人”也必须用时间来偿付他们的升迁）之间的对立。其次，名牌大学场域中将“知识型”学校与权力型学校区分开来的基本对立面与权力场域中将知识或艺术极点与经济权力或政治权力极点分离开来的对立面之间也存在着对应性。在这两种情况下，两个教
189 学空间的运作所产生的主要效应都是由于他们作为结构，或者说，作为学业差异体系运作所产生的，而且这个学业差异体系又能够按照它自身的逻辑派生社会差异体系。

表 8　缩略词与缩写词

我们集中了文本和图表中使用频率最高的一些学校和教学机构的名称。每个词的后面是它的全称、调查进行时学校或机构所在城市以及创办的年代。

Agro 或 INA，国家农艺学院，巴黎，1876 年。

Archi Toulouse，图卢兹建筑学校，1968 年成为建筑学教学联合体，图卢兹，1904 年。

Arts déco，国立装饰艺术高等学校，巴黎，1795 年。

Arts et industries textiles，国立纺织工业与艺术学校，鲁贝，1948 年。

Beaux-Arts，国立高等美术学校，巴黎，1795 年。

Bibliothécaire，国立图书馆学高等学校，巴黎，1963 年。

Breguet，ESIEE，布勒盖电子与电子技术工程师高等学校，巴黎，1904 年。

Centrale，中央高等工艺制造学校，巴黎，1829 年。

Centrale Lyon，里昂高等工艺制造学校，1857 年。

Chartes，国立文献学校，巴黎，1821 年。

Chimie industrielle，里昂工业化学高等学校，里昂，1883 年。

Douanes，国立海关学校，塞纳河畔的诺伊利（Neuilly-sur-Seine），1946 年。

ECAM，天主教工艺美术学校，里昂，1900 年。

Ecole de l'air，航空学校，沙垄-德-普罗旺斯，1933 年。

Ecole nationale supérieure de chimie de Lille，国立里尔化学高等学校，里尔，1894 年。

Ecole spéciale d'architecture，建筑专业学校，巴黎，1865 年。

Electronique Grenoble，国立电子与无线电技术高等学校，格勒诺布尔，1957 年。

ENA，国家行政学院（第一批会考的参加者为普通学生，第二批会考的参加者为国家公

务员），巴黎，1945 年。

ENS，高等师范学校，包括于尔姆、塞夫尔、枫特纳、圣克鲁高师和国立高等技术教育学校；文中的巴黎高师专指于尔姆大街的高等师范学校。

ENSA，国立高等农艺学校，蒙彼利埃，1872 年；南锡，1901 年；莱纳，1830 年；图卢兹，1848 年。

ENSAE，国立经济管理与统计学校（第一批培养国家经济研究与统计局的管理人员和统计学家，第二批培养国家经济管理与统计局专员和助理统计师），巴黎，1960 年。

ENSAM Lille，国立里尔工艺美术高等学校，里尔，1881 年。

ENSET，国立高等技术教育学校，喀尚（Cachan），1912 年。

ENSIA，国立农业与食品工业高等学校，马西（Massy），1893 年。

ESCAE 或 ESC，商业与企业行政管理高等学校，或高等商业学校，共有 17 所学校构成的联校（调查进行时）；其中历史最悠久的在勒哈弗尔（1871 年）、里昂（1871 年）、鲁昂（1871 年），创办历史最短的在阿米堰（Amiens）（1962 年）、尼斯（1962 年）。

ESSEC，高等经济和贸易学院，巴黎，1913 年。

Fontenay，玫瑰枫特纳（Fontenay-aux-Roses）高等师范学校，文科和理科，1887 年。

Grignon，国立格里农高等农艺学院，格里农-梯维尔瓦尔，1826 年。 190

HEC，巴黎高等商学院，汝伊-昂-爵撒（Jouy-en-Josas），1881 年。

HECJF，女子高等商校，巴黎，1916 年。

Horticulture，国立高等园艺学校，凡尔赛，1873 年。

ICAM Lille，里尔天主教工艺美术学校，里尔，1898 年。

IEJ，司法研究学院，巴黎，1961 年。

IEP 或 Sciences Po，巴黎政治研究学院，1872 年。

IEP Bordeaux，波尔多政治研究学院，波尔多，1948 年。

IEP Grenoble，格勒诺布尔政治研究学院，格勒诺布尔，1948 年。

Institut polytechnique de Grenoble，格勒诺布尔综合工科学院，格勒诺布尔，1901 年。

Internat，巴黎实习医学院。

IUT，巴黎及外省大学的技术学院，1965 年。

Magistrature，国立法官学校，波尔多，1958 年。

Mécanique（et électricité），机械与电力专科学校，苏德里亚（Sudria），巴黎，1905 年。

Mines，国立巴黎矿业高等学校（巴黎矿业学校学生群体中的工科学生主要是来自于巴黎综合工科学校的学生，以及通过预备班学习、再通过会考正式录取的学生），巴黎，1783 年。

Mines Nancy，国立南锡冶金与矿业高等学校，1919 年。

Mines Saint-Etienne，国立圣艾蒂安高等矿业学校，圣艾蒂安，1816 年。

Navale 或 En，海军军官学校，廊威澳克-布尔米克，1830 年。

Notariat，巴黎及外省的公证人学校，其中巴黎公证人学校创办于 1896 年。

Phisique-Chimie 或 EPCI，物理学与化学工业高等学校，巴黎，1882 年。
Polytechnique，巴黎综合工科学校，巴黎，1794 年。
Polytechnique féminine，巴黎女子综合工科学校，巴黎，1925 年。
Ponts 或 ENPC，国立桥梁与公路工程高等学校，巴黎，1747 年。
PTT，国立高等邮电学校，巴黎，1888 年。
Saint-Cloud，圣克鲁高等师范学校（文科和理科），圣克鲁，1882 年。
Saint-Cyr，圣西尔军事专科学校，格艾吉档（Coëtquidan），1802 年。
Sciences Po，巴黎政治研究学院，参见 IEP。
Sèvres，巴黎女子高等师范学校（文科和理科），巴黎，1881 年。
SUPELEC 或 ESE，高等电力学校，巴黎，1894 年。
Tannerie，法国制革业学校，里昂，1899 年。
Taupe，名牌大学理科预备班。
Télécom，国立高等电信学校，巴黎，1878 年。
Ulm 或 ENS，于尔姆大街的巴黎高师（文科和理科），巴黎，1794 年。
Veto，国立兽医学校，梅松-阿尔弗耳（Maisons-Alfort），1765 年。
X，参见 Polytechnique。

191 用更简单一些的语言（所以说简单，是因为这种语言更接近普通人的直觉，却也更不恰当），我们或许可以这么说，正如教师的子女更多地集中在高等师范学校，高级公务员的子女在国家行政学院，工商界老板的子女在高等商学院，那么在大多数时候，学生们总是先倾向于某一所学校（然后才会朝着权力场域中相应的位置运动），而作为他们目标的学校向学生要求和灌输的（美学、伦理学和政治学方面的）习性，一般都与他们出身的家庭反复灌输的习性最为接近，与这所学校将使他们通达的权力场域中的位置所要求和强化的习性也最为接近。但是像这样，用接近于普通表达方式的术语记录的这份笔录很可能重新回到朴素哲学的老路上去，就是说，回到支配着诸如**子承父业**之类的“社会移动”“理论”的朴素哲学中去（例如，作者如果在一本书中用到了“有其父必有其子”之

表 9

	父亲的职业																			
	农业工人	农业经营者	普通工人及熟练工人	技工及工头	职员	手工业者	商人	中等管理人员	技术员	小学教师	中学教师	大学教师	知识性职业	工程师	私营部门管理人员	国营部门管理人员	军官	自由职业者	大商人	工业家及总经理	无回复
于尔姆高师	2.1	0.5	1.6	4.1	4.1	3.1	1.6	10.9	2.6	3.6	10.4	7.2	2.6	8.8	8.8	12.4	2.1	8.8	2.6	2.1	–
塞夫尔高师	1.3	0.6	0.7	2.0	5.2	2.0	2.0	5.9	2.6	7.8	13.7	9.1	2.6	8.5	7.8	11.1	2.0	7.8	2.0	3.9	1.3
圣克鲁高师	5.6	–	9.4	5.6	12.1	5.6	5.6	10.3	3.7	9.4	11.2	0.9	–	2.8	5.6	3.7	1.9	1.9	1.9	1.9	0.9
枫特纳高师	5.9	0.7	5.9	3.7	8.1	9.6	2.2	8.8	7.4	13.2	11.8	2.9	0.7	4.4	1.5	8.1	0.7	2.9	–	1.5	–
巴黎综合工科学校	1.7	0.6	1.2	2.7	3.8	1.2	1.9	9.0	1.2	5.2	8.1	3.5	0.8	14.2	16.2	7.9	2.3	10.6	2.5	5.2	0.2
巴黎矿业学校	5.2	–	1.5	3.8	2.3	1.5	1.5	9.0	3.8	6.0	1.5	–	3.0	10.5	16.5	11.3	2.3	8.3	3.0	6.0	3.0
南锡矿业学校	1.8	1.2	–	6.6	2.4	1.8	3.0	9.0	3.6	9.6	5.4	1.8	0.6	11.4	12.6	9.6	3.0	8.4	4.8	2.4	0.6
圣艾蒂安矿业学校	3.1	–	3.1	4.7	3.1	–	3.1	7.8	3.1	4.7	1.6	–	–	15.6	20.3	14.1	4.7	6.2	3.1	1.6	–
桥梁与公路工程学校	3.2	2.4	3.2	2.4	5.6	4.8	4.8	6.4	2.4	4.0	10.4	1.6	–	10.4	12.8	13.6	2.4	4.8	1.6	2.4	0.8
高等电力学校	5.4	0.7	0.9	4.7	7.5	2.6	4.7	10.1	5.1	3.5	4.7	0.2	1.9	10.1	12.0	5.9	4.0	6.1	3.7	3.5	2.6
中央高等工艺制造学校	3.9	0.9	1.6	3.6	5.0	3.4	4.1	10.9	2.0	4.8	5.2	0.5	0.7	10.4	13.8	9.7	3.4	9.3	2.3	3.9	0.7
国立高等电信学校	6.4	1.1	3.2	4.8	5.9	1.1	5.4	9.7	3.2	6.4	3.2	2.1	2.1	13.4	7.5	5.9	1.6	5.4	5.4	1.6	4.3
物理学与化学工业高等学校	3.2	–	2.1	4.3	4.3	2.1	3.2	19.3	2.1	2.1	1.1	2.1	1.1	14.1	18.3	8.6	2.1	4.3	2.1	3.2	–
布勒盖电子与电子工程师高等学校	3.4	1.0	1.0	6.8	3.9	2.9	7.3	12.2	2.4	1.9	1.4	0.5	1.0	16.1	17.1	4.9	2.4	5.8	4.9	1.9	1.0
机械与电力专科学校	–	–	1.1	4.4	1.1	4.4	3.3	7.8	3.3	2.2	2.2	–	2.2	15.5	22.2	5.5	2.2	8.9	4.4	7.8	1.1

续表 9

国立里尔工艺美术高等学校	0.3	2.8	15.8		12.0	6.0	5.3	19.0		6.7	3.5			15.1	12.3			–			1.1
国家农艺学院	8.3	7.2	–	0.7	2.2	1.8	2.2	9.1	2.5	4.7	5.4	1.5	1.4	11.2	14.9	11.6	2.5	6.2	1.4	4.3	0.7
国立格里农高等农艺学院	18.4	9.2	3.1	3.1	3.1	–	1.5	3.1	–	6.1	1.5	1.5	–	13.8	13.8	12.3	1.5	7.7	–	–	–
国立农业与食品工业高等学校	8.5	7.0	4.2	4.2	2.8	4.2	2.8	5.6	4.2	4.2	2.8	2.8	–	9.9	14.1	8.4	1.4	4.2	–	5.6	2.8
国立高等园艺学校	16.7	16.7	–	–	7.4	3.7	7.4	16.7		7.4	3.7			12.9	5.6			1.8			
蒙波利埃农艺学校	15.5	11.1	2.2	4.4	4.4	2.2	2.2	6.7	8.9	6.7	6.7	–	–	6.7	4.4	6.7	–	8.9	–	–	2.2
莱纳农艺学校	8.0	14.0	–	–	–	2.0	4.0	10.0	4.0	6.0	2.0	–	4.0	8.0	24.0	4.0	–	4.0	4.0	–	2.0
国立高等邮电学校	6.3	–	18.8		12.5	12.5	25.0	3.1		3.1	3.1			3.1	12.5			–			
国立经济管理与统计学校（第一批招生）	2.3	2.3	2.3		4.6	–	5.7	11.5		8.1	6.9		–	9.2	34.4			8.1			4.5
国立经济管理与统计学校（第二批招生）	10.9	–	7.8	6.2	10.9	3.1	4.7	9.4	1.5	–	4.7	3.1	–	6.2	7.8	14.1	1.6	1.6	–	4.7	1.6
政治研究学院（总）	1.7	1.5	0.7	0.7	1.3	1.1	3.6	7.5	1.2	1.4	2.6	1.7	1.6	6.0	19.6	14.4	3.2	14.8	5.6	8.8	0.9
政治研究学院（公用事业）	1.7	1.2	0.3	0.5	1.0	1.3	3.5	8.2	1.3	1.7	2.7	1.5	2.3	5.3	18.7	16.0	3.0	17.0	4.2	7.8	0.7
政治研究学院（波尔多）	1.8	4.7	6.5		5.4	3.0	10.1		14.3	3.6	4.7		–	3.6	27.4			13.1			1.2
国家行政学院（第一批招生）	1.0	2.0	–	–	4.0	2.0	3.0	11.1	–	1.0	5.1		3.0	8.1	35.4		4.0	14.1	1.0	4.0	1.0
国家行政学院（第二批招生）	11.1	2.8	11.1	2.8	8.3	2.8	2.8	11.1	5.5	–	5.5		–	2.8	19.4		2.8	2.8	2.8	5.6	–
巴黎高等商学院	1.1	0.7	–	0.7	2.8	1.4	4.1	7.3	1.2	1.6	2.1	0.7	1.2	6.6	24.4	11.6	4.8	8.9	9.8	7.7	0.9

表 10

	父亲的文凭								母亲的职业									
	无文凭	职业教育证书－专业技能合格证书	中学第一阶段结业证书-工业学校毕业证书	高中毕业证－业士文凭	末流大学	学士	大、中学教师资格	无回复	无职业	农民	工人	职员	手工业者、商人	中等管理人员	小学教师	高级管理人员、自由职业者	其他	无回复
于尔姆高师	2.1	14.0	8.3	12.9	6.2	31.1	19.2	6.2	58.5	1.0	0.5	6.2	3.1	3.6	11.4	14.5	–	1.0
塞夫尔高师	1.3	9.8	4.6	20.2	8.5	28.7	21.6	5.2	49.0	0.6	0.6	5.2	1.3	2.6	20.9	19.6	–	–
圣克鲁高师	2.8	41.1	13.1	20.5	3.7	9.3	4.7	4.7	60.7	0.9	5.6	2.8	4.7	0.9	19.6	3.7	–	0.9
枫特纳高师	5.1	30.9	8.8	22.8	6.6	9.5	10.3	5.9	41.2	5.1	2.9	8.8	2.9	5.1	25.0	8.8	–	–
巴黎综合工科学校	3.1	12.1	7.1	14.4	9.1	27.0	22.1	5.0	65.7	0.6	0.4	5.6	1.9	4.2	9.0	11.7	–	0.8
巴黎矿业学校	2.3	15.0	12.0	18.0	6.8	21.8	15.8	8.3	62.4	1.5	2.2	3.0	3.0	5.2	12.0	7.5	–	3.0
南锡矿业学校	3.6	12.6	9.6	18.1	17.5	15.6	15.0	7.8	66.3	0.6	–	5.4	3.0	0.6	13.8	8.4	0.6	1.2
圣艾蒂安矿业学校	4.6	12.3	6.1	16.9	13.8	26.1	9.2	10.8	69.2	–	–	4.6	3.1	1.5	10.8	9.2	–	1.5
桥梁与公路工程学校	6.4	24.0	12.0	14.4	11.2	13.6	13.6	4.8	60.8	2.4	0.8	9.6	4.8	5.6	8.0	1.6	4.8	1.6
高等电力学校	3.3	17.1	12.7	13.1	12.7	19.9	5.6	15.5	56.6	0.9	1.6	6.3	3.0	5.4	7.5	1.9	3.0	13.6
中央高等工艺制造学校	4.5	17.0	8.4	15.2	7.5	26.5	11.5	9.3	63.9	0.7	0.9	6.1	2.9	3.4	11.3	6.8	–	3.8
国立高等电信学校	8.1	17.7	9.7	12.9	8.1	18.8	10.7	14.0	50.5	1.6	2.7	3.7	2.7	2.7	7.5	3.7	5.4	19.3
物理学与化学工业高等学校	2.1	18.3	6.4	15.0	19.3	16.1	14.0	8.6	82.8	–	1.1	7.5	2.1	2.1	–	1.1	2.1	1.1
布勒盖电子与电子工程师高等学校	4.4	21.9	10.7	8.3	18.0	20.5	4.9	11.2	54.1	1.4	1.4	12.2	8.3	6.8	3.4	1.0	1.0	10.2
机械与电力专科学校	4.4	14.4	11.1	6.7	20.0	26.7	6.7	10.0	56.7	–	2.2	10.0	5.5	2.2	5.5	2.2	3.3	12.2

续表 10

国立里尔工艺美术高等学校	3.9	22.9	16.9	13.7	2.8	17.2	1.4	21.1	65.1	0.7	1.4	8.1	7.7	2.4	8.8	3.5	–	2.1
国家农艺学院	12.7	12.0	6.2	14.1	7.2	34.4	9.4	4.0	69.9	5.1	–	5.8	1.4	2.5	8.0	6.9	–	0.3
国立格里农高等农艺学院	26.1	7.7	6.1	12.3	4.6	27.7	15.4	–	72.3	6.1	1.5	–	3.1	3.1	7.7	1.5	–	4.6
国立农业与食品工业高等学校(Massy)	22.5	11.3	8.4	12.7	8.4	25.3	8.4	2.8	60.5	2.8	2.8	7.0	4.2	2.8	8.4	8.4	–	2.8
国立高等园艺学校	16.7	25.9	3.7	18.5	9.3	16.7	7.4	1.8	50.0	12.9	–	11.1	1.8	1.8	11.1	3.7	–	7.4
蒙波利埃农艺学校	22.2	20.0	13.3	11.1	6.7	17.8	4.4	4.4	68.9	8.9	2.2	6.7	–	–	8.9	2.2	–	2.2
莱纳农艺学校	20.0	4.0	12.0	22.0	12.0	20.0	6.0	4.0	64.0	10.0	2.0	2.0	8.0	2.0	6.0	4.0	–	2.0
国立高等邮电学校	15.6	43.7	12.5	18.7	–	9.4	–	–	68.7	–	3.1	12.5	6.2	–	6.2	–	–	3.1
国立经济管理与统计学校(第一批招生)	5.7	6.9	4.6	17.2	17.2	26.4	19.5	2.3	63.2	1.1	–	2.3	1.1	6.9	11.5	10.3	1.1	2.3
国立经济管理与统计学校(第二批招生)	18.7	21.9	7.8	9.4	9.4	14.1	9.4	9.4	68.7	3.1	–	10.9	1.5	7.8	4.7	3.1	–	–
政治研究学院(总)	4.1	8.9	5.1	12.3	10.5	40.7	13.8	4.6	71.7	0.2	0.5	4.0	3.1	3.4	3.1	9.8	0.2	4.0
政治研究学院(公用事业)	3.5	7.8	4.5	13.4	11.3	38.9	16.0	4.5	70.6	0.3	–	3.5	3.2	3.8	3.0	11.7	0.2	3.7
政治研究学院(波尔多)	3.0	15.5	5.9	19.6	6.5	32.1	4.7	12.5	73.8	1.2	2.4	5.4	2.4	4.2	4.7	4.7	0.6	0.6
国家行政学院(第一批招生)	2.0	9.1	10.1	12.1	7.1	38.4	18.2	3.0	61.6	–	2.0	5.0	2.0	–	3.0	21.2	–	5.0
国家行政学院(第二批招生)	19.4	36.2	8.3	5.5	8.3	19.4	2.8	–	52.8	5.5	2.8	5.5	8.3	11.1	5.5	5.5	–	2.8
巴黎高等商学院	3.9	10.2	4.8	14.1	8.6	36.8	14.1	7.5	67.7	0.7	0.2	5.3	3.4	4.4	5.2	10.2	–	2.8

表 11 194

升6年级时家庭所在地									调查时父母的居住地			
	国外	2500居民以下的城镇	2500－10000的城镇	10000－50000的城镇	50000－100000的城镇	100000居民以上的城镇	巴黎及巴黎地区	无回复	国外	外省	巴黎	无回复
于尔姆高师	2.1	8.8	3.6	13.5	5.7	31.6	33.1	1.5	2.6	59.6	37.3	0.5
塞夫尔高师	2.0	7.8	3.3	14.4	5.2	33.3	33.3	0.6	0.6	56.8	41.8	0.6
圣克鲁高师	1.9	32.7	5.6	14.9	2.8	24.3	18.7	-	0.9	79.4	19.6	-
枫特纳高师	0.7	20.6	11.7	15.4	3.7	16.2	28.7	2.9	2.2	63.2	33.8	0.7
巴黎综合工科学校	0.6	11.0	5.6	11.4	4.6	26.2	39.1	1.5	4.6	55.3	38.9	1.1
巴黎矿业学校	4.5	14.3	6.0	15.8	1.5	15.0	38.3	4.5	2.2	54.9	40.6	2.2
南锡矿业学校	2.4	16.3	8.4	13.8	3.6	24.1	30.1	1.2	3.0	57.8	38.5	0.6
圣艾蒂安矿业学校	9.2	13.8	10.8	13.8	-	30.8	21.5	-	1.5	64.6	33.8	-
桥梁与公路工程学校	12.8	8.8	2.4	8.0	2.4	26.4	37.6	1.6	9.6	50.4	39.2	0.8
高等电力学校	5.4	11.0	8.4	13.8	3.5	20.9	35.4	1.4	4.7	55.9	38.2	1.2
中央高等工艺制造学校	2.0	12.5	4.7	15.0	3.6	24.7	37.4	-	1.1	58.0	39.7	1.1
国立高等电信学校	19.9	5.9	6.4	14.5	2.7	21.5	27.4	1.6	19.3	50.5	29.0	1.1
物理学与化学工业高等学校	3.2	3.2	4.3	15.0	4.3	9.7	58.0	2.1	2.1	34.4	63.4	-
布勒盖电子与电子工程师高等学校	1.9	6.3	6.3	9.7	1.9	9.3	63.9	0.5	1.0	29.3	69.7	-
机械与电力专科学校	2.2	7.8	3.3	12.2	6.7	15.5	48.9	3.3	2.2	37.8	60.0	-
国立里尔工艺美术高等学校	1.7	10.2	7.7	16.2	2.1	12.3	48.2	1.4	1.0	48.6	49.6	0.7
国家农艺学院	5.8	24.6	4.0	8.7	4.7	18.5	33.0	0.7	0.7	59.4	39.5	0.3
国立格里农高等农艺学院	1.5	36.9	3.1	6.1	7.7	15.4	23.1	6.1	-	70.8	24.6	4.6
国立农业与食品工业高等学校(Massy)	-	25.3	2.8	16.9	4.2	22.5	25.3	2.8	-	70.4	28.2	1.4
国立高等园艺学校	-	42.6	-	3.7	7.4	24.1	20.4	1.8	-	75.9	22.2	1.8
蒙波利埃农艺学校	2.2	28.9	13.3	11.1	6.7	15.5	20.0	2.2	2.2	75.5	22.2	-
莱纳农艺学校	-	22.0	10.0	10.0	6.0	20.0	32.0	-	-	76.0	24.0	-
国立高等邮电学校	21.9	15.6	6.2	3.1	9.4	31.2	12.5	-	-	84.3	15.6	-
国立经济管理与统计学校(第一批招生)	3.4	13.8	5.7	14.9	2.3	24.1	34.5	1.1	1.1	47.1	49.4	2.3
国立经济管理与统计学校(第二批招生)	3.1	20.3	15.6	14.0	7.8	9.4	29.7	-	-	65.6	32.8	1.5
政治研究学院(总)	6.0	6.4	4.7	11.3	4.3	16.8	48.0	2.3	5.4	37.1	56.4	1.1
政治研究学院(公用事业)	3.5	8.5	4.2	11.3	4.3	16.8	49.1	2.2	3.0	38.2	58.2	0.5
政治研究学院(波尔多)	4.2	20.8	7.1	20.2	12.5	28.6	2.4	4.2	5.3	94.0	0.6	-
国家行政学院(第一批招生)	1.0	2.0	3.0	13.1	4.0	12.1	56.6	8.1	2.0	38.4	59.6	-
国家行政学院(第二批招生)	-	13.9	11.1	25.0	-	19.4	22.2	8.3	-	77.8	22.2	-
巴黎高等商学院	3.6	4.4	5.0	8.4	2.0	24.3	52.1	0.2	1.2	43.2	54.8	0.7

195

表 12

6 年级时就读的学校					高中毕业班所修的专业							
	普通教育学校	普通中学或公立中学	私立中学	无回复	技术类	M和M′类(现代专业,无拉丁语)	传统专业(无其他明确规定)	B类(拉丁语和其他语言)	C类(拉丁语和数学)	A类(拉丁语、希腊语)	A′类(拉丁语、希腊语、数学)	无回复
于尔姆高师	4.7	79.8	15.5	-	1.5	12.9	1.0	3.1	32.1	19.7	28.5	1.0
塞夫尔高师	1.3	87.6	9.1	2.0	-	9.8	0.6	3.3	41.8	20.9	22.9	0.6
圣克鲁高师	39.2	50.5	7.5	2.8	0.9	65.4	-	11.2	12.1	4.7	5.6	-
枫特纳高师	28.7	64.7	5.1	1.5	-	55.1	-	16.2	17.6	4.4	4.4	2.2
巴黎综合工科学校	5.0	79.9	14.8	0.2	2.5	16.6	0.2	-	58.0	0.8	21.2	0.8
巴黎矿业学校	6.0	76.7	15.0	2.2	0.7	13.5	0.7	-	56.6	1.5	22.5	2.2
南锡矿业学校	7.2	79.5	12.6	0.6	4.8	22.3	1.2	-	54.2	-	15.0	2.4
圣艾蒂安矿业学校	10.8	63.1	26.1	-	7.7	18.4	3.1	-	50.8	-	20.0	-
桥梁与公路工程学校	4.8	84.8	5.6	4.8	8.0	28.8	9.6	-	38.4	-	12.0	3.2
高等电力学校	10.5	64.5	12.2	12.7	6.8	30.7	7.3	0.5	37.3	0.5	9.4	7.5
中央高等工艺制造学校	9.1	77.5	13.1	0.2	4.3	22.9	-	0.9	55.1	0.4	15.6	0.7
国立高等电信学校	13.4	63.4	5.9	17.2	5.4	32.9	3.8	0.5	30.3	0.5	10.8	15.7
物理学与化学工业高等学校	4.3	66.7	12.9	16.1	3.2	27.9	6.4	1.1	45.1	-	8.6	7.5
布勒盖电子与电子工程师高等学校	20.0	60.0	12.7	7.3	17.1	46.8	8.3	0.5	22.4	-	1.9	2.9
机械与电力专科学校	5.5	66.7	14.4	13.3	21.1	35.5	8.9	-	28.9	-	1.1	3.3
国立里尔工艺美术高等学校	35.9	58.4	4.6	1.1	75.0	9.8	-	-	11.6	0.3	2.4	0.7
国家农艺学院	6.2	76.8	15.6	1.4	2.5	29.7	0.7	1.4	54.3	0.7	9.0	1.4
国立格里农高等农艺学院	9.2	78.4	12.3	-	1.5	35.4	-	1.5	52.3	1.5	6.1	1.5
国立农业与食品工业高等学校(Massy)	15.5	66.2	15.5	2.8	7.0	36.6	1.4	1.4	45.1	1.4	7.0	-
国立高等园艺学校	16.7	62.9	16.7	3.7	12.9	50.0	1.8	1.8	18.5	1.8	9.2	3.7
蒙波利埃农艺学校	24.4	64.4	11.1	-	8.9	44.4	4.4	2.2	37.8	2.2	-	-
莱纳农艺学校	14.0	72.0	10.0	4.0	4.0	44.0	2.0	2.0	36.0	-	12.0	-
国立高等邮电学校	12.5	56.2	28.1	3.1	18.7	40.6	-	-	31.2	6.2	3.1	-
国立经济管理与统计学校(第一批招生)	8.0	73.5	17.2	1.1	2.3	19.5	1.1	3.4	54.0	1.1	17.2	1.1
国立经济管理与统计学校(第二批招生)	14.0	65.6	20.3	-	9.4	59.4	-	1.5	25.0	1.5	-	3.1
政治研究学院(总)	2.2	63.9	31.3	2.6	1.1	17.6	1.9	25.6	28.3	13.8	9.7	1.8
政治研究学院(公用事业)	0.7	66.4	31.9	1.0	0.2	13.2	1.5	24.0	30.2	16.5	13.8	0.5
政治研究学院(波尔多)	5.3	66.1	28.0	0.6	4.2	27.4	4.7	31.5	13.1	13.1	3.5	2.4
国家行政学院(第一批招生)	2.0	68.7	29.3	-	-	9.1	2.0	17.2	26.2	22.2	22.2	1.0
国家行政学院(第二批招生)	11.1	66.7	22.2	-	5.5	33.3	8.3	19.4	8.3	11.1	5.5	8.3
巴黎高等商学院	2.1	76.8	20.9	0.2	0.7	20.9	1.1	2.3	61.1	0.7	13.0	0.2

类的通俗的表达方式，那么就意味着这本书是向朴素哲学的倒退，因为"有其父必有其子"这个短语凝练地概括了这种常识性的哲学，这个例子就很能说明问题）。[①] 然而，关于再生产方式的概念，比如说，倾向于确保社会结构再生产的结构机制体系，无论涉及的是整个社会空间的结构，还是这个空间中的某个领域（如权力场域）的结构，都是与继承性传递的一般表现相对立的，这种传递包括权力或者特权的直接传递或是间接传递，其传递由一个人传递给另一个人，或是由一个群体传递给另一个群体，尤其是由父亲传递给儿子。[②] 这就是为什么不应该满足于简单地记录发生在名牌大学学生群体内部的"社会移动"的过程，也不应该因此而相信官僚主义的简单记录中的那些中立性和客观化的表象，而应该尽力 196
去理解：名牌大学这样的场域，当它作为一种结构运作时，它对社会空间结构和权力场域结构的再生产所起的促进作用。

学业机制引导着学生向每一所学校运动——这些学生都最完全地具备了学校似乎要灌输的那些习性，而且这些习性在很大程度上正是教育的产物，因为处于权力场域特定区域的家庭给予了学生这种教育，而学校又是权力场域的引导者；这样，学业机制事实上倾向于使社会空间的构成性差异得以永存，而且在名牌大学的个别情境中，使来自于社会空间和权力场域不同区域学生的差异也得以永存，而这种差异正是由于他们本身继承所得资本结构

① 参见 C. 泰罗（C. Thélot）：《有其父必有其子？：社会地位与家庭出身》（*Tel père, tel fils?: Position sociale et origine familiale*），巴黎，迪诺出版社，1982 年。

② 只需想一想此类情境就够了：职业的传继常常伴随着地位的结构性衰退，比如说小学教师的儿子在向整个结构的顶端移动的过程中又成为了小学教师。

的不同而导致的。正如前面所说，谈论“学业机制”，只不过是以速记的方式提醒人们注意，个人的所有行动都是在**结构的制约下**完成的，个人行动的最终目的就是对学生进行引导、选拔和分配，使他们进入学业体制为他们提供的各种“框架”(cases)中；因此，个人的这一切行动又具有一种必然性，而这种必然性并不能简单地归结为大中学教师学衔在个人“选择”(choix)[1]中的统计学效应。事实上，无论是教师在对学生进行引导和选拔的过程中完成的选择，还是学生按照“志向”(vocation)选择逻辑在进行自我引导、自我选择的过程中实施的选择，总之，行动者的所有“选择”都受到了学校、学科、专业结构的支配，他们必须采用与学校方面的这些客观划分相对应的关注原则和划分原则，以便按照学校、学科和专业
197 的结构进行自我定义。[2] 换言之，按照学生的社会出身和不同学校之间对学业资本的不同要求来对学生进行分配，便是无数“选择”，造成的结果，而造成如此结果的所有“选择”，便建立在“选择者”和“被选择者”的结构性惯习与教学机构场域结构的关系之上——正是借助于将教学机构场域的结构与社会空间的基本结构，尤其是与权力场域的基本结构联系在一起的对应关系，教学机

[1] 加上引号的目的在于提请读者注意，这里涉及的不是一个理性主体有意识的选择，而是事关一场具有“实际意义”的投资交易，而这场交易本身常常是不甚明了的。

[2] 我们必须通过它们的真实性和复杂性来理解产生这些效应的过程，为了把握这些过程我们必须站在所有思维习惯的对立面来建构行动理论；我们在这样做的时候可能会遇到困难，然而这些困难就足以说明，尽管作了许多明确的揭露，但是为阐明这些过程所作的分析却常常或是被归约为(主要是我们的揭露所触及到的人干的)某种阴谋理论(théorie du complot)，或是在另一个同样狭隘的说法中，被归约为某种包含利欲之心的功利主义理论。

构场域中最强大最隐秘的效应才得以实现。

成功的自行遴选最终导致了教学机构空间的位置与位置占有者的习性之间统计上的对应关系，关于这个空间，我们很难用简单的几句话说清楚。我们只是想指出，对与问题有直接关系的特性的认定实际上都是通过实施感知范畴(catégories)和评价范畴来实现的。就其本质而言，这些范畴就像那些成对的形容词所表达的范畴一样，基本上都是学业等级中客观结构内在化的产物，因为学业等级的客观结构因此而被转化成了学业分类形式。以惯习的一致性为基础的"好感"(sympathie)主要取决于某些微乎其微的征象，而惯习的基本原则正好从这些征象中显现了出来；也可以说，这种"好感"是以(做事、说话等等的)行为方式为依据的，因为行为方式能够说明人们与需要进行再生产的这个群体的联系方式，从最后的分析结果来看，行为方式就是信仰，就是归依于作为群体特征的最根本的价值准则。但是，如果将自行遴选的过程简单地归结为明确的选择活动，我们就可能犯严重的错误：被选择者可以在成功的自行遴选中发挥作用，因为他们可以挑选选择他们的人；然而，其他的一些人却本能地将自己排斥在这一竞争之外，因为对于其中的大多数人来说，这一竞争终归是要将他们淘汰出局的——(在统计学上)行动者只倾向于认同那些有可能认同他们的评判法庭(instances)，其中原因种种，但主要是因为，行动者通过自己在评判法庭面前的表现方式，通过到庭(se présenter)这一行为本身，就表明了他们对法庭的认同。

因此，在无以计数的主观选择和客观选择实践中，出身于权力场域不同领域的青少年被引向了不同的教学机构，从而使得每一 198

个教学机构都在最大程度上聚集了来自权力场域相同领域的个体,因而也就在最大程度上集中了彼此间具有大体相同的习性体系的学生;因而这些学生的习性体系则与另外一个教学机构的学生的习性体系存在着最大的差异。学业体系作为一条客观化的分类法(algorithme de classification)发挥着自己的作用:它对个体进行分配——从某些起决定作用的标准来看,进入学业体系的个体在类别上有着极大的同质性,而且各个类别之间都存在着尽可能大的差异。学业体系倾向于在最具同质的类别之间建立最大的间隔(écarts),在此基础上,学业体系促进所有间隔的再生产,并且使这些间隔合法化,然而,正是这些间隔无时不在地组成了我们的社会结构。

这就是在高等教育机构的协助下产生的主要效应。它们在学生群体内部建立了两大鸿沟:其中一条位于普通大学的学生和名牌大学的学生之间;另一条则存在于不同名牌大学的学生们中间——他们作为被录取者,因为优异而被共同建构为在社会关系上得到保证的"精英"。随着两大鸿沟的建立,既相互竞争又相互补充的社会身份得以产生,尤其是还得以神化;与此同时,某些群体,即"精英群体"(grands corps),也得以产生和神化,尽管竞争使他们在权力场域内部彼此对立,但是一种组织上的真正的利害一致性将他们联合在一起。

大门和小门

高等教育机构场域倾向于在竞争者之间设立某些断裂的、严历的、决定性的鸿沟，而被正式纳入分类程序的竞争者的能力倾向(aptitudes)却是连续分布的。制度化的礼仪对于我们的社会所起的作用完全类似于命名礼仪(rites de nomination)(洗礼、割礼等等)：因为通过这些礼仪，性别和家系的身份得到了确定。官方的任命行为也一样，它划定群体的边界，安排群体的秩序——这些群体的建立是以归属与排斥的二元逻辑为基础的，他们共同分享这 199
种在社会关系上建立起来的本质，或者说，这种作为差异的社会身份，例如，强行规定的称号("巴黎高师毕业生""综合工科学校毕业生"等)所产生和指定的差异；就是在这个过程中，群体聚集了自己的成员。学业体系正是借助官方的任命行为，在经过了一段真正的传授奥义的历程(隐修、考试等)之后，授予某些排他性的称号。不同学校的大中学教师学衔所确保的神化作用倾向于将被录取者从前途未卜的状态中解救出来，使他们摆脱传记历史的不确定因素，因为他们轨道的原点就被赋予了权力，即使没有确定日后发展的整个过程，至少也为学业上定义的每一个等级限定了可能轨道的等级，就是说，限定了整个人生的历程，未来每一个时刻的变化都在原点大致的范围之内。① 在这种情况下，文凭，作为由国家担保的任命证书(acte de nomination)，为所有它所指定的人确定了

① 对教育体制生产的每一个类别进行定义的统计学规律，只有将个体作为某一类别中的成员时才能够揭示他们的特征。单个的对象是不确定的，而类别却是确定的，表面看来，这似乎违背了普遍性与特殊性(omni et nullo)的公理。说得确切些，对单个的对象只能是否定地确定，因为其不确定性的边界不是别的，而是其类别的边界。因此，我们就能够理解，在对机遇的主观估计中，差异的两个极点所具有的重要性：确实，事情就是这样，好像在一切可能存在的(但却常常是不平等的)客观轨道中间，行动者本能的统计学更倾向于将那些最崇高的人生价值作为自己的首选(例如《文科预备班学生的悲歌》中的作家或大使与公立中学的教师)。

某种社会命运：在社会关系上受到保护的这种官方预言的效能的根源之一，就在于它在那些从中受益者的身上发挥了自动检验的效应。

为了表现高等教育机构场域的差异化原则，最初，我们进行了两项分析，这两项分析是互补性的：第一项分析涉及到的所有高等教育机构都能够通过同一种资料反映它们的特性；另一项分析针对的是数量有限的名牌大学，这些学校的特性则可以从一整套与学生的社会特征和学业特征有关的资料中反映出来。在第一项分析中，我们根据所有机构的可比性关系，选取了 84 所学校，这些教学机构都以唯一可用的资料为特征，这唯一的资料就是学生出身的社会类别（我们知道，出身的社会类别与其他许多有关的指标是
200 紧密地联系在一起的），同时，我们将学生的性别和父母的居住地处理为说明性变量。

> 选择在这个领域做研究，就注定要接受制约，因为很难从所有与问题有关的特性中取得真正具有可比性的衡量指标：从学生的学业水平和学习成绩来看（就读过的中等教育机构的类型，中学毕业会考所选择的学科，会考时的年龄，评语，全国中学优等生会考提名奖的获奖情况），从他们本身的社会水平来看（父母以及祖父母的职业，出生地），以及从学校的学业水平来看（教师群体的水平，入学所需的资格，准备考试的时间及类型，学习期限，等等），或者从学校的社会水平来看（资历，声誉，全国会考后是地方招生或是全国招生，普通教育还是专科教育，文凭的社会价值，私人身份——是否信奉宗

教——或公共身份)都是如此。学习成绩是一项对84所学校都有效的指标,本来应该是必不可少的,因为只有这一点能够将两类学校区分开来,一类是像巴黎矿业学校和巴黎综合工科学校这样的学校,它们的社会地位和学业地位都很高;另一类是像机械与电力学校、企业商务和管理类的高等学校,它们的社会地位很高,但学业地位相对较低。然而,国民教育部的统计资料中提供了父亲的职业,父母的居住地所在的省份,学生的性别,每年学生的就业情况,会考录取时预备班所在的中学等方面的内容,却丝毫没有显露中学阶段就读过的学校,以及中学会考的成绩。

用于第一项分析的材料是从统计服务中心的统计资料和国民教育部的教育形势分析(国家档案 F17 乙)中整理出来的:要确定能够作为分析对象的教学机构,就必须了解是否掌握了足以将这些机构选作分析对象的材料,于是,我们先仔细研究了1963—1971年间200多所高等教育机构现成的统计数据。对于某些关键性的学校,如巴黎实习医学院、巴黎司法研究学院,我们获准从学校的卷宗中整理材料,这样就弥补了国家档案中可信性资料的缺乏。

事实上,我们想为高等教育机构场域中不同区域内部的 201
每一个**有关的位置**找到至少一个教育机构,因为高等教育机构场域中的不同区域是与权力场域中的不同区域相对应的:艺术与建筑、教学与研究、政府高级职务、法官、医业、工业界的企业家(以及管理人员和工程师)、商业老板、军队。我们从两方面来表现这84所教学机构中的10所,一方面用主要变

> 量来表现，另一方面用辅助变量来表现，这两个方面正好与我们的两种资料来源相对应（一类是我们的调查资料，另一类是从行政方面得来的资料），而且将这两类资料进行对比也是很有趣的，因为这两类资料都不全，但相互之间又具有各种联系（信息质量的好坏，样本代表性的大小）。事实上，正如我们在图中所看到的，在大多数情况下，这两种情况是非常接近的。对于有些学校，我们的调查资料或者行政方面的调查资料都不足以信（关于父亲职业的回复率太低，分析中需要区分的两种类型被归并到了一种类型中），于是，我们将这些学校也作为辅助变量处理。航空学校和海军军官学校、技术教育高等师范学校、音乐学院、海关学校、法官学校和司法研究学院[①]就属于这种情况。

代表整个惯性31.4%的第一因素清楚地表明了大门（grande
porte）和小门（petite porte）之间的对立（参见图3和图4）。大门
204 里面的是那些最著名的大学（国家行政学院、巴黎高等商学院、于

① 我们选取了一些特殊的学校，而不选择全部的学校：例如，我们选择了里昂的一所理工科名牌大学——里昂高等工艺制造学校；在不同地位和专业的小型普通大学（petites écoles）中，我们选择了工业化学高等学校、天主教工艺学校、法国制革学校，而没有选择里昂的所有工程师学校。再者，在艺术和建筑业学校这个次场域中，我们选择了巴黎建筑学校、建筑专业学校，以及两所设在外省（南特和图卢兹）的建筑学校，而没有选择所有的建筑学校。就是说，当需要特别标明作为比较标志而起作用的总的位置时，我们就选择所有的教学机构：名牌大学的文科预备班和理科预备班就属于这种情况，我们只是将它们分成两类（文科班和理科班）；属于这种情况的还有普通大学的技术学院和其他各学院，如法学和经济学、自然科学、文学、医学、药学（严格地说，我们本该按照不同城市均衡地选择学校）。

尔姆高师、巴黎综合工科学校，等等），它们招收了一大批出身于支配阶层的学生（国家行政学院、巴黎政治研究学院、高等商学院为60%以上）；小门里面的是普通大学的文学院和理学院、大学的技术学院、普通高等学校、工艺美术学校、国立高等邮电学校等，它们招收的学生出身于支配阶层的人相对来说要少一些（文学院和理学院、大学的技术学院、工艺学校的此项比例还不到35%）。[①] 一方面（图3右边）是所有最著名、最有声望、功能也最齐全的国立名牌教育机构——它们能够为学生在工业、商业、政府的高级职能部门预备最崇高的职业生涯，同时也为日后不同部门之间的跳槽（le "pantouflage"）[②]提供了便利条件。另一方面（图3左边）是为那些从事实际工作的职位作准备的教育机构，比如技术员、中等管理人员、中学教员，或者最多是"小工程师们"的职位，这些人的专业化极强，几乎没有转行、转部门，或者转职务的可能。等级越低，机构的专业化就越高：从巴黎综合工科学校或者各矿业学校到高等电力学校、邮电学校、里昂高等工艺制造学校（图3中央），以及里昂制革学校，或者鲁贝的国立纺织工业与艺术高等学校（在图3的最左边）[③]都是如此。

---

① 辅助变量的投影图形表明，第一轴也以出身地来区分学生：父母居住在巴黎或者巴黎地区的学生都分布在占支配地位的机构一边（图4右边），而父母居住在外省的学生则分布于被支配的机构一边（图4左边）。

② 指离开政府公职，进入私营部门。——译者

③ 我们在这里只研究了第一种因素，尽管如此，我们以后会看到，第二种因素中还是揭示了它与第二项分析（其中加入了大量的教育机构中人的特性，尤其是学习成绩方面的指标）将要全面显示的结构是基本接近的。

202

图 3　高等教育机构空间(主要变量)

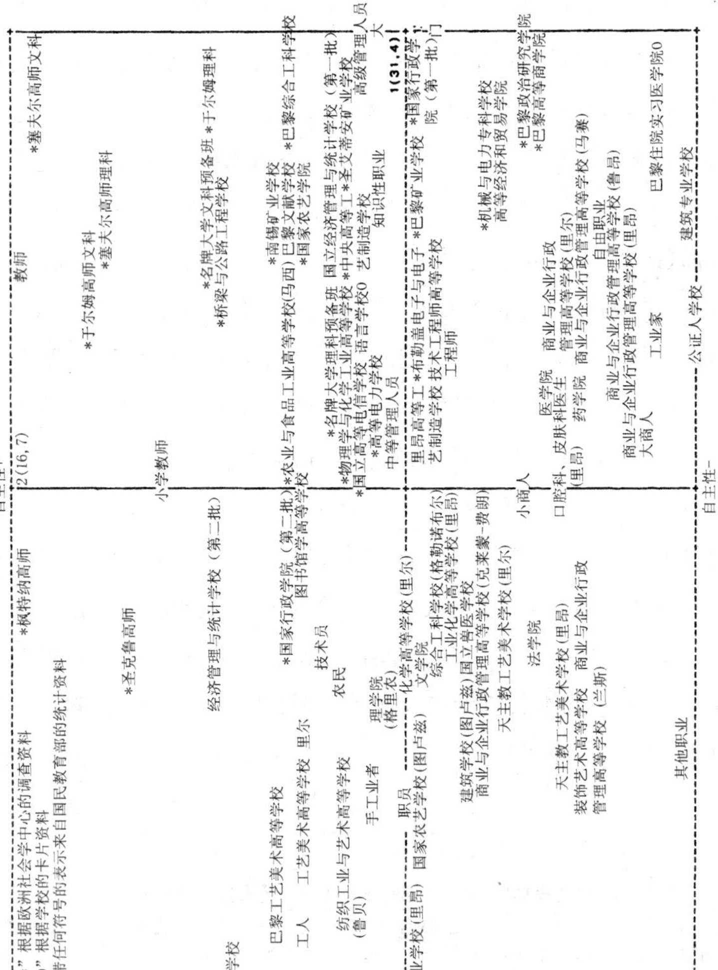

自主性+
注："*"根据欧洲社会学中心的调查资料
"0"根据学校的卡片资料
不带任何符号的表示来自国民教育部的统计资料
*枫特纳高师
2(16,7)
教师
*塞夫尔高师文科
*于尔姆高师文科
*塞夫尔高师理科
*圣克鲁高师
小学教师
经济管理与统计学校（第二批）
*名牌大学文科预备班 *于尔姆理科
*桥梁与公路工程学校
高等邮电学校
巴黎工艺美术高等学校
工人　工艺美术高等学校　里尔
*国家行政学院（第二批）
图书馆学高等学校
*农业与食品工业高等学校(马西)
*南锡矿业学校
巴黎文献学校
*国家农艺学院
*巴黎综合工科学校
技术员
农民
纺织工业与艺术高等学校
(鲁贝)
*名牌大学理科预备班　国立经济管理与统计学校（第一批）
*物理学与化学工业高等学校 *中央高等工 *圣艾蒂安矿业学校
*国立高等电信学校　语言学校0　艺制造学校
高级管理人员
大
小门
手工业者
理学院
(格里农)
*高等电力学校
中等管理人员
知识性职业
1(31,4)
法国制革业学校(里昂)
职员
国家农艺学校(图卢兹)
化学高等学校(里尔)
文学院
里昂高等工 *布勒盖电子与电子 *巴黎矿业学校
艺制造学校 技术工程师高等学校
工程师
*国家行政学院（第一批）
门
Iut
综合工科学校(格勒诺布尔)
工业化学高等学校(里昂)
建筑学校(图卢兹)国立兽医学校
商业与企业行政管理高等学校(克莱蒙-费朗)
天主教工艺美术学校(里尔)
*机械与电力专科学校
高等经济和贸易学院
法学院
小商人
*巴黎政治研究学院
*巴黎高等商学院
医学院
口腔科、皮肤科医生
(里昂)
商业与企业行政
管理高等学校(里尔)
天主教工艺美术学校(里昂)
装饰艺术高等学校　商业与企业行政
管理高等学校（兰斯）
药学院
商业与企业行政管理高等学校(马赛)
自由职业
商业与企业行政管理高等学校(鲁昂)
商业与企业行政管理高等学校(里昂)
大商人
工业家
巴黎住院实习医学院0
其他职业
建筑专业学校
公证人学校
自主性-

图 4 学生群体的社会特征(主要变量与辅助变量) 203

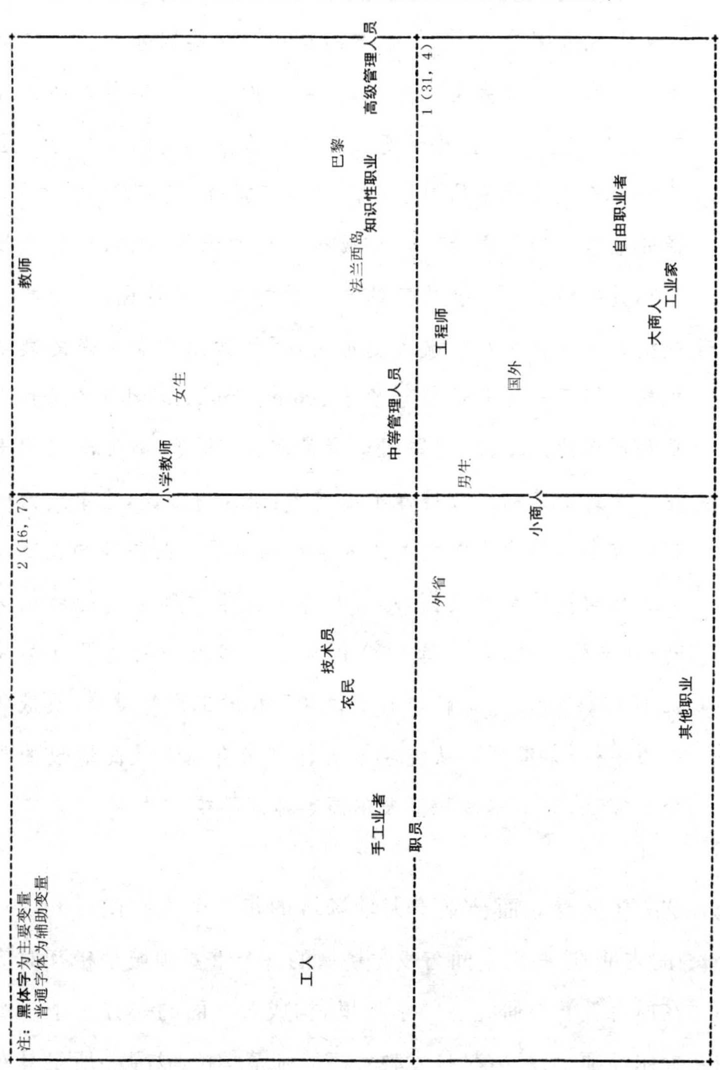

> 在不同的教育机构，学生分数分布的结构与他们家庭的
> 205 职业是相互对应的，分数分布的结构与这些职业在社会空间中的分布结构也完全相似。因此，正如这一事实所表明的那样，按照学生的社会资格建立起来的教学机构的等级与社会等级有着比较严密的对应性。这一点倾向于证明这样一种选择效应本身的局限性——与教学机构的选择一样，这种选择自称具有独立于社会决定的自主性标准。就是说，由于学习成绩方面的指标没有被考虑进去，因而如此建立起来的教学机构的等级与称号的**市场价值**(valeur marchande)之间具有更加严密的对应性，而与用会考的相对“难度”衡量出来的学业本身的价值的对应性却不如前者：正因为如此，巴黎政治研究学院和高等商学院之类的教学机构比于尔姆高师和巴黎综合工科学校的地位更高，尽管后者在纯学术等级中的地位更高；同样的道理，学业选拔性和自主性都较差的庇护性学校(écoles-refuges)(布勒盖电子和电子技术工程师学校，机械和电力学校)距离那些从纯学术的标准来看拥有最高地位的学校非常近，如于尔姆和塞夫尔高等师范学校。

这一主要对立面矗立于大学场域的每一个次空间(sous-espace)的内部，这些次空间与权力场域的各个重要领域是相互对应的。在所有教学与研究性的学校里，构成对立面的一方是于尔姆和塞夫尔高师，另一方是技术教育高等师范学校(这是一所最具专业化和技术性的师范学校)；枫特纳高师和圣克鲁高师位于前面两

者之间，但是与后者更接近一些。[①] 同样的对立面也存在于行政类学校中，其中一方是国家行政学院、巴黎政治研究学院、国立经济管理与统计学院，另一方是那些为进入政府各部门，或者进入不那么令人神往的团体输送人才的学校，如海关、邮电部门，以及设立在外省的学校（如波尔多或格勒诺布尔的政治学院）——在这些学校里，外省的中等工薪阶层占有很高的比例；说得更明白一点，这一对立面也存在于通往同一所名牌大学的两条不同道路之间，就是说，在那些小小年纪就通过会考进入了这所名牌大学的学生（如国家行政学院通过第一批会考入学的学生，即 ENA 1，以及国家经济管理与统计学校的第一次划分，即 ENSAE 1）与通过内部晋级进入这所学校的国家公务员（ENA 2 与 ENSAE 2）之间也存 206
在着对立面。[②] 在商业与管理类学校这个次场域中，最令人神往的两所学校（高等商学院、高等经贸学院）与各地企业商务和管理方面的高等学校形成了对立。在培养工程师的学校中，那些享有盛名的名牌大学，为人们开启通往辉煌职业生涯的大门，如巴黎综合工科学校、矿业学校、桥梁与公路工程学校等。它们与那些最具技术性的外省学校形成对立，而这些外省学校都直接服务于那些常常正处于衰退之中或者正在贬值的特定部门和行业，鲁贝纺织

---

① 同样的对立面还存在于国家文献学院这所更古老、更高贵、招生人数也更多的学校与国家图书管理员高等学校（在此作为典型变量处理）之间。

② 法官学校和司法研究学院实际上距离国家行政学院和巴黎政治研究学院比图中所反映的还要遥远：因为在这两所学校里，国营部门发挥中等作用的高级管理人员的子女占很高的比例，相反，私营部门的领导者和政府高级官员的子女却很少，而这一点正好与国家行政学院和巴黎政治研究学院的情况不同（但是我们无法区分其中的不同比例）。

工业与艺术学校，里昂制革学校等就是如此；从更小的范围来说，工艺学校、工业化学学校[1]也是如此。海军军官学校创办于1830年，培养的是海军军官；航空学校创办于1937年，它位于那些最具技术性，专业化最强的教学机构一边，而且这两个教学机构都是通往职业与职业培训的最直接途径，同时对于普通大众和中等阶层出身的学生来说，也是最为通畅的大门，[2]即使这两所学校之间也存在着对立。

在更全面地阐述这一主要对立面的社会意义之前，我们必须先研究一下这一对立面在第二项分析中所具有的形式。进入第二项分析的学校数目没有那么多，但是我们通过直接调查，主要是通过对学习成绩的调查所获得的13种材料却能够反映所有这些学校的特征。

207　确实，对于作为分析对象的21所名牌大学中的每一所，我们都掌握了一整套的指标，其中有关于学生的学业资本方面的（六年级和高二年级读过的学校，高二选读的学科，中学毕业会考的评语），还有他们所出身的家庭的文化资本和社会

---

① 在空间的建构中没有将学业方面的特征考虑进去。比如机械与电力学校，它既不是专业化的职业学校，也不是名牌综合性大学，它实际上只不过是一所庇护性的学校，只是其学生群体中高级管理人员和自由职业者的子女（这些子女的学习成绩都不太理想）占有很高的比例，因而这所学校与名牌大学非常接近。如果我们注意到了这一点，那么，我们就能够理解这种表面上的例外。

② 这些学校工人和职员出身的学生的比例确实最高（里昂制革学校为43.1%，里尔高等工艺学校为39.3%，鲁贝纺织工业与艺术学校为34.5%；而在巴黎综合工科学校，工人和职员出身的学生仅为7.7%，巴黎矿业学校为7.5%）。

资本方面的(父母亲的职业,祖父、外祖父的职业,父母亲的文凭,兄弟姐妹人数,家庭中受高等教育者的人数,升六年级时父母的居住地)。因此,我们可以采用两大原则来划分不同的教学机构:学生的学习成绩和学生的社会出身。

调查是在1965—1966年间和1968—1969年间进行的(关于这项调查的分析是我和莫尼克·德·圣马丁一起完成的)。调查对象是一组教学机构,我们选择了其中的15所(学校或者预备班)作为主要变量。这15所教学机构是与权力场域中的主要区域相对应的:教学与研究(于尔姆、塞夫尔、圣克鲁和枫特纳的高等师范学校),政府高级职能(国家行政学院,第一批学生会考和第二批公务员会考;巴黎政治研究学院),工业企业主、管理人员和工程师(巴黎综合工科学校,中央高等工艺制造学校,巴黎、南锡、圣艾蒂安国家矿业学校,国家农艺学院,国立农业和食品工业高等学校),商业企业和管理性企业主(高等商学院),或者农业经营所有者(国家农艺学院)。(对于为军队培养人才的学校以及培养艺术人才的学校,我们没能展开调查。)为了避免培养工程师的学校在整个分析中占据过重的比例,我们将其中的6所学校作为说明性变量处理(桥梁与公路工程学校,高等电力学校,高等邮电学校,巴黎物理学和化学学校,布勒盖电子和电子技术工程师学校,机械和电力学校)。

正如前面的分析,第一因素(在这里代表整个惯性的34.3%)在那些资产阶级家庭出身的学生占有很高比例的学校(如巴黎政治研究学院、高等商学院、国家行政学院会考的走读生）与学生的社会水平相对低一些的学校之间构成对立，如枫特纳高师、圣克鲁高师、国家行政学院会考的住校生和工程师类学校——大多数工程师类学校处于这个空间的中间位置，邻近中心，但更接近最有声
208 望的学校（如综合工科学校和矿业学校）所在的支配极点（参见图5）。在整个空间的一端，我们更容易找到那些出身于自由职业者家庭和商业主家庭的学生。他们读六年级时一般居住在巴黎，而且那时他们的祖父和外祖父都已经是高级管理人员或者自由职业者，他们的母亲也是高级管理人员、自由职业者或教师群体中的一员。这些学生的家庭通常兄弟姐妹众多。而在这个空间的另一端，更多的则是技术工人、职员或者手工业者的子女，他们读六年级时居住于偏僻的市镇，祖父和外祖父是工人或者农业劳动者，母亲也是工人。他们一般家庭人口不多，常常还是家里唯一的孩子。第一种因素也可以让我们根据学生承继的文化资本来区分不同类型的学校：学生的父亲持有三年以上高等教育文凭，甚至大中学教师学衔，或者名牌大学毕业证书，母亲也持有同样的文凭，家中的亲属（兄弟姐妹、叔叔、舅舅、婶婶、姨母、表兄弟、表姐妹）受过高等教育（五人以上）；这类学生占很高比例的教育机构与另外一些教学机构形成对立，因为在后面这些教学机构中，父母仅持有初等教育文凭的学生占有不可忽略的比例，而且这些学生往往是他们家庭第一个受高等教育的人。

家庭在社会和文化地位方面的差异又在整个大学课程中通过学业差异反映了出来：出身于巴黎资产阶级家庭、享有重要文化资本并且进入巴黎政治研究学院、巴黎高等商学院或国家行政学院

图 5

学校空间(n=21)

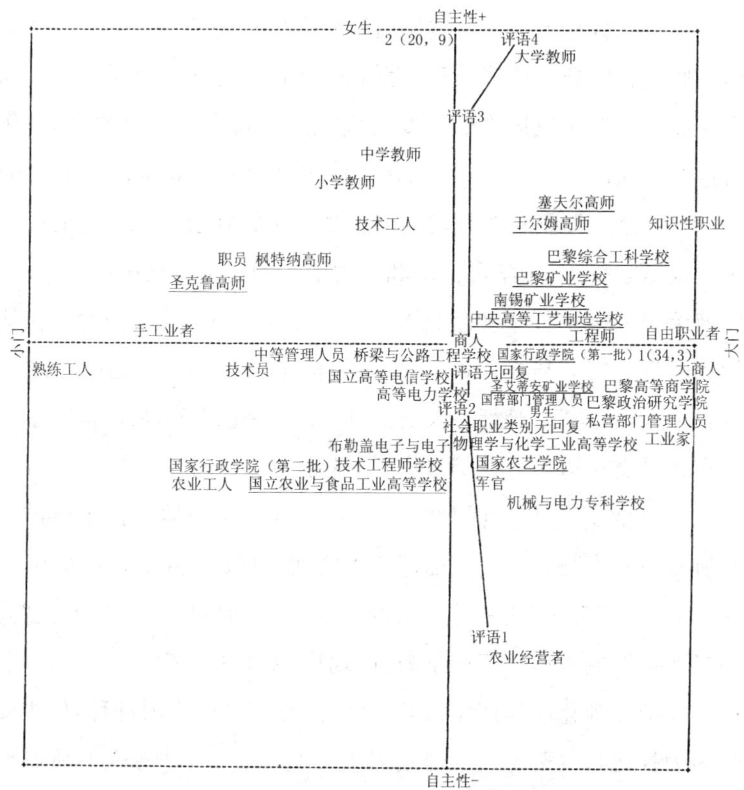

的学生通常此前都曾经注册于私立教学机构——他们曾经在最好 209
的班级，最好的学科，接受既注重文科又注重理科的学业训练；而出身于中等阶层或者普通大众家庭、通常仅拥有微弱的文化资本，并且进入枫特纳高师或者圣克鲁高师的学生，一般都曾经注册于

普通中学，在某些比较现代的专业（无拉丁语的专业）或者没有什么价值的古典学科（如进行纯文学训练的B类学科）受教育。

高等教育机构场域就这样通过将学生引向已经分类的教学机构来履行它的分类职能，正因为如此，我们只有在整个场域的范围内才能够把握场域运作的主要效应。大门和小门之间的对立，作为这个空间的基本划分原则，既是教学机构的客观空间所固有的（或者说，这个原则包含在对社会再生产进行社会分工本身的结构
210 中），也是学校工作、学习活动和智力活动的各种表现中所固有的。**巴黎综合工科学校毕业生**（polytechnicien）是全方位的专家，在他们和献身于实务与操作的普通的**技术员**（technicien）之间，在“高级管理人员”与“中等管理人员”之间隔着一道藩篱，从而构成了一条真正的文化边界。在等级方面，这条边界与另一条边界非常相似——直至60年代，在那些中学毕了业，尤其是学过拉丁语的人与所有被称为“初等文化”的那些人之间，也曾经隔着一条边界，而这里的“初等文化”是一种消极的，带有缺陷的定义（正如那些“高小毕业生”，或者毕业于中学教育“现代”专业的学生）。

象征性神化能够产生极其真实的效应，其中原因种种，但主要是因为神化将要区分的人是已经差异化了的人；就像人们所看到的那样，神化主要是通过在大面积的投资中收获当选者（根据“是贵族就得行为高尚”的原则）来推动它的特殊实践，正是这些特殊实践使差异不断得以强化。正如不同性别之间产生的社会差异一样，教学机构也是在一个完全类似的过程中，倾向于产生混合在一起的、进而成为标准的社会差异；教学机构产生这种社会差异是以预先存在的社会差异为依据的，而且产生这种差异是通过向预先

存在的社会差异提供自我完成的可能性，使这些社会差异能够长久地存在于可以客观地量度的习性之中，并使之在实践的客观性中不断得到确认，通过这种方法教学机构扩大了原有的社会差异。一踏进人生的历程就被注入了优越的本质，文化贵族们因而能够一上来就投身于他们的职业生涯，迅速地达到霸权位置，得到人们所说的享有威望的职务。这些职务本身的技术范围从来就没有被定义过(或者只是表面上定义过)，所以它们需要“广阔的视野”，多种的才能，飞跃的想象，全面的“大文化”，整体的构想，综合的能力。总之，需要德智兼备的所有美德。不同场域中霸权位置的占据者总是将所有这些美德赋予他们自己，并且在每一次自行遴选中协调一致地向新来者索求这些美德。

至于平民，他们被直接定位于那些不可能产生象征性增值的职务，其狭窄的专业化能力和准确的技术性把他们钉在这些职务上：他们不得不无休止地表现自己，不得不用时间和业绩，即**成功**
(achievement)来支付一次缓慢的升迁，尽管简单的“代职”也会引 211
出各种各样的篡位，但是任何的升迁事先总是都被限制在某种无法逾越的藩篱中，就像小数点后面的 9 从它的统一体中永远被分离出来一样。这就是为什么平民注定怀有这样一些美德：它们说到底只不过是支配性美德的反面，是支配性美德所不屑的品德，比如说，认真、细致、严密、有效率。

因此，根据大门和小门这一对立面建立起来的高等教育机构场域的构造，能够促进社会秩序中主要对立面在现实中的和人们头脑里的再生产，这一主要对立面就是将高级管理人员与中等管理人员、将负责构想(秩序、计划、方案、指示、通函)的行动者与负责实施的行动者分离开来的对立面；它与更高水平的划分中，存在于非体力劳动者和体力劳动者之间，理论和实践之间的基本对立面是相互对应的：将由学生出身所导致的或者学校进行了社会加工的差异当作学业上被神化了的“能力”或“智力”方面的差异形式储存在人们的记忆中——通过这样的蜕变，这些加工过的差异倾向于被人们当作本质性的差异（或者“天赋”）来感知，就是这样，场域的构造有利于建立一条在整个社会范畴中最敏感、最有争议的边界，并使之合法化。

这里用到的逻辑在原理上与支配旧政体等级的逻辑并没有什么不同：它通过法律保障下的具有象征意义的认同来建立本质上的差异，而这种差异与贵族出身与生俱来的，明确给予的，（相对来说）与业绩没有多少关系的差异是类似的。在特殊情况下，或者说在区分负责构想的管理人员与负责实施的管理人员（或者处于实干范畴中的管理人员）的过程中，这个逻辑实际上阻滞或限制了抱负与杰出的辩证法——它对那些在社会空间里占据中间位置，在支配性位置与被支配性位置之间担任中间职务的人的抱负设定了明确的难以逾越的界限。

212 在文化领域中，这类情况更为常见。制度化的礼仪强制下的象征性鸿沟总是无法让人清楚地辨认出来，或者让人既无私心，又无保留地认同。在这个意义上，要想明确地衡量和确定不同“水平”工作之间的差异总是很困难的；要想在所有的学生中辨认出未来的导师，难度就更大了（就好比要把那些初等文化的人与中等文化的人区分开来），因为人们不仅可以就从事教学所需要的文化这项内容本身一直争论下去，而且文化或文化传授方式的优先权也可以成为人们争论不休的话题。调查显示，在不同的高等师范学校学生之间存在着对立面，其中一方为于尔姆和塞夫尔，另一方为圣克鲁和枫特纳；这个对立面与在各理科名牌大学观测到的大多数分类体系不同，它基本上取决于习性中或大或小的抱负，就是说，是选择最有声望的会考去冒风险，还是到次等会考中去选择安全[①]；总之，这个对立面就存在于官僚主义教学构想的漫长系列中，而这个漫长构想的结果，就是在两个教学等级之间（小学或高小与中学之间），或者说在两类文凭之间（大学毕业文凭与业士文凭之间）建立一条绝对的鸿沟，或者说一种等级差异，它使下面等级的佼佼者在上面等级的末等生面前处于无比低微的位置。[②]

名牌大学的空间：X 状交叉的结构

正如问卷调查所显示的那样（第二项分析考虑了继承得来的资本和学习成绩的详细指标，因而比第一项分析更明了），不同的 213
高等教育机构在第二层面的分布都遵循两个划分原则，而且这两个划分原则相互之间具有明确的联系：一方面，教育机构是根据不同学校的自主程度进行分布的，就是说，是根据它们对选拔标准、技术标准、伦理标准，特别是学业标准的认同程度进行分布的；因

① 同时参加两项会考的考生是极为罕见的。

② 整套机制正处于人们的争论之中，因为教育水平在总体上得到了提高。从前在中等教育中起作用的那道鸿沟，如今已经超越了大学课程（居于第二位），到达了更高的水平。因此，大门和小门之间的边界或许从来也没有像现在这么敏感，这么具有战略意义。

而可以说，这些标准与经济权力的持有者们直接控制的市场上通行的准则是不一样的。另一方面，教育机构还根据它们学生所持有的学业资本总量，以及这些学生从他们的家庭中继承得来的资本的结构进行分布。具体地说，在第一层面中处于支配极点（pôle domminant）的学校（一般指名牌大学）构成了一个边界颇为分明的次场域。在第三项分析中，我们将这些名牌大学单独分离出来，它们的分布也遵循上述两种划分原则，它们的结构与权力场域的结构是相对应的。

在第一项分析中，我们针对的是所有的高等教育机构。分析中的第二因素（占全部惯性因素的16.7%）主要构成了两类学校之间的对立：第一类为管理、行政、建筑和艺术类学校，它们一般是私立的（privé），注册费和学费相对收得高，而对学习成绩的要求却不太高，备考时间也不太长；第二类是培养工程师、农艺师，或者从事教学和研究的学校，它们一般都是公立的（publics），学费收得少一些，但是招收的学生却在学业上经受过更严格的选拔，备考的时间也更长（第二因素勾画出了法学、医学院与理学院之间存在的相应的对立面）。对立面的一方是那些无论在选拔标准、教师群体、教学内容方面，还是在学校的出路方面，都与工商企业有着紧密联系的教育机构；它们对非直接的学业特性给予极大的关注，如生活方式、举手投足的方式、口头表达的方式或者从内容到范围都非常模糊的“大文化”；除此之外，它们还在日报的每日新闻上花
214 费大量的精力。对立面的另一方是那些将纯学业要求放在第一位的教育机构；它们更注重理科，注重懂技术的人、博学的人（巴黎文献学院），或者更系统、更能够精确衡量的本领，因而它们面对经济

体制的要求能够保持相对的独立。同样，第二种因素也构成了那些相对来说更依赖他们的经济资本（工商界的老板）来进行自身再生产的人，就是说，那些既聚集了经济资本，又聚集了文化资本，因而总是能够找到通往高等教育捷径的人（自由职业者），与那些只能依靠学业和文化资本的人（大中学教师和小学教员）之间的对立。

在第二项分析中，第二因素（占全部惯性因素的20.9%）主要根据不同学校的学生所持有的学业资本来建构学校之间的对立面：中学毕业会考的成功率毫无疑问间接地构成了这一因素最重要的组成部分，高二年级时所在的学科（A'类：拉丁语，希腊语，数学；B类：拉丁语，语言，古典作品等不甚确定的科目），作为这一因素的另一个组成部分，其重要性相对较弱。对立面的一方是这样一些学校：在它们招收的学生中，持有业士文凭，而且评语极其优异（好、很好）的学生占很高的比例，如于尔姆、塞夫尔、圣克鲁、枫特纳高等师范学校，综合工科学校，巴黎矿业学校，中央高等工艺制造学校；而对立面的另一方是其他一些学校，在这些学校里，会考成绩较差或者中等（评语多为及格、还好）的学生占据很高比例，如国家行政学院（第一、二批会考），国家农艺学院，国家农产品和食品工业高等学校，圣艾蒂安国家矿业学校，巴黎政治研究学院，以及巴黎高等商学院。根据学业资本建构起来的这个对立面与根据学生继承所得的文化资本——学生家庭所持有的资本的结构——建构起来的另一个对立面是不可分的：在某些学校里，出身于文化资本相对来说多于经济资本家庭的学生（教师群体的子女）占很高的比例，那么这些学校便构成了另外一些学校的对立面——它们的学生中有很大一部分人出身于经济资本比文化资本更丰厚的家庭(农业经营主、私营部门管理人员)。

215 为教学与研究培养人才的学校(高等师范学校),或者在研究领域中具有不可忽略地位的学校(巴黎矿业学校、巴黎综合工科学校),以及那些在选拔和评价的原则上最具有自主性和特殊的科学性的学校,至少可以说,那些最唯学业独尊的学校,构成了那些为权力部门输送人才,或者为国营部门或者私营部门输送高级管理人员或工程师的学校(巴黎高等商学院、巴黎政治研究学院、国家农艺学院、国家农产品和食品工业高等学校、国家行政学院的内部考试)的对立面——后者在学习成绩方面要求不高,但是相比之下,它们更加认同经济和行政场域中现行的评价标准。国家行政学院的走读生会考几乎占据了第二轴的中央位置,尽管如此,它还是更接近那些学业自主性最弱的学校。

在这两项分析中,如果说前面两个因素决定了在两种情况下建立在同样原则之上的对立面体系,即由第一因素构成的大门与小门之间的对立面,以及由第二种因素构成的按照学业资本建构起来的对立面,那么,我们就能够发现这些对立面之间的差异,而这些差异是可以通过作为分析对象的人群与用来证明他们特性的材料之间的差异来解释的:在第二项分析中,直接衡量学业资本的变量可以将某些学校区分开来——如果仅仅从学生的社会身份来看,这些学校是比较接近的。因此,于尔姆、塞夫尔、综合工科学校、巴黎矿业学校在两项分析中位置都非常靠近,而国家农艺学院和国家农产品和食品工业高等学校在第一项分析中离这组学校相对较近，然而在第二项分析中的第二轴上，其间的差异就十分明显。同样，国家行政学院第一批会考的学生在第一项分析中占据的位置接近于巴黎高等商学院和巴黎政治研究学院，而在第二项分析中却与这两所学校有更明显的分离。根据相同的逻辑，像布勒盖电子技术与电子学工程师高等学校以及机械与电力学校（Ecole de mécanique et d'électricité）这样的教学机构，其招收学生的社会水平比较高，而学业水平却相对较低，可以被看作是庇护性质的学校；在第二轴上，它们与那些学业竞争性最强，在社会需求面前的自主性也最强的学校（尤其是巴黎矿业学校）构成鲜明的对立；然而在第一项分析中，它们 216
却与这些在学业上具有竞争性和自主性的学校非常接近。[①]

当我们置身于狭义的名牌大学空间内部的时候，在前面两项分析中由第二因素构成的对立面上升到了第一位。通往权力场域中不同领域霸权位置的教学机构空间是按照与权力场域的结构完全对应的结构组织起来的，不同的人群不再是按照继承所得的文

① 在这两种情境中，第三种因素主要是根据不同学校的教学内容和它们接收学生的群体差异构成彼此之间的对立：那些为行政（administration）职务做好"全面"准备的学校（行政学院对第一批和第二批会考，巴黎政治研究学院）与另外一些学校构成对立，这些学校提供的是专业化相对更高的技术（technique）教育，如：农业和食品工业高等学校，圣艾蒂安矿业学校，农艺学院。根据同样的逻辑，这一因素还将在中学阶段接受了古典文学（littéraire）训练（拉丁语、希腊语和语言规则）的学生与来自理科（scientifique）或者技术性学科的学生区分开来。（第三项分析只针对名牌大学。当第三项分析中的第一因素消失的时候，那么这一区分因素很自然就从第三因素上升为第二因素。）

化资本的总量，而是按照学业资本的持有量和继承所得资本的结构进行差异化的。

> 在第三项分析[①]中，我们选择了于尔姆、塞夫尔、综合工科学校、巴黎矿业学校、中央高等工艺制造学校、国家行政学院（第一批会考的学生）、巴黎高等商学院、国家农艺学院，而且我们把与名牌学校所代表的位置相对应的几所二流学校作为辅助变量，其中有：圣克鲁高师、枫特纳高师、南锡和圣艾蒂安矿业学校，国家行政学院（第二批会考），巴黎政治研究学院，以及国立农业和食品工业高等学校。[②] 我们考虑了所有能够为每一位学生定位的材料，并且通过学生来为每所学校
> 217 定位，无论是在位置空间，还是在立场空间：关于位置空间，我们通过学生的社会轨道（父母的职业与文凭、祖父及外祖父的职业、家庭的规模及住所）、他自己的轨道，以及他的学业资本（就读过的学校和学科，中学毕业会考的评语）中的客观特性来定位；至于立场空间的定位，则通过体育运动实践和文化实践方面的材料，如看戏，听音乐会，看日报、周报或杂志的频率，或者通过智力、宗教或政治实践和表现方面的材料来完成。

① 在本部分的附录3中（第432—443页），读者将会读到更多的针对最著名大学的调查所得的统计资料。

② 我们将这15所居于第一位和第二位的学校作为主要变量，于是第一因素便构成了各学校之间的对立面，正如前面提到的各项分析，这个对立面不是建立在持有资本的结构上，而是建立在学生所具有资本的总量上：因此，一方面，有的学校招生的社会水平具有最明显的“资产阶级”特征（巴黎高等商学院、巴黎政治研究学院、国家行政学院），另一方面，有的学校出身于中等阶层的学生相对来说占有更高的比例（枫特纳和圣克鲁高师）。因此，第二因素主要以学生的学业资本构成学校之间的对立。

> 我们还将这样一些材料作为辅助变量:它们对第一因素的结构带来极其重要的影响,比如说性别,[1]因此,它们能够掩盖那些不那么强烈,但却与问题直接有关的差异化原则所产生的效应。其次,诸如高二时就读的学校,读过日报的数量这样的已经介绍过因而显得多余的变量也作为辅助变量处理。有些问题在调查中无法适用于所有学校,如所处的政治阶层(巴黎综合工科学校的调查表中排除了这一项);有些问题针对不同的学校具有不同的意义,如去电影俱乐部的频率(有些学校的调查表中没有这一项);对于与这类问题有关的材料,同样也作为辅助变量。

第三项分析仅针对名牌大学空间。分析中的第一因素,它占全部惯性因素的37.3%,揭示了两个相似的对立面:一方面,像于尔姆、塞夫尔、巴黎矿业学校这样的教育机构,其学生出身的家庭在文化资本和经济资本方面都很丰厚(他们一般都是教师或者脑力劳动者的子女,他们的父母一般都取得了大中学教师学衔,祖父和外祖父一般都为小学教员),同时,学生们还具备更加重要的学业资本(他们常常来自最好的学科,而且获得良好评语的比例很 218

[1] 在调查中,女生(塞夫尔和枫特纳除外,因为它们本来就是女子学校,而且主要是培养教师的)很少有机会表现自己。她们主要就读于各地的政治研究学院(20%的人在巴黎,但是其中只有10%的人就读于公用事业专业),以及国家经济管理与统计学校(第二批招生为23.5%,而第一批招生仅为10%),物理学与化学学校(13.5%),园艺学校(7.4%)和格里农的国家高等农艺学院(3%)。她们在其他学校的比例也从来没有超过2%(国家行政学院的第二批会考除外,其中女生的比例达到了5.5%)。

高）。另一方面，像巴黎高等商学院、国家农艺学院、中央高等工艺制造学校、国家行政学院这样的学校，它们的学生在学业上经受的选拔不那么严格，但他们家庭的经济资本比文化资本更丰厚（他们多数为农业经营者、工商界业主、私营企业管理人员的子女）；其中，巴黎综合工科学校处于要素统计图的中心，两条坐标的交叉点。

国家农艺学院之所以处于这样的位置，主要是因为它拥有一系列最显著的特征，这些特征使它远离处于智力极点的所有学校；无论是社会招生方面（农业经营者的子女相对来说缺乏文化资本，他们中的大多数都集中在国家农艺学院，只有极少数在于尔姆），学生的学业轨道方面，还是学生在智力、宗教、政治问题上所采取的立场，都说明了这一点。至于出身于技术工人家庭的学生所处的位置，我们可以这样解释：由于进入名牌大学的选拔是极其严格的，因而对于农民、工人或小职员家庭出身的学生来说，进入名牌大学的可能性甚微；于是，在以前的学习中早已存在的超级选拔效应在此达到了登峰造极的地步。出身于工人、农民、小职员家庭的极少数学生是他们所属阶层的“奇迹”：入学的概率确实达到了最低值，以至可以归之于神奇或偶然的意外。因此，这些经受了淘汰的幸存者与他们出身的阶层几乎没有什么共同的特性。例如，工人后代所属的家庭往往是工人阶层中受教育最多，最有地位的那一部分；此外，他们的杰出主要得益于他们的母亲，因为她们多数都出身于中产阶级；而且与父亲相比，她们受的教育更

> 多一些。因此，在巴黎综合工科学校，父亲为工头的几位学生中，有两位的母亲是小学教师，一位的母亲是助产士，好几位的母亲没有职业，但是持有大学毕业文凭。

我们确实在研究一种交叉状结构，这种结构与我们在对权力场域进行分析时所发现的结构是相对应的，[①]它的两个极点是结
构相反的“资产”(actifs)，居于中间位置的是那些几乎既拥有经济 219
资本，又拥有文化资本的社会类别，例如，高级官员的后代。

> 人们按照诸如学校地位的潮起潮落，以及历届学生持有的文凭在不同市场上，尤其是在经济权力场域中的现时价值之类的客观指标建立起来的世俗而短暂的学校等级，几乎是与根据学业资本(中学毕业会考的评语、全国中学优等生会考提名奖)建立起来的纯学业、纯知识等级截然相反的。从学校毕业后，人们领到的第一次工资似乎从于尔姆一路上涨到了巴黎综合工科学校、巴黎高等商学院，半路里再加上国家行政学院。就是说，从大学场域，到政府高级行政场域，再到经济场域，人们的工资随着场域的转移逐步上升，因为距离大学场域越远，社会资本所起的作用就越大(我们都知道，在大学场域，大学的作用还是不能忽视的)。不管怎么说，在每一个场域的内部，学业等级还是倾向于得到维持，巴黎高等商学院的

---

① 参见布尔迪厄：《区分》，第130—134、第364页及此下的第四部分。

结合在一起的习性，促使某些学业生涯改变了方向；这种作用
228 既是直接的，因为它引起人们对科学观点预先产生某种怀疑，同时也是间接的，它引导人们朝着私立中等教育机构运动，这些教育机构想必能够确保人们与更优秀的人交往，而且也不会那么痴迷于传授科学文化，或者说，也不具备成功地完成此项重任的能力。某些学校除外，如圣热纳维埃夫学校。）

处于同一个场域的两个不同极点的行动者都服从一种有利于构造的行动（action structurante），这一行动是按照场域的基本对立面组织起来的。因此，行动者们都倾向于用同一个划分原则来理解社会人群——这个划分原则在一系列的被迫抉择（alternatives obligées）中得以具体化，例如，关注或不关注，无偿的或有实效的，世俗的或精神的，政治的或美学的，以及人们可以有意识或无意识地归入右派或左派这种对立形式中的所有意义相背的词。但是，行动者之间的相互对立是以他们在这个结构中所处的位置，以及他们将优先权给予抉择中的这一方或那一方为依据的。关于这一点，还有一个值得关注的例子，这就是将社会范畴的基本结构转化为某些行动者共同的心智结构的逻辑——社会范畴的基本结构在社会存在的现实中使这些行动者产生差异化或者形成对立，他们必须赞同这些基本结构才能够分享这些结构实施划分时产生的利益。我们还可以提出这样的推论，一般来说，普通语言的各种原则（topiques）（比如奥斯瓦尔德·杜克罗提出的那些原则），都能够在社会结构中找到自己的基础，因为它们就是在社会结构的内部产生的，而且这种社会结构还从本质上联合了它所反对的各

种话语，这样，这种社会结构就在不协调的领域建立了协调，或者说，建立了辩论由之可以得到确定的可能的共同空间，与此同时，这种社会结构还建立了不协调的原则，就是说，建立了引导着各种观点进行交锋的对抗性偏爱。

学生在不同学校间的分布是两个等级化了的并且在一定程度上相互独立的原则的行动结果。学业资本本身主要是通过继承所得的文化资本而与家庭的社会地位紧密地联系在一起的，而且学业资本在进入场域的那一刻就在学业神化的某些征象中被具体化了，如中学毕业会考的评语和全国中学优等生会考提名奖，因此， 229
这样的学业资本决定了进入名牌大学的机会和实施选择的内在制约：学业资本禁止那些被剥夺了这种资本的人进入名牌大学预备班，至少可以说禁止他们进入那些享有最高声誉的预备班，这几乎像法律一样严厉；学业资本还控制了各种会考的成功机会——学业标准对会考的支配越严，学业资本对会考的成功机会就控制得越全面。[①] 但是，无论如何，我们只有假设在学业资本相等的情况下，学生们还是由于对俗权和知识声望的差别性感悟而彼此之间存在着差异，这样，我们才能够理解不同学校间学生的分布，以及学生日后对学校颁发的文凭的使用情况：人们在整个幼年时期，通过一系列不自觉的体验感受到了家庭持有的资本中，经济与文化

① 中学毕业会考的评语或者全国中学优等生会考提名奖对于想要进入预备班的考生来说是一种必需，而且预备班越有声望，考入名牌大学的学生比例越高，对考生的这种要求就越强烈。在 20 世纪 70 年代，巴黎某著名公立中学的数学预备班新生选拔委员会就曾经以它某位成员的估量为依据选拔学生，根据他的计算，中学毕业会考的评语是会考成功的最直接的因素，以至于削弱了其他标准的效应（如教学机构的水平），以及各种干预或保荐的效应。

之间结构上的不同特征，因此，通过这样一系列下意识的体验建构起来的这种“向性”(tropisme)便构成了第二因素，它在学业资本所能达到的范围内引导着人们的志向选择。

> 通过向性，我们可以从调查中得出一条直接的证据：国家行政学院的学生表明，他们出身的家庭所占据的位置距离经济权力极点越近，他们就越愿意离开政府部门进入私营部门(跳槽)；尽管我们不能仅仅以我们观察到的少数例子为依据，但我们仍可以进一步指出，在同时考取了于尔姆高师和巴黎综合工科学校的情况下，考生在两所学校之间进行选择的时候仍然在名次效应的范围内服从同一个逻辑。同样，仍然是与俗权的深刻联系使得学生们出身的家庭越是邻近权力场域被支配区域(如教师或知识分子的后代)，或者社会空间被支配区域(如那些“罕见的人”)，换言之，学生们所属的种族类别、宗教派别、性别得到的象征性认同越少(也可以说他们身上的耻辱烙印越多)，[①]那么，他们就越是倾向于屈从学业神
> 230 化的诱惑，因此也就进一步证明或者强化了一个事实：他们从根源上被排除在权力范围之外。我们或许还能够从中找出巴黎高师理科学生与巴黎综合工科学校学生之间差异的根源——巴黎高师的理科学生由于家庭出身的原因更接近于知

① 我们知道，从世俗的支配区域到被支配区域，女人、犹太人和新近从社会空间被支配区域升迁上来的人(或许与同性恋者一样)的比例在大学场域中呈逐渐增加之势。这种趋势也同样存在于大学的文学院和人文科学院这一次场域中(参见布尔迪厄：《学院人》，版本同前，第61—73页)。

> 识极点，而综合工科学校的学生，尽管不像国家行政学院的学生那样强烈地受到俗权极点的吸引，却因为家庭出身赋予他们的位置以及与此相关的习性而具有足够这方面的特性，从而能够感觉到权力的强大吸引力。

俗权方面的差别习性是学生们与不同等级的教学机构（尤其是私立教学机构）维持联系的根源。出身于权力场域中最接近知识极点区域的学生倾向于通过教学机构最自主的形式使自己得到认同（尤其是于尔姆的学生）；对于这些学生来说，教学机构越是不仅认可他们的技术能力，而且还认可他们对于这个机构及其特殊价值的认同，那么，学生们就越是乐意认同这个教学机构的评判，因为认同一所学校及其特殊价值在一定程度上是成功地获取技术能力的根源，而且这种认同还伴随着技术能力的运用与表现。学生们赋予国立名牌大学的是营造“中立文化”的权力和义务，就是说营造一种不求报偿的，常常是批判性的文化，此外，这种文化还必须摆脱我们这个“社会”的种种礼仪，跨越这项事业可能遇到的种种技术上的和经济上的制约。名牌大学（尤其是国立名牌大学）出现在与权力场域对立的另一个极点（与私营企业联系越紧密就越是出现在这个极点），确切地说，这些学校的出现是一种必然的苦恼和永恒的忧虑，人们努力地减轻它们利用自己的自主性可能造成的“伤风败俗”（démoralisateurs）的影响，这表现为，人们求助 231
于那些不那么具有自主性的教学机构，比如说私立教育机构，人们感兴趣的东西并不是它们明确传授的道德准则（如宗教的道德准则），而是它们在实践中排除的所有东西。19 世纪末巴黎高等商学院和1945年国家行政学院的创建，就像如今“使教学向企业靠拢”的种种举措一样，都是经济权力和行政权力的拥有者们为了对抗那些最具自主性的教学机构的自命不凡而通过他们那些最有“真知灼见”的代言人完成的抵抗行动，尤其是对抗于尔姆高师和巴黎综合工科学校的自高自大——它们还奢望着确保自己在文化方面，进而在文化再生产和社会再生产方面的合法垄断。

这种教育服从的是经济权力持有者们的技术要求，尤其是服从他们的社会要求，也就是说这是一种从属于经济权力持有者们的伦理政治需求的教育；经济权力持有者们为这种教育承受的压力是一个结构恒量(une constante structurale)；无论是在实践中(大学或者特殊教育机构的创建，各种差别性列席)，还是在话语里，这种压力的作用从来都没有停止过。为此，我们在罗什学校创办者勒普莱[①]的门生埃德蒙·德莫兰斯那里找到了一整套明确的原则，这些原则都是用来暗暗地抵制学校向上升中的小资产阶级推行的新型优秀形式：为了对付小资产阶级和教师们认同的能力倾向和狭义的学业价值准则(将法语翻译成拉丁语便是这种学业价值准则的象征)，为了抵抗以驯服为目的的教学方法(因为这种教学方法禁止人们肯定自我)，埃德蒙·德莫兰斯从英国的教育模式中搬来了贵族学校与之抗衡——这种学校专门传输的生活作

① 勒普莱(Le Play，1806—1882)，法国工程师，经济学家和社会学家，1855年担任国会议员，1867—1870任参议员。——译者

风，就是要让个人的意愿、勇气和作为领导者的美德得到更多的发展空间（人们的各种习性同样也能够在体育运动中得到完善，埃德蒙·德莫兰斯的朋友顾拜旦①男爵就非常看重体育运动）；此外，他还将**自助**，即个人首创性的学说作为私立教育的基础，使这种教育能够直接面对私营企业及其价值准则，并且确立“自如”相对于“渊博”，“德育”相对于“智育”的特权。②

由于无法再现学校与企业之间不融洽关系的历史，尤其 232
是无法再现企业主们在抵制义务教育的斗争中所作的事情，③因而我们只能借鉴最新的史料——全国名牌大学发展委员会的行动事例。这个委员会创建于1970年，是对1968年的运动做出的反应。它的规划是“以各种形式促进高等教育机构的发展和进步，其中包括公立的或私立的，以及所有通过选拔和适当的多学科训练为经济界培养管理者的高等教育

① 顾拜旦(Pierre de Coubertin，1863—1937)，法国教育家，现代奥林匹克运动的创始人，他强调体育在个人培养中的重要作用。——译者

② 主要参见《盎格鲁-撒克逊人的优势何以维持？》(*A quoi tient la supériorité des Anglo-Saxons?*)，巴黎，费尔曼-迪多出版社，1897年，以及《新型的教育与罗什学校》(*L'éducation nouvelle, l'école des Roches*)，巴黎，费尔曼-迪多出版社，1898年。

③ 义务教育被认为是对家庭威望和权力的侵犯，是国家在实行对孩子的控制；保守派们一直在与之进行斗争。我们只需举一个例子就足以说明他们的立场：“……像往常一样，这次又是以孩子们的利益为理由，但是在革新者的思想里，孩子们的利益与被人们称为国家干涉主义者的意识混合在了一起，而且还强化了这种意识：因此，人们一方面赞同孩子只属于他自己，同时又认为国家有权力和义务对孩子实行控制……国家的某种利益与孩子的利益掺合在一起，并因此确立国家对家庭所施加压力的合法性，以便能够合法地向家庭推行义务教育，最后还要反过来使家庭确信它的无偿性。”(L.德尔森(L. Delzons)：《法国家庭及其演化》[*La famille française et son évolution*]，巴黎，阿尔芒·柯林出版社，1913年，第151—152页)

机构”，并且“确保经济界与担负此项培养重任的各种性质的教育机构之间的进一步联系，以发展信息往来，做到共同研究、共同行动”。这个委员会集中了94位工程师学校和“管理类高等教育机构”的领导，还有235位“经济界”的领导者——正如作为荣誉成员的合股公司名单上所写的那样，无论是从企业的经济结构来看，还是从企业领导者的特性来看（一般都毕业于名牌大学），他们都来自于最强大并且与国营部门具有最紧密的联系的企业部门：巴黎-荷兰银行（Paribas）、银行集团（Compagnie bancaire）、电力总公司（CGE）、法国电力公司（EDF）、贝西奈公司、罗纳-布朗克公司（Rhône-Poulenc）等。这个机构不停地为了名牌大学的利益而组织各种象征活动（关于“未来名牌大学”的报道、发行纪念章或纪念册、举行民意测验，等等）和实践活动（介入政府法庭、参加国事会议，等等），这使得名牌大学像一座堡垒和庇护所一样，抵抗着普通大学里的混乱。资方关于必须将大学掌握在手中的宣言得到了广泛的响应，尤其是在经过了像1968年或者1987年那样的危机之后，或者说，在经历了现行再生产方式的矛盾突然爆发之后，他们的宣言更是异常盛行，然而，我们无须翻出资方的宣言集，我们只需指出一点就够了：1969年，一项关于教育
233 体制（我们对此作过分析）的咨询活动显示，在从“知识”极点到经济极点的权力场域中，认为教育应该更紧密地服务于需求的观点迅速增加，知识行业中持此观点的人占13.5%，中学教师中也只有19.5%的人赞同“教育应该更直接地面向职业培训”，然而却有40%的工厂主和大商人，以及42.5%的企

业高级管理人员赞同这一观点。自由职业者、工程师、国营部门的高级管理人员占据中间位置，前两者的比例分别为27.5%，后者的比例为34.5%（根据科学分析研究传播协会欧洲社会学中心的调查）。

在教育问题上的冲突之所以会在最根本的价值准则上呈现出不可逾越的二律背反形式，这是因为在这场冲突中，人们通过控制文化再生产和社会再生产的工具，从而使霸权基础本身的再生产、霸权者的存在及霸权者价值的再生产，以及霸权原则的等级体系的再生产成了冲突的焦点。[①] 我们必须同时考虑到，对最学业化再生产工具享有权力的人本能地倾向于使这些工具按照对他们有利的方式运作——他们可以将技能传输中的技术要求与社会能力的某些形式联系起来，并且与某些价值准则联系起来，因为他们一旦成功地推行了这些价值准则，这些准则就能够确保他们对文化再生产的垄断，进而对霸权工具的垄断。因此，只有当我们同时考虑到这一切的时候，我们才能够抛开所有的表象，才有权力说，国家行政学院之所以能够成为所有庇护性学校中最有声望的学校，其原因就在于：作为名牌大学中最无“学业特征”的大学，它能够使实业大资产阶级和国营或私营部门大官僚的子女绕过由于自己在学习成绩方面受到的限制而可能在永续权力问题上遇到的障碍。

① 这种对抗一直深入到了经济企业场域（champ des entreprises économiques）的中心地带，主要是通过业主之间的对立面来体现的——这些业主在经济场域相互对立的区域（就是说在私营企业或者在多少与国家有联系的企业）行使他们的权力，而且他们的权力对于文化资本的依赖性是不均等的。

234 教师们可以借助学业空间的自主性，运用二律背反的原理，不带任何恶意地迫使人们接受直接反映着与他们资本结构的利益混合在一起的观点；而这里的二律背反与权力场域中的基本对立面是联系在一起的，它集中体现在那些成对的词语中，以及那些成对的正在从事（或者曾经从事过）"漂亮论题"的作家的作品中。我们只需要跟随路易·班托的脚步，就足以了解这一切：他在研究了重复出现的关于相互对立的两种概念的哲学论题之后，如"一个词语'低'被另一个词语'高'所超越"，他发现"'高'这个词总是处于知识或者自主性那一边，而'低'这个词总是处于无知或者他律这一边：因此，在现今毕业班的 A 类大纲中（正如哲学班从前的大纲），大多数的词语总是要么分布在这一边（'意识''文化''判断''思想''见识''真理''权利''正义''责任''意志''个性''自由'），要么分布在那一边（'无意识''欲望''激情''幻觉''本性''幻想''非理性''暴力'）：这些'概念'都因为'独立思考'而提高了身价。"[①]隐藏在大多数现有选择之下的无意识"成见"不是别的，而是教师们个人的观点——他们必须在一系列强行规定的交替中有条不紊地赋予这些与他们联系在一起的词汇以特权，并且怀着中立性与普遍性的幻觉来完成这一切。

习性是**学业投资**（placements scolaires）的根源，因此，对确定

① L. 班托（Louis Pinto）："哲学家的学校，中学毕业会考中的哲学作文"（L'école des philosophes，la dissertation de philosophie au baccalauréat），《社会科学研究》，第 47—48 期，1983 年 6 月，第 21—36 页。

习性的过程进行分析有助于揭示我们在名牌大学场域与权力场域之间，在所有投资策略的起点和目的地之间所发现的具有神奇外表的对应关系：学业再生产方式遵循统计学的逻辑，倾向于对学业称号进行不断的再分配，进而对权力位置进行再分配，然而，这种再分配与假设中的在完全偶然情况下实施的再分配情形是绝对不一样的，因而它不是对现行的分配进行机械的、一模一样的再生产（并非所有教师的儿子都上于尔姆高师，于尔姆高师的学生群体并 235
非全部都是教师的儿子）。正如刚才谈到的，两种机制并合它们的效应以降低轨道交叉的频率——轨道交叉将人们从权力场域的一个极点带到另外一个极点，人们为此付出的代价是既昂贵又不确定的转化复转化。一方面，学生必须经受根据学业标准进行的选拔，也可以说是经受教师感知图式和评价图式的选拔；即便在最自主的教育机构里，教师们也不可能全部保持百分之百的技术性，即使是最严密最技术性的教师也绝不可能对学生的社会特性无动于衷；因而，这种选拔倾向于将一大批在权力场域中占据各种不同原始位置的人引向在名牌大学场域中占据相应位置的教学机构，并且由此将他们引到权力场域中与他们出身的位置相对应的位置上来。另一方面，教师按照与自己出身位置紧密相联的习性实施的选拔，极大程度地削弱或消除了教学机构的特殊逻辑直接对社会的决定因素强制实行的修正效果：学业神化效应在将学生们吸引到学校来的同时，也使一部分来自知识极点的学生丧失了向经济场域发展，或者到经济场域去实现其文凭增值的勇气，这样的情况并不少见；通常，与出身所带来的权力联系在一起的习性，促使来自权力场域中处于世俗支配区域的学生轻视或者拒绝文化的魅力

(不参加文化活动，甚至不参加学校组织的任何活动，这类现象在学校群体中极为常见)，从而将学业上的成功服务于超越学业的某些价值。

学业分类中仍然残存着位置和习性之间的不协调，这些不协调在入学之后倾向于得到纠正：要么是“不合适的”人自我淘汰——或自动放弃，或转入那些更符合他们愿望的教育机构；要么就是在最后的选拔中，或者在进入职业生涯的时刻
236 (此时，继承所得的社会资本具有最大的效能)，被排除在学业选拔之外的所有标准重新恢复了最大的效能。这些现象在巴黎高等商学院这样的学校里表现得特别明显，因为这类学校被深深地卷进了社会制约和狭义的学业制约的矛盾之中。社会制约来自于那些被它吸引来的客户和企业冗长的书面要求；狭义的学业制约则是与它在名牌大学中所处的位置，尤其是与它所面临的来自其他商校的竞争联系在一起的；其他的商校创办得晚一些，也不像它那样已经得到了人们的认同，但是它们却促使人们维持甚至提高会考和教学的纯学业水平。因此，我们注意到在教师的子女中，放弃最初选择的人极为常见——从他们受到的学校教育中，以及从同窗学友的生活作风中，他们发现了人们对于某种职业生涯的预先准备，而他们只是由于学业竞争的逻辑才被推到了这种职业的门口，他们自己并没有真正选择过这种职业，而且这种职业也不会给他们带来真正的前途。确实，通过1965年的调查，我们了解到，职业成功与社会出身的联系极其紧密，而与学业资本中的某个指标的联系就远不如前者紧密，比如说，毕业时的排名这项

指标(巴黎高等商学院校友会,《1964年巴黎高等商学院情况调查概述,1920—1962届》,机密文献,第24页)。在像巴黎高等商学院和中央高等工艺制造学校这样的学校里,社会资本对学业资本的社会产出产生了极大的影响,更不必说在像布勒盖电子和电子技术工程师学校或机械与电力专科学校这样的庇护性质的学校:通过家庭关系、生意往来,或者通过人才事务所找到职位的历届巴黎高等商学院的毕业生,在1971年,他们的年收入(90 000—95 000法郎)明显高于那些在巴黎高等商学院接受过培训或者通过招聘启事得到职位的人的年收入(65 000—75 000法郎)(《巴黎高等商学院的社会职业调查》,1971年)。因此,尽管初看上去非常矛盾,但是1968年前后活跃于巴黎高等商学院的极左派小团体的存在不会与这样一个事实没有关系——所有与商界没有任何联系的人都通过各种征象预感到,学校颁发的证书是它所承诺的事业成功的必要条件,但仅有这个条件是不够的;事实上,只有那些既继承了财产,又继承了关系的人,即那些正宗的"fisticis"①们才真正能够达到事业的成功。

同样,在巴黎综合工科学校1966届毕业生中(参见表 237
13),来自文化资本多于经济资本阶层(大、中学教师和小学教员)的学生以更大的比例投身于传授应用性科学的学校或者位于知识极点附近的职业:从事研究,进入国家经济管理与统

① "fisticis"是巴黎高等商学院的学生对自己的称呼,因为法语中"fisticis"与"le fils est ici!"谐音。每当有人在他们面前说到某个著名的工商企业的名字时,巴黎高等商学院的学生总是习惯齐声高呼"le fils est ici!"(他的儿子在这里)

计学校、矿业学校。相反，工业家和商界巨头的子女中相对来说有更多的人进入了桥梁与公路工程学校，或者辞了职（主要因为毕业去向不理想）直接进了私营部门。[①] 最后，有两类学生直接进了国家行政学院，其一为出身于自由职业者家庭的学生，另一类为私营部门管理人员的后代。[②]

先于个人而存在的社会差异已经部分地转化成了学业差异，它将出身于权力场域不同区域的学生分离开来，进而将一批又一批积极参与的新生指定在与他们偏爱的体系最协调的学业前景上。分配机制正是利用这些预先存在的社会差异，在各种教育机构之间周而复始地分配着青年学生（萨特称之为“统治阶级青年”），并且几次三番地产生重要后果：缩减轨道交叉的规模与频率，例如，减少银行家和工业界老板的子女进入巴黎高师，继而进入教师队伍和文化性职业的可能性；同样也要减少教师的子女进入国家行政学院和巴黎高等商学院，进而步入银行界或者企业领导阶层的可能性。为此，首先必须减少消灭一个旧人，创造一个新人所花费的转换代价以及减少必须进行的灌输式教育；具体地说，就是要减少为了激起特殊信仰，激起对于游戏和对于赌注的兴趣，以及激起作为成功地步入场域之必要条件的幻觉所花费的劳动和

① 大多数公务人员的子女都进了高等军械研究中心（l'Armement）。工程师的子女几乎均匀地分布在各传授应用性科学的学校，或者从事各种职业。

② 在此，我们感谢阿兰·德罗西耶尔和罗朗·泰夫诺（Alain Desrosières et Laurent Thévenot）的帮助，由于他们，我们才得到了这些资料。

表 13　巴黎综合工科学校毕业生对于群体和职业的选择

	从事研究	矿业学校	国立经济管理与统计学校	国立高等电信学校	桥梁与公路工程学校	农业工程	气象及测量仪器	航空	军械技术	国家行政学院	辞职	其它或无回复	合计
农民、工人(N = 14)	14.3	–	–	–	21.4	–	7.1	14.3	21.4	–	21.4	–	100
职员(N = 9)	33.4	–	–	11.1	–	–	–	–	22.2	–	11.1	22.2	100
手工业者、商人(N = 13)	–	–	–	7.7	7.7	7.7	–	–	7.7	–	30.7	38.5	100
中等管理人员、技术员(N = 34)	14.7	2.9	–	8.8	2.9	–	5.9	–	26.5	–	32.3	5.9	100
小学教师(N = 21)	9.5	9.5	14.3	–	14.3	9.5	4.8	–	9.5	–	28.6	–	100
中学教师(N = 23)	34.8	–	4.3	8.7	26.1	4.3	4.3	–	4.3	–	8.7	4.3	100
大学教师、研究人员(N = 17)	47.1	5.9	–	17.6	–	5.9	5.9	–	–	–	17.6	–	100
国营部门管理人员(N = 23)	8.7	4.3	–	–	17.4	4.3	–	4.3	17.4	–	30.4	13.1	100
军官(N = 12)	8.3	–	8.3	–	16.7	–	–	8.3	50	–	8.3	–	100
工程师(N = 38)	21	5.3	5.3	10.5	5.3	2.6	7.9	2.6	13.1	–	21	5.3	100
自由职业者(N = 32)	18.7	–	6.3	–	3.1	6.3	6.3	6.3	15.6	3.1	28.1	6.3	100
私营部门管理人员(N = 37)	13.5	5.4	5.4	5.4	8.1	2.7	2.7	–	27	2.7	24.3	2.7	100
工业家、大商人(N = 26)	23	–	3.8	7.7	19.2	3.8	–	–	7.7	–	30.8	3.8	100
总计	18.7	3	4	6	10.4	3.7	4	2.3	16.7	0.7	24.1	6.4	100

代价。但是，我们知道，还必须优先考虑位置所钟爱的经历——只有那些能够迅速适应位置绝对要求的习性才能够赢得这个位
239 置；除此之外，还必须减少习性和位置之间的差距和不协调中所包含的危险冲突，以及处于不稳定位置上的人突发的颠覆性威胁。最后，就是要为所有追求抱负的人指定一个封闭的彼此分开的场域，以便迫使人们在连续的斗争(luttes de succession)中接受制约。

位置、习性和立场

引导学生在高等教育机构空间分布的差异化原则存在于学生的习性之中，而习性则是与继承所得资本的总量以及这个资本的结构联系在一起的，从这个意义上来说，我们能够理解，在关于文化、宗教或者政治方面的立场结构与位置结构之间存在着严密的对应性：事实上，与继承所得资本的结构混同在一起的**偏爱矩阵**在这里仍然是道德、美学或者政治“选择”的原则。如果我们愿意忽略不同学校的分布在本该连续的空间中造成的制度上的边界，我们就会发现，从学业方面处于支配地位、社会方面处于被支配地位的这个极点，到社会方面处于支配地位、学业方面处于被支配地位的另一个极点，人们从事戏剧、音乐、电影文化活动的频度呈递减的趋势，而在体育运动方面则呈相反的趋势，另外，政治上倾向于保守的各种习性的直接或间接征象也表现出同样的趋势。个人的所有选择以及这些选择的分布基本上都能够在习性体系中找到统一的主导原则，而习性，作为经济事物和文化事物的存在环境(这

种环境是以某种实际的等级体系为特征的）中的产物，系统地将这些选择引向构成人们整个世界观的非此即彼的抉择中——在物质的或精神的，世俗的或超越世俗的，体力的或脑力的之间进行选择，等等。[①] 因此，如果我们不满足于记录那些自圆其说并且为我 240
们所熟悉的表面上的明证性，而是想真正理解巴黎高师将优先权给予知识方面这一事实，那么，我们首先就必须重视，在所有学生中，教师家庭出身的学生所占的相对比例（出身于教师家庭的学生占 20％，巴黎高等师范毕业生的后代占 6％）和工商界业主家庭出身的学生的相对比例（4.5％）；在某种意义上，这个比例在整个群体范围内再生产了模态类别（catégorie modale）（即教师类别）的资本总量中文化资本和经济资本之间的不平衡（参见图 7）。然而，除此之外，还必须考虑到这样一个事实：这些非常优秀的学生（75％的学生在两次会考中至少有一次的评语是“好”），早早地就为学业体制所神化（他们中的大多数人在整个大学课程中曾经兼领所有的学习优异奖），而且还很早就将于尔姆高师及其准则作为自己的奋斗目标。经过一系列深思熟虑的改变（尤其是关于学校和学科方面的）和一连串的成功之后，他们圆满而自然地完成了从继承所得的文化资本向学业资本的转化。

① 我们知道，婚姻策略本身就是这个原理的产物，因为内婚制倾向于按照《区分》（*La distinction*）一书中所建立的社会空间的结构来建构它的路径——正如我们在高等师范学生这个内婚制的比例非常高，因而非常同质的群体中明确阐述的一样。参见 A. 德罗西耶（A. Desrosières）：“婚姻市场和社会等级”（Marché matrimonial et classes socials），《社会科学研究》，第 20—21 期，1978 年 3—4 月，第 97—107 页。

这些学生的学业价值与他们的文凭被赋予的社会、经济价值之间的差距或许就是能力政治论者愤怒的根源，他们的愤怒或许与他们的“反资本主义”倾向不无联系。他们对政治和工会的选择（参见图8）毫不含糊地与当时享有权威的知识分子的倾向一致：他们中60%的人属于左派或者极左派，17%的人声称倾向于马克思主义，66%的人声明自己与工会有联系——或者是其中的活动分子，或者担任领导职务；而且还有许多人（42%）说自己不属于任何一种宗教，然而经常性地参加天主教活动却是他们的行为规范（其他的高等师范学校除外）。如果说《世界报》是于尔姆高师学生最爱读的报纸（61%），但仍然有为数不少的师范生（12%）喜欢读《人道报》（这个比例是除圣克鲁以外的其他学校无法比拟的——
243 其他学校的此项比例不超过2%）和《新观察家》（与此相对应的是：国家行政学院和巴黎高等商学院的学生们更喜欢读《快报》）。但尤其值得注意的是于尔姆高师学生中读“知识分子”杂志的人占特别高的比例，这类杂志有《现代》（*les Temps modernes*）、《精神》（*Esprit*）、《评论界》（*Critique*）、《思想》（*la Pensée*）、《分析手册》（*Cahier pour l'analyse*）（24%的人至少读其中的一种），此外，读电影杂志和音乐杂志的人也占很高的比例。于尔姆高师的学生比其他学生光顾音乐会和电影资料馆的频率更高（只有塞夫尔高师的学生除外，性别分工的逻辑使她们与艺术和文学的东西接触更多）。在戏剧方面，他们看的是古典的或者前卫的作品，从来不看通俗喜剧（他们看得最多的戏剧依次为：阿里斯托芬的《蛙》[*Les grenouilles*]，鲍里斯·维扬[Boris Vian]的《将军们的点心》[*Le goûter*

des généraux]，契诃夫的《樱桃园》[*La Cerisaie*]，季洛杜的《夏约的疯妇》[*La folle de Chaillot*]，阿尔比的《谁怕弗吉尼亚·伍尔夫?》[*Qui a peur de Virginia Woolf?*]，布莱希特的《东家朋迪拉》[*Maître Puntila*]，玛格丽特·杜拉斯的《树林里的日子》[*Des journées entières dans les arbres*]，塞万提斯的《奴曼斯》[*Numance*]，等等）。

在这个空间的另一端，也就是说在巴黎高等商学院，占主导地位的是那些与私立教育紧密相依的巴黎大资产阶级（在升入六年级时，他们当中家住巴黎或者巴黎地区的人占52%，工商界大老板的子女占17.5%，私营部门管理人员的子女占24.5%，而且大多数人的母亲都不工作）；这些学生的学习成绩远远没有达到令人得意的程度（中学毕业得到良好评语的人很少），而且他们似乎花很多时间从事体育运动（骑马、橄榄球、击剑、高尔夫、滑雪、网球、帆板，等等）及其他各类活动；对于其中的某些人来说，这些活动实际上就是某种形式的就业准备（作为巴黎高等商学院一年一度入学仪式的盛大庆祝晚会[Boom]其实就是"法国骑士的第三种表现形式"；而作为高等商学院实习单位的子弟企业[Junior Entreprise]，正如若易克·瓦岗所说，则调动了工厂主的子女、公司董事的子女、商务和金融方面管理人员子女的作用）。他们在政治方面表现出了比较大的离散性，但是右派倾向（21.5%）还是比其他学校更明显。同样，即使有61%的学生读《世界报》，仍然有10%的学生读《费加罗报》，但是喜爱读知识性杂志的人却很少。至于 244
文化活动，尤其是看戏、听音乐会的频率，还比不上国家行政学院和巴黎综合工科学校。

241 **图 7　名牌大学中的教师子女和企业主子女**

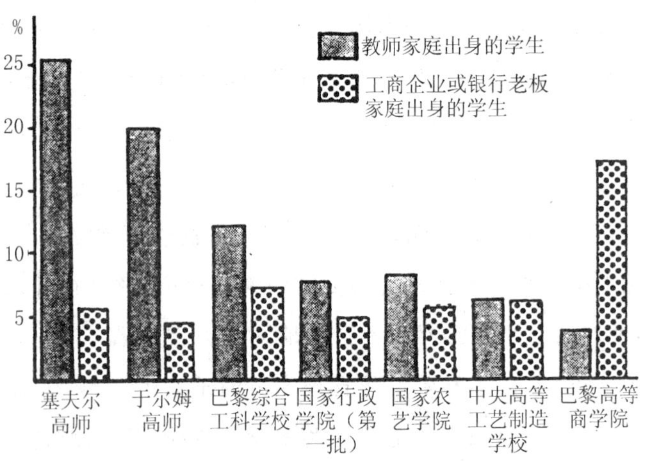

上图表现的是出身于教师家庭的学生和出身于工商企业或银行老板家庭的学生在各学校分布的情况，从中可以看出名牌大学体制的 X 状交叉结构。事实上，我们发现，在这些最著名的名牌大学中，教师和知识职业者家庭出身的学生的人数与工商业主家庭出身的学生的人数几乎是呈逆向变化的——将于尔姆高师和塞夫尔高师与巴黎高等商学院分离开来的对立面就是其中的主要对立面。如果说国家农艺学院与经济极点的距离不像人们料想的那么近，这是因为工商业主家庭出身的学生在这所学校里相对来说不是很多(5.5%)，而且这所学校的位置也评价得比较公正——如果考虑到农业经营性企业主家庭出身的学生占全部学生的 7.2%，而其他学校最多只占 2.2%。在我们的调查中，中央高等工艺制造学校工商业主家庭出身的学生的比例或许被低估了，这所学校所处的位置或许应该距离巴黎高等商学院更近一些，这一点图中没有表现出来。

图 8　实践活动和文化、宗教、政治观点的空间(N=15) 242

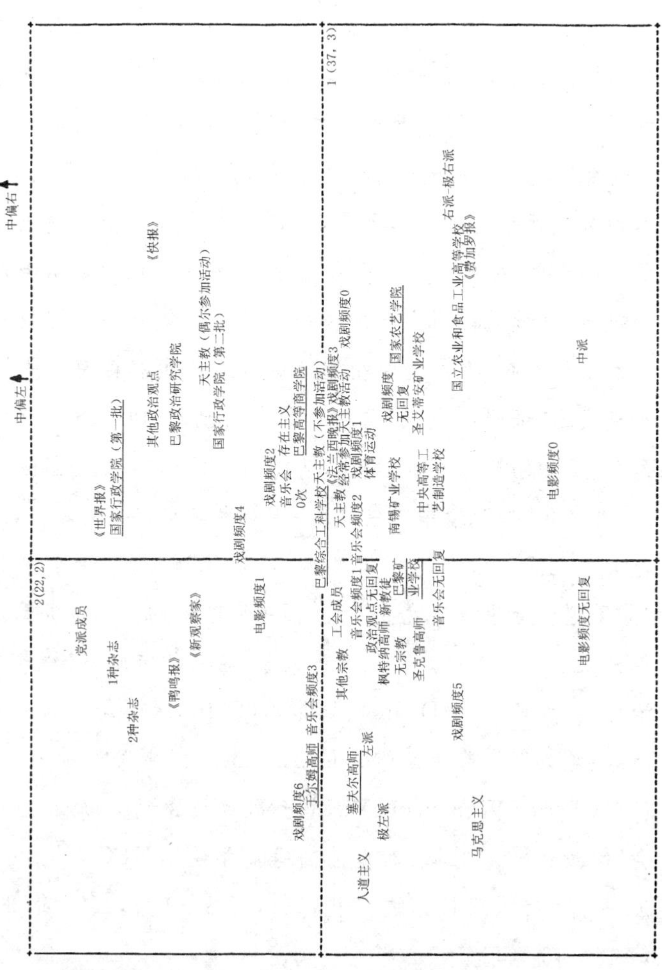

高中毕业班的专业

技术专业
现代专业
古典专业（无其他确指）
拉丁语、希腊语
拉丁语、现代实用语言
拉丁语、数学
拉丁语、希腊语、数学

会考评语
评语1：具有成功征象的评语数为0；
评语2：具有成功征象的评语数为1-2；
评语3：具有成功征象的评语数为3-4；
评语4：具有成功征象的评语数为5-8。

带有下划线的学校为主要变量。

由于统计数字难免具有片面性和抽象性，因而谈话、记录学校荣誉和表现学校各种活动的文本更能够反映学校深层的价值准则，尤其是能够反映学校企图调解对立面的自相矛盾的愿望——这个愿望就包含在“商校”的规划之中：考虑到必须避免“将知识分子赶到大学学院去”，或者说，考虑到要“让运动员有运动场可用”，于是，学校的领导人把校园建到了汝伊-昂-爵撒，并从中看到了将学业活动与体育活动结合起来的机会，这就是美国大学的模式，它“自诩能够向学生提供一种杰出的教育，而这些学生中有的人就是奥林匹克冠军”，这种模式还“证明，它能够发展一种中间概念，即体育文化的概念”。正如物质与精神，体育与文化之间的一般对立能够在“体育文化”的激情中得到解决，实业界与文化空间之间，经济与文化之间的对立也将悄然退场，以便让位于“商业文化”：“除了那些音乐戏剧晚会之外，高等商学院的文化事务部门每年都组织巡回讲座。戏剧界的人物、企业的首脑，以及各类政治名人，如德布雷(Debré)、德非尔(Defferre)、吉斯卡尔·德斯坦、孟戴斯·弗朗斯(Mendès France)或者蒂格歇-维尼昂库尔(Tixier-Vignancour)等先生都曾被邀请参加这些辩论会”(《汝伊-昂-爵撒：新型的高等商学院》，HEC 65，1964年汝伊-昂-爵撒商校落成典礼特刊，第8—9期，1965年2月，第45—46页)。

在这里，我们似乎仍然可以满足于人们误以为“本身就会说话”的某些事实。然而，事实上，要想真正理解存在于名牌大学场域两个极点之间的对立面，就必须认识构成权力场域两个极点的占有者互为对立的实践和表现的反命题：一方面，关于男子气概和责任心的价值准则可以在体育活动（一般是团体性的体育活动）中表现出来，也可以在某些有组织的活动（尤其是学生部组织的所有 245
活动）中表现出来，这些活动几乎被当成了进入经济生活的实地演习；另一方面，内向和超世俗的习性则可以在诸如阅读、看戏、听音乐之类个人的独立文化活动中体现出来，也可以在梦幻一般的充满激情的政治行动中体现出来；这些政治行动与其说是出于支配现今社会的实际愿望，倒不如说是对社会现实的拒绝。

无论在人们客观的位置空间，还是在代表立场观点的空间，巴黎综合工科学校和国家行政学院都介于巴黎高师和巴黎高等商学院之间，前者位于巴黎高师附近，后者位于高等商学院附近。这些学校的学生在关于宗教、政治、美学的观点方面所表现出来的许多典型特征都是与继承所得资本的最常见、相对来说也更稳定的结构直接联系在一起的。在巴黎综合工科学校，模态类别（14%）是工程师子女，工程师这一职业在资本结构的分布中处于中间位置，但是偏向知识极点；教师子女所占的比例（11.5%）比工业家和商界巨子的子女所占的比例更高（而在国家行政学院，这两类子女占有同样的比例）。[①] 简言之，与国家行政学院的学生相比，巴黎综

① 家庭传统和学业传统在巴黎综合工科学校得到了最高程度的渗透：51%的综合工科学校学生在升入三年级（初中毕业班）之前听别人说起过或者听他们自己家里人谈到过这所学校，相比之下，只有26%的巴黎高师学生，24%的巴黎高等商学院学生和很少一部分国家行政学院的学生有过相同的经历。仍然是在巴黎综合工科学校，本校历届毕业生的子女所占的比例最高（9%），而且这些人的子女也最受欢迎。《黄与红》这本从前的学生们爱读的杂志发表了对历届巴黎工科学校学生的子女、孙子女、曾

合工科学校的学生中有更多的人出身于中等资产阶级工薪家庭，而出身于巴黎大资产阶级家庭的却不那么普遍；他们所处的位置介于国家行政学院的学生与巴黎高师的学生之间（在升入六年级
246 时，巴黎综合工科学校家住巴黎的学生比巴黎高师要多，但不及国家行政学院）[①]。在政治和文化活动方面也一样。他们若是承认自己属于某种思想流派，最常提到的便是天主教（15%），基督教存在主义（9%）以及马克思主义（8%），这一切使他们在政治上处于于尔姆高师和国家行政学院之间的中间位置。即使他们中的绝大多数人（84.5%）宣称自己属于某一宗教，但是在参加天主教活动方面，他们还是不如国家行政学院的学生频繁。至于文化活动方面，他们也是处于巴黎高师和国家行政学院之间的某个平衡点上：他们读得最多的是《世界报》（71.5%），也有少部分人读《费加罗报》（6.5%），但是读《人道报》的人却很少（1%）。他们中有许多人经常看《新观察杂志》（27.5%），但也有许多人看《快报》（20.5%），这个比例低于国家行政学院，但是高于于尔姆高师。与巴黎高师的学生不同，他们几乎所有的人都只从事一项体育运动，但是与巴黎高师的学生一样，他们也经常去看戏（主要是古典戏剧，如莫里哀的《堂璜》，蒙泰朗（Montherlant）的《死了的皇后》，阿奴伊（Anouilh）的《贝克特》，以及契诃夫的《海鸥》）：44.5%的人一年中

孙子女的统计资料，并且很自然地提到了他们与其他巴黎综合工科学校学生之间的家庭联系（比如说婚礼请柬中所反映的内容）。巴黎综合工科学校的学生对已经成名的校友的名字了如指掌。所有这些细节，再加上旺盛的记忆力，似乎证明了某种强大的整体化倾向。

① 在所有名牌大学的学生中，巴黎高师的学生或许最不是“巴黎人”了：在升入六年级时，他们中仅有三分之一的人家住巴黎或者巴黎地区，三分之一住在人口超过10万的大城市，另外三分之一住在小城市或者乡村。

至少去四次，而于尔姆高师的此项比例为39.5%，国家行政学院的为37.5%。[①]

国家行政学院的模态类别是由高级官员、私营部门领导者和自由职业者的子女构成的，而自由职业者在权力场域中所处的位置与国家行政学院在名牌大学场域中所处的位置存在着对应性。[②] 国家行政学院的学生一般都是巴黎人（56.5%的学生在升入六年级的时候家住巴黎或者巴黎地区）；与其他学校的学生相比，他们中有更多的人出身于上流阶层（在1964—1969年间，国家行政学院出身于上流阶层的学生占7.5%，巴黎高等商学院为5.5%，巴黎综合工科学校为3%，于尔姆高师为2%），而且他们中有 247
不少人毕业于私立教育机构；这些学生的学习成绩中等——不及巴黎高师和巴黎综合工科学校的学生，但是比巴黎高等商学院学生的成绩要好。[③] 他们的立场和观点，尤其是政治观点，一直处于中间区域：**所有的**人都读《世界报》，正如巴黎高师的学生阅读知识性杂志，这项活动也是他们职业最初阶段的组成部分；实际上，他们几乎从不认为自己属于马克思主义者（1%），很少有人认为自己是社会主义者（8%），属于极左派的（5%）也只是个别情况（他们中没有人读《人道报》）；相反，却有47%的人处于中偏左和中偏右，

① 在听音乐会、看戏、玩桥牌方面，社会出身的差异似乎在巴黎综合工科学校表现得不那么明显，这主要是因为这些出身于大众阶层的经过超级选拔的学生比其他学校的学生去剧院或者音乐厅的次数更多。

② 在本部分的附录4中（表28、29），我们将对国家行政学院不同阶段中所选拔的不同阶层的学生所占的比例进行详细的分析。

③ 由于国家行政学院是新办的，因而在我们进行调查的时候还没有建立家族档案，但是他们与巴黎政治研究学院的联系一直非常紧密：9%的学生的父母曾经就读过这所学校。

这个比例大大高于其他名牌大学[①]；他们还常常宣称自己是基督教存在主义者（14%）或者天主教主义者（catholicisme）（12%），39.5%的人声称经常性地参加天主教活动，21%的人偶尔参加。在出入剧院的频率方面，他们与巴黎高师的学生所处的位置相同，但是他们去听音乐会的频率要低一些（56.5%的人一年中从没去过音乐厅，而巴黎高师学生的此项比例仅为35%）。作为报纸的忠实读者，他们却很少阅读知识性杂志（《精神》杂志除外），而更愿意阅读经济、政治方面的普及性杂志（《经济问题》[*Problème économique*]，《规划》[*Projet*]，《法国政治学杂志》[*Revue française de science politique*]，《国防杂志》[*Revue de la défense nationale*]，等等）。

因此，位置空间在立场空间中找到了一个比较忠实的象征性表达方式。这种对应性的惊人表现来自于各校提供的光荣榜名
248 单：学生们在回答他们希望邀请哪五位名人去他们学校演讲时，都提出了各自的名单；这些名单好比是一项测试，我们可以从中看出各校心目中的卓越者的形象（参见表14）。[②]

① 如果当初让-弗朗索瓦·凯斯莱尔能够从科学的愿望出发，而不是怀着卫道的企图，那么，他就不会努力地把国家行政学院的学生与全体法国人民拴在一起（“国家行政学院的学生像所有法国人一样投票……他们与地区民主联盟[UDR]或者法国民主联盟[UDF]没有关系”，参见J.-F.凯斯莱尔：《法国行政学院、社会、国家》，巴黎，贝尔热·莱弗罗尔特出版社，1985年，第409—417页），他就会设法将国家行政学院的学生与其他名牌大学的学生区分开来，无论是在政治观点上还是在其他方面。

② 问题是这样设计的：“你希望哪五个人到你们学校来演讲？”（使用“演讲”一词可以从侧面默示这些人物有能力承担这项纯文化的活动。）关于这个问题的回复率，不同学校之间存在着很大的差异：巴黎高等商学院和巴黎综合工科学校的回复率最高（分别为84%和82%），于尔姆理学院和塞夫尔理学院最低（分别为51%和38%）。无回复的可能是没有能力作答（属于这种情况的主要是塞夫尔理学院、于尔姆理学院和国家农艺学院）；但是不回复也可以理解为对这个问题持轻蔑态度（这种态度主要在于尔

巴黎高师文科学生的选择极其分散(他们平均每人选2.6人,而国家行政学院平均每人选1.7人),且选票中戏言颇多(巴黎综合工科学校的学生也一样),然而作为他们首要选择的是像萨特、利科和福柯那样的知识分子或哲学家,以及像列维·斯特劳斯那样的人文科学方面的专家,或者像戈达尔(Godard)和布莱(Boulez)之类的艺术家。即使在他们的提名中有不少政治家,那也主要是科学家中的最具备知识性的政治家,比如说孟戴斯·弗朗斯,或者像戴高乐和毛泽东那样的历史巨人;他们很少选择像吉斯卡尔·德斯坦或者德布雷(Debré)那样的右派政治家。巴黎高师的理科学生与他们的文科同学比较接近,而与巴黎综合工科学校的学生却不那么接近:他们中很多人提到了哲学家,有的人还提到了某些著名科学家的名字(格罗藤迪克[①],莫诺[②],施瓦茨[③],"布尔巴基"[Bourbaki],奥本海默[④],海森伯),这类情况在巴黎综合工科学校的学生身上极其少见。此外,无论在艺术方面还是在文学方面,巴黎高师的理科学生都更倾向于选择现代主义(布莱,施托克豪森,格泽纳基,尤奈斯库),这一点也使他们与巴黎综合工科学校的学生不同。

姆:"愚蠢的问题"——于尔姆理学院,教师之子),或者拒绝这种形式("我不认为杰出人物的演讲会有什么作用"——于尔姆理学院,从事技术教育的数学教师之子)。

① 格罗藤迪克(Grothendieck,1928—2014),法国数学家。——译者

② 莫诺(Jacques Lucien Monod,1910—1976),法国著名医生和生物学家。1965年获得诺贝尔医学奖。——译者

③ 施瓦茨(H. A. Schwartz,1843—1921),法国著名数学家。——译者

④ Oppenheimer,1904—1967,美国物理学家,曾领导研制世界上第一枚原子弹的研究中心。——译者

表 14　最受欢迎的演讲者(N = %)

于尔姆高师（文科和理科）（N = 96）		塞夫尔高师（文科和理科）（N = 69）		巴黎综合工科学校（N = 100）		国家行政学院（第一批）（N = 69）		巴黎高等商学院（N = 100）		中央高等工艺制造学校（N = 100）	
萨特	24	萨特	29	吉斯卡尔·德斯坦	34	M. 法朗士	45	M. 法朗士	59	M. 法朗士	24
M. 弗朗斯	22	J. 维拉尔	20.5	萨特	28	阿隆	16	吉斯卡尔·德斯坦	58	吉斯卡尔·德斯坦	22
戴高乐	14.5	戈达尔	16	达利	22	戴高乐	16	萨特	21	达利	22
戈达尔	13.5	S. 德·波伏娃	13	戴高乐	21	吉斯卡尔·德斯坦	16	德布雷	15	L. 阿尔芒	18
密特朗	13.5	巴罗	11.5	皮萨尼	19	萨特	16	蓬皮杜	11	萨特	13
列维－斯特劳斯	10.5	M. 弗朗斯	11.5	M. 弗朗斯	14	戈达尔	11.5	戈达尔	9	福拉斯迪耶	11
布莱	9.5	布莱	10	毛泽东	9	达利	8.5	密特朗	9	戴高乐	9
毛泽东	9.5	维耶－阿雷	10	密特朗	7	德布雷	8.5	皮萨尼	8	密特朗	9
利科	7.5	阿拉贡	8.5	吕埃弗	6	皮萨尼	8.5	戴高乐	7	B. 巴多	8
阿拉贡	5	列维－斯特劳斯	8.5	戈达尔	5	布洛克－莱纳	7	多姆纳克	6	马尔罗	8
阿隆	5	利科	7	瓦尔德克－罗歇	5	马尔罗	7	勒卡涅	6	L. 斯瓦尔兹	7
德布雷	5	J. 罗斯丹	7	卡斯特雷	4	密特朗	7	马尔罗	6	安托万	6
福歇	5	布拉桑	6	毕加索	4	毕加索	7	德费尔	5	卡斯特雷	6
福柯	4	毕加索	6			蓬皮杜	7	阿尔都塞	4	蓬皮杜	6
吉斯卡尔·德斯坦	4	圣琼佩斯	6			列维－斯特劳斯	6	布洛克－莱纳	4	J. 罗斯丹	6
勒卡涅	4					马瑟	6	费德尔－卡斯特罗	4	阿隆	5
凯诺	4							E. 佛尔	4	L. 德·布罗意	5
J. 维拉尔	4							弗鲁瓦拉	4	戈达尔	5
								肯尼迪	4	勒普林斯－林格	5
								J. 维拉尔	4		

此表为回复问卷中确切指明了讲演者名字的学生的百分比。

根据男女不同性别之间的分工，男性被赋予了政治，女性被赋予了美学，尤其是文学，它比哲学更加“女性化”，于是，与政治相比，塞夫尔高师的学生将她们对文学的偏爱发挥到了极致：在15位她们最喜欢的演讲者中只有孟戴斯·弗朗斯一位政治家。占第一位的仍然是萨特，同于尔姆的情况一样，但与于尔姆的男生不同的是，塞夫尔的学生把很大一部分选票 250
投给了剧作家（维拉尔、巴罗）、艺术家、电影人和音乐家，文学家以及知名女士，尤其是像西蒙娜·德·波伏娃或维尔-阿莱-拉格露娃博士（Dr Weill-Hallé-Lagroua）那样著名的女权活动家。

另外，巴黎综合工科学校学生所处的位置介于巴黎高师学生和国家行政学院学生之间。与后者一样，他们的提名也主要集中于政治家，首先是作为巴黎综合工科学校校友的吉斯卡尔·德斯坦（得到了三分之一学生的提名），其次是戴高乐、皮萨尼（Pisani）、孟戴斯·弗朗斯、毛泽东、密特朗。但是与国家行政学院的学生相比，他们给知识分子的选票要稍微多一些，尤其是萨特。虽说他们提名的大多数作家、画家或者作曲家都是为人们所接受的，甚至是古典的，但也有人提到了某些前卫创作者的名字，其中只有很少一部分人提到了布莱、贝克特、比托尔（Butor）、罗伯-格里耶（Robbe-Grillet）、阿尔都塞、皮埃尔·沙费（Pierre Schaeffer）、格泽纳基，而这些人物也没有出现在国家行政学院学生们列出的名单上。巴黎综合工科学校的学生中没有人提到雷蒙·阿隆的名字，而这位当代作家却深得国家行政学院学生的厚爱；相对来说，巴黎综合工科学校的学生把更多的选票投给了他们的校友吕埃弗(Rueff),而国家行政学院的学生则相应地将选票投给了布洛赫-莱内(Bloch-Lainé)。

国家行政学院的学生(通过会考录取的学生),特别是巴黎高等商学院的学生,处于巴黎高师学生的对立面。国家行政学院主要选择政治家,而且右派多于左派;孟戴斯·弗朗斯遥遥领先,随后是吉斯卡尔·德斯坦、戴高乐、德布雷、皮萨尼、蓬皮杜;而像布洛克-莱内、皮埃尔·马瑟(Pierre Massé)和保尔·德鲁维里耶(Paul Delouvrier)那样的专家治国论理想的代表人物所得的选票却要少得多(也有极个别的选票提到了私营部门的某某老板,如罗特希尔德或者伯若)。[1] 在当
251 选的知识分子中,与萨特抗衡的是阿隆。而在塞夫尔,阿隆没有得到任何选票;在于尔姆也只排名第十;我们发现马尔罗的名字出现在赢得了许多公众的前卫艺术家毕加索或者达利的

① 某些学生显得与众不同,与其他人相比,他们投给知识分子、艺术家或者作家的选票更多一些;这些学生几乎全部都出身于小资产阶级家庭(两个这方面的例子。例一:"顾夫·德姆维尔[Couve de Murville],尼迈耶尔[Niemeyer]、达利[Dali]、萨特、博夫-梅里[Beuve-Méry]";例二:"萨特、皮萨尼、孟戴斯·弗朗斯、戈达尔、马尔罗")。与通过正规会考入学的学生相比,那些公务员学生似乎更倾向于左派政治家:问卷回复者中有一半以上的人提到了孟戴斯·弗朗斯;也有人提到了"工会领导人"(没指具体姓名)。他们的选择具有比较明显的人道主义和对第三世界的关怀:一位出身于工程师家庭的学生提到了若苏埃·德·卡斯特罗(Josué de Castro)和堂·埃尔德·卡马拉(Don Helder Camara)。在通过会考录取的学生中,有的名单几乎是不可能的,例如,两位职员出身的学生的选择分别为:"L. 波林(L. Pauling)、J. 罗斯丹(J. Rostand)、斯坦贝克(Steinbeck)、F. 卡斯特罗(Fidel Castro)、孟戴斯·弗朗斯"和"孟戴斯·弗朗斯、维拉尔(J. Vilar)、A. 法布尔·卢斯(A. Fabre-Luce)、J. 罗斯丹、M. 德巴提斯(M. Debatisse)"。政治学院的学生(尤其是公用事业系的学生)所做的选择与国家行政学院学生的选择非常接近。

名字附近。在任何一个领域,只有那些最著名、最令人信服的人物能够得到提名,而且与巴黎高师不同,国家行政学院没有人提起前卫艺术家的名字(戈达尔除外)。这些未来高官的一切表现集中体现为一种温和的折中主义,一份完全理想型名单概括了这种折中主义的特性:“阿隆、米歇尔·德布雷、皮埃尔·马瑟、皮埃尔·孟戴斯·弗朗斯、圣鸠尔斯”(高级官员之子);另一位的选择则表现出了一种忧虑(避免卷入旋涡),同时也表现出了一种愿望,这就是超越政治更替、达到国家大官僚们似乎已经达到了的中立地位,他选的是:“蓬皮杜、孟戴斯·弗朗斯、埃德加·富尔(Edgar Faure)、塞杜(Seydoux)、吉斯卡尔·德斯坦”(高级管理人员之子)。这些折中主义者的谨慎选择达到了神奇的稳定:用吉斯卡尔·德斯坦来抗衡孟戴斯·弗朗斯——平衡原理同样也支配着他们的论述以及他们的两分法,因此,这些选择完全适合于这些未来的“国家高级公仆”(或者大型国营和私营企业的高级公仆)——他们将根据自己正式身份的官方表现来维持共同利益和“行会主义”之间的平衡,并且以具有同样权限的中立性为彼此对立、方向各异的政府服务。暗含在文化和政治中的哲学给学生们以启迪,同时还在某种意义上构成了文化的基础,并使之具有某些政治功效;而这种哲学与学生们在会考时人们让他们评论的作家的名单中所反映出来的哲学是一致的。这份名单中有雷蒙·阿隆(他曾长期在巴黎政治研究学院担任教授),以及孟德斯鸠、瓦莱里、阿兰和托克维尔,而且在这份名单中,米歇尔·德布雷和阿尔贝·加缪远远领先于萨特和西蒙娜·德·波伏娃。

事实上，政治在为人们提供对作家进行选择和划分原理的时候，完全排除了所有的表面特征。因此，1972 年经济与财政部职业进修与培训中心为进入国家行政学院而开设的预备课程按照以下类别来划分 20 世纪的作家："传统作家"：圣埃克苏佩里、G. 贝尔纳诺斯(G. Bernanos)、H. 德·蒙泰朗(H. de Montherlant)；"新君主主义作家"和"新法西斯主义作家"：C. 莫拉斯(C. Maurras)、M. 巴雷斯(M. Barrès)、R. 布拉齐亚克(R. Brasillach)；"从事新人文主义探索的介入型作家"
252 (S. 韦伊，《E. 穆尼埃：人格主义与 20 世纪革命》)。作为典范作家安息之地的先贤寺("这些作家的作品常常用来作为考生的思考题和口试题，或者作为考生在完成评论之后进行面谈的内容")，以及同一本国家行政学院入学预备教程中对作家生平介绍的篇幅，同样包含着耐人寻味的意义：德日进(Teilhard de Chardin)神甫(寻求"两种深远激情的融合……人的统治与上帝")，3 页；R. 布拉齐亚克，2 页1/2；G. 贝尔纳诺斯，2 页1/2；P. 瓦莱里，2 页；C. 莫拉斯，2 页；C. 贝玑(C. Péguy)("大众化的"和"兄弟般的风格")，2 页；J. 季洛杜，2 页；J. 罗曼(J. Romains)，2 页；H. 德·蒙泰朗("优美的运动抒情诗")，2 页；A. 马尔罗，2 页；J.-P. 萨特，2 页；A. 加缪，2 页；阿兰，1 页 2/3；A. 莫洛亚，1 页 2/3；F. 莫里亚克，1 页 2/3；M. 巴雷斯，1 页 2/3；R. 马丁·杜加尔，1 页 1/3；G. 杜阿梅尔，1 页 1/3；R. 罗兰，1 页1/3；A. 德·圣埃克苏佩里("斯多葛主义")，1 页；A. 法朗士，1 页。选来让考生评论的作品目录也是相同原理的结果："在 1945 年到 1965 年之间，评委会为正规学生会考、特别会考，以及公务员会考选了3268部作品节选，涉及775位作者……。在评委会眼里，某些作者是真正的宝藏：孟德斯鸠位于最前面（108篇作品节录，其中15篇用于1945年10月的那次特别会考），紧随其后的是瓦莱里（105篇），接着有阿兰（93篇），托克维尔（67篇），勒南（Renan），雷蒙·阿隆（45篇），阿纳托尔·法朗士（38篇），泰纳（37篇），贝玑（35篇），拿破仑一世、儒尔·米什莱（Jules Michelet）、安得列·西格弗里德（André Siegfried）和S.韦伊（Simone Weil）（各34篇）。需要注意的是，J.-J.卢梭（45篇）击败了伏尔泰（32篇），蒲鲁东（43篇）胜于马克思（13篇）、列宁（3篇）、斯大林（3篇）、托洛茨基（5篇）和毛泽东（1篇）。被选入了20—30篇作品的有：马基雅弗利、蒙田、帕斯卡尔、拉·布吕耶尔、夏多布里昂、本杰明·贡斯当、基佐、巴尔扎克、圣伯夫、纪德、柏格森、莱昂·布鲁姆（Léon Blum）、勒内·格鲁塞（René Grousset）、A.赫胥黎（Aldous Huxley）、阿尔弗雷德·索维（Alfred Sauvy）。被选入了10—20篇的有：G.阿尔当（Gabriel Ardant）、班维尔（Bainville）、巴雷斯、邦达（Benda）、贝尔纳诺斯、库尔提乌斯（Curtius）、乔治·杜阿梅尔、雅克·艾吕尔（Jacques Ellul）、吕西安·费布夫尔（Lucien Febvre）、费纳隆（Fénelon）、G.费尔罗（Guglielmo Ferrero）、甫斯特尔·德·库朗日（Fustel de Coulanges）、加格卓特（Gaxotte）、盖埃诺（Guéhenno）、维克多·雨果、洛雷斯、（盖德：1篇）、B.德·儒弗奈尔（Bertrand de Jouvenel）、拉马丁、路易十四、莫洛亚、尼采、帕雷托（Pareto）、普雷沃-巴拉多尔

(Prévost-Paradol)、里瓦罗尔(Rivarol)、罗伯斯庇尔、(丹东:1篇)、罗曼、让·罗斯丹(Jean Rostand)、圣埃克苏佩里、乔治桑、司汤达、塔列朗(Talleyrand)、蒂博岱(Thibaudet)、杜尔哥(Turgot)、沃夫纳格(Vauvenargues)、韦达·白兰士(Vidal de la Blanche)。加缪(19 篇)领先于埃马纽尔·穆尼埃(8 篇)、萨特(6 篇)和西蒙娜·德·波伏娃(5 篇);米歇尔·德布雷(19
253 篇)也与戴高乐将军(11 篇)拉开了距离……如果我们翻出 1972 年到 1982 年间的头两篇和末尾两篇考试作品,我们就能够确认对于作家的选择几乎没有什么改变:儒弗奈尔处于领先位置,随后是阿隆和加缪;戴高乐将军超越了 M. 德布雷……和 G. 蓬皮杜,与托克维尔持平;杜尔哥、罗伯斯庇尔、拿破仑、基佐、马克思、尼采、勒南、泰纳、洛雷斯、贝玑、列宁、布鲁姆、阿兰、沃伏纳格、瓦莱里、索维、夏多布里昂、巴尔扎克、米什莱等作家的作品一直都被选入其中。但是也出现了时世造就的新人:R. 卡洛笛(R. Garaudy)、J.-F. 雷维尔(J.-F. Revel)、M. 洛贝尔(M. Jobert)、M.-A. 麦克肖希(M.-A. Macciochi)、E. 勒瓦·拉杜里(E. Le Roy Ladurie)、F. 布洛岱尔(F. Braudel)、P. 阿里耶斯(P. Ariès)、E. 梅尔(E. Maire)、德布瑞(Debray)、A. 佩瑞费特(A. Peyrefitte)、A. 季诺维也夫(A. Zinoviev)、J.-M. 多穆纳克(J.-M. Domenach)、A. 图汉纳(A. Touraine)、A. 科恩(A. Cohen)、M. 图尔涅(M. Tournier)……一些不知名的杰出作家还不包括在内"(参见 J.-F. 凯斯莱尔,同前书,第 93—94 页)。

与国家行政学院的学生一样,巴黎高等商学院的学生也特别欢迎像吉斯卡尔·德斯坦、孟戴斯·弗朗斯、德布雷、蓬皮杜、密特朗这样的政治家的演讲。实际上,只有巴黎高等商学院的学生选了大型企业老总的名字——他们是企业的缔造者,如西尔万·弗鲁瓦拉、布略斯丹-布朗歇、贝津、普鲁沃、达索;高级官员中只有个别人得到提名(布洛克-莱内)。在文化和文化生活方面,他们的选择属于最传统的那一类,有时候非常接近中等文化,尤其是他们的选择具有不协调性,例如:"卡洛笛、桑吉纳迪、马尔罗、希区柯克(Hitchcock)、蒂格歇-维尼昂库尔(Tixier-Vignantcour)(公司总经理家庭出身)";或者"密特朗、萨特、德布雷、布雷松(Bresson)、奥瑞松神甫(Père Oraison)"(父亲为解剖实验室负责人)。[①]

在不同学校的学生为供他们选择的各种职位(财政稽核、高级官员、医院医生、巴黎大学教授、上诉法院律师、大型企业工程师、大公司总经理、著名导演)所排列的等级中,也存在着同样的规律:国家行政学院的学生将财政稽核作为首选,导演排在第二位,排在第三位的是医生,家庭所属的社会地位越高 254
越是如此。巴黎综合工科学校的学生则不然,作为他们第一选择的是巴黎大学教授——这个职位在国家行政学院的学生那里被排在了第六位;他们的第二选择是导演,第三选择是医院医生,财政稽核只排在第五位。中央高等工艺制造学校的

① 少数出身于自由职业者家庭和文化职业者家庭的学生所做的选择更接近文化极点:如"阿尔都塞、巴特(Barthes)"(一医生之子),或"毛泽东、费德尔·卡斯特罗、阿尔都塞、J.-P.萨特、迪奥普(Diop)将军"(一新教教堂牧师之子),或"吉斯卡尔、孟戴斯·弗朗斯、J.-P.萨特、列维·斯特劳斯、罗伯-格里耶、布雷松"(建筑师家庭出身)。

学生与巴黎综合工科学校学生的不同之处在于：他们将总经理的职位放在第一位，而巴黎综合工科学校的学生则把它放在了第四位。

群体精神

我们只是想说明：这并不是像抱有实证主义信念的民族学特有的幻觉所相信的那样，是对预先建构的对象进行仔细和详尽然而却是错误的探索——这种对象是根据它表面的独特性所预先构成的，而这种独特性又能让人们把握到对象的特殊之处，相反，我们必须系统地建构对象所在的空间，建构对象所特有的、差别性的、关系性的特性都受到其影响的空间，只有这样，我们才能够真正掌握对象的特性。只有摒弃普通的直觉和似是而非的学术描绘所造成的随意的绝对化（absolusation arbitraire），我们才能够在封闭的小社会的真实性中理解所有不同的学校——在民族学家眼里以孤立空间（univers insulaires）的形式存在的这些珍贵的小社会都具有同一种生活方式，我们不仅能够在文化参数、伦理或政治价值参数显示的某些既相互联系又相互区别的体系中感受到这一点，而且通过形体常态、衣着打扮、语言技巧，甚至通过性习惯，我们也能够感觉到这种生活方式的存在；由此产生的效应是，激励了特殊的专题著作的出版，并且在表面上使它们取得了合法性。

自行遴选实践都被委托给了来自于教学机构的导师们，每一所学校主要就是通过这些自行遴选实践选拔和聚集惯习的同质性类别，或者说，它在双重意义上“认同它自己的人”，这就是说，既识别他们之间的差异，同时又通过他们的不同身份(identité distinctive)神化他们——这种不同身份是学业体制选拔来的“精英群体”内部的下一级分类中的身份。[①] 由于身份是以差异(différence)来定义的，因此，必须以根本实质的改变为代价，身份 255
才能够在它的关系中永久地存在下去：确实，与二十年以前的68年运动前夕相比，如今阅读《人道报》的巴黎高师学生不如从前多，从事网球运动的学生却比以前多了；但是我们并不能因此而对事实产生任何怀疑：构成巴黎高师学生与巴黎综合工科学校学生，以及与国家行政学院学生之间对立的原则并没有彻底改变，因而这个原则仍然能够在某些差异体系中找到表现自己的机会，而且根据与原先差异相同的逻辑，这些差异体系很快就能够为人们所理解，因为它们是原先的差异在结构上的等同物。

社会学分析引起了许多误解，误解的根源就在于：人们总是对某种关系性的思想进行实体性的解读，借用卡西尔[②]的差别(distinction)理论来分析，比如说，人们从社会空间接近于中下区域的网球运动实践中得到了一些情况，于是人们就用这些情况来反对

① 如果我们对各个学校会考中的口试情况进行一次比较性分析，或许我们就能够帮助人们更好地理解认同的炼金术(alchimie)：为了保持最大的实际可比性，或许应该将国家行政学院“盛大的口试”与巴黎高师的口试进行对照。前者要求的是把握复杂的社会场景的能力，它介于官方会晤、鸡尾酒会或者社交晚宴上的交际与行政事务报告之间；后者则是宣读“课文”形式的书面文字，它最需要的是清晰与自信，而不是手腕方面的技巧或机智。于是我们可以说，如今常常被人们简化为文本分析的语言分析，应该将人们在言谈中的立场与说话者和受话者的身份这两个空间之间有序地联系起来(就好像我们在前面关于演讲人的选择中所做的一样)，就是说，应该在整个名牌大学场域和这些学校与权力场域的关系这样两个空间中建立有序的联系。

② 卡西尔(Cassirer，1874—1945)，德国哲学家，他以历史的观点发展了康德的批判哲学。——译者

另外一种描述，然而，这种描述却正好揭示了这个区域在特定时刻和特定状态下关于体育实践空间的不同价值。与某些行动者或者与某些从关系上定义的群体联系在一起的特性只有在这些特性所在的关系中（也只有通过这种关系）才有意义，有价值：一项实践、一个物体或者一种话语，它们本身绝对没有诸如卓越或者粗劣，高贵或者平庸的意义，一般的常识就能够判断这一点；只有在与其他实践、其他物体、其他话语的关系中，这些实践、物体、话语才具有上述含义。由此可见，与合法文化的合法经验中所固有的*本质主义的绝对主义*相反，在不同时刻或同一时刻，由于下面这些本质上是相对的存在实际所处的差别关系的不同，高贵、荣誉、文化、杰出
256 等概念可能与不同的甚至相互对立的特性、实践、话语联系在一起（在同一文化传统内部是如此，*更不必说*在不同的文化空间中）。关于*差别*这个词本身的含义，我们就一直都没能理解；这个词主要表达的是关系的概念，而在社会习惯用法中，这个概念却转向了实体的、本质的意义。比如说，差别关系可以通过炫耀财富来表现（通过语言、衣着，或者任何一项象征性的举动），这时表现的仅仅是与贫穷的区别（因为美丽，尤其是女人的美丽可能与丰腴联系在一起）；此外，以多少带点炫耀意味的姿态来拒绝炫耀也可以表现差别关系，而且这种姿态还符合一切与谨慎朴素有关的价值准则——在消费经济或言语经济中（économie de la consommation ou du langage），这些准则表现出了与某种倾向之间的联系——这种倾向就是暴发户和那些终于达到了各种形式的*炫耀性消费*的新贵们的倾向。由此论及人们可以想见的由赞成变为反对的各种各样的颠覆（我们似乎可以通过近些年来性风俗的演化来说明这一

点)。然而,所有这一切并不妨碍我们提出关于界限的问题——但是我们的言辞肯定不如我们的电视哲学家们在电视里揭露电视文化的罪行时那么朴素:由知识场域或艺术场域的相对主义游戏所带来的某些产物或者某些话语,可能由于它们的内在结构及其特殊的生产条件而与相对主义的简化形成对立。

从习性的主要决定因素来看,学生群体达到了最大程度的同质性;学生流动的分布使得如此建构起来的文化隔离群能够为所有那些具有模态惯习特征的人(如从巴黎高师教员家庭出身的学生的惯习中,或者从巴黎高等商学院大老板家庭出身的学生的惯习中)谋取社会天堂的迷人经历:那里的每一个人都有各种各样的机会从其他任何一个人身上认出一位同类(semblable),一位在社会关系上与自己如此接近的邻人,以至于人们可能会把他当作另外一个自我而喜欢他(昔日的学生常常在回忆录中表达他们对逝去天堂的怀恋;从他们的愁绪中我们得知,作者们此后再也没能找到一个如此“完美”,与他们的习性如此协调的空间)。具备相同或者类似习性的同窗之间的持久的较量只能强化每个人的习性和已 257
经达成共识的价值准则,进而增强对自身价值的信心。与唯一的确定性(certitudo salutis)不可分离的自我确定性(certitudo sui)能够从某一特殊群体的赞叹中吸取养料,再加上神化效应,这种自我确定性便得到了更大程度的强化:社会公开设立的差别体系将杰出学生建构成为被分离的群体,进而又将他们建构成为在社会关系上得到认同的社会精英,这样一来,精英们必然要投身于差异意识强制下的某些实践,而这些实践又倾向于强化这种差异。

在所有的社会群体中,通过某一称号或某一共同身份对个体

（他们是由于极大的社会相似性而聚集起来，并因此得到认同和合法化的个体）的强制作用而建构起来的以学业为基础的群体，或许就是那些与他们家族性质最接近的人。事实上，青少年之间是如此和谐，以至所有的一切都预先使他们倾向于“彼此融洽”，因此，青年学生之间必然会建立起一种浓厚而持续的兄弟般的情感联系，正是这些情感联系构成了群体成员之间连带关系的基础——这一基础具有自然的表象，就像家庭情感对于家族那么自然。[①]教学机构实施的聚合性隔离（ségrégation agrégative）或许就是**情感社会构造**的最有力的操纵者，而同窗之间的友情或者爱情，正是**社会资本**这一珍贵的资本类别在结构上呈现的一种最可靠、最隐秘的形式；这里的**社会资本**就是同学关系，就是“同届学生”这个名称下所包含的同一年级同学之间所有交流和联系的永久之源。从某方面来说，爱情从来就是一种特殊形式的“群体精神”的体现，正如大学里的“兄弟会”和“女大学生联谊会”：惯习作为混合在形体习性中的社会位置（position sociale），总是倾向于通过吸引与排斥这两个方面来接近或者躲避（生物）群体，而吸引与排斥则是与作
258 为惯习混合体的各种社会位置之间的关系相对应的。正因为如此，聚合与隔离的学业机制（名牌大学场域就是这种机制的典型形式）如今已经变成了实现社会群体内部通婚的各种隐藏媒介之一。与各种各样的竞赛会、舞会以及其他旨在限定聚会准许范围的机构相比，学业分类法通过自己生产的在社会关系上具有同质性的

① 盎格鲁-撒克逊人的大学兄弟会（fraternities）和女大学生联谊会（sororities）如同我们的校友会或者学生联谊会就是这些联系的制度化形式。

同窗学友群体，更有利于同类人与同类人的接近，不仅如此，学业分类法尤其更倾向于排除各种“不良往来”，而这些不良往来中往往包含着与地位低下的人联姻的危险；学校的学业选拔水平越低，就越有可能遭遇不良往来；因此，越是接近于最低水平的教育，不良往来的可能性就越大。我们可以这样认为，名牌大学在男女学生混校制方面取得的进步只能促进同一社会阶层的联姻（homogamie）。[①]

但是，从更深刻的意义上来说，同类人的持续聚集所促成的群体成员之间和整个群体内部的自爱，就是人们称之为“群体精神”的真正基础（“家族精神”就是“群体精神”中的一个特例）。事实上，当人们满心喜悦地赞同某一人群的社会准则及其价值的时候，人们其实就是将这一群人当作一体化了的群体（corps）来建构，而且这个群体随时准备介入各种交易，以便加强群体成员之间的整体化和共同利害关系：因此，根据“一人为大家，大家为一人”的原理，这些群体成员长期将所有其他群体成员持有的资源服务于群体中的每一个人（至少在某种程度上是如此）。“群体精神”是个绝非寻常的概念，它让人不忘教规学者的奥语名言（*corpus corporatum in corpore corporato*），因此，它意味着一种主观关系：作为混同在生物群体中的社会群体，它的每一个成员都和这个群体保持

---

① 在17世纪和18世纪，中学教育得到了发展，它成了教育贵族和资产阶级青少年的一种新形式，青少年时期也因此成了缔结友谊的最佳时期（参见M.埃马尔[M. Aymard]：“友谊与共生”[Amitié et convivialité]，见P.阿里耶斯和G.杜比主编：《私生活史》[*Histoire de la vie privée*]，第3卷，巴黎，阿尔芒·柯林出版社，1986年，第490—497页）。

着联系，并且即时而神奇地与这个群体协调一致。这种群体精神
259 就是社会资本的建构条件，也是群体共同拥有的资源，它能够使一体化了的人群中的每一个成员分享其他所有成员以个人名义持有的资本①。

寻入歧途与误入歧途

不管怎样，学业上的聚合与分离这一产生群体和群体精神的社会机制也有失灵的时候。位置与其占有者的习性之间从来就没有完全的对应关系，学校的特性与其学生的特性之间永恒的辩证关系构成了名牌大学场域变化的主要决定因素之一，也是权力场域变化的主要决定因素之一，因为学生群体的社会成分的每一次重大改变都会引起学校现实与表现的变化，反之亦然。异常的轨道将一部分学生引到了与他们所属的位置（这些位置原本应该是属于他们的，而他们也应该是属于这些位置的）对立的那个极点，例如大、中学教师或小学教员的子女误入巴黎高等商学院，银行家、工业家的子女误入巴黎高师；这些异常的轨道或许与那些中断了的轨道一样，也就是说，与那些仍然留在他们的空间里，然而却没有达到他们可能前途的人的轨道一样，是造成权力场域变革的最重要因素之一，也是造成像文学场域或者艺术场域这种特殊权力场域变革的最重要因素之一。

① 正如我们在跳槽（离开国营部门，进入私营部门）现象中所见到的一样，这项社会资本或许与人们通过在高级政府部门的短暂经历获得的信息资本一起，共同构成了决定某些称号价值的最重要因素之一。

原始位置与目的位置之间的差距，确切地说，就是既成偏差
(déviation accomplie)的幅度(ampleur)与方向(direction)，这种
偏差的幅度与方向通过已经抵达目的地的人群的模态部分(frac-
tion modale)(即“标准”部分，能够起规范作用的部分)在实践和
表现方面的主观距离能够得到直接验证，因此，这种偏差的幅度与
方向能够成为**反应性**(réactionnelles)立场和观点的根源，尤其是
政治立场的根源，从这个意义上来说，这些反应性的立场和观点与
那些同源的但已经找到了自己(社会学上)“本来位置”(lieu na-
turel)的个体的立场和观点是完全不一样的。由于权力场域是一
个有方向的等级化了的空间，**轨道交叉**会根据不同轨道的方向呈
现不同的效应，但是有一点是相同的，这就是交叉的轨道所导向的 260
位置总是突兀的、不稳定的，因为这些位置能够促进某些立场和观
点的形成，而这些立场和观点本身就是极不稳定的、很容易衰亡
的，而且常常是摇摆不定的，说不定什么时候又要调转方向。

因此，以世俗支配极点为目的地的迁移(déplacements)，当它们在客观上或者主观上能够成功地与目的地的人群达成一体化时，往往伴随着一种旨在与模态部分的实践和观点达成一致的调节，这种调节一般能够达到超级同一的地步。然而，当客观上或主观上的同化(insertion)都处于不利的情况下，这些迁移则往往会导致某种反应性的反一体化(contre-identification réactionnelle)：那些**不适合**新空间或者感到**不适合**新空间的人唯一能做的好像就是排斥那些排斥他们的东西，把自己的命运变成一种选择，同时将与他们发源地人群的模态轨道联系在一起的临界位置发展到极端，除此之外，别无办法。正因为如此，当小学教员或者大、中学教

师的子女出现在像国家行政学院和巴黎高等商学院这样对他们来说看似不大可能的学校里的时候，他们实际上从来不会像他们的大多数同窗一样出现在右派或者左派的中心，而是像他们在巴黎高师的“同类人”一样，大多数处于极左派或者左派，只有很少一部分人自称为右派（此外，工人的子女也一样，比如说，巴黎高等商学院的工人子女共有四人，其中只有一人处于右派或者中偏右）。[①]

对于那些从权力场域的世俗支配极点向知识型学校的迁移，倾向性的看法是，即使这些迁移的外在表现和实际体验都称得上是有选择的转变，但是背地里仍难免被看作是一种衰退：事实上，通过某种意义的相互哄抬（这可能就是超级一体化的效应，或者说是无意识地拒绝太一般的信仰所意味的平庸所导致的效应），大资
261 产阶级中的“寻入歧途者”常常在接纳他们的那个空间里选取最“激进”的观点。正因为如此，在国家行政学院，工商界业主的后代从来不出现在左派或者极左派的行列中，在巴黎高等商学院也很少（总之，绝对少于来自权力场域的其他区域的学生），而在塞夫尔和于尔姆，工商界业主的后代却常常都归顺于左派（回复者中的五分之四，另外有四人弃权），并且自称接近于马克思主义（然而在其他学校，马克思主义仅仅是那些出身于大众阶层或者中等阶层学

① 要阐明模型的说服力，只需列举几个专有名词就行了。但是我担心像这样以在分析中了解到的个别情况为原点进行的分析反过来会让人们以此人之矛击此人之盾（ad hominem），所以我情愿隐去那些担心作为例证和说明而出现的人的名字，尽管这些名字如果出现在书页上定会让人们想起“误入歧途者”的某种轨迹和那些误入“官员行列”的“教师子女”对他们所接受的教育、对他们的同窗，以及对他们未来生涯的感受，等等。M. 奴西（M. Nouschi）：《名牌大学 HEC 的历史与权力》（*Histoire et pouvoir d'une grande école, HEC*），罗伯特·拉封出版社，1988 年，第 216—231 页。

生的选择)；就同样出身的学生而言，选择右派在于尔姆属于个别情况(九分之一)，而在巴黎高等商学院则比较普遍(四分之一)。因此，来自权力场域的霸权位置，并且作了逆向选择的那些学生(就是说，这些学生背离了他们原始空间里已经心照不宣地被承认，并且悄悄地存在于他们无意识中的等级)，比如说，出身于工商业主和高级官员家庭的巴黎高师学生，比那些所作的选择符合所属等级的学生更倾向于背离他们出身所属的人群的模态选择。我们还能列举此类效应的其他例子：在大多数学校，工程师和自由职业者的子女只是宣称很少参加宗教活动，而在巴黎高师的同类人中，却有更多的人(相对而言)声称不属于任何宗教，然而在那些仍然忠于自己传统的学生中，则有更多的人宣称经常参加宗教活动。不管怎样，在这样一些领域，我们尤其能够观察到这些效应：无论是在知识场域，还是在大学本身的空间，这些领域用以定义合法知识状况的“准则”更加明确；在知识场域，通过典范人物、杂志等进行定义，在学校空间，则通过人们建构起来的关于政治观点、宗教或者思想流派方面的各类人群来定义，如天主教活动团体、共产主义支部等等；然而，在某些摆脱了习俗压力的实践领域，如体育运动或团体娱乐，这类效应倾向于消失。

因此，要想从社会学方面阐述可能作为偶然效应或自由效应出现的实践或观点，我们必须预先考虑以下前提：在某些情况下，与一定位置实际联系的根源其实就存在于个人的轨道与个人出身类别的模态轨道之间的客观差距(écart)之中，就是说，存在于已 262
经走过的轨道的倾向(pente de la trajectoire)与可能的人生历程的模态倾向之间的差异之中，而这种可能的人生历程的模态倾向一直存在于最深层的惯习之中，它就像是一种习好、一种癖性、一种倾向、一种（人们持之以恒，孜孜以求的）能够滋生期待的趋势，无论这种期待是符合时代的或是与现实有差距的，实现了的或是落空了的；每当需要进行这方面的阐述的时候，我们尤其应该不仅考虑社会人群中的某一种位置，以及相关的利益，而且还应该顾及到与这个位置有关的联系，幸福的或是不幸的联系。在名牌大学学生的情境中，或许还要更普遍一些，通过个人对自己在群体中所处位置的感觉，人们能够具体地感受到这种差距，正如一位可能的群体成员（probable）在置身于其他可能的群体成员之中时的感觉；或者，在面对现场最有可能的习性的时候，人们会感到一种实际距离，而且这种实际距离是作为一种不自在或厌恶来体验的——由于这种实际距离，人们会感到介入的不可能性，这时，人们会产生一种不合适的感觉，通过这种不合适的感觉，人们也能够具体感受到这种差距。“寻入歧途者”的反应性行为就是这种效应的一个典型。对于那些出身于权力空间的人来说，任何相对于康庄大道的偏差都会阻碍他在社会关系上已经建构起来的趋势在他自己的社会存在中的延续，因为这种偏差会将他们带回到原点。因此，当他们投身于将把他们引向知识生涯或者艺术生涯的非正常轨道时，这些“继承人”没有失败的权利，就是说，对于其他人理所当然属于成功的事情，甚至是很理想的事情（比如普通教师的职业生涯），对于他们则可能意味着一种失败。他们被过度判决，过分要求；他们需要表现出非凡的勇气，因为只有这样才能够证明他们对于世俗的确实性（certitudes temporelles）的放弃（象征革命常常落到他们头上，比如说从前宗教的异端邪说，以及后来艺术上的重大决裂）。同样，当他们踏上在社会关系上属于他们的那条道路时，只是在这条道路上，他们只能取得平凡的成就，这时，其他人或许会当作一项荣誉来接受的职位，对于他们却是一种令人无法不气恼的忍受。正因为如此，我们必须理解这一点：在像南锡矿业学校和圣艾蒂安矿业学校这样的普通的理科学校，以及像中央高等工艺制造学校或者国家农艺学院这样的学校，工商界业主的子女中倾向于右派或者极右派观点的人占很大的比例；然而，还是在这些学校，甚至在地位更低一些的学校，比如格里农高等农艺 263
学校、高等邮电学校、国立里尔工艺美术高等学校，二流师范学校，中等阶层和大众阶层出身的学生都持左派观点。就是说，对于那些看起来似乎属于学校效应（因为它们与学生人群的构成成分联系在一起，或者说与群体压力的直接制约联系在一起）的东西，我们要理解它们，就只有参照名牌大学这个空间——名牌大学空间是在它与经济或文化权力位置空间的联系中，或者说在它与大多数轨道的原点和目的地的联系中，通过确定社会空间中各种不同的迁移在社会关系上的不同意义来确定所有经历的实际意义的。

如果以这样的方式来看待名牌大学空间，那么，这个空间看起来就像是一个由各种客观结构组成的复杂的网，而且这些客观结构都具有有利于构成的必然性——这种必然性正是对某种霸权结构进行不断的社会生产和再生产的各种策略所必不可少的，就是说，对某个社会空间进行不断的社会生产和再生产的各种策略都离不开这种必然性；我们可以把这个社会空间理解为全部的客观差异和距离，而且这些客观差异和距离或多或少都通过主观距离重新进行了解释，并且基本上都作为合法的差异和距离得到了认同。对不同类别的权力和声望进行再分配，对作为社会秩序构成成分的等级关系进行生产和再生产，如果我们将负责这类分配或者负责此类生产和再生产的所有机构作为一个整体来理解，并且以此作为分析的总体规划，那么这项分析本身就能够反过来证明作为其原则的方法的有效性：事实上，分析本身就能说明，所有这些机构只有作为一个等级化了的差异空间来运作才能够产生所有这些效应，而且也只有将这些在结构上和机能上对立的复杂多样的机构理解成为一个整体，我们才能够了解它的运作和它的效应，因为正是这些结构上和机能上的对立面构成了这个整体，并且规定了每一个特殊机构的影响力和它的差异效应。

名牌大学场域**建立了**客观上的和主观上的鸿沟和距离：作为差距(écarts)和敬意(égards)的根源，这些客观上和主观上的鸿沟和距离首先位于负责构想和决策的管理者与负责执行的管理者和技术员之间，前者通过了名牌大学会考这扇大门，至于后者，他们
264 无论在文化领域还是在管理和经济领域都只具有二流学校的经历；其次，在精英群体内部的等级中，不同的位置之间也存在着鸿沟与距离，而与不同的位置联系在一起的则是彼此之间既相互补充又无法相比的各种职能。在一定程度上具有独立性的多种等级化原则的存在，制约了权力场域内部人人与人人为敌的相互争夺，同时，也有利于一种补充性的竞争形式的出现——在**霸权的分工中**，这种竞争构成了一种真正的**有机连带关系**的基础。精神权(pouvoir spirituel)拥有者与俗权(pouvoir temporel)拥有者之间的对抗，作为构成权力场域极点化的主要原则，并不排除机能上的连带关系；正如教育机构的最新危机所表明的那样，只有当等级秩

序本身的基础受到威胁的时候,这种连带关系才能够最明显地表现出来。

与其他历史更经久的再生产方式相比,即使这个再生产方式更适合某种极其复杂的霸权结构的特殊要求(因为这个霸权结构并不是以单一的等级为基础,而是建立在具有一定自主性的各种等级构成的等级制度基础上的),然而,根据其运作的统计学逻辑,这个再生产方式仍然会表现出某些骇人的矛盾性:这个再生产方式要想发挥它的最大效应,尤其是要发挥它在合法化方面的强大效应,就必须迫使那些对这个再生产方式享有特权,并且有望于从中得益的人做出非凡的努力,使他们置身于无尽的焦虑之中,因为它必须在所有的人心中激起希望,但是它只能满足其中的个别人,这种紧张关系随着它在权力再分配中影响力的扩大而增强,因而,这种紧张关系永远也无法得到完全的缓解。

265 # 第二章　结构的历史

早在1967年对名牌大学场域所作的研究在20年之后还有哪些价值？如今巴黎高师的学生中读《新观察家》的人少了，读《解放》杂志（那时还没有这本杂志）的人多了；毛主义者从巴黎高等商学院消失了，国家行政学院的那些未来的高官们也对他们所受的教育提出了（温和的）异议，[①]所有这一切是否就说明人们在20年前作的研究如今只能算作是对一段已经逝去时光的历史性描述，或者这项研究已经不再有任何价值，因为它是以过去的史料为依据的？提出这类观点的人等于公开承认，他们只重视科学研究中最浅显的方面，就是说，只重视根据表面价值对事实所作的描绘；并且承认他们将社会学家或者历史学家的工作与记者的工作等同起来，尽管记者致力于发表一些昙花一现的文论，他所关注的对象

---

① 1987年人们对500位巴黎综合工科学校、国家行政学院、巴黎高等商学院、鲁昂高等商校、南锡矿业学校的历届毕业生，当时在具有5年以上历史的大企业工作的情况进行了一次调查。这次调查的结果显示，与其他学校的学生相比，行政学院的学生对名牌大学的体制表达了更多的惋惜：这个体制不仅“没有确保足以应对现代社会的教育”（行政学院为65%，综合工科学校为62%，高等商学院为39%），而且还构成了“法国社会的一个阻力因素”（分别为37%、17%和18%）。但是这并不影响他们比其他学生更庆幸名牌大学的存在，他们认为名牌大学作为一种必不可少的存在，“为法国输送着精英人才，而这一点正是普通大学做不到的”……（参见J. J. 居尔维耶[J. J. Gurviez]：“镜子，我的宝镜，我们还是最漂亮的吗？”，《拓展》杂志，第11—24期，1987年7月，第171—173页）。

也一样。关注结构、关注确保结构的永恒与变革的隐藏机制，这就是人们得以超越偶然性幻觉的关键所在——只要人们耽于满足自己日复一日的好奇心，忙于关注诸如国家行政学院最新的会考改革，或者巴黎高师任命新的领导人之类的事情，而无视机能的转变和结构的对等性，人们就一直会有这样的幻觉。

然而，即使最严密的历史学家也总是难免会有这种轶事性质的看法(vision anecdotique)，尤其是当他们由于对整个空间（实际 266
上，由于它本身的效应，这个空间就存在于历史学家所分割的对象中，就像整个权力场域的某某领域，如资方、大学、政府高级部门）缺乏了解而陷入这种或者那种形式的困境的时候（我们姑且称之为背景缺乏性的谬误推理）：谬论(fallacy)范式是由一些作家提出来的，他们有幸见到了一点“民主化”的征兆，即文学院里中等阶层出身的学生的队伍在壮大，但却忽略了这些教学机构当时所经受的结构上的衰退。事实上，只有考虑到了高等教学机构场域（尤其是名牌大学次场域）结构上的所有变革，我们才能够合理地解释某些表面看来非常简单的事实，例如，在特定的教学机构中，不同社会出身的学生在表现方面的变化。

人们可能因此而受到激励，从而企图衡量某某学校的学生群体是否“民主化”了，并且试图对 R. J. 史密斯提供的关于第三共和国时期巴黎高师的数据与我们的调查数据进行比较。[①] 但是，在得出某个结论之前，或者说，在按照 R. J. 史密

① 参见 R. J. 史密斯(R. J. Smith)：《巴黎高师与第三共和国》(*The Ecole Normale Supérieure and the Third Republic*)，奥尔巴尼，纽约州立大学出版社，1982 年。

> 斯提出的条条框框进行计算，证明了工人子女的比例有了极其微弱的提高之前（或许可以说从“无”提高到了“近乎于无”），我们似乎还应该研究一下同一时期巴黎高师的位置在结构方面的演变。在进行任何一项比较的时候，都应该保持同样的批判性警觉，例如，不同时期在高等教育中任职的巴黎高师学生的比例，甚至不同时期的巴黎高师学生根据社会出身的不同在文科和理科的分布中存在的差异。

结构变量与结构恒量

一旦人们确立了自己的目标，试图观察 20 年之后高等教学机构场域在结构上的变化，看看它在何种程度上维持了原样，又在何
267 种程度上进行了变革或转化，那么，对于最初的调查来说，时间的推移就是一件好事。因此，以 1984—1985 年社会招生的统计资料为依据，我们就能够理解高等教学机构（普通大学学院、名牌大学、巴黎和外省大学的技术学院等）的结构，并且将这个结构与 1966—1970 年在类似的基础上建立起来的结构作比较。

> 1984—1985 年，国民教育部统计调查与研究领导小组完成了一项调查；作为调查样本的 84 个教学机构①代表着权力场域不同“区域”的确切位置，而且同一种材料，即父亲的职业

① 一些教学机构，如巴黎高等商学院、巴黎高等电力学校、国立经济管理与统计学校、圣艾蒂安矿业学校等，提供的材料过于笼统（比如说小学教员与中等管理人员，大、中学教师与高级管理人员归并在一起），因而这类学校只能作为辅助变量来处理。

与学生的分布，能够适用于84所学校中的每一所，并且能够表现这些学校的特征；我们的分析就以这次调查提供的资料为依据。（由于国家行政学院没有提供这方面的材料，于是，我们从学校的行政部门得到了学校各项会考的参加者、可录取者和被录取者的有关资料，这些资料涉及到了他们的社会特征、地理特征和学业特征。）与其寻求形式上的可比性，简单地为了比较而比较地重建第一次调查的样本（实际上这也是无论如何都做不到的，因为某些教学机构，例如巴黎政治研究学院、法官学校、巴黎实习医学院、中央高等工艺制造学校、东方语言学校、某些公证人学校，都不曾对调查作任何回应，也没有回答有关的问题，即使作了回复，答案也过于简单，巴黎高等商学院就属于这种情况），我们宁可努力确保实质上的可比性，增加商业和管理类学校的比例，因为在那段时期这类学校得到了很大的发展。正如对60年代的场域状况所作的分析，我们这里的分析遇到的最大局限同样是缺乏学生以前学习成绩的具有可比性的可靠征象。由此可见，学生现有的分布状况与他们所持有文凭的市场价值具有更紧密的对应关系，而与文凭的纯学业价值的对应关系却不那么紧密：像高等经贸学校、里尔商业与企业行政管理高等学校，甚至像欧洲商校这样的学校，在按照学生的社会身份这项唯一的指标建立 268
起来的等级中，这些学校甚至具有比于尔姆高师和巴黎综合工科学校更高的位置，尽管后面这两所学校处于学业等级的顶端。

教学机构的分布表现出来的结构在总体上与我们通过分析得出的 1968 年以前的那个结构非常接近：正因为如此，像那个时期一样，学生家庭的职业分布比较准确地再生产了这些职业在社会空间中的分布（参见图 9、图 10）。第一因素（代表整个惯性的 31.5%）根据继承所得资本的总量来划分所有的学校（一边是高级管理人员的子女，另一边是工人的子女），这样就构成了支配阶层出身的子女占绝对多数的学校（欧洲商校为 76%，高等经贸学校为 74.5%，国家行政学院第一批会考的学生中占 72%）与这类子女甚少的学校之间的对立面（普通大学技术学院为 22.5%，普通大学文学院为 27%，国立里尔化学高等学校为 33%）。如果说在这个等级的最顶端，我们能够找到像于尔姆高师和巴黎综合工科学校这样的在学业水平方面最著名的大学，那么同样，我们也能够看到一些不那么强调学业水平的商业和管理类学校，而且这类学校的数量比从前多得多：它们为那些出身于权力场域支配区域的学生提供了一个庇护所——这些学生没有考取最有名的大学，却又拒绝为进入普通大学学院或者二流的小型高校再作努力。

在这个空间的第二层面，与前一个时期一样，培养教学与研究人员的学校和培养工程师、农艺师的学校（这些学校几乎全部都是公立的，并且都实行严格的学业选拔）与经营、贸易、管理类学校（还有艺术和建筑类学校，但程度不那么强烈）形成了对立：于尔姆、圣克鲁、枫特纳高等师范学校，以及巴黎文献学院为一方，里尔商业与企业行政管理高等学校、欧洲商校、商务管理与决策学校（Ecole d'administration et de direction des affaires）为另一方；这些
271 学校构成了第二因素最主要的部分。根据前面已经分析过的逻辑，

图 9　高等教育机构场域(1984—1985) 269

（主要变量）

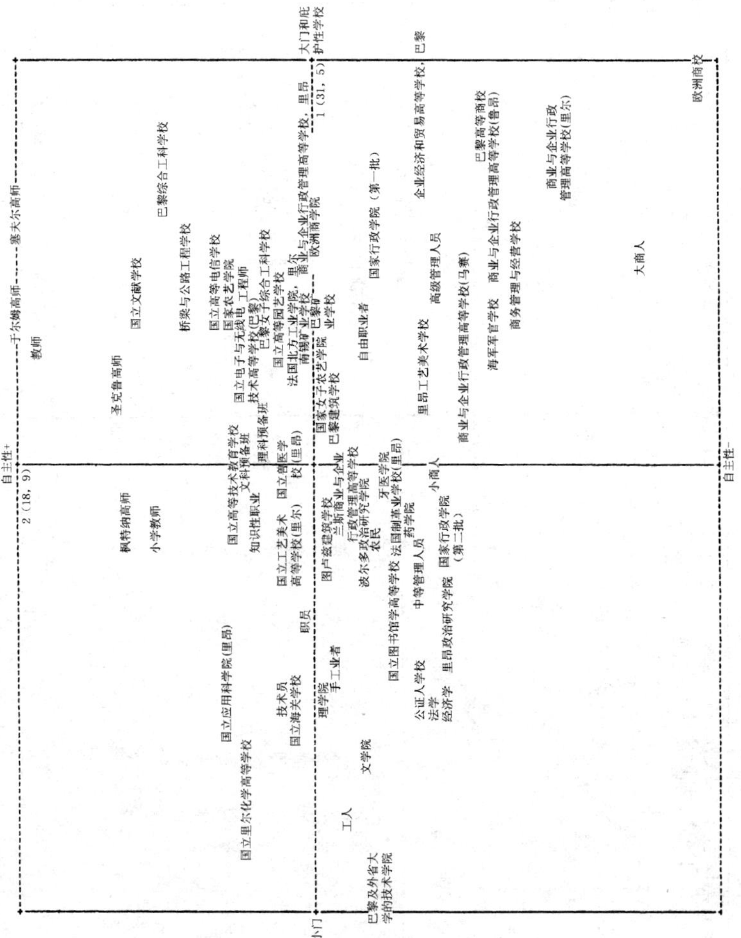

270 **图 10 学生群体的社会特性**

（主要变量和辅助变量）

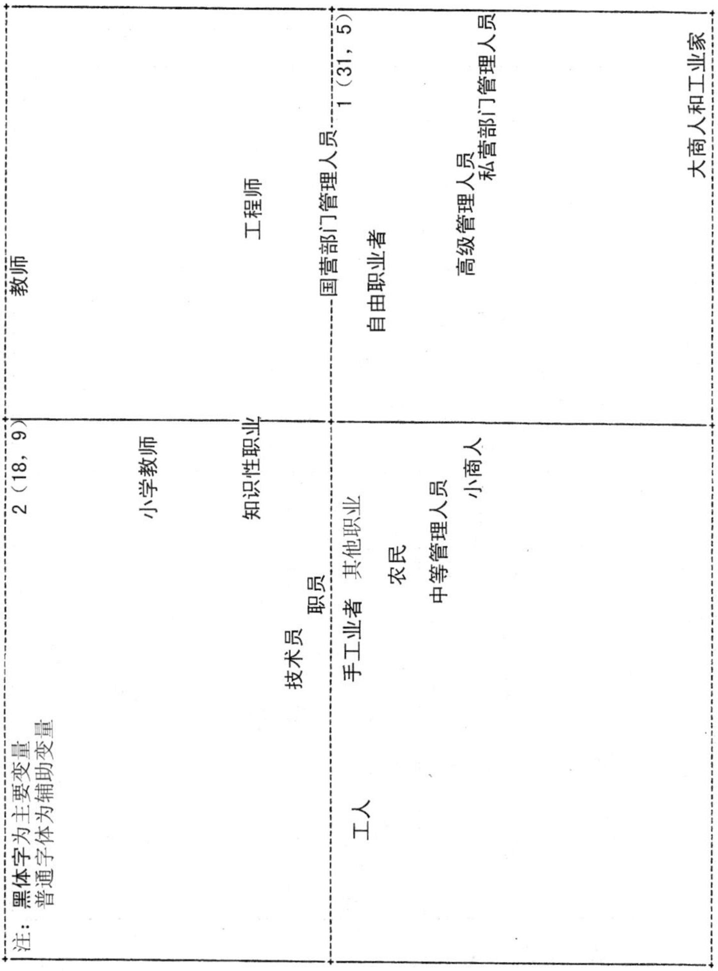

大商人和工业家
私营部门管理人员
高级管理人员
1（31，5）
自由职业者
国营部门管理人员
工程师
教师
小商人
中等管理人员
农民
其他职业
手工业者
职员
技术员
知识性职业
小学教师
2（18，9）
工人

注：黑体字为主要变量
普通字体为辅助变量

也就是说，根据继承所得资本结构分布的逻辑，占惯性因素19%的第二因素也构成了教师的子女与工商界老板的子女之间的对立面。[①]

因此，尽管经历了1968年的动荡，但是自20世纪60年代至80年代，主要的对立面仍然得以维持，因为1968年的运动远远没有引起高等教育机构场域结构的革命，却似乎促进了个人和团体的某些反应，使他们倾向于强化这些结构。尽管如此，我们还是注意到了场域整体上的改变，对于这一点，我们必须谨慎地理解。在那些过去和现在一直处于社会等级最顶端的学校里，出身于社会空间支配区域学生的比例进一步扩大了，由此产生的效应是：它们与小型高等学校（petites écoles）及普通大学之间的差距扩大了。在那些没有被纳入分析范围的学校里，这一趋势也同样存在，例如在巴黎政治研究学院，职员和下级公务员子女的比例大幅度降低，而高级管理人员子女的比例却在增加。职员和下级公务员子女的减少是与竞争的加剧以及学校加强了对学生的选拔联系在一起的，同时也与投资意识给社会最惠阶层带来的好处直接有关，因为投资意识对于有效地选择教学机构，对于绕过入学时可能遭遇的纯学业障碍，已经成了越来越不可缺少的东西。在巴黎-多菲纳大学（Paris-Dauphine），这一点表现得很清楚：选拔的设立主要就是通过选拔本身来增加学校的声誉和吸引力，与任何涉及到教学内容和教学方法的东西毫无关系，因此，选拔的设立往往伴随着特权

---

① 作为辅助变量的学校的投影图证实了有关第一因素所作的分析；第二种对立面没有体现出来，这是因为用于分析的统计资料没有将工程师和教师的子女与其他高级管理人员的子女区分开来。

阶层学生比例的显著上升。[1] 或许，仍然是与学业竞争加剧联系
272 在一起的逻辑能够用来解释于尔姆高师和圣克鲁高师之间社会差距的大幅缩减：人们必须不惜代价地避免被流放到普通大学学院去，似乎正是在这个压力下，那道挡在资产阶级子女面前的屏障才被冲垮了——它曾经阻止资产阶级的子女降低身价，进入声誉更低一些并且公开以教学工作为学业生涯最终目的地的学校。[2]

尽管我们使用的方法不能真正衡量出大门和小门之间的距离及其变化，然而所有的一切倾向于给人们这样的启示：就继承所得的资本与文凭的社会价值而言，在大门与小门之间，确切地说，在代表权力的学校，如国家行政学院、巴黎政治研究学院（此处未出现）、巴黎高等商学院、高等经贸学院，与大学文学院、理学院和法学院（这些学院招生的社会水平不断下降，同时，它们还越来越女性化了）之间，尤其是在代表权力的学校与普通应用型学校（如高等邮电学校、海关学校、法官学校，更不必说手工艺学校、国立工业学校、国立应用科学学院，以及那些曾经使小资产阶级子女满怀希望地为在政府职能中谋得更高位置而努力的学校）之间，差距明显地更大了。这一切首先是由于不同学校学生人数的差别增长所产生的效应引起的：学校最初的选拔越严格，学生人数的增长就越

① 多菲纳的形象与选拔研究小组，《巴黎九大-多菲纳大学：在形象与现实之间》（*Paris IX-Dauphine：entre l'image et la réalité*），巴黎，1987 年 5 月，油印稿。

② 巴黎综合工科学校的注册学生人数在很长一段时期只有微弱的增长；而于尔姆 1956 年以来增长较快；然而在国家行政学院，1966—1976 年之间有过一段增长，此后有一段平稳时期；相比之下，圣克鲁的发展持续而且迅速（甚至在 1966 年超过了于尔姆）。在理科学校中，中央高等工艺制造学校是一所二流学校，它的发展类似于圣克鲁（注册人数的变化似乎大致与录取人数的变化相同）。

图 11　大学、工程师学校及商校学生人数的变化 273

1950—1984

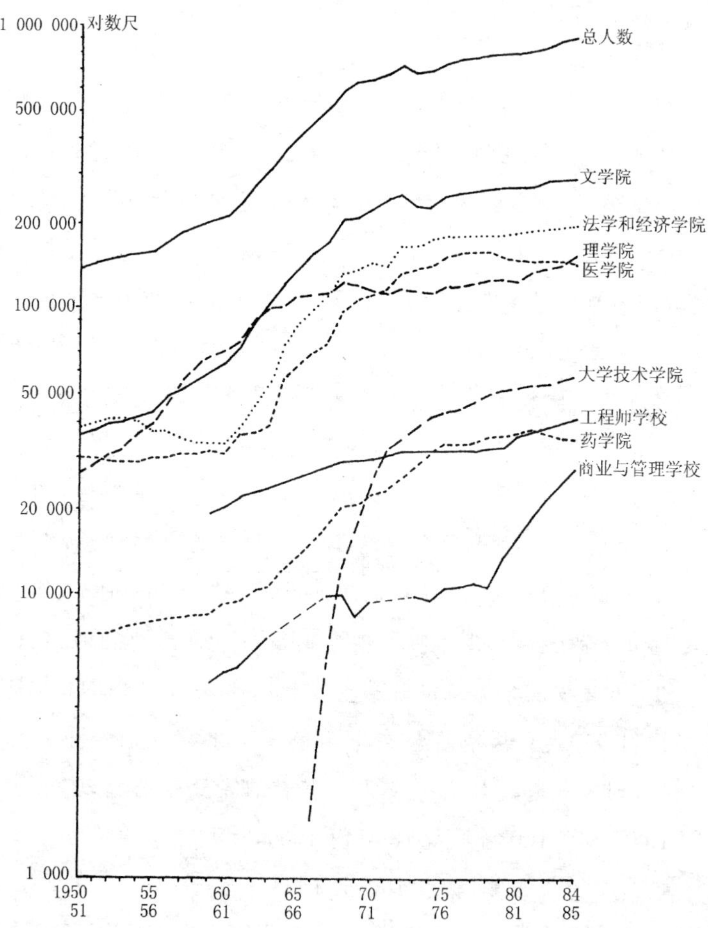

微弱，因而普通大学学院的学生人数增长迅猛，而名牌大学预备班和名牌大学本身的学生人数实际上却没有什么增长，那些相对稀罕的学校之间也因此而更明显地拉开了彼此之间的差距。

在 1950—1972 年之间，普通大学学院，尤其是文学院和法学院的在册学生人数增长异常迅速，特别是在 1959—1972 年之间：整个普通大学学院的学生人数增长了 3.6 倍，其中文
274 学院增长了 4.3 倍；而整个预备班才增长 1.7 倍（参见图 11）。为投考圣克鲁、枫特纳这样的“中等”学校而开设的预备班，其学生人数的增长明显高于名牌大学预备班：例如，为投考理工科学校而开设的专业数学班的学生人数只增长了 1.3 倍；而在 1960—1961 年，预备班与普通大学学院的新生入学比例为 1∶4，到 1972—1973 年，这个比例增至 1∶9。从 1972 年起，普通大学学院学生人数的增长大幅减缓，尤其是理学院的学生人数，其中原因种种，但是 1966—1967 年巴黎和外省的大学技术学院的创办也是一个因素，至 1974—1975 年，大学技术学院的在册学生人数迅速增加（从 1644 人发展到41 949人）：这个趋势在中学教育的末期就已经显示了出来，因为普通教育业士文凭持有者的人数增长极其缓慢（由 1972 年的 100 增至 1978 年的 105），而技术教育业士文凭持有者却增长非常快（由 100 至 163）。自 1978—1979 年起，医学院的在校学生人数持续减缩，药学院也自 1982—1983 年起出现同样的情况。工程师学校的学生人数（尤其是像国立应用科学学院这样的没有明确专业的学校）一直增长缓慢，但是

在 1959—1960 至 1967—1968 出现了加速增长，1969—1970 至 1979—1980 年间又出现增长减缓，接着，最近这些年又有增长。至 1970 年年底，商校总体上一直增长相对缓慢，但是在 1977—1980 以及 1984—1985 年间，在校学生人数翻了一倍，从 13 300 人发展到 27 000 人。

在最著名大学录取的学生中，巴黎名牌公立中学输送的学生占有越来越大的比例，然而这些中学在册的学生人数实际上并没有增加。在 1964—1965 和 1980—1981 年间，路易大帝中学（文科和理科）预备班的注册学生人数只是从 880 人上升到 937 人，圣路易中学从 1027 人到 1110 人，亨利四世中学从 565 人到 692 人。至于女生，她们在 1964—1965 年间只占这三所中学在校学生人数的 4.7%（路易大帝中学当时没有女生），而在 1980—1981 年占预备班学生总人数的28.2%：文科班和生物专业尤其是她们的热门选择；在路易大帝中学的 M－P 类班（数学加物理），她们占注册学生人数的11.6%；在圣路易中学占 19.4%（女生年龄比男生略小，她们之所以能够进入这些班级或许是因为她们的学业成绩非常优秀）。由此所导致的竞争加剧似乎还产生了另一种后果：**这些教学** 275
机构招生的社会水平的上升。1980—1981 年，在巴黎那些最著名的中学，出身于支配阶层的学生在 M－P 类班级中大约占 70%，然而，在我们 1967—1968 年的调查中，这个比例介于 55%至 65%之间。

资料来源：国民教育部、情报与统计研究处、统计与抽样

调查服务中心、高等教育部、统计工作组的《法国高等教育》、《统计学研究与1959—1960至1977—1978年间的演变》,《研究与文献》,80.2;《教学统计:图与信息》——1967—1968年起5—3分册,《统计报道》——以前各年的报道见第19、23、27、44期;国民教育部、情报与统计研究处、统计与抽样调查服务中心的《第二阶段公立教学机构简介》(介绍各教学机构1964—1965年以来在预备班注册的学生人数);国民教育部、统计与抽样调查服务中心的《1980—1981年预备班调查13》;国民教育部《关于教学与培训的统计学标准和参考文献》,1986年版,巴黎,国家印刷局,1986年;国民教育部《信息摘录》;S.布雷约(S. Breillot)的《以招生的主体水平重组工程师学校:20年间各校学生人数的变化》;国民教育部资料:《教育与培训》,以及《研究与文献》,1,10—12月,1982年,第47页;国民教育部、高等教育国务秘书处、统计与抽样调查服务中心提供的关于1960年以来法国高等教育在校学生人数的发展状况的统计资料,《研究与文献》,31,1975年;国家经济研究与统计局的《法国统计年鉴:回溯概要》,巴黎,国家经济研究与统计局,1966年(关于1950—1951至1963—1964年间高等教育在校学生人数),《统计年鉴,1984》。

同样,尽管学业上享有最高声誉的教学机构招生的社会水平也得到了提高,但是由于学业竞争日益激烈的影响,名牌大学场域中两个极点之间的社会距离还是进一步扩大了;无论是在习性方面,还是在立场方面,或许从来都没有出现过如此大的差距:一方

表15　不同的教育机构中学生群体的分布与家庭出身之间的关系 276

父亲的职业	大学						预备班			
	大学技术学院	理学院	文学院	法学、经济学院	药学院	医学院	文科预备班	理科预备班	名牌公立中学文科班	名牌公立中学理科班
农业工人	0.7	0.5	0.5	0.5	0.3	0.2	-	0.2	-	-
农业经营者	9.0	6.5	4.6	5.5	6.8	3.5	2.1	3.7	0.9	0.4
服务行业	1.7	0.8	1.0	1.0	0.5	0.5	1.0	0.6	0.5	0.4
普通工人	1.3	0.8	0.8	0.7	0.3	0.4	0.2	0.3	0.2	-
熟练工人、矿工	8.3	3.7	3.5	3.6	1.8	2.1	1.7	2.1	0.6	-
技术工人	9.8	5.8	6.2	5.8	3.1	3.1	3.6	3.6	2.8	1.8
工头	4.8	2.4	2.2	2.2	1.6	1.6	2.6	2.6	2.4	1.2
手工业者	4.8	3.0	3.0	2.8	3.2	2.6	2.6	3.3	1.3	2.8
小商人	4.4	4.5	4.3	4.6	5.8	4.5	2.7	2.4	2.8	1.3
职员	9.8	8.3	8.9	8.9	6.2	6.4	8.8	8.0	4.3	4.8
技术员	6.8	4.8	3.8	3.6	3.3	3.6	19.4	18.3	14.4	12.0
社会、医疗职业	0.6	0.6	0.9	0.8	0.8	0.8				
中等行政管理人员	6.8	8.0	7.5	8.6	7.2	7.6				
小学教师、知识性职业	2.5	3.6	3.2	2.3	2.9	2.9				
工业家、大商人	2.0	2.2	2.6	3.2	3.4	3.1	2.7	3.2	2.3	4.8
高级行政管理人员	6.7	10.1	10.1	13.7	14.6	16.1	41.6	42.1	59.6	62.8
工程师	4.1	7.2	4.8	4.4	8.6	9.1				
大学文、理科教师	2.4	5.2	5.0	3.0	4.7	5.0				
自由职业者	2.2	4.9	5.7	7.3	13.1	13.2				
其他	5.5	6.2	7.5	5.5	3.7	4.4	3.5	3.2	1.9	2.5
无职业	1.8	2.6	2.9	3.3	2.8	3.5	7.4	6.4	6.0	5.1
无回复	4.1	8.3	10.9	8.7	5.3	5.9				
合计	100	100	100	100	100	100	100	100	100	100

资料来源：大学的所有资料来源于教育部、信息研究与统计处、统计资料与抽样调查服务中心、高等教育部、《高等教育机构在册学生统计资料：1979—1980》(第5061号文献，1981年2月)；预备班的资料来源于教育部、统计资料与抽样调查服务中心、《调查13，1980—1981》(图表未公布)。 277

大学：表中公布的数据涉及1979—1980年在各大学注册的所有学生。为了便于与预备班进行比较，此处只计算了大学第一阶段的在册学生，但是我们掌握的统计表中唯独没有药学院第一阶段在册学生的资料(因为这些统计表划分的社会职业类别不够详细)。通过从学科、社会出身和学习阶段几方面对学生的分布进行比较研究，我们发现，第一阶段社会出身的分布与大学整个学生群体的分布差异不大(尽管在第一阶段各个学科的学生群体中，出身于大众阶层和中等阶层的比例略微高一些；从这个意义上来说，普通大学与预备班之间的实际距离比此表中所反映的大得多)。

文科预备班：于尔姆、圣克鲁、塞夫尔、枫特纳高师预备班所有二年级的学生，以及国立文献学校、圣西尔军校预备班所有二年级的学生(调查无法显示出不同类型的文科预备班学生社会出身的分布情况)。

理科预备班:专业数学班、M和M'类、P和P'类、技术专业数学班、工艺专业数学班、生物专业数学班的所有学生(普通技术理论班,TA、TB、TB'、TC类专业数学班,技术教育高等师范学校预备班除外)。

名牌公立中学文科:于尔姆、塞夫尔高师预备班,巴黎的费纳隆中学、亨利四世中学、路易大帝中学预备班(二年级)。

名牌公立中学理科:巴黎的让松中学、路易大帝中学、圣路易中学的M类和P类专业数学班。

278 面是代表权力的学校,不论历史是否悠久,这些学校都能够让实业资产者的子女绕过学业障碍,并且确保对他们进行某种形式的神化(出现在图9右侧的管理类学校尤其属于这种情况);另一方面是在知识方面享有极高声誉的名牌大学,如巴黎高师、巴黎综合工科学校——只有它们真正有能力坚持与新兴的霸权者为取得管理权力和经济权力展开竞争。在每一所学校,来自权力场域相应位置的那一部分学生,如巴黎高师教师的子女,巴黎综合工科学校工程师和管理人员的子女,巴黎高等商学院工商界老板的子女,都得到了显著的增加,从而强化了不同学校的同质性和各校的自我封闭。

20年来,高等教育机构场域发生了结构性的变化,要想超越对于这些变化的粗略理解,我们现在就必须努力描绘和解释影响这个空间的两大重要变革:一方面,国家行政学院的相对影响力得以扩大——由于它的历届毕业生在管理场域、政治场域和经济场域已经取得的重要位置,国家行政学院越来越多地将名牌大学学生渴望取得的位置据为已有,从而引起了整个场域的深刻改变;另一方面,管理、营销、广告、新闻、通讯等新兴学校的发展正好为实业资产阶级青少年及其家庭提供了无以计数的策略——他们正是借助这些既彼此独立,但在客观上又相互协调的策略,力图绕过日益严峻的学业法则。

宫殿里的搏斗

对权力场域进行再生产的重任最直接地落到了某些名牌大学
的身上，当我们要了解在这些大学里发生的突如其来的变化时，人 279
们奉献给某一所名牌大学的专题论著之不足就会最清楚地显露出来。只有了解高等教育机构空间内部这些名牌大学所构成的次场域的结构，我们才能够理解这些名牌大学的变化。竞争，作为这些变化的根源，实际上是由每时每刻在这些名牌大学之间建立起来的力量关系的结构决定的：任何一个机构为了确保或者改善自己的位置所能够施展的策略，都取决于学校所拥有的特殊资本的总量，而这种特殊资本与社会资本和学业资本是紧密结合在一起的；此外，教学机构的策略还取决于特殊资本的结构，也就是说，取决于学业资本的相对影响，而学业资本的相对影响又是按照学校所担保的能力之稀缺程度来衡量的，同时还取决于纯社会资本的相对影响——纯社会资本的相对影响则是与学校现届或历届学生群体的现时社会价值或潜在的社会价值联系在一起的。

一方面是按照其在社会等级和学业等级中所处的相对位置排列起来的不同的教学机构，另一方面是构成不同教学机构之间相互对立的竞争性对抗，在这两者之间存在着客观联系，结构历史学正是致力于把握这些客观联系，因此，只有结构历史学能够让我们感知这一不变的必然过程中的逻辑，而通常人们在这个过程中只能够看到一系列偶然而随意的事件在年代上的连续。正因为这一点，人们难免会感到惊讶，在两段表面看来无论是时刻还是社会场所都各不相同的历史之间竟然存在着类似性：巴黎高等商学院1881年开创的历史使它得以向次场域中的商业和管理类学校强制推行自己的霸权；自1945年起，国家行政学院的历史使它得以渐渐地支配整个名牌大学场域。

巴黎商会和实业界一直希望自己能够拥有一个独立于教育界的教育法庭（以中央高等工艺制造学校为模式，其实，这所私立学校已经履行了这项职能），于是，巴黎高等商学院应运而生。长期以来这所学校一直被看作是一所二流学校（人们称之为“圣西尔第二”），它向那些由于出身的原因注定要在社会上取得成功的学生提供一种掩盖自己学业失败的方法——这些人要么是在中学毕业会考中遭受了挫折，要么是在某一所最著名的高等学府的会考中
280 出师不利。只有通过个人和团体以积累象征资本为目的的一整套策略，巴黎高等商学院才能够将自己的优越地位强加给其他商学院，尽管有的商学院历史更悠久，但是它们地处外省。这一整套的策略就是各种各样的创举，目的都在于为学校确保原本属于一流学校的某某特权和荣誉，如义务兵役实习或者荣誉勋位团，还有十字军勋章（1927年，十字军勋章被庄重地颁发给了这所学校，从而有力地加强了它在最接近自己的对手圣西尔军校面前的地位）。[①]这一整套的策略也包括各种民间高规格的展示活动，比如说岁末检阅（最早始于20世纪初，经久流传，直至1966—1967年），或者说公共广场上的那些闹哄哄的舞蹈仪式（名牌大学就是通过所有这些活动得到了人们的认同，也正是在这些活动中，名牌大学宣扬

① 教学大纲非常接近，学生出自相同的预备班。

了自己），特别是一年一度的大型庆典活动，非常著名，那是巴黎高等商学院对自己进行的一场真正的商业促销：学校调动所有的学生参加将近一个月的营销训练，这种训练与真正的营销活动规模相当，因为准备这场盛会的过程就是一场就职预演。这一整套的策略就是各种体育交流，它使人们有机会遇见那些最有名的名牌大学的学生，在法国是这样（综合工科学校、中央高等工艺制造学校），在国外也是这样（伦敦经济学院，米兰、慕尼黑、阿姆斯特丹、洛桑和斯德哥尔摩的大学，欧洲商校，等等）。最后，也是最重要的，这一整套策略就是由校友协会组织的经过深思熟虑之后商定的一系列举措，其目的就是要提高巴黎高等商学院的文凭在商场上的价值——既要以合理使用学校的连带关系为基础，通过安排就业，使文凭的价值得到实际上的提高（从1928年起，就业安置机构配备了一整套钻了孔的卡片，从而能够合理地引导学生到由他们的校友把持的各个位置上去寻求职位），又要通过一些引人入胜的展示活动，如宴会、盛大的慈善活动、各种周年庆典等机会，使文凭的价值获得象征意义上的提高，因为校友协会正是借助这些活动来炫耀它享有极高声望的成员（如阿尔贝·勒布伦、保尔·雷诺[①]等）；此外，通过向企业管理人员和企业领导人发行刊物，也能够使文凭的价值获得象征意义上的提高。然而，除了所有这些旨 281
在提高自己在商界声望的行动之外，这所在大学场域和经济场域地位并不牢靠的教学机构还不得不持续地从另一个方向做出努

① 阿尔贝·勒布伦（Albert Lebrun，1871—1950），法国政治家，第三共和国时期曾任法国总统。保尔·雷诺（Paul Reynaud，1878—1966），法国政治家，活跃于第三共和国时期。——译者

力，以便获得教育界颁发的合法文凭（尽管教育界本身的存在就构成了对其合法性的质疑和挑战），并且取得某些公共权力（就是说，根据不同情况，在国民教育部、大学委员会或者其他对合法性进行裁决的机构里取得权力）以及与其他商校的竞争时的制度化优势：因此，在两次世界大战之间，巴黎高等商学院加紧动作，期望为学生中那些没有得到业士文凭的人弄一张与业士文凭等值的东西；这一招没有成功，它就通过确保名师任教，努力证明自己是名牌大学上流精英中的一员。

为了解决不同教学机构所颁发的文凭之间的等值关系，或者说为了解决这些文凭之间的合法过渡，学校可以单方面地制定措施，或者通过一个像名牌大学协会这样的半官方仲裁机构或者国家权力机关来推行这些措施；事实上，没有什么比这些措施更能说明相互竞争的不同机构之间的客观力量关系，以及为了从战略上操纵这些关系所作的种种努力。根据某种逻辑，这也是所有从事象征资本积累的事业所遵循的逻辑，这场游戏就是通过排除与被排除来标明距离：因此，1914 年巴黎高等商学院设立了它的第一批预备班，并且开始在整个法国做广告，以此表明自己与其他商校不同，就是说，它不是一所一般的高等商校；就在这些学校作出反应，以为它又要托出全国招生的抱负的时候，它却以它的学生年龄更大、文凭更高（业士）为借口，拒绝参加全体高等商校联席会议。战争一结束，巴黎高等商学院再一次确立了自己在商校中的优势：它创办了一个新的入学系列，招收别的高等商校的毕业生，让这些学生直接升入它的二年级。随后，它又设立了一项考试，接着是会
282 考；尤其是它还延长了学制，这件事与其说是出于教育本身的内在

需要，还不如说是场域内部的竞争所致。[①]

所有旨在通过增强信仰来扩大象征资本的发展策略总是包含着虚张声势的成分，但是这些策略的成功与否还是取决于策略所要增强的信仰的状态：作为巴黎高等商学院主要目标的潜在学生群体及其家庭越是打算认同学校企图证明的差异，那么这所学校为了使自己有别于其他商校而采取的策略成功的机会就越多。比如说，若是他们同时考取了好几所学校，他们会在其他（商）学校中优先选择巴黎高等商学院。而这所学校的领导们会认可人们这种认同差异的行为，以便实施使人们认识差异并且认同差异的集体行动，有时候他们还使这些认识和认同具有法律意义；这样，他们就能够激励新一轮的认同行为，就像滚雪球一样。由此产生的负面效应是恐慌——当信仰本身膨胀到一定的程度，就会导致象征性破灭，就会产生危机，这时，恐慌就会爆发。

巴黎高师这所名校已被降级为教师和知识分子的再生产单位，巴黎综合工科学校也被越来越多的人看成是代表纯技术职能的学校，也就是说，处于从属地位的学校，于是国家行政学院便不

① “三年的改革进一步扩大了差异，作为唯一的一所延长了学制的商校，它一直吸收其他商校的毕业生，让他们再读二年级。这样，学生就必须多读一年，但是这样做并不是为了增加或者巩固他们所学的知识，而是要重新修读一遍。1948年，巴黎高等商业学校把学制提高到三年，两年之后，这一举措很快得到了普及。巴黎高等商学院学校行政委员会意识到，没有多少学生在别的商校学满三年之后会愿意再来学习两年以获取一张新的文凭，即使这张文凭更有诱惑力，于是这个委员会提议，让各商校最优秀的学生在得到所在学校的推荐的条件下，在毕业前一年来参加会考。有关学校的领导部门提出抗议，制止这种做法：因为这种做法会使巴黎高等商学院将所有高等商校变成自己的筛选机，掠夺它们最优秀的学生，而被掠夺的学校却得不到一点好处。”（M. 默罗[M. Meuleau]：《名校历史：巴黎高等商学院，1881—1981》，巴黎，迪诺出版社，1981年，第109页）

顾这两所学校的利益，企图迫使整个名牌大学场域接受自己的霸权；导致国家行政学院如此发展的过程与巴黎高等商学院的发展过程一样，两者之间有许多相似之处，因为巴黎高等商学院也是在这样一个过程中被推到商业和管理类学校中首屈一指的位置，并
283 且使它如今能够在经济场域争夺霸权位置的竞争中与国家行政学院（以及巴黎政治研究学院）抗衡。力图使国家高级公职人员的招聘合理化、民主化，废除以任人唯亲、职位的潜在世袭制为存在基础的王朝，这样的愿望能够告白于天下，而且毫无疑问是非常真诚的；然而，出于这样的愿望创办起来的学校所履行的职责最终还是与巴黎高等商学院和中央高等工艺制造学校在 19 世纪末履行的职责如出一辙，就是说，为在社会关系上注定要走向霸权位置的资产阶级子女提供学业上的保证，然而，在那个学业竞争加剧的年代，这种保证正是那些在学业上最具有合法性的学校越来越不愿意提供的。对于这样一所学校，如果要详细地分析它那奇异的漂移历程，这或许是不可能的。迂回的小径怎样就变成了康庄大道？一部分满怀革新愿望的前卫人士出于对新社会需求（一块“无须竞争的市场”）的关注，[①]产生了一种构想，那么，根据这种构想创办

---

① 此处的逻辑与上个世纪创办私立政治学校（Ecole libre des sciences politiques）时的逻辑完全相同（参见 D. 达马莫：“私立政治学校的社会起源”，《社会科学研究会刊》，第 70 期，1987 年 11 月，第 31—46 页）。对于保守力量及其回避法律或者技术障碍的本领，或许没有什么比国家行政学院在其创办四十年之后的现状与人们对公务员招聘体制的批评这两者之间的鲜明对照更能说明问题——人们原本以为创办国家行政学院是要取代这个体制的（参见 G. 蒂利埃[G. Thuillier]：《从前的国家行政学院》，巴黎，法国大学出版社，1983 年，第 234—256 页；尤其是 M. Ch. 凯斯莱尔：《政府高级职能的谋略》，巴黎，政治学国家基金出版社，1978 年，第 35 页及以下内容）。

起来的一所学校怎么渐渐地就变成了所有原本世俗的勃勃雄心追逐的目标，而且这些世俗的勃勃雄心又是怎样在其他机构里表现出来，并得以实现的？

为了理解这种变化，就必须细致地分析难以计数的个人策略和集体策略，正是通过这些策略，那些本来有能力迎战这位新上场对手的学校，比如说，巴黎高师和巴黎综合工科学校，渐渐地被简化成了其官方使命的最基本的定义，即培养教师和工程师。导致这种状况的原因就在于：那些霸权受到威胁的学校对学生的"放弃"，主要是对高级公务员子女的放弃——最初，学业逻辑使他们在巴黎高师或者巴黎高等商学院遭到了冷遇，于是他们力求考入 284
国家行政学院以重建自己的地位；此外，受到威胁的学校的领导人所制定的糟糕的策略也是导致这种状况的原因，例如巴黎高师的领导人，他们提出一些配不上自己学校以往地位的要求，而这样做的目的却是为了让人们理解他们的本意是要拒绝这些东西，或者相反，他们干脆提出对上级机构领导人的位置进行象征性的合理安排，这样，他们就等于公开承认了自己假定的劣势地位。其实，大家都受到象征资本逻辑的制约，而这个逻辑就是要让人明白、让人相信、让人理解并且认同上流社会的婚姻逻辑或沙龙逻辑。在婚姻逻辑中，一次被拒绝的求婚无可逆转地确定两个族群之间的等级；至于沙龙逻辑，普鲁斯特已经把它写进了他的人种志里，在投资与谈判当中，沙龙逻辑要求人们像经营自己全部的股票证券一样谨慎小心。象征资本既是斗争的工具，又是争夺的目标，而且在具体情况下，斗争总是以迫使人们接受某一等级的表现为目的的；就是在这样的斗争中，国家行政学院从一开始就享有极大的优势：它的竞争者们必须通过某种合理篡夺才能够提供给学生的任何东西，比如说，向学生承诺历届大人物的职业生涯中所具有的权力位置，包括共和国的总统们、部长们，还有外交官们和总经理们的位置，全部都正式地写在学校的教学大纲和公之于众的规划里，因为这所学校本来就是为国家最高职位提供人才而特别规划的。（国家行政学院的创办使所有特设的会考都消失了，本来通过这些考试人们能够一直抵达除了巴黎综合工科学校之外所有的上流群体；而在国家行政学院创办之后，即使是巴黎综合工科学校的毕业生，如果不到国家行政学院去镀一下金，也不能进入财政监察机关；尽管 1954 年的法令给了巴黎综合工科学校毕业生两个直接进入财政监察机关的名额——完成了学业并且排名在同届学生前三分之一的人才有这个资格，但是，国家行政学院也因此而确立了自己对政府高级公职中的最高职位的真正垄断。）ENA（国家行政学院），这个独一无二的缩略词，产生了一个被认识、被认同，而且由于分享同一种象征资本而联系在一起的族群；这个称号的强制作用引起了**象征资本的集中**，由此产生的效应为国家行政学院的学生谋得了利益；尤其是在人们对政治进行“专家治国论式的”重新定义的那个时期，国家行政学院的学生不仅得到了象征性的好处，而且还得到了紧邻权力场域的便利条件（他们来往学校的路上都
285 必须经过第五共和国时期部长们的办公室）和族群成员之间的连带关系为他们确保的实际利益，其实，巴黎的资产阶级历来共同分享通过支配国家而获得的利益和声望，其成员之间的连带关系已

经转化成了群体精神。①

不同学校的学生背离他们自己原来学校的惯常方向，自愿参加国家行政学院的会考，在各个学校参加会考的学生人数和被录取的学生人数的变化中，我们可以看到占据霸权位置的学校吸引强度的变化，以及它在不同的历史时期与竞争者之间的社会距离的大致迹象（参见图 12）。通过对矩形统计图进行比较，我们可以发现，学校的公开职能离国家行政学院越近（就是说，这所学校的学生中最常见的权力习性越接近于国家行政学院），而且学校在纯学业等级中的位置越低，那么这所学校受到国家行政学院的吸引就越早，也越强烈。在这里，无论在统计学方面还是在社会学方面，有意义的仍然是**不同学校之间的差异结构**：巴黎高等商学院的学生最早转向国家行政学院，而且人数也很多，但是成功的比例却不高；巴黎综合工科学校的学生很早参加会考，但是参加的人数有限（尤其是与学校的规模相比），成功的比例属于中等；巴黎高师最晚对国家行政学院感兴趣，但是参加的人数相对较多，成功的比例起初非常高，随后逐渐降低；最后是高等经贸学院，相对来说，它对行政学院的兴趣开始得较晚，总之，比巴黎高等商学院要晚很多，成功的比例也很低。对统计资料进行结构性的解读能够帮助我们 287

① 学校以前的毕业生在政治和行政场域的成功能够加强学校的象征资本，而学校日益耀眼的光芒也会增加学生在围绕权力展开的竞争中取胜的机会，因而我们还必须进一步确定促进这种循环强化过程的所有因素：比如说，经济场域的变革，以及使金融和贸易职务优先于技术职务；政治场域的变化，公务员与党派人士之间的关系。正如让-克罗德-托尼格（Jean-Claude-Thoenig）所指出的那样：权力集中于“专家治国论者”之手（他分析了桥梁与公路工程学校的学生群体，但这种分析对行政学院也有价值），这种情况在第五共和国时期得到了极大的强化（参见让-克罗德-托尼格：《专家政治论者的时代》（*L'Ere des technocrates*），巴黎，组织出版社，1973 年）。

更为明确地指出支配教学机构之间关系的规律，更确切地说，也就是支配场域中不同学校之间相对位置转变的规律（在这些相对位置的转变中，我们可以设想，这些转变与权力场域中相应学校历届毕业生的位置的转变是联系在一起的，只是存在着一定的时间距离）。①

因此，从20世纪60年代起，巴黎高等商学院的学生踊跃参加国家行政学院的会考，或许这是因为他们发现在国家行政学院能够找到更可靠、更有效的办法来获得他们在自己的学校里期待已久的抵达权力位置的通道。我们在1967年所作的调查清楚地反映了学生的这一偏好：一批学生被请来为九所学校（巴黎综合工科学校、于尔姆文学院和于尔姆理学院、高等经贸学院、巴黎政治研究学院、中央高等工艺制造学校、巴黎高等商学院、国家行政学院、哈佛商校）划分等级：一方面按照学校的声誉来划分，另一方面按照学校的教学及其对职业活动的有用程度来划分。巴黎高等商学院的学生在教学与职业活动这一项中将他们自己的学校排在第五位（位居国家行政学院、综合工科学校、哈佛商校和于尔姆之后，排在最后的是中央高等工艺制造学校、高等经贸学院和巴黎政治研究学院），而在学校声誉方面将自己的学校排在第六位（巴黎综合工科学校和国家行政学院被排在最前面）；社会出身等级越高的学

① 图12模型本来应该包括法学院（其社会招生人数减少，同时还呈女性化趋势）：事实上，国家行政学院的创办对法学院的影响要大于其他学院，因为它的建立使法学院与国家行政学院的关系等同于巴黎综合工科学校和巴黎高师与理学院或文学院的关系，与此同时，国家行政学院的建立还决定了这种教学机构结构的贬值，及其所颁发的文凭的贬值，甚至它所服务的行业的贬值（因为国家行政学院历届毕业生把持的机构具有越来越大的影响力，比如司法场域中的行政法院、宪法委员会）。

286

图 12　国家行政学院考生与录取人数的变化（1963—1985）

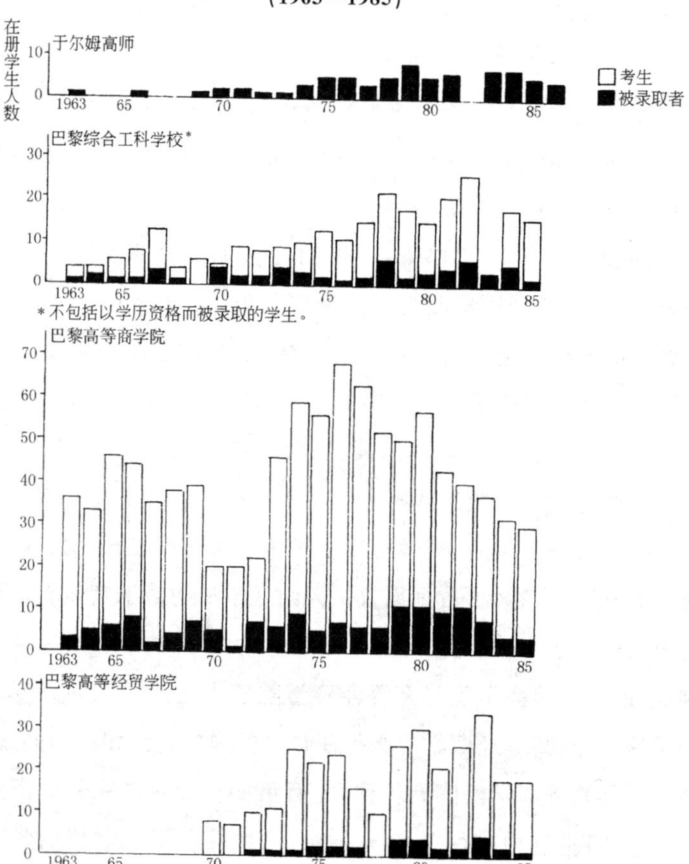

资料来源：国家行政学院走读生与寄宿生的会考统计资料（1963—1985）。这些统计数据无法将于尔姆高师的毕业生与其他师范生（以及最初的大中学教师学衔获得者）区分开来。直至1984年，于尔姆高师学生的统计数据才在国家行政学院的统计资料中成为一个独立的项目。因此，我们根据国家行政学院和巴黎高师毕业生年鉴统计出了来自于尔姆高师的国家行政学院的学生人数。图中反映的是每一年进入国家行政学院的于尔姆高师学生人数（而不是每一年通过会考录取的人数）。每学年会考成功的比例可能还随着学生的兵役期而发生相应的变动。

生越是倾向于相对贬低自己的学校。从1972年起，向国家行政学院移动的倾向进一步加强，因为人们新开设了两条不同的会考渠道：法律类和经济类。此后考生的减少可以从巴黎高等商学院新的领导集体所采取的政策中得到解释：自1983年以来，巴黎高等商学院的毕业生常常能够在经济场域的竞争中挫败巴黎综合工科
288 学校以及国家行政学院的毕业生，他们的成功扩大了学校的象征资本；此外，自1981年以来，学生们对这项事业的态度发生了转变，而这个转变毫无疑问与主要性情（humeur dominante）在这个问题上的转变不会没有关系。就这样，巴黎高等商学院新的领导层毫不含糊地挫败了学生向其他教学机构流亡的积极性（主要是促使“工业经济”这项选择的衰退，因为这是将要投奔国家行政学院的那些考生的传统选择）。

一切似乎都说明，教学机构之间在象征资本方面（就是说在表现方面）的距离越大，占据霸权位置的教学机构对于其他教学机构的吸引力也越大；但是如果超出了一定的限度，这个吸引力就不再有效，巴黎高等商学院与高等经贸学院学生之间的不同态度就证明了这一点：高等经贸学院必须使自己的地位达到相当的高度，直至让巴黎高等商学院感到担忧，才有可能构成对国家行政学院的向往，并且把这种向往公之于众。[①] 巴黎综合工科学校的学生一

① 正如巴黎高等商学院的官方传记中所记载的，如今“只有高等经贸学院能够与巴黎高等商学院的优越地位抗争，这使得某些企业的领导人认为，由于缺乏刺激，巴黎高等商学院在某种意义上一直躺在它原有的荣誉上睡大觉”。此外，“高等经贸学院的成功使它感到不安，但是同时考取了高等经贸学院和巴黎高等商学院的考生还是选择商学院，这一点让它感到宽慰”（M. 默罗，同前书，第107和109页）。

直对国家行政学院充满兴趣（除了 68 年引起的低落），而且这种兴
趣日益浓厚，一直延续到 20 世纪 80 年代初；在某种意义上，巴黎
综合工科学校学生的兴趣由于法令赋予他们两个法定名额而得到
了法律上的认同——事实上，这种兴趣只是其他各种征象中的一
种，说明巴黎综合工科学校的大多数学生都倾向于权力，而不是倾
向于科学，即便我们发现他们对于研究的兴趣持续性地增强[①]（这
或许是与包揽了众多职位的国家行政学院之间的竞争所产生的反
作用力）。事实上，由于最直接地受到威胁，巴黎综合工科学校的 289
学生第一个站出来对国家行政学院的进逼作出反应：从 1962 年
起，通过巴黎综合工科学校行政委员会关于《巴黎综合工科学校毕
业生的职位选择》，尤其是通过 1967 年[②]的“高等教育与名牌大
学”委员会（皆由皮埃尔·库迪尔担任主席），随后是通过 1968 年
的勒尔密特委员会（Commission Lhermitte），巴黎综合工科学校
的领导者们进行了防御，组织了辩论。[③] 矿业总工程师、巴黎综合

① 选择“研究”最早始于 1959 年，是为那些希望成为研究人员，却又不属于免付学费（条件是在 6 年之中获得理学博士学位）的学生设立的。这个项目的设立取得了极大的成功，它吸引了五分之一的学生（参见 G. 戈兰博格[G. Grunberg]：“巴黎综合工科学校及其精英群体”，《国际公职年鉴，1973—1974》，巴黎，国际公务员协会，1974 年，第 388 页，注释 3）。

② 就是说，远早于 1973—1974 年激烈的批评之前。（针对国家行政学院的评论，我们可以在 M. C. 凯斯莱尔所著的《政府高级职能的谋略》中看到报刊摘要的确切年表，巴黎，国家政治科学基金出版，1978 年，第 67—109 页。）

③ 因此，我们发现有一系列以委员会主席的名字命名的委员会：库迪尔（Couture）委员会，1962 年；季约马（Guillaumat）委员会，1963 年（给军事部长的报告）；布洛克（Boulloche）委员会，1963 年（关于名牌大学）；纳尔丁（Nardin）委员会，1964 年（关于前沿技术大学）；隆格（Long）委员会，1967 年（关于巴黎综合工科学校学生的研究方向）；库迪尔委员会，1967 年；格特（Cot）委员会，1968 年（关于工程师精英群体的角色）；勒尔密特委员会，

工科学校教改委员会主席、国家行政学院董事会成员路易·阿尔芒(Louis Armand)(自 1947 年起,他一直在国家行政学院任课)在《费加罗报》上撰写了两篇文章(1967 年 4 月 10 日和 11 日),就国家公职问题展开争论。表面看来他是在维护技术员的利益,反对专家治国论者;然而实际上他是在为巴黎综合工科学校的毕业生要求作为专家治国论者的位置。1967 年 11 月 15 日,关于创立军械技术军事工程师团体计划书的报告人在国民议会宣布,他上呈的一份修正案正是在“军事工程师领导层中的某些人,也就是在巴黎综合工科学校毕业生和其他一些人”的启发下完成的,“然而,在行政管理的各个领域,包括那些技术性最强的领域,面对国家行政学院青年学子的步步进逼,这些人已经感到惴惴不安”,[1] 报告人流露出的担忧深切地传染给了整个巴黎综合工科学校群体。我们发现,在这种情况下,个人的首创精神一点也没有导致放弃对于群体的保卫,相反,在为了实现保卫群体的目的而特别任命的持有
290 特别行动工具的领导人的带领下,对群体的保卫调动了群体中的大多数人。这项团体工作的首要职责之一就是提供一整套系统化了的可靠论据,也就是说,围绕少量的主题和关键词组建职业意识形态,比如说,用以确指巴黎综合工科学校学生无以伦比德行的主题和关键词:综合概括能力强、关心公益事业、具有团体协作精神、富有责任感、具有决断与指挥的才干、科学水平高。[2]

1968 年(关于名牌大学改革)。除此之外还必须加上巴黎综合工科学校行政委员会和巴黎综合工科学校的各种报告,尤其是关于巴黎综合工科学校毕业生概况的报告(1967 年),关于教学法的报告(1968 年),以及发表在《黄与红》中的各种言论。

① 由 G. 戈兰博格引述,第 492 页。

② 参见“巴黎综合工科学校学生概况,1975—1980”,《黄与红》,第 225 期,1968 年 4 月,第 11—17 页。

由于必须参照新的霸权机构，而且这种参照几乎是强迫性的，因此，象征性晋升的所有程序都受到了制约：例如，“年轻工程师”感到很苦恼，我们也可能会为他感到惋惜，因为他觉得自己“已经通过了非常严厉的标准的选拔，成功地度过了最漫长最艰苦的学业生涯……，但是他却**意识到自己一开始就被毫无理由地排斥在外**，那些让人有机会亲身参加重大综合性研究和筹划事关民族命运的重大决策的工作都与他没有关系”。① 人们还可能注意到，为了探讨管理和生产中的复杂现象，“法律与管理方面的教育，即使**在本质上带有经济学色彩**（明确影射国家行政学院的教育），可能将不再是唯一适合高层管理者的教育”。② 此外，人们或许还能发现，巴黎综合工科学校培养“某种类型的工程师，他们既不是‘技术员’(technicien)，就是说，不是适合综合与决策职能的某种技术的专家，也不是那种**常常可以随意地赋予自己这些职能的**‘**专家治国论者**’，而是‘工艺学家’(technologue)”（这个新词的使用将**双重差异**凝聚在一起，从而构成了巴黎综合工科学校学生与普通理科学校，如中央高等工艺制造学校、手工艺学校毕业的小技术员之间的差异，以及巴黎综合工科学校学生与国家行政学院学生之间的差异）。③ 说到底，如果废除某些学校对那些已经转化为“封建领地”的群体的垄断（并不是没有这种可能性），人们或许会为“诸如规划署、各部属办公室、内阁办公室之类的国家机构中受过高层次 291

① 巴黎综合工科学校行政委员会的报告，由 P. D. 格特(P. D. Cot)主持，“工程师精英群体在法国现代社会中的角色”，见《黄与红》，第 230 期，1978 年 10 月，第 7—45 页，引文部分在第 9 页，强调为我所加。

② 同上书，第 18—19 页。

③ 同上书，第 22 页。

理科教育公务员”的缺乏而感到遗憾；于是可以肯定地说，“若是让一位工程师来管理一个省或者让他介入外交活动，并没有什么不可以的。”[①]为了圆满地处理好这一切，人们可能会建议创办“一所高等公共事务学院”，当然，这所学院是专门为巴黎综合工科学校和国家行政学院的学生准备的。[②]

在提出这些请求的同时，人们还建议对教育进行改良和调整，以便更好地装备巴黎综合工科学校的学生，使他们在与国家行政学院学生的竞争中更有力量：“年轻的巴黎综合工科学校学子身上有一个不容置疑的弱点，那就是他们在思想的表达、条理性，以及交流方面存在着困难。显然，他们所受的教育使他们在表达能力和论说方面比不上国家行政学院的学生和其他文科学生。必须弥补这一点。”[③]库迪尔在他的报告中提出了同样的建议，他要求对学生所受的普通教育进行再思考，“必须更系统地增加对经济学、管理技术、信息科学的研究，同时还要比较深入地进行社会心理学及其运用（表达和交流的艺术、集体能动性，等等）的基础教育”[④]；此外，他还提出了许多教学上的革新，比如说，在巴黎综合工科学校增设经济学课程，[⑤]在矿业学校增设管理学课程，然后在巴黎综

① 巴黎综合工科学校行政委员会的报告，由 P. D. 格特主持，“工程师精英群体在法国现代社会中的角色”，见《黄与红》，第 230 期，1978 年 10 月，第 33 页。

② 同上。

③ J. 马诺雷尔（J. Majorelle）：“关于巴黎综合工科学校的思考”，《黄与红》，第 232 期（增刊），1968 年 12 月，第 49—62 页（引文在第 51 页）。

④ 勒尔密特的报告，《黄与红》，第 232 期（增刊），1968 年 12 月，第 67—112 页（引文在第 87 页）。

⑤ 参见 J. 于尔莫（J. Ullmo）：“学校的改革与新经济学教育”，《黄与红》，第 242 期，1969 年 11 月，第 9—11 页。

合工科学校也开设管理学课程，显然，这些革新构成了对于国家行政学院有力的回击。[①]

对霸权的分工进行重新定义构成了争夺的焦点。在这些争夺中，国家行政学院的策略使它在学业王牌（atouts scolaires）与社 292
会王牌（atouts sociaux）的分布问题上受到了限制：国家行政学院是世俗范畴中的成功者，如果我们以学校占有位置的数量和质量作为衡量成功的标准，那么，它还是经济场域和政府高级职能中的胜利者，但是在纯学业等级中，国家行政学院则一直处于被支配的地位。于是，国家行政学院努力通过象征性策略以获取认同，尤其是取得竞争者的认同，然而，国家行政学院通过学业神化得到的合法性比不上其他的教学机构，而这种合法性又是功德与技能的重要保证，因而它的象征性策略没有产生什么效能。只要读一读名牌大学历届毕业生的调查结果（参见表16）便一目了然：我们从中发现，国家行政学院的毕业生倾向于用技术性的职务打发巴黎综合工科学校的毕业生，而将巴黎高等商学院的毕业生支使到商业、营销、金融方面的职位上去，却将很大比例的领导职位留给了他们自己（但不管怎么说，还是不如巴黎综合工科学校的毕业生，尤其是不如巴黎高等商学院的毕业生给予自己的领导职位多，这两所学校是国家行政学院竞争领导职位的直接对手）。[②] 象征性竞争

① 参见M.贝里（M. Berry）："工科学生的管理学课程：从矿业学校和巴黎综合工科学校的经验谈起"，《黄与红》，第305期，1975年10月，第17—24页。

② 调查中人们将大量的有关商业和金融职位的选票都投给了巴黎高等商学院（即使国家行政学院的投票情况也是如此），这样，巴黎高等商学院被排在第二位，居于投票者自己的学校之后，巴黎综合工科学校和国家行政学院它做的评价也是如此。巴黎综合工科学校得到了大量的有关技术职位的选票，但是它却拒绝这些职位，而且反

的整套逻辑都被封闭在这些相互交杂的指责之中:对于所有令人垂涎的特性(在此,这种特性就是占据领导职位的权力,同时也是作家或大作家,哲学家或大哲学家的称号),每一位竞争者倾向于窃取的往往比别人所能给予的要多;而对于人们不愿意接受的特性(如无人问津的人事管理职位),他给予别人的却比别人给予自己的要多。国家行政学院、巴黎高等商学院、巴黎综合工科学校这三所权力型名牌大学的毕业生,通过镜像评价(jugements en miroir),将领导职位分配给三所学校中的这一所或者那一所,而且在这种评价中,每一所学校都提供一个指数来反映自己在社会上
293 得到认同的抱负(人们赋予他的,尤其是他的竞争者们给予评价),与它自己确认的抱负(它对自己的评价)之间的差距。镜像评价的分布结构表明,国家行政学院给予自己的领导职位比别人给予它的要多得多;在这一点上,它同时与巴黎综合工科学校和巴黎高等商学院形成对立,因为与国家行政学院相比,后面两所学校表现出来的抱负终归不像国家行政学院那样高,距离竞争者们的评价也没有那么远。"抱负"(prétention)这个词如此频繁地出现在人们对国家行政学院及其产品的评价中,清楚地说明了窃取的意识——这种意识正是国家行政学院给予它的竞争者们(或许远不止竞争者们)的启示:这所学校对于权力位置具有越来越广泛的支配权,但是它却没有能力提供与巴黎高师和巴黎综合工科学校同

过来将这些职位让给了低一级的学校(中央高等工艺制造学校);巴黎综合工科学校将关于领导职位的选票投给了自己,然而巴黎高等商学院,尤其是国家行政学院却没有给予它那么多的领导职位,但是不管怎么说,这种差异应该说是在国家行政学院更大一些。

样水平的学业保证，尽管学业保证已经成为最可靠的合法化工具 294
之一。[①] 由于各种不同的原因（其中评委会的组成[②]、考试的性质、被录取者的社会特性，都不能说是微不足道的），在国家行政学院，通过学业神化所产生的合法化效应并不像在巴黎高师或者巴黎综合工科学校那样能够起作用；人们意识到了学习“成绩”与社会利益之间的差距，而且这种意识常常导致人们对已经由“技能”验证过一切产生普遍的怀疑，因此，人们加深了对专制的感受，不管怎么说，过早地占据权力位置必然是要引起这种感受的。

至于巴黎高师的学生，对国家行政学院有利的那两个因素正好使巴黎高师处于巴黎高等商学院的对立面，因此，高师的学生很晚（20 世纪 70 年代初期）才真正投入到竞争中来，或许，关于前途的某种形式的集体幻灭也是促使他们投入竞争的一种原因。这种突如其来的幻灭至少应该归咎于他们的习性和期望的深刻变化，而这种变化又是与新生的社会水平的提高相关联的；此外，原本属于他们的位置的客观变化同样也是造成他们幻灭的原因。在 1976—1984 年间，每一年至少有 12 位学生办理了考生资格，1978—1979 年发展到了 24 位，然而在此以前，这样的情况是极其

---

① 这种差距在二流学校的毕业生所作的评价中尤其明显，比如说高等经贸学院和南锡矿业学校就将许多领导职位的选票投给了巴黎高等商学院和巴黎综合工科学校，他们承认自己非常注重学业方面的等级。

② 在 1960—1982 年之间，外来的会考评委共 11 人，其中只有一半是教师（大部分是来自法学院的二流教师），每年 5—6 人。从 1983 年起，评委会成员增至 13 人，教师大约占三分之一（4—5 名），另外还有三分之一的高级官员和三分之一的公司董事。从 1982 年起，评委会主席中有大学教授、高级官员（审计法院顾问、行政法院推事），还有记者。

少见的，即使偶有发生，一般都是为失败了的考生做一些补救。[①] 事实上，到第二次世界大战前后，教师的岗位尽管名称上没有改
295 变，但是实际上已经与从前没有多少共同之处，因为学生队伍的壮大和相应的教师群体的发展[②]使这些岗位发生了变化，或许在总体上贬了值，但是不管怎么说，从事中等教育（预备班包括在内）与从事高等教育的巴黎高师毕业生比例的颠倒表明了一种整体大幅向上的移动，如果对这种移动仅仅作一些名义上的描绘，这或许是不合适的。我们无论如何都不能简单地将这一切归结为进入高等教育和研究领域的机会长期处于明显的减缩状态（即使在1970—1980年间入学的高师学生或许由于20世纪60年代的大量招生而耽误了他们就业），也不能将之归结为被发配到中学去的巴黎高师毕业生人数的增多（即使某些职位的贬值使那些初上讲台的人特别具有戏剧性，但不管怎么说，他们的经历却有利于振奋精神）。因此，我们不得不通过表现方面的变化来寻求答案，以便解释发生在巴黎高师的现实与人们所作的描述之间的距离，当然首先是到巴黎高师去寻找。事实上，一部分学生感到苦闷；教师群体和学校领导们总是鼓励学生现实地调整自己对前途的期望，从而不断地激发和扩大了他们的苦闷；这种苦闷或许是由于人们的习性与位置之间的失调引起的——从第三共和国至20世纪60年代，习性

① 转换门庭的事情常常发生在那些出身上流社会家庭，没有通过大中学教师学衔考试的学生身上。20世纪70年代，在危机与任命了新的领导人之后，随着极左派运动的退潮，出现了一种新的情况，这就是结束大学教师生涯。1973年，（巴黎高师）首次提出与国家行政学院并列的要求。

② 关于教师群体的社会形态变化，参见布尔迪厄：《学院人》，第171—205页。

表 16　你认为哪一所大学培养的学生最适合担任以下职务？

巴黎综合工科学校		国家行政学院		巴黎高等商学院		鲁昂商业与企业行政管理高等学校		南锡矿业学校	
商务与营销职务									
巴黎高等商学院	62	巴黎高等商学院	65	巴黎高等商学院	64	巴黎高等商学院	29	巴黎高等商学院	52
巴黎高等经贸学院	9	巴黎高等经贸学院	10	巴黎高等经贸学院	2	巴黎高等商业学校	9	巴黎高等经贸学院	12
欧洲商业管理高等研究院	3	巴黎高等商业学校	4	巴黎高等商业学校	1	巴黎高等经贸学院	8	巴黎高等商业学校	3
其他	26	其他	21	其他	33	其他	54	其他	33
总计	100	总计	100	总计	100	总计	100	总计	100
技术与工程职务									
中央高等工艺制造学校	33	巴黎综合工科学校	31	中央高等工艺制造学校	36	中央高等工艺制造学校	22	中央高等工艺制造学校	36
巴黎工艺美术学校	22	中央高等工艺制造学校	27	巴黎综合工科学校	16	巴黎综合工科学校	10	巴黎矿业学校	12
巴黎综合工科学校	8	巴黎工艺美术学校	14	巴黎工艺美术学校	9	巴黎工艺美术学校	6	巴黎工艺美术学校	10
其他	37	其他	28	其他	39	其他	62	其他	42
总计	100	总计	100	总计	100	总计	100	总计	100
金融职务									
巴黎高等商学院	35	巴黎高等商学院	42	巴黎高等商学院	68	巴黎高等商学院	42	巴黎高等商学院	37
巴黎综合工科学校	7	国家行政学院	12	国家行政学院	3	鲁昂商业与企业行政管理高等学校	6	巴黎政治研究学院	3
巴黎政治研究学院	6	巴黎政治研究学院	5	巴黎高等经贸学院	2	巴黎高等商业学校	5	欧洲商业管理高等研究院	2
其他	52	其他	41	其他	27	其他	47	其他	58
总计	100	总计	100	总计	100	总计	100	总计	100
人事管理职务									
巴黎政治研究学院	4	国家行政学院	6	巴黎高等商学院	12	巴黎高等商学院	8	巴黎政治研究学院	4
巴黎高等商学院	3	巴黎高等商学院	6	巴黎政治研究学院	11	鲁昂商业与企业行政管理高等学校	2	南锡矿业学校	3
巴黎高等经贸学院	1	巴黎政治研究学院	6	巴黎高等经贸学院	10	巴黎高等经贸学院	2	巴黎高等经贸学院	3
其他	92	其他	82	其他	67	其他	88	其他	90
总计	100	总计	100	总计	100	总计	100	总计	100
领导职务									
巴黎综合工科学校	33	国家行政学院	29	巴黎高等商学院	57	巴黎高等商学院	39	巴黎综合工科学校	17
巴黎高等商学院	13	巴黎高等商学院	17	巴黎综合工科学校	10	鲁昂商业与企业行政管理高等学校	6	巴黎高等商学院	8
欧洲商业管理高等研究院	7	巴黎综合工科学校	8	其他经济管理类学校	3	巴黎综合工科学校	6	欧洲商业管理高等研究院	8

续表 16

国家行政学院	2	欧洲商业管理高等研究院	1	国家行政学院	2	巴黎高等经贸学院	6	巴黎矿业学校	7
巴黎高等经贸学院	1	其他经济管理类学校	1	巴黎高等经贸学院	1	巴黎高等商业学校	4	国家行政学院	4
巴黎高等商业学校	1			巴黎矿业学校	1	国家行政学院	2	南锡矿业学校	3
其他	43	其他	44	其他	26	其他	37	其他	53
总计	100	总计	100	总计	100	总计	100	总计	100

资料来源：国际猎头公司（Heidrick and Struggles International/IPSOS），巴黎，1987 年 9 月；《拓展》杂志，1987 年 9 月 11—24 日。

与位置之间的和谐一直确保着“救世学校”①学子们（尤其是中、小学教师的子女）的期待与巴黎高师为他们开创的、共和国的蓝图为他们描绘的职业前景之间的协调关系。但是随着竞争的加剧，当学生的社会水平在总体上达到了一定的高度的时候（就是说，当巴
296 黎高师的模态学生不再是外省小学教师的子女，而是巴黎大学教师的子女的时候），这种协调就不复存在了：20 世纪 80 年代的巴黎高师学生，如果往国家行政学院迁移仍然没有让他们找到重整抱负的途径，那么他们的生活将被当作一种没落来体验，尽管对于他们的前辈来说，这种生活可能已经是一次出乎意料的升迁；此外，在那样一个特殊的年代，高等教育中充满了就职机会，而他们就是紧随着这样一个年代进入大学教师的职业生涯的，或许这也是他们“失望”的原因。

① 正如 R. J. 史密斯所阐述的，巴黎高师从来就没有真正扮演过“救世学校”的意识形态所赋予的发现人才的角色，而且在巴黎高师，农民、工人、小职员的子女所占的比例一直都非常低。另一个结构上的常量，即工商界业主子女的比例，也非常低，与教师、教育界官员，甚至小学教员的子女相比，简直低得无法相比（参见 R. J. 斯密斯，同前书）。

圣克鲁高师和枫特纳高师新生社会水平的提高或许最明显：在 1960—1961 年，出身于大众阶层和中等阶层的学生占圣克鲁文学院学生总数的 65%，理学院学生总人数的 72.5%；占枫特纳文学院的 60%，理学院的 62%。到 1969—1970 年，他们所占的比例分别为 43%，44%，34.5%和 34%；圣克鲁高师的工人子女和小学教师子女的比例下降最为明显；在枫特纳理学院，下降最明显的是工人子女，文学院是手工业者、职员和小学教员的子女。相反，在圣克鲁和枫特纳，增长迅速的是高级管理人员和工程师的子女（1985—1986 年，在圣克鲁，自由职业者的子女占学生总数的 11%，而在此之前，圣克鲁实际上没有自由职业者的子女）。教师子女同样也增长迅速，尤其在理科。总的说来，在文化资本丰厚的那部分人群内部，中等阶层出身的学生为上流阶层出身的学生所取代。这并不意味着学生学业资本的提高，因为 1969—1971 年间，圣克鲁高师中学毕业会考评语为“好”或“很好”的学生的比例与 1960—1961 年相同。[①]

人们在苦闷中经历了习性与位置之间的不协调，曾经将这所公立教育机构的学生与“教师共和国”联系在一起的特权关系的瓦
解或许进一步加深了这种不协调：随着第五共和国的建立，巴黎高 297
师不再是国家的长女，昔日将巴黎高师与第三共和国联系在一起

① 根据我们对 A. P. 埃莫纳克（A. P. Emmenecker）建立的数据所作的第二次分析和 R. 巴迪雷尔（R. Paturel）的经济学高等教育文凭（DES）毕业论文《关于高等师范学校学生人口统计的研究》，巴黎，1971 年 10 月。

的伦理上和政治上的同谋关系从此以后让位于专家治国论者与新的国家“精英”之间的同谋关系，这些“精英”中的绝大多数都是毕业于国家行政学院的巴黎资产阶级。由于对权力，对权力的操作及权力哲学越来越陌生，于是，高师人被人们从第三共和国以前属于他们的位置上赶了下来，这常常使得他们在教师或者研究人员的岗位上度过自己的流放生涯，并且把这种生涯当作失去社会地位的经历来体验，因为无论在社会关系方面还是在经济方面，教师或研究人员的职务都已经失去了原先的价值。

教师群体人数的增加，特别是下层人数的增加，以及与此相关联的群体罕见性(rareté)的丧失导致了群体的象征性贬值；与此同时，大学教师经济地位也随之降低，这也导致人们对教师职业热情的减退，因为只有很少一部分教师能够抵达教师等级体系的顶端。正如G.波奈和J.-M.德·弗尔吉所阐述的那样，大部分教授感到他们的职业处于困境之中，他们的报酬勉强比助教们高一点，而不是像从前一样，三四年之后就能够达到二级，然后按照指标有规律地晋升。由于教师不能享受国家高级公务员享受的任何一项待遇(津贴、附加津贴、税收豁免等)，所以“就同等资历而言，如果将国家给的所有报酬算在一起”，他们的“实际购买力比按指数分级的其他同样级别的公务员低1.5—4倍”(比“高级公务员低1.5倍，因为公务员们有各种津贴可领；比行政法院推事低4倍，推事们除了自己的‘主要’职务之外，还兼任五项公共活动作为副业”)。①

① 参见G.波奈(G. Bonet)、J.-M.德·弗尔吉(J.-M. de Forges)：“法国大学教师的状况”，《评论》，第38期，1987年夏，第332—344页。

在法学院内部，人们能够特别尖锐地感受到贬值的后果和教师人数（尤其是法学院教师人数）的影响，或许这是因为法学院没有特别地满足研究所需要的投资，在这方面它做得不如文学院和理学 298
院；在鉴定、商议或仲裁时，甚至在某一自由职业的普通会计年度结算中，贬值的后果和教师的人数都成了确保附加报酬的因素（这对私法领域的教师显然比对罗马法或者公法领域的教师更为有利）。理学院和文学院的教师对于教学活动中的好处有着同样的期待，特别是去国外，尤其是去美国；同时，他们对于从新闻界和出版界获取利益也有着同样的兴趣——这一点或许非常有利于说明美国模式何以侵入法国知识分子的生活，知识分子记者（intellectuels-journalistes）又是如何通过他们在新闻界和出版界的权力不断加强他们对大学场域的控制。由此，我们还能够发现经济变革最终怎样影响了知识场域的特殊结构，大学自主性的经济和社会基础的改变又是怎样通过与模态人员（personnel modal）的变化混合在一起的伦理习性的变化来促进知识分子生活方式的改变。

在这个逻辑中，尽管与国家行政学院的直接较量只涉及巴黎高师学生群体的一小部分人，但是却有着战略上的意义。这种较量或许就是衰退话语的根源之一：衰退是在*自我实现的预言*所特有的循环强化过程中自然地滋生起来的，它有助于生产它所预言的灾难（学校的领导们常常将衰退挂在嘴边上，本以为能够驱邪扶正，却不知这样反而强化了衰退；而且越是这样做，衰退就越是不可避免）。不是说要鼓励吹嘘，但是只要在社会关系上有这样的可能，虚张声势就能够使一个机构（同样也能够使单个的行动者）渐渐地从人们赋予它的高度上升到它自认为的高度。然而，与夸张截然相反，预言灾难却能够助长**溃退的行为**。在溃退中，每一个人都趋向于按照对自己机遇的最悲观的估计去行动，这样就会强化人们身上的悲观主义，并且促使人们将信仰寄托给某种形式的衰
299 退，因为在这场竞技中，(几乎)所有的一切都与人们的信仰、信心、自信和坚信有关。

公众的感知根据某些指数来评价一个机构的状态，衡量它对于其他机构的相对位置；然而这些指数常常受到相互矛盾的不同评价，而且其中大部分指数都是根本不可靠的，或者说是带有假象的，比如说，我们发现，报考学生人数的变化总是大致与可能提供的工作岗位的数量具有相关性，但是，由于教师“水平”的神话，考生人数成了学校领导心头挥不去的影子。从这个意义上来说，巴黎高师的学生到国家行政学院的会考中去较量，这实际上就已经承认了自己对别人的认同(没有人想到要估计一下国家行政学院的学生若是参加巴黎高师的会考到底能有多少成功的机会，也没有人试图从以下事实中寻求结论——很大一部分后来为国家行政学院所录取的学生都曾经在巴黎高师的会考或者巴黎高师文科预备班的会考中遭遇过失败，于是，在进入国家行政学院之前，这些人先转道进入了巴黎政治研究学院)：这种较量是用绝对的标准来衡量相对的价值，它给予人们的启示与足球队之间或者网球队之间的较量给人们的启示是一样的(但是，体育实践与社会来源和地区来源是紧密地联系在一起的，从这个意义上来说，体育实践是极富教育意义的)。确实，在进行这类学业考试的时候，教学机构相对价值有意或无意的表现大量地进入了对成绩的评价中。正因为如此，在国家行政学院的会考中，巴黎高师学生成功比例的下降应

该当作一种征象来看待，它表明，在这所俗权方面的霸权机构里，全体成员的自信心逐渐得到了提高：尽管仍然受到学业准则的制约，但是他们能够通过接纳巴黎高师的学生而努力使自己的学校在学业上高大起来；这个逻辑也运用于其他空间，它可以产生令人神往的婚姻；同样，这个逻辑既符合机构的利益，却又不是明确计算出来的产物——情况确实就是这样，似乎一旦渡过了这段在学业上受制于人的时期，国家行政学院的领导们便轻松了，他们越来越感到能够自如地肯定自己的价值和标准，甚至在文化方面，因为来自巴黎高师的一份又一份的考生资格表里（更不需列举其中的失败者），以及巴黎高师领导者要求与之对等的一叠一叠的申请书里，国家行政学院的领导者得到了大量的被认同的证据。1986年颁布的法令废除了给予竞争学校的对等关系（巴黎综合工科学校，自1948年起；于尔姆高师，自1984年起），[①]这样，在会考的“客 300
观”评判[②]中，曾经由于某些巴黎高师的学生和领导人的错误策略所造成的社会差距终于得到了官方文件的确认。

---

① 1985年7月28日的法令规定，国家行政学院每年直接录取4名巴黎高师学生。这条法令激起了一场抗议，尤其是国家行政学院校友协会（参见1985年7月20日和1985年9月20日的《世界报》；1985年7月18日的《费加罗报》），他们向行政法院提交了请愿书。我们知道，1983年“第三条道路”的建立就已经激起了轩然大波（一直波及到社会党人中那些“国家行政学院毕业身居要职的官员”）。

② 在所有错误决策中，除了关于对等的要求，或者说，鼓励学生投考国家行政学院（甚至巴黎政治研究学院）之外，就应该是为了“使巴黎高师向企业开放”而设立的所有机构（比如说，巴黎高师研究与发展协会、巴黎高师鉴定与社会展望学研究所、工业关系指导处）。这些机构几乎比当年巴黎高等商学院的中国共产主义者支部更具有游动性，更脱离时代，无论在知识空间还是在实业界都是如此。巴黎高师在实业界享有很高的声誉，这恰恰说明人们并不指望从它那里得到应用科学方面的服务。

最初，巴黎高师学生的录取比例非常高，当时仍然处于象征性制约之中的国家行政学院似乎准备张开双臂全盘接受巴黎高师的学生（当时，国家行政学院里那些来自巴黎高师的学生总是自豪地回忆他们的第一归属）：1973 年，行政学院的第一位巴黎高师学生来自古典文学专业，他就这样来了，没有做什么特别的准备；然而，随着时间的推移，被录取的学生（其中有一部分人来自理科）此前都受过社会科学和政治学方面的训练。随后，录取的比例呈下降趋势，但是仍然保持在 50%左右，1982 年以后的情况另当别论。至于最近这些年考生人数的减少，也不能完全归咎于制度化习性的改变[①]：确切地说，考生人数的减少证明，从国家行政学院毕业，
301 然后担任财政稽核，这种理想化表现破灭了，曾经有一段时期，国家行政学院就是这样诱惑和吸引了巴黎高师的学生（至少涉及了其中的一部分人，由于出身的原因，这部分人最接近国家行政学院所许诺的位置）；从此以后，巴黎高师的学生倾向于以更现实的方式来感知自己的成功机会，尤其是体会人们所提供的职业生涯的现实性，已经为国家行政学院所录取的那些大中学教师学衔持有者的辞呈就说明了这一点。

我们又一次从中感受到了表现的力量，因此，我们不会那么轻

① 巴黎高师的学生原本非常积极地参加国家行政学院的会考，1976 年以来尤其如此，后来，他们渐渐地疏离这场会考，其中的原因或许就在于 1982 年的改革延长了参加国家行政学院内部会考所要求的实际服务期限，在巴黎高师进修或者学习的时间都不包括在内，而且许多按照条例已经给予巴黎高师学生的优厚条件也受到了限制。此外，会考中加入了一项新的考试内容，而且这项考试的系数很高，对中央政府部门的随员比对教师更为有利（考试内容涉及根据一份档案材料给总理或者政府部门的某一位领导写一份笔录）。

易地指责那些借用道德的语言来分析机构演变的人，我们不会指责他们的宣言其实很天真：正如巴黎某文科预备班的一位哲学教师所说，“巴黎高师的神秘已经不如当年，其原因主要在国家行政学院。那些人尽管是道德上的无赖，但是他们却很辉煌，所以，如今有野心的人都去考国家行政学院。巴黎高师已经有点老了，它还停留在第三共和国，而国家行政学院是属于第四和第五共和国的。”这则判断非常恰当地将道德(morale)与人们有时称之为精神(moral)的东西联系在了一起：对于由巴黎高师贡献的职业前景的集体信念，对于自己录取的学生所具有的实现这种职业前景能力的共同信念，牢牢地树立在黄金时代巴黎高师学生的灵魂深处(至少对他们中的大部分人来说是如此)，深深地植根于道德之中；这种道德就是与某种特殊的社会经历结合在一起的民族习性(ethos)，它使巴黎高师的学生预先倾向于将学校允诺的前景中最暗淡的方面当作不言而喻的东西来接受，同时又带着惊奇与天真期待着这种职业前景中最令人兴奋，也是最不可能的方面，好像这就是科学或知识的伟大命运。团体的精神与道德处于一种紧密依存的关系中：造就忠诚而顺从的教育或科学侍者所需要的伦理习性，与团体的支持和审查是相互关联的，而且团体的审查是教师职位及职位占有者的崇高理想不可缺少的另一面。人们之所以抱怨巴黎高师的衰败，首先是来自机构内部的抱怨，这或许是因为两种因素的巧合共同决定了团体精神与道德的衰退：一方面，尤其是20世纪70年代以来，特权家庭出身的学生比例增加，这些学生，作为滞后效应(effet d’hysteresis)的牺牲品，或许希望在巴黎高师获得学校力所不能及的东西，或者说，人们向某所真正的权力型学

302 校所能期待的东西[1]；另一方面，大学场域相对于新闻场域和政治场域自主性的减弱伴随着人们称之为知识价值的衰退，从而有利于世俗成功的社会准则的兴旺，无论是关于官僚或政治场域的权力位置，还是关于所谓的“媒体”荣誉和频繁出入电视编辑室和制作间得来的物质利益和象征利益，情况都是如此。

巴黎高师的象征性衰弱与知识分子“无私”“无偿”价值观的崩溃同时并发。巴黎高师与国家行政学院之间的竞争或许就是为了确立文化生产者中的霸权者，并且推行一种新的知识型生活方式而展开的斗争的一个方面（或许是最基本的方面）：名牌大学场域统一在国家行政学院的麾下，场域的两极结构（使“知识分子”拥有各自进行再生产的彼此分离的决策机构，从而创立两个相互独立、无法类比的等级体系）相应地被废除，由此产生的效应或许就是，在一段或长或短的时间之后，独立知识分子因此而消失，萨特或许曾经是这种知识分子最完美的体现。雷蒙·阿隆则不知不觉地从知识场域溜进了保守主义者的行列，成了一个幻灭的保守主义者；通过奇怪的象征性提升，这位巴黎政治研究学院和国家行政学院的领头作家被抬到了作为萨特合法对手的地位；事实上，象征性提

① 表现为这种初始的社会学主义很可能会得罪一些人，但是我还是要承认，我趋向于认为，在20世纪70年代，给人以哲学巨子幻觉的这种列宁主义的变化形态在巴黎高师所取得的成功，或许多少有点意外地为社会所构成的“权力意志”提供了一条出路，因为自从“新型的巴黎高师人”把它搬进了学校，它从此就找到了机会以更直接的方式来表现自己。假说的价值就在于它能够使那些作为不可知的事情来体验和描绘的政治转变显得让人明白易懂，并且使这种转变从此成为完全可以原谅的事情，甚至是令人欣赏的事情；政治主张的改变也使许多“误入歧途者”从一个既专制又恐怖的革命主义者（在适宜他们习性的条件中，他们就会变得既专制又恐怖，例如20世纪50年代的共产主义和20世纪70年代的“中国人”）变成为更宽容地运用权力意志的人。

升本身只不过是专家治国论者野心的一种体现：他们凭着学业保证来行使世俗权力，因此，他们觉得自己越来越有权凭着世俗权力来行使知识方面的权威；这一切都是在一部分知识分子的同谋下 303
完成的——他们在狭义的知识等级体系中处于卑微的地位，这使他们预先倾向于作为同谋者，使这些等级体系衰败下去。萨特和阿隆之间的冲突被编成了各种各样的剧本以配合 20 世纪 70—80 年代的政治转变和再转变（这些转变被描绘成了阿隆对萨特，托克维尔对马克思，政治现实主义对知识分子乌托邦的“回击”），两位主人公因此构成了各自阵营的捍卫者。在知识场域中，这两个阵营代表着文化和政治的两种对立表现，从民族学的意义上来说，它们作为两种文化的象征形象，在于尔姆大街和圣吉约姆大街这两个封闭的同质空间里，各自得到了蓬勃的发展。

> 人们可以在别处发表的对大学场域变化的分析中发现其深层证据的一些成分，[1]不过在这里由于没有这样的证据，因此，我们仅列举国家行政学院从前的一位领导人写的文章中的一段话，因为这段话具有典型性。这位领导在此之前就是圣戈班[2]的老板，他的这篇文章写的是关于一本书的事情。书中，国家行政学院培养的一位理想的学生典型向人们推荐一本在巴黎政治研究学院和国家行政学院反复流

① 参见布尔迪厄：《学院人》，版本同前。

② 创办于 1665 年，早期从事玻璃加工业，后来发展成为化学制品公司。——译者

传，[①]并且符合时代风尚的著作选本（不过，这个版本特别居心叵测，因为它煞费苦心，将习惯上属于左派的论据用来论证最典型的右派观点。比如说，它援引“被排除在外的人们”的命运来论证废除公务员身份，尤其是废除教授身份的必要性）。这段话是这样写的：“我们原以为知识分子走了，法国已
304 经厌倦了那些脱离社会、脱离现实的大师们企图让人明理的道德说教。阿兰·曼克新出版的这本《平均主义的机器》是否预示着哲学家的春天就要来临？萨特和福柯认为不一定，他们这些昨日的黄花，有点像法国18世纪的那些作家，最多也就是知道一些政治和沙龙方面的时尚，对什么都充满好奇，哪里都少不了他们，对于权力既亲近又批判；他们是极端的怀疑论者，但是又全方位地捍卫权利。”[②]作者显然是在进行正面攻击，这或许是因为，出于新的官僚集团的傲慢（hubris），他们自以为很有把握得到知识场域内部的援助，就是说，得到十几年来专门在报纸、周刊上宣布当时知识领域中所有重大探险结果的那些人的援助，还有那些致力于构思知识分子定义

① 从这个版本中，我们可以发现重建这个著作选本的企图，因为他们从中找到了一些词语，能够套用到专家治国论者的评论中来（参见布尔迪厄、L. 保尔坦斯基（L. Boltanski）：“支配性意识形态的产生”（La production de l'idéologie dominante），《社会科学研究》，2—3，1976年6月，第9—31页）。稍微翻一翻最近五年来从国家行政学院毕业的人所写的东西就能够发现国家行政学院哲学的主题、风格和表达多么的稳定（他们的主题总是与政治现实紧密相连，比如说，移民问题、自由主义问题、国有化问题、“被排除在外的人们”的问题，等等；他们评论和介绍的总是那些非常薄的书，从来不超过200页，而且属于每页印不了几个字的那种）。

② R. 福鲁（R. Fauroux）：“反抗者，阿兰·曼克”（Alain Minc ou le révolté），《世界报》，1987年9月23日，第2页。

> 并且强制推行这个定义的人的援助——而且这个定义尤其是为他们自己度身定做的，当然也更适合专家政治的期待。[①]必胜的信念使新官员们在现实面前失去了理智，以至于他们要求将哲学巨人的权杖握在自己手中。在一定程度上，他们的必胜信念或许可以作以下解释：他们的左派表现和作为哲学家的表现是在一个特殊的空间里建构起来的；在这个空间里，左派立场传统上属于哲学家的选择，而哲学家又是旧时知识分子的具体体现，因此，左派立场的选择似乎比较紧密地与“知识上的”某种最小的成功联系在一起。[②]

因此，正如权力型学校之间的斗争是企业与国家高级公职场域内部斗争的一个方面，巴黎高师与国家行政学院之间的冲突同样也是斗争的一个基本方面；通过这些斗争，如今，在文化生产场 305
域内部，经济权力和政治权力的拥有者越来越被赋予了知识合法

---

① 策略就是宣告知识方面的重要事件的最后结果，其实，这个策略完全是通用的（在禺瑞审查自然主义的时候我们就已经遇见过这种策略）。那些声称决裂的人与那不幸的对手相互配合，共同掩盖深藏在表面（结构主义的末日）之下的一些愿望，而这些愿望则属于真正的象征谋杀（让结构主义的末日快一点到来吧！）。

② 与法国民主联盟以及共和联盟的情况完全一样，社会党的政治成员中也有很大一部分人毕业于国家行政学院，但是他们的*地位似乎低一些*。社会党人中的“行政学院系官员”往往出身于教师家庭，与共和联盟以及法国民主联盟党人相比，社会党人的成功似乎来的更晚一些，也没有那么“眩目”。上述评论来源于对历年来担任部长的各党派人士的职业生涯所作的粗略分析，因而似乎有必要认真地进行核实。皮埃尔·卡波里（Pierre Gaborit）和让-皮埃尔·穆尼埃（Jean-Pierre Mounier）关于部长办公室的报告证实了这些评论（参见皮埃尔·卡波里、让-皮埃尔·穆尼埃：“法国”，《劝告统治者》[*Advising the Rulers*]，牛津，纽约，巴兹尔·布莱克威尔出版社，1987 年，第 92—123 页）。

性的外表;他们在中间知识分子的支持下,在经济现实主义的迫切需要的名义下,凭着责任专家(通常为经济学家)按照美国模式发布的参数,说是要推行一种新的文化生产者的形象,这种文化生产者即使不会更实用,但肯定会更顺从。

迂回之路与庇护性学校

只有认识将不同的高等教学机构联系在一起的客观关系的结构,我们才能够完全理解这些机构的最新发展史,尤其是它们所接收的学生人数的不均等增长,学生群体社会构成的变化,以及所有与之相关的效应。普通大学学院与实际上已经进行过一次选拔的预备班之间的差距,尤其是理学院和文学院与预备班之间的差距,无论在数量上还是在质量上都扩大了,这使得教育体系中的二重性从未像现在这样明显,因为面对滚滚而来的学生大潮(尤其是1959年以来),位于高等教育等级体系底部的理学院和文学院预先倾向于接收最多同时又是选拔最不严格的学生。就学人数的增加,学生群体社会构成的变化,以及负责对他们进行教育的教师在学业特征(和社会特征)方面的变化,所有这些因素的聚集决定了教学结构的转变,这种转变倾向于进一步拉开普通大学学院与预备班的典型模式之间的距离:几乎所有支配者阶层的子女都进入了高等教育,中等阶层的子女也强烈参与,这使得那些既没有文化资本又没有名校默示习性的学生进入了普通大学学院;尽管他们很少与现有体制及其价值准则一体化,对于学校的奖惩制度也不
306 太敏感,因而也不怎么倾向于进入神化与认同的辩证过程之中(其

实，这种辩证过程只是将那些最有能力对教育体制进行忠实的再生产的人吸引到这个体制中来），但是，他们还是向往职位的传统定义中所包含的希望，却失望地意识到法定的抱负（ambitions statutaires）与他们的成功（对他们加以神化的那些称号的社会价值）之间并不协调；而且出身的社会阶层越高，憧憬的目标就越高，失望的感觉也就越强烈。尽管教师队伍也在加快发展（主要是下层教师人数的增加），但是学生人数的快速增长仍然导致了学校培养能力的下降（至少在质量上是如此），由此加重了潜在的社会混乱或者已经暴露的危机（特别是1965—1975年间）。

竞争的加剧促使大学课程渐渐地向更低的年级延伸，至少已经延伸到了所有名牌公立中学高中一年级的C类课程，这个年级实际上已经进入了预备班的结构模式。永恒会考的逻辑越来越早地进入了大学课程体系，因此，这个逻辑倾向于在整个中学教育阶段强制推行一种单一的等级化原则，以及一整套越来越统一的学业标准。不同学科、不同专业的文凭如今不再为那些相对来说无法实际衡量的能力提供保证，而在以前，学业市场处于更严格的分割之中，为了成为单一化等级序列中（其顶峰就是通往理科名牌大学的C类专业）的某一个级别，文凭曾经是能力的保证。学业价值在学业市场上得到确定，学业市场的近乎完美的统一使得不同水平的各类文凭最终只不过是进入上一个级别的入场券。不论文凭担保的能力有何特性，也不论它们承认的学业有何价值，反正最有声望、最稀罕、最热门的文凭，就是那些能够在这个以最高最远为目标的等级系列中永存的文凭，因为所有的学校和专业，无论是毕业班还是预备班，它们的等级都是按照各自所具有的进入最著

名大学的机会来衡量的。从高中一年级起就要考虑自己进入名校
307 的可能性；以后每一次学年交接，比如说，毕业班的学生对于学校和学科的选择，或者数学预备班的学生对于学校和专业的选择，这种可能性都在起作用。总之，从此以后，成功的重要条件之一就是投资的意识。要想在这个严密等级化的空间里把握方向，识别所有的等级（例如，建立在不同学校和不同学科之间的等级），要想根据自己以前的成绩来准确评估被不同专业录取的真正机会，投资的意识是非常必要的。

管理者或领导者所拥有的客观化了的文化资本和必备的技术知识的不断增加，使得企图将霸权者的生活方式作为自行遴选的原则，这种做法在社会上越来越让人难以接受（名牌大学或许能够支持和接受这种生活方式，19 世纪的英国公学就属于这种情况，他们曾经崇拜体育和男性价值）；此外，学业再生产方式的普及引起了中学教育的入学规模的扩大，学业竞争也因此而变得空前激烈，出身于权力场域文化资本（相对）薄弱区域的青少年面临着越来越大的威胁；因此，在一个特定的时期，也就是说，在我们分析过的所有原因的共同作用下，学业称号越来越成为社会地位再生产必不可少的条件，甚至在那些表面上仅仅与经济资本最紧密地联系在一起的社会领域中也是如此。① 综合上述原因，将霸权者与学业体制联系在一起的矛盾关系只能变得更加激烈，因为这种学业体制既要肯定它自己的关注原则和划分原则，又必须

① 关于将学校作为再生产的工具的普遍现象，参见布尔迪厄：《区分》，版本同前，第 147 页以下内容；有关实业资产阶级再生产方式的转变，参见第 386 页以下内容。

最大限度地使所有“继承人”接受它的评判和它的特殊评价准则的检验。

> 竞争加剧的最明显标志之一就是许多教学机构，甚至那些二流教学机构的门槛都抬高了，不论是心照不宣的还是官方许可的。因此，进入巴黎高等商学院的预备课程，以前几乎 308
> 从未超过一年，现在却倾向于延长至两年，并且准备自1988学年起，向所有考生规定两年的预备课程。商业与企业行政管理高等学校直到1967年都没有对考生提出任何要求，现在却要以学历为基础进行选拔，并规定了一年的预备课程。巴黎九大-多菲纳校区主要是进行经济和管理类教学，自1979年起提出了学业方面的附加条件（C类和D类考生中学毕业会考的成绩平均不能少于12分，其他类别的考生不能少于13分[①]）。同样，在巴黎政治研究学院，自1987年起，所有考生只能参加两次考试，中学毕业会考为第一次，最迟在一年以后参加第二次考试；而且对申请直接考入二年级的考生将要进行更加严格的筛选。我们还注意到，或许受到其他法律职业竞争者的影响（如法律顾问和律师），培养公证人的教育也得到了加强，以前完全是实用性的（六年的学习结束时，考生将接受由公证人员和一名记录员组成的委员会的考核），然而根据1973年的法令，如果申请人选择实习期为三年的职业道路，就必须具备法学硕士学历和由地区培训中心颁发的公证

① 总分为20分。——译者

> 人任职资格证书；如果他选择从事高等教育，就必须持有公证法专业的高等教育文凭。

实业资产阶级出身的青少年，眼看自己被排除在学业等级最高的学校和传统上一直对他们的习性比较欣赏的学校之外（比如说，中央高等工艺制造学校，巴黎高等商学院，甚至巴黎政治研究学院），为了绕过学业障碍，他们必须向着学业空间里那些在学业上最没有自主性，并且最不受控制的领域运动，就是说，向着庇护性学校运动。在最近20年里，这类学校成倍发展，特别是在管理学领域（同时，这个领域也能够感觉到需求的压力）。[①]

309 创办大量的预备学校为大学里的管理类课程（经济管理学院、硕士、博士）做准备，并且对现有学校进行重组和改造，这些措施使文凭的发放数量大大增加。根据贝尔特朗·吉罗·德兰的估计，管理学"高等教育"文凭已经从1950年的大约1300张增加到1976年的7500张。短期商业或管理培训（高级技术员班、大学技术学院、私立学校）培养的学生人数增

---

① 尽管也是由于学业竞争的加剧，但是自由职业者和高级公务员的子女属于另一种情况，他们都涌向像巴黎高等商学院这样的学校，因为它的学生主要是工商界业主和私营部门管理人员的子女：对报考理科学校的考生来说，他们在不同等级的会考中取得的成绩决定了他们的"志愿"；根据这个机制，在不同社会等级和学业等级的学校之间进行选择的逻辑使得他们更倾向于那种虽然不能为他们带来辉煌的职业前景，却仍不失为一所"名牌大学"的教学机构，为此，首屈一指的是像巴黎政治研究学院这样的学校（自由职业者的子女所占比例从1950年的7％上升到1960年的11％、1970年的10％到1980年的15％；高级公务员的子女也从1950年的2％上升为1960年的4％、1970年的6％、1980年的9％；参见M.默罗的文章，同前，第117页）。

加得更快，仅1976年就从2000人增加到大约17 000人。最近几年，为了放慢节奏，尤其是为了放慢名牌大学和中等水平学校的文凭发放节奏，那些历史悠久，享有最高声誉的学校都不再扩大招生人数。最后，各种管理类培训班、预备班、学校，以及像巴黎-多菲纳大学这样的设有工商管理硕士专业的大学，20世纪50年代以来，它们的考生显著增加，与此同时，由于大量私立课程[①]的开设，预备班的网络得到了进一步扩张。

欧洲工商管理学院（INSEAD）创办于1958年，只招收持有高等教育文凭的有工作经历的人。在某种意义上，对于很大一部分未曾得到所期望学校认同的商业资产阶级出身的学生来说，这类学校向他们提供了第二次机会。在雅内·马尔索（Jane Marceau）调查过的54名学生中只有10人认为，他们在来欧洲工商管理学院之前就读的那所学校是他们曾期望的。法国北方工学院（Institut industriel du Nord de la
France）毕业的学生原本是想进中央高等工艺制造学校的，来 310
自南锡矿业学校的学生曾希望被巴黎矿业学校录取，而巴黎高等商校毕业的学生本来是渴望巴黎高等商学院的，诸如此类。[②] 毫无疑问，欧洲工商管理学院是一所具有现代化外部征象的学校（主要是指它的教师群体和生源的国际化），它的创立完美地解决了权威文凭替代品的信誉问题；而且随着时

---

① 新创办的学校生源似乎特别兴旺。在刚刚改革过的里昂高等商校，考生人数从1968年的184人增加到1981年的2688人，而录取人数从72人增加到175人。

② J.马尔索（J. Marceau）：《家族与生意，跨国精英的培养》（*Les familles et les affaires. La formation d'une élite multinationale*），堪培拉，澳大利亚国立大学出版社，1981年10月。

间的推移，由于有学生们带来的社会资本，这所学校终将会让人忘记它的前身。

事实上，管理类学校的成功看来是两个服从于特殊要求的独立过程相结合的产物：一方面，最严格、最有声誉的学校将资产阶级子女排斥在校门之外，他们必须拐弯抹角地为自己开辟一条道路以获取文凭，因为即便在私营企业里，文凭也是越来越不可缺少的东西，这样一来，就产生了新的教育需求，新兴学校也因此获得了大量的生源；另一方面，经济场域的变化，如国际贸易的增长[①]，以及与之相关联的技术人员、工程师、商务经理职位的增加（尤其是 1968—1975 年间），为这些学校的产品确保了日益扩大的可靠的销路。各种互不相关的因素之间有时会出现类似的巧合，回想起来，就像是奇迹；从总体上看来，这种巧合构成了在一个具有相
311 对自主性的场域中进行的革新取得成功的重要条件之一，这或许是因为，它就是使新的入场者能够在由外部环境变化带来的新资源里找到在竞争中经受选拔并且生存下来的途径，而这种竞争必然是不平等的，因为对手们迫使他们接受这场竞争，而对手们自己早已经在这个场域中建构了自己的营地。

① 1949—1969 年间，对外贸易年增长速度几乎比国民生产的年增长速度快两倍，而在 20 世纪的上半叶，进出口的增长速度与国民生产的增长速度持平。尽管 1951—1957 年贸易增长放缓，但是 1949—1969 年的贸易增长总体上仍然可观。贸易总额增加了 5 倍，年平均增长率 8.4%（参见 J. 加雷[J. Carré]、P. 杜布瓦[P. Dupois]、E. 马兰沃[E. Malinvaud]：《法国的发展：战后经济因素分析》，巴黎，色伊出版社，1972 年，主要内容参见第 493—510 页）。在同一时期内，第三产业加速发展，就业机会大量增加；其他部门的岗位也在增加，只有生产性企业中从事制造的岗位除外。

人口普查的统计数据对于细致地分析1954—1982年间不同职位(生产、管理、经营、领导等)的企业管理人员的变化没有什么帮助:称谓混乱,任命频繁,1982年又出现了新的问题,所以我们很难进行比较。因此,1982年的人口普查的个人情况表就出现了管理人员(cadres)和生产负责人(agents de maîtrise)职位的界定问题;在1975—1982年,“不加任何限定的高级管理人员”和“高级行政管理人员”的数量下降了一半,而“高级商务管理人员”却数量暴增。[①]

不少迹象显示,在1968—1975年间,也就是在大量商业和管理学校创办或重组的初期,担任商业、商业技术职务或经营职务的企业管理人员增长最快。在1975年,信息技术人员有20 000名,组织与经营方面的专业人员有14 000名;而在1968年,从事这些职业的人员总共只有8000人(年平均增长率高达24%)。在1968—1975年间,商业技术工程师的人数也得到了快速的发展(9%)。[②] 在同一时期,介于商业与技术之间的某些职业(如采购员,其人数从1968年的9000人增加到1975年的16 000人)人数也快速增长。商业集中引起了职位的重组,在某种程度上,小商人被没有专业资格的雇员 312
(如收银员、售货员)和商业管理人员所代替。[③] 根据《经济现

① M. 戈拉克(M. Gollac)、B. 塞斯(B. Seys):“1954—1982:社会局势的动荡”(Les bouleversements du paysage social),《经济与统计》,第171—172期,1984年11—12月,第154页。

② 参见L. 德弗诺(L. Thévnot):“1975年的社会阶层:工薪阶层的壮大”(Les catégories sociales en 1975. L'extension du salariat),《经济与统计》,第91期,1977年7—8月,第30页。

③ 参考L. 德弗诺,同前,第23—24页。

状与展望》杂志(APEC)的材料,“现代分工为管理人员创造了大量的职位”:在1975—1982年,“大型超级市场,小超市和邮购企业的迅猛发展使从业人员增加了3.5倍。”[①]销售人员和商务代表职位上的自学成才者渐渐地让位于商校的毕业生,尤其是商业与企业行政管理高等学校的毕业生。在公用事业部门,也出现了一些新的职位,如特许权(franchise)负责人的职位。[②]

很大一部分资产阶级家庭出身的青年选择从商,毫无疑问,这项社会运动应该归结为个人策略的逻辑;其实,个人的策略是在继承所得的习性与前期成功所提供的可能性这两者之间的关系中确定的,而不是在“高明人士”的激励,提醒或劝说中确定的。事实上,直至1975年,各种各样的委员会(尤其是学校设施规划委员会)并没有对经营管理人员可能短缺作过任何暗示,相反他们倒是坚持认为工程师短缺。[③] 资产阶级青少年的主要王牌之一很可能就是他们能够迅速进入那些为他们新开的大学课程,在最初的日子里,这些课程常常是又容易又有收获:因为通过他们的社会关系、家族关系,还有学校的关系网,他们能够收集到全部有用的信息;借助这些信息,他们能够对形形色色的学校、课程、文凭的行情

① 转引自J.J.居尔维耶(J.J.Gurviez)、P.博德(P.Beaudeux):“企业管理者的薪金,1984”,《拓展》杂志,第240期,1984年6月8—21日。

② J.J.居尔维耶和P.博德,同前。

③ B.吉罗·德兰(B.Girod de l'Ain),《管理类学校的发展》,巴黎,巴黎九大-多菲纳校区,1976年。

作出切实的判断，而且还能够及时(à temps)发现既新颖又大有前途的课程和有利可图的风险投资。

由于可能性空间的多种多样性，大量的客观因素往往引起感知方面的错误：首先，相互竞争的机构不断增加(普通大学技术学 313
院、小型高等学校，培养新型管理学硕士的前经济与社会行政管理学专业)；其次，最稳定的等级体系中的不易察觉的变化；再则，新学校的领导人对这些等级体系所做的干扰性的工作一直影响到这些学校现在和过去的学生的行动，因为他们本来就想使自己的母校形象变得更高大一些。由于所有这些因素的影响，因此，投资的意识，也就是说，人们对于场域结构和场域原动力的直觉就尤其显得必不可少，因为它能够让人们预知场域的未来。在困难的环境中，没有什么比投资的意识更有用处，因为只需稍作转变，冒一点无足轻重的风险，就能够挽回一系列的失败。

> 被采访的大部分欧洲商校的学生都是通过朋友或家庭的关系知道这所学校的。其中有一位牙医的儿子，他在私立学校读完了中学，又学了一段时间的医，但是中途放弃了(因为他“忍受不了学院里的气氛”)；他在几所公立中学的预备班先后碰了壁，于是他给圣巴尔贝的一所私立学校的校长打了两次电话，直接与他商量，最后成功地进了该校的预备班。接着，他在几所商校的会考中运气都不佳(他“被高等经贸学院的会考吓怕了”，也没能进入任何一所商业与企业行政管理高等学校)，但却在欧洲商校的会考中取得了成功，他知道这所学校，因为他在那里有一些朋友，而且他在圣巴尔贝的一位老

> 师也说，这所学校“一点都不差”。① 另外一个学生，他的父亲是商务经理，母亲是旅店业的翻译，他更愿意选择欧洲商校而不是欧洲商学院（Institiut européen des affaires），因为后者“看上去虽令人兴奋，但却不正宗”；当然他们也不会选择专门“收容爸爸的小乖乖”的管理人员学校，这种学校“似乎没有什么想象空间”。

314 行动者用于社会世界的感知范畴是这个世界的前期状态的产物。当结构发生了变化的时候，即使是微小的变化，感知和评价范畴结构上的滞后就会引起各种各样的观念的倒错：对教育体制前期状态的一般理解所得出的分类图式，诸如文科和理科、名牌大学与普通大学学院的划分，导致人们对当前的事实进行种种表现，而这些表现往往忽略了新出现的事实（例如，在旧范畴所分割的各类课程的交叉点上建立起来的各种课程系列）。所有的一切似乎指明了这样一个问题，无论是行动者在学业等级中所处的位置，还是他们的家庭在社会空间中所处的位置，他们越是远离必要的信息（在瞬息变幻的时代，信息尤其不可缺少），这种结构上的滞后就越严重。**迷失方向**的经历所造成的深切不安常常使那些没有资本的人放弃学业，他们的放弃是简单而彻底的：许多这样的学生都说，由于缺乏辨别原则，面对这个什么都不明确、什么都不可靠的混沌

---

① 在私立中学和新兴的私立管理类学校，或许还包括像布勒盖和苏德里拉那样的小型庇护学校之间，有着极大的类似性。对于这些学校的学生来说，名牌大学的预备班竞争最激烈，简直就是“地狱”，要全力避免，因为你“真的必须像牲口那样地干”；相反，商业和管理类学校的教育就“开放”多了，“也更有用处”。

空间，他们就变成这幅无所谓的样子。他们对自己的前途一点把握也没有，于是，他们沉湎于各种各样的绝望策略。在赌场上，人们可以在下注的时候尽量减少风险，到每张赌桌上去碰碰运气，那些学生也一样，他们同时在好几所学校注册，在完全不相同的学科中下注。因此，入学申请总是比实际人数多（例如，一位学生可以同时申请理科、商务和兽医预科班）。与当初升入六年级一样，如今进入高等教育已经成了学业生涯中的又一个至关重要的转折点；那些在地域上和社会关系上都偏离中心，兼备各种不利条件的人往往被迫接受选择，而这种选择实际上就是一种延期淘汰。所有这一切或许都是由于信息分配的不平等造成的。面对一个教育系列日益增多的混乱空间，他们感到困惑，因此，他们只能听信各种择业指导或友善建议，而这些指导或建议常常只会进 315
一步强化他们（在社会关系上建构起来）的癖性，使他们去选择在他们眼里最有把握，也就是最没有前途、最囿于书本的职业道路。

管理人员职位的增加，以及对教育和替代性文凭的社会需求的增加，这两个彼此独立的过程结合在一起，产生了一种有利于竞争的环境；新兴管理类学校与其他高等教学机构之间的竞争，以及管理类学校在它们自己建构起来的次场域内部展开的竞争，就是在这个环境中展开的。与整个名牌大学场域一样，管理类学校这个次场域也是在一种增长过程中产生的；尽管这个过程没有受到任何内在或外在目的的引导，但是却产生了一种实在性，而且这种实在性还被赋予了某种形式的逻辑联系和某种形式的必然性。在经历了一段漫长的彼此独立的累积过程之后，这些资历不同的教学机构本身的生存受到了客观关系的影响，这些客观关系曾经支配过它们的起源，如今又左右着它们的运作。历史最悠久的学校都被打上了不同时期留下的变革的烙印，因为它们的生存环境发生过各种各样的变化，首先是新兴竞争机构的挑战。那些最年轻的学校也带上了烙印，因为自它们创建之初，它们为了生存而必须与之抗争的学校就成了它们的参照对象。因此，这一类的矛盾并不少见：由于受到完全处于他律状态的**抗争**愿望的驱使，新兴学校陷入了矛盾之中，它们一方面追求同化，甚至发展到抄袭的地步；另一方面又寻求杰出——与老牌学校实际差异越小，这种杰出就越值得炫耀。

那是在1820年，也就是第一所工程师学校创办一个多世纪之后，在巴黎商会的倡导下，巴黎商业专科学校诞生了；在拿破仑三世时期，巴黎商业专科学校变成巴黎高等商业学校。直到1870年才出现两个新的机构，即鲁昂和勒阿弗尔的高等商业学校，此后，在外省也出现了这样的学校。巴黎高等商学院(HEC)创办于1881年，同样也是在巴黎商会的倡导下，按照中央高等工艺制造学校的模式创办的——中央高等工艺制造学校是一所私立名牌大学，与商界有着密切的联系，已经享有盛名；人们在同化方面所作的努力启迪了一整套制度上的发明(其中的第一位领导者就是中央高等工艺制造学校的毕
316 业生)，为了使这种努力具有象征意义，有一段时间，人们曾经

想将巴黎高等商学院命名为“中央商学院”。① 巴黎高等经贸学院创办于1913年。至1940年，我们总共有了21所商校。

主要是从20世纪50年代中期起，创办高等商务、经营管理类学校的风潮再起；在20世纪60年代，商校数量大大增加。根据《全国商校与管理学高等教育年鉴》的统计，1950—1959年创办了23所学校，1960—1969年为28所，1970—1979年为31所，1980年以后，趋势仍在继续（1980—1983年又创办了14所）。② 20世纪50年代主要是在大学内部设立企业管理学院（1954—1958年有12例）；20世纪60年代，商

---

① 参见H. 勒·莫尔(H. le More):《有产阶级和领导阶级：关于巴黎高等商学院的社会学评论》(*Classes possédantes et classes dirigeantes. Essai sociologique sur l'Ecole des hautes études commerctales*)，巴黎，法国高研院出版社，1976年，第三阶段论文，第33—55页；M. 默罗谈到(同前)，在首字母缩略语中，词形几乎相同的词含有仿造词和原词之间故意的意义混淆，例如，各种关系研究高等学校缩略为HEP(与HEC仅相差一个字母——译者注)，实际上，这就是新兴学校虚张声势的策略之一。通过这些策略，新兴学校努力树立自己的威望，以便服务于人们螺旋般膨胀的憧憬和对称谓的渴望。

② 这些数据旨在使大家对管理类学校的发展有一个整体性的了解，因而只具有象征意义：事实上，这个领域的界线是极其模糊的，而且并不存在一个像工程师类学校那样的文凭委员会来决定有资格颁发管理学文凭的学校。在此，我们的主要资料来源于《全国商校与管理学高等教育年鉴》(*l'Annuaire national des écoles de commerce et des formations supérieures à la gestion*)(巴黎，时代出版社，1984年)，以及H. 德·波迪纳(H. de Bodinat)“试验中的管理类学校”(les écoles de gesion au banc d'essai)(《拓展》杂志，第63期，1973年5月)，H. 德·波迪纳的“米什兰管理类学校指南”(le guide Michelin des écoles de gestion)(《拓展》杂志，第122期，1978年10月)，B. 吉罗·德兰的文章(同前杂志)，B. 马格里于洛(B. Magliulo)的“商业和管理类名牌大学与会计管理学方面的其他教学机构”(Les grandes écoles de commerce et de gestion et les autres formations à la gestion comptable)(《经济状况》杂志，第8期，1982年4—5月)，Y. 梅尼塞(Y. Ménissez)的“法国的管理学教育”(L'enseignement de la gestion en France)(《文献摘录与研究》，第4529—4530号，1979年9月24日)。

> 业与企业行政管理高等学校网遍及外省；小型私立学校在外省尤其得到发展，中学毕业会考后，人们一般就读于这些学校。此外，还出现了几所只有高等教育文凭持有者才能入读的学校，如 1956 年[1]的欧洲工商管理学院（INSEAD），1969 年的高等商学院（ISA）。从 1968 年起，由法国资方中心（CNPF）、总商会和工业部创办的全国企业管理教育基金会（FNEGE）开始协调许多教学机构纷纷开设的管理学课程的
> 317 教学。在 70 年代和 80 年代，企业商务和管理高等学校的网络继续扩张，新的教学机构不断在巴黎和外省出现。

在最近的 30 年中，最著名、最古老的大学都发生了变化：它们寻求新的更宽广的现代化办学空间（巴黎高等商学院在汝伊-昂-爵撒，高等经贸学院在塞尔基-蓬图瓦兹，高等商业学校在里昂-厄居里分别拓展了校区），并且使教学活动多样化，以便应对其他商业和管理学校的竞争，特别是应对工程师学校的竞争，因为这些学校的教学大纲中也增加了管理学课程。在这方面，高等经贸学院的历史尤其耐人寻味：由于在创立之初就与高等商学院和各地商会形成对抗，所以它从一开始就被迫在结构上和教学方法上打出“革新”和“现代”的最后王牌。在更广泛的意义上，每一所学校都必须面对各种各样的竞争对手（它们尽管意图繁杂，却大同小异），所以各种不同的学校被迫进入全方位的竞争之中，其中包括教学法与教学手段方面的竞争（采用案例教学就是这方面的一个例

① 作者在前面说这所学校创办于 1958 年。——译者

子)；此外，它们还必须履行定义并不明确的职能，比如，技术人员、中等管理人员和高级管理人员的培训，管理人员进修，科学研究等。

从学业水平来看，管理类学校这个次场域总体上位于高等教学机构场域的中下区域，这类学校的特征是对于需求的严重依赖，而且这种需求常常都变成了有选择地服从于经济需求，因此，在整个教学机构的等级中，越是接近于底部的学校，它们对需求的依赖越强。小型学校倾向于像小型企业那样运作，它们自行放弃学业体制的逻辑，从而把未来用人单位的要求和价值准则引到了教学机构的内部。

> 这一类学校都是非学业化的，并且自愿尽可能地非学业化。因而我们无法区分哪一部分是选择，哪一部分是必然性， 318
> 哪一部分是不得不做的选择。学校的领导们所拥有的学业资本常常也相对薄弱，他们希望自己成为“培训活动的主持人”，[1]而不是教授。领导者们当中有一位现在已经成了外省某城市的心理医生；还有一位本身就是这一类学校的毕业生(他在理学院和医学院遭受了失败之后，就进了这所管理类学校)，为了“与教育界算账”，他后来又准备了大学第三阶段(DEA)的考试。在企业管理与经营培训学院(IPAG)，“没有哪一位教师是专心从事研究，完全不问外部世界的”。那些“负责协调的老师”本身只有“一两天，最多两天半待在学校

① B. 吉罗·德兰(B. Girod de l'Ain)、V. 艾里农(V. Eyrignoux)、P. 艾里农(P. Eyrignoux)：《企业管理与经营培训学院》(*Institut de préparation à l'administration et à la gestion*)，巴黎，巴黎第九大学出版社，1976 年，第 6 页，油印材料。

里，其余的时间都在忙企业的事情”。学生中的大多数都是企业领导人、管理人员或工程师[①]的子女，他们花在企业里的时间与花在学校里的时间一样多。

由于没有(或不再有)国家的补贴，颁发的文凭国家又不承认，因而像欧洲商校、高等管理学院和企业管理与经营培训学院这样的学校都靠企业支付的学徒税和学生家庭支付的学费来维持生存(1983 年，欧洲商校的学费为 16 700 法郎，企业管理与经营培训学院为 16 150 法郎，高等管理学院为 21 000 法郎)。因此，它们必须有企业一样的组织结构，必须进行一些促销性质的活动和以征集学徒税为目的的“宣传”。所以说，企业管理与经营培训学院的前校长总让人觉得他是一位企业领导，而不是校长。他自己也说：“我没有当教师的感觉……不管怎么说，这个角落被人晾在一边，真是一天不如一天了，待在这个地方，也不需要负什么责任……工资下降，但是，我或许比任何人都了解月底到期的票据问题，要知道，有 25 个人和我一起干，还有身后不知跟着多少学生，我必须在没有任何外援的情况下确保整个学校运作需要的各种资源。我把自己看成是一家中小型企业的头儿，业务范围就是培训。”

319　对于一个从事培训业务的企业来说，其领导者采用的全部公关策略就是感动和引诱学生家长，因为学生的就业也依赖他们(欧

① 1975 年，“企业管理与经营培训学院 90%的学生来自企业管理人员和自由职业者阶层”，参考 B. 吉罗 · 德兰、V. 艾里农、P. 艾里农，同前，第 2 页。

洲商校精心策划，选择巴黎裁判所附属监狱[1]、樊尚小树林这样的地方与家长们共进晚餐），尤其还要使家长成为学校的同盟者，最好是成为学校的象征性股东。学校的成功主要取决于创办这所学校的成员的社会资本和学业资本，以及他们调动学生家长社会资本的能力（不是像最有声誉的学校那样调动以前学生的社会资本），因此，家长们被请来共同为学校的象征性提升出力，进而为自己的子女出力。正因为如此，当欧洲经济与合作学院（IECE）由于被银行抛弃而经历着一场严重的财政危机时，学生家长联合会的成立为这个学院带来了新的起点：因为家长联合会中有不少商界的大人物（如企业的创始人、银行家等），欧洲经济与合作学院因此变成了欧洲商校。

这些具有高度依赖性的学校领导人必须很乐意地去做一些迫不得已的事情，必须毫不犹豫地接受他们的主顾，即学生、家长和企业的要求和他们的价值准则。首先，在招生的问题上，他们完全摒弃了选拔的程序，而那些最著名学校正是由于选拔而著名的；他们完全彻底地颠倒了最基本的准则："我们招生有点像企业招聘；我们不是像名牌大学的会考那样向考生提一些很复杂的问题；相反，他们的个性，他们的推理能力，以及将来需要操办一所像我们这样的学校所必须具备的才干，这些，才是我们感兴趣的。我们与一位笔迹专家有联

① 路易十六和他的妻子在上断头台之前曾经被关押在那里。这座监狱早已成为塞纳河边的一处古迹，对游人开放。——译者

系。所以，我们要求考生写一份简历，然后拿到招聘事务所去分析……许多单位的招生都由这个事务所来做”(某校对外关系部负责人，除了其他职责之外，她还负责“组织一些活动”以提高学校的知名度)。

管理类学校都想方设法地提出评价考生的新方式：它们要么公开将个人的生存方式、个人的表现，甚至个人的装束和个人的行为准则作为对考生进行评价的内容，而那些更正统一些的学校却认为这一切都是不屑一顾的东西，或者属于并
320 不重要的特殊知识；要么它们就干脆将学生的不足变成美德，将学校的欠缺变成王牌，于是乎，它们努力推翻学业价值体系，为它们的新体系建立合法的基础。所有像欧洲商校、企业管理与经营培训学院和管理人员培训学校之类的教学机构都处于学业等级的最底层，它们的大部分学生以前都经历过失败——或是在最热门的学校的入学会考中(如巴黎高等商学院、高等经贸学院、商业与企业行政管理高等学校)，或是在其他学科中(医学、法律、经济学、自然科学等)，所以这些学校共同采用某些有特效的测试和训练形式，以便增强关系意识，提高交谈的艺术和自我介绍的风格。因此，欧洲商校除了模仿名牌大学(如国家行政学院)设立传统考试项目，即进行大文化方面的面试之外，还推出了“报刊摘要录像”，目的在于“评价考生在镜头前的口头表达能力和利用现场提供的材料进行报刊综合的能力。”[①]格勒诺布尔市的商业与企业行政管理高

① 欧洲商校，《入学考试》，1984年5月30日，星期三，学校简介，第4页。

> 等学校设立了一个“非习惯性障碍”测试，考生要与作为评委成员之一的某位企业管理人员面谈。后者必须按照手中的考试细则，“尽可能简单扼要并且准确地与考生进行问答，提问必须恰当，步骤必须清楚，以便准确地反映考生对环境的适应能力。”[①]在接下来的自由谈话中，他还要向考生提一些问题，比如“考生个人成长过程中的主要方面，主要兴趣，以往的经历，以及他的计划”等。最后，其他学校的技术规则在这里算是真正被颠倒了——这也完全反映了这种测试的虚假性质，因为该评委还必须“避免使考生陷入难堪，避免提一些带陷阱的难懂的问题和过于个人化的问题”。无视整个学业参照系的意志在以下情境中得到了公开证实：“能力的衡量”，“人格 321
> 的评价”，乃是企业管理与经营培训学院入学考试的公然目的，他们的考试其实“并不想衡量学生究竟已经掌握了多少知识”。[②]

事实上，对过去的评价方式进行的形形色色的改革，或者说那些哗众取宠的新方式，其实只不过是学校总体策略中的一个最明显的方面；而这个总体策略的最终目的就是要让考生和录取他们的学校掩盖（他们的）学业失败——这也是考生来这里的根本原因，不仅如此，这个策略的最终目的甚至还要把学业失败变成一种资本，并且以此确保恢复名誉、重返社会。对于前来了解学校情况

① 摘自 1985 年 6 月格勒诺布尔商业与企业行政管理高等学校入学考试中发给评委会成员的考试细则。

② 企业管理与经营培训学院，学校简介，巴黎，IPAG，1983 年，第 17 页。

的学生，校长是这样接待他的："如果你被录取，你的过去将被一笔勾销；你以前的犯罪记录将被严密封存，如果你感兴趣，又有毅力，你还可以像平常一样继续学业。我们感兴趣的是你的个性，至于你以前的学习成绩，就不管它了……"说犯罪记录（casier judiciaire）一点也不过分，或许我们可以毫不夸张地说学业上的不良记录（casier scolaire），因为在教学机构的权力中，关键性的一项确实就是通过神化，或者反过来，通过降尊、贬黜、象征性贬低来发挥其效应。经济资本的持有者，由于他们有时也是这种神奇效应的受害者，因而可以通过某些学校的教学活动来抵抗这种效应，而这类学校的主要职能或许就是废除以往的学业经历，抹去学校造成的社会污点和心理污点：为了摆脱学业评判的控制，这些荒谬的教学机构必须激励和促进那些几近叛逆的学生身上的反学业习性，同时又必须保证那些虚假的文凭多少能有一点骗人的声誉。

因此，我们能够理解，在极端情况下，这些以消除学业影响为目的的委托性质的学校（écoles mandatées）似乎自己都不承认自己是
322 学校，就是说，它们不仅在自身的组织结构上，而且在教学活动方面也否认这一点。北方高等商学院自毁性的教学大纲为我们提供了一个理想的典型例证：1985 学年开学初，学校要求学生在三天内演习创办一个从事葡萄酒批发的企业，购买和销售葡萄酒，雇用员工，从银行获取贷款："老师办公室的门上贴好了新的标签：右边是银行，旁边是社会事务部，再往前是信息部，或者说，广告核查处。"①尽

① "北方高等商学院 84"。一场迎接新生的游戏，见《世界报》1985 年 11 月 29 日，第 29 页。游戏的设计者是 M. 德·米勒维尔，一位信息学教师，他解释说："我们想让学生彻底摆脱他们在预备班时接受的那种教学方法"，要让他们"做决定，每做一次决定都要计算各方面的后果"。

管如此，最缺乏纯学业资本的学校还是通过颂扬“善于处世”来对抗才干与学识，通过发展自我来对抗学科的门类森严；它们所作的最后努力就是面向生活，面向企业，提倡“非学业化”，与学院式的准则和枷锁决裂，摆脱形式化的考试、封闭的知识和标准化的练习，巴黎高等商学院历来就是这样做的；事实上，巴黎高等商学院相对于那些文科和理科的名牌大学的位置与那些小型学校相对于巴黎高等商学院的位置是一样的。这些最缺乏学业资本的学校的行动逻辑在寻求与高等教育场域一体化的过程中找到了平衡的砝码，这就迫使它们努力积累学业资本，哪怕是只能炫耀一下的先锋派教育的外部征象：例如，展示一下现代主义教学发明的珍品，无论在教学设备、语言实验室、信息资源、视听手段方面，还是在教学技巧方面，要知道，教学总是需要更积极、更现代、更国际化的技巧（到日本或者美国去实习，便是这类学校创新本领的象征之一）。

尽管小型学校急于迎合经济界的需求，形神兼备地模仿企业的运作逻辑，但是它们还是不能完全摆脱学业逻辑的制约。只有当这些学校能够在事先已经认同了它们的那些企业和家长的要求面前保持一丁点儿自主性的时候，它们才有可能或多或少地发挥教学机构所特有的合法化的效应（主要是通过颁发文凭）。于是，323
在 20 世纪 60 至 70 年代创办起来的学校以不同的模式，不同的节奏跨越了同一进程的相同阶段：延长学制、设立入学考试、寻求国家补贴、要求官方对文凭的认同，等等。

> 一所创办于 1967 年的学校之所以等了 12 年才申请国家的承认，根据其秘书长的说法，这是“因为校长（经理）对于承

> 认不承认之类的问题从来就不感兴趣。为什么？因为我们的教学大纲紧跟劳务市场的变化，紧跟生活现实……所以我们真正地适应了企业的需要。我们一直都是这样做的。所以我想，要是我们得到了国家的承认，我们的大纲就行不通了，我们将被迫接受强加给我们的教学大纲。”事实上，由于人们不可能无视一张得到认同的文凭所具有的象征性神化意义和它所具有的经济保障，因此，在 1979 年，这所学校还是提出了申请，其中有“奖学金的问题”，此外，还因为“某些企业……通常是国有企业，有它们自己认同的学校种类，包括文凭和学校的等级”。

随着时间的推移，新兴学校渐渐地远离了大学场域的低级区域，并且逐步地摆脱了对于客户的完全依赖，这时，它们必须协调两个互相矛盾的目标：要么就肯定自己的独创性，就是说，显示它们与学业上最神圣的教学机构之间的不同，为此，它们必须全盘推翻将剥夺变成拒绝，将命运变成选择的整个价值准则，并且像异教徒一样，更彻底地抛弃这些以经济生活的“真实性”的名义（在学业场域的其他一些部门甚至干脆以“生活”的名义）建立起来的学业准则，只是这种决裂将使它们永远被排除在学业合法性的大门之外；要么就反过来表明自己对合法性的要求，因此，它们至少必须
324 具备学院式尊严的外部征象，包括有名望的教授、得到承认的文凭、科学实验室，等等；这样一来，它们就得公然接受自己在合法的学业空间中的低下位置。异端学校渐渐地获得了人们的认同，随之而来的是，它们在教学机构与经济世界之间的来回摇摆倾向于

变得越来越不均衡。这种两难的矛盾关系导致巴黎高等商学院一方面在教学方向上与普通大学对立，另一方面又努力按照它的要求来树立威望、吸引高素质的学生，于是，到 20 世纪 70 年代，法令明确规定了巴黎高等商学院的文凭和普通大学学院文凭之间的对等条件的时候，这种关系终于结束了。

异端学校在学业极点与经济极点之间、在自主与不能自主之间、在对学业世界和学业价值的认同与拒绝之间左右摇摆，其根源就存在于学业场域与经济场域的关系之中，从更广泛的意义上来说，就存在于学业场域与整个社会世界之间的关系中：在学业场域内部处于被支配地位的学校只有用“生活”需求这个被学业逻辑[①]加上了引号的词来与霸权者对抗，也只有这样它们才能够证明自己的存在；但是如果它们想要获得学业上的认同，就必须屈从于这个场域在学生选拔和机构运行方面的特殊要求，尤其是教学方面的特殊要求，因为霸权者越是拥有特殊资源（如得到社会认同的教师和学生，等等），就越是倾向于教学方面的特殊策略，实际上这便是它们的成功条件。

上述分析似乎表明，随着纯学业要求和霸权者再生产的社会
需求之间矛盾的加深，学业竞争的加剧已经通过一种反作用力决 325
定了整个高等教育机构场域的变革，尤其是名牌大学次场域的变

① 正是这个逻辑使巴黎高等商业学校在 1968 年退出了商业与企业行政管理高等学校统一联合体。它是在战后同意加入这个联合体的，当时的交换条件是国家给予它一项资助，以便使之成为一所特别的学校，专门从事“绝对实用，非常贴近企业需求的”教育（M. 默罗，同前，第 109 页）。

革;然而,这场变革本身呈现出了荒谬性,具体表现为最具有自主性的学校的**结构上的衰退**,同时,学校吸引过来的并且对他们加以神化的所有人也都表现出了这种衰退。在最接近经济界的学业产业部门蓬勃发展起来的小型教育企业向出身于大资产阶级王朝和政府高级官员家庭的子女提供了最后的援助,因为这些人未能在更有声誉的庇护性学校里找到自己的位置;巴黎政治研究学院、国家行政学院、巴黎高等商学院这些传统的教学机构最受资产者的青睐,也一直是他们子女的庇护所。但是如果没有经济场域的深刻变化与之相呼应,那么这类教育企业中的大多数都不可能取得如此全面的成功(例如,与技术职务相比,金融与商业方面的职务更受重视,具体表现为1952—1972年间,在特大企业的老总中,巴黎高等商学院和巴黎政治研究学院毕业生的人数显著增加,而巴黎综合工科学校毕业生的人数却在减少)。由于高等教学机构这个场域与权力场域之间的相互依赖关系,任何一种霸权位置在数量上和价值上的增加都必定伴随着开启通往这些位置的有关的教学机构价值的增加;反过来也一样,对于学校而言,它的产品被人们认同的社会价值和学业价值的增加,同样也伴随着相应"群体"被认同的价值的增加,以及这个"群体"在权力场域内部证实自己抱负的能力的增加。在教学机构衰退的情境中,也是同样的关系在起作用,只不过是逆向的。

因此,高等教学机构场域的结构和这个场域的运作不可避免地在分析者(或者带有分析目光的读者)身上激起某种堪称神奇的必然的意识,某些生命调节或某种艺术作品的"内在目的"激发的
326 就是这种意识。这种惊奇感或许有助于人们的正确理解,但是,它

无论如何都不可能像功能主义者所期望的那样，引导人们在没有主体的神秘机能中寻找社会机制及其效应的逻辑的本原，无论这些机制和效应是有益的或是有害的；更不能引导人们（通过阴谋的学说）将这种超越个人意愿的逻辑归结为个人或团体的某些愿望。正如民族学家在一个家族内部的象征性结构中或者在亲属关系网的结构中发现的奇特的逻辑必然性一样，社会学家在设计得像名牌大学那样巧妙的场域的结构及其运作中，尤其是在这个场域的效应中（这些效应给人的印象是一种预先建立起来的和谐，而且这些效应是借助于负责再生产的教学机构的空间与有待再生产的位置空间之间的对应性才得以实现的）发现的逻辑必然性也是某种历史进程的产物；它就像一件逐渐成形的集体的作品，不服从于任何规划，不听任某种晦涩的内在理性，但也不会因此而放任自流。正如那些古老的家族，在时光的长河中，一代又一代的家族人让自己的行为服从于先人留传下来的规矩，无以计数的治理造就了古老世家的魅力；社会机制也是无数个人选择的产物，这些选择都是在制约中完成的，我们在这里分析的社会机制也一样。制约来自于每时每刻左右着人们对情境进行感知和判断的具身结构，同时也来自于客观结构；任何被肯定的革新必然都应该符合这些客观结构，哪怕是只能选择填补结构中的一个空缺，或者一处“空白”，这样才能够建构自我；从革新初露端倪的时候起，它就从未停止对这些结构的服从，因为它所介入的这个场域完全按照自己的逻辑，或者说根据这个场域的支配者的利益来进行真正的社会选拔：结构好比是入口处的栅栏，它能够识别那些可以成功的革新，就是说，那些客观上表现为有能力在结构内部持续发挥效应的机构的

327 革新。事实上，在历史进程中的每一个时刻，场域按照自己的逻辑所作的选择都包含了“功用”的痕迹，都考虑到了场域本身的永存和场域支配者的永存；此外，在实践中掌握场域的结构和场域的原动力可以使个体的行动预先感知场域的内在必然性，只有那些在这种实践中找到了自己的根源的革新才最有可能得到认可和证实——如果我们认识到了以上两个方面，我们就能够理解教学机构实施分类的近乎神奇的逻辑。对场域结构和场域原动力的实际把握，即游戏的感觉，主要是以具身结构（感知和判断的范畴）与客观结构之间的无中介契合为基础的；惯习只有处于力量场域的全面控制之下才能够在实践中成为其行动场域的主宰，因为惯习的结构就是力量场域的产物。

因此，如果仅按照他们出生的家庭所占有的资本总量和资本结构来对教学机构进行分布，而不考虑学习成绩，我们可能就会有一个重要发现：教学机构的分布与不同学校学生的职业在社会空间中的分布非常相似，无论是从他们的起点还是他们的目的地来看都是如此。这一事实表明，尽管教育体制表面上对它涉及的学生作了最大程度的随意重组，以便彻底消除他们的原始位置与最终位置之间的任何对应性，但是这个体制还是倾向于使先前那个差异空间，也就是在教育体制介入之前将学生分离开来的那个差异空间得以永存（至少在统计学方面是如此）。正如与另外一个学校空间（不仅根据学生的社会出身，而且还根据他们的学业资本分布的学校空间）进行比较所反映的事实一样，教育体制或许也只对这个空间作了轻微的修正：它只为很小一部分家庭出身不足以与著名学府的社会地位相衬的学生打开了步入这些学府的狭窄通道，并且将一部分生来就具备这种资格的人从这些教学机构中淘汰出去。但是按照纯学业标准强制推行的这些轻微修正紧接着又被更改了，甚至被废除了：一方面，“志向”的逻辑导致那些“罕见的人”任人摆布地离开了他们通过学业晋升所取得的权力位置，因为他们对选择他们的那所学校为他们提供的位置所具有的吸引力特 328
别敏感；另一方面，出身于经济资本最雄厚家庭的那些学生不断地生产各种各样的补偿性策略，如教学体制本身通过各种庇护性学校，以及其他种种，以便巩固自己的位置——面对与学业评判息息相关的自主性效应，他们的位置确实受到了威胁。因此，我们可以这样理解，尽管颇为荒诞：学业竞争的加剧最终使那些为逃避学业评判提供途径的教学机构极大地强化了它们的位置。

高等教育文凭持有者人数的增加倾向于排斥无文凭者和自学者（尤其是在管理人员中间），再加上古老的晋升方式的衰退、人们对文凭的普遍认同、劳动市场至少在文凭方面的统一，以及持有文凭者之间竞争的日益加剧，诸多因素的并合产生了相应的后果，这就是教育市场的多样化和某些定义模糊的教学机构的出现。这些定义模糊的学校能够最直接地应对企业的需求，并且有能力挑战传统教学机构的垄断；正是由于文化资本相对匮乏的大资产阶级的需求与不怎么规矩的教育营销商之间的实际勾结，这类学校才得以出现。“非学业化的”学校是一些自主性很低的机构，一般都由企业创办、出资或者管理。事实上，在中等技术人员与经济领导者之间的斗争中，这些学校已经成为一种武器，因为中等技术人员在劳动市场上的所有价值都是与学业称号联系在一起的；至于经济领导者，学校要做的就不仅仅是在必要的时候为他们的那些在学业上弹尽粮绝的继承人提供体面的庇护所，而且还要提供生产基地来生产符合他们要求的生产者，或者说符合规格的产品，也就是说，要给予最低水平的技术培训，使他们成为学业体制中受到“过硬”的合法文凭保护的产品，从而不必担心被“降级”或者“失去资格”。

附录1 庆典话语

学校越著名，庆祝活动就越多，赢得的著作和文章也越多。19世纪末，巴黎高师和巴黎综合工科学校的百年庆典又成了学校领导人、各方面的负责人、图书馆工作人员笔下的众多著作和文章的题材；他们用为圣徒作传记的方式来书写巴黎高师的历史（巴黎高师的作者有保尔·迪皮伊、甫斯特尔·德·库朗日、德西莱·尼扎尔等，巴黎综合工科学校的有 G. 克拉里司、A. 德·拉帕朗、G. 比奈等）。①

20 世纪上半叶出现了大量献给这两所学校的书。献给巴黎高师的主要是传奇故事式的作品（季洛杜、罗曼等），或者对某某巴黎高师著名人物的追忆（C. 昂德莱，L. 赫尔，贝玑，儒尔·堂纳里……），这些著名人物多数都活跃于 1880—1900 年之间。能够将巴黎综合工科学校搬上舞台的著名小说虽然不多，但是却有大量的作品像歌颂圣徒一样地歌颂这所学校和它的缔造者，比如说，蒙日或其他的科学家；有的书或文章是对某学科教学的赞美，还有

① 巴黎综合工科学校已经成为好几部作品的主题，见 A. 福尔西（A. Fourcy）1828 年写的《巴黎综合工科学校的历史》；弗朗索瓦·阿拉果（F. Arago）是巴黎综合工科学校的教师，也为这所学校写了好几本书。

的专门对巴黎综合工科学校里流行的行话进行研究。①

1945 年以后还出现了几部歌颂于尔姆高师和巴黎综合工科学校的作品，但是文字之间已经混合了嘲讽的含义，②其中不大有小说，而且多数都是美国学者完成的科学研究著作。从 20 世纪 60 年代起，尤其是在 70 年代末以后，吸引人们关注的是国家行政学院，这一点是无可争议的：著作、论文（自称为科学研究），报纸、杂志在国家行政学院的周围涌动。相反，那些不怎么著名的学校没有赢得什么论文，比如说巴黎高等商学院、巴黎矿业学校，更不
330 用说枫特纳高师和圣克鲁高师了。中央高等工艺制造学校处于中等地位，19 世纪赢得的作品比较多，20 世纪相对较少。

总体看来，研究性作品主要是写那些最著名的学校，其中难有不带迎奉之词的。作者与他们所歌颂的学校之间的关系绝大多数都得到了证实，没有得到证实的几乎都是国外的研究者。我们还是以国家行政学院为例，因为这样更能够说明问题。J. 芒德兰（J. Mandrin）是第一位为国家行政学院写书的作者。他的书曾经引起轰动，这对国家行政学院的名声非常有利。而 J. 芒德兰这个名字就是两个国家行政学院毕业生的化名——1965 届学生让-皮埃尔·歇伏纳芒（Jean-Pierre Chevènement）和 1956 届学生迪笛埃·莫夏纳（Didier Motchane）。20 世纪 70 年代末和 80 年代初献给国家行政学院的书几乎全部都是由这所学校的毕业生写的，其中大多数

① 30 年代有一本以《我们的大学》（Nos grandes écoles）命名的出版物，其中有关于巴黎高师和巴黎综合工科学校的作品，也有关于中央高等工艺制造学校、海军学校、圣西尔军校的。这本出版物可以为当时著名的学校提供证明。

② A. 佩瑞费特：《于尔姆大街：巴黎高师生活记事》，同前；J. A. 科西阿斯科-莫里泽（J. A. Koscuisko-Morizet）：《巴黎综合工科学校“帮”》（*La “mafia” polytechnicienne*），巴黎，色伊出版社，1973 年。

都是国家行政学院或巴黎政治研究学院的教师或领导。让-吕克·波迪盖尔(Jean-luc Bodiguel)是巴黎政治研究学院神学院的院长；若瑟·弗雷什(José Freches)是国家行政学院1978届的学生，他的著作由1948届的皮埃尔·德普雷里(Pierre Desprairies)写前言，发表在以《行政学院集》命名的文集里；让-弗朗索瓦·凯斯莱尔(Jean-François Kesler)是国家行政学院1959届毕业生，现在是国家行政学院的副校长，负责科研与培训；1981—1982年，他是国家行政学院改革小组成员。玛丽-克里斯蒂娜·凯斯莱尔(Marie-Christine Kesler)是国家科学研究中心(CNRS)的研究人员，也是国家行政学院毕业生菲力普·凯斯莱尔(Philippe Kesler)的妻子，她的著作由国家行政学院的创始人米歇尔·德布雷(Michel Debré)提写前言；居伊·蒂利埃(Guy Thuillier)，国家行政学院1961届毕业生，现在是巴黎政治研究学院的教授。欧冬·瓦莱(Odon Vallet)，1973届，现任巴黎政治研究学院讲师。《星期日报》的主编米歇尔·希弗尔(Michel Schifres)算是个例外：他用令人惊叹的报告文学体裁表现了像巴黎综合工科学校那样的教学机构及其昔日的两角帽(bicornes)的声望，因为他的文章可以成为发行量很大的日报和家庭乐于订阅的周报上的"头版"。①

① 让-吕克·波迪盖尔：《国家行政学院：国家行政学院的历届毕业生》，社会学卷，巴黎，国家政治科学基金出版社，1978年；J.弗雷什(J. Freches)：《国家行政学院：向着国家的核心运动》，巴黎，孔蒂·法约勒出版社，1981年；J.-F.凯斯莱尔：《国家行政学院、社会、国家》，巴黎，贝尔热·莱弗罗尔特出版社，1985年；M.-C.凯斯莱尔：《国家行政学院：政府高级职能的谋略》，历史卷，巴黎，国家政治科学基金出版社，1978年；J.芒德兰：《国家行政学院毕业生：资产阶级社会的当权者》，巴黎，战斗的圆桌出版社，1968年，1980年新版；M.希弗尔：《国家行政学院》(*L'Enaklatura*)，巴黎，J.-C.拉泰斯出版社，1987年；G.蒂利埃：《国家行政学院之前身》，巴黎，法国大学出版社，1983年；O.瓦莱：《赤裸裸的国家行政学院》，巴黎，箴言出版社，1977年。

331 # 附录2　方法*

随着研究活动的深入,我们所研究的人群的建构原理渐渐地显露了出来。任何一项调查,尤其是当它具有一定的规模,而且还必须冲破那么多社会障碍时,总是不可避免地带有某种程度的偶然和意外。如果真的像乔治·康吉莱姆所说,从事经验主义研究的人都是从眼前的偶然原因着手,因此都属于剽窃者家族的成员,但是,不管怎么说,他们还是与这个家族有区别的,因为他们在确定自己的道路的时候遵循的是某些原则,而这些原则不再是一种方法(行动之后留下来的途径),而是一种朴素的理论嗅觉。在个别情况下,科学实践的原则浓缩于场域的概念之中。从这一点来看,场域的概念可以被理解为一个空间,即由相互排斥的关系连接起来的所有位置:因此,建构机构的空间,实际上就是建构一个标准体系,而这种体系必须能够反映这些机构之间一切有意义的,能够说明问题的差异,因为正是这些差异能够在客观上将这些机构区分开来,或者说,能够在这些机构之间产生一切与问题直接相关的差异。原则一旦确定,重要的就是将机构集中起来——要想尽可能全面,尽可能准确地表现确切的对立体系,这些机构是必不可

* 本附录与莫尼克·德·圣马丁合作完成。

少的，况且确切的对立并不是一眼就能够看出来的（比如说，文科学校和理科学校之间的对立表现得就很强烈）：塞夫尔和枫特纳高师反映出来的性别上的对立，培养研究人才的与培养教师的学校之间的多种形式的对立，而通往经济权力与通往官僚政治权力的学校本身又由于各种次要原则存在着差异，最后是“名牌”大学与“普通”大学之间的对立，这也是最主要的对立。

一件持续了三年多的工作，偶然性（合理的愿望所留下的各种痕迹）不断地介入其中，要在事后对这项工作展开叙述，绝不是一件容易的事情。事实上，要叙述，就必须回忆构成科学研究真实性 332
的所有部分，尤其是常常在紧急情况下必须当机立断的一系列漫长的开创性工作，或者说那些不得不采取的行动；我们采取这些行动的时候不可能在理论上作过多的考虑，但是却满怀信心地认为，任何其他的决定都不可能对科学地建构这个对象具有如此决定性的作用，虽然这些当机立断的决定非常的微不足道。无论是调查者队伍的建构（性别、年龄、社会出身、职业状况等，作为构成调查者队伍的因素，都会产生决定性的影响），代码转换体系的建立，研究人群的确定，还是界定分析所用的文献的范围，尤其是选择对已知材料进行再整理的方法（观测报告与调查问卷，问题的目的与形式，等等），也就是说，选择使已知材料系统化的方法，都是这样。诸如此类的行动中不可避免地包含着任意性，如果我们无意于掩盖这种任意性，那么，我们就只有保持认识论的警惕性和社会学的清醒意识，服从选择（社会逻辑总是或多或少地迫使人们作出选择）的科学逻辑的必然要求，这样，我们才能够以科学的美德来履行我们应尽的社会义务。

这项工作是在高等师范学生群体的倡导下开始的，他们集合了法国大学生联合会（UNEF）各校的代表。在发表了《继承人》一书之后，学生代表们又在我们的协助下主动对他们各自的学校进行了调查。从一开始就显得很有必要对所有学校，至少是对那些由于其结构上的重要性而对整个空间的结构起决定性作用的学校进行一次调查，就是说，除了于尔姆大街上的高等师范学校、巴黎综合工科学校、国家行政学院、巴黎高等商学院、国家农艺学院之外的所有学校。为了使我们能够衡量大的差异化原则，尤其是构成“名牌”学校与“普通”学校之间对立的原则所起的作用，我们扩大了研究的范围，不局限于传统上被认为是构成名牌大学空间的五个教学机构。在对于尔姆和塞夫尔高师进行了调查之后（1966年3—4月），我们又研究了圣克鲁（1966年4—5月）和枫特纳（1966年4—5月）。[①]在完成了对国家行政学院的调查之后（1967
333 年），我们又在同一年展开了对国立高等邮电学校、国立统计与经济管理学校、政治研究学院（现行的分类学将这类学校排除在名牌大学之外）的研究，而且我们还着力分析了通过第一次会考（大学生）与第二次会考（公务员）进入国家行政学院的学生之间的差异，以及第一批与第二批进入国立统计与经济管理学校的学生之间的

① 尽管位于教育体制内部普通教育与技术教育之间的第二种对立非常重要，但是为了把握这个对立面，本来还是应该对国立技术教育高等学校进行调查，这样才能够找到一种方法来研究于尔姆大街上的高等师范学校与国立技术教育高等学校之间的对立。这样，我们就能够看到相互对应的对立面是怎样运作的，无论是在工程师学校这个次场域中（比如说，巴黎综合工科学校与国立里尔工艺美术高等学校之间的对立），还是在高级公务人员这个次场域中（例如，国家行政学院与国立高等邮电学校之间的对立）。

差异。最后值得一提的是，我们在对巴黎综合工科学校进行了调查之后（1967 年 4 月），还研究了一些中、小型的工程师学校。由于理科学校这个次场域范围辽阔（当时有 138 所学校），形式多样，又由于许多原则往往环环相扣（学业水平、社会水平、公立或者私立，在巴黎或者在外省，等等），因而我们有必要将调查扩大到那些社会水平高，学业水平中等的学校，比如中央高等工艺制造学校（1967 年），或者高等电力学校；社会水平高，学业水平低的学校，如布勒盖（高等电子学校），机械电力专业学校（1969 年），以及社会水平低，学业水平中等的学校，如国立里尔工艺美术高等学校（1967 年）。[①] 此外，还有必要将调查扩大到在这个次空间（sous-espace）中处于不同的确切位置的学校，如桥梁与公路工程学校，工业物理学与化学高等学校，高等电信学校（1969 年 9—10 月）。国立巴黎矿业高等学校是一所社会水平和学业水平相对较高的学校，因而 1967 年对南锡和圣艾蒂安矿业学校的调查有助于我们分析巴黎的学校与外省的学校之间的对立，了解这种对立中包含着何种程度的社会对立。在研究了巴黎高等商学院之后（1967 年 5—6 月），我们本想研究高等经贸学院，因为在人们通常认同的等级中，高等经贸学院紧随于巴黎高等商学院之后；此外，我们本来还想研究一所外省的商校（如勒·阿弗或者鲁昂的商校），但是我们遇到了行政方面的阻力和实际的困难。由于在研究期间管理类学校这个次场域内部经历了深刻的变革，于是我们对这个次场域进行了专门的研究，以期建立这些学校的主要特性（创办年月、人

① 不存在社会水平低，学业水平非常高的工程师学校。

334 学标准、学生的社会特征和学业特征、教学内容等)。同样,由于各种原因,我们没能对海军学校、空军学校、圣西尔军校等军事类学校和美术学院进行直接的调查;但是在美术学院,我们后来协助完成了一项按照我们的模式进行的调查,并且取得了调查的结果。

关于农艺学院方面的例子,我们可以阐述一个逻辑,我们试图根据这个逻辑在可能的范围内,借助有利时机,确定这个场域的某个领域的各个确切位置。1966 年的 5 月、6 月和 10 月,我们对巴黎地区的巴黎国立农艺学院、格里农国立农艺学院(位于梯维尔瓦尔-格里农)进行了调查。巴黎农艺学院与于尔姆高师不同,那里参加联合会的学生所占的比例很小,问卷是由负责学生处工作的人员发给每一位学生的,而在格里农,问卷被直接发给聚集在梯形教室里的全体学生。为了兼顾巴黎的农艺学校与外省学校之间的对立,属于农业部的学校与直属于国民教育部并且更接近教育界的学校之间的对立,于是,我们对农业部管辖之下的两所外省学校进行了调查——蒙彼利埃国立农艺学校和莱纳国立农艺学校;同样,我们还调查了两所直属于教育部的农校——南锡国立高等农艺学校和图卢兹国立高等农艺学校。最后,我们还对两所可以作为对照的“不那么农艺化”,但却更加专业化的学校进行了调查——凡尔赛国立高等园艺学校(学生毕业后可以获得农艺师或者园艺师文凭)和马西国立农业和食品工业高等学校。[1]本来我们还

① 对于那些通过中学毕业会考招生,自己设立考前预备班的“小型学校”(昂热、普尔邦、博韦、里尔、巴黎农业实用技术学院、波尔多农业工程师学校),我们没有进行调查;对于那些实际在业人数相对较少的专业学校(热带农艺、脂肪的运用、乳品工业与乳品经济),我们也没有进行更多的调查。但是不管怎么说,我们仍然可以这样认为,对马西国立农业和食品工业高等学校的研究代表了后面这种类型。

应该研究国立水源与森林农业工程学校，这是一所为农业工程培养工程师的学校，以便与其他一些为名牌大学（国家行政学院、巴黎矿业学校、桥梁与公路工程学校）输送人才的学校做比较；还有国立高等农艺女子学校，对这所学校的研究本可以分析农艺学校中男性与女性之间的对立形式；可惜，我们没能做到。但是，通过 335
对国民教育部的调查材料进行第二次分析，这些空白在一定程度上得到了填补。

事实上，我们的目的并不是为了获取名牌大学所有学生的数字材料，甚至也不是为了获得某种类别的学校所有学生的数字材料（例如，农艺学校或者工程师学校）。当我们要了解一个场域的**结构**（文学场域中出现的问题更加尖锐，其中有些位置可能只有很少几个代表人物，有时候甚至只有一个人）的时候，一般的随机抽样方法绝对是不合适的，这是因为，由于随机抽取所产生的结果本身总是会遗漏对客观结构起决定作用的某些因素，而我们所要做的却是制作这个客观结构的**真实图像**，也就是说，**在结构上同等地表现**这个客观结构。[①] 既然已经对代表性（représentativité）作了如此定义，那么我们就可以这样认为，我们所研究的结构样本代表的就是名牌大学场域的客观结构，尽管从我们采用的方法论本身的角度来看，有的空白还是没有填补（比如军事类院校），或者仅仅是通过第二手资料或相关学校的卡片资料作了一些补充（如巴黎

① 尽管我在别的地方已经指出过，在这里我只想说明一点：我们要建构的多维空间（书信分析图中展示了这个空间）是对名牌大学场域的同形再现，就是说，在两个空间的不同因素之间（行动者或者学校与其特征之间）建立起双重的单一性关联，以便使行动者与其特征之间的所有联系都在两个空间中拥有同一个结构。

实习医学院、法官学校、司法研究学院)。

问卷与直接观察

如果重新整理一下材料,我们就能够按照更确切的分类原则来区分研究中的教学机构。鉴于材料的重新组合已经成了一件非做不可的事情,那么我们就应该在问卷中优先提出这样一些问题,这些问题应该能够反映不同的行动者及其所属的机构在名牌大学空间中所占据的位置的客观指数,而不应该优先考虑那些仅限于将行动者定位于某某次场域(例如,理科名牌大学),甚至某某特殊
336 机构的问题(如巴黎高师内部的某个特殊机构)。方法论的选择表明,我们很有必要不断地抵制各种各样的具有特别含义的问题,因为这类问题要么就是迎合区域的好奇心(curiosité indigène),而将人们共同关心的问题抛在一边;要么就是帮助教学机构的领导者或者调查小组内部的那些负责管理一所学校或者一系列学校的调查工作的人在这方面施加压力,当然,这也是他们的天性。[①]

最初,按照已经在巴黎高师采用过的程序,调查被设计成了一项很有可能实现的形式。由于要在官僚主义者的各种要求面前保

① 每一次研究社会空间中的某个领域,我们都会遇到这个问题,比如说关于"职业":迎合区域问题的(interrogations indigènes)倾向必然使问卷具有局限性。由于这种倾向,所有的机会都将用来提供有关内部区分原则的材料,关于政治的、工会运动的、职业实践的,繁杂而多余;却没有机会获得反映群体的总体特征的材料,也没有办法真正理解作为社会空间中差别位置(posotion différencielle)之根源的各种实践,因而也就没有办法真正理解在群体内部与这个地位有关的各种不同的行为方式。

持独立，这项调查是在没有任何专项资助的情况下进行的，①但是，这项调查却得到了被调查机构人员的大力协助。因此，在各校年轻学者的合作下，各校调查的管理工作顺利进行；这些年轻人可能毕业于这所学校，他们中的某些人还与学校保持着某种特殊的关系：克里斯蒂安·波德罗、诺埃尔·毕塞雷、安托尼奥·里纳尔三位负责好几所工程师学校，其中包括巴黎综合工科学校，中央高等工艺制造学校，巴黎、南锡、圣艾蒂安矿业学校，国立里尔工艺美术高等学校；雅克琳·布托纳负责国立经济管理与统计学校；帕特里克·尚帕涅负责另外一些工程师学校，包括工业物理学与化学高等学校、机械电力专业学校、国立高等邮电学校、电子技术与电子学工程师高等学校（ESIEE，Breguet）、高等电力学校、国立桥梁与公路工程学校；克罗德·格里农与帕斯卡尔负责前面已经谈到的各种农艺学校；维克多·卡拉迪与亨利·勒·莫尔负责巴黎高等商学 337
院；让-弗朗索瓦·凯斯莱尔负责国家行政学院；多米尼克·施纳佩负责巴黎、格勒诺布尔政治研究学院，邮电学校；皮埃尔·比尔波姆负责波尔多政治研究学院；菲力普·弗里茨负责南锡矿业学校。②

---

①　这项调查没有享受任何补贴，但是作为财政部预算部门对政府部门进行的一项调查得到一笔追加资金（用于支付编码处理费）；又作为“教育体制的中间过程”得到国民教育部的一项津贴，我们用这笔钱完成了补充性面谈（对那些新办的商校尤其必要），此外还对1984年高等教学机构的资料进行了统计处理。

②　我衷心地感谢他们。此外，我要感谢各校的领导、各方面的负责人和行政人员，他们允准了我们的调查，并且在调查的各个阶段给予我们支持。各校的教师们就问卷事宜给予我们很多的合作与帮助，学生们在他们学校组织了调查，图书馆工作人员、档案保管员、秘书、各校及国民教育部的行政工作人员——他们提供了档案、文献等各种必要的资料，还有所有同意与我们面谈的人，我要感谢他们。我还要感谢萨拉赫·布赫加（Salah Bouhdja），他负责整理了所有的资料；罗西尼·克里斯汀（Rosine Christin）和克莱尔·日弗里（Claire Givry），他们对所有学校的文献进行了研究，并且

我们将问卷的大部分内容留给人们共同关心的问题，特殊的问题仅限于另外添加的一张问卷，以备进行直接观察；这种做法是事后确定的①。在分析中，我们主张将所有的技术性选择（先选择问卷所含的问题和代码，就是说，先选择进行分析的方法）服从于**可比性**（comparabilité）的需要；这种做法看来是在分析中揭示那些最特殊的性质的必要条件；相反，如果处处考虑地方主义，并且在这个问题上让步，就会从根本上妨碍比较的进行，而这些比较本来是能够揭示真正的特殊性的。对于雄心勃勃的科学研究来说，一篇简单的专题研究概论，尤其是在比较启发下写成的概论，可能就是一个决定性的进步。宏伟的科学研究规划缺乏系统的比较分
338 析，所以它与校友协会出于护教的或者其他的实际目的完成的研究没有什么实质性的差别：赞同一个预先建构的对象，就是说，将自己封闭在排他利益的狭小隔离圈中，这种情况不止一次地泄露出个人与某所特殊学校之间残存的直接的或者逆向的特权关系——这种赞同可以通过客观主义的虚假距离得到掩饰，同样也

还与某些学校的领导人和负责人以及巴黎地区和里昂-格勒诺布尔地区的部分大、中学生进行了访谈。在所有直接或者间接与这个研究计划有关的文论中，亨利·勒·莫尔（H. Le More）的论文（《有产阶级与领导阶级：巴黎高等商学院的社会学分析》，巴黎，1976年，第三阶段博士论文，第301页）为最初的研究构想提供了最好的启发：在对构成教学机构场域的各种关系的结构进行分析的基础上，完成一系列相互关联的系统的专题研究。

① 对问卷进行集体讨论的逻辑很可能导致人们无限地增加特殊问题，从而无法进行比较（不断地深化问题所导致的压力在我们本来打算选的那些理科学校微妙的等级化空间中尤其强烈）。但是，与此同时，因为参加这项研究工作的大多数人都与我们研究的某所学校有着特殊的关系，因此，他们倾向于构成一个能够反映我们的分析对象的空间，因此，根据这个空间定义的各种观点之间的冲突构成了客观化的开端，或者说科学检验的开端。

可以通过明显地颠倒某种一见如故的关系来掩盖。至于学生们在各自的学校里提出的那些问题，关心的首先是群体内部的差异，而往往忽略了这些差异本身所掩盖的极大的相似性；例如，文科高等师范的学生所关心的许多问题（诸如在社会出身与学科选择之间，或者说，在学科选择与政治观点之间存在的某种关系）都不可能通过调查真正得到解决，因为调查所涉及的人群相对有限。

与比较的愿望结合在一起的普遍性中所包含的严重后果就是不真实的危险，因为形式上相同的问题可能在不同的学校背景中具有不同的意义。为了避免这一点，就必须了解每一所学校在整个结构中的位置，以及这个位置在特定机构中的反映，并且在此基础上展开观察和非常具体的访谈，然后再以此作为导向，在每一所学校以类似于民族志的方式进行深入的调查，并以此来弥补问卷统计的不足。因此，我们在每一所学校都与个人或者集体进行了许多次深入的访谈。访谈的对象有学校的负责人和教师（例如于尔姆高师的各种“高等师范辅导教师”），也有学生。与学生的访谈主要是获取不同的学生对名牌大学场域的描述，以及对他们学校在这个空间中的共时位置与历时位置的描述。我们还收集了这个位置及其变化在实践中所产生的影响的实际征象（例如：巴黎高师的学生准备参加国家行政学院会考的趋势；巴黎综合工科学校的学生为了提高自己文凭的市场价值所作的努力，因为来自国家行政学院的竞争者开始对他们构成威胁）。最后，我们还加强了对有特点的机构的分析（如巴黎高等商学院的俱乐部，国家行政学院的口试，还有各种制度化的礼仪，同学会、典礼、出版物，尤其是悼念文章等)。①

339 此外,为了建构名牌大学空间真正的结构的历史,我们还努力收集了必要的历史资料;因为研究单独的某一所学校的历史专著会让人们忽视名牌大学场域整体结构的变化所产生的结果,或者说,很可能不知不觉地将这些结果当作诸如混乱或者衰退的迹象记录下来②:关于这一点,只需想一想19世纪末巴黎高等商学院

① 据说名牌大学的不同之处还在于他们的习俗、礼仪,以及对自己人的信赖;一代又一代的毕业生都喜欢带着一种会意的神情去追念他们的人,或者用人们看得懂的微笑去怀念他们,对于这一点,我们无需进行考证,但是每所学校都有自己的特殊性,这是历史造成的,我们必须承认这一点。因此,每一个点都必须有当地的信息员以便于接洽,同时,也可以帮助我们用当地人的眼光来辨别什么是重要的,什么是不重要的。

② 这些献给某某学校的专题著作水平很不一致,试根据出版年月列举如下:T.-B.波特莫尔(T.-B. Bottomore):《法国高级政府部门的社会流动性》,见《社会学国际手册》(La mobilité sociale dans la haute administration française, *Cahiers internationaux de sociologie*),第8卷,1952年,第167—178页;G.戈兰博格:《巴黎综合工科学校的学生,1948—1967》,巴黎,法国政治生活研究中心,1970年,第107页;J.马尔索:《欧洲工商管理学院:社会起源、教育经验和青年工商界精英职业道路》,格兰特社会科学研究讨论会总结报告,1973—1975(*INSEAD, The Social Origins, Educational Experience and Career Paths of a Young Business Elite*, Final Report for SSRC Grant, 1973—1975),第118页;J.-L.波迪盖尔:《国家行政学院与国家行政学院的毕业生》,巴黎,国家政治科学基金出版,1978年,第271页;M.-C.凯斯莱尔:《国家行政学院:政府高级职能的谋略》,M.德布雷提写前言,巴黎,国家政治科学基金出版,1978年,第299页;T.希因:《巴黎综合工科学校,1794—1914》,巴黎,国家政治科学基金出版,1980年,第263页;J.马尔索:《家庭与商业——跨国精英的培养》,堪培拉,澳大利亚国立大学出版,1981年10月,第345页(经济社会发展研究组织委员会的闭幕报告,原稿为英文,有法文摘录);M.默罗:《名牌大学的历史:巴黎高等商学院,1881—1981》,巴黎,迪诺出版社,1981年;T.希因:《从工业科学到基础科学,物理学与化学高等学校的演变(1882—1970)》;J.-F.凯斯莱尔:《国家行政学院、社会、国家》,巴黎,贝尔热·莱弗罗尔特出版,1985年,第584页。有些献给"精英"和"领导阶级"的书总的来说与名牌大学有关,但没有以切实的调查为依据(参见E.-N.苏雷芒([E.-N. Seleiman]):《法国的精英;精英群体与名牌大学》,巴黎,色伊出版社,1979年;P.伯恩鲍姆[P. Birnbaum]、C.巴鲁克[C. Barucq]、M.贝莱什[M. Bellaiche]、A.玛里耶[A. Marié]:《法国的领导阶级;分离,渗透,并合》,巴黎,法国大学出版社,1978年,重点参阅第4章)。

的出现，以及第一次世界大战结束后不久国家行政学院的出现就足够了。高等教育机构的结构历史学与整个权力场域的结构历史学是不可分的，因而需要迎战无限浩繁的工作。[①] 关于国家财政监察机关、审计法院等机构，也有类似的专著，反映问题也不全面，一般都由群体的前辈人写成；在与我们的研究体系有关的重要观点上，作者的表达是含糊不清的，就是说，他们并没有明确地阐述 340
权力场域的结构与高等教学机构的结构之间的关系：他们信守的是名牌大学造就精英群体这样的简单理论，却忽略了被名牌大学神化了的预先存在的社会差异。

因此，由于能够在整个空间里确定每一个机构的共时位置和历时位置，我们就掌握了一项非常有力的武器，从而使所有的特殊资料常常都显得多余和琐碎，然而，有时候，为了收集关于每个机构和每个机构的成员的实践和观点方面的特殊资料，人们却需要花很多力气。[②]

组织调查与回复问卷抽样

但是，我们越是容易接受社会事实呈现的样子，它就越会变本加厉地呈现这副样子：霸权机构、教会、资方，还有名牌大学，它们

① 克里斯多夫·夏尔关于19世纪末统治阶级历史的论著阐述的就是这个逻辑(参见克里斯多夫·夏尔：《法国的知识分子与精英分子(1880—1900)》，巴黎，巴黎第一大学国家博士学位论文)。

② 我们几乎知道了全部的确切位置，因此，我们得以通过学生的社会出身这项单一的但却很有说服力的指标来建构高等教学机构空间，并且确定我们没能直接研究的机构在这个空间中所处的位置，例如法官学校或者巴黎实习医学院。

不仅通过自己出于本能的各种表现（尤其是庆典话语），而且还通过它们（有时候很热情地）披露的“数据”，将他们自己预先建构起来的形象推到人们的面前。纪念物、文献，特别是人们认为值得留传给后代的每一样东西，都是表现自我的各种策略客观化了的产物——机构和行动者一样，它们甚至在不自觉也不自愿的情况下运用了这些策略，而社会学家所代表的客观化的威胁又常常迫使这些策略达到清醒的意识。

为了实现他们的客观化工作，为了战胜研究对象的反抗（显然，他们越是背离有关的行动者或者机构要求他们接受的观点，反抗就越强烈），社会学家必须采取好的或者坏的手段，对于这一切，难道有必要再复述一遍？在此之后，我们将会提供一些社会工作中的交易片段（包含了变相的收买、掩盖、要挟、诡计，等等）。我们必须采用这样的手段才有可能完成调查、提出问题，才有可能阅读
341 文献、卡片和某些调查机构的资料，尤其是所有那些由于机密而受到保护的材料：打上了这类字样的文献一般都必须借助一些诡计才能够读到（社会学家也有自己的秘密，但是这些诡计或多或少都可以公开承认）。事实上，这些文献往往包含着与这个机构本身有关的某些最珍贵的资料，所以机构为了保护自己免受客观化的威胁，就必须保护这些文献，规定它们“不准对外”（比如说，巴黎高等商学院所做的某项研究就是一个例子，即根据学生的社会出身和他们入学时的社会等级来分析毕业生的职业变化）。这就足以说明，科学证明了的“事实”，尽管远不可能一直瞒着行动者，至少不可能永远瞒着所有的行动者，但还是不止一次地受到这样或那样的查禁和拒绝。社会学的客观化之所以常常能够揭露丑恶（同时

也招致平庸的责备),那是因为这种客观化摧毁了将同伙与他们的机构连接在一起的信仰关系:建立在不了解基础上的这种信仰,一旦作为被客观事实否认了的认识,那么这种信仰就经不起来自圈子外面的揭露,因为这个圈子是明确地按照参与信仰,参与团体的不诚实,兼备实在论和否定论的双重意识来定义的。事实上,研究者的策略和计谋之所以有效,这是因为被建构的对象(objet construit)与一般的观念(vision ordinaire)之间存在着差异,所以行动者从来都不可能完全清楚他们应该掩盖什么,甚至也不知道自己泄露了什么或者掩饰了什么。事实上,有用的信息常常都在行动者的控制之外,存在于他们情不自禁地(有时候甚至是在他们的极力抵御中)流露出来的信息与我们在别处收集到的(主要是关于其他机构的)信息之间的客观关系中。我们在回复问卷分析图中如实地推测(并且明确地指出)了巴黎综合工科学校毕业生在政治方面的位置,因此,我们忽然想到可以通过这种方式来挑战实证主义的规矩:由于权威部门拒绝回答任何有关政治倾向和所属工会方面的问题,我们只能凭经验记录他们的政治立场;事实上,因为我们已经知道巴黎综合工科学校在高等教学机构这个空间中的位置(通过对回复问卷进行分析以及其他一些手段,我们能够确定这个位置),所以我们可以由此推断出它的学生群体的政治立场;此外,在某些能够反映政治立场的选择中,诸如日常生活或思想流派方面的偏好,人们的政治立场还会留下经验主义的记录,从这个意义上来说,我们的方法就更可靠了。

不管怎么说,这项工作的成功在很大程度上取决于公共关系方面的所有努力,由于这些努力,我们的调查才不至于与理论的要

342 求相距太远(例如,我们或许会忘记,官方组织的大规模调查,尤其是关于消费方面的调查,遭到拒绝的比例越来越高,以至于收到的样本离随机抽样也差不太远——但是,对于这样的随机抽样,我们至少应该考虑一下其社会构成)。确实,主要的困难在于既要得到官方的准许,又要得到学生的参与。一类调查得到了学生的理解,并且由学生(或者一部分学生)负责完成;另一类调查由行政部门指定,或者在得到学生同意的情况下由行政部门指定;已经有迹象表明,这两类调查会受到不同的对待。

在行政部门负责人的眼里,调查常常意味着一种入侵。因而每一次都必须进行解释、说服和保证,都必须作抵押、请人担保。调查是否有可能进行就取决于这些协商和讨论,不仅如此,收集到的资料的质量也取决于这些前期工作:事实上,这些前期工作对于回复的数量和质量起着至关重要的作用(一项没有真正被接受的调查会招致各种偏差,一般还很难识别出来)。总之,我们这项调查的主要功劳或许就在于它最终显示了调查的价值,即使其中还存在着某些欠缺,但是这些欠缺都是与调查所在的社会关系形式的变化联系在一起的,而且这些社会关系形式的变化都可以通过问卷实施条件的多样性得到解释。比如说,"选择"官方途径(这在军事类学校几乎是不能回避的)来研究巴黎综合工科学校,向校长申请调查许可权,我们就能够确保很高的问卷回复率,但是,我们同时也不得不接受这所学校的等级结构中所固有的调查形式:将问卷发给集中在梯形教室里的全体学生,这种做法有点"军事化",或许还会激起某种形式的消极抵抗,多少有点微妙(几年以前通过学生组织的一次关于趣味的调查所反映的情况与于尔姆高师的事情相似）。总而言之，取得行政方面的配合大概是必不可少的，但是仅仅依靠他们可能是不够的。因为在大多数情况下，学生们的态度总是倾向于站在学校领导可能采取的态度的对立面。因此，我们总是努力地说服学生，至少是说服一部分学生，让他们确信调查的合法性，甚至必要性。

在师范类学校似乎没有这个问题，因为学生本身表现出了主动性。但是由于涉及到少数工会负责人，这便造成了微弱的偏差，不过，工会是以联谊会的形式运作的，而且一些没有加入工会的学生也参加了调查的实施过程，这样或许就使这种偏差得到了缓 343
和[1]：即使在回复问卷中工会成员的比例略微高了一些，但是根据问卷实施小组的观察报告，我们可以肯定：在拒绝回复的学生中也有几位是全国教育总工会的成员或全国高等教育工会的成员（这些情况主要发生在四年级的学生中，他们的无回复率也是最高的），此外，还有几位是全国学生联合会的成员，他们那群人都对当时的工作人员怀有敌意。

这种直接由学生负责的调查究竟是怎样实施的，而且这种回收问卷的方式到底会对不同类别的学生回答问卷的倾向产生怎样

[1]　当时工会在师范类学校是一个很重要的组织，绝大多数学生都是工会会员，他们要么加入学生工会（全国学生联合会），要么加入教师的工会（全国高等教育工会，全国教育总工会），或者同时加入两个工会（尽管他们连工会会议或者全体会议都不参加）。以于尔姆高师为例，1965—1966年，在大约320名学生中，全国学生联合会成员大约有160人，全国高等教育工会成员100人，全国教育总工会成员95人（几乎全部同时又是全国学生联合会的成员），就是说，至少有三分之二的学生加入了工会（然而在选举的时候，只有100个人投票）。在圣克鲁，大约360名学生中有将近180名学生加入了全国学生联合会。在塞夫尔，工会的力量相对来说不如于尔姆强大：230名学生中有102人加入了全国学生联合会，65名加入了全国高等教育工会，27名加入了全国教育总工会。

的影响？为了对这些问题有一个明确的概念，我们可以仔细地观察师范类学校的情况。由于学生本身对调查具有主动性，这或许极其有利于中和对调查的抵触情绪，因为在以知识为天职的名牌大学，这种抵触情绪是非常强烈的。在于尔姆，学生干部做了大量的工作，他们劝说、呼吁、核对、记录。各年级的无回复比例表明，无回复率与学生干部的被接纳程度有关，与他们获取信任的能力是联系在一起的。主要的学生干部都在文科三年级，所以这里的无回复率很低；理科二年级的无回复率也很低，因为这里有一位工会负责人，他回收了 90% 的问卷（塞夫尔二年级理科学生也一样）。我们将自己的统计资料与国民教育部的官方统计资料进行比较，同时也与从学校的卡片资料中得来的统计资料进行比较，通过比较分析，再加上调查负责人的观察报告，我们可以得出结论，无回复率与以下因素略微有关：社会出身（与大众阶层或者中等阶层的学生相比，上流阶层出身的学生回复率略低），家庭住所（调查似乎没有触及到某些走读生，尤其是理科的走读生），学科（古典文
344 学学生回复率略低，于尔姆一年级自然科学学生根本无人回复），以及宗教和政治（天主教系学生和保守主义者的回复率也略低）。[①]事实上，对工会的敌意与对调查的敌意来自同一个根源：拒绝任何能够让人联想到可以归结为社会问题的一切东西。在塞

① 其他的可能偏差有：学生们可能担心领导阶层会看见他们的问卷。即便匿名也很容易被识破（通过入学时的名次）。有些学生在问卷上写道："你说是匿名的，那你们是怎么找到我再来问这个问题的？"在于尔姆文学院，还记录了一次非常激烈的活动，抗议匿名那么容易就被识破了。相反，在于尔姆理学院，一位学生写道："匿名是假的，但是这也没有什么关系。"

大尔，由于调查负责人的工作效率和工作能力，调查进行得很圆满，问卷回复率非常高（塞夫尔文学院为57%，理学院为73%），也很完整。这或许是因为，与于尔姆相比，塞夫尔的学生不那么分散，接触外界相对也不多；而在于尔姆，有的走读生几乎从不到学校来。除此之外，或许还因为塞夫尔的学生对于知识分子这个角色没有很高远的抱负（在理科学生中，四年级的学生问卷回复情况不是很好，他们一般都是走读生；在文科学生中，回复不好的是语言和历史学科的学生）。在圣克鲁，文科前三个年级学生的回复率为35%，理科的为34%。这个比例相对来说比较低，其原因或许在于负责问卷调查的学生不够投入（当时担任高等师范学校联盟负责人的是一位于尔姆高师的学生，因而调查的主动性更多地还是来自于尔姆高师或者塞夫尔高师，或许这也是对调查不利的一个因素）。此外，与枫特纳高师一样，圣克鲁的问卷分发和收集也是分楼层进行的（而不是像在于尔姆和塞夫尔一样分年级进行，而分年级进行或许是相互理解的良好基础），调查负责人也没有办法以其他的形式重新组织调查。与于尔姆相比，这里的无回复率与社会出身、学科、政治和加入工会的情况有着更大的相关性：出身上流阶层的学生回复率低一些，语言学与自然科学的学生回复率也比较低，没有加入工会的学生少有回复（一切都促使我们作出这样的推断：如果我们在圣克鲁配备了与在于尔姆一样能干的调查队伍，圣克鲁的问卷的回复率或许就会高一些，尤其是那里学生的社会出身水平相对来说更低，在知识方面也没有更大的抱负，对于调查的敌对情绪也没有那么强烈）。在枫特纳，文科问卷回复率比圣克鲁的要高（49%），理科的则几乎相等（33%），负责调查的干部

345 队伍也远没有塞夫尔的那么能干，相对来说，学生对于调查不太关心，似乎只有一年级的学生除外，因为他们的回复率最高；而且与圣克鲁一样，语言和自然科学的学生，以及出身上流阶层的学生回复率低（我们没有能够衡量工会的归属问题所产生的影响，因为缺乏资料，尤其是当时理科学生加入工会情况的资料）。

根据在师范类学校调查中积累的经验，我们确定了统一化的问卷收集程序；我们遵守不同的教学机构提出的限制，在它们提供的可能性限度内，尽可能严格地实施这些程序：每一次调查的进行，我们都要请学生合作，与他们商量问卷发放和回收的最好方法（按年级、专业，或是按教学楼或者楼层来发放和回收），讨论对迟疑不决的学生进行鼓励和劝说的最好时机。我们意识到展开问卷调查的时机不仅对于日后问卷的理解起决定作用，而且还能为我们提供有关研究对象的许多信息。因此，对于调查的进展，我们作了尽可能详细的分析报告，并且对调查的前期交涉也作了尽可能详细的记录：我们有某些案例的现场分析报告，尤其是那些无论是调查负责人还是学生都有抵触情绪的案例。除了问卷提供的特定资料以外，我们还收集了每一所学校的所有可用信息（如以前的调查资料，行政文件，与机构领导人及学生的会谈，等等），而且每次在条件许可的情况下，我们都要将学生的所有卡片资料用于统计分析。

对问卷调查的抵触，或者说对社会学的抵触，说得确切一些，就是抵抗对学业成功的社会因素进行科学分析。离高等教学机构场域的“知识”极点越远，这种抵抗也越弱，抵抗的性质也渐渐地发生变化。一旦获得了行政部门的许可，调查就不会再激起特别的反对，于是人们对调查的漠不关心就成了主要的障碍。在巴黎综合工科学校，调查是在军事机关的组织下进行的：问卷在同一天，同一时刻，在同样的条件下发放给所有的学生，并且是在调查小组研究人员的控制下完成的，唯一的代价就是不能够提出有关政治观点方面的问题（这给以后的分析造成了许多的困难）。另外，根据学生不同的介入程度，或者行政部门不同的介入程度，调查所采 346
取的形式也略有变化，或者是于尔姆式的，或者是巴黎综合工科学校式的。[①]

问卷回复率最高的是工程师类学校：中央高等工艺制造学校为53%（前两个年级为64%），南锡矿业学校为74%，巴黎矿业学校（工程师专业的学生）为78%，巴黎综合工科学校为86%，国立里尔工艺美术高等学校为93%，等等。一般都是在取得了行政部门的同意之后再将问卷发给全体学生，行政部门要求学生参加我们的问卷调查，他们的做法多少有点命令式。在大多数情况下，调查都是在会议结束之后进行的，而这些会议的内容一般都是介绍和讨论问卷调查的目的。在工程师类学校，调查是在1969—1970年度开学的时候完成的，行政部门将问卷与入学注册表放在一起交给学生。在农艺学校，行政部门有时也会介入帮助调查，但是他们从来都不武断，格里农和蒙彼利埃国立高等农艺学院是如此，南

① 不可否认，我们研究的群体的某些特性是与调查实施过程中的某些偶然事件相关联的。因此，在巴黎农艺学院，问卷是由9位学生干部负责分发的，那是在1966年5、6月，就是说当时一部分学生已经不在学校了。所以我们必须在1966年10月重新进行调查，并且在1967年年初对1966年10月返校的部分学生再做一次调查。同样我们还发现，在大部分农艺学校，三年级的学生一般第三学期都不在学校（此时正是进行调查的时候），所以他们的回复问卷很少，不能进入分析。

锡和莱纳国立高等农艺学校也是如此:格里农的学生由调查小组的研究人员负责,问卷发给集中在梯形教室里的学生;蒙彼利埃的学生由各学生会主席负责,问卷由学生或者学生会主席分发。问卷的回复率与调查的组织方式,与学生干部的投入和支持密切相关。

在巴黎高等商学院,问卷被发到学生的寝室,随问卷一起发放的还有一份问卷调查说明和一个信封。参加调查准备和实施的学生干部多方呼唤和激励学生的参与,这在一定程度上提高了问卷的回复率(68%)。然而,就在调查进行之中,学校领导部门与学生会之间突然发生冲突,由此引发了比较紧张的气氛,这时一部分马克思主义学生表现出了对调查的敌对态度。在巴黎政治研究学院,问卷是通过讲师级别的教师发到学生手里的,其中公共关系专
347 业的学生回复率最高(63%),国际关系专业的学生回复率最低(42%)。如果把当年大约30%的学生中途辍学这样一个不可忽略的因素考虑进去,我们就可以估计回复率实际上还要高得多(公共关系专业大约80%,国际关系专业大约65%)。自预备班课程起一直就读于巴黎政治研究学院的学生比直接升入二年级的学生回复率略高,同样,那些除了巴黎政治研究学院的课程之外还修读其他学校课程的学生比那些仅修读巴黎政治研究学院课程的学生回复率高。总共6349份问卷就是这样产生的,其中不包括留学生,他们的问卷没有用于统计分析,只有各地政治研究学院国际关系专业的留学生问卷除外。

为什么说不能够满足于行政调查,尤其是国民教育部组织的

调查，尽管这些调查都是由某个中央机构安排的同一类的调查，而且是真正共时性的？事实上，这些调查只能够提供有限的情况，除此之外，其中的无回复率也不容忽视。1967—1968 年，关于父亲的职业这一项的无回复率在国立海关学校为 20.9%，波尔多建筑学校为 20.5%，巴黎综合工科学校为 12.4%，巴黎物理学与化学学校为 23.6%。再说，从教育部的调查中得来的资料有时也显得不可靠。例如，外省的某某管理类学校（在此我们不便指名）在 1967—1968 学年招收自由职业者子女的比例为 32.6%，这似乎不太可能，因为当时其他商业与管理学校的此项比例最多为 10%；又如外省的一所政治研究学校，出身于“知识行业”家庭的学生竟然达到相当高的比例（9.5%），而其他类似教学机构的此项比例不超过 2%。[①] 类似的偏差不胜枚举。另外，行政调查的介绍方式或许在很大程度上是造成各校调查中分类和组合不当的原因。我们 348
没有采用国民教育部在 1984—1985 年完成的大量调查问卷，在其他一些情况下，我们也只得将这些学校作为辅助变量来处理。因为许多学校都没有将担任政府公职的干部（cadre）与教师及科学工作者区分开来，更没有将工程师及企业的技术管理人员与商务管理人员区分开来。同样，小学教师、卫生保健与社会工作方面的中间职业，以及政府公职中行政方面的中间职业也被混在了一起。好几所学校将大、中、小商人混在一起，或许这是因为学生提供的材料不够翔实。总的看来，各校所采用的问卷回收方式，以及缺乏

① 我们用于描述 20 世纪 60 年代和 80 年代高等教学机构场域的资料是由教育部的负责人为我们提供的，我们曾经向他们保证不指名公布每所学校的具体数据。

明确的指示或指令(因为不想使调查“变得太沉重”),导致了资料的不确切和不可信,尤其是关于社会出身这一项,对此,我们只能够采取粗略的统计学分类。

相反,在我们已经采用的问卷中,通过父亲、母亲、祖父母、外祖父母的职业和文凭方面的附加问题,我们可以找到办法来确定原本由于父亲的职业不够明确而无法确定的社会身份,不论职业的定义需要多么精确。此外,我们可以发给调查对象关于填写职业的详细说明样本以避免填写内容的空洞(如“公务员”或者“父亲已故”之类)和含糊(如“农业劳动者”)[①],还可以要求他们分别填写调查时和他们出生时父亲的身份,这样我们就能够使调查对象提供比行政部门的卡片资料更切实的情况——作为一种惯例,在每年开学初,都要填写这类卡片(而且人们并不保证这些卡片的匿名性)。回收问卷中的这些详细内容有助于核实我们在各项研究中已经注意到的问题,如对于资方的研究,对于主教团的研究或者对于政府高级公职的研究:以国家经济研究与统计局的社会职业类别术语表示的职业类别具有形式上的同一性,实际上却隐藏着意义极其深远的差异。例如,在同样出身于自由职业者家庭的学生中,巴黎美术学院学生的家庭一般都是建筑师,而巴黎综合工科学校的一般都是医生,少数子女在巴黎综合工科学校读书的建筑师仍然由于其他一些属于第二位的特征而有别于那些将子女送到
349 巴黎美术学院或者国家行政学院去读书的建筑师;在于尔姆和塞

① 在国立高等农艺学院,如果父亲是农场主或者农业经营者,则要求写明经营的面积。

夫尔，尤其是在理学院，自由职业者也以医生居多，而且一般都是药剂师。同样的差异也出现在中等行政管理人员家庭出身的学生中：在巴黎综合工科学校，身份一栏多数填的是会计，于尔姆则以编辑或者市政府某办公室负责人更为多见。正是这一系列的细微差异使我们能够理解不同学校、不同学科、不同的职业生涯或政治观点之间的差异，而在最初，这一切都是不可思议的。比如说，在巴黎综合工科学校，尤其是在中央高等工艺制造学校和巴黎高等商学院，学生出身的家庭更倾向于私营领域，而在于尔姆，则与国营领域有着更紧密的联系；这一点似乎就是人们在伦理、美学、政治方面的选择中存在的所有差异的根源。

我们还必须对调查结果进行分析，与人们通过片面的研究所得出的数据进行论战，并阐明我们从这些分析和论战中得出的所有论据，这样，我们才能够从根本上超越所有的疑虑和悬念，从而将我们的工作公之于众。由于一直感到调查存在着欠缺（有的学校没有进入研究）、不完善（有些学校的问卷回复率比较低）和不充分（这主要与问题的设计或调查期间发生的各种没有考虑到的变化有关），这种意识在我们的脑海里盘桓，使我们在许多年里一直深陷实证主义的真正**危机**之中；或许这种实证主义的危机最能够说明科学场域批评的力量。伴随着人们对研究对象认识的加深，盘桓在我们脑海里的这种意识反而会更强烈：事实上，在最初分析的基础上酝酿而成的建构理论的逻辑激励我们面对同样的困难去研究权力场域的结构，从而将权力场域的结构与确保权力场域再生产的教学机构场域的结构相对照，这样，我们就被迫以某种方式加倍地投入，从而也加倍地承担风险。①

资料的收集工作于 1966 年 10 月从师范类学校开始，一直延续到 1969 年 10 月的最后一批工程师类学校（桥梁、高等电力、布勒盖高等电子学校等），调查的时间差可能使收集来的资料不再具有严格意义上的可比性，尤其是当这些资料与某一特定的时刻或
350 者特定的时期联系在一起的时候。② 因此，当我们在巴黎高师、国家农艺学院、巴黎高等商学院调查学生 10 月份开学以来看电影、听音乐会、看戏的次数的时候，或者在巴黎综合工科学校和巴黎矿业学校调查学生 9 月份以来从事这些活动的次数的时候，我们只能以此为前提：由于调查时间的延续（显然我们对此估计不足），不同学校的参照期是不一样的（例如，在同一学年中，国家农艺学院的调查比巴黎高师进行得晚）。由此可见，根据父亲的职业和学生的年龄等来研究实践方面的差异，这在同一学校内部是可行的，而要在学校与学校之间进行这项比较却存在着困难。调查延续时间长短方面的差异与调查是在什么时期进行的有关系，如果中和一下这方面的差异，我们建立起来的趋势仍然是无可争议的：比如说，塞夫尔的学生去剧场的次数显然比于尔姆的学生多，于尔姆的

① 我们同时对权力场域中与名牌大学场域最直接地联系在一起的区域进行了一系列的调查：（分析时在任的）政府高级职能场域，国营大企业和私营大企业场域，高等教育机构场域，知识场域和宗教场域。除非像某些人一样，满足于对并不确切的资料进行仓促的整理，比如说 *Who's Who*，否则就必须花费很多时间才能够进入每个空间所特有的逻辑之中，才能够获得原始资料。在这些上层领域，原始资料并不是举手可得的。

② 大部分的调查都是在 1966 年和 1967 年进行的，而这两年具有策略性的价值：在这段时间，我们不仅看到了旧时大学的最后风貌（对大学教师的调查），同时还看到了它未来发展的预兆。

学生又比国家农艺学院的学生多。尽管如此，我们还是不能轻易地忽略戏剧供应方面存在的可能性差异（比如说，某一年上演了一场特别成功的戏）。体育实践也同样存在着比较的问题：由于问卷设计中存在着糟糕的差异，尤其是在从事体育运动的条件与节奏方面，这使得我们找不到任何关于体育实践频率方面的可靠指标。然而，从这个意义上来说，对同一机构内部体育实践方面的差异进行分析却是完全合理的，也是不乏征象的。因此，在巴黎综合工科学校，出身于大众阶层的学生一般从事团体性的体育运动，而其他人一般都从事击剑运动：这构成了一条重要的指标，它能够显示各种各样的巴黎综合工科学校毕业生将以什么样的方式兑现他们作为这所学校的毕业生的资本。另外，我们还发现体育实践在不同学校之间的分布并不是随机的，而且体育实践的社会等级总是与学校的社会等级相对应：因此，在体育运动扮演着重要角色的巴黎综合工科学校，曲棍类运动冠军、田径运动冠军、击剑运动冠军相对比较多；在巴黎高等商学院则多为划船运动冠军和高尔夫球冠军；最近这些年，巴黎政治研究学院的壁球得到了迅速发展，他们还有一支很好的橄榄球队，此外，他们有时还能赢得高尔夫球冠军。总而言之，在处理上述问题以及其他一些问题的时候，我们都应该记住一条规则：代码不可以分得比我们收集来的资料更详细。

由于调查手段的不完善给人的感觉太强烈，这使人们最终忘 351
记了一个事实：希望了解整个高等教学机构场域的最初愿望几乎总是以材料收集不足而变成一种难堪。将近 20 年来，学界沉默，即使有些片面之作问世也并没有引起什么轰动[①]；在人们竭尽全力完成的所有工作中，最有代表性的就是在设计样本的数学矫正程序方面所做的尝试——有些数据的不实之处是可以比较准确地测算出来的，但是，在纠正这些数据的时候，矫正程序有时还是要以官方的统计数据为依据，而官方数据中的不准确却是无法确定的……[②]人们对行政统计数据的批判性研究[③]反倒给我们提供了不少帮助，更有趣的是，某某专著所披露的珍贵信息和证明材料也有助于我们对结构的理解，因此，我们最终战胜了我们在认识研究对象的过程中，由于不断发现认识手段的不完善而滋生起来的实证主义的忧虑；它曾经迫使我们无止境地丰富调查的手段，寻找核实资料的办法，如此一味地追求下去，只能使任何书都不得出版。

---

① 参见布尔迪厄："文化再生产和社会再生产"，见《社会科学论丛》，巴黎综合工科学校，第2期，1971年，第45—71页；"学业考试与社会神化：名牌大学预备班"，见《社会科学研究》，第39期，1981年7月，第3—70页。

② 1969年，我们根据年级、学科和父亲的社会职业类别建立了师范类学校的样本矫正程序，又根据年级和父亲的社会职业类别建立了其他学校的矫正程序。我们根本没有必要为统计学上的代表性问题操心，因为从来就没有兼备所有学校的累计结果，除此之外，数学纠正程序有时候可能会带来新的错误，而这些错误往往比它所要纠正的错误更为严重，说到底，纠正程序只是以某种形式伪造字据来掩盖(masquer)偏差，却不能真正消除这些偏差。与其完全在形式上玩弄一些花样，编造一幅不可能有错的假象来欺骗自己，还不如保持清醒的意识来面对这些偏差(不同学校之间偏差的根源并非都一样)，简单明了地将回复率低到了一定限度的群体从调查中排除出去。但圣克鲁和枫特纳高师是个例外，因为它们在比较中占有重要地位，而且通过对学校的卡片资料进行分析，我们能够切实地找出其偏差的根源(在问卷分析中，我们将调查所得的数据作为主要变量，将学校卡片中整理出来的数据作为辅助变量，我们发现，对圣克鲁和枫特纳这两所学校而言，卡片数据与调查数据非常接近)。

③ 主要参见D.梅尔雷："术语及其使用：学生社会出身的统计数据"，见《社会科学研究》，第50期，1983年11月，第3—48页。

附录3　主要数据

表17　祖父的职业

	于尔姆高师	塞夫尔高师	圣克鲁高师	枫特纳高师	巴黎综合工科学校	巴黎矿业学校	南锡矿业学校	圣艾蒂安矿业学校	中央高等工艺制造学校	国家农艺学院	国立农业与食品工业高等学校	国家行政学院（第一批）	国家行政学院（第二批）	巴黎政治研究学院	巴黎高等商学院
无职业	1.0	0.6	–	0.7	1.0	0.7	0.6	1.5	3.6	1.1	–	5.0	–	0.7	3.2
农民	12.9	14.4	20.5	25.0	13.5	16.5	9.0	12.3	12.0	22.4	22.5	13.1	19.4	11.0	6.8
工人	10.3	7.8	19.6	12.5	8.1	7.5	12.0	7.7	8.4	8.0	11.3	3.0	13.9	5.0	3.6
职员	6.2	11.7	14.0	16.9	9.6	7.5	9.0	9.2	6.8	5.4	7.0	5.0	6.3	3.8	5.2
商业手工业者	17.6	15.0	14.9	16.9	15.6	12.0	21.7	10.8	17.9	13.4	5.6	8.2	13.9	18.0	17.1
中等管理人员	4.7	5.9	3.7	5.9	3.1	6.0	4.2	7.7	6.6	5.1	7.0	5.0	5.5	6.7	9.8
小学教师	5.7	4.6	5.6	1.5	3.1	–	3.0	1.5	2.9	3.6	2.8	3.0	5.5	1.8	1.2
高级管理人员、自由职业者	30.0	28.7	5.6	10.3	31.0	28.6	23.5	24.6	24.0	28.2	25.3	40.4	19.4	44.1	42.5
其他	–	–	–	–	0.2	–	–	–	–	1.1	–	–	2.8	0.7	0.8
无回复	11.4	11.1	15.9	10.3	14.8	21.0	16.8	24.6	17.7	11.6	18.3	17.2	11.1	8.2	9.6
合计	100.0	100.0	100.0	100.0	100.0	100.0	100.0	100.0	100.0	100.0	100.0	100.0	100.0	100.0	100.0
总人数	193	153	107	136	519	133	166	65	441	276	71	99	36	599	560

表 18

外祖父的职业

	于尔姆高师	塞夫尔高师	圣克鲁高师	枫特纳高师	巴黎综合工科学校	巴黎矿业学校	南锡矿业学校	圣艾蒂安矿业学校	中央高等工艺制造学校	国家农艺学院	国立农业与食品工业高等学校	国家行政学院（第一批）	国家行政学院（第二批）	巴黎政治研究学院	巴黎高等商学院
无职业	–	–	–	0.7	2.3	1.5	1.8	–	3.8	1.1	–	2.0	2.8	1.7	2.8
农民	7.8	9.8	23.3	18.4	10.4	14.3	10.2	20.0	12.5	20.3	14.1	8.1	11.1	8.7	8.9
工人	12.9	7.2	18.7	11.0	8.1	5.2	4.2	6.1	7.5	6.5	15.5	5.0	13.9	4.5	3.9
职员	8.8	10.4	9.3	12.5	9.4	6.8	8.4	9.2	10.2	6.9	9.8	5.0	16.7	4.5	5.3
商业手工业者	17.6	15.0	20.5	25.7	13.5	15.0	15.1	13.8	16.3	11.9	12.7	13.1	25.0	14.7	15.7
中等管理人员	5.2	5.2	2.8	6.6	6.0	6.8	6.6	4.6	5.4	2.9	2.8	6.0	5.5	7.0	7.5
小学教师	3.6	9.1	3.7	7.3	3.3	–	4.8	3.1	1.8	1.4	5.6	2.0	–	1.8	1.1
高级管理人员、自由职业者	30.6	34.0	6.5	8.8	32.2	28.6	25.3	26.1	23.3	35.1	18.3	40.4	11.1	46.7	42.3
其他	0.5	0.6	–	–	0.6	–	–	–	–	0.7	–	–	–	0.7	–
无回复	12.9	8.5	14.9	8.8	14.2	21.8	23.5	16.9	19.0	13.0	21.1	18.2	13.9	9.7	12.3

家庭规模

续表 18

	于尔姆高师	塞夫尔高师	圣克鲁高师	枫特纳高师	巴黎综合工科学校	巴黎矿业学校	南锡矿业学校	圣艾蒂安矿业学校	中央高等工艺制造学校	国家农艺学院	国立农业与食品工业高等学校	国家行政学院(第一批)	国家行政学院(第二批)	巴黎政治研究学院	巴黎高等商学院
1 子女家庭	16.0	12.4	12.1	19.8	10.2	12.8	10.2	13.8	9.7	11.6	9.8	12.1	11.1	11.0	11.9
2 子女家庭	24.9	33.3	30.8	23.5	29.3	29.3	30.1	29.2	26.7	17.4	19.7	23.2	33.3	23.4	25.2
3 子女家庭	21.7	25.5	23.3	24.2	24.3	21.8	26.5	13.8	23.8	20.3	26.7	26.3	22.2	24.5	25.7
4 子女家庭	17.1	8.5	17.7	16.9	15.8	17.3	12.0	12.3	14.7	17.7	18.3	16.2	11.1	16.8	18.0
5 子女家庭	9.3	9.8	3.7	6.6	10.2	8.3	10.8	16.9	11.8	10.5	14.1	11.1	13.9	12.5	7.7
6 及 6 子女以上家庭	10.9	9.8	10.3	8.1	9.8	8.3	10.2	13.8	12.7	22.1	11.3	11.1	8.3	9.0	11.1
无回复	–	0.6	1.9	0.7	0.4	2.2	–	–	0.4	0.3	–	–	–	2.7	0.3

表 19　家庭成员中受高等教育人数

	于尔姆高师	塞夫尔高师	圣克鲁高师	枫特纳高师	巴黎综合工科学校	巴黎矿业学校	南锡矿业学校	圣艾蒂安矿业学校	中央高等工艺制造学校	国家农艺学院	国立农业与食品工业高等学校	国家行政学院（第一批）	国家行政学院（第二批）	巴黎政治研究学院	巴黎高等商学院
无	26.4	20.2	60.7	43.4	20.6	26.3	18.7	20.0	26.5	22.1	39.4	17.2	52.8	15.7	16.1
1人	17.6	18.3	14.0	22.8	13.1	13.5	17.5	16.9	14.5	9.8	12.7	13.1	8.3	10.2	10.5
2人	6.7	12.4	7.5	7.3	11.9	6.8	13.2	13.8	11.1	11.9	11.3	4.0	11.1	9.8	8.7
3人	8.8	5.9	3.7	7.3	9.2	9.8	6.6	4.6	9.7	8.7	4.2	15.1	8.3	8.0	10.9
4人	9.3	9.1	1.9	8.1	7.7	3.7	9.6	1.5	4.5	7.2	5.6	8.1	2.8	6.7	9.1
5-8人	18.6	20.9	7.5	6.6	18.7	14.3	17.5	16.9	14.7	19.9	15.5	23.2	11.1	19.0	23.7
9-11人	3.6	5.2	2.8	2.2	6.0	3.7	5.4	4.6	4.7	6.9	2.8	9.1	-	9.2	7.7
12-15人	3.1	3.3	0.9	0.7	5.4	4.5	4.8	9.2	4.1	4.3	4.2	3.0	-	6.3	5.9
16人以上	5.2	3.3	0.9	-	6.2	13.5	5.4	6.1	6.1	8.3	2.8	6.0	5.5	9.0	6.1
无回复	0.5	1.3	-	1.5	1.1	3.7	1.2	6.1	3.8	0.7	1.4	1.0	-	6.0	1.2

注：本表包括家庭不同成员（祖父母、外祖父母、叔叔、伯伯、舅舅、姨母、婶婶、堂兄弟姐妹、表兄弟姐妹），但是不包括亲兄弟姐妹。

表 20 新生来源与留级情况

新生来源

	于尔姆高师	塞夫尔高师	圣克鲁高师	枫特纳高师	巴黎综合工科学校	巴黎矿业学校	南锡矿业学校	圣艾蒂安矿业学校	中央高等工艺制造学校	国家农艺学院	国立农业与食品工业高等学校	国家行政学院（第一批）	国家行政学院（第二批）	巴黎政治研究学院	巴黎高等商学院
师范学校	1.0	–	44.8	32.3	0.2	–	0.6	–	0.2	–	1.4	–	5.5	0.2	–
普通公立中学	5.2	4.6	3.7	11.0	3.3	9.8	12.0	9.2	12.9	18.5	18.3	4.0	16.7	3.5	6.2
私立教学机构	10.9	6.5	7.5	2.9	11.7	12.8	13.8	26.1	11.5	13.4	14.1	28.3	19.4	28.7	19.8
公立中学	82.9	86.9	43.9	53.7	84.4	75.2	72.9	64.6	74.4	66.7	64.8	67.7	55.5	66.3	73.6
无回复	–	1.9	–	–	0.4	2.2	0.6	–	0.9	1.4	1.4	–	2.8	1.3	0.3

留级情况

	于尔姆高师	塞夫尔高师	圣克鲁高师	枫特纳高师	巴黎综合工科学校	巴黎矿业学校	南锡矿业学校	圣艾蒂安矿业学校	中央高等工艺制造学校	国家农艺学院	国立农业与食品工业高等学校	国家行政学院（第一批）	国家行政学院（第二批）	巴黎政治研究学院	巴黎高等商学院
2 次，其中 1 次在毕业班	·	·	·	·	0.2	–	0.6	1.5	0.4	1.4	1.4	–	2.8	–	4.1
2 次，都不是在毕业班	·	·	·	·	–	–	–	3.1	–	0.3	2.8	1.0	2.8	–	1.1
1 次，在毕业班	·	·	·	·	0.2	1.5	2.4	4.6	2.5	10.1	28.2	9.1	16.7	–	10.2
1 次，在其它时期	·	·	·	·	5.0	3.0	7.8	9.2	6.6	19.9	15.5	7.1	13.9	–	11.9
未曾留级	·	·	·	·	93.6	84.9	88.5	80.0	90.5	66.7	49.3	64.6	50.0	–	71.8
无回复					0.9	10.5	0.6	1.5	–	1.4	2.8	18.2	13.9	100.0	0.9

注：在高等师范学校没有就此问题进行过调查。

表 21　会考的评语

	于尔姆高师	塞夫尔高师	圣克鲁高师	枫特纳高师	巴黎综合工科学校	巴黎矿业学校	南锡矿业学校	圣艾蒂安矿业学校	中央高等工艺制造学校*	国家农艺学院	国立农业与食品工业高等学校	国家行政学院（第一批）	国家行政学院（第二批）	巴黎政治研究学院	巴黎高等商学院
0 分	5.7	5.2	13.1	8.8	3.8	5.3	16.9	26.1	4.5	45.3	50.7	12.1	16.7	44.4	39.1
1 分	5.2	10.4	18.7	15.4	11.9	12.0	21.1	27.7	17.3	29.3	33.8	27.3	41.7	26.0	27.8
2 分	14.5	20.3	21.5	29.4	24.5	15.8	24.1	29.2	16.5	13.0	12.7	26.3	22.2	15.4	19.3
3 分	23.8	26.1	21.5	21.3	22.5	17.3	22.3	7.7	18.8	7.2	2.8	17.2	5.5	8.0	8.0
4 分	26.4	24.2	15.9	18.4	20.2	29.3	12.0	6.2	9.8	3.3	-	15.1	-	4.0	3.6
5 分	11.9	9.1	4.7	4.4	9.6	10.5	1.2	1.5	6.8	0.4	-	-	2.8	0.8	0.9
6 分	11.4	3.9	4.7	-	6.0	5.3	-	1.5	1.5	0.4	-	1.0	-	0.3	0.4
7 分	-	-	-	-	-	0.7	0.6	-	-	-	-	-	-	-	-
8 分	1.0	-	-	-	0.4	0.7	-	-	-	-	-	-	-	-	0.2
无回复	-	0.7	-	2.2	1.0	3.0	1.8	-	24.8	1.1	-	1.0	11.1	1.0	0.7

*中央高等工艺制造学校的数据只涉及二年级的学生。

指数的计算方法：较好：1 分，好：2 分，很好：3 分。在调查进行之时，学生们参加两次会考，有的学生可能先参加基础数学会考，然后再参加哲学会考。

表 22

听音乐会的频率

	于尔姆高师	塞夫尔高师	圣克鲁高师	枫特纳高师	巴黎综合工科学校	巴黎矿业学校	南锡矿业学校	圣艾蒂安矿业学校	中央高等工艺制造学校	国家农艺学院	国立农业与食品工业高等学校	国家行政学院（第一批）	国家行政学院（第二批）	巴黎政治研究学院	巴黎高等商学院
0次	35.2	34.6	53.3	40.4	55.9	47.4	53.6	66.1	57.6	45.6	52.1	56.6	88.9	47.7	46.4
1次	18.6	20.9	9.3	13.2	13.1	21.8	24.1	13.8	15.9	18.1	11.3	16.1	2.8	12.7	23.4
2次	9.3	9.1	8.4	13.2	10.4	11.3	9.6	7.7	7.7	8.0	11.3	7.1	5.5	7.3	13.2
3次或 3次以上	26.9	24.8	15.9	22.1	16.8	17.3	10.2	9.2	18.1	12.3	11.3	16.1	—	13.0	14.5
无回复	9.8	10.5	13.1	11.0	3.8	2.2	2.4	3.1	0.7	15.9	14.1	4.0	2.8	19.2	2.5

看戏剧频率

	于尔姆高师	塞夫尔高师	圣克鲁高师	枫特纳高师	巴黎综合工科学校	巴黎矿业学校	南锡矿业学校	圣艾蒂安矿业学校	中央高等工艺制造学校	国家农艺学院	国立农业与食品工业高等学校	国家行政学院（第一批）	国家行政学院（第二批）	巴黎政治研究学院	巴黎高等商学院
0次	17.6	5.9	18.7	7.3	17.1	12.8	28.9	29.2	27.7	18.1	9.8	17.2	30.5	16.5	23.2
1次	11.4	11.1	15.9	9.5	11.9	12.0	21.1	16.9	17.9	15.6	14.1	13.1	22.2	16.0	16.8
2次	17.6	10.4	18.7	9.5	13.1	15.8	11.4	12.3	15.9	17.4	14.1	16.1	19.4	15.2	17.3
3次	8.8	5.2	12.1	15.4	11.4	9.0	9.6	7.7	9.5	17.0	21.1	10.1	8.3	14.7	11.1
4次	10.9	9.8	11.2	14.0	9.2	9.0	3.6	6.1	8.8	8.3	5.6	14.1	2.8	8.8	12.7
5次	9.3	10.4	6.5	11.7	9.8	9.0	2.4	9.2	6.8	4.3	5.6	3.0	5.5	7.3	4.6
6次或 6次以上	19.2	41.2	13.1	29.4	25.6	27.8	16.3	9.2	5.4	8.0	22.5	20.2	8.3	12.8	8.4
无回复	5.2	5.9	3.7	2.9	1.7	4.5	6.6	9.2	7.9	11.2	7.0	6.0	2.8	8.5	5.9

表 23

从事某项体育运动

	于尔姆高师	塞夫尔高师	圣克鲁高师	枫特纳高师	巴黎综合工科学校	巴黎矿业学校	南锡矿业学校	圣艾蒂安矿业学校	中央高等工艺制造学校	国家农艺学院	国立农业与食品工业高等学校	国家行政学院（第一批）	国家行政学院（第二批）	巴黎政治研究学院	巴黎高等商学院
不从事运动	40.9	35.9	40.2	43.4	12.5	24.8	20.5	20.0	10.0	14.5	11.3	19.2	19.4	28.0	19.1
从事运动	54.4	59.5	57.0	51.5	86.9	73.7	78.9	80.0	89.3	82.6	87.3	79.8	77.8	65.9	80.7
无回复	4.7	4.6	2.8	5.1	0.6	1.5	0.6	–	0.7	2.9	1.4	1.0	2.8	6.0	0.2

经常阅读的日报

	于尔姆高师	塞夫尔高师	圣克鲁高师	枫特纳高师	巴黎综合工科学校	巴黎矿业学校	南锡矿业学校	圣艾蒂安矿业学校	中央高等工艺制造学校	国家农艺学院	国立农业与食品工业高等学校	国家行政学院（第一批）	国家行政学院（第二批）	巴黎政治研究学院	巴黎高等商学院
《人道报》	11.9	1.3	20.5	5.1	0.9	–	1.8	4.6	0.4	3.2	1.4	–	–	1.7	0.2
《世界报》	61.1	33.3	52.3	41.2	71.7	44.3	43.4	38.4	30.1	46.0	26.7	100.0	100.0	90.0	60.9
《法兰西晚报》	8.3	1.9	0.9	2.2	4.6	3.0	19.3	18.4	7.2	6.2	7.0	5.0	–	4.7	3.9
《费加罗报》	5.7	1.3	0.9	–	6.5	16.5	13.2	13.8	20.8	19.6	28.2	11.1	2.8	15.0	10.0
无回复	3.6	5.9	3.7	1.5	1.1	0.7	0.6	–	1.1	6.5	8.4	–	–	0.7	0.3

表中数据是各周报经常性读者的百分比，因此总数可能高于或低于 100。

表 24

经常阅读的周刊

	于尔姆高师	塞夫尔高师	圣克鲁高师	枫特纳高师	巴黎综合工科学校	巴黎矿业学校	南锡矿业学校	圣艾蒂安矿业学校	中央高等工艺制造学校	国家农艺学院	国立农业与食品工业高等学校	国家行政学院（第一批）	国家行政学院（第二批）	巴黎政治研究学院	巴黎高等商学院
《快报》	7.2	4.6	2.8	5.1	20.6	12.8	19.3	13.8	16.3	22.1	8.4	31.3	30.5	28.5	24.6
《新观察家》	26.9	20.3	26.2	17.6	27.5	18.8	24.7	21.5	16.8	11.6	9.8	30.3	13.9	28.5	22.8
《鸭鸣报》	5.7	5.9	12.1	8.8	5.4	5.2	7.2	3.1	5.0	2.5	5.6	9.1	8.3	5.5	3.0
无回复	4.1	5.9	3.7	1.5	1.2	0.7	0.6	–	0.9	5.8	7.0	–	–	0.8	0.3

表中数据是各周刊经常性读者的百分比。

普通文化杂志的阅读情况表

	于尔姆高师	塞夫尔高师	圣克鲁高师	枫特纳高师	巴黎综合工科学校	巴黎矿业学校	南锡矿业学校	圣艾蒂安矿业学校	中央高等工艺制造学校	国家农艺学院	国立农业与食品工业高等学校	国家行政学院（第一批）	国家行政学院（第二批）	巴黎政治研究学院	巴黎高等商学院
无杂志	70.5	74.5	71.9	75.7	94.8	85.7	94.6	98.5	94.5	90.6	90.1	75.7	83.3	91.1	89.6
1 种杂志	12.9	11.1	9.3	13.2	3.3	5.2	3.6	–	3.2	3.2	2.8	13.1	11.1	5.8	5.7
2 种或 2 种以上	10.9	7.8	14.9	9.5	0.9	7.5	1.2	1.5	1.3	0.3	–	11.1	5.5	2.0	4.1
无回复	5.7	6.5	3.7	1.5	0.9	1.5	0.6	–	0.9	5.8	7.0	–	–	1.0	0.5

作为“普通文化”的杂志有：《弓》《奇异》《评论界》《第欧根尼》《精神》《研究》《欧洲》《新文学》《殿堂》《新评论》《新法兰西杂志》《思想》《论证》《国际研究》《圆桌》《原来如此》《现代》（*L'Arc, Bizarre, Critique, Diogène, Esprit, Etudes, Europe, Les Lettres nouvelles, La Nef, La Nouvelle critique, La NRF, La Pensée, Preuves, Recherches internationales, La Table ronde, Tel quel, Les Temps modernes*）。

表 25

政治状况

	于尔姆高师	塞夫尔高师	圣克鲁高师	枫特纳高师	巴黎综合工科学校**	巴黎矿业学校	南锡矿业学校	圣艾蒂安矿业学校	中央高等工艺制造学校	国家农艺学院	国立农业与食品工业高等学校	国家行政学院（第一批）	国家行政学院（第二批）	巴黎政治研究学院	巴黎高等商学院
极左派	14.0	11.7	26.2	11.7	**	10.5	11.4	6.1	7.5	3.3	5.6	5.0	2.8	5.5	5.5
左派	45.6	51.6	49.5	54.4	**	33.8	29.5	29.2	30.6	26.8	14.1	28.3	36.1	28.0	28.6
中间偏左	6.7	7.8	4.7	5.9	**	10.5	12.0	10.8	6.1	6.9	5.6	25.2	41.7	7.3	11.1
中间派	10.9	9.8	2.8	8.1	**	18.0	16.9	18.4	27.6	23.2	18.3	4.0	5.5	20.2	20.0
中间偏右	2.1	2.0	–	–	**	3.0	4.8	3.1	4.1	7.2	5.6	22.2	2.8	5.7	6.4
右派	4.1	3.9	1.9	1.5	**	9.8	14.5	15.4	15.2	14.5	26.8	5.0	2.8	18.9	21.6
其他	2.1	–	–	5.2	**	1.5	0.6	1.5	1.4	2.5	1.4	3.0	–	2.3	–
无回复	14.5	13.1	14.9	16.2	**	12.8	10.2	15.4	7.5	15.6	22.5	7.1	8.3	12.0	6.8

** 在巴黎综合工科学校没有能够提出这一问题。

宗教归属

	于尔姆高师	塞夫尔高师	圣克鲁高师	枫特纳高师	巴黎综合工科学校	巴黎矿业学校	南锡矿业学校	圣艾蒂安矿业学校	中央高等工艺制造学校	国家农艺学院	国立农业与食品工业高等学校	国家行政学院（第一批）	国家行政学院（第二批）	巴黎政治研究学院	巴黎高等商学院
无宗教	42.0	37.9	52.3	42.6	10.2	24.0	28.3	23.1	24.0	15.2	16.9	15.1	33.3	3.2	20.4
犹太教	1.0	1.3	–	–	3.8	2.3	4.2	3.1	1.6	0.4	–	–	–	4.5	3.7
新教	4.7	3.9	–	2.9	3.8	4.5	3.0	1.5	3.6	4.0	5.6	4.0	2.8	3.0	3.2
天主教（不做礼拜）	8.8	9.1	11.2	12.5	25.2	8.3	15.7	13.8	12.9	9.4	12.7	12.1	13.9	27.0	16.9
天主教（偶尔做礼拜）	5.7	10.4	7.5	11.0	16.2	15.0	14.5	15.4	16.3	14.1	18.3	21.2	22.2	20.9	22.3
天主教（经常做礼拜）	29.5	31.4	22.4	27.2	35.2	33.1	28.9	40.0	36.3	51.1	29.6	39.4	22.2	36.2	31.4
其他或无回复	8.3	5.9	6.5	3.7	5.4	12.8	5.4	3.1	5.2	5.8	16.9	8.1	5.5	5.2	2.0

表 26　工会任职情况

	于尔姆高师	塞夫尔高师	圣克鲁高师	枫特纳高师	巴黎综合工科学校 **	巴黎矿业学校	南锡矿业学校	圣艾蒂安矿业学校	中央高等工艺制造学校	国家农艺学院	国立农业与食品工业高等学校	国家行政学院（第一批）	国家行政学院（第二批）	巴黎政治研究学院	巴黎高等商学院
反对	5.2	5.2	1.9	1.5	**	9.0	9.0	16.9	0.2	8.0	8.5	*	*	11.2	18.9
不关心	11.9	11.1	6.5	11.8	**	30.8	26.5	23.1	–	25.3	19.7	*	*	20.9	32.0
有好感	0.5	–	–	–	**	4.5	1.2	4.6	0.2	1.1	1.4	*	*	0.2	33.6
工会会员	47.7	45.7	50.5	36.7	**	25.5	21.7	7.7	13.6	30.4	19.7	19.2	47.2	25.7	8.2
积极分子	7.8	7.2	17.7	10.3	**	6.0	3.0	3.1	4.7	7.6	5.6	6.1	11.1	7.2	2.3
工会负责人	10.3	7.8	10.3	5.9	**	7.5	5.4	4.6	3.2	2.5	2.8	9.1	2.8	2.5	3.4
基本不参加工会活动	11.4	17.6	7.5	24.3	**	15.8	30.7	38.5	73.9	20.3	35.2	61.6	30.5	26.9	0.5
基本上参加工会活动	2.6	0.7	1.9	6.6	**	0.7	–	–	0.7	1.1	–	–	–	1.7	–
无回复	2.6	4.6	3.7	2.9	**	–	2.4	1.5	3.4	3.6	7.0	4.0	5.5	3.8	1.1

** 巴黎综合工科学校没有工会。

国家行政学院的问卷是这样设计的："在进入国家行政学院之前，你是否参加过某个（或者某些）工会？如果是，那么你参加过哪个（或者哪些）工会？多长时间？你曾经是工会的负责人？积极分子？普通会员？"

表 27　思想流派

	于尔姆高师	塞夫尔高师	圣克鲁高师	枫特纳高师	巴黎综合工科学校	巴黎矿业学校	南锡矿业学校	圣艾蒂安矿业学校	中央高等工艺制造学校	国家农艺学院	国立农业与食品工业高等学校	国家行政学院（第一批）	国家行政学院（第二批）	巴黎政治研究学院	巴黎高等商学院
马克思主义	17.1	13.7	28.0	15.4	7.9	9.0	6.6	1.5	3.8	3.6	5.6	1.0	–	5.3	3.7
存在主义	4.1	3.9	1.9	4.4	9.2	6.8	9.0	–	4.1	4.3	–	4.0	–	2.5	10.3
基督教存在主义	7.2	6.5	5.6	8.1	10.8	9.0	7.2	9.2	7.5	12.7	2.8	14.1	5.5	8.7	12.3
天主教	10.3	10.4	14.0	15.4	15.2	11.3	6.6	6.1	6.1	19.9	21.1	12.1	8.3	13.2	3.9
社会主义	2.6	0.6	1.9	0.7	3.8	4.5	3.0	1.5	4.1	1.1	1.4	8.1	13.9	7.0	5.9
理性主义	3.6	3.3	2.8	5.9	7.1	3.7	10.8	–	4.7	1.4	1.4	3.0	11.1	3.0	5.7
人道主义	3.1	4.6	0.9	2.2	3.5	1.5	5.4	–	1.3	3.2	2.8	–	–	2.0	2.5
专家治国论者	–	–	–	–	1.3	–	2.4	–	1.3	1.1	–	4.0	2.8	2.7	3.7
无固定流派	8.3	4.6	1.9	2.9	10.6	5.2	6.6	13.8	6.3	6.9	14.1	14.1	11.1	21.9	15.9
无流派或无回复	43.5	52.3	43.0	44.8	30.4	48.9	42.2	67.7	60.5	45.6	50.7	39.4	47.2	33.7	35.9

附录4　盲目

在诸如学业体制的社会效应分析之类的主题中，人们一次又一次地反复论证，而且还将无休止地论证下去，因为那些在现实面前碰了壁的人总是对科学的判决感到不服，总是要上诉于正统思想的舆论法庭，而最后的判决往往是对他们有利。纯科学的说服艺术没有力量使那些不想看的人睁开眼睛。科学研究揭露了神秘，触及到研究对象最深刻的内心信念，威胁到他们的存在和他们的社会价值的最根本的原则，例如，已经占有了他们的那种文化、造就了他们的那所学校，以及雇用他们的那个职位，因此，那些被揭露的人总是要颠倒是非，真是令人难以想象，至少在今天，他们又死死抱住属于公认常识的明证性，从意识形态上用任何一门其他的科学到处指责人们的科学调查，说它们是"理性"信仰破灭后的产物。

关于这样的盲目，我想到了一个很有意义的例子。让-弗朗索瓦·凯斯莱尔先生以副校长的身份为国家行政学院写了一部书，就像人们所说的，凯斯莱尔先生的"走出校门"只是为了再一次进去，因为作者在书中首先以尽可能轻描淡写的笔调承认"出身于上层职业家庭的考生比出身下层职业家庭的考生成功的比例略微高一些"，然而他接下来的论述却与他前面的结论大相径庭，他将五大张统计图呈现在读者面前，我们发现，他利用"个人卡片"资料得出了这样的结论："在1945—1965年间，社会出身与人生'重大的一天'之间并不存在任何相关性；社会出身与'技术'考核之间也没有任何关联"，然而从这些卡片资料中我们却看不出这样的结论。他被胜利者的感觉冲晕了头脑，接着，他又在广义上对文化展开了雄篇大论："与那些时髦的理论完全相反，文化不是一件专门为资产阶级准备的资产阶级产品，而是我们每个人都能得到的共同财富。受惠阶层出身的学生往往离有文化还相差很远（或者说，他们远远没有做到始终正确地进行书面表达）。"[①]文章采用政论文的修辞
364 手法，不指名地揭露不便指名的人物（"时髦的理论"），将批判的论点简化为荒谬而空泛的口号（"专门为资产阶级准备的资产阶级产品"），并且以人们普遍接受的价值准则（"时髦的"）作为参照，采用各种手段（这些手段的前提条件是族群的默契，因为其中充斥着只有彼此默契的人之间才能够明白的暗示），诋毁和贬低人们普遍接受的常识；所有这一切构成了全文"驳斥"的基础，其实，这种"驳斥"无非是趣味相投的同僚聚在一起耸耸肩、撇撇嘴，然后以谩骂的形式发布的一些格言警句罢了。然而，对于一种教条的话语来说，它越是在它赖以生存的信仰共同体内长期处于不可辩驳的地位，那么，一旦它不慎进入了辩驳的科学逻辑之中，它就会显得越脆弱。事实上，凯斯莱尔先生文中关于国家行政学院的考生、可录取考生和已经录取的考生的社会出身、地域来源和学业状况分布的统计数据已经反驳了他的"驳斥"，看来，凯斯莱尔先生只是再生产了这些统计数据，却没有劳神去阅读它们，因为文中反抗与抵制

① J.-F.凯斯莱尔：《国家行政学院、社会、国家》，同前，第243页。

的力量显然要大于科学的明证性;与此同时,这些统计数据还显示,国家行政学院似乎是要通过会考衡量出个原委来的这种得到普遍接受的广义文化(culture universelle),其实只是社会空间中完全局部化的一种亚文化(sous-culture);这种文化的典型拥有者集中在巴黎的最上层官员中间,他们通过学业会考这一形式上的普遍逻辑,甚至在无意识的情况下,致力于使这种文化具有普遍性,首先是在他们自己眼里具有普遍性。凯斯莱尔先生的盲目性真是痛快淋漓,不容争辩。

表28、29、30[①]反映的是连续进行的4次选拔,或者说过滤,其中不无系统性偏差(systématiquement biaisé)(从外表上看,这显然是所有行动者的有意识的愿望):由于遵循的是相同的原则,因而这些选择都导致了同样的结果:某些类别的子女被完全排除在外(如工人的子女、手工业者和商人的子女、工商界小职员的子女),而其他一些类别的子女,如高级官员、工商界管理人员和自由职业者的子女,[②]尽管他们仅占很小的比例,但是在一次又一次的选拔

① 列表阅读提示:1952—1958年间,每100名国家行政学院的考生中,高级官员的子女(A1)占4.2%,高级公务员的子女(A2)占20.4%,等等;然后在100名可录取考生中,高级公务员的子女(A1)占7.1%;以此类推。

② 每一群体(如考生群体、可录取的考生群体和已经录取的考生群体)中不同类别所占的比例之间已经存在着非常明显的差异,如果将不同类别的人数在总量上极不均等这个因素考虑进去(或者将不同类别的人数在群体总人数中所占的百分比考虑进去),并且比较一下录取的概率,差异或许更加惊人。高级公务员A1类(中央行政领导、省长、大使、将军、行政法院推事、财政总监、矿业总工程师、桥梁与公路工程总工程师,等等)的人数极其有限(或许还不到公务员总人数的5%)。B、C、D类公务员分别占公务员总人数的32.4%、35.1%和5.8%(参见《各部、各级别文职公务员在编人数》,刊于《国家公职,1984年》,巴黎,法兰西文献出版社,1984年,第134—135页)。

365 **表 28 国家行政学院走读生会考**

考生、可录取者、实际录取者及其父亲的职业(1952—1982)*

父亲的社会职业类别	考生 %	可录取者 %	实际录取者 %		考生 %	可录取者 %	实际录取者 %		考生 %	可录取者 %	实际录取者 %
农民				C类公务员				工商业管理人员			
1952—1958	3.4	2.8	2.1	1952—1958	1.7	0.7	-	1952—1958	18.3	20.3	21.9
1959—1965	3.5	2.8	3.1	1959—1965	1.8	1.3	0.7	1959—1965	20.2	21	22.1
1966—1971	2.9	2.8	2.7	1966—1971	1.3	1	0.5	1966—1971	27.3	30.1	29.4
1972—1977	2.7	2.6	2.5	1972—1977	1.6	0.6	0.2	1972—1977	32.6	33.7	36.2
1978—1982	2.4	2.1	2.2	1978—1982	0.6	0.6	0.2	1978—1982	34.8	38	40.3
工人				工商业职员				自由职业者			
1952—1958	1.4	0.9	1.4	1952—1958	7	5.2	3.5	1952—1958	15	15.3	15.3
1959—1965	1.9	0.8	0.5	1959—1965	6	7.3	6.7	1959—1965	18.5	20.3	20.6
1966—1971	2.1	2.3	3.4	1966—1971	5.6	4	2.9	1966—1971	17.1	17	17.2
1972—1977	2.4	1.6	0.8	1972—1977	9.4	8.1	7.8	1972—1977	13.7	14.4	15.5
1978—1982	3.4	0.9	0.7	1978—1982	4.3	2.1	1	1978—1982	12.9	14.2	14.7
手工业者、商人				B类公务员				高级公务员			
1952—1958	14	12	10.4	1952—1958	7.9	4.2	2.8	1952—1958	20.4	24.3	24.6
1959—1965	11.5	9.7	8.4	1959—1965	4.2	2.7	2.9	1959—1965	18.4	18.4	17
1966—1971	8.5	7.2	7.5	1966—1971	5.9	5.8	4.3	1966—1971	16	16.2	16.6
1972—1977	5.8	5.5	3.8	1972—1977	4.4	3.7	4.4	1972—1977	17.9	18.4	15.3
1978—1982	1.9	0.8	0.5	1978—1982	5.4	3.9	2.2	1978—1982	12.9	12.8	11
D类公务员				工业家				高级官员			
1952—1958	0.5	0.5	0.3	1952—1958	4.2	5	6.6	1952—1958	4.2	7.1	9
1959—1965	0.7	0.3	-	1959—1965	4.3	3.4	4.3	1959—1965	6.1	9.5	10.5
1966—1971	0.2	0.2	-	1966—1971	3.8	5.5	5.8	1966—1971	7.6	9.3	11.4
1972—1977	0.4	0.1	-	1972—1977	3.6	3.4	3.1	1972—1977	4.2	7	9.8
1978—1982	0.3	0.2	-	1978—1982	9.4	8.8	8.1	1978—1982	11.3	15.3	19.1

* 1952—1958 年的数据涉及的是报考者，而其余年份的数据涉及的是实际参加会考的学生。

表中的数据来源于国家行政学院的统计数据，J. -F. 凯斯莱尔在《国家行政学院、社会、国家》一书中对这些数据进行了重新处理(版本同前，1985 年，第 238—242 页)。

表 29 国家行政学院走读生会考:注册考生、实际考生、 366
可录取者和实际录取者及其父亲的职业(1983—1985)

	注册考生 (n=3087)	实际考生 (n=2139)	可录取者 (n=485)	实际录取者 (n=230)
父亲的社会职业类别	%	%	%	%
农业工人	0.2	0.1	–	–
农民(无雇用工人)	1.2	1	–	–
农民(有雇用工人)	0.7	0.7	0.8	1.3
熟练工人	0.8	0.6	0.2	–
技术工人	2.2	1.9	1	1.3
工头	1.1	1.1	0.4	0.4
服务行业	0.8	0.8	0.2	0.4
手工业者	1.5	1.3	1.2	0.8
小业主(1)	7.4	7.5	6.6	4.8
C类和D类小公务员	1.3	0.9	0.4	–
商业企业职员	1.7	1.6	0.4	–
办公室职员	1.9	2.1	2.5	2.2
B类中层公务员	3.1	3.1	2.1	3
中等行政管理人员	9.1	8.4	9.5	9.5
技术员	1.7	1.5	0.8	0.2
士官	0.8	0.8	–	–
小学教师	2.9	3.3	2.3	1.7
中等企业主(2)	1.3	1.2	0.8	1.3
大企业主(3)	1	1.1	2.3	3
高级管理人员、工程师	23	22.7	21.6	20.9
军官	0.8	0.8	0.4	0.4
高级军官和将军	2.3	1.9	3.1	2.6
法官	0.5	0.5	0.4	–
自由职业和艺术性职业	13.4	13.3	18.1	17.8
教授和中学师资合格证书持有者	2.6	2.9	2.9	3.9
大中学教师学衔获得者	1.6	1.8	2.3	3
大学教师	4.1	4.8	6.8	7.8
高级公务员	6.3	5.9	4.7	4.3
高级官员	5	6	7.6	8.3
无职业或无回复	0.7	0.4	0.4	0.4
合计	100	100	100	100

注:国家行政学院的统计资料。在此,我感谢 R. 歇勒(R. Chelle)先生,是他向我们提供了这些数据。

(1)50 名员工以下的企业;

(2)50—199 名员工的企业;

(3)200 名员工以上的企业。

367 **表 30 不同社会出身的国家行政学院毕业生毕业后的职业状况(走读生会考:1953—1982)**

父亲的职业	国外从商	行政法院	财政监察机关	审计法院	工商界精英	高级公务员
农民						
1953—1963	4	2	8	2	4	5
1964—1973	2.2	-	3.9	5.7	3	6
1974—1982	2.1	2.3	2.1	2	2	3
工人和领班						
1953—1963	-	3	-	-	1	3
1964—1973	1.1	2.1	-	1.9	1	2
1974—1982	4.2	-	2.1	2	1	5
手工业者和商人						
1953—1963	7	10	15	8	12	17
1964—1973	5.6	10.6	9.8	11.3	11	7
1974—1982	4.2	2.3	2.1	2	2	7
C 类和 D 类公务员						
1953—1963	-	-	2	4	2	5
1964—1973	-	-	-	1.9	1	4
1974—1982	-	-	-	-	-	3
工业和商业企业职员						
1953—1963	6	3	4	2	3	11
1964—1973	9	10.6	2	13.2	9	11
1974—1982	3.1	-	-	2	1	4
B 类公务员						
1953—1963	2	2	4	6	4	12
1964—1973	3.4	4.2	3.9	7.5	5	6
1974—1982	4.2	4.5	2.1	4.1	4	6
工业家						
1953—1963	9	-	6	10	6	3
1964—1973	4.5	4.2	3.9	3.8	4	3
1974—1982	7.3	13.6	12.8	10.2	12	10
工商业管理人员						
1953—1963	19	23	17	18	19	13
1964—1973	30.3	23.4	41.2	11.3	25	25
1974—1982	32.3	22.7	31.9	16.3	24	24

续表 30

自由职业者						
1953—1963	13	16	11	18	15	8
1964—1973	15.7	12.8	13.7	11.3	13	15
1974—1982	13.7	15.9	27.6	20.4	21	12
高级公务员						
1953—1963	20	25	20	20	21	18
1964—1973	12.3	10.6	5.9	17	11	15
1974—1982	8.3	13.6	8.5	22.4	15	17
高级官员						
1953—1963	20	14	12	13	13	5
1964—1973	14.6	21.3	13.7	15.1	17	7
1974—1982	16.7	25	10.6	18.4	18	11
食利者、无职业者						
1953—1963	-	2	1	-	1	1
1964—1973	1.1	-	2	-	1	0.2
1974—1982	-	-	-	-	-	-

资料来源：国家行政学院统计数据，J.-F.凯斯莱尔在《国家行政学院、社会、国家》一书中对这些数据进行了重新处理(第244—246页)。

中，他们的比例却持续增长(直至成为精英群体中的大多数)。如 368
果能够像处理1983—1985年的材料那样，对农业劳动者、工人、职员、公务员或企业领导人等社会职业类别进行更加深入的分析，我们就会发现，各类别中受惠阶层的子女(如雇用了农业工人的大农场主的子女，技术工人和工头的子女，办公室职员和上层公务员的子女，以及大型企业领导人的子女)总是比同一阶层中其他人的子女成功的比例更高(本来就非常罕见的下级公务员、工人、普通职员、国家公职中属于C类和D类的勤务人员的子女在笔试和口试中全部失利)。

高级官员的子女(A1类)非常受国家行政学院的欢迎，而国家行政学院也尤其受到高官子女的青睐：相对来说，这类子女参加国家行政学院会考的人数特别多，而且历年来，无论在笔试还是在口试中，他们都有非常好的成绩；此外，他们在被录取的考生中所占的比例一直持续增长，好像学校越来越善于认同它自己的人（我们之所以这样认为，这是因为曾经在1952—1958年间取得很大成功的高级公务员的子女逐渐衰落；而中下级公务员的子女所占的比例一直都非常低，这种分布与等级体系的分布是一致的）。除了最高层官员的子女之外，在权力场域处于中间位置的工商界管理人员的子女和自由职业者的子女也是这一系列选拔中的受益者，然而，来自权力场域相互对立的两个极点的考生，即教师的子女（大学教师的子女除外）和工商界老板的子女，似乎没有受到重视；其中，教师子女成功的比例（相对来说）一直比较低，随着时间的推移，他们的地位持续衰退（与高等师范学生的情况相同），至于工商界老板的子女，他们的境遇也一直随着时代的不同而起伏不定。差异淘汰的过程结束之后，紧接着产生了毕业出路的不同等级，幸运地留了下来的不同社会类别的人将在国家公职中获得与他们的社会出身成比例的位置——尽管有超级选拔的效应，但是仍然改变不了这一点：正因为如此，工人和C、D类下级公务员的子女，尽管他们成功地考入了国家行政学院，却不可避免地从事于普通公务员的职业生涯；他们很少有机会进入精英群体或投身于外交生涯（而且随着时间的推移，他们的机会呈递减之势）。相反，高级官
369 员的子女，以及（近些年来）自由职业者的子女和工业家的子女，他们进入精英群体的可能性大大超过了前者。

1968年前后工人子女成功比例的上升，以及1982年教师子女成功比例的上升，这两件不正常的事情似乎并不能算作统计上

的例外，相反，这种不规则上升却证明了人们对于时局的某种敏感性，或许这种敏感性是完全无意识的；除此之外，其他的一切征象都有利于证明，群体正朝着自我封闭的方向发展——在新一代官员的知识抱负面前，知识界总是不得不放弃阵地，真是令人感叹，这样一来，就没有什么会来扰乱这个群体的“显赫与孤傲”，因此，这个群体在社会方面的成功就会更增强其对自我的确信。

第四部分

权力场域及其变化

致资产阶级：

在人数与智慧方面，你们占据了大多数；因此，你们代表着力量，而力量就是正义。

一些人拥有智慧，另一些人拥有财产；当某一个辉煌的日子到来的时候，智者将成为有产者，而有产者也将成为智者。这样，你们的力量将得以完善；面对这样的力量，谁都不会有半点异议。

波德莱尔，《1846 年的沙龙》

第一章　权力及其再生产

企图将权力型学校场域的结构与权力场域本身的结构进行对比，并且试图阐明前一种结构与后一种结构是通过结构上的对应关系，进而通过特殊形式的互为因果的相互依赖关系联系在一起的，对于这一计划的过度之处，人们怎么能视而不见？一方面是完整地建立权力场域的理论所必需的经验数据，另一方面是通过专门对法国（但是，在这个问题上，如果不想局限于缺乏“理论”话语的那种普遍性，那么，怎样才能摆脱地域的制约？）进行的一系列经验性研究收集到的资料，这两者之间从来也没有出现过如此巨大的鸿沟。事实上，在前期的整个研究过程中，无论是历史学方面的研究（主要是对 19 世纪知识场域和权力场域之间的关系所作的研究），还是社会学方面的研究（主要是针对艺术性消费所作的研究），权力场域理论已经渐渐地显现出了它的雏形。

生命短促，技艺无涯：我们只能退而求其次，对这个由次场域之间客观上相互依赖的关系（霸权交叉的产物）构成的复杂空间暂时进行一次粗略的描述——次场域之间既是独立的，又由于霸权的真正分工所包含的有机的连带关系而联系在一起。只是如果我们这样做，就必须付出代价，就必须与实体论的思维模式决裂，而实体论的思维模式既是马克思主义传统中关于“统治阶级”学说的基石，又是为了得出“谁统治”[①]这一知识的问题的经验答案而对“精英群体”进行调查的基础。事实上，这两种情况与历史学家所珍视的传记传统是一样的，因为在这两种情况下，人们也要将某个群体(population)作为优先考虑的对象，这里所说的群体，就是既
374 能够接受实际划分(划分为“统治阶级”，或“精英分子”的“各个领域”)，同时，又能够通过相互作用和实际联系(比如说，“关系”)而结合在一起，并且可以直接观察到的所有行动者。

除非我们情愿满足于现存的“理论”框架，否则就只能够依赖与某些群体(企业家、大学教师、神职人员、艺术家)有关的、需要进行一般统计学处理的资料，科学地建构所有的场域。正因为这一点，我们与实体论思维模式的决裂更困难了。如果我们善于建构人们已经论述过的那些事件，善于阅读根据关系思维模式的内在逻辑整理出来的材料，那么问卷分析的最大效能就是能够将不同的位置之间、不同的立场之间，以及如此定义的两个空间之间的关系体系揭示出来：尽管无法达到不带任何普通经验的直觉状态，但是与通过常识性的知识得来的那些最明显的直接数据相比，这个看不见的关系空间却包含了更多的实在性。诸如个人、群体、个人和群体的特性之类，都是现实主义的“类型学”所强调的，甚至统计学(和问卷分析本身)的某些习惯做法也很看重这些方面，因为人们

① 根据一本很有名的书的标题：*Who Governs? Democracy and Power in an American City*，R. A. 达尔(R. A. Dahl)著，伦敦，纽黑文，耶鲁大学出版社，1965年。

习惯于将人群划分为同一的类别（贴上成分标签），或者说划分为能够对他们本身，并且由于他们本身的原因而被探索的统一的实体。尽管我们只能根据群体和群体的特性来建构这个空间（至少在此情境中是如此），但是这个看不见的关系空间却构成了真正的定义原则，它描绘并且预言了相对于这个空间而被重新定义的（或者说在关系上被重新定义的）那些群体和那些特性。事实上，我们必须同时考虑行动者与行动者的特征这两个方面，因为这两者是密切相关的实体，是紧密联系在一起的，而且正是在与其他个人和群体，或者与拥有其他特性的行动者的客观关系中，这些特征才出现在这些个人或群体的身上，或者出现在这些个人与群体的特性中。只有这样，我们才能够恰当地建构和理解对立关系与相似关系体系——正是这个体系确定了那些有相关意义的特性的空间，同时也确定了以这些特性为特征建构起来的，并且凭借这些特性获得了各自差别位置的个体的空间。与普通的统计学分析建构起来的简单而抽象的空间不同，社会科学建构的空间是按照个体之间、特性之间的客观关系来定义的。**在所有有** 375
关的联系中，也就是说，从它们本身的关系来看，这些个体和特性要么相互靠近，要么相互对立；而在社会学方面结构紧密、清晰明白，在统计学上（具有不同程度的）相互联系，在实践中能够相互取代的各种**系列**的特性便构成了这些个人和特性的特征。只有在将它们建构成为争夺的目标和争夺的工具的这个空间里，并且也只有通过这个空间，这些特性才能够成为资本，就是说，才能够作为**权力**的社会联系来运作，因为这

> 个空间就是这样将他们从无价值和无效能中拯救了出来——若是在另外一个场域，若是在这个场域的另外一种状态中，这些特性必然是既无价值又无效能的。确切地说，这些特性正是通过某些关系连接在一起的，而这些关系作为场域结构的组成部分，参与对关系的效能和价值进行定义，从而使关系能够在它们协助定义的这个场域中发挥效应，而这些效应与它们在其他任何一个场域发挥的效应都是不一样的。

权力场域的结构

就其结构而言，权力场域就是力量场域，它是由不同的权力形式或资本类别之间的力量关系决定的。与此同时，权力场域既是不同权力的持有者们为了争夺权力而展开斗争的场域，又是一个竞技的空间(espace de jeu)——在这个空间里，行动者和机构共同拥有大量的足以在各自的场域中占据支配性位置的特殊资本(尤其是经济资本和文化资本)，因而他们在某些以维护或者改变彼此之间的力量关系为目的的某些策略上形成对抗。能够介入这些斗争的力量，以及对这些力量是进行保守性的，还是破坏性的引导，都取决于人们所说的不同类别的资本之间的“交换率”(或者“转换率”)，也就是说，取决于所有这些策略旨在维护或者改变的东西本身(这种维护或改变主要是通过对不同类别的资本及其合法性的各种表现进行维护或批判来实现的)。

资本的不同类别实际上就是在差异化和自主化的过程中形成的某某场域中(力量场域或者斗争场域)发挥作用的某些特殊权

力。[1] 在不同的竞技空间里形成和发展起来的某些资本类别带着 376
各自的特性发挥着作用,它们既是王牌又是赌注。事实上,这些资本类别本身就构成了斗争的目标,因为这些斗争不再像每一个场域内部的斗争那样,其目的也不再是积累甚至垄断某一特殊类别的资本(或权力),无论是经济的、宗教的,或是艺术的;这些斗争的目的在于争夺决定权,就是说,对于那些能够在不同场域中发挥作用的各种不同权力的相对价值和力量的决定权——也可以说,斗争的目的就在于争夺针对各种不同权力的权力,或者争夺一种特殊的资本,因为这种资本能够赋予人们一种针对资本的权力。

以推行支配性的霸权原则为目的的斗争每每能够在权力分割中达到平衡状态,就是说,能够完成霸权的分工——这种分工尽管有时恰如人愿,但都是经过确切商议的结果。以争夺霸权原则为

① 权力场域的出现与相对独立的场域的多样性的出现是相互关联的,因而与社会人群分化也是密切相关的(必须避免将社会人群的分化与社会的成层过程混同起来,尽管这一过程能够导致社会等级的确立)。涂尔干已经对这一过程进行了分析:他发展了斯宾塞的理论(后者认为世界是"由同质向异质转变的"),反对柏格森的"统一论的活力论"(vitalisme unitariste),提出了他自己的发展论。他认为,在"最初的未分化的状态"下,尽管"各种职能"已经存在,但是却处于"混同状态"(例如,宗教生活是礼仪、道德、法律、艺术,甚至是最早的科学的混合体);然而,发展导致了这一"最初的未分化的状态"的演变,"最初混同的所有职能渐渐开始分离":"俗的科学思想与神的宗教思想相分离,艺术摆脱了祭祀,道德和法律也脱离了宗教礼仪"(主要参见涂尔干:《实用主义与社会学讲义》,巴黎,弗兰出版社,1955年,第191—193页)。在混同起来的不同活动形式中,涂尔干看到了制约每一种活动形式全面发展的障碍:"最初,所有的活动形式,以及所有的职能都是集中在一起的,它们就像彼此的囚徒,互为障碍,相互阻止对方全面实现各自的特性。"其实,韦伯已经触及原始未分化之外的那一部分,即使这样说有点勉强,那么我们至少可以说,他指出了在经济情境中,相互分离的领域的出现总是伴随着特定的合法性的建立。这种特定合法性总可以用"作为……"的句式来表述(正如作为经济的经济,等等)。

目的的斗争实际上就是争夺合法化问题的合法原则的斗争，同时也是为了争夺霸权基础的合法的再生产方式的斗争，这两者是不可分离的。斗争的形式可能是实质性对抗，如“宫廷斗争”，或者俗
377 权与神权之间的武力争斗，也可能是象征性较量，如中世纪以僧侣(oratores)对于骑士(bellatores)的优先权为争夺焦点的斗争，以及整个19世纪乃至今日，以功德能否优先于继承所得或者天赋所赐为中心的斗争。

任何一种权力都不可能满足于仅仅作为一种权力而存在，它不可能仅仅作为一种没有任何依托的力量，一种失去了任何存在理由的力量；就是说，总之，它不可能满足于仅仅作为一种专制的力量而存在。因此，它必须为自己的存在和存在形式寻找理由，至少也应该使人们看不出作为其基础的专制，进而使自己作为合法的存在得到认同。然而，合法性的问题涉及一种实际状态，这种状态位于相互竞争的多种权力本身的存在之中；然而处于竞争中的多种权力，或由于它们自身的相互对抗，或由于它们彼此之间相互对立的并且常常是不可调和的互为反证，不可避免地会使它们自身存在的理由成为一个凸显出来的问题。由此可见，不同类别资本的拥有者用来维系或者扩大其资本，同时也用来维持或者改善他们在社会空间中位置的再生产策略，总是不可避免地包含着某些旨在使其霸权的社会基础得以合法化的象征性策略，而这种霸权的社会基础就是特定类别的资本，这类资本支撑着他们的权力和与他们的社会基础不可分割的再生产方式。

正如韦伯所言，社会霸权群体通过社会公正论(sociodicées)来制造“他们自己特权的神正论”。因此，这种社会公正论并不是

以完全统一的唯一的话语形式表现出来，人们谈论“霸权意识形态”正是在此前提下进行的。关于社会世界的观点太多，这些观点都是偏爱体系（systèmes de préférences）（或价值准则体系）的产物，而偏爱体系的形成则是由于人们获利机会的结构的内在化，从客观上来说，获利机会是人们所持有资本的总量和资本的结构中所固有的；因此，人们对社会世界的各种观点都会根据需要合法化的资本的类别，以及人们在这个资本的结构中所占的比例发生分化——这种分化表现在人们陈述出来的各种理由和论据中（尽管获利机会的共同之处都在于努力将自己霸权的基础列入霸权者的本性之中）：比如说，封建贵族往往更倾向于从土地和血缘方面来寻找自己必然性的根源，以及他们与暴发户之间存在的差异的根
源；对于新兴资产阶级“精英”来说，由于他们的权力得益于会考和 378
文凭，因而他们更多的是祈求才能与天赋来对抗充斥着保护与被保护关系的贵族传统中所包含的恩惠与私情。

在俗权与神权（或文化权）之间，士兵与教士之间，骑士与僧侣之间，实业家（有时人们也称之为工业骑士）与知识分子之间，霸权的分工存在着根本的对立。或许在诸如此类错综复杂的历史年轮中，权力场域的结构代表了某些不变的特征。然而，即便如此，这种结构仍然时刻依赖着人们为了获取霸权而投入争夺的各种类别的资本，依赖着各类资本在权力场域结构中的相对比例。尽管目前的情景使我们难以将理论上的建构与经验方面的检验结合在一起，因为在建构一个对象必须具备的条件与可用的资料之间，差距实在太大。但是我们还是有可能根据法国目前的情况提出关于权力场域结构的一个模型。

为了对这个结构作一个初步的描述，我们可以从前期工作已经取得的成果开始（在前期工作中，由于受到统计方面的制约，我们曾被迫从建构起来的群体之间的关系方面去思考），对《区分》一书中的社会空间图作一次化简（图13）。如果将简化后的图与表现高等教育空间的图（图14）进行比较，我们立刻就能够发现，除了个别的差异外，两张图几乎呈现出了完全的一致性。它们之间的个别差异是由于教学机构在不同的社会职业类别（根据学生持有的资本的总量与结构的共时价值和历时价值）在社会空间中所占据的位置，与权力型学校学生的原始位置之间所做的修正。如果进一步深入地研究这种结构，就必须充分考虑能够反映相对位置征象的所有资料，比如说，不同阶层之间的位置流动（以及人们所说的“移动性”的各种现象）和同一阶层内部的位置流动（如国家公务员离开公职，进入私营企业），以便尽可能忠实地表现各种不
381 同的场域，及其相应的权力在权力场域内部的分布，也就是说，各种特殊的权力形式在权力场域内部的分布情况。

为此，我们对回复问卷进行了分析，并以此作为研究的依据。这项分析针对的是接受了这项经验调查的所有群体，包括工商界企业主、财政稽核、矿业工程师、部长办公室成员、部长办公室主任、省长、将军、教师、主教，他们分布于经济支配极点到被支配极点之间，而且他们的特征都在于他们的社会出身（我们对此做过确切的分析）。在图中（图15），我们可以看到，占总惯性因素31.5%的第一因素首先构成了社会出身位置最低的主教和教师（多数为农业劳动者和手工业者家庭

图 13　社会空间(《区分》第 140—141 页) 379

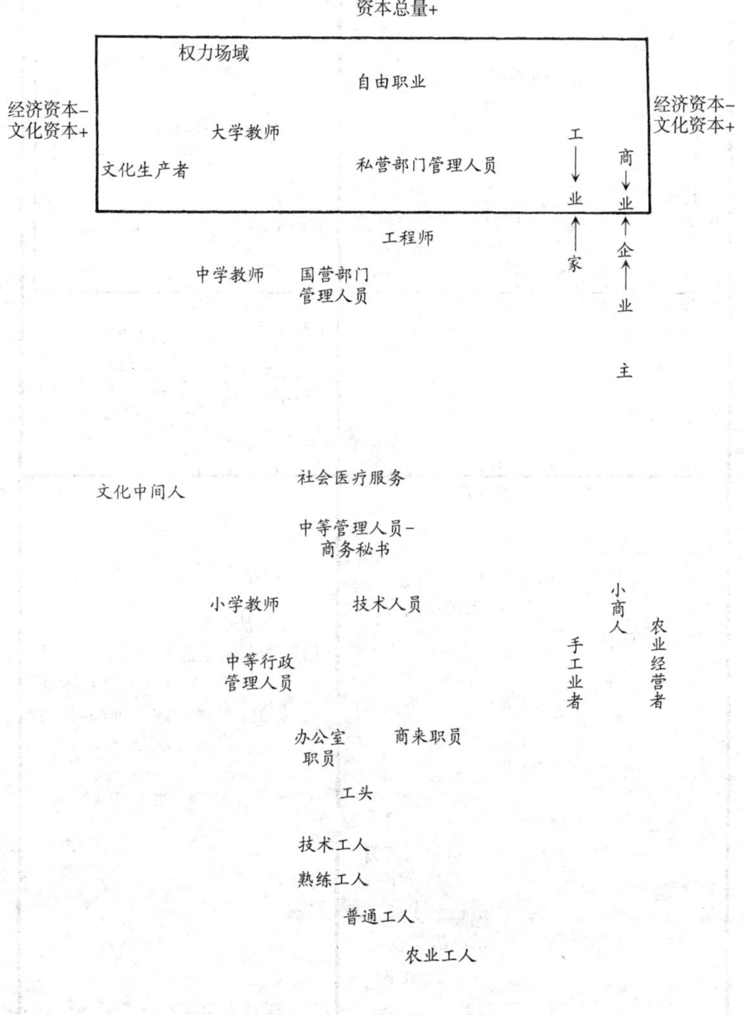

380 **图 14　高等教育机构空间(N＝84)**

2 (16,7) 国家行政学院（第一批）
巴黎政治研究学院
巴黎高等商学院
权力学校场域
于尔姆高师理科
巴黎综合工科学校
高级管理人员
塞夫尔高师文科
巴黎高等经贸学院
巴黎住院实习医学院
国家农艺学院
巴黎建筑专科学校
教师
塞夫尔理科
知识性职业
巴黎矿业学校
自由职业
中央高等工艺制造学校
于尔姆文科
公证人
工程师
工业家
里昂高等工艺制造学校
里昂商业与企业行政管理高等学校
药学院
大商人
中等管理人员
医学院
国立高等电信学校
小学教师
1 (31,4)
小商人
国家行政学院（第二批）
国立图书馆学高等学校
法学院
枫特纳高师
技术员
格勒诺布尔综合工科学校
兰斯商业与企业行政管理高等学校
圣克鲁高师
格里农国立高等农艺学校
农民
理学院
文学院
其他职业
手工业者
职员
里尔工艺美术高等学校
巴黎工艺美术高等学校
工人
大学技术学院
国立高等邮电学校

图 15　权力空间的位置 382

（问卷分析）

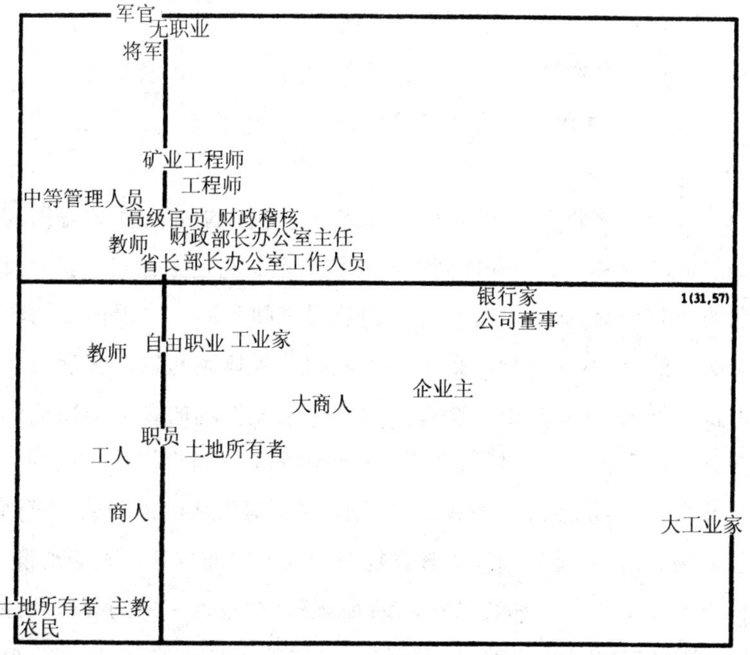

出身）与位置最高的企业主（如公司董事、银行家、大工业家）之间的对立，其次还构成了主教和教师与财政稽核和占据中央位置的高级公务员（矿业工程师和省长）之间的对立。至于第二轴，一方面它构成了主教与企业主之间的对立（程度相对较低）——企业主的家庭出身在社会空间中处于特定的位置，其特点不仅在于他们的经济资本优越于文化资本（父亲多为农业劳动者、手工业者或商人），而且还在于他们与私营部门的联系；另一方面，第二轴还构成了将军与矿业工程师之间的

对立（程度相对较低）——绝大多数矿业工程师的家庭出身都处于社会空间的另一边，他们的特点则在于他们更加优越的文化资本，以及他们与国营部门的联系，而且他们的父亲多为官吏或中等管理人员。（在图中，我们用仿宋体表示所属的类别，楷体表示出身的类别。）

对于这项分析，尽管我们只能赋予它有限的价值（主要是因为不同群体所采用的类别之间的不协调），但是它还是证实了我们前期的所有结论，证实了我们对不同阶层之间和同一阶层内部的流动所作的分析（这项分析揭示了场域的等级体系），以及我们对各种权力形式，或者对由这些权力形式产生和实现的资本类别所作的分析。各种不同的场域在权力场域内的分布符合资本类别的客观等级，尤其是经济资本和文化资本，这个等级从经济场域一直到艺术场域，行政场域和高等教育场域则处于中间位置。确切地说，权力场域是按照一种**交叉状的结构**排列的：根据主要的等级化原则（即经济资本）构成的分布与根据次要的等级化原则（即文化资本）构成的分布在某种意义上形成“交叉”，而在根据文化资本建立的分布中，不同的场域是按照逆向的等级排列的，就是说，从艺术场域排列到经济场域。政府高级职能场域的许多特性都来源于它所处的中间位置，这倒并不意味着它是中立的，这一点在其他一些问题上已经得到了证实，比如说，同一阶层内部的迁移，尤其是由国营
383 部门向私营部门的迁移，其运动方向无不遵循主要的等级化原则：从行政场域进入经济场域，甚至进入经济场域的私营极点，这在政府高级官员和军队要员中是常见的事情，而逆向的运动则很少见。

如果从结构上来理解权力场域，我们就能够发现，权力场域所包含的每一个场域都是按照与它相对应的结构组织起来的，在这些场域的一个极点分布着经济上（或者世俗上）处于支配性，文化上处于被支配性的位置，另一个极点则分布着文化方面处于支配性，经济方面处于被支配性的位置。高等教育场域就属于这种情况，在这个场域中，俗权的持有者们（确切地说，就是再生产工具的控制者们）往往在知识方面得不到什么尊重，他们与得到认同的象征资本的持有者形成对立，因为象征资本的持有者常常完全没有控制机构的权力。艺术场域的真实情况也是这样，对于那些致力于使反制度的叛乱得以制度化的前卫艺术，尽管人们已经加快了使之神化的进程，但是我们仍然能够在人们所说的"左岸"艺术家与"右岸"艺术家之间建构对立面——"左岸"艺术家往往得到了他们同行的认同，但是在经济方面和世俗权力方面却建树不多，而"右岸"艺术家则将丰厚的经济利益与他们并不显赫的艺术声望连接在了一起。[①] 接下来，我们试图进行更为详细的阐述，我们在经济场域内部也找到了同样形式的对立面：一方是作为"专家治国论者"的企业家，在这一点上，这些企业家与政府部门的领导或者部长办公室成员非常接近，他们的社会地位往往得益于其学业资本

① 国家经济研究与统计局对艺术家阶层作了涵盖面甚广的定义，根据这个定义，艺术家与中等管理人员非常接近，无论是从他们的收入还是从他们的学业水平上来看都是如此。但是有一点是很明确的，这就是在他们中间，学业称号并不是衡量文化资本的唯一标准。此外，我们还曾通过其他途径研究过他们，因而我们得知：艺术家的独身比例很高（其中男性为21%，女性为36%），他们中拥有私生子的比例也很高（但三分之二的孩子得到了父亲的承认）。关于艺术家生活方式的许多常用指数也说明了这一点（参见《社会资料》，1984年，第16页）。

和文化遗产，而且他们的整个人生经历都是在国有部门的徽标下度过的（国家名牌公立中学、名牌大学、政府高级行政部门、国营大
384 型企业）；另一方是“家族”企业的老板，他们的社会地位主要得益于其经济上的继承物。

不同场域（如权力场域、经济场域、高等教育场域、文化生产场域）的对立之间存在着对应关系，这种对应关系是一切效应的根源，而人们又拒绝理解这一根源——如果人们仅仅关注环境的特性，而无视在社会关系空间里与社会人群及其特征不期而遇的位置的特性，这时，他就会拒绝弄清楚这些效应的缘由。事实上，在大多数情况下，不同水平的对立与对抗总是倾向于相互交叠，这使得像波德莱尔那样归之为“资产阶级艺术家”和“资产阶级”而受到指责的行动者能够建立联盟，尽管这些联盟非常模糊，而且很不稳定，比如说，权力场域中（相对）被支配者与整个社会场域中被支配者之间的联盟。构成不同场域的各种对立面之间的对应关系（尤其是每一个专门场域的内部差别与整个社会场域的内部差别之间的对应关系）为不同场域使用的关注原则和划分原则之间的对应关系提供了客观基础，同时也为普通语言中的基本对立面（如“高”与“低”、“轻”与“重”、“精细”与“粗糙”，等等）的普及提供了客观基础，而普通语言中的这些对立面之所以具有语义学上的深度和暗示力量，这是因为它们被赋予了它们在其他空间里接收到的各种各样的同形意义（significations isomorphes）。

所有专门的场域与整个社会场域之间的对应关系使得许多的策略都能够起到**一石二鸟**的作用。尽管这种**一石二鸟**的策略不是刻意地设计的，也没有受到任何一种**双重性**的影响，但是它们却能

够同时在好几个场域中起作用，以至于具有真实的主观属性和客观属性，而这一切正好极大地促进了它们的象征性效能。此类例证甚多，我们只列举在此特殊情况下人们或许可以通过类比联想到的一个例子：在抵抗王权的斗争中，巴黎最高法院的法官们"混淆他们自己的特权与公众利益"之间的界限，将"不合时宜的法庭"当作英国式的议会，甚至将自己当作"人民利益"的捍卫者——而
"人民"(peuple)则以"听众"(public)的形式存在于他们的心里， 385
"听众们"列席他们对于"公共事务"的审议，并且对他们进行鼓励、支持或批评。① 由于被赋予如此多的层次，以致存在着实际的或可能的话语接收场，所以根本上是复调的话语的多义之中明确地显现出来的结构的二重性有时就以回溯的方式得到解决或显现，

① 主要参见F. 布吕歇(F. Bluche)：《18世纪巴黎最高法院的法官(1715—1771)》(*Les magistrats du parlement de Paris au XVIIIe siècle(1715—1771)*)，第284—289页、第296页，巴黎，美文出版社，1960年。所有的观察家，从16世纪的作家(如《法国的君主制》的作者克劳德·德·塞泽尔)直至现在的史学家，都坚持扮演模棱两可的角色，尤其是在政治领域，或者说穿袍贵族领域(主要参见R. 穆斯尼埃：《亨利四世和路易十三世政府的贪污腐化》[*La vénalité des offices sous Henri IV et Louis XIII*]，鲁昂，莫伽尔出版社，无出版日期，第53页，主要是第83—89页；德尼·里歇：《现代法国：政体的精神》[*La France moderne：l'esprit des institutions*]，巴黎，弗拉马利翁出版社，1973年，第102页；B. 波歇纳弗：《1623—1648的法国人民起义》[*Les soulèvements populaires en France de 1623 à 1648*]，巴黎，塞弗佩尔出版社，1963年；以及J. H. M. 萨尔蒙[J. H. M. Salmon]："法国17世纪的贪官和人民暴动：论战回顾"[Venal Office and Popular Sedition in Seventeenth-Century France：a Review of a Controversy]，载《过去与现在》[*Past and Present*]，第37期，1967年7月，第21—43页，我们从中找到了一份有关这个主题的辩论综述，尤其是R. 穆斯尼埃与B. 波歇纳弗之间的论战)。某些场域的相对自主性使场域的内部斗争被同化为仅仅是被支配者的斗争，由此，场域的内部斗争得以推广；人们为此付出的代价是口号，比如说"民主化"的口号在使用上的扩大化和模糊化。关于在这样一些场域中由被支配者(如教会的下层教士、大学教师群体中的助教，等等)的癖好所引起的类似的效应，可参见布尔迪厄：《学院人》，第231—233页。

尤其是在这样一种关键的情况下，这时人们不得不在各种等级化的真实之间进行选择，或者在场域内外象征力量关系颠倒的有利时刻，重回霸权位置（即使仍处于被支配地位）又成为一种最根本的关注，其实对霸权位置的关注从来就没有停止过，它一直在暗中通过表面上只是对这些关注提出疑问的行为而行动着（在目的论者天真的语言中常以“收复”来描述这些过程）。因此，仍然是通过不为人们所知的一石二鸟的逻辑，也就是说，通过不同场域中使用的分类原则之间的对应关系，以及在特殊情况下，学业场域和整个社会场域使用的分类原则之间的对应关系（这种对应关系使成对的形容词，如“轻”与“重”，能够以不同的内涵在不同的空间中发挥作用），人们以最不易察觉的方式实现了最无懈可击的学业区分行为中所包含的**社会歧视**。

386

再生产的策略

我们已经描述了权力场域的结构，接着，就应该借助我们对不同类别资本的特性的了解，尤其是对人们关于资本传递的观点的了解，同时，还要借助我们对不同类别的资本在形成对立面的斗争中为它们的持有者所谋取的王牌的了解，着力描写权力场域的原动力。尽管有可能使问题过于简单化，但我们还是可以首先提出这样一个看法：为了争夺支配其他权力的权力而展开的整个斗争的逻辑，都由于两个巨大的变化而被改变。这两大变化影响了主要的再生产方式，而且在由权力型学校构成的场域里，人们已经可以感觉到这些变化；接着，在由权力本身所构成的场域中，也就是说，在形成对立面的竞争中，尤其是在行政场域和经济场域内部构成不同类别资本的持有者之间的对立面的竞争中，人们应该再一次感觉到这些变化；这两大变化就是：一方面，与经济特性相比，学业称号（无论其是否与经济特性有关）的影响相对地得到了加强，即使在经济场域中也是如此；另一方面，在文化资本的持有者中，为官僚主义式的大文化提供保证的技术称号的衰退为某些称号的发展提供了机会。

为了弄清楚不同资本类别之间“交换率”的改变对权力场域和权力型学校场域（这两者之间存在着辩证关系）产生了怎样影响，我们首先就应该如实地了解作为再生产方式组成部分的**再生产策略体系**，然后再研究资本的特定结构是怎样倾向于强制一种特殊的再生产方式的——这种特殊的再生产方式的特征就在于它的一整套再生产策略，它适合需要再生产的资本类别的特殊性。

我们所说的再生产策略，并不是将与霸权有关的实践（通过这些实践，霸权在霸权者个人的存在中持续下去的倾向得以确立）归结为一种理性的计算，甚至归结为某种战略上的意图。我们讨论再生产的策略，只是为了提请人们注意：许多实践从现象上看存在着极大的差异，但是在客观上，这些实践都是以一种能够促进已有资本再生产的方式组织起来的，尽管人们并没有刻意地按照这个目的来设计和编排这些实践。这是因为，这些实践都是以惯习为 387
原则，而惯习又总是倾向于通过在彼此殊异的诸多实践领域中为某种再生产方式提供客观上相互协调，各具整体特色的策略来再生产它自己的生产条件。人们将一种后天获得的习性称为“文体”——“文体”实际上就是书写文字的一种独特手法。正如这种后天的习性总是生产同样的“文体”，即同样的文字图像，尽管其载体的大小、材料、颜色不同，或纸张，或黑板；书写的工具或许也不同，或铅笔，或羽毛笔，或粉笔；尽管文体调动起来的全部动机之间存在着差异，但是这些文字图像还是会表现出一种风格上的一致性，一种一眼就能够认出来的某某流派的神韵；因此，同一个行动者的实践，或者从更广泛的意义上说，惯习相似的所有行动者的实践同样也会具有风格上的一致性，而且这种一致性使得每一项实践都能够成为所有其他实践的暗喻形式，因为这些实践是同样的感知图式、思维图式、行为图式在不同场域中制作的产品。

因此，如果在科学分析中重建所有实践的统一性，我们就能够在同一个再生产策略的概念中来考虑人文科学在散乱的秩序和分离的状态下所理解的实践：**繁衍的策略**是一种长期策略，家族和家产的未来全部依赖于这些策略，因为这些策略的目的就在于减少子女的数目，进而减少家产觊觎者的数目。为此，人们可以采取直接的途径，通过各种技术来限制生育；也可以采取间接的途径，比如说，通过晚婚或者独身来达到上述目的。独身能够提供双重好处——阻止人的生物学上的再生产，（至少在事实上）排除继承的可能（例如，在旧政体下，贵族和资产阶级家庭鼓励其后代中的某些人担任教士，某些传统的农民家庭让最小的儿子独身）。[①] **继承**

① 关于社会职能中让最小的子女保持独身的贝亚恩传统（tradition béarnaise），参阅布尔迪厄：“再生产策略体系中的婚姻策略”，《年鉴》，第27期，1972年，7—8月，第1105—1127页。关于旧政体下教士独身的社会职能，参阅F. Y. 贝斯纳尔（F. Y. Besnard）：《九十岁老人的回忆》，巴黎，1880年，第1卷，第1—2页。该书在E. G. 巴尔贝（E. G. Barber）的《18世纪的法国资产阶级》一书中有摘引（普林斯顿，普林斯顿大学出版社，1967年，第126页）。

的**策略**就是要以尽可能小的损耗来确保家产的代代相传。假如传 388
统的调查手段是可信的，那么在一代又一代的家产继承中，不仅应该包括习俗或者法规的系统化措施，还应该包括霸权者和专职的经营顾问们不断发明的各种各样的奸诈和诡计；从购买一幅画，到各种形式的欺诈，无不包含着奸诈和诡计。至于**教育策略**，不管是有意识的策略还是无意识的策略，在校学生及其家庭的学业策略就是其中的一个特殊的方面——学业策略是一项长期的投资，但是也不一定非得这样理解，正如“人文资本”经济学所认为的那样，这些长期投资不能简单地被归结为它的纯经济方面，甚至纯货币方面，因为投资的首要目的是要生产有能力、有资格继承群体遗产的社会行动者，这就意味着社会行动者们本身还必须有能力和资格为群体所继承。人们所说的**预防性策略**则在于维持群体生物学意义上的财产，即确保对群体成员进行持续的或者不持续的护理，以便使群体成员保持健康，远离疾病。**狭义的经济策略**，不论是短期的还是长期的策略，如信贷业务、储蓄业务、投资业务之类，其目的都是要确保经济遗产的再生产。而**社会投资策略**都有意或无意地倾向于建立或维持人们短期或者长期能够直接调动和使用的社会关系，就是说，通过交换炼金术的实施，将金钱、劳动、时间等转化为持久的**义务**，而且人们不仅在主观上能够感受到这些义务（认同感、尊重感，等等），而且还在制度上为它们提供（权力）保障。**婚姻策略**作为上述策略中的特殊情况，必须确保群体生物学意义上的再生产，而又不至于因为与地位低下的人联姻使群体的社会再生产受到威胁；此外，还必须与在所有的社会关系上至少都门当户对的群体联姻，这样才能够使群体的社会资本得以维持。最后是

389 社会公正策略，如前文所述，社会公正策略的目的在于，通过运用这些策略使霸权及其基础（就是说，支撑霸权的资本类别）得以合法化。

因此，从人们创作出来的作品出发，即从作为直觉状态下狂想的实践活动，追溯当时的创作方式，即追溯能够产生客观上的系统性策略的统一的及生成的惯习，我们就能够领会，在不同的再生产策略之间存在着持续的实际联系，尤其是不同水平的实践之间存在着奇特的相互连带关系——这种关系能够以生物学家所说的功能互补的方式，比如说，通过婚姻策略来弥补繁衍策略上的过失。

事实上，不同的再生产策略运用于生命周期的不同瞬间，而且这些瞬间都是生命周期中不可逆转的过程，因此，这些策略在年代排列上是依次连接的，就是说，每一项策略都必须时刻考虑位于它前面的，或者具有更加急功近利企图的某某策略所带来的结果：正因为如此，在贝亚恩人（béarnais）的传统中，婚姻策略极其紧密地依赖于其他种种策略：如家族的繁衍策略（通过控制家产继承者的人数及其性别，也就是说，需要赠予遗产或者需要作补偿的子女的人数）；教育策略（教育策略的成功是使女孩和排行小的儿子远离遗产的实施条件，有的策略可以通过门当户对的婚姻来实现，有的则通过独身或者流亡）；狭义的经济策略（除了其他各种目的之外，经济策略的主要目的在于维持或者提高家族的土地资本）。各种策略之间的这种相互依赖关系往往延续好几代人，因此，为了用土地或者金钱来“装配”一个人口众多的家族，或者为了在一次亏本的婚姻之后重建家族的物质地位，尤其是象征地位，这个家族或许必须长期作出巨大的牺牲才能够填补必要的支出（有时是土地形式的支出）。

如今，在学业策略与繁衍策略之间，也能够找到同样的相
互依赖关系。事实上，我们发现，在其他各方面条件都平等的
前提下，求学的机会总是与更低的繁殖率联系在一起：或许这
是因为人口众多的家庭由于要负担各种各样的费用，总是不
敢在求学方面多做努力；而更主要的原因则在于，学业上的雄 390
心从一开始就是企图通过苦行来获得升迁，而升迁正是限制
生育的根源。同样，学业策略也必须考虑繁衍策略造成的结
果（事实上，学业投资的要求事先就盘桓在繁衍策略之中），婚
姻策略或许也不能独立于学业策略，以及更广泛意义上的整
个再生产策略。我们只需要想一想实业资产阶级在出嫁自己
女儿时习惯采用的策略以及这些策略的变化，再想一想这些
策略的变化与实业资产阶级和教育体制的客观关系的变化是
相关联的（其实，繁衍策略也随之发生变化，实业资产阶级嫁
女策略的变化或许有助于解释这一点），这样，我们就足以理
解各种策略之间的相互依赖关系。随着女子在接受高等教育
方面所取得的进步，各种自动引导（“志向”）机制和选拔机
制——这些机制造就了在社会关系上具有极高同质性的某些
学业群体（学院或学校、学科，等等）——倾向于为内婚提供保
障；在这方面，这些机制与家庭干涉，尤其是与家庭为了筹划
自己能够直接控制的交际机会（如舞会、家庭聚会、竞赛会等）
所做的努力至少达到了同样的效果，但是与家庭相比，这些机

制在方式上要谨慎得多。学业化所引起的未曾预料到的效应或许具有不小的作用，因为这种效应会促使家庭放弃控制式的家庭政策（说到底，这种政策也是很难推行的），转而采取听之任之的态度；与此同时，用来确定女儿在婚姻市场上的价值的一整套标准也得到了全面的重新定义，无论是关于经济资本（嫁妆），还是有关声誉的象征资本（贞洁、举止等）。[1] 1970年代推行了一场家庭权力的改革（当时的法国总统瓦莱里·吉斯卡尔·德斯坦领导了这场改革，他通过个人的人生轨道使那些近乎贝当主义的最传统的分子转变成新兴的资产阶
391 级，从而再造了整个资产阶级），这场改革是大资产阶级现行再生产模式转变的政治副产品，它对于调整各项准则与实践之间的距离是非常必要的：涉及父母的权威（已经为父亲的权威所取代），以及配偶双方在夫妻财产制和家庭财产的经营方面，或者离婚、姘居、堕胎等十分繁杂的问题上的平等权利的所有新的举措，都只不过是将一系列的惯例纳入了法律的范畴，对于这些惯例的出现，大资产阶级早已给予了准许和支持，或者说，早已做出了决定。[2]

---

① 在美国，人们也进行过类似的研究——就学人数的增加是与严格的学业选拔联系在一起的，这不仅有利于维持每个教学机构以及每一水平的教育的同质性，更能够平衡年轻人在择偶方面享受的不断扩大的自由。参见 B. K. 艾克朗（B. K. Eckland）："教育中新的婚姻边界"（New Mating Boundaries in Education），见《社会生物学》（*Social Biology*），17(4)，1970 年，11，第 269—277 页。

② 对整个抽样调查所作的辅助性分析已经使我们注意到：与其他社会阶层相比，在经济方面和文化方面处于最有利位置的社会阶层往往在道德、家庭，尤其是性问题上表现得更加"自由"，而在政治方面（如关于罢工的权力）更加保守。

但是，为了让人们认识到确实有必要如此这般地考虑再生产策略体系，或许我们举不出比教育投资更好的例子了。由于不同学科之间的劳动分工不同，教育投资必然受到抽象的片面理解。表面看来，经济学家的功劳就在于他们提出了教育投资和经济投资所实现的回报率之间的关系问题（及其历史演变）。但是他们对于学业投资的估算仅仅考虑了货币方面的成本和利润，或者说，能够直接换算成金钱的成本和利润，如学习所需的费用，学习所花费的时间在金钱上的对等物，除此之外，他们只是对某些相关的方面做了解释，而这些相关的方面，正是不同的行动者所做的经济投资和文化投资。因而可以说，经济学家对不同市场根据行动者的资本总量和结构提供的利润的差别机会的**结构**缺乏系统的考虑[①]。另外，由于经济学家没有将学业投资策略放在整个教育策略和整个再生产策略体系中来考虑，因而他们只能错误地忽略教育投资中最隐秘，同时也是社会关系上最重要的内容，即文化资本的家族传递：一旦人们认识到学习"能力"或者"天赋"也是时间和文化资本投资的产品，则所有关于学习"能力"与学业投资之间关系的天真问题都将失去意义。[②] 我们知道， 392
当加里·贝克企图估算学业投资的利润时，他可能会超越个人货币收入的范畴，然而他这样做只是为了以典型的功能主

① 参阅 G. S. 贝克(G. S. Becker)：《人文资本》(*Human Capital*)，纽约，哥伦比亚大学出版社，1964 年。

② 同上书，第 63—66 页。

> 义者的逻辑，在教育开支对整个“社会”的回报率[①]方面，或者在教育对“国民生产力”的贡献方面寻求答案。[②] 对教育的职能作如此定义，就忽略了教育体制通过认同文化资本的继承性传递而对社会结构再生产所起的作用；事实上，教育职能的此项定义从一开始就被包含在“人文资本”的某个定义中——尽管具有“人文主义”的内涵，这个定义仍然没有跳出经济主义的套路，因为除了其他种种，它同样也忽视了一个方面，这就是学业行动所产生的学业收益取决于家庭前期投入的文化资本，而学业称号的经济收益和社会收益则取决于同样也是继承所得的社会资本，在这里，社会资本是能够派上用场的。[③]

并不是所有的行动者和所有的群体都以同样的方法和同样的程度来使用他们可支配的所有再生产策略，每一个行动者或群体真正投入使用的再生产策略体系在每一个情境中都取决于他所拥有的资本总量，尤其是取决于他的资本结构：从客观上来说，利润差别机会的结构是为人们在不同的社会交易中进行投资做准备

① 参阅 G. S. 贝克：《人文资本》，第 121 页。

② 同上书，第 155 页。

③ 在此，之所以有必要重复这些发表已久的评论（参见布尔迪厄：“阶级的前途与可能性的因果关系”，见《法国社会学杂志》，第 15 期，1974 年，1—3 月，第 3—42 页），只是因为某些“速读”大师总是固执地将我的分析与经济学家的分析，以及贝克之类的社会学家的分析混合在一起，而这些社会学家们只愿意承认利益的计算，对于其他的实践原则一概不予接受，此外，他们还在某些“哲学家”的帮助下，将“经济人”（*homo economicus*）这一古老的幽灵搬上了当今的舞台。

的，然而，正是通过这个结构，人们投资倾向的不同结构，也可以说各种**偏爱体系**的结构，或者不同兴趣体系的结构才得以确立。因此，在工作和学习热情方面的投资倾向不仅取决于现有文化资本的**总量**，还取决于文化资本在整个资本结构中的相对比例。如果 393
将职员或小学教员的教育投资与家族企业家的教育投资做一次比较，我们就能够明白这一点：职员和小学教员倾向于将所有的投资集中于学业市场，家族实业家则不同，他们在社会方面的成功并不取决于学业方面同样程度的成功，因而他们在学习中投入的“兴趣”与劳动不如前者多，他们的文化资本也就不能获得同样多的收益。一个行动者（或者一类行动者）对于“学习”的“兴趣”（与继承所得的文化资本一样，“兴趣”也是学业成功的最重要的因素之一，而且它在一定程度上取决于继承所得的文化资本），不仅与他现时的或预期的学业成功（即文化资本赋予他的成功机会）有关，而且还与他的社会成功对于学业成功的依赖程度有关。只不过对一个行动者或者一个群体来说，他的经济资本越丰厚，他的再生产对文化资本的依赖就越小；而且学业资本的经济收益和社会收益在许多情况下都依赖于社会资本（或者同样也依赖于经济资本），因为对于学业资本支配下的社会身份来说，学业资本是一张双面证书，只有社会资本才能够使它的价值显示出来。

因此，以家庭为单位的再生产策略体系的结构，取决于这个结构根据自己的实际能力在不同的制度化了的机制中（如经济市场，婚姻市场或学业市场）所做的不同投资的预期利润的相对价值；而且这些制度化了的机制都能够作为再生产的工具来运作，就是说，作为与它的资本总量和资本结构相匹配的现时的或潜在的再生产工具来运作：在关于合法移转及移转的合法方式的霸权定义控制下，再生产工具方面的权力分配所具有的结构是差别收益的决定因素，因为这种差别收益是不同的再生产工具对不同的行动者（或者行动者类别）所做的投资给予的回报，进而也是对不同行动者的资本及其社会地位所具有的生产力给予的回报——因而可以说，这种差别收益就是不同的再生产工具对行动者在不同市场上的差别投资倾向给予的回报。

由此可见，资本总量（主要指资本的大小和结构）与再生产工
394 具体系之间关系的任何变化，以及获取利润的机会这一体系的相应变化，都可能引起投资策略体系的*调整*：资本的持有者们只有以资本类别的*转换*为代价，就是说，将他们持有的资本类别转换为在再生产工具认可的状态中更有利、更合法的资本类别，这样，他们才能够维持自己在社会空间中的位置（或者在特定的场域结构中的位置，比如说在艺术场域或者科学场域中的位置）。[①] 避免资产贬值的必然性在客观上迫使人们接受资本的转换，这些转换在主观上能够当作趣味或志向的改变来体验，就是说，当作根本性的皈依。

有些人天真地提出了关于“民主化”、关于“社会移动”

① 体系和性质都完全不同的各种社会现象的根源都在于此，要么是土地贵族转变为国家官僚，要么就是在另外一个极端，一个学科部分地或者整体地转变为另一个学科，再不然就是一种文学或者艺术转换为另一种文学或者艺术（在这种情况下，客观真实性与主观真实性之间的距离达到了最大值，事实必须如此，因为只有当转换[reconversion]被当作一种皈依[conversion]来体验和认识的时候，这种转换才能够成功，就是说，才能够产生象征效应）。

(mobilité sociale)的变化之类的天真问题。他们在提问中犯下的许多判断性错误都源自于他们忽视了结构的转移现象(将同层移动说成是“向上移动”，比如说，小学教师变成了普通教育学校的教师，这种移动就是旨在维持相对位置的表面运动)。此外，(通过“社会阶层”图)对社会空间进行一维的线性关注会阻隔人们的视线，使人们看不到在某些条件下，社会结构的再生产可能需要非常微弱的“职业继承性”(或者说非常微弱的“不变性”)：每当行动者必须以转换资本——即改变环境——为代价才能够维持他们在社会空间中的位置时，都会发生这种情况(比如说，从小地主变为小公务员，或者从小手工业者变为某商号的职员)。因此，必须将某一场域空间内部的移动与场域之间的移动区分开来；前者是与构成竞争的 395
特殊利害关系的资本类别的累积(增值或负债)结合在一起的，而且这种竞争能够确定已有资本的特性；后者是与资本类别的转换结合在一起的，就是说，由某一特定的资本类别转换为能够在另外一个场域流通的另一资本类别；其实，无论是场域空间内部的移动，还是场域之间的移动，它们的意义和价值都取决于不同场域之间的客观关系，也就是说，取决于不同的资本类别之间的兑换率，以及在不同类别资本的持有者之间的争夺中一直对这些资本类别产生影响的各种变化。

在有些社会空间中，霸权者必须不断地改变资本类别以便维持自己资本的价值，因此，他们必然倾向于按照自己再生产策略的转换“程度”(和形式)发生分化，尤其是在常用的再生产方式迅速变化的时期。持有最完善资本类别的行动者或群体能够使用新的再生产工具，他们是最倾向于转换，也最有资格转换的人，因而，他们位于那些与受到威胁的资本类别联系最紧密的行动者或群体的对立面：正因为如此，1789 年法国大革命的前夜，外省那些既无财产又无文化的小贵族，或者 1968 年五月危机爆发之前的某些教师（他们所在的学科直接从属于招聘教师的会考），如语法教师、古代语言教师，甚至哲学教师，他们都倾向于在绝望的保守主义中寻求力量以拒绝他们在经济和社会方面的倒退，或者寻求为这种倒退提供神奇的补偿。与这两种位于极点附近的位置相对应的是两种保守的社会公正论形式：这些社会公正论形式的首要目的就在于使旧的再生产方式合法化，并为此而说一些意味深远的话，或者将**看法**转变为**正统的教义**；其次，它们还通过加快变革意识的形成和适当策略的制定，并且通过对“非妥协保守主义者”眼里的这些新策略加以合法化，从而使转换具有双重意义上的合理性。

行动者或行动者群体的资本结构，就是说，他们所持有的不同的资本类别（和次类别）所具有的特征构成了他们彼此之间的差异，因此，这些行动者或行动者群体被引向了各种完全不相同的再生产策略；如今，在权力场域内部，甚至在经济权力场域内部，构成
396 这些行动者或行动者群体对立的仍然是这种形式的斗争：他们或者逆向地安排经济投资和文化投资的比例，或者就像如今人们越来越常见的那样，通过学业资本的次类别来显示彼此之间的差异，而学业资本的次类别正是他们通过大量增加学业投资换来的。尽管如此，我们仍然发现，在同一个经济空间同时并存着两种财产移转形式，一种是通过继承权由家族完全控制的移转，是“家族老板

们”的行为；另一种基本上完全是由学校（和国家）确保和控制的某种终身权力的移转，这种权力是建立在学业称号基础之上的，它与产权证或贵族封号不同，是不能够通过继承移转的。

家族的再生产方式

对家族企业而言，确保企业发展的狭义的经济策略几乎离不开以确保家族的再生产为目的的策略，这尤其离不开家族的整体化，因为整体化是家族对于企业的权力得以永存的最主要的条件之一。只要家族拥有的权力能够全面地控制由农业、工业或者商业企业构成的整个家族的财产，那么家族用以确保其自身再生产的策略（如婚姻策略、繁衍策略、教育策略、遗产策略）就会从属于以确保经济资本的再生产为目的的狭义的经济策略。[①] 对于共同目标的追求迫使人们采用同样的策略，因此，人们会遇到各种不变的特性，例如，对于内婚的有意识追求、不良婚姻造成的烦恼，教育上的严守戒律、对于“家族精神”的过分张扬，以及为了防止家族财产的分割所采取的各种遗产策略，等等。因此，要通过每一个特殊的情境展现企业在某个特定时刻及特定形势下与家族世系所有成
员（自企业的缔造者以来的所有成员）的再生产策略之间的一切联 397
系，应该是一件不难的事情——无论是在企业的昌盛时期，还是在它的衰退时期。

① 有关工业家族的情况，我们几乎可以在这里将人们对农民家族的所有描写重新再说一遍（参见布尔迪厄：“再生产策略体系中的婚姻策略”，《年鉴》，第 4—5 期，1972 年 7—10 月，第 1105—1127 页）。

几乎没有必要重新描述大资产阶级王朝在经营他们的婚姻买卖中所表现出来的极端的警觉和严厉。我们只需列举一例就够了，因为这个例子极其明显地反映了使家族的再生产策略与家族企业的再生产策略一体化的愿望。它说的是里昂的吉莱家族与鲁贝的摩特家族之间的联姻。吉莱家族是一家印染企业的缔造者，这家企业后来发展成为法国最大的手工纺织公司之一，罗纳-布朗克公司的副董事长(1972)及后来的董事长(1973—1979)都来自于这个家族。摩特家族也是纺织行业的大家族之一。两大家族曾经合作，共同完成了好几笔重要的金融业务(例如，对其他公司的收购或兼并)。在两大家族的联姻中，约瑟夫·吉莱之子爱德蒙·吉莱娶了朗斯矿业公司董事长阿尔贝的女儿莱欧尼·摩特为妻；爱德蒙·吉莱生于1873年，他使家族的事业得到了很大的发展。莱欧尼的哥哥费尔南·摩特则娶了爱德蒙的妹妹，即亨利·巴莱与玛格利特的女儿玛蒂尔德·巴莱为妻。

然而，婚姻策略和经济策略是怎样紧密联系的，婚姻联盟与金融联合到底是怎样相互交叠的，婚姻策略的成功又是如何促进经济策略的成功以及公司的持续发展的——要想细致地了解这一切，找不到比米什兰家族更好的例子了。安德烈·米什兰(于1931年去世)曾经嘱咐道："为了让嫁妆留在家族内，你们就选择表兄妹结婚吧。"他的建议得到了采纳：内婚制倾向于确保群体的整体化，使家族的资本、商业机密，以及家族的声望得以维护，因而在家族中内婚制是一件恒久不变的事情。安德烈·米什兰和他的弟弟爱德华曾经娶了沃尔夫家的姐妹俩——索菲和玛丽·黛蕾兹。爱德华·米什兰的六位子女中有三位(玛格利特、爱迪安、埃莱娜)分别与造舰工程师雅克·卡里[①]及玛丽·奥塞达的子女(热恩、约瑟夫、埃莱娜) 398
结了婚——玛丽·奥塞达的家族拥有奥塞达纸业公司。爱德华·米什兰的六个子女中的第四桩婚姻是女儿安娜嫁给了罗贝尔·皮瑟;罗贝尔·皮瑟曾先后担任雪铁龙公司的董事长、荣誉董事长和董事(1958—1970),他还曾经是米什兰总公司的合作经营者(1938—1959),并且自1959年起担任公司监督委员会的成员(米什兰家族的另外三个子女全部都与皮瑟家族的子女结了婚)。公司现任总经理弗朗索瓦·米什兰先与舅舅罗贝尔·皮瑟共同经营米什兰家族和公司的产业,随后又成为公司独立的经营者,接着又与弗朗索瓦·罗里埃共同经营。弗朗索瓦·罗里埃为佩特鲁斯·罗里埃和玛尔特·卡里之子(玛尔特·卡里就是雅克·卡里与玛丽·奥塞达的女儿),自1968年起担任雪铁龙公司董事;其妻为贝娜黛特·蒙达涅,其妹热娜维耶芙则嫁给了雷米·蒙达涅(厄尔省参议员,卢维埃市前市长);另一个妹妹玛尔特嫁给了米拉波市市长马里·蒙达涅。由此可见,所有的再生产策略都能够在需要再生产的位置的内在必然性中,并且在所有的再生产策略共同造就的统一的生成性惯习中找到它们的根源;与强大的内婚制相辅相成的是经济活动围绕着某一特定产品的高度集中,以及对于金融

① 约瑟夫·卡里,曾经在奥塞达纸业公司(Papeteries Aussédat)担任工程师,后来担任布尔(Bull)机械公司总经理,以及奥塞达-雷(Aussédat-Rey)纸业公司董事。

> 资本主义系统的多元化经营的有意识拒绝。弗朗索瓦·米什兰的成功就在于：他摒弃了仅仅表现权力意志而不属于“技术逻辑”的任何形式的多元化经营，而他的竞争者们却采取了极其多元化的经营方式，他们拥有大量的“转产机会”，不像米氏企业“只有轮胎一条出路”；正因为竞争者们“不相信辐射状骨架的轮胎，而且醒悟太晚”，米什兰才取得了最大的市场份额。①

根据同样的逻辑，我们还必须了解家族的繁衍策略，例如，在专家治国论者控制的公司里，拥有 7 个或 7 个以上子女大家庭的企业家完全空缺；而在家族企业的总经理中，这种情况相对来说较为常见（占总数的 10%；就家庭平均子女数而言，家族企业为 3.5，
399 专家治国论者的企业为 3.1，国营企业为 2.6）。显然，仅仅以天主教关于生育和节制生育的伦理所促成的个人行为倾向还不足以阐明其中的原因（因为在这种情况下，这种解释本身就需要我们作出解释）。事实上，家族企业提供的特权不但对人口繁衍不加任何制约，反而还促进了人口的增长，至少在企业扩张时期，当再生产工具的发展适应于后代人数的发展时是这样。因为在这样的时期，后代人数的增加要么会随着母公司下属的新的机构的建立而得以消化，要么就给多余的子女加上诸如担保人或企业的管理人员之类的头衔而得以吸收。此外，子女众多本身就构成一种财富；通过这种财富建立起来的联合资本也是一种积累社会资本的方式；我

① 参见 A. 阿里斯（A. Harris）和 A. 德塞杜伊（A. de Sedouy）在《企业家们》一书中关于 P. 米什兰的文章，第 245—250 页，色伊出版社，1977 年。

们知道，这种社会资本是由群体中的每一个成员所持有的各种类别资本的总和构成的，因而永远具有潜在的可调动性。

但是一个大家族的永存取决于她最终能否使自己免受分割和由此导致的家产的分散。在这种情况下，当然就产生了以防止家族财产外流为目的的各种各样的遗产策略：我们知道，北方的纺织世家就是如此。他们借助对公司的假定（fiction）[①]使公司的有形资产免受分割，并由此剥夺女儿们的财产继承权，防止家产通过女儿流入外人之手。因此，教育策略和各种各样的实践，如各类家庭聚会和庆典，其主要目的都是为了在所有的家族后代之间建立一种连带关系，比如说，某一家产所有者的死亡并不意味着一次分割家产的机会，而是一次重新安排家族共同经营的事业的机会。家族对于婚姻的异常关注，特别是对于未来领导人的婚姻的异常关注，其原因并不能简单地归结为渴望以嫁妆或遗产的形式给企业注入经济资本，或者通过扩大关系网为企业注入社会资本，以便使企业更强大。伦理习性被看成是企业在经济上获得成功，家族的社会地位得以肯定的条件；因此，寻求最严格的内婚或许也是出于维护伦理习性方面的考虑：家族接纳的女性必须能够体现对于资 400
产阶级道德的尊重，并且能够不断地教育后代尊重资产阶级道德，即对于工作的崇拜、节俭的精神、家族的精神[②]；家族通过这种方式履行的职能完全类似于**排他主义**，就是说，只选择某些特定的教学机构和某些经过严格挑选的交际场所。确实，人们期待着家庭

① 公司法人就是在法律上对公司的一种假定。——译者

② 要想了解这种"资产阶级伦理道德"以及妇女在其永恒事业中所扮演的角色，可参阅 J.-L. 当瑟特（J.-L. Dansette）的文章（同前），以及书中的其他几处论述。

教育(这种教育往往是十分严格的)和学校教育(一般都由耶稣会学校或者像罗什学校那样的英国式的教育机构来承担),人们期望这两种教育都能够首先灌输有宗教依据的伦理习性。当然,这种教育尤其是针对寄宿制学校的女学生,比如说,像"小鸟之家"那样的寄宿制学校。

罗什学校位于诺曼底地区阿弗尔河畔的维尔诺耶,1899年由艾德蒙·德莫兰创办。德莫兰的外孙让·克罗德·古尔班在1974年为学校创办75周年而出版的一本纪念册(《艾德蒙·德莫兰是谁?》)中撰文(《作为作家和演说家的德莫兰》)说,德莫兰是一位"思想家和社会学家",是弗雷德里克·勒普拉的门徒,古贝尔丹男爵的好友;同时,他也是"英式教学法的伟大赞美者"(参见他的著作,《盎格鲁-撒克逊人的优势何在?》以及他的《新式教育》)。作为吹捧者的古尔班概括了家族式资产阶级教育的全部哲学:"在那个时代,要在法国进行一项那样的事业是需要勇气的,因为当时法国社会的轴心是拿破仑的兵营式中学和机械式大学,教育的目的就是生产驯服的,或多或少有点平庸的国家公务员。"到70年代末,罗什学校共有男女寄宿生400余名(其中外国学生大约120名),每个班级平均有20名学生,实践课每班12名学生。1977至1978年,学校每学期收取寄宿费,五年级和六年级每人7205法郎,高中毕业班10 155法郎。关于诺曼底的这座庄园,学校的广告册介绍说,学生们"就像是回到了自己家里一样":"这是旷野上的一座家宅,除了树木、绿篱和伊通河,没有其他

的围墙;这里有运动场,有新鲜空气和阳光,松林中还有许多
小松鼠。这里植被茂密,有丘陵,还有磨坊……罗什的校舍遍
布整个庄园,(每幢)屋子里住着12—40名儿童或青少年。学
生们的寝室是个性化的体现,也是同学之间意气相投的象征 401
(男生寝室有5—6个床位,女生寝室则有2—3个床位),在这
样的寝室里就像在自己家里一样。我们还设有工作间、游艺
室、图书馆和会议室。校园里的每一幢房屋都有自己的风格,
有独立花园、网球场,以及……它特有的传说。两位相遇的老
校友会这样作自我介绍:'1924年,松林楼的!1907年,峡谷
楼的!'"学校的创办者在顾拜旦思想的影响下,极力颂扬形体
运动,反对"读死书"的智力至上,正是忠实于学校创办者的意
愿,学校对那些**选择性**最强的体育活动给予了极大的重视(广
告册上就有学生正在从事击剑运动的照片,**英式**制服,灰色的
裤子,黑色的上装,倚靠着一架观光飞机,或身佩学校的剑,或
手握马的缰绳):"一座现代化的体操房,一片辽阔的骑马场
(1000平方米),众多的马匹(还有矮种马),田径运动场,足球
场、橄榄球场、篮球场和排球场,八个网球场,一条微型赛车跑
道,搏击运动房,冬季室内温水游泳池,甚至还有一块飞行场
地。所有设施可以使罗什学生投身于他们喜爱的体育活动,
并由此获得自制力、健壮的身体和体育精神。"

人们与教育体制的联系,特别是与**公立**教学机构的联系,离不开赋予私有领域中的一切以特权的那种世界观:不接受非教会学校,就是在整体上不信任世俗国家和被称为"共和主义"的社会哲

学的一种表现，因为这种哲学的目的就是要借助于官僚的普遍主义，彻底拔除诸如私有企业、私立学校之类的保留领域。私立教育并不仅仅是一种排他性的教育，它与公立教育的界限或许就在于私立教育常常求助于家庭教师[①]；私立教育也不仅仅是一种受到保护的教育，就是说，它不仅仅确保忠实于旧伦理的基本德行，如
402 工作、家庭和财产。私立教育是一种宗教教育——它通过具有家庭氛围的教学安排，通过充满个性化的“哲学”，倾向于将公有化为私有，将社会简化为个人，将政治简化为伦理，将经济学简化为心理学；说到底，就是倾向于施行非政治化，将所有的经验全部归结为不可再简化的单一性的“实际经验”——相反，政治化行动的目的则是要将所有这些经验与“个人”分离开来，以便使它们作为某一阶级的共性而被显示出来。

因此，只要老板们一直持有权力，能够完成权力在人与人之间的传递（一般都是父亲将权力传给儿子，当然被传递的权力是一种必须由它的持有者亲自实施的权力，而且这种权力不需要任何技能，尽管在家族企业内部通过直接经验就能够获得这些技能），那么，他们就不会利用学校之类的机构，因为这类机构只有以能力保障（这种保障努力使自己具有普遍价值）作为交换，才能够授予同

① A. 阿里斯和 A. 德塞杜伊采访两位大老板（费迪南·贝甘和弗朗索瓦·塞拉克）时，他们很自然地想到了家庭教师群体。弗朗索瓦说：“我父亲小时候家里有一位家庭教师。我祖父的 13 个孩子在去圣心大教堂或者耶稣会学校上学之前，都接受她的教育。我的母亲很自然地就认为到学校去上小学是一件不光彩的事情。所以我一直到去撒拉的耶稣会学校读初三才离开我的家庭教师，而且我的父亲和祖父都曾经在这所学校读书。”（同前书，A. 阿里斯和 A. 德塞杜伊的文章中关于弗朗索瓦·塞拉克的部分，第 47 页）

样以普遍有效性自诩的能力证书。因此，老板们对这样一种再生产方式十分满意：根据这种再生产方式，某些中等教育乃至高等教育机构被化简为一种职能，即进行合法化，因为出入于这样的教学机构几乎只是资产阶级的一种合法权利。他们通常将成功仅仅归属于自己在工作实践中获得的经验和德行，这种意识，再加上他们对各种抽象的书本知识的怀疑，导致他们不太可能更看重学业称号和颁发这些称号的教学机构的价值。当社会地位的迫切要求促使他们不得不看重这一切的时候，他们对学业体制的要求也不过是取得能够代表良好的道德教育和杰出的社会身份的文凭，而这一切正是私立教育准备为他们提供的，或者，在迫不得已的时候，他们也会寻求教育体制为他们提供技能保障，有了这种保障，第二代企业家就能够在他们的技术骨干面前树立自己的威信；中央高等工艺制造学校的办学目的就是要直接服务于传统大资产阶级的需求，它颁发的证书就能够提供这种保障；此外，一些无名的工程师学校也扮演着同样的角色。①

哀叹文凭高、能力低现象，这是企业老板喜爱的话题。马 403

① 至 1866 年，中央高等工艺制造学校一直都没有真正的入学筛选。学校 80% 的青年学生出身于“殷实阶层”，其中主要来自于工业部门。学校的教育中，用于理论科学的课时数不及总数的 15%，而巴黎综合工科学校为 37%。最早毕业出来的学生中，40% 的人进入工业企业（1829—1855），27% 的人进入铁路部门，9% 进入市政工程部门，16% 充任顾问工程师，4% 执教（参见 M. 莱维-勒布瓦耶：“法国企业主们曾经是马尔萨斯论者?”《社会运动》，第 88 期，1974 年 7—9 月，第 1—49 页）。即使在建立了入学考试制度后，这所学校还是一如既往地主要在实业资产阶级中招收学生。在 1900—1925 年间，仍然有 77.9% 的学生出身于“殷实阶层”（食利者、房地产所有者、工业家、批发商、自由职业者）；而在 1925 年，巴黎综合工科学校此项比例为 45.4%。

塞尔·福尔尼埃是“家乐福”公司的总经理，同时也是公司的创始人；他在索恩河畔自由城里的蒙格里中学完成学业后，就去父亲的缝纫用品店帮工，刚开始的时候他做“店员”，随后做“领班”，接着他就和丹尼斯·德伏瑞创办了家乐福公司（公司于1960年在昂西开了第一家超市）。因此，当有人问起他对企业管理人员的培训情况时，他便解释说：“这些人起初都在他们原来工作的店里做柜台经理。然后……他们在工作实践中成长起来。我们的员工来自各个文化阶层。他们中有的人只有中学文化，当然，不全是这样。有的人毕业于这样那样的商校，甚至还有一两个是巴黎政治研究学院毕业的。大家都从底层干起，一级一级地往上升……我们希望员工们从粗活做起，在每一个岗位上都干一段时间。我们的想法肯定会吓走那些过于相信文凭的价值，而对实际经验的价值却不够重视的有能力的小伙子”（“马塞尔·福尔尼埃访谈”，作者：R.普里乌莱，见《拓展》杂志，1973年6月，第221页）。持有同样观点的还有安德烈·布朗歇。他在修完了一所职业中学，即后来的狄德罗技术中学的课程之后，便于17岁时进了布兰特和福耶雷的工业电器设备公司。1924年，他与兄弟皮埃尔、手工艺学校毕业生儒尔·萨拉赞，以及毕业于格勒诺布尔电子技术学院的米歇尔·勒古莱克共同创办了电子通讯器械公司。他说：“我觉得创造力是一种天赋，有这种天赋的人能够毫不费力地用双手制造出新产品。当然，如果他是个工程师就更好。”……一位名牌学校毕业的工程师，“如果他没有创造性，那也不是我能够给他的；相反，一个没有读过很多书的人却可能有创造性……我们公司最有创造力的员工是一位老车工，只持有唯一的一张学习证书，但是他具有不同寻常的创造天赋。不过，现在他已经退休了。”（参见R.普里乌莱，《法兰西与企业管理》，巴黎，德诺埃尔出版社，1968年，第251—252 404
页，专访安德烈·布朗歇的有关章节）

人们也许会反驳说，处于资方空间的另一个极端的人们同样也狂热地崇拜特大型企业中的**个人发展**，认为这些企业不将文凭作为招聘员工的唯一的排他性标准；崇拜者们对于文凭和持有文凭者的敌意言论也不算少（参见J.枫丹纳的“从名牌企业看名牌大学”，《拓展》杂志，第109期，1977年7—8月，第66—77页）。然而，事实上，针对这一类的言论，人们已经从各种角度进行过无数次批判：当问到文凭对于企业中的不同岗位所具有的价值时，同一批企业领导人（他们都认为，当企业在那些刚出校门的人中间招聘管理人员的时候，文凭起着决定性的作用）所提供的答案是相同的，也是符合现实的。就是说，在涉及领导岗位的时候，他们都把巴黎综合工科学校和国家行政学院放在第一位；在涉及金融方面的岗位时，排在首位的是国家行政学院和巴黎高等商学院；商业方面的岗位则让给了巴黎高等商学院和高等经贸学院；生产方面的岗位属于中央高等工艺制造学校；人事方面的岗位则留给了巴黎政治研究学院（同前杂志，第68页）。另外，我们还知道，企业所有管理人员的学业资本与他们的总经理的学业资本具有密切的相关性；总经理的学历水平越高，他们身边持有文凭的人就越多，而且这些人的文凭与总经理的文凭往往具有一致性。[①]

对家族企业家而言，学校确保的非世袭性继承权只不过是家族企业受到威胁，或者企业无力再为所有的家族成员提供职务时为自己想好的权宜之计；要么就是一种纯粹的代用品——只有财
405 产所有权的丧失才能够使获取代用品显得有必要。下列统计资料就证明了这一点[②]：

表 31

社会地位	创始人	继承人	二代及二代以后的继承人	无血缘关系的继承人	企业各机构负责人	总计
学业水平	%	%	%	%	%	%
业士学历以下	81	50	26	19	15	40
非理科高等教育文凭	9	28	26	10	9	16

① 同一所学校毕业的学生之间的自行遴选促进了结帮现象，而结帮现象又常常将所有的管理人员都吸引到围绕着总经理职位的继承问题而展开的争夺中来。尽管这些人的学业水平各不相同，但是他们中任何一个人的升迁都与他们直接相关。其实，类似的现象几乎哪里都有。1972 年，SGPM 公司的总经理是罗歇·马丁，他是巴黎综合工科学校的毕业生、矿业工程师；因此，这一年，在公司的 16 位领导者中就有 5 位巴黎综合工科学校的毕业生（其中 3 位是矿业工程师出身），2 位来自于尔姆高师（其中 1 位曾经在国家行政学院学习过）。相反，在 BSN 公司，总经理安托万·里布自称很乐意以末等生的身份从巴黎高等商学校毕业，因而在他手下的 16 名领导者中，只有 1 人来自巴黎综合工科学校，而巴黎高师和国家行政学院的毕业生竟无一人进入公司的领导行列。在柯达-巴岱公司，总经理保尔·威约姆毕业于巴黎高等商学院，因此，公司的 9 名领导成员中就有 5 名是他的校友，整个公司领导层竟然没有一个是巴黎综合工科学校、国家行政学院或者巴黎高师的毕业生。此类例证不胜枚举。

② 参见 J. 萨格里奥："谁是老板？"，见《经济学和人道主义》杂志，第 236 期，1977 年 7—8 月，第 6—11 页。

续表 31

理科高等教育文凭	9	17	39	67	73	40
同时持有两种高等教育文凭		6	9	5	3	4

通过对罗纳-阿尔卑斯地区的企业及其机构的 141 名领导者进行统计，我们发现，随着人们与企业创始者关系的逐渐疏远，他们的学业资本往往呈现增长的趋势；而对于那些与企业创始者没有任何关系的人来说，学业资本几乎是他们得到这个职位的必要条件（其中三分之二以上的人属于这种情况）。换言之，虽然学业资本对于创建一个企业并不是必不可少的，但是要想维持和发展一个企业，学业资本则是非常必要的（其中涉及最多的是法学方面的文凭）；而一旦企业得到了蓬勃发展，要想进入它的领导集团，学历资本就成了必不可少的条件。①

家族企业的领导者所特有的便利条件使他们能够确保自己子女在企业中的职位，然而矛盾的是，这种便利条件或许也是一些企业衰落的根源，这不仅是因为企业为那些马马虎虎"有能力"的继承人所提供的职位的虚拟性减少（démultiplication fictive）人为地加重了企业的继承"负担"，进而使工资开支不断上升，而且还因为这种便利条件会极尽所能地阻止继承人，至少是阻止一部分继承人借助其他的再生产策略来完成任何形式的转换（比如说，所有以 406

① 我们自己的调查就能够证实这一假设：从家族控制下的企业到专家治国论者的企业或国有化企业，持有高等教育文凭的企业领导者的比例增长极其明显。

学业资本的积累为前提的转换)，以致达到荒诞和失败的地步。[①]

带学业成分的再生产方式

在以官僚主义的大型企业为特征的再生产方式中，学业称号不再像罗特希尔德家族某成员的法学文凭那样成为一种法定的特性，而是变成了一张真正的通行证：学校(主要是名牌大学)和学校造就的社会人群——群体——取代了家族和亲属的位置，这个群体表面上与从前的一切毫不相干，实际上，却是按照一定的特性建构起来的，而且这些特性本身仍然与家族连接在一起，因为在那些在特权的可移转性问题上享有特权的企业那里，同窗学友之间以学校和群体的连带性为基础的自行遴选同样也能够发挥任人唯亲和联姻的作用。

① 不同类别的资本之间的转换往往取决于企业的整个传统观念的转化，尤其是取决于人们对于边干边学的信仰的转化，以及人们对于学习研究的轻蔑态度的转化，因为这些观念、信仰、态度不止一次地使转换变得不可设想。资本的转换越是必须以这一系列的转化为前提，那么这种转换就越是难以进行。“北方的纺织业家族人丁非常兴旺，并且还保持了19世纪的习惯，让儿子和女婿都参与家族的事务。这种做法在企业拓展的阶段一直是可行的，因为在这个阶段，由于新机构的设立，领导职位也随之增加；然而，一旦到了需要缩减生产单位的时候，危险就大了。”(M. 巴提约(M. Battiau)：《加来北部地区的纺织工业》[*Les industries textiles de la région Nord-Pas-de-Calais*]，学位论文，第2卷，里尔，1976年，第417页)巴提约稍后还指出，为了避免冲突，人们常常将许多的合伙人吸收到企业的领导阶层，然而这些持股人往往使公司的决策层处于瘫痪的状态：“我们常常遇见十个，十五个，甚至更多的堂、表兄弟姐妹，他们都是公司的合伙人；家族的每一支都把持着一项职务，就像封建主拥有一块世袭领地。紧接着就是领导者职位的人满为患。”(第418页)

因此,我们发现,从家族控制下的公司(即很大一部分股份由某个家族控制)到专家治国论者掌管的公司(即公司的资本分散在众多的机构、公司或者个人之间)或者国有化企业,在上述各类特大型工商业公司和银行的领导者中,高等教育文凭持有者的比例一路快速上升:在家族控制下的公司中,宣称持有两种或者两种以上的高等教育文凭的总经理仅为3%,设在国外的分公司的此项比例为35%,专家治国论者公司的此项比例为73%,国有公司的此项比例为74%。此外, 407
家族式公司的总经理一般都在外省的私立教育机构,尤其是罗什中学度过了他们的中学阶段(上述各类总经理在外省私立教育机构度过中学阶段的比例依次为31%、18%、20%和7%)。同样的差异体系还可以通过他们所持有的文凭的性质体现出来:在国有企业,名牌大学(例如巴黎综合工科学校-矿业学校)文凭持有者的比例显然高于"家族式"企业。

表 32　不同性质企业的总经理学历资本对照表

公司的控股方式	中学毕业或大学肄业	仅持有法学文凭	小型工程师学校	文学院、理学院、医学院	中央工艺制造学校,巴黎、南锡、圣艾蒂安矿业学校	巴黎政治研究学院	巴黎高等商学院及其他商业学校	仅持有巴黎综合工科学校文凭	巴黎综合工科学校-矿业分校及道路与桥梁工程学校	总计
家族式企业 n 82	21.5	18	19	4	9	15	7.5	1	5	100
外国公司分公司 n 42	10	17	7	5	7	10	19.5	14.5	10	100
专家掌管的企业 n 45	4.5	6.5	2	-	15.5	38.5	2	-	31	100
国有企业 n 31	3	16	-	3	-	36	-	10	29	100

注:由于无法确定样本中的16家公司的控股方式,所以此表只涉及200家公司。

所有著名的社会群体用以保护其社会资本的策略与家族通常所采用的策略是一样的，两者实际上遵循着十分相似的逻辑。这一点其实并不难理解，因为在这两种情境中，群体中每一成员的价值都取决于所有其他成员为群体带来的资本，同时也取决于他在实践中调动如此积累起来的资本的可能性，也就是说，每一个成员的价值都取决于所有群体成员之间的实际连带关系。因此，每当群体中的某一位成员谋得高就，其他所有成员的社会资本和象征
408 资本也同时得以增强，就像人们常说的那样，“他们的股票涨了”。这样一来，我们似乎可以借用一位有经验的观察家提出的**社会力量**换算表来为不同社会群体的资本总量建立一套账册：“国营大公司的总裁比内阁代表或者部长办公室秘书长更有‘价值’，国有企业的核心领导职位比中央政府部门的许多职位更有分量。”[①]由此可见，与家族的资本一样，著名社会群体的资本也是不可能任由个人的创举来支配的；只有保持长期的警觉和理性的经营，群体或者家族的资本才能够摆脱由贬值和失信带来的永恒的威胁。因此，每个群体都设有一个由“群体的领袖”或者“代表群体意识的人物”领导着的“名人委员会”，它关注着巴黎综合工科学校毕业生的取向，“研究那些渴望加入群体的学生，尤其是研究这些学生中的第一名和最后一名的社会出身随着时间的推移发生了什么样的变化。”[②]

整个再生产策略包含着某种形式的**人数限制**。实际上，这个

① 参见 J. A. 柯斯丘什科：《巴黎综合工科学校的秘密团体》，第 99 页。

② 同上书，第 125 页。

再生产策略履行着“包容”与“排斥”的职责。就是说，它不仅通过控制群体内部人口自然生产的数量（只有家族能够在一定范围内如此这般地支配人口繁衍的策略）和有资格进入群体的个人的数量（以便防止进入群体的人数超出维持群体本身的运作所能提供的职位的数目）；而且还在征得本人同意的情况下，将群体内部自然生产的一部分人排除于群体之外（把他们推向其他社会空间，或者让他们维持一种含糊的或者尴尬的身份），旧政体下的贵族阶级就是这样，比如说，将女子送往教会学校，让她们保持独身，或者剥夺排行小的儿子的继承权，让他们献身于教会；通过诸如此类的策略，群体得以持续地维持自己的规模。在“家族的”再生产方式中，诸如此类的调节责任都由家族来承担。而在“专家治国论者”的企业中，老板的职位得益于带学业成分的再生产方式，然而，正是由于这种再生产方式，这个职位不再能够控制继承问题的选择，同时也失去了指定自身职位继承者的权力。

这两种再生产方式之间的根本差异就在于带学业成分的再生产方式中的**纯粹的统计学逻辑**。与权力持有者及其指定的继承人 409
之间所有权的直接移转不同，学校进行的所有权的移转是以行动者个人或者集体分散持有的股份在统计学上的集中为基础的，它能够确保整个社会阶层的财产的任何一部分都不被分割。[①] 从逻辑上来说，学校要促进这个阶层的再生产，就必须牺牲使家族在继承问题上享有全权的那种再生产方式所要保护的那个阶层中的某

① 根据《普遍性与特殊性》(*omni et nullo*)中的统计数据和理论，参见 G. 巴什拉(G. Bachelard)：《新科学的精神》(*Le nouvel esprit scientifique*)，巴黎，法国大学出版社，1934 年，第 113—134 页。

些成员的利益。以学业为特征的再生产方式中所存在的**特殊矛盾**就在于学校在**统计学上**要为之尽责的那个阶层的利益与学校要牺牲掉的那个阶层的成员的利益之间的对立。其实，学校要牺牲的那个阶层的成员中不仅包括人们称之为“考砸了”的人，而且还包括某些持有文凭的人——他们在文凭与岗位之间关系的前期状态中“自然而然”地享有了从事资产者职业的权力，但是，由于他们一般都不属于这个阶层，因而他们无法在市场上兑现这些文凭的价值。只要资产阶级家族能够支配其自身的社会再生产，并且能够调节家族的合法继承人与享有权力的职位之间的数量关系，那么，即便过剩生产“资产阶级权力”的拥有者，也只不过是一个小事故，而且这种生产过剩还能够在理性的范围内，通过对违背者实行经济制裁而倾向于维持原状。实际上，由于它本身包含着种种矛盾，这种生产过剩已经成了一个**结构常数**，因为在带有学业成分的再生产方式中，所有的“继承人”在理论上都被赋予了相等的获取学业称号的机会（男孩与女孩相等，长子与次子相等）；与此同时，（从绝对人数上来说，）获得了这些学业称号的“非继承人”人数也不断增长，法国20多年来的情况就是这样；此外，从中学阶段起，严厉淘汰被**温和淘汰**所取代，就是说，从中学起，人们采取的是逐渐的、持续的，因而也是缓慢的、高代价的淘汰方式，因为只有让出身于
410 社会空间被支配区域的不被淘汰者的人数有所增加，这种淘汰方式才能够被人们接受和认同。

这种再生产工具的受害者偶然能够拿来与之对抗的策略，无论是个人的补偿性策略，还是群体要求得到权利或者企

> 图进行颠覆(1968年5月的运动就是这种颠覆的一种典型形式)的策略,如今都成了社会结构演变的最重要因素之一:一方面,这些弥补性的个人策略只能提供给这样一些人——他们必须能够在由继承得来的关系构成的社会资本中找到方法来弥补自己称号的缺乏,或者找到一种途径使现有的称号产生最大的利润;这些人以社会空间里官僚主义化还不严重的区域中的那些庇护性职业作为自己的运动方向,因为在这些区域中,社会习性和学业上担保的那些特殊"技能"更管用;另一方面,这些请愿性质的集体策略的目的在于使学业称号更有价值,并且获得先前状态向他们保证的对等物。个人策略和集体策略互相结合,共同促进大量的**半资产阶级位置**(positions semi-bourgeoises)的产生——不断对从前的位置重新定义,或者不断"发明"新的位置,这就是所有那些半资产阶级位置的来源。这样做对于帮助那些被剥夺了学业称号的"继承人"规避失去社会地位的风险是非常有利的,同时,对于帮助那些"终于达到目的的人"得到与他们贬值了的文凭相接近的实际利益也是极为有利的。

学业再生产方式或许比家族的传递方式及其直接传递的简单程序更能够忍耐社会结构的骤变;但是由于传递机制的双重掩饰,即统计中的加总(agrégation)所构成的掩饰,以及能够造成统计偏差的文化资本的直接传递所构成的掩饰,因此,学业传递便在再生产活动的掩盖下,以极高的效能弥补自己微弱的再生产率:表面看来,教学体制非常接近于一种随机的重新分配体系,而且这个体系似乎必然要对各代人的位置进行重新分配,就是说,教学体制的运

作表面上像抽签一样具有公正性，然而，事实上，这个充满系统性
411 偏差的体制带着满脸的清白与无辜产生的效应最终还是无限接近于通过直接继承进行传递所确保的效应，显然这些效应是随机的重新分配所达不到的。[①]

在能够合法传递的财产与人们保留或者传递这些财产的合法方式之间划清界限，这在任何时候都是各种明争暗斗的焦点。颠覆性的批判倾向于通过揭露现行传递方式中的专制性和旨在使这种传递方式具有合法性的社会公正论来逐步缩小合法传递的范围。批判的警惕性的提高（在这方面社会科学做了很大的贡献）以及在制度上健全对移转的控制（如继承法等）共同构成了诸多的有利因素之一，从而使那些有效而又不怎么费力气，但必须公开进行的各种策略（如直系亲属间的财产继承）逐渐为另外一些策略（如学业投资策略）所取代，因为这些策略能够确保移转在暗地里进行，甚至完全不为人知，这样一来，移转便完全得到了认同，并且具有了合法性，代价是消耗更大，费用更高。

① 匿名会考是机会均等这一意识形态的核心，而机会均等则是资产阶级合法性的基础之一。因此，匿名会考与继承性移转是相互对立的；它与招聘中的唯关系论、任人唯亲，以及与建立在相互了解基础之上的所有自行遴选机制也都是相互对立的。同样，家庭包办婚姻，随意选择学院，以及根据惯习的相似性自由选择伴侣，所有这一切都是与匿名会考相互对立的，但是“志向”的逻辑和选择的逻辑将人群分割成了具有同质性的社会群体，而这种同质性却能够使包办婚姻，同样也能够使人们对于学院和伴侣的自由选择都带上相应的社会特征。

然而，即使以统计学为特征的再生产方式真的能够制约以家族的直接控制为特征的再生产方式，那么这种制约也是相对的：首先，在全面利用带有学业特征的再生产方式的问题上，尽管实业大资产阶级家族的地位比不上从事自由职业的穿袍资产阶级，更比不上巴黎的政府高级官员，但是实业大资产者们仍然可以传递少量的文化资本，并且能够从那些专门为他们设计的教学机构中获取最大的利益——几年来，这类机构蓬勃登场，它们确保资产阶级家庭灌输的那些习性在学业上得到某种形式的认同，当然，要想在最严格的学业竞争中获胜，这些习性是没有什么用处的。再说，如果从家族企业提供的那些霸权位置开始做起，那么，文凭并不是抵达这些位置必要的条件，而且光有文凭也是不够的。最后，正如人 412
们所看见的那样，一个白手起家的人要想进入专家治国论者的企业或者国有企业的领导核心，已经是越来越不可能了，就连谋取一个高级管理的职位也变得越来越难。说到底，学业称号实际上从来就不足以独自在经济场域中为人们确保一条抵达霸权位置的通道。关于这一点，我们有例为证：几乎所有国营企业的大老板都出身于与实业资产阶级有着这样或者那样联系的家庭。

专家治国论者把持的企业中的29%，国有化企业或者经济混合型企业中的25%的总经理出身于工业家、批发商、银行家、公司总经理或董事长的家庭（而在家族控制下的企业中，这一比例高达68.5%）。但是人们与工商界的联系实际上要比这些数据反映出来的东西重要得多：父亲的主要职业（例如律师、大学教师、高级公务员等）就能够掩盖人们与实业资产阶级家庭的联系。比如说，马克·阿诺丹曾经担任法国行政法院的名誉审查官，后来成了法国水泥公司的总经理（这是一家由专家治国论者把持的企业）；如果 *Who's Who* 一书中的记录切实可信，马克·阿诺丹的父亲爱德蒙·阿诺丹是“法国行政法院和最高法院的律师，而且曾经担任过参议员”，然而，事实上，这位父亲同时也是几家大银行和大公司的董事会成员（里昂信贷银行、里昂水电公司、东部铁路公司等）。[①]雅克·多纳迪厄·德瓦布尔同样也是法国行政法院的名誉审查官，后来成了岗坡侬-贝尔纳公司的总经理（这也是一家专家治国论者把持的企业）；他的父亲亨利·德瓦布尔的职业被记作“大学教师”，而实际上这位父亲是法学院享有盛名的教授；他的母亲艾德梅·贝格伯德则是大卫·贝格伯德的女儿，同时也是好几家海洋运输企业和矿业企业的董事会成员。[②]罗贝尔·比佐是敦洛普（外资控股）公司的总经理，他的父亲让-雅克·比佐的职位是“财政稽核”（同时也是法兰西银行的副总裁）；他们的家族属于资产阶级世家，其历史可以追溯到
413 16世纪；他们的家族涌现了大法官、军官、财政稽核、证券经纪人、公司董事等各类要员（罗贝尔的兄弟阿兰自1973年起担任里昂信贷银行的经理；叔叔爱纳蒙与里昂大家族的玛格丽特·吉莱结了婚，他是罗纳-布朗克公司下属的好几家公司

① 参见A.阿蒙（A. Hamon）：《法国的大家族》（*Les maîtres de la France*），巴黎，国际社会出版社，1936年，第1卷，第46—47页。

② 同上书，第3卷，第152页，1938年。

的董事，同时也是法兰西银行咨询委员会的成员；他的另一个叔叔亨利也担任过财政稽核，后来他辞了官，成了巴黎国立贴现银行的总裁，不久又成了巴黎国立银行的总裁；罗贝尔·比佐本人娶了尚达勒-保尔·罗纳，她是著名奶酪商保尔·罗纳的女儿，因而他后来成了保尔-罗纳奶酪公司的董事）。还有一个例子是威尔弗里德·波姆加特纳，1972 年，他是罗纳-布朗克公司的总经理，曾经担任过财政部长；他的父亲阿梅代·波姆加特纳是一位“外科医生”，母亲马蒂尔德·克拉马热朗则出身于“在 19 世纪的政界和商界都享有盛名的一个家族”[①]；他的祖父爱德华·波姆加特纳是纱厂厂主。威尔弗里德·波姆加特纳本人娶了克里斯蒂安那·麦尔歇为妻，她的父亲欧尼斯特·麦尔歇早先担任过军舰工程队的总工程师，同时，他也是石油和电力巨头之一，因为他是 24 家公司的董事会成员（并担任其中 8 家公司的董事长）；1953 年，他还是苏伊士运河公司的董事，阿尔斯通的名誉董事长，机械工业阿尔萨斯公司的副总裁。威尔弗里德的兄弟理查德·波姆加特纳娶了欧尼斯特·麦尔歇的另一个女儿，1972 年，他担任了机械工业阿尔萨斯公司（即后来的 ALSPI 公司）的总经理和里尔-波尼埃尔-哥隆布公司的总经理；后来还担任了法国电力总公司和法国石油总公司的董事。威尔弗里德的另一个兄弟菲力普在艾克斯-勒班（Aixles-Bains）当会诊医生，他与热

① 《法国的大家族》，第 3 卷，第 109 页（关于克拉马热朗，参阅第 1 卷，第 78 页；关于欧尼斯特·麦尔歇，参阅第 100—101 页）。

娜维耶芙·德拉克瓦结了婚，于是他通过婚姻与多尔富斯家族取得了联系——多尔富斯家族控制着多尔夫-米尔格纺织工业集团，并且还持有机械工业阿尔萨斯公司的股份。[①] 类似的例子不胜枚举。

巴黎的穿袍大资产阶级在所有专家治国论者把持的企业中，或者在国有企业中表现出来的优势在一定程度上可以作以下解释：由于外省的大、中实业资产阶级对学业称号期望不是太高，依
414 赖性也不是太强，因而他们一般将子女委托给私立教育机构；巴黎的穿袍大资产阶级则不同，长期以来，他们一直将子女送到“富人区”的著名公立中学去读书。[②] 在巴黎，实业资产阶级中最传统的那一部分人实际上都将他们后代托付给那些最有名的私立教育机构，如斯塔尼斯拉中学或者圣诺伊梨十字中学，工业大资产阶级和外省的贵族通常也将自己的子女送往这些学校；而实业大资产阶级中的现代主义者（和不信教的“俗人”）（其中首先包括新教资产阶级和犹太教资产阶级）则不然，他们一般将子女送到那些最“具有排斥性”的公立中学去读书。在这一点上，让松中学（Janson de Sailly）处于特殊的地位：由于与私立的季尔松中学（Gerson）的联合，让松中学在一定程度上使某些天主教家庭得以兼顾公立教育

① H. 克劳德（H. Claude）：《权力与金钱》（*Le pouvoir et l'argent*），巴黎，社会出版社，1965 年，第 22—23 页。

② 参见 R. 安德森（R. Anderson）：“19 世纪中叶法国中等教育的若干社会现象”（Secondary Education in Mid Nineteenth Century France：Some Social Aspects），见《过去与现在》（*Past and Present*），1976 年，第 121—146 页。

中的“智育”长处和私立教育中的“伦理”保障。① 正如统计数据所显示的那样，从巴黎的名牌公立中学获取了最大好处的正是出身于自由职业者家庭或者政府高级官员家庭的那些企业主——他们要么就读于像让松或者孔多塞那样的“资产阶级的”名牌公立中学，接着就将巴黎政治研究学院或者大学的法学院作为自己的主要运动方向；要么就读于像路易大帝或者圣路易那样的拉丁区的公立中学，然后他们不仅可以去巴黎政治研究学院，而且还可以去巴黎综合工科学校继续他们的学业。② 正因为如此，与外省的天主教大资产阶级相比，这些社会阶层的人们与社会世界有着更加广泛的联系，他们所处的位置为他们提供了明显的优势，这使得他们不仅能够更好地利用新的再生产方式带来的升迁机会和转换机 415
会，而且还能够利用名牌大学（尤其是第二次世界大战以后的国家行政学院）为人们开启的抵达权力职位的新通道。

---

① “季尔松中学与让松公立中学紧密结合在一起。这种教育形式不仅为天主教家庭确保了学校里的宗教环境，而且还使他们得以享受公立中学卓越的教学质量，因而深得天主教家庭的欢迎……季尔松-让松中学是一所很不错的学校。记得在我的同学中，罗贝尔·吉拉尔，恩纳蒙·比佐，以及乔治·德蒙达利维后来上了巴黎综合工科学校；亨利·伯，克里斯蒂安·德居米拉克，以及亨利·德古维庸-圣西尔上了中央高等工艺制造学校；罗内·巴切里埃上了水源与森林学校；亨利·布朗上了海军军官学校；雅克·乔治-比科，还有雅克·拉格雷纳进了国家财政监察机关；让·德洛姆上了矿业学校；罗内·德甘利后来往化学方面发展；而菲利浦·罗诺丹则进了行政法院。”（迪克·德布里萨克：《以往的日子：1900—1939》[*En d'autres temps*, 1900-1939]，巴黎，格拉塞出版社，1972 年，第 140 页及第 146—147 页）。

② 在中等教育机构的等级秩序中，排在最前面的是像让松中学和孔多塞中学那样的资产阶级名牌公立中学；然后依次是拉丁区的名牌公立中学、巴黎的其他公立中学，最后才是外省的公立中学。这一等级序列大致上与一系列等级化了的，为同样也被等级化了的社会人群开设的课程是相互对应的。

表 33　家庭出身与中学教育状况

% 父亲的社会职业类别	公立学校(%)						私立学校(%)				
	让松中学	孔多塞中学	路易大帝中学	圣路易中学	巴黎及郊区其他公立中学	外省、外国公立中学	罗什中学、诺曼底中学	斯塔尼斯拉中学	圣热纳维埃夫中学	巴黎其他私立中学	外省、国外私立中学
农民、工人、职员、中等管理人员、手工业者、商人(n 30)	-	-	10	10	23	47	-	3	3	6	16.5
管理人员、经理、工程师(n 26)	11.5	7.5	4	11.5	35	27	-	8	19	27	11.5
军官、土地所有者(n 16)	12.5	-	-	12.5	12.5	56	12.5	-	6	6	12.5
教师、自由职业者、政府高级官员(n 37)	24.5	11	19	5.5	19	16	-	5.5	-	8	8
商业、工业企业经营者(n 36)	14.5	6	-	3	17	29	9	6	3	20	37
公司董事、总经理、银行家(n 57)	24.5	7	12	9	12.5	14	10.5	7	7	19	19
总计人数	16.5	6	9	8	19	26	5.5	5.5	6	15.5	18.5

总数可能超过 100:因为这里涉及的是不同社会阶层中毕业于上述每一所学校的总经理的百分比。

学校的家庭式管理

无论如何,我们应该避免将两种再生产方式之间的对立简单地归结为求助于家庭还是求助于学校之间的对立。事实上,这里

涉及到对于再生产问题的狭义的家庭式管理与在再生产策略中加
入了学校的某些习惯做法的家庭式管理之间的差异。其实，除了
学校实施的再生产活动依赖于家庭对文化资本的传递之外，家庭
本身还继续将其自身经济相对独立的逻辑用来为资产的积累与传
递服务，因为这个逻辑能够使家庭将其每个成员持有的资本并合
起来。获取经济资本的新的方式不仅为在家庭成员之间建立一种 416
新型的利害一致关系提供了可能，甚至使这种关系成了所有成员
的共同愿望：同一份经济资产的所有者由于都怀有同样的奢
望——将这份由于继承和结盟而一直处于分割和支解的威胁之中
的财产占为己有，他们之间的关系既是分裂的、又是联合的；带有
大量文化成分的另一类资本的持有者则不同，他们必须更好地维
持家庭的联系，因为这种联系能够帮助他们将其成员中每一个人
持有的资本并合起来。因此，家庭关系网可以成为资本流通的半
官方场所，这个场所既能够对资本的官方流通渠道发挥其全部的
效能，又能够抵制官方流通渠道对家族利益产生的负面效应[①]：在
资本流通的官方场所与半官方场所之间，在家族流通网与纯粹的
经济流通网之间存在着辩证关系，这种辩证关系可以通过表面上
不可能并存的约束体系使既得利益达到最大化，比如说，兼顾名牌
学校的学业称号所确保的各种好处，以及所有能够充分获利的保

① 尽管企业的结构发生了变化，但是亲属关系在企业中仍然具有非常重要的作用，C. S. 威尔逊和 T. 鲁普顿在对此感到惊讶之余，他们并没有意识到，正是由于企业结构的变化，企业中人际关系的维持才被赋予了全部的重要意义（“最高决策者的社会背景和社会关系”[“The Social Background and Connections of Top Dicision-Makers”]，见 K. W. 罗特希尔德（K. W. Rothschild）主编：《经济势力》[*Power in Economics*]，伦敦，企鹅出版社，1971 年，第 220—248 页）。

护性措施带来的好处，甚至还可以在通过公司之间的联合已经取得的利润中再添上通过企业领导者家庭之间的婚姻交换所赢得的副业利润。因此，赋予家族凝聚力的“家族精神”甚至家族情感都有利于确保一项特殊利益，而这一项利益正是与隶属于某一家族有着特殊联系的各种利益之一；此外，“家族精神”和情感还能够让人们懂得如何参股——加入家族的整体化所确保整体性的资本当中，就是说，加入家族所有成员的资本总量中。[①]

417 也许我们能够以德布雷家族为例，因为这个家族聚集了各种类别的资本：罗贝尔·德布雷是法兰西医学院院士，曾担任巴黎医学院教授。他的第一个妻子让娜·德巴-蓬桑是画家爱德华·德巴-蓬桑的女儿，罗马建筑奖得主雅克·德巴-蓬桑的妹妹。丧妻之后，罗贝尔又娶了冶金工业巨子萨比纳·德·旺岱尔的女儿伊丽莎白·德拉·芭奴兹（她与前夫阿尔封斯·德拉·布尔多纳共育有六个子女，其中女儿欧里安娜嫁给法国行政法院推事、前部长伊夫·盖纳）。罗贝尔的兄弟中，雅克·德布雷毕业于巴黎综合工科学校，担任电信工业公司的总经理，同时还是好几家公司董事；热尔曼·德布雷曾经是一位建筑师。家族的下一代人中有罗贝尔·德布雷和让娜·德巴-蓬桑的儿子米歇尔·德布雷，他是法国行政法院

① 资本能够以各种各样的股本作为自己的存在形式。无论游戏规则怎样变化，但是具有连带关系的不同个人所持有的不同类别的资本都能够为人们提供获胜的王牌。正如历史学家们无数次论证过的那样，或许这就是所有的大家族能够平安地度过历次革命和政体变更的原因。

名誉审查官，曾经担任过法国总理、众议员。他娶了安娜-玛丽·勒马莱斯吉耶为妻（她的父亲是民用建筑和国家大型公共设施总建筑师、法兰西研究院院士；她的兄弟中有曾经担任建筑师、法兰西研究院院士、孔代·德·尚蒂里博物馆馆长的诺埃尔·勒马莱斯吉耶，还有毕业于巴黎高师的皮埃尔·勒马莱斯吉耶，他担任过教授以及好几家公司的技术顾问和经理，曾经有一段时间他还担任过法国驻安哥拉使馆的文化参赞）。米歇尔的弟弟奥利维埃·德布雷是一位油画家，他的作品曾经在许多沙龙、画廊和博物馆展出过。米歇尔的姐姐（或妹妹）克洛德嫁给了他的好友菲利浦·莫诺-布罗卡，菲利浦是医院的外科医生，巴黎南方医学院的教授；他的父亲是拉乌尔·莫诺。米歇尔的儿子让-路易·德布雷是一位法官，他毕业于巴黎政治研究学院，曾经先后在雅克·希拉克的内阁中担任技术顾问和特使。这个善于维系的庞大家族并没有告诉我们任何抽象的或者理论的东西。罗贝尔·德布雷说得好："在过去的几十年中，紧张与繁忙充斥于我们的家庭生活和社会生活，无论在我们巴黎的家里，还是在图尔的家里都是如此。我们非常眷恋我们的家，我们在这里繁衍后代，结婚生子。夫妻之间和子女之间一直都保持着亲密的联系……可是后来，下一代的男孩和女孩们的个性渐渐地显露了出来，有的孩子逐渐变成了'反现状者'……圣诞大餐的传统一直得到人们的尊重。儿女两系的后代，再加上几个侄子和侄女，大餐的宾客多达八十人以上……子孙后代朝着各自的方向发展，我 418
们也深深地享受到了个人的幸福和事业的成功。他们中有的已经成了医学或者外科学教授，有的已经当上了部长和将军；接下去的一代人也显露出了各种各样的才华。或许给我们感触最深的还是我们在巴黎住院实习医学院的三个孙子所取得的成功。"①

作为所有参股关系中的一种特殊情况，属于同一个家族的股东往往将全部家产的经营权委托给家族中的某一个人。只是在这种情况下，资本的一体化利润会受到相关资本类别的特殊性的制约；而且在这种参股关系中，家族的每一个成员按照他们在不同的机构和不同的场域中所拥有的职衔积累起来的资本，尤其是他们在社会关系方面的资本，都可以作为参股的投入。这样一来，家族的每一个成员都在总股本中拥有自己的股份，全体成员共同拥有整个的资本。简言之，社会资本相对来说不能够简单地归结为其他各种资本类别，尤其是不能够归结为经济资本和文化资本（社会资本能够提高经济资本和文化资本的收益），但是也并不因此而完全独立于经济资本和文化资本，因为行动者以个人的身份持有的资本总量会因为间接持有的资本的增值而壮大，而行动者间接持有的资本又取决于他所在的团体中每一个成员所持有的资本的总量，同时也取决于他与这些团体、家族、群体等等的一体化的程度。

人类寿命的延长和人类社会活动的相应延长不仅有助于

① 罗贝尔·德布雷（R. Debré）：《生活的礼遇》（*L'honneur de vivre*），巴黎，艾尔曼和斯多克出版社，1974 年，第 454 页。

推迟子女对父母遗产的继承，而且还有助于将继承延迟到一
个特定的年龄：由于结婚年龄和首次生育年龄的降低，等到遗
产的来临，子女们自己早已都为人父母，他们的子女常常都有
了职业，而且也都进入了生育年龄。于是，一部分家产的继承
渐渐地服从于情感关系的逻辑——它支配着家族内部各种关
系：正如艾尔维·勒·布哈所阐述的那样，①继承者们通常都
在50—55岁继承遗产，这时，他们的子女一般都到了25—30 419
岁；在这种情况下，他们可以自己保留全部的遗产，也可以根
据自己的意愿或者根据子女在他们对社会存在所做的定义中
所处的位置，将一部分遗产馈赠给子女（馈赠的形式可以是住
宅，也可以是定期收益）。家族在经济职能方面的这些变化是
与资产阶级家族内部权力形式的变化密切相关的：建立在“默
默温情”“慷慨”“感激”等基础之上的一系列情感依附关系取
代了由家长、企业领导人、家族共同财产的保管者或经营者直
接行使的公开权力；可以说，这一系列的情感依附关系完全履
行了同样的职能，只不过这些职能都是在幕后履行的；而且在
履行职能的同时还诞生了某些新的联系——这些联系的主要
力量应该归功于情感和伦理方面的巨大变化。

如果说与两种再生产方式相对应的是家族的两种习惯，那么我们更应该说，这两种再生产方式是与家族或学校的排他性的习

① H. L. 布哈：“父辈、祖辈、祖先”(Parents, grands-parents, bisaïeux)，见《人口》(*Population*)，28(1)，1973年1—2月，第9—37页。

惯相对应的，同样，它们也因为学校的两种习惯而彼此不同；确切地说，这两种再生产方式之间的区别就在于分布在学业空间不同区域的教学机构的一种特权性质的习惯。对于某些人来说，最学业化的教学机构（如巴黎综合工科学校）颁发的学业称号就是进入权力场域的**必要**条件；而另外一些人则不同，他们求助于那些既不那么学业化，也不进行那么严格选拔的教学机构（因为与其说它们能够灌输某些新的技能，还不如说它们能够强化继承所得的习性），并且要求这些教学机构对他们进行最低程度的神化，这对于神化他们的既得地位是非常必要的。在某种情境中，教学机构通过自己灌输和要求的知识的性质来显示它们的自主性，因为这些知识只有通过特殊的学习和教育才可能获得；而且在世俗的交易中，这些知识并不怎么值钱。在另一种情境中，教学机构也进行神化活动，只是在这一点上，它们非常接近于天生的贵族和有钱的贵族传统上托付自己子女的那些学校，比如说牛津大学和耶鲁大学，或者罗什中学和那些专门为贵族们准备的最排外的耶稣会中学；此外，尽管神化活动被委托给了教学机构中最不“学业化”的学校去完成，但是在表面上，这项活动仍然被饰以教学机构的自主性所赋予的社会中立性，而且相对于世俗社会的要求来说，这种自主性
420 多少还能够得到人们的肯定。毫无疑问，我们可以对巴黎政治研究学院和作为其延伸部分的国家行政学院所取得的社会成功作这样的解释：这些学校不仅能够使最忧虑的大资产阶级家族不再因为遭受国立中学和名牌大学（这些学校在外省的大资产阶级中享有盛誉）的拒绝而痛苦得不可自拔，还能够为他们经济遗产的传递

提供学业上的合法性——至少从 19 世纪末以来，学业上的合法性变得越来越重要了。要做到这一点，只需在学业方面付出一丁点代价就够了：一方面，招聘教师和招收学生的整套逻辑使这些教学机构预先倾向于认同特殊的文化资本类别，认同人们与文化的联系，以及与专门用来为巴黎资产阶级的遗产定义的语言的联系；另一方面，当实业资产阶级全面控制了权力，能够在家族内部自由选择继承人（或者当家族内部没有适合的人选，他们有权在自己所属的阶层中选拔继承人）的时候，他们就会赋予最世俗的学业称号所确保的习性以某种秘密的特权，正是这种秘密的特权倾向于弥补和修正学校在社会等级与学业等级之间的对应关系上已经作的修正——如果学校（比如说像巴黎综合工科学校）能够更多地肯定自己的特殊逻辑，那么，学校就会在社会等级与学业等级之间作上述修正。

要想看清楚这两种学校体系之间的对立，最好的办法就是透过一系列的细节写真，对青少年的形体常态，对他们的化妆技巧或者他们的服饰进行一次对照——他们要么模仿了这一系列写真中的这一幅或者那一幅照片；或者对他们上课所在的教学楼的建筑风格进行对比：一方面是名牌寄宿学校的修道院式的苦修（前不久，这类学校里还是清一色的男生），比如说，圣路易中学和路易大帝中学就完全处于闭门苦读之中；另一方面，围绕着一座图书馆和一个宽阔的现代化大厅建造起来的巴黎政治研究学院与路易大帝中学环绕着廊柱的宽阔

421 庭院形成了强烈的对比。[①] 或许，要看清楚这两类教学机构之间的对立，我们还可以将巴黎综合工科学校数学和物理的口试录音与国家行政学院的口试录音放在一起进行比较，如下文摘引。

以下我们提供的“谈话”记录(我们用省略号表示谈话的缺省部分，也就是说，听不清楚的部分)是1971年第一批会考的30份原件中最有代表性的一份。考生必须就以下短文发

① 这种庄严与宏伟是19世纪末名牌公立中学的创建者们刻意追求的风格，蒙田中学、维克多·雨果中学，以及创建于1882—1886年之间的拉卡纳尔中学(lycée Lakanal)都是其中的典型。关于拉卡纳尔中学，弗朗索瓦·布东(François Boudon)曾做过这样的描述：“政府想建一所模范中学，无论是总体设计还是学校的规划都必须体现模范的意义……教学大纲很重要。由于必须招收700名寄宿生，人们决定将学校建在巴黎城外的一个拥有9公顷面积的公园里；学校将处于苍翠绿林之中……这些小小的装饰物，并不能够掩盖学校建筑本身所透出的庄严。这种庄严是建筑师的苦心营造，因而必须有极其舒适的内部陈设才能够与之相配。在像博多(Baudot)这样的理性主义者的头脑里，将建筑观念中的宏大而优美的简洁与第二建筑物中的真正的精细融合在一起，便构成了现代建筑的追求，因为现代建筑的目的就是要摒弃浮华，以人为本”(F.布东：“阿纳道尔·德·博多的思想及作品研究，1834—1915年”，见《建筑，演变与连续》杂志[*Architecture, mouvement et continuité*]，1973年3月。此外，还可查阅保尔·歇姆托夫[Paul Chemetov]：《建筑与巴黎，1848—1914年》[*Architectures, Paris, 1848—1914*]，巴黎，国务文化秘书处[Paris, Secrétariat d'Etat à la culture]，1977年；第55—56页主要是关于圣巴尔博中学[Sainte Barbe]，第62页是蒙田中学及其冬季花园，第55页是拉卡纳尔中学)。我们发现，自米歇尔·福柯之后，人们这些年一直对最明显的“压制”现象怀着略带天真的兴趣，关注着无可置疑的监督职能；然而，这种关注却使人们忽略了这个领域中或者其他领域中的象征性霸权的更基本、更不容易察觉的方面(关于监督职能，我们不妨以拉辛公立中学的建筑师说的话为例：“在整个建筑物的这一层，所有临街的房间都成了校长的套间。P是她的办公室，从那里她既可以监视街那边进进出出的学生，又可以看见院子里和其他教学场所发生的事情。办公室的后面有一个候见厅，与会见厅Y直接相连。凉廊的上面有一个大阳台X，从那里监视起来更方便。”P.古特(P. Gout)：“拉辛中学”[“Lycée Racine”]，见《建筑大百科》[*Encyclopédie d'architecture*]，第4系列，第22号，1889年5月15日)。

表评论①:“通过对某些结构的颠覆,而这些结构是和历史性
的本质及对历史性的拒绝相关联的,大城市的行动无论过去 422
还是现在一直都是否定性的。那么,它的积极意义究竟何在?首先,我们有了更加抽象、更有助于计算的知识;其次,由于各种各样的诱惑、各种各样的制约,以及介入于各种各样的社会关系网,这使得我们的日常生活体验更加丰富多样。说到底,环境的复杂性取代了先前的决定论,从而为个人自由提供了一种可能性,就是说,个人能够在生存组合游戏留给人们的边缘地带实现自己的自由。同时,游戏规则也要求个人自由能够接受环境的制约。这样的理由显然并不能够解释某些人的恐惧——当他们想到城市生活传播着某种因循守旧的灰暗从而使人们的创造潜力日渐枯竭时,他们就会感到恐惧。相反,

① 人们为某些已经在政府部门担任公职的考生(他们大多出身于小资产阶级家庭)专门设立了会考,我们有机会研究了这类会考中的15份考卷,结果表明:这类会考的试卷与一般学生参加的第一批会考的试卷形式上是一样的。尽管如此,答辩委员会的成员(不是参加第一批会考的考官)还是常常表现出对考生的保护态度;而且考官们对考生的兴趣总是表现得有点做作,有点巴结,就好像是迫不得已而为之。他们会对考生这样说:“你将来或许会成为政府的高级官员”,“你回答得很有道理”;他们还会装作相信,考生的错误引出了一些有趣的话题。考官们也问一些学业方面的问题,但是这些问题似乎更像民意测验中的那种(比如说,“你是属于政府税收部门的,你认为在你工作的那个部门中,强制是否会在税收部门与纳税人之间的关系中发挥某种作用?你是否认为这是一件有益的事情?你觉得我们可以按照斯宾诺莎的观念来规划政府税收部门吗?就是说,让纳税人获得自由的意识?”)。至于答案,则与第一批会考中的“才子们”所表现出来的从容自如相去甚远,因为他们的答案中只是更多地表现了他们的满心诚意和希望能够圆满答题的忧虑:“我认为,这会引起更多的纳税人的参与,组织工作也会做得更好,尤其是在税收部门的精神状态,而这一切将从本质上使许多事情变得简单。我尤其认为,我们应该做更多的工作,以便让人们了解税制的合理性……我想,没有税收,就无从谈国家。”

历史却告诉我们：重要人物都来自大城市，或者至少受过大城市的影响；而且城市是革命的新事物的策源地和大本营”（卢克·多雷，《都市现象的意义》，1965年）。考生在对这段文章进行了陈述之后，“谈话”就开始了[1]：

第一位考官问：

——如此说来，你似乎赞同多雷的观点……你表达了他的观点的细微之处，还提到了亨利·列斐伏尔。那么，与列斐伏尔相比，多雷的观点究竟如何？

——我认为，关于城市化，亨利·烈斐伏尔的概念要广泛得多……在他看来，城市不仅是一个孤立的“居民岛”……它还向外蔓延着，不断地创造着……

——列斐伏尔把好些东西归结为大城市的积极方面。你完全赞同他的观点吗？有没有什么问题你更愿意将它归结为大城市的消极方面？

——我想，如果我要对其中的某一个问题进行反面论述的话……

——那么，你对抽象的和计算方面的知识有什么看法？（暗指多雷原文中的观点）

——……不错，我想，在城市里……竞争或许更严厉，更
423 艰难；而计算方面的知识便是我们生存下去的必要条件。

——确实是生存的必要条件，但是计算方面的知识本身

① 所谓“谈话”是国家行政学院会考中口试的重要项目之一：这种“谈话”一开始是用10分钟的时间对一段节选的文章进行口头陈述；然后，一位考官与考生进行十几分钟的谈话；紧接着是其他考官（一般有三四人）的介入。

是不是也能够成为一种财富？

——如果它超越了它本身的范畴，被用于……，我以为这是具有积极意义的。

——你认为在什么条件下大城市里的个人自由能够真正得到充分发展？

——……

——你是大城市的居民，你是否认为你的个人自由得到了充分的发展？

——我想，我们首先应该有自己的自由概念。我以为，自由是在不妨碍他人自由的情况下，做自己想做的事情的能力。在这个前提下，大城市为我们每个人提供了更大的自由……乡村里的评判比城市里的评判要沉重得多。

——你对外界的言论敏感吗？

——我对此不是很敏感，因为我生活在城市里……

——……大城市难道不会窒息弱者，只为最强者提供发展空间吗？

——我以为，城市不应被看作是最强者和最弱者的竞技场。我想，大城市的不平等会更多一些，这主要是因为，从某种程度上来说，人们的居住条件非常接近，几乎没有什么差别……另一方面，在同一城市里，不同街区之间的社会差异或许不像同一村庄里的社会差异那么明显。比如说，我想到了村子里的古堡……对某些农民来说它仍然是否定的东西……

——你有没有在法国的某一个村庄的生活体验？

——我只知道布尔戈涅的一个小村庄……

——那里有一座城堡？当地人现在对那城堡的态度怎样？当然，我不是问在那儿度假的巴黎人。

——非常奇怪，当地人对城堡的态度是尊敬，似乎还有一点惧怕和疑惑。

——城堡的主人做什么工作？

——他自己从没有在那里住过；现在这座城堡归一位外国人所有……

424 ——在你的陈述中，你两次提到了巴里二城（Parly Ⅱ）。你个人是否认为它是城市化的成功典型？

——我以为巴里二城是两种完全矛盾的因素相互融合的结果……我认为城市化不应该以商业中心为基础……

——如果要你建一个商业中心，你会把它安排在城市的什么方位？你是喜欢商业中心这种体系，还是喜欢从前的小店铺那种？

——就我个人来说，我更喜欢商业中心……

——“巴里二城”的小店铺对你热情周到吗？

——……一家卖男装的小商店有点冷冰冰的。

——有点冷冰冰。那么你在传统的小小店铺里也感受到了这种冷遇吗？

——如果我是这家小铺子的常客，我就不会有这种感觉。如果我不是……我要么觉得人家在引诱我，要么觉得受到了排斥。

——那么，你喜欢被引诱的感觉吗？

——我个人不喜欢。

——你不喜欢引诱别人？

——……我想，引诱是客观存在的。

——你认为引诱仅仅是一种超自然的冲动吗？

——……

另一位考官问：

——你认为城市化应该考虑社会阶层的存在吗？

——……

第一位考官接着问：

——最后一个问题，我想提醒你注意文中的一个句子：城市是革命的新事物的策源地。你难道不了解诞生于大城市以外的革命因素吗？

——政治方面吗？……我想，我可以举……为例……

——更近一点的例子呢？

——68年5月，中等城市……

——左派并不都是革命的……说说看，大城市是否比小城市或者农村更有利于保守的要求？

——我认为小城市和农村更有利于人们所说的保守派的要求……

又一位主考官问：

——你刚才谈到了著名的幽默家，他说要把城市建到农村去。你知道这个人是谁吗？

——……

——你对幽默家们很感兴趣吗?[①]

——我觉得他们非常有用……就我个人而言,某种形式的幽默会让我很开心,但不是全部。

——在生活中呢?

——比如说,我就很难理解英国的幽默,他们的幽默让我感觉非常冷酷……

——你认为幽默在政府部门重要吗?

——在公务中,我不认为幽默有什么意义……但在公务以外的其他环境中,幽默还是很重要的。

——如果你需要选择一位朋友,出于对朋友之间友好关系方面的考虑,你会选择一个拥有抽象知识的还是拥有具体知识的人做朋友?

——……有具体知识的人,因为……我想,概念的交换并不能够成为友谊的基础……

——在你看来,文中谈到的游戏规则是否有什么重要的意义,是否有什么应该重视的地方?当你参与某种游戏的时候,你遵守游戏规则吗?你是否觉得这些规则让你感到别扭?

——从原则上来说,当我赢了的时候,我会遵守规则;尤其是打牌的时候……

——在政府部门是否也有游戏规则?

——我以为游戏规则的概念用在这里不合适:因为有规

① “角色距离”(distance au rôle)或许是资产阶级的显著习性,而作为“角色距离”最好表现形式的幽默便是评委会(对考生)的首要期待。

定，有文本之外的运行规律……

最后一位考官问：

——这段短文中说，许多大人物都出生于大城市或者受过大城市的影响。你是否遇见过未曾受过大城市影响的大人物？

——我看……，我举个例子，例如……

——先生，你刚才谈到了小店铺，你经常换铺子买东西吗？

——……由于我是一位已婚的年轻人，而且我又搬了家，所以原来常去的店铺现在都不去了。

——你还谈到了规章制度，特别是不能闯红灯。你从来没有在城市里闯过红灯吗？

——我有的时候闯黄灯。

——哦，那么作为行人，你会在红灯的时候过马路吗？ 426

——红灯的时候，我总照样过马路。

——人们说，法国有的巴黎都有。你刚才提到了阿维尼翁的音乐节，却没提到马赛的公社……外省的一切都在系统性地贬值，你对此作何解释？

——我想，不管怎样，即使这种贬值已经存在，终归是会缓解的……

——你不认为从巴黎往外省派乐队还是有用的吗？

——……

——你不认为这种文化的地方化现象是有积极意义的吗？

——绝对是有积极意义的，而且是必要的……我想，让-弗朗索瓦·巴雅尔乐团应该在外省演出，然后到巴黎来，而不是相反……

这种“谈话”及其“带圈套的问题”的表面逻辑，以及其中无法预料的话锋急转，简言之，诸如斗智、恰当、善辩之类的学业常规实际上掩盖了口试的真正功能：只要列举考生实际上提供的关于他个人的所有信息，而不需考虑他的态度反映的信息，我们就足以发现，口试实际上只是一次完全属于个人之间的提问——只有与学业环境的不真实联系在一起的率真才能够将这种提问从不恰当的难堪中解救出来（比如说，那些关于引诱的提问），此外，提问的目的，不管是有意识的还是无意识的，无非都在于从政治上或社会关系上为考生定位（考生说的大部分话都是用第一人称，而且总是采用“我以为”“我想”之类的句式）。

另一位考生必须评论西蒙娜·德·波伏娃写的一段文字，其中影射了一则格林童话。于是，考官就问这位考生是否读过格林的作品和佩罗（Perrault）的童话，是否认为“这些东西用来吓唬孩子很管用”，幼年时是否读过一些“残忍的故事”，“孩子应该在几岁上电影院”，对瓦尔特·迪斯尼的电影和老人政治有什么看法，是否认识在老人之家生活的人，“总体上是否反对妥协”，“如何解决一方只想给四生丁，而另一方却要十生丁的罢工冲突”？总而言之，大学的活动导致了现实
427 感的丧失（在这里，对文章进行解释的例行惯例便再现了这种活动），而现实感的丧失掩盖了某种形式的招生面试，而这种

面试把政治问题和个人问题混在了一起，现实感的丧失还掩盖了对个人举止的检测，这种检测，正如评委会所说，是用来识别"人"的，就是说，用来识别某些纯粹的社会习性，例如，回避一道难题或者承认一项无知时必要的自信，或者是"毫无冒犯之意的镇定"——这种镇定常常使考官乐意收回问题，而且还能够在考官的话还没有说完之前礼貌地打断他的提问；甚至事先扮演同谋者的角色，傲慢地拒绝带有书呆子气或者属于书本概念的死读书，从而潇洒地拒绝不会回答的问题（"尤其不要问我认识论方面的问题"）。但是，我们有必要引用一篇序言，其标题为《评委会对考生考试情况的思考》。这篇序言作为会考试卷分析报告的引言发表于《国家行政学院：1969年会考试卷及统计》（巴黎，国家印刷局，1970年）。文中说："尤其是有一些考生，他们无疑非常用功，但没有留出时间来思考，甚至也没有时间阅读《世界报》以外的其他东西。对于生吞活剥的大量知识，他们没有表现出任何的理解与消化。他们缺乏幽默感，也没有快乐。我们担心，如果任其发展，政府部门将会变得愁容满面，过于严肃。因此，如果政府高层部门与国家的精英群体变成了笼罩在"读死书"的阴霾之下不苟言笑的场所，那么人们如何为国民提供一个幸福的法国？他们忘记了谈话考试不是对于知识的测试，我们反复强调过这一点，知识是通过技术考试来判断的。谈话只是一种方式，我们旨在通过谈话和第一天的考卷内容来评价人在特定年龄的素质——在这个年龄的人还不懂得过分掩饰自己，而且他的素质已经确定了，但又没有僵化（只是期望如此）。一天，有位考官这样说:'我试图想象自己是否愿意与面前的考生一起工作,我是否能够完全信任他'。因此,考官满怀期待的是人(homme),而不是装满了文凭和书本知识的存在(être)。承认自己在某一问题上的无知,并非无礼的从容,机敏的天性,乐于探索的精神,所有这一切都是极好的东西。通常,荒唐的或者技术性的问题都是用来刺激某类考生的——他要么盘桓在自己个人的小天地里,要么炫耀自己那点本来已经很费力的自满。引用自己根本没有阅读过的作家说的话,假装高雅,含混的套话(对于考官来说,不确切的套话正预示了考生精神状态的混沌),所有这一切都是令人轻蔑的。"

第二章　权力型学校与 428
支配经济的权力[*]

因此，这两种再生产方式同时存在于经济权力场域内部，它们代表着这个场域中连续的两个极点。[①]所有的一切似乎表明：随着企业历史的延续（通常是从第二代起）和规模的扩大，求助于学业上某种形式的神化，哪怕是最基本的神化，倾向于成为越来越广泛，越来越迫切的需要（参见图 16 和图 17）。但是我们并不能据此而得出结论，认为根据进化论者的一张简易图表就可以断定，这两种再生产方式是与某一发展阶段的两个时期相互对应的——在某些作者看来，这一发展阶段与另外一个发展阶段是不可分割的，因为通过后一个发展阶段，以财产和财产的所有者为基础的霸权模式演变成了另一个更理性、更民主，建立在“技能”和企业的经营管理者基础之上的霸权模式。对合法的再生产方式进行定义构成了斗争的焦点，在经济权力场域内部更是如此。因此，必须谨防将力量关系中的某一个很可能被推翻的状态描绘成为最终的历史结论。

---

*　本章与莫尼克·德·圣马丁合作完成。

①　我们将在本部分的附录 1 中继续描述调查和分析的步骤（样本的建立、联系人的确定、确立编码的程序、原始资料的使用等），并且对我们所取得的结果进行详细汇编。

国营企业家和家族企业家

代表大公司领导者特性的空间是围绕着**国营企业家**与**私营企业家**之间的对立建构起来的。国营企业家占据着与国家紧密相联的大型企业的首要位置，其中包括大型工业公司（如国有化企业、
431 混合经济企业、严重依赖于国内市场的企业）和大银行[①]；私营企业家是私营工商业公司和银行的老板，相对来说，这些公司和银行的规模要小一些，与国家的联系也没有那么紧密。[②] 此外，国营企业家一般都出身于政府高级官员家庭或者自由职业者家庭，而不是出身于企业主家庭，他们常常持有丰厚的学业资本和社会资本；这种社会资本往往来源于他们继承所得的社会关系，或者来源于他们在国家官僚权力部门或者在部长办公室积累起来的社会关系；他们的整个学业和职业生涯都置于**国家**徽志的保护下——国

① 人们所说的国营企业家或者国营资本家是指这样一些担任企业的总经理的人：当他们还不属于政府职能部门的时候，他们便通过自己的学历、个人经历，尤其是通过自己的地位与国家紧密联系在一起；因为他们的地位使他们能够左右国家的政策，并使之符合他们所代表的利益，至少他们中最有权势的人能够做到这一点。

② 国家和国营企业的订单集中在少数工业部门和大型企业手里。比如说，电力和电子工程、船舶制造和航空工程、石油天然气生产和机械制造等工业部门；而1974年拥有2000名以上员工的大型企业的销售额占整个工业部门销售总额的49%；同年，这类大型企业占国内市场和追加订单的68%（正如从事这方面研究的学者所说，这个数字里面还应该加上它们与员工在2000人以下的分公司签署的订单）。此外，国内市场极其规范，至少对于特大型企业来说是如此，而对于员工少于2000人的企业，供货商人的选择缺乏明显的稳定性。参见E.马蒂厄（E. Mathieu）和M.苏贝尔西柯（M. Suberchicot）："国内市场和工业结构"（Marchés publics et structures industrielles），《经济与统计》（*Economie et statistique*）第96期，1978年1月，第43—54页。

图 17　资方空间:问卷分析(第一惯性

轴和第二惯性轴平面图:个人)

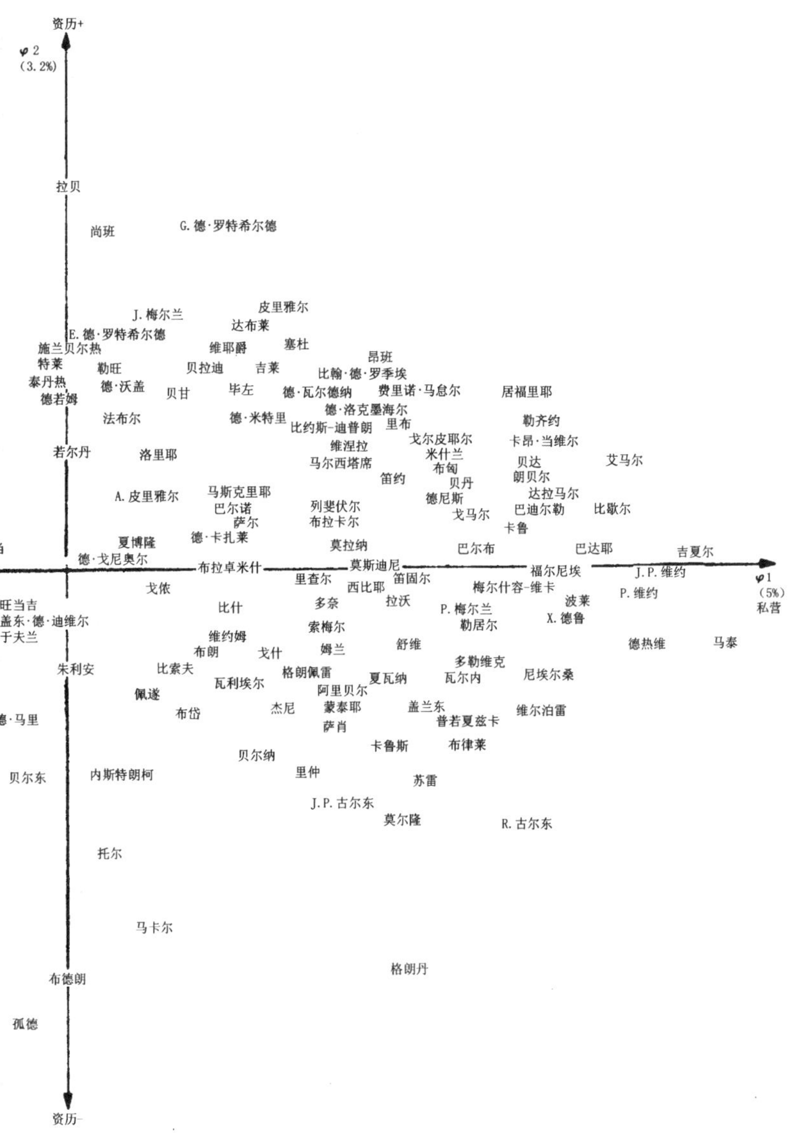

立的名牌公立中学、名牌大学、政府高级行政部门、国家精英群体（尤其是国家财政监察机关、国家行政法院、矿业工程师群体），以及最后国家级的大公司。私营企业家一般是资产阶级大家族的继承者，或者是商业或者手工业小资产阶级出身的暴发户；他们在私立教学机构完成了学业，其水平相对来说不高，他们的整个职业生涯都是在私营部门，而且通常是由他们家族控制的某个企业度过的。[①]

大企业家中很少有白手起家的人，白手起家的个别典范 432
无论是现在还是当初，都是很少见的，都只是用来为自我奋斗、论功行赏神话提供材料的。同样，正如许多历史研究所表明的那样，第一次工业革命时期的企业经营者大多数出身于实业资产阶级家庭，通常只受过中等教育；即便在今天，工人和职员的子女要想跻身大企业家的行列仍然是极其困难的（216 人中只有 7 人，占 3%），只有在二流企业中才能够偶尔发现他们的踪影（在二流企业的前 100 名企业家中仅有 2 人

① 所有这一切可以让我们设想从企业家配偶的特征中去寻找构成了整个场域结构的对立面：1967 年人们对 500 家最大公司的 159 位总经理进行了一项调查，其中排行最小的公司通常为家族式企业，而且这些小公司的老板有一半以上（57.3%）娶了其他老板的女儿为妻；特大企业老板的此项比例仅为 21.2%（参见 D. 阿勒[D. Hall]和 H. C. 德·贝笛尼[H. C. de Bettignies]："法国企业领导者精英"[L'élite française des dirigeants d'entreprise]，见《人与技术》杂志[*Hommes et techniques*]，1969 年 1 月，第 21—23 页）。我们所能收集到的有关研究对象的材料也可以证明这一点：就大资产阶级王朝的继承者而言，他们的再生产策略似乎也在改变，而且他们的配偶往往属于穿袍大资产阶级家族。随着家族一代又一代地延续，随着群体规模的日益扩大，通过联姻来强化经济联系的必要性好像变得越来越不迫切了。

出身于工人或职员家庭)；独立经营者、手工业者和小商人的子女(100 人中有 7 人)，以及中等管理人员的子女(100 人中有 9 人)也一样，他们在企业中所处的地位比不上支配阶层出身的企业家们。因此，他们常常出现在国外分公司领导人的行列中，而这些设在国外的分公司实际上只不过是跨国集团可有可无的附件，因为跨国集团在国外有自己真正的决策中心。此外，我们实际上还没有把自学成才的因素考虑进去，因为有 88%的企业家宣称至少持有业士文凭；大多数没有文凭的人也都读过中学。少数几个白手起家的人并非真的是从零开始的。马塞尔・福尔尼埃在创立家乐福之前，就从事过家族的生意，那是家族在 1822 年前后开设的一家服饰用品店。按照他本人的说法，当他 1932 年进去做帮手的时候，这家“小商号”已经拥有“十几号人手”，其中包括他的两个兄弟(参见“马塞尔・福尔尼埃访谈录”，《拓展》杂志，作者：罗杰・普里乌莱，1973 年 6 月，第 215 页)。

因此，一方面，有些人在国有企业拥有权力(如政府经管的雷诺汽车公司总经理)，同时，他们还拥有学业资本，而且他们的社会资本还由于经常介入到专家治国论者的大型议事法庭(如国务午餐、计划委员会，等等)而不断地得到维护，此外，诸如法国四级或三级荣誉勋位获得者之类的官方高级勋章又使他们的社会资本得以神化，这些人预先倾向于通过介入高层政府部门和高层政治权
433 力部门来从事一种带有政治色彩的行动；另一方面，有些人对政治和“政治家”，以及对政府职能和政府官员极力保持克制，而且还常

常表示轻蔑，同时，他们也缺乏有利于与政治家和政府高级官员做交易的习性和关系，因此，他们只能不无保留地信赖那些有头衔的代言人，而将自己的政治行动局限在他们能够全面控制的地方机构。①

私营部门的企业家常常将他们自己的名字与私立慈善机构、诊所、产科医院连结在一起，因为他们的名字表达了家长的概念和雇主的职能，近乎于君主政体。国家创办的公立救济机构则不同，它们既无主人又无姓氏，因而不要求得到认同；此外，公立救济机构很可能以工会运动从资方手里夺取的一个“战利品”的形式出现，而不仅仅是救济机构本身的单纯效应。因此，私立慈善机构的创办意图从定义上体现了它们与国家创办的公立救济机构是不同的：“我们之所以办诊所，是因为有一天，我们的一位工人让公立医院的拙劣医术给治死了；我们之所以办学校，是因为那个时期没有真正适合工人子女的学校。因此，我们做了国家没有做的事情。我们不需要工会来管这些事，工会对于企业的生存根本就没有什么必

① 私营部门的企业家获得勋章的机会要少很多，即便有了受勋的机会，那么得到的勋章也往往是不那么令人瞩目的（如荣誉勋位骑士勋章、骑士团奖章）。通过这一切，我们可以认为，拥有这些官方标志作为官方对人们已经提供的所有服务的认同，这本身就是与国家和政府关系良好的一个征象。因此，当瑟特认为：“相对来说，荣誉勋章在纺织部门的资本家中比较少见，因为这个行业通常远离政界和官方职务”（J.-L. 当瑟特（J.-L. Dansette）：《里尔-阿尔芒梯也尔地区几大纺织业家族，1789—1914 年》，[*Quelques familles du patronat textile de Lille-Armentières*，1789-1914]，里尔，E. 拉鲁斯特出版社，1954 年，第 745 页，注释 23）。

要。说到底，工会的出现是资方无能的表现”（F. 米什兰，由乔治·莫南整理，《巴黎-竞赛》杂志，第 1497 期，1978 年 2 月 3 日）。在克莱蒙-费朗，有一家米什兰婴儿咨询机构，一家米什兰诊所，几家米什兰产前医疗咨询机构，等等（参见《健康与社会救助指南》，1970 年）。若是将得到大老板们的资助，或者在大老板的“保护”下建设起来的体育场或者体育运动队伍统计进来，恐怕说也说不完：例如，在圣艾蒂安，有若弗瓦·吉
434 夏尔体育场（以卡西诺俱乐部创始人的名字命名）；在威德尔，有布鲁米埃体育场（以创办矿泉水公司的家族姓氏命名）；还有标致汽车公司于 1928 年创建的索休足球队。许多“居住区”也属于同样的情况：在厄尔省的纳桑德尔地区，就有一个叫布匈的居住区（以糖生产商的名字命名）。我们还能够列举出许多城市的名字，在那里，社会设施都以当地大老板的姓氏命名，比如说，阿洋季、莫瓦约夫尔、爵夫；总之，这座城市里的“一切都是文德尔的”，正如在克莱蒙-费朗“一切都是米什兰的”。

相反，国营企业家往往更热衷于匿名慈善协会的活动，或者说更关注公共利益：银行集团总经理雅克·德·福歇，苏伊士和巴黎联盟金融公司名誉总裁雅克·乔治-比柯，巴黎国家银行董事长皮埃尔·勒杜，法国国民信贷银行董事长伊夫·马雷科，法国商业信贷银行总经理让·梅尔兰，以及 BSN 公司总经理安托万·里布都在 1973 年先后成了法国基金管理委员会的成员。由于这个机构是在信托局的倡议下，由法兰西银行和法国最大的国有银行和私人银行共同创办的，因而

“它的宗旨在于以符合工业社会要求的形式，从最广泛的意义上为促进和复兴‘文化和艺术事业’做贡献”；并且在慈善领域中“取缔私有化”，“直接服务于以私人身份出现的个人和企业，因为他们或许希望拿出一部分收入专门用于**出于共同利益的某些目的**，但是又不打算或者不能够创办他们自己的基金会，不愿意信赖自己的继承人或遗嘱执行人，或者不打算直接与现有的慈善机构取得联系；或许他们试图寻求一个特殊的机构来接受和经营他们的捐赠，并使之服务于符合他们意愿的，具有慈善性、教育性、社会性，或者具有科学和文化方面性质的**非营利性机构**”(《行政通讯录》中对法国基金管理委员会的介绍，1973 年，第 1021 页)。还是在 1973 年，时任里昂信贷银行总裁的弗朗索瓦·布洛克-莱内担任了法国医学研究基金会的主席。这个基金会的宗旨是“促进各种形式的医学研究”。

私营部门的企业家深深地扎根于各地区，[①]他们实际上从来 435
没有在经济场域之外占据过位置。国营部门的企业家则不然，他们中的大多数人都担任过政府公职，要么是部长办公室，要么是国

① 我们可以对与地域接近和宗教归属有关的相似性(affinités)进行定位。“通过绘制图表，我们可以发现一条以阿尔萨斯-弗朗什-孔泰-里昂-马赛为中心的轴线。这条轴线围绕着拉扎尔集团和巴黎-荷兰银行，将东部新教资产阶级(舒伦贝尔吉家族和标致家族)的资本与里昂(吉莱家族)和马赛(法布尔联合运输公司)的资产阶级控制的资本连接在一起。在所有这些灿如明星的资本中，婚姻关系、妇女和财产的‘流动’……发挥着与传统的个人联系和金融联系同样的作用。”(P. 阿拉尔、M. 伯德、B. 贝隆、A. M. 雷维、S. 列纳尔：《法国工业与金融业团体辞典》[*Dictionnaire des groupes industriels et financières en France*]，巴黎，色伊出版社，1978 年，第 18 页)。

有化部门；此外，他们还在权力型学校中（如国家行政学校、巴黎综合工科学校、巴黎政治研究学院）享有重要的地位，而且还往往是著名的大学研究院的董事会成员；因此，无论是他们在权力场域中的轨迹，还是他们制度化的特性甚至是个人特性（比如说，出入于各种不同的领域，再加上特性所确保的私人关系，使他们形成了自己的“风格”和折中主义的文化），都使他们预先倾向于促进经济权力场域与作为权力场域组成部分的其他场域之间的权利关系和行为关系的发展。因此，不同位置之间的对立面可以转变为不同习性之间的对立面，比如说，非公众人物与“公众人物”之间的对立面：作为非公众人物的这些“私人”企业家，人们喜欢称之为“神秘人物”，而作为“公众人物”的“专家治国论者”企业家则不然，他们总是要热情地应酬各种各样的会晤，要在电视上露面，还要忙于写文章、出书。[①] 这些公众人物就是关系人物和“公共关系”人物——他们的家庭关系、公立中学和名牌大学的关系，甚至将他们从政府职位上引入私营企业的轨迹，都使他们预先倾向于扮演联
436 系人的角色，尤其是扮演国营部门与私营部门之间的联系人：在人们所说的制定或推行经济政策的各种各样的机构，如各种委员会、

① A. 阿里斯和 A. 德塞杜伊在他们的书中（参见《企业家们》，第 245—250 页）专门用一章写了弗朗索瓦·米什兰，标题为《一个神秘的人》，文中叙述了一次采访计划的失败。同样，关于外省的实业资产阶级，即里昂、里尔、波尔多的那些信守秘密、出言谨慎的实业资产阶级，我们找不到任何相关的画面或文字描写——信守秘密、出言谨慎是旧式资产阶级的技术原则和伦理原则。正如在回答访谈中，穆里耶-费达尔家族的一位成员在回答一个问题时所说的那样：“钱财不出声，出声不生财。”（《世界报》经济记者菲利浦·拉巴尔德报道）

特别委员会、协会，人们都能够发现他们的身影[①]；他们常常在法国全国雇主理事会(CNPF)担任领导职务，甚至担任重要的领导职务；我们知道，这个理事会正是在国家的倡导下，以法国资方联合总会(CGPF)的名义创办的；在许多私营部门的企业家看来，雇主理事会几乎就是一个官方法庭，而且总是让人怀疑它在向国家献殷勤(皮埃尔·儒旺、昂布华兹·鲁、皮埃尔·德·卡朗都在理事会担任领导职务；相反，弗朗索瓦·米什兰却于1968年5月退出了理事会)。他们还经常相会于大企业储备金征集协会(AGREF)，这个协会正是在"法国最重要的几家大型工业公司和M.雅克·费里的倡导下"，于1969年创办的；协会的目的在于"为大企业提供途径，使它们能够共同思考和处理自己特有的问题"(摘自AGREF简介，1977年9月)。到1977年，这个协会已经聚集了80家工、商、银行界的特大公司，昂布华兹·鲁担任协会的主席。此外，公众人物们还出现在各类资方联合会、工商协会[②]，以及企业领导人学习与研究中心，并且常常在法国25家最大的工商业公司担任董事会成员，可见，他们在一定程度上与再生产方式有联系，此外，他们还经常出席大学的董事会，尤其是名牌大学的董事会：皮埃尔·儒旺曾经在1964—1971年间担任国家行政学院董

① 70年代中期，在导致制订了住房新政策的各个委员会内部，存在着政府高级官员、银行和国有企业领导人之间的"互相渗透"。关于这一情况，参阅布尔迪厄：《个人住房市场分析资料》(*Eléments d'une analyse du marché de la maison indivituelle*)，巴黎，欧洲社会学中心油印，1988年。

② 各工商协会将近三分之一的领导人是大企业家。我们都知道这些领导人对经济和政治生活，以及对教育与培训所具有的影响(工商协会主要控制了巴黎高等商学院和其他几家商校)。

事会的成员，并且还曾担任巴黎国立矿业高等学校培训委员会的
437 成员，以及康柏涅新校的董事；昂布华兹·鲁、雅克·德·福歇、弗朗索瓦·布洛克-莱内、皮埃尔·穆萨和保尔·德鲁弗里耶都是国家著名高等学校发展委员会的最早成员。他们不再追求地方上的职务（他们很少担任市长或议长），地方经济发展委员会也几乎没有他们的踪影——这里是私营企业家云集的地方，相反，这些私人老板在大的资方协会中人数却不多。在某种意义上，专家治国论者控制的公司里的老板构成了国家资产阶级的极限：因为他们最大限度地拥有最多的与支配极点结合在一起的特性，比如说，昂布华兹·鲁就是这个群体所推崇的典型的人物，或许这并不是因为他本人得到的认同，而是因为他具体体现了人们最乐意认同的合法的企业家的形象。①

但是，如果我们像这样对在两个极点之间持续分布的人群实行二分法，我们就很可能忽略一个问题：为了便于陈述而划分的类别会因为**统计边界**而分离开来，而统计边界实际上并不能构成一条明显的**分界线**，因为许多国营部门的企业家要么有工商界方面的联系，甚至与工商界有着家庭方面的联系，要么直接参加地方的政治生活（皮埃尔·纪约玛就是这样）。而“家族”企业家也可能参加专家治国论者的委员会，甚至进入爱丽舍宫（比如弗朗索瓦·米什兰）。同样，如果说在专家治国论者控制的大公司里，确实有 64.5%

① “由于他在法国全国雇主理事会担任副主席的职位，以及他担任的各种公共职务，再加上他对待利益的态度和他的‘激进自由主义’给他带来的好名声，还有他与政界的关系，昂布华兹·鲁成了法国企业家中最令人瞩目的人物之一。”（《世界报》卷宗与文献增刊，1977 年 11 月）对亨利·德·文德尔的评价则与此相反：“这个人没有与媒体打交道的经验。”（R. 普里乌莱[R. Priouret]，《拓展》杂志，1971 年 7—8 月）

的企业家是从政府公职的位置上开始他们的职业生涯的，而且18%的企业家还曾担任过财政稽核，那么，家族企业家也有同样的经历，他们的两项比例分别为16%和4%。前者中有27%的人在部长办公室工作过，24.5%的人曾在规划委员会任职；而后者中有过类似经历的人分别占7%和5%。此外，即使在构成这两个空间最明显对立的问题上，比如说继承方式，其中的差异绝对不是没有 438
意义的。距离家族和私营的极点越远，就越需要持有名牌大学的文凭。如果说人们对此已经没有什么疑问，那么还有一点也是不容置疑的，这就是从家族的第二代开始，持有名牌大学文凭对继承者自己来说也越来越必要了。我们还是以塞尔季·达索为例：塞尔季·达索曾经是"巴黎综合工科学校和高等航空学校的学生"，作为马塞尔·达索的儿子和法定继承人，"他证明了自己不仅仅是个阔少爷"。① 在大多数情况下，继承一般优先考虑学历高于前辈的人选（我们可以想一想汤普森-布兰特公司先后继承总经理职位的保尔·理查和西尔文·弗鲁瓦拉）。有时，为了摆脱企业所有者死亡所带来的危机，家族的责任人常常会聘请一位经理，可以说这一类的事情并不少见，但是，这位"经理"常常也出自商界名门，否则，他就只能让人当作一位简单的代理人（fondé de pouvoirs）来对待——在往日的耶稣会学校学生通常所属的领域中，人们将这样的经理叫做"可以依法辞退的"管家。正因为如此，我们可以欣赏一下让-马克·凡尔纳在评论自己的升迁时所表现出来的幽默。

① H. 加尼克（H. Jannic）："盛大的继承"（Les grandes successions），《拓展》杂志，第52期，1972年5月，第94—101页。

让-马克·凡尔纳(现任巴黎凡尔纳商业银行的总经理)来自于一家信奉耶稣教的大银行,他接替了费迪南·贝甘,得到了升迁,成了纯粹的*经理*,因为他对家族内部的争端不闻不问,对保卫家族的财产也漠不关心。他说:“在我们这里,大家族的专制已经属于过去,我在这间办公室里的出现就清楚地说明了这一点。订这些无法实现的计划有何用? 5 年、10 年、20 年之后,谁知道银行是否还属于家族。所以当务之急应该是经营好这家银行。”[①]罗纳-布朗克公司领导人的更替情况也是这样,不管表面上看起来怎么样,但实质上遵循的几乎都是同样的逻辑。前任总经理威尔弗里德·波姆加特纳曾经也是个大官(前部长或者前法兰西银行行长),接替他的雷诺·吉莱是一位化学工程师(毕业于里昂高等化工学校),他从 1966 年起担任普里塞尔公司的董事长(普里塞尔是一家股权公司,吉莱
439 家族持有其中的股份)[②];同时,雷诺·吉莱还是巴黎-荷兰银行、BSN 热尔韦-达能公司、欧法公司、比利时化学工业联盟、欧洲钟表机械设备公司的董事,并且还是罗纳-布朗克公司的创始人弗朗索瓦·吉莱的曾孙(雷诺·吉莱一家占有公司资本的 2.3%)[③]。

实际上,在经济权力场域的各个领域都能够感受到从家族继承所得的社会资本的影响:决定企业领导人选拔(并且也在一定程度

---

① H. 加尼克:“盛大的继承”,第 94—101 页。

② A. 吉曼(A. Jemain)和 J.-P. 罗宾(J.-P. Robin):“普里塞尔:吉莱家族的基础”(Pricel: la base des Gillet),见《企业》杂志(*Entreprise*),1973 年 11 月 2 日,第 85—86 页。

③ R. 普里乌莱(R. Priouret):“罗纳-布朗克公司:危机的规模”(Rhône-Poulenc: l'ampleur de la crise),《快报》(*l'Express*),1975 年 12 月 1 日,第 80—83 页;同时参见他的“雷诺·吉莱访谈”(Face-à-Face avec Renaud Gillet),《拓展》杂志,1975 年 4 月,第 157—169 页。

上决定普通管理人员的职业前景)的连续不断的自行遴选活动以各种各样的标准为武器,而这些标准绝对不能够全部归结为学业称号,更不能归结为人们想象中通过学业称号正式衡量出来的东西。

显然,官僚主义化既不排斥特权的继承性移转,又不排斥任人唯亲,因为这两者时常以非常明显的形式表现出来:1974年,雅克·德·福歇担任银行集团监督委员会主席期间,他的弟弟路易-夏尔·德·福歇担任北方信贷银行和巴黎联合银行的名誉董事长,银行集团(沃尔姆斯银行)董事会的成员;他的侄子(即路易的儿子)罗伊克则进入了北方信贷银行的领导阶层,而雅克·德·福歇就是这家银行的董事,并且还是沃尔姆斯银行董事会的成员(根据与从前贵族家庭采用的领养制度相近的某种技术,年轻的罗伊克·德·福歇在国家工商银行以专员的身份开始了他的职业生涯,在回到家族的银行之前,他还去了阿尔及利亚银行和突尼斯银行)。

即便专家治国论者和官僚主义者的权力真正是最正规的终身权力,而且真的不能由父亲传递给儿子,然而,那些当大官的人还是能够在进行服务交易与庇护交易的游戏中找到变通的办法,并且在很大程度上绕过官僚主义者关于继承性移转的禁令。[1] 就那

① 在赋予“高官们”的众多特权中,重要的应该是指引甚至决定自己的继承人这一特权了。尤其应该关注曾经担任过政府经管的雷诺汽车公司总经理的皮埃尔·德雷福斯(Pierre Dreyfus),关注他的及其继任者的任命条件(皮埃尔·德雷福斯:《成功的自由》[*La liberté de réussir*],巴黎,J.-C.斯摩安出版社,1977年,第40—43页,以及第175—176页)。

440 些最有声望的文凭而言，与其说文凭的价值表现为一张纯粹的技术能力证书，还不如说文凭的价值体现为文凭对良好的声望和良好的教育的保证。[①] 因此，要通达国家控制下的重要职位，名牌大学的文凭就必须与那些最罕见的几乎无法定义的特性联系在一起——这些最罕见的特性能够确定归属，因为它们本身就是归属的产物，为此，在学业淘汰的统计学机制实施选拔的人群中，以归属于某一教学机构这一微妙标准为基础的自行遴选活动实际上又实施了第二次选拔，而这一次选拔的目标更明确，这就是对工商实业群体进行再生产——即便继承不能一直在直系后代中进行，那么遗产必须仍然保留在合法后代的手中。

"资产阶级贵族"

学业再生产方式（我们知道，它已经让位于文化资本的家族传递）必须具备的抵御家族再生产方式的法定能力受到了制约，因为家族的继承权仍然在企业的最高领导者群体内部促成真正的"精英之精英"的特性；而真正的"精英之精英"的选拔原则，或者说自行遴选原则，实际上就是人们在资产阶级队伍中的资历，说到底，

① "罗杰·马丁是 SGPM 公司的总经理。竟然有那么一次，他这样对他的同窗学友们说：'我可以发誓，巴黎综合工科学校和矿业学校教给我的东西对我从来就没有什么用处。'一位工程师或者一位管理人员真正需要的东西，他可以边干边学，仅此而已。只要你安心，企业就有数，就会帮助你。那些漂亮的驴皮（毕业证书）之所以能够保持好名声，在很大程度上是因为它们善于预料人们最看重的优秀品质：不管怎么说，被巴黎综合工科学校录取，这本身就证明你有能力强迫自己干两三年的苦活"（转引 J. 封丹的话）。

就是家族再生产方式的某种特别完美的形态。其实，我们发现私营部门企业家与国营部门企业家之间的主要对立被另一个次要的对立进行了又一次分割——在按照与国家的距离来进行定义的每一个类别的内部，这个次要对立面都根据人们在工商界的**资历**来
对企业家进行分类[①]：因此，在所有企业家中，一方面是出身于贵 441
族或者巴黎的实业大资产阶级家庭的企业家，他们拥有资产阶级生活方式的所有标志（高雅的俱乐部、《名人录》，等等）；另一方面是那些后发家的资产者，他们是家世没有那么久远的家族中的成员，其中位于最底层的便是巴黎甚至外省的小资产阶级暴发户。然而，这个对立却与根据人们在等级化了的经济权力空间中所占据的位置建构起来的对立极其吻合：银行家，即斯汤达所说的通常由财政稽核起家的“资产阶级中的贵族”[②]，以及同样也拥有金融势力的大工业集团的老板，构成了工业资本家的对立面——这些资本家通常是毕业于工程师学校的“技术专家”，他们的职位通常处于金融资本主义官员的支配之下。

如果我们通过加入公司董事会（除了自己公司之外的其他公司的董事会）的情况来衡量对于经济场域的支配权，我们就会发

① 越接近社会等级的顶端，任职资历就越重要（所有能够显示资历的其他方面，如举止、生活方式等也一样重要）。这种现象并不是偶然的：我们知道，如果用赛跑的术语来形容，那么，对于最终到达了同一目的地的所有个人来说，差异的标准最后只能归结为资历，也就是说，只能归结为获取一个职位，并且由于基本上能够轻松自如地胜任角色而持续拥有这一职位的排名顺序。

② “银行家是国家的核心。资产阶级取代了圣日耳曼区（即昔日贵族聚集的地方。——译者），银行家则成了资产阶级中的贵族”（参见 T. 泽尔丹[T. Zeldin]在他的《法国 1848—1945》[*France 1848—1945*]中的引文，第 1 卷，牛津，克拉伦登出版社，1973 年，第 77 页。引文未注明出处）。

现，这种权力与人们所持有的文凭之间有着很大的关系：巴黎综合工科学校的毕业生和巴黎政治研究学院的毕业生几乎平分了法国25家最大公司的所有席位；大多数普通工程师学校、商校或者普通大学法学院毕业的总经理，以及那些甚至没有文凭的总经理，只能在（相对来说）最小的公司里任职。但是，在文凭相等的情况下，进入大公司董事会的可能性与社会出身有着极大的关系。①

443 无论拥有什么样的学业称号，出身于大众阶层或者中等阶层的总经理很少有机会跻身于一流公司的董事会。相反，对出身于穿袍资产阶级家庭或者实业资产阶级家庭的总经理来说（他们一般都是法国经济资源管理协会的成员，而且常常出现在《拓展》杂志提名的《100位企业家》的名单中；这两项的比例分别为32%和20%），他们只需要有巴黎政治研究学院的学习经历就能够进入排行在法国前25位的大公司的董事会（某一大公司的11位董事中就有8位毕业于巴黎政治研究学院）。② 同样，出身于实业大资产阶级家庭的总经理还有很多机会可以进入一些重要

---

① 我们知道，学业称号，尤其是名牌大学毕业生的学业称号，其实就等于这些文凭的持有者本身的价值。同一所学校毕业生的"社会成就"会随着一系列的变量而产生极大的变化，而所有这些变量都与社会出身不无联系。在此之前，我们已经对师范学校毕业生的相关问题作过描述：师范学校毕业生的日后成就，即使在教育界内部，也仍然与社会出身有关联。同样，即使巴黎高等商学院毕业生收入方面的差异与他们毕业时的名次有关（其实名次也远远不能独立于他们的社会出身），不过，收入方面的差异至少与他们获取现有职位的方式有着同样的关系，就是说，与他们出身所在的社会环境有着同样的关系。

② 穿袍资产阶级家庭出身的总经理中还有相当一部分人没有进入任何公司的董事会，甚至也没有进入二流公司的董事会，其原因在于他们中的很大一部分人在国营大企业中担任最高领导人。

表 34　社会出身和文凭在其公司董事会的分布

文凭情况 / 父亲的社会职业类别	董事会的排名 1－25 巴黎综合工科学校	巴黎政治研究学院	普通工程师学校	商校	法学院、文学院、理学院	无普通高等教育文凭	总计	26－100 巴黎综合工科学校	巴黎政治研究学院	普通工程师学校	商校	法学院、文学院、理学院	无普通高等教育文凭	总计	101 以上 巴黎综合工科学校	巴黎政研治究学院	普通工程师学校	商校	法学院、文学院、理学院	无普通高等教育文凭	总计
农民、工人、职员、中等管理人员、手工业者、商人	1	–	–	–	1	–	2	1	–	2	–	1	–	4	4	–	7	3	4	6	24
管理人员、经理、工程师	6	–	–	–	–	1	7	2	2	1	1	2	–	8	2	1	5	1	2	–	11
军官、土地所有者	3	2	–	–	1	–	6	1	1	1	–	–	–	3	2	2	1	–	1	–	6
自由职业者、高级官员	1	8	–	–	2	–	11	4	3	1	–	–	–	8	3	8	1	1	5	–	18
工商经营管理者	3	–	1	1	–	2	7	–	–	1	–	–	1	2	2	2	8	2	5	6	25
大工业家、小公司董事、银行家	2	5	4	–	3	–	14	–	3	3	1	–	7	14	3	4	3	6	8	5	29
总　计	16	15	5	1	7	3	47	8	9	9	2	3	8	39	16	17	25	13	25	17	113

的董事会，而且进入这些董事会几乎与文凭没有什么关系。在这个问题上，出身于中等资产阶级家庭的总经理则不同，即便不能说他们完全被剥夺了进入董事会的机会，但最多也只能进入二流的董事会。同一学业称号的持有者之间存在着真实的差异，其根源不是别的，其实就是进入工商界的资历。由此，我们可以反过来断定：企业管理人员、经理、工程师家庭出身的总经理获取重要职位的机会与他们持有的文凭之间具有相关性，因为他们除了文凭之外没有什么其他的资本（在某一排名前25位的大公司的董事会，7位管理人员、经理、工程师家庭出身的总经理中就有6位毕业于巴黎综合工科学校）。

> 加入某些高雅的俱乐部——我们知道，这对于确定这个空间的第二纬有很大的帮助——与社会出身具有严密的相关性：与管理人员或者工程师家庭出身，也就是说，与中等阶层或者大众阶层出身的总经理相比，大资产阶级（包括穿袍资产阶级和实业资产阶级）家庭出身的总经理更热衷于汽车俱乐部；而家世悠久（如土地所有者或军人家庭出身）的总经理则
> 444 大量地集中在那些历史最悠久的俱乐部里（如赛马俱乐部、新沙龙俱乐部），相反，在那些历史更短、更“开放”的俱乐部里（如扶轮社[①]、体育协会），或者在那些为出身于社会空间被支配区域的总经理所独钟的俱乐部里，却看不到家世悠久的总

① 扶轮社（Rotary Club）以在工商界和自由职业界树立遵守道德规范的风尚，并且促进民族间的友谊为宗旨。——译者

经理们的身影。我们发现,《名人录》中登记的人名也有类似的规律性:大众阶层或中等阶层出身的总经理被记入名册的为28%,管理人员或者工程师出身的为36%,工业家、批发商出身的为47%,银行家、公司董事、大工业家出身的为65%,政府高级官员、自由职业者出身的为66%,荣誉勋位获得者、土地所有者家庭出身的为85%。实业大资产阶级家庭出身的总经理明显不同于中等实业资产阶级家庭出身的总经理:他们中有更多的人从父亲那一代起就属于贵族阶层(两者的比例分别为19%和3%),而且有更多的人娶了贵族家庭出身的妻子(19%比5%),尤其是他们所在的家族有着更为悠久的历史(47%的人的家族至少在祖父那个年代,甚至在更早的某位先祖所在的那个年代就进入了资产阶级的行列,而其他人的此项比例为10%);因此,他们中有更多的人是汽车俱乐部(或者马球俱乐部和新沙龙俱乐部)的成员,而扶轮社的成员则相对较少。

社会显贵的另一个征象是荣誉勋位勋章。尽管有公众与官方之分,但是这一征象同样与社会出身有关系。即使77.5%的总经理拥有荣誉勋位勋章,50%的总经理至少是四级荣誉勋位的获得者,然而穿袍资产阶级家庭出身和家世悠久的资产阶级家庭出身的总经理——他们中的许多人所处的位置连接着国营部门和私营部门——仍然是国家首要认同和表彰的对象:正是这个群体拥有勋位的比例最高,其中包括三级荣誉勋位、二级荣誉勋位、最高级别的大十字勋章,甚至还有第一、二次世界大战期间颁发的十字军功章(其中荣誉勋位

表 35　企业的历史及其他"显贵"指标(%)

企业的创办年代	从事工商业的起始状况										
	从自己始任总经理	自父亲或岳父	自祖父起或更早	总计	祖父为穿袍资产阶级	姓氏中带贵族标志	被列入《名人录》	赛马俱乐部	汽车俱乐部	曾任财政监察官	被列入《100位企业家》
1840年以前(n 24)	36.5	16	47.5	100	32	29	71	23	29	17	42
1840—1879年(n 32)	50	22	28	100	19	28	75	3	31	28	22
1880—1899年(n 38)	44.5	44.5	11	100	14	5	53	-	22	2.5	28
1900—1919年(n 42)	42.5	40	17.5	100	10	5	47.5	2.5	19	5	14
1920年及以后(n 53)	58	32	10	100	16	11	36	-	19	6	7.5
总　计	48	33	19	100	16	14	53	4	23	10	20

注:关于穿袍资产阶级的资历、贵族姓氏、《名人录》等,涉及的都是不同年代创办(部分或者全部在那个年代创办)的公司中拥有各项特征的各个年代的总经理。

445 **表 36　加入俱乐部及获得荣誉勋位与社会出身的关系(%)**

父亲的社会职业类别(%)	无俱乐部	汽车俱乐部	马克西姆工商俱乐部	赛马俱乐部	体育协会	扶轮社	无勋位	骑士勋位	四级荣誉勋位	三级荣誉勋位	二级勋位及大十字勋章	总计
农民、工人、职员、手工业者、商人、中等阶层	82.5	7	-	-	3.5	7	17	36.5	26.5	20	-	100
管理人员、经理、工程师	80	4	-	-	12	4	23	50	23	-	4	100
荣誉勋位和土地所有者	74	13	-	13	-	-	27	6.5	20	40	6.5	100
自由职业者、高级官员	48	32	5	5	5	5	11	16	38	32	3	100
工商业经营者	66	27	-	3	3	11	29.5	29.5	19	19	3	100

续表 36

大工业家、小公司董事、银行家	50.5	36	3.5	4	4	2	27	23	28.5	14.5	7	100
总　计	61.5	23.5	2	3.5	4.5	5	22.5	27.5	26	20	4	100

注:上表只计算了能够在会员通讯录找到的俱乐部。表中数据涉及的是在各个俱乐部中注册的出身于不同社会阶层的总经理的百分比。

获得者和土地所有者家庭出身的总经理占 61.5%,政府高级
官员或自由职业者家庭出身的为 48.5%,而出身于实业家家
庭的仅为 27.5%)。在出身于大众阶层或者中等阶层的总经
理中,能够获得这种特殊荣誉的实属凤毛麟角:通常他们只能
获得荣誉勋位中最末流的骑士勋位,而且获得奖章的机会也
比别的阶层的总经理要多一些(25%比 16%),尤其是一级教
育勋章(17%比 4%);与其他阶层的总经理比起来,他们没有
在名牌大学担任更多的职务,也没有在高等教育机构的董事
会里占据更多的位置。这里有两个截然相反的例子:P. 里宗
是电话器材公司(隶属于国际电话电讯集团)的总经理,出身
于一个小职员的家庭,曾经就读于阿拉戈中学,后来毕业于巴 446
黎国立高等工艺工程师学校,并且曾经先后获得四级荣誉勋
位、国家三级奖章,同时还获得义务兵役十字勋章、航空工程
奖章,并且还兼得了好几项矿业方面的荣誉(电力金质奖章、
劳动荣誉奖章和金质奖章、体育运动金奖、电力工程总工会银
质奖章)。相反,1972 年担任罗纳-布朗克公司总经理的 W.
波姆加特纳,曾经还担任过法兰西银行的名誉行长、政府部长
等职,关于他的授勋情况,*Who's Who* 里只提到一次——最
高级别的大十字勋章。

工商界有他们自己的精英,这是根据入行的资历来决定的。工商界的绅士总是因为拥有好几个头衔才成为精英。一个高贵的或者显赫的姓氏,甚至某些"高雅的"行为方式和举止,都能够让人想起一个家系漫长的历史和声望,而姓氏、行为方式和举止正好能够确保家族通达荣誉、特权和最罕见的特性——它们就像艺术品一样,能够证明收藏者的品位;不仅如此,它们还能够为家族开启通往选拔最严格的群体的大门,比如说,高雅的俱乐部。然而,家系漫长的历史和声望却常常与家族现有实业的历史联系在一起,而家族的实业是否享有盛名,同样也是用资历、用实业所包含的人际关系来衡量的。实际上,我们发现,一个企业越是历史悠久,这个企业的总经理就越有可能来自于某个实业大资产阶级或者穿袍(或贵族)大资产阶级家族;相反,那些1920年之后创办的公司(甚至历史更短的公司)的总经理却常常来自于经济权力场域中的被支配区域,或者出身于小资产阶级家庭(参见表35)①,这种现象并

① J.-P.库尔泰乌清楚地揭示了在钢铁工业领域,企业家的社会资历是如何与企业的资历相辅相成的。"奥迪弗莱-帕斯吉耶(Audiffret-Pasquier)、福德(Fould)、吉罗·德兰(Girod de l'Ain)、埃利·杜瓦塞尔(Hélie d'Oissel)、拉卡兹(Lacaze)、马莱(Mallet)、贝里埃(Périer)、德·纳尔沃(de Nervo)、贝迪埃(Petiet)、洛德雷(Roederer)、德·文德尔等家族都曾为第一次工业革命增光添色";到1960年,这些家族都领导或管理着"一个或好几个规模不小的钢铁公司"。库尔泰乌还明确指出:"如果不依靠权势关系,尤其是如果不为他们在钢铁行业的职务配饰一些政治的、公益的、学术的或者荣誉的职务,换句话说,如果不把经济职能和社会职能合并在一起,总之,如果不通过上述各种方法来确保自己的地位,那么仅仅凭借从社会资历和职务资历那里得来的声望,这些大家族并不足以稳固自己的经济权力和社会权力。"(参见J.-P.库尔泰乌[J.-P. Courthéoux]:"钢铁工业部门的经济权力和社会权力"[Les pouvoirs économiques et sociaux dans un même secteur industriel: sidérurgie],《经济史与社会史杂志》[*Revue d'histoire économique et sociale*],第38期,1960年3月,第339—376页)

不是偶然的。至于出身于自由职业者家庭或者政府高级官员家 447
庭、银行家家庭或者公司总裁家庭的总经理，如果他们也在相对来说历史不长的公司里任职，那么这些公司一般都属于最重要的工业部门，比如说，石油工业部门或者电子工业部门；即便如此，这种情况显然也是极个别的。一般来说，公司越古老，这个公司就越有可能由一位拥有好几种贵族特征或标志的总经理来领导，如拥有贵族的姓氏、被列入《名人录》、加入了最古老的俱乐部（当然是赛马俱乐部，还有汽车俱乐部）和国家财政监察机关；要解释其中的几个例外，或许我们只需要考虑一下公司的主要活动，或者说公司的主导性活动就够了。如果将工商贵族（noblesse d'affaires）拥有的所有头衔与学业称号带来的荣耀结合在一起，那么他们所处的位置就非常利于迫使人们认同他们的生活方式，因而也就非常有利于他们在人际关系市场上迫使人们接受他们的感知准则和评判准则所认同的或者不认同的霸权——人际关系市场就是人们协商个人行为方式、品位、声调和举止的市场，也正是在这个市场上，“个人”的社会价值得到确定。正因为如此，工商贵族能够对企业和文凭中的新贵行使霸权，比如说，对二流企业的领导人行使的霸权（通常，这些二流企业要么在国外的大型企业集团的控制之下，要么在专家治国论者的企业集团的控制之下），工商贵族介入新贵们的董事会就是他们霸权的一种表现，因为这种介入并不是相互的；从这个意义上来说，工商贵族行使的这种霸权既来源于象征性霸权的温和暴力，同样也来源于经济权力的粗暴制约。

我们看到，不同职位之间的对立是如何再一次通过职位占有者的特性表现出来的，而且惯习——作为表现了职位占有者特性的**生活方式**的根源——又是怎样成为人们借以实现结构内部所固有的客观潜在性的实践媒介的[①]：正如我们已
448 经看到的，私有和公有两种支配方式之间的对立可以表现为谨慎、神秘的家族企业家与官僚企业的“公众人物”之间的对立；同样，根据与反映无关的某种逻辑，银行金融资本主义或者顺应了对立逻辑的工业集团金融资本主义[②]与大工业垄断资本主义之间的对立同样也通过两类人之间的反差表现出来，其中的一类从事社交关系和公众关系，他们预先倾向于将金融关系理解为私人关系；另一类则是技术管理人员，他们（其中有好几位旧时的军官或者从前的行政长官）更善于履行企业内部管理所需要的具有权威性和指挥性的传统职能，却不那么善于履行金融资本的逻辑所要求的关系性的职能和需要“温和”控制的职能，因为这些职能是以信息和金融权方面的权威为基础的。

① 无论是在整个社会空间，还是在每一个特殊场域的内部（如宗教场域、高等教育场域等），我们都能够看到职位占有者所处的位置与他们习性之间的对应关系；至于那些例外，即那些不协调的情况，其实也可以参照一般的对应关系来解释，尤其是它们的效应：我们知道，那些位置突兀的行动者往往构成革新，甚至是颠覆的根源。

② 比如说，法国著名的有色金属托拉斯贝西奈-犹齐纳-库尔曼公司，1972 年的总经理是皮埃尔·儒旺；电力总公司（CGE）的总经理是昂布华兹·鲁（他毕业于巴黎综合工科学校，同时也是桥梁与公路工程师，他与工商界的联系主要是因为他的家庭：他的父亲是好几家公司的董事，同时也是事故险总公司的总裁；祖父则是医生）。此类工业集团的目标实际上是金融，而不是工业：“电力总公司并不是由技术人员创办的，而是由金融界人士创办的。公司的技术问题总是从绝对的可赢利性这个角度来考虑的”（昂布华兹·鲁在接受《企业》杂志采访时的讲话，1967 年）。

我们并不是非得在结构与行动者之间作出选择，也不是非得考虑是选择场域（它使通过事物客观化了的特性或者与某些个人混同在一起的特性获得了意义和价值），还是选择在如此定义的竞技空间中拥有他们那些特性的行动者；在特殊情况下，我们既不必要在经济权力场域的位置与位置占有者的习性之间做出选择，也不必要在公司的特性（如公司的大小、历史的长短、控制的方式等）与公司领导者的特性（如贵族头衔、所有权凭证或学业称号等）之间进行权衡。我们可以再一次引入个人，从而建构在经济机构的运作中仅仅由于某些个人的因素才发生的事情（关于这些个人，我们考虑的范围仅限于那些组合怪异的企业集团，因为这些集团唯一的统一原则就在于其创办者的个人因素，弗鲁瓦拉家族、贝甘家族、达索家族和普鲁沃斯特家族都是如此）。但是我们并不能因此 449
而忘记：从根本上来说，更有个性的人就是场域结构中所固有的实际要求和潜在要求的**化身**（personnification），说得更确切一些，就是人们在场域内部所据位置的固有要求的**人格化**。正因为这一点，企业可以通过认同某一公司的领导人所具有的优越的资本类别来获取一种征象，即关于这家公司在经济权力场域中的位置的征象，以及这家公司与其他公司以及与国家关系的征象：让一位出身于巴黎资产阶级家庭的财政稽核来做企业的老板，那么，这家企业实际上便借此标明，为了履行最特殊的职能，企业需要的这位总经理不仅应该是一位在企业中行使权力，并且以提高生产力、增加利润为己任的普通的“领导人”，而且还应该是公司的代言人——他能够在与其他公司的代言人，尤其是与国家的代言人的所有关系中，将属于他个人声望的东西，就是说，一切现有的或者潜在的资源，如“信誉”和“荣誉”，“文化”和“修养”，贵族的称号和文凭等等，添加进公司的资本中；而与他**个人**联系在一起，甚至融合在一起的一切特性便是所有这些资源的保证。

一方面是职务的“功能性”，即职务严格的**技术**定义中所包含的法定能力和技能；另一方面是通过象征行为（其目的就在于再造职务的定义，并且使这个定义能够为某一特殊的资本类别提供最有利的市场，同时还要使这一资本持有者的霸权得以合法化）无偿而人为地在职务上叠加的东西；无论在什么情况下，企图将这两方面区分开来的努力都是毫无意义的，而在此情境中，这种企图尤其显得徒劳，这是不言而喻的。由于资方对于职能的定义在很大程度上是由成功地履行着这项职能的人所决定的，同时，在履行这项职能的过程中所表现出来的合法的行为方式，以及迫使人们接受这些方式的能力也都是资方的职能定义的组成部分，因此，最能够清楚地反映社会空间上层位置特性的便是占据这些位置的人的特性，其中包括表面上看来与职位的严格技术定义最没有关系的东西，例如，拥有一座赛马厩，在福煦大街拥有一套住宅，或者拥有一套油画收藏品。

“精英”

450 任何一种贵族头衔本身都不足以在那些公开主张拒绝贵族的社会里授予某人贵族身份。因此，最高级别的学业称号便成了进入权势集团的必要条件，但又不是充分的条件；是准许进入的条件，但又不是强制性的条件。然而，如果仅凭财富而不给财富配上适当的“风度”，就更不足以进入权势集团了：我们想起了雅克·波莱尔这位权势集团的牺牲品，“他最终没有成功，因为他既没有钱，也没有风度”；若是认真想一想生于多尔多涅省、奈亚克城的西尔文·弗鲁瓦拉，想一想这位马特拉机械公司的副总经理、欧洲第一音像公司的总裁，我们就可以这样说，进入“上流社会”的前提条件是“使自己受的教育更高雅”，并且“彻底改变自己的乡音”。[①] 公司现有地位的重要程度可以通过公司实现的营业额来衡量，也可以根据公司本身资本的大小来衡量，总之，现有的地位是非常重要的；但是我们一致注意到（科学分析也证明了这一点），“你可以成为一家大企业的顶头上司，但却不是权势集团的成员”。在这个问题上，起作用的首先是公司的性质和公司活动的性质（公司所属的产业部门）：人们常常在“高贵的”活动，如银行业、重工业、海洋运输业、公益服务行业（自 1946 年国有化以来，公益服务行业缩减得只剩下给水行业了[②]），与旅馆业和“饭厅、食堂”业（雅克·波莱尔语），以及所有的商业和营销活动之间建立对立面，只是必须从

① 这段引言，以及此后的引言，都摘自一篇文章，而且这篇文章似乎值得全文引用，因为它属于圣徒传记演说、名牌大学美言集（如佩瑞费特写的《于尔姆大街》），或者文学性的访谈录之类，其中，颂扬者的清白与被颂扬者的自满结合在一起，共同不遗余力地披露最客观、最隐秘的真实，然而，一旦用科学分析的方法将这种真实告白天下，人们肯定会惊叫起来（参见 R. 当德隆[R. Tendron]：“权势集团：不可捉摸之人”[Establishment：Les intouchables]，《新经济学家》[*Le Nouvel économistes*]，第 102 期，1977 年 10 月 17 日，第 66—72 页）。

② 巴黎-荷兰银行的总裁雅克·德·福歇，印度支那-苏伊士银行总经理弗朗索瓦·德弗莱尔，德楠-东北-隆维公司总经理皮埃尔·尚班，法国电力公司总经理昂布华兹·鲁，联合运输公司经理弗朗西·法布尔，德尔马-维埃勒约海运公司总经理特里斯当·维埃勒约，都出现在图 17 第二轴的上方（见图 17）。

中排除那些由于公司的资历而上了档次的商业活动，比如说，大商场的活动——当然，大商场是“旧制度下”的称谓，如今人们都
451 说超级商场[①]；当然还得从中排除普通人最无法接近的高档的商业活动，比如说，“美容术”（弗朗索瓦·达尔语）和不动产……[②]

“民主化”公司里的“精英”的特性是从统计学上定义的：由于统计学对普遍性与特殊性这条公理进行了另一种形式的改变，因而属于同一个群体的所有成员实际上并不具备符合群体已有定义的所有特性。用拉伯波尔[③]的话来说，以划定一块云朵或者一片森林的方法来划分像经济权势集团那样的某个群体的边界[④]，那么这条边界其实只是想象中的一条线（或者一个面），这样产生的个体的密度（或者凝结的小水滴的密度、树木的密度、企业主的密度）总是这一边比某个数值高，另一边比这个数值低。我们似乎立刻就能够发现由这一特性产生的所有效应：人们永远都可以一边展示少数作为典型的个人，他们兼备所有的特性和所有的称号——这些特性和称号赋予他们归属于这个群体的权利（雅克·德·福歇就是这种情况）；一边强调那些拥有全部特性而唯独缺少

① 与大多数商业公司的总经理不同，“春天”大商场的总经理让·维涅拉也出现在第二轴的上方（见图 17）。

② 少数没有获得荣誉勋位的总经理（22.5%）都从事不那么高贵的活动（如商业、饮料业），他们一般在外国公司下属的二流分公司，或者在大企业集团直接控制下的公司担任总经理。

③ E. 拉伯波尔，见 R. R. 格林克主编，《论人类行为的一体化理论》，纽约，巴斯克出版社，1956 年。

④ 就是说，这里大致是指在问卷分析所定义的那个空间里位于上层的两个区域（在按照与场域的两个极点相近的概念确定群体的边界时也要注意同样的问题）。

其中的一种特性的某些个体的所有情境，以便维护群体开放的、“机会均等”的假象。[①] 问题还不止这些：群体的所有成员即便不是无法相比的，至少也是不可取代的，就是说，我们永远不可能在所有的关系上将这些人等同于另外一些人，而且我们总是可以在所有的定义中找出例外；因此，人们便对无法定义的“个人”的神秘性和群体的神秘性产生了主观幻觉，事实上，群体的基础在于选拔中出现的令人惊异的事情，因此，群体只是一些“特殊的”个体的集 452
合，或者像人们所说的，只是一些不可取代的“人物”之和，仅此而已。

所有的特权阶级在进行自我定义的时候都将自己凌驾于所有的定义之上：商业界的绅士们认为自己可以超越所有确定的认同准则和明确的行为规范，同时他们也努力要求自己做到这一点。一位大工业家宣称：“共识并非来自于那些甚至还不成文的规定，正如卡普兰总裁所言，人们的共识来自于他们对某个人的行为所具有的看法。”……“人们常常凭借本能认同哪些人是可以接受的，哪些人是不必考虑的，”这位大工业家又补充道，“如果你是权势集团的成员，你就不会谈论权势集团的事情。”显然，“权势集团肯定不存在左派人物”；但是，在这个问题上，所有的一切仍然取决于行为方式。人们十分鄙视那些中了进步主义的圈套，出卖自己的群

① 由于社会世界的机能本身就包含着统计学，因此，统计学分析不应该局限于单一的统计技术：如果不理解统计学的社会蕴涵和社会现实的统计学蕴涵，如果在客观可能性与主观可能性的问题上争论不休，我们很可能就会在不了解情况的前提下从事社会学研究，那必然是伪社会学。

体，揭露自己秘密的“丑角们”[①]，但是很善于认同经过巧妙设计的“社会”忧虑：“马塞尔·德蒙克先生以前是拉法尔吉水泥公司的总经理，他在谈起自己的社会忧虑时，‘曾经令同僚流下了眼泪’，但是‘他却是个极端的右派人物’。”出于同样的道理，有些事情对于生活习惯依然粗俗的某位新贵来说可能是致命的，但是，如果这件事情发生在另一位取得了同僚宽容的人身上却能够得到体谅。雅克·德·福歇说，“这家俱乐部没有书面章程，也没有成员名单，它的运作完全依靠自发的和本能的自行遴选”，然而，与这些选拔最严格的俱乐部[②]或者所有的“世纪”大餐相比，某些大公司（如巴黎-荷兰银行和贝西奈-犹齐纳-库尔曼公司）的董事会却更接近于
453 雅克·德·福歇所说的自行遴选的概念；事实上，这家俱乐部等于是合法性问题的评判法庭，“它不但窃取了制定法律的权力，还窃取了在这个法庭没有受到尊重时实施处罚的权力。”

---

① 在所有这些令人扫兴的人中，从 1965 年起任普雷塔巴耶（Prétabail）公司总经理的吕西安·普费菲尔（Lucien Pfeiffer）值得一提：这位巴黎高等商学院的毕业生通过一纸租赁合同侵入了银行界；1959—1961 年，他是《天主教生活画报》的负责人，因而具有左派倾向；他还是企业与进步协会、年轻企业家中心的成员。可以说，这位商人的儿子与权势集团格格不入。参见 1976 年 1 月的《拓展》杂志第 36 页，以及 J.-P. 鲁罗（J.-P. Roulleau）：《非凡的拓展者：一代新型的企业领导人》（*Les champions de l'expansion, une nouvelle race de dirigeants*），巴黎，经济书籍俱乐部，1969 年。

② 很明显，（位于第二轴上方的）大部分权势集团的成员都没有在 *Who's who* 中提到他们所属的俱乐部，或许他们想借此表明自己是超越这种结社形式之上的。下一段对话就是很好的证明：“我一点都不守旧，也根本不爱赶时髦；至于这些玩意儿，我一点都不把它们放在眼里，但所有这些事情我又不得不做……我之所以担任马球俱乐部的总裁，那是出于传统，出于责任……我的妻子则从不涉足俱乐部。要是我对她说：‘你应该来一下，因为要颁发一个纪念我父亲的奖杯。’她则会说：‘你带个女儿去就行了，别叫我，我烦这种事情’。”（马球俱乐部总裁埃利·德·罗特希尔德访谈录）

一涉及经济界，经济主义似乎就要站出来迫使人们接受它的权威；但愿人们不要循着这种经济主义形式的思路，将这些连带关系看成是构成连带关系基础的生活方式之间的相近，从而将它们放在文化上的无动机和“精神上的附属物”这样一个范畴中来理解。事实上，连带关系是人们进行经济选择的原则，我们既不能用狭义的经济学逻辑来解释这些选择，也不能用狭义的经济学逻辑来理解它们。只有对经济关系持狭义经济主义观点的人才会无视这一点：如果得不到行使信任权的人的“信任”，就得不到任何信任。这就是贵族群体之所以具有神秘性和诱惑力的原因；事实上，贵族群体除了通过明显的专制进行相互认同之外，并没有任何其他的存在基础。然而，这种专制却是完全没有依据的，因为与归属于一个群体还是被排除在这个群体之外有关的所有评判原则仅在于个人在群体中的资历，除此之外，别无其他；就是说，所有评判的原则不是别的，而是一种再生产方式，这种再生产方式能够赋予其产品的所有实践活动一种行为模式——这是一种罕见的，理所当然地被当作不能模仿的东西来感知的行为模式，作为一切自行遴选基础的所谓天赋卓越就是以这种行为模式为特征的。

在这些问题上，一切都与时间有关：“‘一代人或者两代人之后，家乐福家族的子女或许会进入权势集团。’这里之所以说‘或许’，是因为吉沙尔和贝拉松这两家诞生于世纪之初的企业‘从来也没有超出外省权势集团的范围。’[①]”时间问题，即存在方式问

① A. 杜夫(A. Duffau)：“兼并中的赢家”(Le palmarès des fusions)，《拓展》杂志，1974 年 3 月。“雷蒙·沙索(Raymond Sachot)(出身于手工业者家庭，毕业于哈佛大学，获法学学士)一度曾以食品工业的缔造者的身份出现。提起他，一位银行家是这样

题，是随着时间的推移修炼出来的；它证明你是否能够并且善于从容不迫：人们尤其谴责从事房地产开发的冒险家们的投机行为，因
454 为他们的投机中流露了暴富的急迫，而这种急迫与家世深远的银行家缓慢而稳健地积累财富的方式是相互对立的。然而，之所以会有像房地产这样的“不怎么道德的赚钱行当”(至少可以坦率地说：如果没有银行家，开发商算什么东西?)，那是因为：首先，一旦掌握了名人之间的个人联系所特许的高度婉转化的权势技巧，他们就会强调“‘投机’的贬义方面”，而将生意场上的小额贿赂——这种本来可以废除的榨取形式——作为一种特例，置于商界礼仪的名义之下；其次，他们还会直接点出某些经济行动者的名字(如某些“铁腕人物”或“野蛮人”)——这些行动者符合经济关系中原始而粗暴的真实性，就是说，无论是为了自己还是为了别人，这些行动者都没有能力将那些必须用虚伪的手段才能得到的东西置于经济关系中，以掩盖经济关系的真实性。商界礼仪和构成资产阶级生活艺术的格言警句，例如拒绝炫耀性开支(“让老婆戴着足以遮住半个手指的大钻戒与自己一起出门”，或者“开着劳斯莱斯豪华车去办公室上班”，都被认为是失礼的表现)、谨慎(“权势集团不喜欢过于惹眼的成功)、克制(人们会责备某位企业家说话太多，在电视或者各种论坛上露面太多)、私人生活方面的

说的：‘他太心急，总是和银行搞不好关系。他通过股票来募集钱财，然后又到金融界去兜一大圈以便了结他的证券。但是他太频繁地换银行，因而常常是一桩股票刚了结，他又得到处去了结新的麻烦。’这就说明了雷蒙·沙索的成功为什么会是昙花一现，以及他为什么会不得不让詹姆斯·戈尔斯密斯跨国公司兼并了自己的企业集团”(出处同前，我本人摘录)。

好名声①、装束简朴，等等，或许都是群体虚伪的体现，因为正是通过这些虚伪的手段，群体掩盖了自己的存在基础和权力基础，同时也掩盖了群体的社会利益和社会关系的根本否定性，而这些社会利益和社会关系正是群体存在的前提条件。

贵族从来就不喜欢暴发户，这不仅是出于一种防御性反应——防御性反应是人数限制整套法则的根源；更主要的是：由于暴发户们成功得过于迅速，由于他们获得成功时所采用的不可避免的粗暴方式，由于他们用以肯定或者标榜自己的成功的天生的炫耀性方式，因此，这些后来居上的野心家让人想起了原始积累根源的专制暴力。是否归属于权势集团之所以如此紧密地与企业在 455
工商界的资历联系在一起，②这或许是因为与认同和信任有关的象征资本，简言之，也就是与合法化有关的象征资本有着它自身的积累法则，而这个法则却不同于经济资本的积累法则。正如维约兄弟所言，“创业容易，守业难”。如果说能够延续的资本总是倾向于转换成信誉与声望，就是说，转换成象征资本，即不被认同的资本、被认同的资本、合法的资本，那么，这或许并不是因为资本的年岁沉积所产生的效应本身，而更多的是因为，这种资本延续、永存和进行再生产的能力在一定程度上总是取决于资本被认同的能

① “一位大公司的总裁一旦卷入了微妙的离婚案，便被剥夺了两年与法兰西银行行长共同进餐的资格。因为即使没有命令禁止拥有情妇，甚至也没有禁止她们公开露面，但是至少‘不应该惹出麻烦来’。”(R. 当德隆，同前书)

② 家族古老的历史就是个人的资历：早早地离开国家公职进入私营部门，这种经历对于确定人们是否属于权势集团是极其重要的，因为这件事情本身就说明了人们与工商界的亲密联系，而这种亲密联系又能够促进人们的跳槽倾向，并且为跳槽的成功提供可能性。

力，也就是说，取决于它转换成更隐秘的资本类别（如艺术作品或教育），使自己不被认同（se faire méconnaître）的能力；此外，还因为资本的永存总是不可避免地伴随着资本与资本持有者之间关系的变化——由于经济力量关系的野蛮性，缔造者的艰难是显而易见的，如今，这种艰难已经演变成了继承得来的宽裕与洒脱。

因此，在登上经济权力位置的时候，文凭只能发挥有限的效能——尤其是，如果这种文凭并不是那么稀罕，而且相比之下更"世俗"一些时，文凭就必须与称号和资格搭配在一起才能够充分发挥效应，然而，这些称号和资格不是学校所能灌输和授予的。没有高等教育文凭的总经理，或者毕业于巴黎政治研究学院的总经理，[①]一般都出身于古老而高贵的家庭，也就是说，他们的家族一般都是从前的贵族[②]；此外，从比例上来说，他们与贵族家庭的联

① 第三因素在所有通过学业成功获得社会成功的企业家（其中主要是巴黎综合工科学校的毕业生）与所有毕业于巴黎政治研究学院的企业家之间建构了对立；后者包括巴黎-里昂-地中海铁路运输公司（PLM）总经理埃利·德·罗特希尔德（Elie de Rothschild）男爵，1972 年担任罗纳-布朗克公司总经理的威尔弗里德·波姆加特纳，IBM 公司总经理克里斯蒂安·德·沃尔德纳（他的父亲是几家公司的董事），以及像马赛信托公司总经理爱德华·德·卡扎雷那样的没有文凭的总经理（他的父亲是银行家，曾经在让松中学读书）；这类企业家中还包括 1972 年担任热尔韦-达能公司（Gervais-Danone）总经理的雅克·戈尔比埃（Jacques Corbière）（他的父亲是工业家，先祖中夏尔·热尔韦是"法国乳品工业的创始人"，曾经先后在费纳隆学校和孔多塞公立中学读书，仅持有业士文凭），以及贝甘-塞公司的总经理费迪南·贝甘（他的父亲从事制糖业，曾经在让松中学读书）。

② 显然，与其他学校的总经理相比，毕业于巴黎政治研究学院，而且拥有贵族姓氏的总经理中有更多的人上了贵族辞典（参见杜加斯特·鲁伊[Dugast Rouilly]编辑：《法国贵族谱（当代）》[*Le nobiliaire de France* (*actuel*)]，第 2 卷，南特，1972 年；或者 E. 德·塞尔维耶[E. de Serville]和 F. 德·圣西蒙[F. de Saint-Simon]：《法国贵族辞典》[*Dictionnaire de la noblesse française*]，巴黎，二十世纪法国社会出版社，1975 年）。

系要比巴黎综合工科学校毕业的总经理广泛得多，因为后者所属 456
的家族没有那么悠久的历史，也不可能具备那么多贵族的传统特性：在那些最古老、最有声望的俱乐部的成员中（如赛马俱乐部、汽车俱乐部、行业联合俱乐部），巴黎政治研究学院毕业的人常常多于巴黎综合工科学校毕业的人，事实上，后者很少在俱乐部注册（布洛涅森林俱乐部除外），他们在俱乐部注册的人数甚至还比不上某些工程师学校、中央高等工艺制造学校、某些商业学校[①]的毕业生，尤其还比不上巴黎、南锡、圣艾蒂安矿业学校的毕业生。

对于巴黎综合工科学校毕业的企业家来说，尤其是对他们中那些来自于外省小资产阶级家庭，并且在国外的分公司或者在相对来说历史不长的工业企业担任总经理的人来说，学校和学业称号是他们进入权力场域的限定条件。而巴黎政治研究学院毕业的企业家则不然，他们几乎全部都出身于巴黎的实业资产阶级（主要是银行）家庭或者古老的贵族家庭，因而他们主要在家族企业或者在专家治国论者控制下的企业中任职，所以对于这些企业家来说，由选拔不那么严厉的教学机构[②]颁发的文凭首先履行的是合法化的职能。因此，我们发现，即使学业称号能够为人们进入经济权力中的位置打开通道，然而，带学业成分的再生产方式仍然受到家族

① 毕业于商业学校的总经理（他们出身的家族往往已经有好几代人从事工商业活动），或者毕业于像中央高等工艺制造学校、矿业学校这样的工程师学校的总经理，一般都参加俱乐部（尤其是汽车俱乐部），而且一般都从事最具上流社会特征的体育运动，如高尔夫球和快艇。

② 我们知道，（从中学毕业会考的评语和全国优等生会考提名奖来看，）巴黎政治研究学院学生的学业成功率比名牌大学预备班（文科预备班和理科预备班）要低得多，更不必与于尔姆和巴黎综合工科学校相比。

再生产方式的强烈挑战，甚至在像官僚主义大企业那样的最有利于它发挥效应的场所也不例外：由资产阶级中最古老的家族保障的文化传承除了继续独自开辟通往很大一部分霸权位置的通道之
457 外，还独自获取形式极其特殊的文化资本（如举止、行为方式、口音）和社会资本；这种文化资本和社会资本与继承所得的经济资本结合在一起（甚至也可能不存在经济资本），共同构成了竞争中的优越条件，从而使这些资本的持有者能够战胜拥有相同文凭甚至更高文凭的竞争者。

表37　不同学校毕业生的从商资历与“贵族”征象

总经理的文凭(%)	从商资历				祖父为穿袍资产阶级	贵族姓氏			列入《名人录》
	普通总经理	任总经理父亲或岳父	任总经理祖父及祖上	总计		母亲	父亲	配偶	
巴黎综合工科学校(n 43)	72.5	22.5	5	100	15	5	-	9	46.5
巴黎政治研究学院(n 45)	57.5	15	27.5	100	37.5	29	16	22	80
工程师学校(n 39)	49	36	15	100	5	5	8	8	38.5
商业学校(n 17)	35	41	24	100	6	6	-	12	53
法学院、文学院、理学院(n 39)	46	37	17	100	8	13	8	15	44
中等教育或高等教育肄业(n 29)	18	53	29	100	14	14	17	14	52
总　计	49	32	19	100	16	13	9	14	53

关于家族在穿袍资产阶级中资历、贵族姓氏，以及被列入《名人录》等各项内容，涉及的都是各校毕业的拥有各项特征的总经理。

进化的意识

如此看来，对于一部分更多地将威望和权力建立在学业称号的基础上，而不是建立在财产之上的企业家来说，位于经济场域核心的某些最重要的位置成了他们有可能抵达的地方；这不可能不影响到经济遗产直接传递的社会表现。新一代的“工商贵族”将家 458
族企业的老板——他们的权力基础是最基本的社会继承形式——当作已经过去的一个时代的残余，并且很乐意在自己的著作选本中介绍他们，认为他们是另外一个时代的非法拥有特权的人，当然，这一著作选本是在政府高官与国营企业家进行对话的各种委员会和俱乐部里诞生的，而且还得到了各地政治研究学院的指教。新贵族们确实令人信服，他们的合法性一不靠财富，二不靠出身，他们靠的是自己的“智慧”[①]和能力，因此，他们认为自己是富有经验的开路先锋，有能力构想、期望和领导这场对于维护现有秩序十分必要的变革。[②]

---

① 人们总是将昂布华兹·鲁说成是一个“极其聪明”的人。如果将聪明与会考的成功等同起来，我们很容易就会想起在这些竞争中得名次的人：雅克·德·福歇在考入财政监察机关时得了第一名，这是人们怎么也不会忘记的。据贝尔纳·布里泽说，1972年10月在马赛举行了资方会议，此后，法国全国雇主理事会的领导人非常兴奋，因为“统一社会党的报纸《社会主义论坛》（*Tribune socialiste*）承认：‘这里的资产阶级很聪明’”（参见B.布里泽［B. Brisay］：《法国全国雇主理事会的资方人员、历史、结构和策略》［*Le patronat, histoire, structure, stratégie*］，巴黎，色伊出版社，1975年，第192页）。

② 在家族企业和有利于社会进步的现代化开放型大企业之间存在着对立面。这个对立面自然也存在于各种各样的陈词滥调之中，而所有这些陈词滥调正是构成经济领域中新官僚主义“精英”之世界观的中庸之道所致：如过去（或过时）与未来，封闭与

可以理解，在这些条件下，两种霸权方式和再生产方式的未来或许就是有关的预言相互争论的焦点之一，而新一代“精英分子”的代言人正是企图在描绘未来的假象下，通过这些预言来编织未来。因此，我们完全有理由猜想，宣告私有企业必然衰亡，“专家治国论者”必胜于“财产继承人”（格拉尼克语），或者说经理必胜于产业所有者（贝尔勒和米尔斯语）的“理论”或许只不过是将经济场域中一直存在，并且一直在起作用的对立面归结为不可逆转的必然的进化逻辑，其实，这只不过是从旧的术语中翻出来的陈词滥调。用以前的或者以后的，过去的或者未来的，前卫的或者后卫的语言来描绘经济权力空间的两个极点，这样的事情我们连想都不需要
459 想就能够做得到，事实上，这种简单的行为本身就构成了政治斗争的立场——政治斗争时刻在这两个极点之间建构对立面，而斗争的焦点涉及到确定合法地行使经济权力的问题，以及能够取得经济权力的合法称号的问题；更确切地说，政治斗争的焦点就是权力，就是通过确定对各自最有利的政治对策来确定企业的两种霸权方式和再生产方式前途的权力。用带进化字眼的语言说话，重提有产者的衰退和经理人员兴起的话题，其实，这就是不言自明地在有关历史意识的问题上表态，就是将某些事情当作某个必然过程的一个阶段来描绘，而这些事情或许只是作为企业场域结构和

开放，地方与国家，传统与现代，等等（在布尔迪厄（P. Bourdieu）和 L. 波尔坦斯基（L. Boltanski）的“正统科学与可能性的宿命论”[La science royale et le fatalisme du probable]一文中，我们可以读到对这种已经转变了的保守主义进行的结构分析和机能分析。前文参见《社会科学研究》，1976 年 6 月，第 2—3 期，第 39—55 页）。

企业历史变革根源的力量关系的一个状态。[①]

我们只需列举新霸权观点所“不赞成”的企业老板的三条声明就足以阐明在最基本的分类活动中，以及在财产所有者与经理人员的二分中所涉及的东西；也就是说，只需列举这三条声明，我们就能够让人们看清楚一整套的预言，这种预言涉及到了企业经营管理的前景，以及企业与国家官僚主义之间关系的前景：“我们完全被排除在巴黎的专家治国论者的事业之外，因为他们认为家族企业已经完了；更严重的是，他们甚至认为整个纺织业都完了。”（中型纺织企业勒布特尔公司总经理贝尔特朗·勒布特尔的访谈录，参见 A. 阿里斯和 A. 德塞杜伊 1977 年出版的《企业家们》第 79 页，版本同前）“说什么一切将朝着大型企业的集中化这个方向发展，我坚定地认为这个理论是错误的。我想，我们会摆脱窘境的……”（哈迪亚尔公司总经理伊翁·卡塔兹访谈录，同前书，第 202 页）专家治国论者的哲学试图迫使家族企业接受的这场关于命运的争论甚至可以发展成为关于根源问题的争论，就是说，人们甚至会对专家治国论者企图借以迫使家族企业接受这场争议的起因本身产生争论；也就是说，如果这场争议发展下去，人们

① 关于社会世界的发展方向或者这种方向的某些方面，已经有了许多学术争论。这些争论与某些根本无法判定的论点（至少在方法上是不可判定的）形成对立，因为这些论点充斥着自以为能够自动证实（autovérification）的预测，就是说，充斥着各种象征性的力量——他们期望通过宣布未来使最符合预言者利益的未来突然降临，并且通过神奇的咒语对可能的对立面实行魔法般的惩治。

甚至会对以追求更大的合理性和更高的生产力为目标的抱负
460 本身提出疑问："这些企业集团几乎从来就没有生产过利润，它们只是自己将许多企业集中在一起，总是一家企业在为另一家填补亏损，这样倒也带来了比较稳定的就业现状，所以那里永远不会有严重的问题，也不会有成群的员工走上街头。但是，他们没有好好地利用已有的条件，因为这些企业集团就像国有化了似的，几乎都是官僚主义，所以效率实在太低"（Waterman 公司总经理弗朗辛纳·戈沫兹访谈录，同前书，第 33 页）。"私营"部门企业家的那些宣言能够在像圣戈班包装用品公司总经理阿兰·戈沫兹（左派人物）那样的专家治国论者的言论中找到与自己相对称的另一半；要知道，这些专家们总是准备着随时背诵一段从巴黎政治研究学院的课堂上学来的关于家庭企业小老板的内容——小老板们总是将企业的财产与家庭的财产混在一起，因而他们使各种独裁权力形式得以永存，使以赢利为目的的观念得以永存（参见前书第 271 页以后内容）。

对工业公司的发展，或者对公司领导人特性演变所进行的任何历史学研究总是不可避免地要在这样一个问题上表明态度，无论明确与否：在为了便于分析而划分的所有公司类别中，究竟哪一类会有前途，哪一类有可能通过国家的介入，最终可以确定必将成为所有公司前途的东西？人们谈论企业的集中和官僚主义化，为学业资本在权力场域中不断扩大的机会下评语，在所有这些行为之间建立共时性和历时性联系，实际上，这就等于默认，企业的未来属于专家治国论者。有的人善于将场域逻辑的某种客观可能趋势描绘成一场不可避免的进化，并且强迫人们接受这一趋势；事实上，他们只需要无视一个事实就足以获得新的火力补充，这就是，与进化有关的统计数据实际上只记录了某一特定时间段的政治斗争的结果——通过操纵国家来实现对于经济权力场域的霸权就是这类政治斗争的关键所在。

如何看待企业领导人特性的变化，这一问题本身就构成了一个主要的政治焦点，因为这种变化在某种程度上掩盖了问题的实质，从而使拥有不同特性的人都能够合法地占有他们现在的位置，并且能够像他们现在这样合法地发挥这个位置的作用，比如说，不死不活的效率，这样仍然可以获得生产力方面的合法性；还有不多 461
不少的“严厉”，或者反过来说，不紧不宽的“自由主义”，这样又从“社会政治”方面获得了合法性。然而，仅仅认识到这一问题仍然是不够的，还必须对统计笔录的明证性进行质疑，比如说，在1952—1972年之间，没有取得高等教育文凭，或者没有接受过中等教育或者高等教育的总经理的人数大幅度下降，对于像这样一眼看上去无可争议的“事实”，就应该提出疑问。

我们知道，我们分析的这个时间段的特点在于其中的一系列变革。这些变革在我们所分析的公司中的反应就是有的公司（在名义上）“消失”了，而其他一些公司在（名义上）壮大了。这些变化，再加上某些公司的（实际）发展，都说明企业集团的规模在迅猛扩大。公司的发展与公司高学历人员比例的提高，这两者之间的关系在一定程度上是因为那些被淘汰的企业（由于被吞并或者由于萧条）往往是那些老板学历低的企业。

表 38 100 家最大企业总经理的学业称号和社会出身

(1952 年、1962 年、1972 年)

	巴黎综合工科学校	巴黎综合工科学校、矿业学校、桥梁与公路工程学校	其他工程师学校	法学	文、理、医科	巴黎政治研究学院	商校	高中毕业、大学不明	仅受过中等教育	无回复	总计
1952 年											
大众阶层及中等阶层	4	4	–	1	–	–	–	2	–	–	11
支配阶层(其中)	6	13	14	8	4	4	–	2	5	13	69
-管理人员、经理	1	5	3	1	1	–	–	–	1	–	12
-军官、土地所有者	1	2	3	3	–	–	–	–	–	2	11
-自由职业者、高级公务员	–	4	3	2	1	1	–	1	2	1	15
-工业家、银行家	4	2	5	2	2	3	–	1	2	10	31
无回复	4	2	3	1	–	1	–	–	–	9	20
总　计	14	19	17	10	4	5	–	4	5	22	100
1962 年											
大众阶层及中等阶层	1	5	2	–	–	–	1	–	–	1	10
支配阶层(其中)	6	20	18	7	5	8	5	3	3	5	80
-管理人员、经理	1	3	4	2	–	–	–	–	1	1	12
-军官、土地所有者	–	4	4	–	1	–	1	–	–	1	11
-自由职业者、高级公务员	1	6	1	–	–	1	1	1	–	1	12
-工业家、银行家	4	7	9	5	4	7	3	2	2	2	45
无回复	1	1	–	1	–	1	–	–	–	6	10
总　计	8	26	20	8	5	9	6	3	3	12	100

续表 38

1972 年											
大众阶层及中等阶层	3	1	5	2	-	-	2	-	-	-	13
支配阶层(其中)	1	18	16	11	3	15	7	4	5	1	18
-管理人员、经理	-	4	4	2	-	2	1	-	-	-	13
-军官、土地所有者	-	3	2	1	-	3	-	-	-	1	10
-自由职业者、高级公务员	-	6	-	3	-	4	1	-	-	-	10
-工业家、银行家	1	5	10	5	3	6	5	4	5	-	44
无回复	-	-	-	2	-	-	-	-	1	3	6
总　计	4	19	21	15	3	15	9	4	6	4	100

公司规模的扩大总是伴随着一系列的变化。在这些变化 462
中,首先应该考虑的是企业领导人特性的变化,尤其是他们学业资本的增长。在此基础上,我们有理由认为,企业高学历比例的提高(至少在某种程度上)是由于企业规模的扩大和大型企业在经济场域内影响的扩大造成的。以 1972 年为例,在法国企业中(这些企业都已经根据它们本身资本的总量被等级化了),企业的规模越大,领导人中持有高等教育文凭的比例就越高(而且文凭的名声也越大)。确切地说,企业越是有影响,经济资本和社会资本就越不足以确保人们在企业中获得权力。因此,随着企业规模的扩大,那些出身于工业家、公司董事、银行家或者大商人家庭,却没有受过高等教育的企业家,渐渐地在企业中失去了位置:在排名 101 至 200 的企业中,这类企业家的比例为 23.5%;而在 100 家最大的企业中,他们的比例下降到 11.5%。

此外，我们还可以质疑人群的可比性，尤其是当人群的界定和构成完全取决于某些定义原则，而这些定义原则又在我们分析的这个时间段里发生了重大改变的时候。比如说，某人在调查之初曾经（或者可能）以总经理的身份接受访问，而在调查结束的时候，他可能不再是总经理，而是分公司的负责人。像这样的情况并不是因为他的“实际”位置或者他所领导的公司的“实际”位置经受了深刻的变化。相反，某位被当成是企业第一号人物的企业家，可能
463 由于协议或者半官方控制等方面的原因，他的独立性与任何一位分公司的负责人一样，也是不真实的，然而这位分公司的负责人没有被纳入我们的分析；国外分公司的情况也一样，名义上的老板实际上只不过是个傀儡（指词的双重含义：虽然可以看得见，却是虚假的），真正权力的源头却在别处，更不必说那些身份公开的官方总经理了，他们其实只不过是某个真正老板的代言人，因而不应该属于这个空间之内。[1]

实际上，真正构成问题的是群体的基本概念，这包括这个概念下名义的与真实的、官方的与半官方的活动，以及整个经济权力场域及每一个特殊群体场域的权力问题。在建立样本

---

① MDB 航空公司总经理伯诺·瓦里耶尔（Benno Vallieres）在权力空间的位置很容易被理解，因为他的职位与外国大企业分公司总经理的职位非常接近，只负责经营方面的工作。通过公司真正的老板马塞尔·达索对他的一通评价，我们就能够更清楚地理解这一点：“瓦里耶尔先生让人觉得他是一位卓越的工业企业家，一位出色的商人；他兼备一位工业家和商人的所有必要才能。是他出面与国家和供货商讨论生意上的事情，同时，员工的报酬也是他决定的”（参见 H. 加尼克：“盛大的继承”，《拓展》杂志，第 52 期，1972 年 5 月，第 94—101 页）。

的过程中，这个问题已经在一定程度上得到了非常默契的解决，因为人们可以进行选择，可以将某些企业家纳入样本，而将另外一些排除出去；并且通过这样的选择进一步在群体的“界定”问题上表明自己的态度，或者说在公司场域相对自主的问题上表明态度，而这实际上也就是在公司领导者的问题上表态，然而自主性问题正是公司之间相互争夺的焦点之一①。因此，若是按照人们自己对“控制”所下的定义（这个定义大致上能够与官方或明或暗的用来界定单位的定义相吻合），基本单位的数量与规模就可能发生巨大的变化，这些基本单位领导人的本质和身份也会因此而发生相应的变化：这就意味着在建立样本和实施编码过程中所进行的分类已经不可避免地预先显露出了人们力求通过对场域中的不同状态进 464
行比较才能够解决的某一问题的答案，例如企业的“集中”与企业领导人的相应变化方面的问题。在记录官方进行的分类时，难道人们就只是将那些某一策略产物的东西当作一个已知项，并且把它提供给别人？难道人们就从来都不做点别的什么？然而，即便是像这样仅仅以真实的联系（至少可以说是最具有决定性的联系，例如，建立在资本拥有这个基础之上的

① 基本单位的问题是极其普遍的问题中的一个特例；群体的存在，名义与实际之间、官方与半官方之间、得到合法保证的制度化边界与实际边界之间的相互关系，都属于非常普遍的问题。与亲族关系中的情况一样，此处的真实性同样也既不存在于官方的定义中，因为官方的定义担负着好几项职能（如传统的职能，考虑有声望者的形象，等等），也不在实际的定义中，除了其他各种原因，主要是因为在“合并”得尽可能彻底的情况下，从前的每一个单位都保留着一种自主性，这种自主性就是它们的历史和传统。

联系)为依据,难道人们就不会损失现实存在的另外一个也是非常真实的方面?身陷经济霸权争夺的行动者,根据自主性和独立性的定义为自己制定的名义上的(即官方的)定义——他们也努力地想把这个定义提供给他人——正是客观真实性的组成部分。“正如米歇尔·多雷在一份有关人士争相传播的影像资料中所说,根据官方的定义,那些重要决定和战略方向都由(或者可能通过)同一个决策中心进行协调的所有企业构成一个企业集团。”评论界对于多雷企业集团的定义中明显的不连续性进行了批评,指出将企业联合在一起的各种错综复杂的联系是一张连续的网,而且正如多雷本人所说,“最初以一种难以确定的强度”将一些企业建构成为企业集团的错综复杂的关系就是客户与供货商之间的关系(转包可能就是某些紧密而持久的依附关系的根源),即技术方面的依附关系(如专利),尤其是金融方面和个人之间的联系。①

或许可以毫不夸张地说,根据人们所采用的依附性的定义,我们可以取200个、300个,乃至5000个样本;相反,我们也可以只考虑50个、10个,甚至只考虑2个企业集团,就是说,只需要对50个、10个或者2个总经理进行分析。因此,巴黎-荷兰银行可以被定义为一个“拥有22 000员工”的企业集团②,也可以被定义为“一个金融集团,它直接对分布在各

① M.多雷为《经济和统计》杂志第87期写的“社论”(1977年3月,第3—8页)。

② “国有化档案”(Le dossier des nationalisations),见《世界报》档案与文献版(*Le Monde, Dossiers et documents*),1977年11月。

> 行各业的员工总数超过340 000的所有分公司行使权力”,[1]
> 甚至还可以被定义为一个无边的网络的中心(或者中枢)——
> 它通过金融参股(尽管份额有限)、信贷、信息方面的效应对这
> 个网络进行一种间接的看不见的“控制”,然而,这种控制并没
> 有得到任何协议的承认,也没有通过任何官方联系得到认同。
> 苏伊士金融公司的情况也一样,它控制或参股的公司有:液态 465
> 空气公司、贝甘-塞公司、电力总公司、费罗多公司、拉法季公
> 司、贝尔诺-里卡尔公司、文德尔公司;因此,是选择最严格的
> 限制性定义,还是全盘考虑苏伊士控制之下的(或者参过股
> 的)彼此之间或多或少存在着联系的所有自主性集团的财政
> 情况,不同的选择会使集团的规模发生巨大的变化。[2]

如果拘泥于场域的某一种状态,我们就很难解决所有这些困难;不过当我们回顾从前,最终要着手进行比较的时候,困难显然会更大:事实上,这些变化的最主要的内容就在于操纵名义上的单位,而这些单位只能是对预先存在的联系的一种认可;就是说,这些变化的核心就在于或多或少能够产生现实效应的官方定义的变化,例如,位于决策中心的总经理的协调权和控制权可以通过正式化(officialisation)而得以加强。如果企业场域的整个结构已经在两个空间或者时间间隔中发生了改变,那么,要在两个总经理群体之间进行比较,并且将他们作为相互分离的普通单位来对待,人们

① P.阿拉尔,M.伯德,B.贝隆,A.-M.雷维以及S.列纳尔的《法国工业集团与金融集团辞典》,巴黎,色伊出版社,1978年。

② 同上。

就很容易忽略表面上的稳定性背后可能隐藏着的变化，而真正的常量又可能为表面上的变化所掩盖。因此，只有结构与结构、场域与场域之间的比较才是严谨的比较。无视结构，无视结构上的改变就会导致人们将任何的变化都简化为个体重大特性的改变。[1]这样的话，我们就会无休止地讨论下去——与 19 世纪相比，如今的企业家到底是更有文化，还是更没有文化。除了文凭本身的价值随着特定时间文凭的稀罕程度变化之外，显然在每一个时刻，应该注意的是不同的学业称号在不同的总经理之间分布的结构；确切地说，就是应该注意这个结构根据每一位总经理不同的家庭出身所发生的变化，以及这种变化在不同时期的差异。

因此，在我们分析的 1952，1962，1972 这三个年份，出身于大
466 众阶层和中等阶层的总经理，或者出身于资产阶级工薪者阶层（如企业管理人员、工程师、经理）的总经理全部都持有高等教育文凭，而且除了极少数个别情况之外，几乎全部都毕业于巴黎综合工科学校（或者另外一所工程师学校，其中最主要的是巴黎矿业学校，如 1972 年）；他们中几乎没有人毕业于巴黎政治研究学院（只在 1972 年有 2 个例外）。相反，自由职业者或者高级官员家庭出身的总经理只是到了 1972 年才全部持有了高等教育文凭，这与 1962 年或者 1952 年的情况有所不同；此外，他们中毕业于法学院、巴黎政治研究学院，或者某所普通商学院的比例迅速增长。但是主要的问题或许在于，1952 年，实业资产阶级家庭出身的总经

① 同样的批评也适用于任何历史性的比较研究，这类比较常常将按照场域内部的位置定义的行动者当作群体来研究（如主教群体、高级官员群体、艺术家群体、作家群体，等等）。

理中有相当一部分人(31 人中有 13 人)没有受过高等教育(或者受教育不多);尽管他们中有越来越多的人获得了高等教育文凭(其中有的是像中央高等工艺制造学校这样的二流工程师学校的文凭,也有法学院、巴黎政治研究学院或者某所商学院的文凭),但是到了 1972 年,他们中仍然有一部分人没有高等教育文凭(44 人中有 9 人),却取得了企业的最高领导职务。

1952 年作为样本的公司中没有一家是商业公司,可能那个时期巴黎高等商学院的文凭并不怎么受人重视。但有一点是可以肯定的,那就是与大公司的总经理相比,普通公司的经理中持有巴黎高等商学院文凭的比例上升显著。通过对 908 名 1977 年仍然在位的企业领导者的职业生涯进行分析(其中包括大公司的总经理、普通公司的总经理、财务部门经理、行政部门经理、营销部门经理、商务经理、技术经理、人事部门经理),我们可以发现,巴黎高等商学院、高等经贸学院、巴黎高等商业学校、巴黎政治研究学院的毕业生(在这些统计资料中,巴黎政治研究学院毕业生统计数据很不幸地与其他商校的数据混在了一起)通常都处于行政部门经理、财务经理、营销部门经理、商务经理的岗位上。①

总而言之,与企业场域的变化相伴而行的是高等教育文凭持

① 参见 P. 波杜:"企业管理人员的报酬"(Le prix des cadres),《拓展》杂志,1977 年 6 月,第 125—156 页。

有者队伍的整体性壮大，甚至在“继承人”中也是这样；企业场域的
467 变化还伴随着巴黎综合工科学校毕业生与巴黎政治研究学院或者巴黎高等商学院毕业生的逆向发展：巴黎综合工科学校的毕业生，尤其是他们中那些并非出身于上流群体，而且毕业后又没有经过补偿性学习的人，在企业中的表现呈缩减趋势，而政治研究学院或者巴黎高等商学院毕业生的相对比例却呈现大幅度增长——这种增长主要表现在工商业资产阶级的后代身上，如果将银行家家庭出身的人也考虑进去，则增长更为明显。

因此，通过对力量关系的演变进行历时性分析，我们就能够进一步证明在对一定时间段里存在的力量进行观察后得出的结论：即便持有学业称号的必要性对于觊觎经济权力场域中最令人垂涎的位置的人确实越来越迫切了，就连那些拥有法定继承权的人也不例外，然而，人们之所以能够相信学业再生产方式将取得越来越大的胜利，这只是因为与家族再生产方式有一定联系的企业家找到了迂回学业障碍的办法：文凭发放量增幅最大的是巴黎政治研究学院、巴黎高等商学院和中央高等工艺制造学校，它们颁发的文凭能够在结构上和功能上起到合法化工具的作用，完全等同于另外一种状态中的业士文凭，同样能够作为竞争和社会合法化要求的工具；外省的那些合法性最有保障的大家族也一样，他们只需要到耶稣会中学去镀一趟金就行了。

谈起自己当时进入巴黎政治研究学院的经历，特别是他那位哲学家一般的兄长向他推荐这所学校时令他感受到的“耻辱”，这位巴黎政治研究学院的毕业生清楚地让人们看到

了 50 年代前后这所学校的社会形象："……后来，由于我以前在巴黎结识的很多朋友，就是说，我在克劳德·贝尔纳中学和让松中学结识的朋友们都在这所学校里，至少那些成不了数学家的比较正常的人都进了这所学校，于是我也带着对这所学校极大的嘲讽和失望成了其中的一员。"他还回顾了自己在这所学校受教育的经历："我发现政治研究学院竟然没有因果推理，竟然不懂得溯本求源，竟然拒绝正视现实，这时，我惊呆了。他们只会描述！哪怕是最简单的社会学分析都会变得像笛卡尔或者康德的学说一样艰深；我的朋友所说的'半文化' 468
确实就是巴黎政治研究学院的实质：'用十分钟给我介绍一下普鲁斯特。'"①

新贵的特权

巴黎的大资产阶级（既包括实业大资产阶级，也包括政府高级官员和自由职业者）家庭出身的那些经济权力的觊觎者，往往毕业于巴黎政治研究学院，并且曾在财政检察机关担任过职务，要想完全理解他们在争夺经济权力的斗争中所掌握的优势，就必须考虑由于银行资本和工业资本之间关系的变化所引起的权力场域结构的变化，因为正是这两者之间关系的变化强化了银行和银行家在经济权力场域内的位置。相对于大银行集团而言，工业企业倾向于丧失它们的金融自主权（如果我们相信让·布维耶所说的，这种

① D.朵司岗·杜·普朗梯耶(D. Toscan du Plantier)，见 A.阿里斯和 A.德塞杜伊著作中的有关章节，同前书，第 347 页。

自主权在20世纪初期仍然切实存在的话)；由于这些大银行集团采取了新的方式来集中资本和储蓄，因而它们最终得以全面控制工业领域中的某些产业部门，却又不必成为这个产业部门的唯一主人。因此，银行家有能力迫使人们接受他们的观点和他们的预测[①]；与那些将技术上的合理化放在第一位的工业家和技术人员的观点相比，银行家更看重企业经营管理方面的问题，往往用金融与财务的观点来理解企业的前途。银行权力的加强还产生了另外一个效应，这就是在企业场域中使财经方面的领导职务优越于技术方面的领导职务，也就是说，使财政稽核和巴黎政治研究学院毕业生的职位优越于技术文凭的持有者，比如说矿业工程师的职位。

469 随着企业规模的扩大和官僚主义化程度的加深，企业越来越倾向于像场域那样运作——行动者在其中相互争夺，他们的力量、利益和策略都取决于他们自身所持有的经济资本和学业资本的总量和结构。这些斗争的焦点之一就是改变还是维护现有的等级化原则：各种特性之间的优先秩序(如各名牌大学文凭之间的优先秩序)是通过各种特性的拥有者的优先权秩序表现出来的，颠覆这些特性的优先秩序就等于是破坏企业领导者之间的力量平衡。我们发现，在这个逻辑中，同一特性的拥有者之间的自行遴选可以说是各种名牌大学同窗学友群体的原则，但是我们不能简单地将这种自行遴选看成

① 主要参见J.布维耶(J. Bouvier)："19世纪法国发展中的银行资本、工业资本和金融资本"(Capital bancaire, capital industriel et capital financier dans la croissance française au XIX siècle)，见《思想》杂志(*la Pensée*)，第178期，1974年11月，第3—17页。

> 是通过学校建立的私人联系,也不能仅仅将它解释为惯习的一致性,事实上,通过肯定等级化标准的稳定性来确保社会内部现有等级制度再生产的必然性,才是这种自行遴选的根本原因。我们还发现,企业"老板"的显著特性,如毕业于某一所名牌大学或者归属于某一个群体,都以一种并非偶然的频率出现在企业员工的特性中。企业在制度上被建构成为一个集体,它有权采取相应的行动或者作出相应的反应,从而面对竞争或者同盟的企业的行动和反应,或者面对其他利益集团的行动和反应(如出资人、供应商、消费者、工会、国家,等等);企业作为一个法人,它的"策略"本身就是互动的产物;这种互动以特定的力量关系为基础,是在个体或者集体行动者之间建立起来的;而这些行动者都拥有不同资本(主要是学业资本),或者拥有集中的或者分散的利益;同时,他们还以这样或者那样的资格,在企业场域中占据一定的权力位置,如股东(无论是否拥有半数以上的股权)、总经理、经理、管理人员,等等。

我们还可以这样推断:在企业内部和经济权力场域内部的竞
争中,企业之间相互依赖关系的加强只能够强化处于关系网核心
区域的位置,并且唤起新的行动者来争夺这些位置。企业规模的
扩大确实是企业独立发展的结果,然而经济单位之间新型连带关
系的建立至少同样也是促使企业规模扩大的原因:与个体企业相
对萎缩相关联的是新兴法人的出现,如"共同利益团体"的出现,处 470
于国营部门与私营部门之间的公司的涌现,以及基本经济单位之
间更加复杂多样的关系的建立——如独立企业之间的竞争关系,

同一集团内部的所有企业之间的行政管理关系，形式上彼此有别、实际上却由于金融方面的联系而结合在一起的公司之间的霸权关系，以及与不同的企业集团一体化了的某些企业之间的"私人联系"，甚至还要加上市场霸权，因为这种霸权能够确保与市场一体化了的大公司在它所收购的小公司面前具有一种相同于官僚主义控制权的权力。经济场域结构的这些变化倾向于增强公司之间行为的独立性，并且使以利益的互补性和复杂的（有时也是可以循环的）霸权关系网为基础的有机的连带关系取代了涂尔干所说的先前的那种"类型相同"的企业和企业经营者之间的机械的连带关系。

竞争一方面使金融管理者处于家族企业家、企业创始人或者继承人的对立面，而且与后者对立的还有整个官方话语以及受到官方话语影响的政治；另一方面又使金融管理者们处于他们在学校教育事业中的子代技术人员的对立面，以及新的霸权模式所需要的有点过于军事化的德行的对立面。因此，在这种竞争中，金融管理者似乎处于最佳的位置上，从而有利于他们的经济世界观和社会世界观的胜利。[①] 企业在行为和权力方面的独立性的增强，尤其是国营部门与私营部门之间关系的日益密切，以及企业对外

① 尽管我们没有能够获得直接的材料来建立人们在场域中的位置与政治立场之间的关系，尤其是没有直接的材料来建立场域中的位置与在处理社会冲突中所采用的策略之间的关系，但是我们还是可以借助《拓展》杂志（1975 年 4 月刊，第 78—97 页）提供的调查数据，并且对其中 50 家企业的资产负债表进行分析，从而得出结论：就"公司的策略"而言，企业场域的主要对立面存在于对工会活动更开放的国营大企业与私营企业之间；第二个对立面则存在于现代主义者的新父道主义（néo-paternalisme moderniste）与更加严厉的父道主义之间，前者阵营里主要是巴黎政治研究学院和各商校的毕业生，而后者则更多地与巴黎综合工科学校的毕业生联系在一起（参见本部分的附录 2）。

关系的加强，①这一切对于提高巴黎政治研究学院和国家行政学 471
院毕业生的价值或许不无关系：通过社会招生，通过其灌输的社会哲学，通过赋予讨论与协商能力以特权，以及认同外语能力和高级官员的文明举止的特权（这些都是与实战中企业家身上的那种精力充沛却缺少修养的粗蛮言行格格不入的），这些学校确实建构了一个新型的人际关系准则的实验室，这也是经济场域结构的变化所要求的。②

> 与1972年相比，1952年在100家最大企业的老板中，参加各类委员会或*特别*委员会（这些委员会在第五共和国时期大量涌现）的人数要少得多；进入高级政府部门的人数或者在部长办公室工作过的人数也少得多。此外，在1952年，与各类官僚主义决策机构联系的垄断权仍然归属于理科名牌大学的毕业生（主要是从巴黎综合工科学校考入巴黎矿业学校的毕业生群体）；然而到了1972年，政府官员家庭或者自由职业者家庭出身，并且通常来自于上流群体（主要是财政监察机

---

① 员工人数在20—49人的企业中，从事出口业务的仅占37%；100—199人的企业为60%；在500—4999人的企业中，从事出口的达到了80%；而员工在10 000人以上的企业中，此项比例超过了90%（R. 布洛卡[R. Brocard]和J.-M. 岗杜瓦[J.-M. Gandois]：《大型企业和中小型企业》，见《经济与统计》杂志第96期[Grandes entreprises et PME]，1978年1月，第25—41页）。

② 由于具备了一整套新型的技能，如熟练的外语，以及对于企业场域、营销技术和广告的实用知识，因而毕业于巴黎高等商学院和欧洲工商管理学院（INSEAD）之类学校的企业家们预先倾向于在跨国公司寻找职位：他们在许多方面与毕业于工程师学校的企业家形成对立，比如说，工程师们的兴趣主要在于生产而不在于言商，或者说，他们更关注企业的内部经营，而不是外部市场的探索。

> 关)或者部长办公室的企业家走到了前台——他们有更多的机会出入国家计划委员会,尤其是高层委员会,因而能够经常接触工商部门的政府高官,以及与政府高级职能非常接近的私营部门的头面人物。①

472 从某种意义上来说,国营部门的大老板(如调查时期的皮埃尔·儒旺、威尔弗里德·波姆加特纳、昂布华兹·鲁、罗歇·马丁、皮埃尔·德卡朗、雅克·德·福歇),特别是他们当中出身于穿袍大资产阶级(担任政府高级公职的和从事自由职业的大资产阶级)和古老的资产阶级(如军官或者土地所有者,但是他们的人数相对要少一些)家庭的人,似乎"命中注定"就应该占据位于国营部门和私营部门*交点*上的位置,说得更具体一些,就是位于银行、工业和国家之间的*交点*上的位置,如今,这个交点就是权力场所:事实上,正是这一切使这些关系人物(hommes de relation)②能够占领各种显赫的位置,如大型工商银行、国营能源与交通企业、混合经济公司等处的位置;处于这些位置上的人既互为同谋又互相冲突,共同协商着国家的大市场,协商着政府给予"基础"工业或"尖端"工业的补贴,并且起草着政策法令(关于信贷的、关于住宅的,等等)——新的投资空间和新的利润源泉正是由此提供的。

> 有的家族与好几个社会空间(如自由职业和工商业)有联

---

① 这些正是记者们最乐意在他们的权力名人榜《经济100家》中列举的人物。

② 本部分的附录3描写了关系人物普通的一天。

系，这些家族的成员往往有着比较广泛的学习经历（如理科和法律方面的学习经历），因而他们总是尽可能地使自己的空间大于工商阶层出身的企业家的空间[①]（比如说，吉·德·罗特希尔德、S. 达布莱、T. 维勒季、R. 吉莱、皮埃尔·尚班等等工商阶层出身的企业家），并且在他们自己的空间里占据首要位置[②]。由于他们中有更多的人出身于巴黎或者巴黎地区，还
由于他们一般都在名牌公立中学这样（相对来说）更多样化、 473
更开放的空间里生活过，后来又在名牌大学和高层机关（主要是财政监察机关和巴黎矿业学校）学习或者工作过，因而，他们一般在自己的职业生涯之初就与工商界取得了联系——或者作为部长办公室的成员，一般是财政部长的办公室，或者作为工业或者财政部长办公室主任的助理，这个职位能够为他们提供一张辽阔的关系网（如果他的家庭没能为他提供的话），而这张网能够使他们尽早地转入私营部门。

① 例如，雅克·德·福歇16岁时就获得了法兰西学院的诗歌奖，麦瑞·布隆贝格回忆说，他“总是渴望写点什么，并为此饱受折磨”（银行集团报刊档案馆）。同样，当人们问起昂布华兹·鲁收藏的“著名画家安格尔（Ingres）的小提琴时，他绝对不会和你扯上一通园艺、高尔夫、狩猎或汽艇方面的闲话，而会和你谈超现实主义文学和抽象画”（J. 波米耶[J. Baumier]：《法国的大企业》[*Les grandes affaires françaises*]，巴黎，朱利亚尔出版社，1967年，第145页）。

② 无论从哪方面来说，工商业大资产阶级家庭出身的总经理的位置都介于穿袍资产阶级家庭出身的总经理与中等工商业家庭出身的总经理之间。与穿袍资产阶级家庭出身的总经理相比，工商业大资产阶级家庭出身的总经理与中等工商业家庭出身的总经理有着更多的在私营部门工作的共同经历；他们与后者的区别则在于，他们中有更多的巴黎人（53%比32%），曾经在巴黎上公立中学的人也略微多一些，而上过私立学校的人则略微少一些；然而最主要的区别还在于，他们在担任私营公司的总经理之前，很多人都曾经在高层机关或者部长办公室工作过。

表 39 家庭出身和职业生涯及与国家的关系

父亲的社会职业类别	职业生涯						与国家的关系				
	一直在私营部门	35岁以前跳槽	35至50岁跳槽	51岁以后跳槽	一直在国营部门	总计	财政监察机关	行政法院	审计法院	省级行政机构	部长办公室
农民、工人、雇员、中等管理人员、手工业者、商人	74	4	7	4	11	100	3	-	-	-	13
管理人员、经理、工程师	64	4	24	4	4	100	4	-	4	-	27
军官、土地所有者	36	7	21	7	29	100	27	6.5	-	6.5	47
自由职业者、高级官员	25	22	22	14	17	100	22	19	3	5.5	43
大商人、工业家	73.5	11	2.5	5.5	5.5	100	3	-	-	3	5.5
大工业家、小公司董事、银行家	82	5.5	3.5	-	9	100	7	2	-	2	11
总　计	64	9	11	5	11	100	9.5	4.5	1	2.5	21

注：表中有关高层机关和部长办公室的统计数据，涉及的都是出身于不同社会阶层并且在表中每一个部门担任过职务的总经理的百分比。

然而，还有一点需要说明：从定义上来说，无论归属于一个古老的贵族还是归属于一个古老的资产阶级家族，这本身就包含了对(亲属或者其他方面的)社会关系资本的占有，而且这种社会关系总是可以部分地移转给后代。此外，归属关系总是千方百计地企图扩大社会关系资本：首先，这是因为资本必须与资本相配，这一点在涉及关系的问题时比其他任何问题都更加突出，再说，归属于一个带有著名姓氏标志的显赫家族，这本身就能够赢得某些关系(如婚姻关系、朋友关系、联盟关系等)；其次，明确的投资策略，比如说，导致相同阶层的

族群相互聚合，而对下一阶层的族群加以回避的策略，就能够
促进社会关系上同质关系的建立；最后，对于“关系生活”来
说，提早介入社会是非常重要的（如参加欢迎会、生日派对之 475
类的家庭聚会），而且这样还能够赋予某些机构和场合以极大
的价值，比如说，那些以建立或者维护社会关系为目的的机构
和场合（新年祝福、拜访等）；因此，早一点介入社会生活有利
于强化一种习性和能力（比如说，对某些人名和家系的特别强
的记忆），也就是说，使人们善于在培植关系的同时培养适当
的关系“意识”。[①] 从经济和政治方面来看，尤其是从文化和
“社交”方面来看，这个社会空间是高度集中的；因此，我们必
须以同样的方法来研究其中所有与出生在巴黎，并且居住在
巴黎有关的优越条件[②]：居所的重要性不仅可以看成是与住
址联系在一起的价值——住址也是贵族的征象之一，而且还

① 对于那些出身于社会空间被支配区域的国家高级公职人员来说，由于他们既缺乏继承所得的社会资本，又不怎么具备获取这种资本的癖性，这使得他们不太有机会进入私营部门。即使有这种可能，也要等到他们的职业生涯快要结束的时候才会有一个迟到的机会。到那时，他们就会向着几乎属于官僚主义的位置发展。出身于工程师或者管理人员家庭的总经理一般都毕业于名牌大学，并且都有曾经在高层机关工作的经历；他们中之所以有更多的人曾经在部长办公室工作过，并且能够比中等阶层和大众阶层出身的总经理更早地跳槽进入私营部门，这或许与他们在学校里建立的关系是分不开的；中等阶层和大众阶层出身的总经理则不然，他们一般都来自于造舰工程、煤矿、法国电力公司，并且曾经是那里的工程师。

② 确实，大部分总经理都出生于巴黎或者其他大城市，但是，出生于巴黎或巴黎地区比例最高的人群，其实是毕业于巴黎政治研究学院或者某商学院的人群（在巴黎政治研究学院毕业的学生中，没有任何人出生的市镇人口少于 5000 人）；他们的此项比例尤其高于巴黎综合工科学校或者其他工程师学校的毕业生，前者一般出生于中等城市，而后者中则有不少人在小城镇里度过了他们的童年。

> 可以理解为居于“世界”的核心对于关系、相遇、聚餐、会晤等生活具有重要的意义。因此，总经理们基本上都住在巴黎或者巴黎地区，而且住在16区的比例最高；然而在这些总经理中，毕业于巴黎政治研究学院，尤其是出身于穿袍资产阶级家庭或者穿袍贵族家庭的总经理往往居住于巴黎前七个行政区，尤其是第6和第7区，那是传统上贵族居住的地方，也是政府重要的几个部的所在地；而巴黎综合工科学校毕业的总经理则往往居住于巴黎的一些比较优美别致的地方，如诺伊梨、圣克鲁、凡尔赛等。

出身于资产阶级家庭和巴黎穿袍贵族家庭的企业家是大资本
的持有者：由于他们在名牌公立中学和名牌大学的学习经历、在部
476 长办公室的工作经历，以及加入那些最大公司董事会的经历，这些
企业家拥有大量的文化资本（持有最显赫的文凭）、象征资本（通常他们本身就是贵族，并且积累着各种荣誉，其中有公共的荣誉，如荣誉勋位勋章，也有私人荣誉，如归属于某些最封闭的俱乐部）和社会资本（一般是从家庭继承所得，或者通过婚姻辗转所得），因此，他们是新型国家金融寡头的后备军。然而，从某种意义上来说，他们也是经济权力场域结构某种状况的具体化。[①] 这不仅是因为他们拥有一切必要的特性来实现属于场域必然性的那一部分

① 我们将在本部分的附录4中对这些已经制度化了的联系（尤其是对董事会），以及这些联系在积累经济信息方面的作用进行分析。

表 40　出生地、居住地与就读的高等教育机构之间的关系 474

总经理的学历	出生地(人口)						住　址									
	巴黎及巴黎地区	10万以上	5千至10万	5千以下	外国	总计	巴黎1至6区	巴黎7区	巴黎8区	巴黎16区	巴黎17区	巴黎其他区	诺伊梨	郊区	外省	总计
巴黎综合工科学校	37	14	28	12	9	100	9.5	2	7	36	5	2	12	12	5	100
巴黎政治研究学院	64.5	4.5	20	-	11	100	14	21	5	30	5	-	9	9	5	100
工程师学校	33.5	20.5	10	26	10	100	3	18	3	34	5	3	13	13	13	100
商校	47	23	12	13	6	100	-	12.5	25	25	-	6	6	6	12.5	100
法学院、文学院、理学院	39	20.5	10	20.5	10	100	8	5	13	24	5	5	-	-	16	100
中等教育、高等教育肄业	35	24	17	17	7	100	-	14	35	38	7	-	3.5	3.5	31	100
总　计	43	16.5	17	14	9.5	100	7	12	8	31.5	5	2.5	8	8	12	100

(即通过行动者完成的,而且也只有通过他们来完成的那一部分,从广义上来说,也就是在金融关系网与“个人关系”网的关系中完成的那一部分),而且还因为他们持有的所有能够真正通达他们现有的位置,并且能够让他们合法地占有这些位置的称号,如表示特性的称号或贵族称号:最具有上流社会特征的教学机构所颁发的文凭的主要功能,或许就是鼓励人们将实际上是文凭附带的所有次要特性所产生的效应,如学校关系所包含的社会资本,学习“尖子”的“感召力”及其带来的“信心”等,或者将在统计方面所有与学

校有联系的次要特性所产生的效应都归于人们想象中的文凭所确保的能力，就像人们在资产阶级中的资历所确保的“荣誉”一样。

能力通常被理解为效能与生产率的保证，一旦将这种能力变成最高的准则，那么，由大资产阶级和作为其支配者的金融寡头所垒砌的在技术上完全具有合理性的外墙，就能够掩盖获取霸权位置的真实条件。墙内的实用标准是与专家治国论者对外大肆炫耀的现代主义和理性主义的图景相违背的：在这个以完全着眼于未来而自诩的领导者“精英群体”中，真正的选拔原则及其特权的实
477 际论证却是以现有权力的过去、历史和资格为基础的。会考，比如说国家行政学院的会考，可以神化某些极其特殊的习性，而这些习性与想象中的工业企业家所应具备的习性相距甚远，与人们期待的研究人员和脑力劳动者应该具备的习性同样也不相及；然而，正是借助这样的会考，处于工业发展和科技进步边缘的所有社会类别，包括大企业主、政府高级官员、军中要员、大法官们，却占据了社会空间的首要位置；关于这一点，人们一直没有足够的认识。此外，在国家最重要的位置上或许从来没有聚集过那么多的拥有贵族姓氏或者被封为贵族的人；这也是人们认识不够的地方。

将人们在权力领域中的资历当作划分权力等级的(隐性)原则，这不仅是要迫使新贵们完成一段必要的修炼期，使他们在适应那些必须经过长期和深入的接触才能够掌握的行为方式的同时，渐渐地吸收这些行为方式，而且还要使他们通过婚姻和人际关系(在任何领域，任何时期，人际关系都是使暴发户们变得*文明*的最可靠的途径之一)，或者通过其他手段，使自己被同化。将人们为同化所作的努力置于历史、资格和已经建立的等级秩序(其中“资

格”最老的人就是这个等级秩序的担保人和护卫者）的标志之下，这实际上就是在那些急不可耐的新贵们面前设置了一道无法逾越的障碍。没有什么鸿沟会比时间更让人难以跨越（“时间，你象征着我的无能”，哲学家是这样说的，恐怕他在说这句话的时候，并没有想到自己的话会如此精彩），所有的社会群体都用时间来维持继承顺序（莱布尼兹关于时间的论述），就是说，时间是必须保持的距离，因为距离是社会秩序的组成部分，它能够将既得者与觊觎者、父代与子代、持有者与继承者、导师与门徒、前任与继任者分离开来；对于所有这些社会身份，除了时间，我们一般无以区分。因此，我们可以看到关于业主（所有者）与管理者（经理）的习惯性争论中所隐藏的一切东西——如果我们只考虑代表特性的称号，这些东西就会一直隐藏下去。[①] 大的经济权势集团吸收某些“大官”，或 478
者某些“大官”加入权势集团（如果“大官们”不是出身于权势集团的话），这个过程是不能够用简单的经济指标来衡量的，如持有股票的多少，加入公司董事会的情况，等等。

如果我们认真对待这些指标，那么指标本身就足以使我

① 由于经济学家和社会学家之间的分工所产生的批评效应，经济学家们为了回应贝尔勒（A. A. Berle）和芒斯（G. C. Means）提出的著名问题（贝尔勒、芒斯，《现代企业与私有财产》，纽约，麦克米伦出版社，1933 年）进行了一系列的研究，其中主要包括歇瓦里耶（J. -M. Chevalier）的研究（《美国工业的金融结构》，巴黎，居加斯出版社，1970 年）和莫兰（F. Morin）的研究（《法国资本主义的金融结构》，巴黎，卡尔曼・列维出版社，1974 年）；但是这些研究都忽略了企业家的个人（personnelles）特性（例如，通过出身和婚姻在工商界内建立起来的关系）和所有（与经济控制形式相反的）社会控制形式——然而，正是这些社会控制形式使经理们得以被同化。

> 们对某种表现产生怀疑，因为根据这种表现，仅仅凭借自己的技能而享有权威的经理，或者企业管理人员，竟然有可能渐渐地取代企业的主人。事实上，我们注意到，特大公司的总经理最接近普通的经理形象，他们通常像其他公司的经理一样，也在公司里持有重要的股份，并且一般都出身于源远流长的工商业家族；我们还注意到，许多大公司的领导者同时也是略微小一些的分公司的老板，因而他们拥有“所有权”；最后需要注意的是，大部分经理不需要像他们想象中的家族企业的老板那样直接从企业的钱袋里取钱，他们的报酬是直接从企业尚未分配的利润里提取出来的，“津贴”、住宅、汽车、以旅游或者工作餐为主要形式的各项服务费都出于此。①

总之，只要无视与权势集团一体化的各种形式（这些形式并不一定表现为参股），并且将再生产方式的转变与占有资本和利润方式的转变混合在一起，人们便可以迎合资本“民主化”的神话，或者
479 迎合凯恩斯所说的“大企业本身的社会主义化倾向”②的神话，而

① 就“家族”企业的老板而言，即使他们企业的规模很小，即使企业是以传统的方式来管理的，他们也越来越多地以工资的形式来处理企业的一部分利润：1956年至1970年，工商企业老板的职务工资、基本工资、固定津贴在他们的总收入中所占的比例由12.9%上升到了31.3%（参见G.邦德里耶[G. Bandrier]和P.吉格里亚乍[P. Ghigliazza]：《1970年经理的收入》[*Les revenus des ménages en* 1970]，巴黎，国家经济研究与统计局资料，M40，1974年12月，第128—129页）。

② J. M.凯恩斯(J. M. Keynes)：“不干涉主义的终结”(The End of laisser-faire)，1926年，见《论说服力》，伦敦，麦克米伦出版社，1931年，第314—315页。

且这个神话自然还会在“学业民主化”[①]的神话中变得更加神圣：学业再生产机制的效应之一就是掩盖其自身的效能，即分类学上的惯性因素，这个惯性因素继续在定期收益与工资之间构成对立面，与此同时，还通过无懈可击的工资的外表来阻止人们认识与经济、文化和社会不可分离的资本的定期收益；此外，关于“公务”的意识形态与学业中立化的幻影结合在一起，作为占有经济资本利润的合法工具，其目的在于用学业称号来替代特性称号。因此，学业再生产机制的逻辑与“公务”意识形态的整个倾向（prégnance）一起，共同促进了现在的，尤其是未来的企业家的形象——他们不再是一份他们没有积累过的财产的继承人，而是最典型的白手起家者；他们的“天赋”和“功绩”决定他们能够凭借“能力”和“智慧”行使经济生产方面的权力。

政府高级官员和“专家治国论者”企业家乐于信奉公共服务道德，在某种意义上，这种道德的客观基础就在于他们从家庭环境中继承所得的习性，因为无论是穿袍资产阶级家庭还是小资产阶级工薪家庭几乎都不鼓励对于工商业的兴趣，也

① 但愿只需要这一个凝聚了新型的社会公正论的例子就能够为它的作者带来一枚堪称为“工厂主的品达罗斯”（“Pindare des manufacturiers”）的新式棕榈勋章，马克思曾经把这个奖授给了安德鲁·乌尔（Andrew Ure），他无畏地颂扬经理们是“我们工业系统的灵魂”（卡尔·马克思：《资本论》，第2卷，巴黎，伽利玛出版社，第1147—1148页）：“因此，与财产的所有权联系在一起的传统的资产阶级变成了没有资本的新型资产阶级，而这种资本则是因第三产业的发展而扩大。总而言之，（在文凭所认可的价值范围内）继承所得的财产倾向于无力与应得的财产匹敌——然而，还有什么能够比这样的财产更个人化的呢？”（A. 皮埃特尔［A. Piettre］：“继承的？还是应得的？”［La propriété héritée ou méritée?］，《世界报》，1978年1月）。

> 不鼓励对于金钱的崇拜：出身于社会空间的这些区域的个人似乎只有经过学校学习，然后通过从事公共服务来从事一项已经开拓的事业，而不是冒着各种风险，遭受各种可能的连累，着手一项有待开拓的生意，似乎只有在走过这样一段合法的弯路之后，他们才可能迎战商场。在一部研究雅克·德·
> 480 福歇的著作的写作提纲里，麦瑞·布隆贝格还描述了他出生的家庭环境：“在塞纳-瓦兹省的贝克地区，有一幢古树环绕，令人瞩目的别墅。1911 年 6 月 11 日，他就出生在那里。他的父亲路易·德·福歇是审计法院的院长；在那个时期，审计法院涉足于国家所有的重要部门。这位院长是一名衣冠楚楚、生性快乐的大法官；他热爱戏剧，欣赏才智，喜欢既能够带来荣誉又能够使他拥有闲暇时光的职业……他蔑视金钱，并且将对金钱的渴望看成是做人的一种缺陷。”（银行集团报刊档案馆）

很少有领导者群体能够同时兼备这么多的各种各样的合法化原则。尽管这些原则表面上看来相互矛盾，比如说，血统贵族论和以学习成绩或者科技能力为基础的能力至上论，“公共服务”的意识形态和以刺激生产力为掩护的对于利润的崇拜，然而，正是这些表面上的矛盾体组合在一起，共同激发了新型领导者们对自己的合法性的绝对自信。① 大资产阶级几乎全部是巴黎的世家，其中包括银行家、工业家、国营大型企业的老板和穿袍大资产阶级；所

① 有关权势集团对整个场域的控制，我们将在本部分的附录 5 做进一步阐述。

有经济权力和政治权力方面的位置都根据“志向”和自行遴选的原则在他们中间进行了重新分布，尽管表面看来，继承链在机制上表现出了某些不连续性，比如说，银行家的后代可能成了法学院的教授，医学教授的儿子或许又成了国营企业的老板，但是，从总体上看，整个大资产阶级阶层仍然倾向于在所有实践领域行使权力，而这个权力完全等同于他们支配经济资本的权力——他们调动金融资本的能力为他们确保以这种权力。国营部门与私营部门之间的相互介入，以及被自行遴选的逻辑修改过的带学业成分的再生产方式与家族式再生产方式的并存（这两种再生产方式共同将被人们广泛认同为人类最完美的自我实现的资产阶级文化和资产阶级
生活艺术变成了获取经济权力的条件），所有这一切将如此完成的 481
历史性组合变成了一种高度婉转化、高度理想化的权力形式；任何一般意义上的揭露都不可能触及这种权力形式的皮毛，因为这些揭露并没有怀疑这种权力形式的信仰基础。①

① 对“大腕”“工业和金融巨头”和“200世家”进行的一般意义上的揭露其实主要是在发泄一种不满，这种不满往往已经转变成了在伦理上对“唯利是图者”、“奸商”和“剥削者”的愤恨。这种意义上的揭露一直是左翼或者右翼小资产阶级传统的政治话题之一。然而，他们的揭露却很容易在第一个回合就败下阵来——由于这种揭露不了解其自身的真实性，因而它在本原上就处于它的揭露对象的支配之下。事实上，难道我们能够肯定在权力场域的被支配区域，在人们表现出来的愤恨，有时甚至是像1968年的风暴那样通过集体表现出来的愤恨中，就没有一丁点失望的继承人对于不认同他们的教学机构的愤怒？难道在他们反对新型经济领导者的能力至上论，或者反对技能方面的尖子主义的情绪中，就不带任何的私愤，比如说作为一个稀世头衔的拥有者，却没有能够为自己的资产阶级爵位谋得正当的饰物，并因此而对能力至上论心怀愤恨？

第三章　权力场域结构的变化[①]

持有文凭，甚至是持有经过刻意谋划才取得的文凭，成了经济场域中霸权位置越来越必要的先决条件；由此引起的一系列变化，再加上经济权力场域中发生的突如其来的变化，造成了权力场域内部力量关系结构的深刻转变。在经济场域内部，经济生产资料的集中伴随着文化生产资料的集中，而文化生产资料的集中则决定了人们以一种新的方式来利用文化资本时所需要的条件。在企业的官僚主义化进程中发展起来的资产阶级工薪者群体（salariat bourgeois）表现出了其策略中的矛盾性：除了个别情况外，只有在拥有必要的经济资本，因而有能力聚集文化生产者，并且能够确保他们的工资，以及他们完成文化生产活动所必不可少的越来越昂贵的生产工具的企业，资产阶级工薪者们持有的资本类别才能够保证他们的经济利益（尤其能够作为一种特殊的工具，用来抢占以生产工具的形式物质化了的文化资本）。正是在这一点上，资产阶级工薪者（工程师、研究人员、教师等）有别于自由职业者，因为自由职业者经营的是“他们自己的账号”，因而他们可以动用自己所有的资本并从中获利，而不需要外部资本的介入（不管怎么说，他

① 本章及附录由江西师范大学袁苓副教授翻译。——译者

们的代价是只能进行有限的资本积累)。[①] 当某一资本的运用受制于经济资本的持有量时,那么这一资本的持有者们,比如说,资产阶级工薪者,以及在更广泛意义上人们称之为管理者的那些人, 483
就会由于其位置的二重性而必然在立场上陷于更加深重的二重性:相对于那些被剥夺了文化资本的人来说,他们作为文化资本的拥有者所享受到的好处将他们推到了权力场域的支配极点,而不是必然地处于接近于被支配者的位置,然而,这一资本类别本身的从属特性位置又使他们远离那些由于拥有经济资本而能够控制他们对于这一资本类别使用的人。知识性企业的结构性变化(这一变化受制于知识性企业本身的变化),再加上日益增强的科学技术的复杂性,迫使许多文化资本的持有者放弃了完全自由的文化生产者的身份或者独立的小发明家的身份,变成了工薪文化生产者,被纳入了配有昂贵设备、从事长远计划的研究梯队之中。[②] 这一相对的剥夺过程首先发生在精密科学研究领域,它使这个领域的生产者高度集中于大型国营或私营企业;人文科学领域也受到了影响,公共研究与实用性研究的发展使知识手工业者(artisanat

① 事实上,自由职业并不像看起来那么独立:通过文化资本获取利润取决于国家对生产者所从事的生产活动的垄断,因而也就取决于教育体制的制约。当文凭的生产增长,服务的供给也随之增长时,自由职业就会面临危机。

② 参见 J. 司沫克莱:"技术进步与现代美国企业"(J. Schmookler,"Technological progress and the modern American corporation"),同前,第 141—165 页。从前,发明更需要的是创造力,而不是受教育的程度,从这个意义上来说,发明是一个冒险的过程。这是因为科学和技术处于基础阶段,比较容易掌握:设备的简单与科学文化的简单相适应,并不富裕的发明家们不需要老板们的资助,或者只借助普通个人的帮助,就能够装备属于他们自己的工作间。如今,发明所需要的前提条件几乎只有大型研究机构才能够办得到,在人们对专利证所做的统计中,独立研究者人数的减少就说明了这一点。

intellectuel)不得不向大学里最传统的学科撤退，比如说，文学和哲学；此外，公共研究在制度上的繁荣与它相对于外部制约和要求而言的自主性成反比，实用性研究也以服务于国营或私营部门的大型官僚主义企业为己任。

大量集体性的文化生产单位(研究服务处、办事处等)和文化传播单位(广播、电视、电影、报刊，等等)的发展，以及有利于文化
484 工薪者发展的知识手工业者的衰落，引起了文化生产者与他们的工作之间的关系的变化，同时也引起了文化生产者与他们的审美立场和政治立场之间的关系的变化；从此以后，生产者们便被纳入了一整套的等级化制度之中，并且具有了合理化的职业生涯。生产单位在技术上和社会关系上都差异化了，甚至常常还等级化了；人们在这样的生产单位里集体完成了一项工作，而且它在很大程度上离不开过去或者现在的集体劳动，同样也离不开昂贵的生产工具，那么这项工作就不可能被笼上神圣的光环，因为那种神化氛围只属于作家、艺术家或者传统的哲学家——他们都是独立的小生产者，使用的是自己个人的文化资本，而这种资本生来就被看成是上帝赐予的天赋。从客观上和主观上来揭示“创造性”活动的秘密，这与社会生产条件的变化是相互关联的；然而，这项揭露触及最深的是那些投身于文化传播企业(如广播、电影、电视、报刊)的知识分子和艺术家，他们不可避免地会更多地表现出矛盾性：一方面，他们在生产场域中的相对低下的边缘位置要求他们采取一定的审美立场和政治立场；另一方面，无论是在审美立场上还是在政治立场上，他们的产品在客观上都应该体现保守的职能。

结构上的这些变化伴随着不同类型的亚种文化资本的相对市

场价值的剧烈动荡:传统的人文科学要维持自身的价值,与其说指靠它们的行业实用性或者经济收益,还不如指靠其传播面的狭窄给它们带来的清高的威望;从这个意义上来说,传统人文科学的行情将进一步下跌。在动荡中升值的是以科学和技术形式存在的文化资本,尤其是政治官僚主义的资本;这些资本的经济收益都由于象征性服务新需求的增长而得到了保障,它们的象征性收益也将随着资产阶级中的传统部分(医生、律师等)与新兴部分(经营管理人员、广告人员等)之间的相对比例和相对威望的改变而得到相应的增长。

文化生产者过去一直通过学业称号的渗透,甚至通过学业称号向那些传统上与学校和文化毫不相干的领域的渗透,来实现对于学业资本的垄断(根据艺术家和“资产阶级”之间早已存在的矛 485
盾)。从此以后,被剥夺了学业资本垄断权的文化生产者,或者说,仅仅是对那些在学业市场之外严重地贬了值的文化资本类别(如古典人文科学)拥有垄断权的文化生产者,将要与经济权力的持有者发生碰撞。经济权力的持有者将仰仗有凭有据的学业技能为确保在物质世界的成功(至少他们自己是这样看的),致力于从三方面迅速扩大对文化生产场域的控制:第一,亲自介入,或者通过“作为其有机体的知识分子”间接地介入于斗争之中,以便推行关于文化资本和合法知识分子的新定义;第二,在实践中对教育界通过教学机构来垄断各种等级的学业称号的授予权提出异议,因为这些教学机构中的教师大部分都来自于经济场域,或者在经济场域中操持副业;第三,促进建立对于文化生产,尤其是对于科学研究的制度化控制。这一过程的征象之一就是在从事管理的“科学技术人员”周围出现了来自于政府部门，或者从事过科学研究的懂科学的董事——董事们在各自原先的空间里并不怎么受重视，因为那些空间迫使研究人员接受与科学场域的特殊逻辑毫不相干的制约和等级制度；与此同时，**国家对于文化事业的资助**也得到了真正的发展，这使得文化部门的政府高官以及他们在艺术空间的受话人（如博物馆或者大型文化促进机构的领导者）能够在艺术场域推行他们的规范。

外部压力与需求的增强扩大了文化生产场域内部的紧张关系。与知识场域同时发展起来的面对生产者的生产和面对外部需求的生产这两者之间的分工，是以在不协调的领域中建立一种协调形式为前提条件的，也就是说，被称为“右翼”或者“右岸”的知识分子用来与“左翼”知识分子进行战斗的论战武器同样应该能够用来认同“左翼”的道德准则和“左翼”的价值；然而，这种分工越来越让位于两类生产者之间的根本对抗——他们彼此拒绝认同对方，
486 彼此拒绝接受对方的存在。从此，与老式知识分子对峙的是管理者知识分子（intellectuel-cadre），或者说，知识分子管理者（cadre-intellectuel）：老式知识分子必须以前所未有的炫耀姿态更彻底地放弃自己与经济界的所有牵连和所有相应的好处，并且无论是在纯粹的知识方面，还是在政治方面都满怀激愤地显示自己的顽强不屈，只有这样，他们才能够进一步证实自己的存在与自主性已经一体化了；至于管理者知识分子或者知识分子管理者，由于他们持有为经济场域所认同的文化资本类别，因而他们愿意接受资产阶级工薪者的身份，并且准备着满足市场对知识服务的新需求。因此，我们能够理解，某些机构被放在了一个在行政上和学术上具有

双重合法性的位置上，国家经济研究与统计局就是这样；某些学科也一样，比如说，经济学，尤其是社会学，它构成了知识场域、政治场域和经济场域的交叉——这些机构和学科正是构思和体现文化生产者职能的各种不同方式进行激烈交锋的场地。事实上，各种方式明显地相互交替着，尽管人们很少意识到这一点：要么选择新的社会定义分派给文化生产者的这一项或者那一项职能，比如说选择专家的职能，负责协助霸权者治理"社会问题"，或者选择教师的职能，关起门来对一些学究式的问题进行博学而精深的讨论；要么就以科学为武器，有效地担负长期以来一直由知识分子承担的职责，就是说凭着在自主性的斗争中或者通过自主性取得的价值准则和事实，介入政治领域。

487
附录1　1972年的经济权力场域（问卷分析）

样本与指标的选取

根据1972年各公司自己拥有的资本量，我们收集了200家最大的工商公司（参见1972年11月，《企业》杂志刊登的前5000家最大公司的名单）总经理自1972年以来的有关资料；此外，我们还加入了国有化服务型企业，或者接近于公共部门的企业（如法国电力公司、巴黎独立运输公司等，N=9）总经理的资料（根据1972年城市新闻的报道，这些公司本身拥有的资本都在102 361 000法郎以上，因而都是排名在前200位的公司），以及最大银行总经理（N=20）和最大保险公司总经理（N=12）的资料。我们系统地研究了这些资料，并在此基础上展开分析。在相关的241位总经理中，我们只选取了其中216位（占90％），因为其他人的资料显得脱漏太多。①

① 被淘汰的总经理都属于相对来说比较小的公司，专业报刊没有提到过他们，名人录上也没有他们的名字。当人们有所请求的时候，他们总是拒绝透露年鉴作者或者调查者关心的信息。从我们所能收集到的关于他们的资料来看，他们中毕业于工程师学校（如中央高等工艺制造学校、巴黎矿业学校，以及其他二流学校）的人要比毕业于巴黎政治研究学院或各商校的人多，此外，他们的整个职业生涯都是在私营部门度过的，而且在问卷分析图表中，他们中的大部分人都位于图表的右下方。

出于历史性比较的需要，我们还搜集了1952年和1962年100家最大的工业企业总经理的同类资料。

除了人口统计学方面的特征（如出生时间和地点、子女人数、家庭住所）之外，我们还对一系列其他方面的资料进行了分析，[①]例如：关于**家庭出身**方面的情况，包括父亲的职业、家族在工商界或者在穿袍资产阶级中的资历、是否被列入《名人录》；关于**中学和大学的学习情况**，其中包括他们就读过的巴黎的名牌公立中学（如 488
让松中学、孔多塞中学、路易大帝中学、圣路易中学），巴黎的其他公立中学或者外省的公立中学，私立教育机构（如罗什学校、斯塔尼斯拉中学、圣诺伊梨十字中学、圣热纳维埃夫中学，等等），以及拥有高等教育文凭的数量，即已经获得的高等教育文凭的数量，此外，对巴黎综合工科学校和政治研究学院的毕业生还进一步分析了他们取得文凭的年龄；关于**职业生涯**方面的情况，其中包括就业部门的变化，对于那些由国营部门转入私营部门的人还需要特别关注他们跳槽时的年龄、在高层机关（如财政监察机关、行政法院）中的经历、在省长办公室中的经历，以及在军队中的经历；关于**经济权力的位置**，比如说，加入工业企业或者银行董事会的情况（根据他们各自所具有的不同影响来对他们进行区分），在法国全国雇主理事会以及各种资方联合会中的任职情况，在《拓展》月刊上

① 我们对各种问卷所作的分析是用MULTM程序完成的。该程序由吕多维克·勒巴尔设计，我们曾经就这一工具的使用说明请教过他（L. 勒巴尔、A. 摩里诺和N. 塔巴尔：《统计学描写技术》，《大型图表分析的方法和软件》，巴黎，迪诺出版社，1977年）。在此，我们向他表示最深切的感谢，感谢他帮助我们掌握了他的分析方法的复杂含义。我们将在本附录的《资料来源》一节中对所用的资料来源作系统的清理。

《100 位企业家》中的提名情况；过去或者现在介入属于其他场域（如政治、行政、大学、知识场域）的各种**委员会**或者**机构**的情况（比如说，计划委员会、社会与经济委员会），在名牌大学或者任何一所大学的教学活动，在大学场域董事会或者在新闻出版界的活动，在地区经济发展委员会的任职情况，以及在市长或者议长办公室担任过的职务；曾经获得的主要**荣誉**，包括官方对其服务给予的认同标志，以及能够证明与其他场域的联系的征象，如：荣誉勋位勋章、抵抗运动奖章、十字军功章、骑士团勋章、一级教育勋章、商业奖章；最后，我们还对有关公司最直接的相关资料进行了分析，如企业的性质（私营的、混合经济的，等等），公司的控制方式（家族经营的、外资的、专家管理的或者国营的），所属的主要行业（银行、保险、工业、商业、公共服务、交通），公司的规模（根据公司本身所拥有的资本总量来区分）。

有的指标的可用资料不够完整，或者在一部分总经理（10%至 30%，视情况而定）的材料中得不到证实，那么我们就将这些指标作为说明性的变量来处理。比如说，有的总经理在他所领导的公司里占有相当比例的股份，或者他同时还在这个公司担任工程师职务或部门经理职务；还有宗教归属问题；在国外取得的高等教育文凭（特别是在美国）；从事的运动（滑雪、网球、高尔夫、赛马、快艇、航空等）；注册的俱乐部（新沙龙俱乐部、马球俱乐部、扶轮社、
489 法国体育协会、法国汽车俱乐部、马克西姆商业俱乐部、旅游者俱乐部、盟友俱乐部、布洛涅森林俱乐部、马术俱乐部）；以及总经理所领导的公司的创办日期。其次，我们将只是部分地涉及我们的研究对象的指标也作为辅助变量处理，其中包括（广义的）政治观

点或政治态度指标，比如说，加入不同派别的资方组织的情况：工业部门领导者争取经济与社会进步协会，法国大型企业征集储蓄金协会，企业领导者研究与学习中心，企业与进步协会(然而，我们没有得到企业负责人联盟和法国基督教雇主中心完整的成员名单)。另外，关于父亲、母亲或者配偶的姓氏中有贵族标志的所有数据，我们也作为说明性变量来处理，因为这些资料只涉及到相对来说不多的一部分总经理(只有13%的人姓氏中有贵族标志)，再说，被列入《名人录》，尤其是在资产阶级中或者在工商界的资历构成了步入"社会"的更直接、更没有制约性的指标。有的特性只涉及人数有限的总经理(5人或者5人以下)，那么这些特性也作为说明性变量来处理，即使这些特性涉及很重要的指标，而且也符合完整性的要求。这种情况主要涉及个别人(N=2)在审计法庭的工作经历；担任的政治职务，如众议员或者参议员(N=4)；以及对于某一变量的某些处理方式(例如，工人家庭或者手工业者家庭出身的总经理，N=2)。

资料来源

作为社会公众人物，大型企业的领导者们总免不了要在各种不同场合向各种各样的对话者披露一些信息。一般来说，他们并不会不无保留地向第一个来访者吐露真言。[①] 因此，只要将所有

① "作为真正的资产阶级，企业的首脑们只愿意对那些与他们平等，并且属于他们圈子中的人满怀信任地畅所欲言。很明显，社会学家达不到这些条件。因此，访谈中遭遇的约束必然比其他大部分社会空间都多：除了他们对社会科学的奉献精神值得

490 散乱的资料聚集起来，只要在条件许可的情况下，通过直接询问，或者通过与信息员进行交谈，对所有资料进行比较与核对，我们就能够在主要问题上获得比直接调查更多更好的资料[①]。因此，我们对书面资料进行了系统的整理，并且与信息员、经济刊物的记者、名人录作家(即以大中型企业领导者、资方机构负责人、俱乐部负责人为题材的作家)举行了一系列的面谈；通过这些手段，我们填补和核实了已经取得的资料。我们还咨询了国家经济研究与统计局专门从事企业研究的专家，并且得到了他们的许多帮助。

尽管1972年的《企业》杂志发布的名单[②]存在着缺陷，并且也不完整，[③]但是它仍然是研究经济权力场域及其变化、进入这个场域的条件、不同的资方派别之间争夺权力的最好材料，因为"它表现某一企业集团的实力，同时还将这个集团的主要活动分解为彼此不同的生产单位或者商业单位"(如果集团公司已经出现在名单

怀疑之外，对话中盛气凌人的习惯和久居霸权位置的惯性进一步限制了研究者的自由余地。"(J.罗特曼[J. Lautman]："社会行为与社会学问题：论资本家联合会"[Fait social et questions sociologiques：à propos du syndicalisme patronal]，见《社会运动》杂志，第61期，1967年10月，第65—76页。引文由我们提供。)

① 究竟哪一位社会学家有权为罗杰·马丁(Roger Martin)拍照，观察他一天的生活(1977年5月的《拓展》杂志)，列席法国全国雇主理事会的会议，甚至是"黑幕"会议(A.阿里斯和A.德塞杜伊，同前刊，第211—214页)，并且还能够获准采访弗朗索瓦·米什兰(《巴黎赛报》，1978年2月3日)，等等？

② 参见1972年11月30日，1962年9月22日和11月3日的《企业》杂志。1952年的资料可参见J.乌西奥(J. Houssiaux)：《垄断权》(*Le pouvoir de monopole*)，巴黎，斯雷出版社，1960年，第242—247页。

③ 有些问题可能会令人感到困惑，例如，莱昂纳尔·卡鲁斯(Léonard Carous)领导的法国Shell公司已经进入排名(第10位)，为什么仍然是由莱昂纳尔·卡鲁斯领导的Shell化工公司又被排在了第74位？相反，令人感到惊讶的是，在这份名单中却找不到国际哈维斯特公司(société International Harvester)，也没有里希耶公司(société Richier)。

中，分公司就不再进入排名序列)。[①]

关于**董事会**(conseil d'administration)的研究，我们选取了30个样本。这些样本从规模、所属的生产部门到控制方式都各不相同。这项研究表明，董事会成员和总经理往往有许多相同的特征，尤其是社会特征和学业特征。因此，似乎没有必要将我们的分析扩大到所有公司的所有董事会成员。相反，为了准确地了解企业 491
场域的变化规律，似乎有必要对**经过认真考虑而建立起来的公司样本中的所有领导者**做一次直接调查：其实，我们借助已有的方法所能获得的关于总经理们的资料并不足以支持我们的研究，尤其不足以支持对样本里那些最小的公司进行研究。然而，我们对部长办公室成员、部长办公室主任、众议员、大学教师、记者等进行的多年研究，能够帮助我们对总经理与其他霸权者进行比较研究。

我们还收集了那些最大公司的历史、发展状况、最新变化及其金融与私人联系方面的数据。这些数据主要来自于文献收集与金融分析股份有限公司(Dafsa)的出版物，如各公司的综合分析和企业集团研究；同样也来自于巴黎出版的《代福斯法国企业与公司年鉴》(*Annuaire Desfossés-SEF*)，Desfossés与Dafsa行情表，各公

---

① 参见"如何使用档案"(Comment utiliser un dossier)，《企业》杂志，1972年11月，第5页。根据官方的定义(比如说，文献收集与金融分析股份有限公司的工作人员所采用的定义)，被"母公司"控股50%以上的公司被认定为"子公司"。1972年，罗纳-布朗克公司持有塞罗法纳公司(Cellophane) 50%以上的股份，因此，塞罗法纳公司成了一家分公司，它出现在名单上属于它的位置，但是没有进入排名；它的总经理也没有被选入样本。相反，罗杰-贝隆实验室(Laboratoires Roger Bellon)却进入了排名，尽管在1972年，也就是调查进行的时候，罗纳-布朗克公司也持有它45.1%的股份(1977年增加到51.8%)。在进行这项排名的时候，我们还不能够确定1972年的罗杰-贝隆实验室究竟是不是罗纳-布朗克的分公司。

司董事会的报告(我们在巴黎工商协会图书馆找到了一整套非常重要的董事会公告),以及国家工商无形财产管理局的文献。[①] 我们还对《拓展》杂志第 84 期(1975 年 4 月)公布的有关 50 家最大公司的"公司政策"方面的数据进行了第二次研究。[②]

为了在雇主的特性空间与公司的特性空间之间建立更准确的联系,我们努力收集每一个样本公司的所有资料,其中包括最近 3 至 5 年来,公司的就业结构、劳动力的专业资格等级、文凭的结构(文凭的水平与类别)、公司的演变(公司的扩展、萧条和衰退)、公司的生产力和"公司政策"。鉴于数据构造与数据收集方法上的现有状况,这项工程似乎显得过于雄心勃勃(考虑到现有的手段)。在目前关于公司的研究中,我们只能局限于若干变量:公司的主营
492 部门、法律资格(私人公司、混合经济公司或者国营工商企业)[③]、

① 通过"企业统计数据:原始资料"(参见《国家经济研究与统计局资料汇编》,E44,1977 年 3 月出版)和 J. 布德(J. Boudet):《1830 年至今的法国工商界》(*Le monde des affaires en France de 1830 à nos jours*,巴黎词典和大百科出版公司,1952 年,书中提供了有关各种企业的历史的资料),我们对各种(公开发行的或者其他的)原始资料进行了一次极为有意义的清点。而在《法国工业与金融业集团辞典》这部著作中(P. 阿拉尔、M. 伯德、B. 贝隆、A.-M. 列维和 S. 列纳尔合著,巴黎,色伊出版社,1978 年于我们的调查工作结束之时出版),我们得到了 48 个企业集团的历史公告和涉及结构联系的极其有用的资料。此外,还要参阅 M. 伯德发表在《经济与社会研究》杂志上的"对资本主义企业集团的认识笔记"一文(见《经济与社会研究:批评与争论笔记》,第 7—8 期,1977 年 7—10 月刊,第 91—97 页),以及 B. 贝隆的"对金融集团进行划分与定位的方法论",前刊第 99—116 页。

② 1976 年 4 月的《拓展》杂志第 95 期,也就是说在第二年,又对 50 家中等企业进行了一次类似的调查。

③ 《国有工商企业和国有混合经济公司汇编》(*Nomenclature des entreprises nationales à caractère industriel ou commercial et des sociétés d'économie mixte d'intérêt national*),巴黎,国家印书局,1972 年。

控制方式(国家控制、专家管理、外资企业、家族企业)[①]、企业的创办日期、集团中历史最悠久的企业的创办日期(对于重组或者兼并的企业集团而言,这种情况很常见;比如说,对于SGPM企业集团[Saint-Gobain-Pont-à-Mousson],我们就选取了Saint-Gobain制造业公司的创办时间,1695年)。

我们从各种原始资料中收集了样本中的每一位总经理的整套资料,而且这些原始资料都经过了系统的比较与核对。在目前情况下,*Who's Who in France*(巴黎,雅克·拉菲特编辑)构成了最重要最全面的传记资料来源,当然其中的不确定性和脱漏也是不可避免的。因此,通过采用各种方法对所有资料进行核对,我们发现,大多数总经理都指明了自己所属的杰出群体、获得过的荣誉、在国家与地方担任过的政治职务,然而却没有提供中学时读过的学校,以及参加行业协会、计划委员会、俱乐部和以前从事过的教学活动等方面情况。此外,与新版本的资料相比,1953—1954年的资料往往显得过于简陋(在1952年版的*Who's Who*中,100家最大企业的82位总经理中,就有30位没有指明父亲的职业)。最后,关于职业生涯方面的资料常常也不完整(许多总经理到40或者50岁才开始他们的职业人生),而且与1954年相比,如今上*Who's Who*的概率要高得多(1953—1954年,*Who's Who*上发布

① 关于控制方式,我们从F.莫兰的著作中受到启发,参见《法国资本主义的金融结构》(F. Morin, *La structure finanière du capitalisme français*),巴黎,卡尔曼·列维出版社,1974年;《国有化时期的银行和工业集团》(F. Morin, *La banque et les groupes industriels à l'heure des nationalisations*),巴黎,卡尔曼·列维出版社,1977年。

的小传有5000多篇，1976年达到了20 000余篇）。[①]

493 此外，我们还对专业报刊进行了系统性的整理，从中得出了可以作为依据的传记性资料。例如，《拓展》《企业》《新经济学家》《法国生活-舆论》等杂志，《世界报》《鸭鸣报》《快报》《焦点报》《新观察家报》等日报或周刊。而《世界报》《拓展》和巴黎工商协会图书馆的资料中有关样本的总经理和公司的部分为我们提供了辅助性的资料。

我们还对各种年鉴资料进行了系统性的整理，从而进一步补充和完善了从专业报刊和 *Who's Who in France* 的整理中获得的资料。《法国现代名人新辞典》（*Nouveau dictionnaire national des contemporains*，巴黎，国家现代新词典出版社，第1卷，1961年；第2卷，1963年；第3卷，1964年；第4卷，1966年；第5卷，1968年出版），《法国健在名人传记》（*Biographies des personnalités françaises vivantes*，巴黎，文献出版社，1967年），以及每年出版的《名人录》（*Bottin mondain*）、《全巴黎》（*Tout Paris*）、《法国全线》（*Toute la France*，巴黎，迪多·博坦出版社）等年鉴资料帮助我们完善了家庭住宅、俱乐部、体育运动、亲属关系方面的数据。

关于1952年的总经理们的资料，我们还查阅了《当代法国名人传记词典》（*Dictionnaire biographique français comtemporain*，巴黎，

① 所有这一切或许让人感到有点胆怯，试图通过对不同时期的 *Who's Who* 群体进行比较以得出领导者阶层的演变似乎不太可能（参见P.伯恩鲍姆、C.巴鲁克、M.贝莱什、A.马里耶：《法国的领导阶级》[*La classe dirigeante française*]，巴黎，法国大学出版社，1978年）；此外，要从中得出领导阶级中不同阶层人们的职业变动率的变化（第29页），或者说，跳槽率的变化（第75页）似乎也是不太可能的。

法洛斯出版社,1954—1955年),《1962年逝世的法国名人传记》(H.特沫尔松,巴黎,H.特沫尔松出版社,1962年),以及同一作者为1956、1957、1960、1961、1962和1963年逝世的法国名人所写的传记。我们还整理了亲属们为新近去世的著名企业家发布的讣告和纪念册。[①]

对于担任过政府高级公职或者在部长办公室工作过的总经理,我们使用了出版总公司的年鉴,尤其是《部长办公室年鉴》《行政法院年鉴》《财政监察机关年鉴》。

有关总经理们介入各种机构和委员会的活动情况,我们的主要依据来源于《行政和文献年鉴》(*Bottin administratif et documentaire*,巴黎,迪多·博坦出版社每年一版)。

至于同时担任市政部门领导职务的总经理,我们使用的是《法国全国市镇长年鉴》(*Annuaire national des maires des communes de France*,第二版,巴黎,勒内·布朗日大街30号,1974—1975年)。

关于参加各种资方机构的情况,我们的资料来源是《法国全国雇主理事会官方年鉴》(*Annuaire officiel du CNPF*,特拉普市,法国职业年鉴联合会1974年出版),1977年工业部门领导者争取经济与社会进步协会年鉴《名人录第320号》(特刊),《企业青年领导者中心年鉴》(*Annuaire du Centre des jeunes dirigeants*,巴黎, 494
1974年),以及法国大型企业征集储蓄金协会的成员名单和企业

---

① 1952年和1962年在任的大公司的总经理中有一部分人的社会出身不明确,对于这一部分人,我们向各市政府的秘书处发了调查函件。

发展领导委员会的成员名单。

关于总经理们获得荣誉方面的资料,尤其是他们取得荣誉勋位勋章方面的资料,我们查阅了《红绶带》(*Ruban rouge*),《荣誉勋位团成员年鉴》(*Annuaire des membres de la Légion d'honneur*);有关1968年的资料,我们用《荣誉勋位》(*Légion d'honneur*)替代了《荣誉勋位团成员年鉴》。同时还查阅了《荣誉勋位的任命与晋升年鉴》(巴黎,荣誉勋位团成员协会、新信使公司出版)。

在《新教徒的法国(都市与海外)》(瓦朗斯,法国新教徒联合会1977年)和《法国犹太教指南》(巴黎,米洛达勒出版社,1971年)这两部书中,我们找到了关于新教与犹太教修院组织方面的指标,以及天主教和新教的慈善机构和协会、主要的领导人和负责人方面的资料。但是由于缺乏天主教、新教、犹太教"大家族"的统计数据,我们向各处信息员发出了呼吁,以便确定样本中的总经理的家族所信奉的宗教。

关于已经取得的高等教育文凭、取得这些文凭的年龄、从事过的教学活动等方面的资料,我们查阅了名牌大学毕业生协会年鉴,从中补充和核对了已有的资料。如中央高等工艺制造学校、国家行政学院、巴黎高师、巴黎高等商学院、政治研究学院、巴黎综合工科学校等学校的毕业生协会年鉴。

最后,我们还根据法国汽车俱乐部、赛马俱乐部、马克西姆工商业者俱乐部、巴黎体育协会、扶轮社的年鉴,核实了总经理们加入各种俱乐部的情况(可是,我们没能对其他俱乐部的情况予以核实)。

关于总经理们社会出身的资料往往不确切也不完整(无论在专业报刊还是在年鉴中都是如此),因此,努力确定不同家族与工商界的联系、这些联系的资历、家族关系网的延伸(研究通过婚姻建构起来的中心)、家族在资产阶级中(主要指那些与工商界没有什么联系的家族)和贵族阶级[①]中的资历。为此,我们已查阅了以下年鉴:《旧时中产阶级家谱》(A.德拉万纳,巴黎,1954年,第1卷,1955年,第2卷);《法国传记辞典》(由J.巴尔多、M.巴鲁、M.普雷沃斯特主持,后来由罗曼·达玛主持编辑,巴黎,勒杜兹和阿内书店,已出版13卷,其中第80分册出版于1976年,从弗斯马涅记述到费洛);《法国现代名人辞典》(纳特·安贝尔主编,巴黎,青年出版社,1936年,第1卷,1938年,第2卷,1939年,第3卷); 495
《法国贵族辞典》(E.德·塞尔维尔、F.德·圣-西蒙编写,巴黎,法国二十世纪出版社,1975年);《法国贵族谱(当代)。无家谱、无徽章、无题铭的家族实用手册。国外出生的贵族》(P.杜加斯特-鲁耶,南特,1972—1973年两卷本);《你们是谁? 现代名人年鉴》(巴黎,德拉格拉夫书店,1903年,最后一版出版于1933年);《我们在谈谁?》(巴黎,现代生活出版社,1934年)。此外,为了收集加莱地区工业部门总经理的资料,我们还查阅了《家族词典。加莱地区家谱》(里尔,拉维·昂索年鉴出版社)。

我们还从以下著作中收集了大量的资料:E.波·德罗梅尼的《资产阶级王朝的责任》(第1卷,从拿破仑到麦克马洪时期;第2卷,从麦克马洪到普安卡雷时期;第3卷,第三共和国时期,战争时期以及战后初期;第4卷,从卡特尔时期到希特勒时期:1924—1933年,巴黎,德诺埃尔出版社);H.格斯顿的《资产阶级大家族

① 姓氏中有贵族标志,但是我们知道,这种标志并不足以构成名门贵族。

和工商界世家辞典》(巴黎,阿兰·莫罗出版社,1975年出版);A.哈蒙的《法国的主人》(第1卷,《银行业的金融垄断势力》;第2卷,《保险业、新闻出版业、政府行政部门以及议会的金融垄断势力》;第3卷,《运输业、港口、殖民地的金融垄断势力》;巴黎,国际出版公司,1936、1937和1938年出版)。此外,我们还查阅了《小臼炮》杂志(*Crapouillot*)中的文章,其中主要有:“200世家”,1936年3月;“大腕”,1952年;“美满婚姻”,1961年4月。

为了补充和核实上述资料,我们还向一些新闻出版部门、公共关系服务部门和各公司负责个人简历(curriculum vitae)的秘书处寻求帮助。这些部门反映出来的总经理形象与我们在各类年鉴(如*Who's Who*)上读到的人物传记相差很大。因为年鉴往往借助问卷迫使人们接受与问题直接相关的特性的定义,从而发挥一种人为的同质化作用。因此,BSN热尔韦-达能公司对外关系部在为我们提供自己公司的总经理安托万·里布(Antoine Riboud)的个人职业经历时着重强调了他首创的一系列活动(如收购戈班公司,实行企业兼并和企业集团生产经营的多样化),然而,对于他在不同阶段的职业活动,以及他加入各种协会等方面的情况却几乎只字未提。而先后担任过马泰尔公司(Martel)董事长和公司监督理事会总裁的米歇尔·菲里诺·马泰尔(Michel Firino Martell)的传记则相反,全文侧重于他参加各种职业协会和地方协会的情况,而这些内容在传记年鉴里是找不到的。欧莱雅公司的总经理弗朗索瓦·达尔(François Dalle)的个人简历用了很大的篇幅来介绍他发表的文章(包括在《世界报》上发表的文章),出版的著作、
496 专题报告,等等;而在*Who's Who*中只提到了他的一部著作。马

歇尔·达索电子公司的总经理贝诺·瓦里耶尔(Benno Vallières)是马歇尔·达索(Marcel Dassault)“信任的人”,因为是马歇尔·达索将他安插在公司总经理的位置上,当时贝诺·瓦里耶尔刚开始他的政治生涯,并且还被选为众议员;这位总经理的个人简历则侧重于他的军事活动和他取得的军功章,尤其是他在二战期间的活动;而在 *Who's Who* 中,除了提到他的一枚军功章外,我们无法从其他的文字中想象出这些活动的重要意义。

为了分析总经理们的态度和他们的观点,我们除了分析发表在专业刊物上的大量访谈录之外,还分析了一定数量的著作,因为这些著作中包含了企业家之间的对话,例如:J. 巴桑的《新老板》(巴黎,法雅尔出版社,1969年);J. 波米耶的《法国的大型工商企业》、《从2000个家族到200个经理》(巴黎,朱利亚尔出版社,1967年);J. 桑塞尔的《X透视》(巴黎,R. 拉封出版社,1970年出版的第1卷中有与西尔文·佛罗瓦拉的对话;1971年出版的第2卷中有马歇尔·达索的访谈录);A. 阿里斯和A. 德塞杜伊的《企业家们》(巴黎,色伊出版社,1977年);R. 普里乌莱(Prioulet)的《法国与管理》(巴黎,德诺埃尔出版社,1968年);J.-P. 鲁罗的《经济扩展中的赢家:企业领导者的一场新竞赛》(巴黎,经济书社,1969年)。

为了分析资方不同阶层的立场,①我们查阅了由总经理或前

① 为了研究资方的意识形态,尤其是19世纪的资方意识形态,我们在A. 莫吕克西(A. Melucci):《资本主义工业化时期资方的意识形态与实践:以法国为例》(*Idéologies et pratiques patronales pendant l'industrialisation capitaliste: le cas de la France*,巴黎,法国高研院出版社,1974年)中,找到了一整套非常完整的资料。

任的总经理撰写的著作。其中主要有F.布洛克-莱内的《职业：政府官员》(F. Bloch-Lainé, *Profession : fonctionnaire*, 巴黎，色伊出版社，1976年)、《为了企业的革新》(*Pour une réforme de l'entreprise*, 巴黎，色伊出版社，1963年)；P.德加朗的《经济与社会自由的复兴》(P. de Calan, *Rennaissance des libertés économiques et sociales*, 巴黎，Plon出版社，1963年)、《未来的日子》(*Les jours qui viennent*, 巴黎，法雅尔出版社，1974年)、《陷阱中的资方群体》(*Le patronat piégé*, 巴黎，圆桌出版社，1977年)；J.歇尼维埃的《老板的话》：让·波多雷尔访谈(J. Chenevier, *Parole de patron*, 巴黎，塞尔夫出版社，1975年)；F.达尔和J.布尼纳-卡巴雷合著的《未来的企业》(*L'entreprise du futur*, 巴黎，法兰西-帝国出版社，1971年)；M.德蒙克和J.-Y.埃森伯格合著的《参与》(*La participation*, 巴黎，法兰西-帝国出版社，歇尼维埃作序)；R.德维勒龙格的《贝西奈-犹齐纳-库尔曼公司，为什么？》(*Pechiney Ugine Kuhlmann, Pourquoi?* 巴黎，Stock出版社，1977年)；P.德雷福斯的《成功的自由》(*La liberté de réussir*, 巴黎，J.-C.西莫埃尔出版社，1977年)；克罗德·诺斯奇万德的《是老板，也是……》(Claude Neuschwander, *Patron mais*..., 巴黎，色伊出版社，1974年)；F.索寐的《超越工资》(Sommer, *Au-delà du salaire*, 巴黎，R.拉封出版社，1966年)；R.-J.德沃盖的《老板警戒》(*Alerte aux patrons*)、《必须改变企业》(*Il faut changer l'entreprise*) (R.-J. de Vogué, 巴黎，格拉塞出版社，1974年)。

统 计 结 果

统计中的第一因素构成了主导性的第一划分原则(它总括了 497
整个惯性因素的5%,而第二、第三划分原则分别占整个惯性因素的3.2%和3%):它在国有与私有之间建构了对立面,就是说,它是与“国营部门”、与国家、与公立学校以及与官方的认同原则联系在一起的一切问题,都与私有构成对立,这种私有包括私有产业、私立教育,等等;无论是在经济方面(如贷款)还是在象征意义上(如官方荣誉、进入各种委员会,等等),私有产业都不怎么能够取得国家的信任(至少众目睽睽之下是如此)。把自己的整个职业生涯都奉献给了私营部门的总经理与那些在国营或国有化部门度过了自己的整个或者部分职业生涯的总经理之间的对立,在很大程度上能够解释第一因素中的离散差(8.4%);同样,其他的指标也能够说明这一点,比如说,与国家的联系,尤其是在部长办公室的工作经历(5.6%)、在财政监察机关的工作经历(3.3%)、获得过荣誉勋位勋章(5.3%)、企业的控制方式(由国家或者家族控制,7.4%)、企业的法律性质(私有企业、混合经济或国有企业,5.1%)。学业资本也是第一因素的一个重要组成部分:一方面是拥有高等教育文凭的数量(4%),另一方面是已经取得的文凭,如巴黎政治研究学院的文凭在那些曾经在国营部门工作过的总经理中间,尤其是在那些曾经在财政监察机关工作过的总经理中间就极为常见,这本身就能够解释2.2%的离散差。父亲的社会职业类别也是确定第一因素的一个不可忽略的部分(4.1%),因为父亲为政府高级官员或者自由职业者的总经理与父亲为工商业老板的总经理之间也存在着对立。

值得关注的是，与其他场域（行政部门场域、大学场域）的关系，比如说，加入计划委员会，在名牌大学或者普通大学的教学活动，进入名牌大学董事会，或者进入高等教育机构和与高等教育相邻的机构（如巴斯德研究院）的董事会，以及出版著作（当然，这一点绝对不如前面几项指标的作用大）等等之类的指标都可以通过第一因素得到解释，如果用其他因素来解释或许就不像这样有说服力。图表上的辅助变量能够进一步证实第一因素阐述的结论。在靠近"私有"极点的位置，也就是说，在第一轴正值那一边，代表的是拥有数额可观的公司股票，并且曾经在这家公司里担任过领
498 导职务；从事高雅的体育运动，并且是某些俱乐部的成员（盟友俱乐部和布洛涅森林俱乐部算是例外，这没有什么值得惊讶的，因为盟友俱乐部一开始就是向高官们开放的，尤其是向外交官开放；而布洛涅森林俱乐部则是向政治家们开放的）。所有的一切都说明，与其他的总经理相比，在私营部门度过自己整个职业生涯的总经理们与上流社会生活的外部征象有着更紧密的联系：在传记年鉴中，他们中有更多的人袒露了自己所属的俱乐部，而且调查也证实了这一点，从比例上来说，他们中确实有更多的人加入了这些俱乐部；同时，他们也更倾向于袒露自己所从事的最高雅、最上流的运动，而实际上他们也确实在从事这些运动：高尔夫、马术、快艇。相反，"大官们"的自传总是写得极其谨慎（皮埃尔·德雷福斯、弗朗索瓦·布洛克-莱内等的自传就是如此），他们想要让人们看见的形象是国家伟大公仆的形象，是与他们的职务所一致的政府高级

官员的形象,事实证明,"大官们"的这种谨慎总是将任何讨好性的评价排除在外,无论是关于他们个人的私事,还是关于他们私生活的秘密(正因为这一点,他们比"私人"老板运动得少,从事高雅运动的时候更少;不管怎么说,要让他们宣布自己从事的运动,他们是不会那么爽快的)。

从个体方面来看,最明显的对立面存在于两类老板之间:一类是商业企业家,他们往往是企业的缔造者或者直接继承人,在家族企业中展开了他们的整个职业生涯,而且他们所受的教育没有超出中等教育的水平;另一类是国营部门的大老板,他们中的多数人出身于小资产阶级家庭或者权力场域中的被支配阶层,他们的位置往往更得益于自己的学业资本和社会资本,而不是继承所得的经济资本和社会资本,而且他们的学业资本和社会资本是他们在学校读书时取得的,同时也是他们通过自己的人生奋斗得来的——他们的位置介于雇主资本家与政府高级公职(或者说政治家)之间。其中一方的第一个代表人物是皮埃尔·吉沙尔(Pierre Guichard),他是卡西诺(Casino)经济体(吉沙尔-贝拉雄公司及其合伙人)管理委员会主席,卡西诺经济体的缔造者和管理者乔伏华·吉沙尔(Geoffroy Guichard)的儿子;第二个代表人物是安托尼亚·贝拉雄(Antonia Perrachon),他生于圣艾蒂安,并且居住在那里;早年他在私立的罗什学校读书,并取得业士文凭。其他的代表人物还有维约(Willot)兄弟,至少兄弟中的贝尔纳(Bernard)和让-皮埃尔(Jean-Pierre)二人堪称为这一方的代表(他们都是工业家皮埃尔·维约的儿子)[①];兄弟二人分别担任乐篷马歇百货公

① 维约家族的另外两个兄弟没有进入样本,但是他们所处的位置显然都非常接近。

司(Bon Marché)的总经理和董事长，同时，贝尔纳还担任美丽的女园艺师房地产公司(Société foncière A la Belle Jardinière)的董事长，让-皮埃尔则担任该公司的总经理；他们都曾经在鲁贝
499 (Roubaix)私立中学读书，后来又都上了鲁贝技术学院。亨利·波雷(Henri Pollet)也可以说是这一方的代表，他是鲁贝Redoute公司的董事长；他毕业于鲁贝胜利女神圣母学院(institut Notre-Dame-des-Victoires)，并且取得了法学士学位。

在资方空间的另外一个极点，我们一眼就能够看见法国工商银行(Société générale)总裁莫里斯·罗雷(Maurice Lauré)，其父亲普罗斯贝尔·罗雷曾经是位营长。莫里斯·罗雷曾经在拉巴特和西贡公立中学读书，后来进了巴黎的圣路易公立中学，接着又先后在巴黎综合工科学校和巴黎大学法学院学习；他担任过财政稽核，随后又当了莫里斯·贝慈(财政国务秘书)技术顾问，并且在国家行政学院任教；再后来，他又成了军部财政与计划处负责人，国立信贷银行的总裁；他在被任命为法国工商银行的总经理不久，接着就被任命为总裁。另外一位代表人物是法国电力公司总经理保尔·德鲁弗里耶(Paul Delouvrier)，他是银行家的儿子，曾经就读过好几所私立中学，接着又先后在私立政治研究学校和大学法学院学习；他还担任过财政稽核，有过好几次在部长办公室工作的经历；1958—1960年，他担任驻阿尔及利亚政府全权代表、巴黎大区议长、巴黎经济大区行政长官；他还曾担任巴黎政治研究学院教授，法国广播电视局(ORTF)董事会成员(1970—1972)，并且是法国二级荣誉勋位获得者。

第二因素与另一个划分原则相对应。根据这一原则，总经理

之间的对立主要取决于家族在上层资产阶级(穿袍资产阶级或者工商业资产阶级)中的资历和他们所掌握的经济权力,而且继承所得的社会资本越大,经济权力就越重要;其次,这一划分原则还根据经济权力的基础来建构总经理之间的对立——他们的权力基础或许更倾向于产业,或许更倾向于金融。家族在穿袍资产阶级或者工商业资产阶级中的资历(主要指巴黎地区)分别说明了第二因素中9.4%和5.8%的离散差,父亲的社会职业类别能够说明7.6%,被列入《名人录》2.5%,出生地(巴黎、巴黎地区,或者外省)3.1%。其他指标则不能对第二因素产生任何重要的影响:加入大型工业公司的董事会(6.6%),加入大银行的董事会(4.4%),由国营部门转入私营部门的年龄(5.4%)——关于这一点,我们知道,家庭出身的地位越高,跳槽的年龄就越早。第二因素还使专家控制式公司(或者企业集团)的总经理位于国有化公司总经理的对立面(7.8%的离散差),银行企业的总经理位于公共服务企业的总经理的对立面(4.9%)。诸如就读过外省某一所公立中学,毕业于巴黎综合工科学校的二流群体(比如说,毕业于造舰工程学,而不是矿业工程学),曾经在军队里工作过一段时间或者获得过国家一级 500
教育勋章等特征,都处于第二轴负值那一方;然而在上述特征的对立面,我们可以看到另外一些特征,例如,在法国全国雇主理事会担任重要职务(而不仅仅是在任何一个资方协会占据重要位置),以及被列入《100企业家》的名单等"可见性"的指标。尽管家族在资产阶级中或者在工商界或长或短的资历总是与公司的资历相对应,因而也总是与公司的高贵程度相对应,但这一切或许并不是偶然的效应:透过公司的创办日期(作为说明性变量)在图表中所处的位置，我们可以看到，有的企业家的家族已经在穿袍资产阶级或者工商业资产阶级中有了好几代人的奋斗经历，如此家庭出身的企业家往往领导着资格最老的公司，也就是那些 19 世纪初或更早创办的公司；我们还发现，注册于某些俱乐部几乎总是与老资格的资产阶级有关（扶轮社和体育协会除外，因为这两家俱乐部比其他俱乐部更开放，所以他们的成员也多得多）。

因此，在对立面的一方，出现了吉·德·罗特希尔德（Gui de Rothschild）。他是罗特希尔德集团总裁詹姆斯·德·罗特希尔德的曾孙，勒·尼盖尔公司的总经理（1972 年尼盖尔公司在《企业》杂志的排名中被列为第 19 位），罗特希尔德银行的总经理；同时也是新沙龙俱乐部、法国汽车俱乐部、盟友俱乐部的成员，他拥有一个种马场和一个参加比赛的赛马场，等等。这一方的另外一个人物是皮埃尔·尚班（Champin）。他的父亲马塞尔·尚班于 1920 年创办了法国石油信托公司（Compagnie de l'Omnium français），并且担任 22 家公司的董事会成员；皮埃尔在第一次婚姻中娶了玛格丽特·贝莱尔（她出身的家庭属于工商界和银行界的名门望族），后来当了德楠-东北-隆维集团的总经理（1972 年德楠-东北-隆维集团在《企业》杂志中被列为第 6 位）——这个集团是缓慢积累合并过程的产物，在这个漫长的过程中，它合并了一部分拥有百年以上历史的公司，如 1836 年达拉波创办的当赞冶金公司，1837 年 J. 拉贝创办的高尔西冶金公司等。① 而在对立面的另

① 参见 P. 阿拉尔、M. 伯德、B. 贝隆、A.-M. 莱维、S. 列纳尔合著的《法国工业和金融集团词典》，巴黎，色伊出版社，1978 年，第 67 页。

一方，出现了乔治·顾岱(Georges Goudet)。他毕业于巴黎高师，获得过国家一级教育勋章；他曾经在南锡理学院任教，此后成了电话工程总公司的经理，接着又担任了总经理(1972年，电话工程总公司在《企业》杂志排名第148位)；该公司创办于1892年，1925年被美国国际电话电信公司(ITT)收购。罗杰·布德朗(Roger Boudrant)也出现在这一方。他的父亲让·布德朗是一位农民。罗杰·布德朗毕业于巴黎综合工科学校，曾经先后担任巴黎电力
公司工程师，法国电力公司生产和运输部经理，此后他登上了巴黎 501
市区供暖公司总经理的位置(这家公司创办于1928年，属国家控制的公司，1972年它排名第186位)。在前面两个惰性因素轴(axes d'inertie)所在的平面上，我们可以发现，在某种程度上，位于坐标轴左下象限的总经理们距离经济权力场域最远，或者说对经济权力场域最陌生：由于他们一般都在国营部门或者国有化部门度过了自己整个的职业生涯，因而他们没有在其他公司的董事会担任任何职务(与所有其他的市长、众议员或者参议员相比，他们在这一点上的比例是最高的)；此外，他们的高级公共或者政治职务所履行的服务似乎正是他们为进入经济权力场域所付出的代价(正是在他们中间，担任地方行政长官或军人，并且获得了抵抗运动奖章的人最多)。

第三因素使这样两类总经理相互对立：其中一方的社会成功要得益于学业成功，因为他们主要是出身于小资产阶级家庭或权力场域的被支配区域(如工程师阶层)的巴黎综合工科学校毕业生，他们主要任职于工业公司；而对于另一方来说，学业称号的作用主要在于使他们已经取得的位置具有合法性，因为他们中的一

部分人是毕业于巴黎政治研究学院的企业家，而且他们出身的家庭一般都是巴黎的大资产阶级(银行家或者大工业家)，还有一部分人则是仅有中等文化程度的企业家。在这一对立面中，学业称号能够解释 11.8%的离散差；进入巴黎综合工科学校的年龄，作为学业成功重要征象，能够解释 9.1%；父亲的职业 9.5%；进入资产阶级阶层或者商业界的资历分别为 6.9%和 7%。通过辅助变量在图表中的位置，我们可以发现两种相互对立的生活方式；有关社会轨迹和人们与学业体制的关系方面的对立可以在这些相互对立的生活方式中得到解释：其中，对立的一方是滑雪和网球；这些运动比位于对立另一方的高尔夫、马术、快艇之类的运动更特殊、更不具备上流社会特征(至少在我们进行调查的时候是这样)。此外，诸如扶轮社、体育协会之类的不那么高雅的俱乐部(或者像布洛涅森林俱乐部那样的可以举家前往的俱乐部)则是与汽车俱乐部、马球俱乐部、盟友俱乐部、赛马俱乐部或者新沙龙俱乐部相互对立的。

图 18　利用冲突的方式上的对立　503

附录 2　权力场域中的位置与政治立场

由于缺乏足够的资料，我们无法在如前所述的企业场域中建立位置与立场之间的直接关系，尤其是无法在企业的社会政策与企业领导者处理社会冲突的策略之间建立直接的关系，为此，我们只好进一步分析《拓展》杂志对法国 50 家最大企业进行的一项调查，以便阐明我们所建立的"模型"，除此之外并不作其他的幻想。[①] 国有化公司、混合经济公司与私营企业之间构成了主要的对立面，前者中包括法国航空公司、法兰西银行、巴黎国民银行、法国电力公司、巴黎独立运输公司（RATP）、法国保险总公司、埃尔夫-法兰西公司（Elf-France）、法国石油提炼公司等；而后者（私营企业）则常常是由家族控制的企业，或者是与国外企业集团有联系的企业，在法国这一类的企业有米什兰公司、阿歇特出版社（Hachette）、多尔斐斯-米格公司（Dollfus-Mieg）、阿加什-威约公司（Agache-Willot）、雪铁龙公司、奥尼威尔-布尔公司（Honeywell Bul）等：越是接近国有企

---

① 我们搜集了《拓展》杂志的记者们 1975 年向法国 50 家最大公司的领导层和工会代表所提的所有问题的答案（"社会考查：法国 50 家最大的企业泄露了公司的现状"，《拓展》杂志，1975 年 4 月，第 78—97 页）。我们在分析中增加了关于公司的控制方式和公司创办日期方面的资料。

业极点，常设的领薪工会的存在就越普遍，在工作时间和工作场所分发各种宣传印刷品的情况就越常见，给予员工代表参加企业管理的时间就越能够超过法律规定的最低标准，对于人事晋升中档案材料的审查就愈能够体现各方代表人数平衡的结构，员工工资方面的信息对于当选的员工代表的透明度就越高；而私营极点则聚集着完全相反的另外一种情况，我们在那里看到的是最低的工资、高比例的主动辞职和工伤事故、退休的年龄最大、对员工进行培训的预算最低(参见图表18)。[①]

第二对立面主要根据形式(forme)来区分所有的公司，而这里所说的形式，就是公司在已经建立的特定力量关系的状态下，由于这种力量关系的迫使而最终为自己必须接受的不可避免的让步所选择的形式。更确切地说，第二种对立存在于两类公司之间，其中的一类支付的象征性报偿更多一些，而另一类则往往是不得不在物质上作出更直接的让步。对立面的一方主要是历史悠久的著名企业，属于银行或者保险业之类(如巴黎国民银行、法国保险总公司)；或者是需要大量文化投资的“尖端工业”，属于电子技术之类(如奥尼威尔-布尔公司、IBM公司、施兰伯格公司[Schlumberger])或者化工之类(如鲁塞尔-盂克拉夫公司[Roussel- 504
Uclaf]、欧莱雅公司)；总之，这些公司的领导者往往与企业和发展协会有着密切的联系，公司的“智囊团”往往毕业于巴黎政治研究

① 某些私营大型工业企业集团(如圣戈班企业集团[Saint-Gobain]、拉法季水泥集团[Ciments Lafarge]、IBM公司、里昂水源与照明公司)处于国营企业那一边；而政府监管的雷诺汽车公司则相反，显然与其他汽车工业公司一样，它的位置也接近于被私营企业所支配的极点。

学院或者管理类学校，而且在公司雇佣的劳动力中，管理人员和职员的比例相对来说更高一些。对立面的另一方主要是大型公共服务企业（如法国国营铁路公司、巴黎独立运输公司），或者是采用最现代的劳动管理方式的传统重工业企业[①]（包括煤炭工业、汽车工业及其配件产业，如雷诺汽车公司、米什兰公司）和纺织业（如多尔斐斯-米格公司、阿加什-威约公司等）；在这类企业的劳动力中，工人的比例很高[②]；此外，这类企业的领导者和管理人员通常要么毕业于某工程师学校（汽车或者公共服务行业）并且与工业部门领导者争取经济与社会进步协会（ACADI）有联系，要么就没有什么文凭（纺织业）；而且他们往往更容易受到经济危机的冲击。我们发现，越是接近新型父权主义极点，面向全体员工召开会议的频率就越高，工人的培训项目中"大文化"的成分就越大，妇女获取管理人员职位的机会就越多，工作时间的弹性就越大；同时，解聘员工的

① 参见M.弗雷索奈（M. Freyssenet）：《资本主义的劳动分工》（*La division capitaliste du travail*），巴黎，萨维利出版社，1977年出版；尤其是该书第21—22页的内容——工人们为了反对最先进的劳动管理方式而举行的主要罢工；从图18中，我们又可以看见所有位于第二因素负值那一方的公司，其中包括雷诺汽车公司、巴黎独立运输公司、标致汽车公司、北方煤炭公司等。

② 例如，1974年12月31日，标致集团的员工中有72%的工人；1975年，雪铁龙集团的工人比例为77.3%；1974年，多尔斐斯-米格集团的比例为72.3%；而上述三家公司同期管理人员的比例则分别为3.2%、2.2%和4.8%（相反，1975年12月31日，鲁塞尔-盂克拉夫公司的工人比例仅为36%，而管理人员的比例却达到了15%）。为了使模型更加确切，我们还应该考虑各产业部门和各企业的技术工人的比例，并且考虑不同产业部门和不同企业在技术工人的定义问题上存在的差异（参见A.阿祖维[A. Azzouvi]："企业的特性、就业结构和工资结构"，《经济与统计》杂志第92期[Caractéristiques d'entreprises, structures d'emploi et de salaire]，1977年9月，第17—28页）。

情况也越普遍，员工之间工资的不平等也越明显，领薪的工会活动分子也越少，给予员工代表参与管理的时间也就越不可能超越法律规定的最低标准，非本企业的工会负责人参加企业会议的比例也就越低；而且日缺勤的比例越高，劳资调解员解决纠纷的情况也就越少。①

因此，一切就这么进行着，就好像在某些条件下（当然，这些条 505
件既存在于公司的特性中，同样也存在于企业领导者的特性中），“社会政策”可以将纯属象征性的报偿当作实际报偿的代用品，从而确保自己在面对力量关系所包含的必然性时能够拥有某种意义上的自由（这似乎构成了关于社会冲突的企业管理学的客观而确切的定义）。但是我们不可忘记，留给企业老板耍弄霸权形式的自由或许完全取决于斗争的形式；而在某种程度上，斗争形式又体现在处于主导地位的工会的传统中，并且与生产过程的各种形态以

① 位于国营企业极点附近的那些最缺乏“现代主义精神”的企业（指企业的社会政治方面）不同于那些最“先进的”私营公司，如鲁塞尔公司和欧莱雅公司，因为这两类企业在更“传统”，但是也更“实际”的“社会行为”方面存在着差异。法国国营铁路公司董事会的报告提到了“关于现代化可能带来的社会后果的新的劳资标准合同，适用于铁路道口看守员的有关合同条款将因此而得以改善，因为随着现代化的发展，道口看守员之类的职务将会消失或者被废除”；这份报告中还提到了工资、与集体关系方面的法规有关的混合委员会的工作、退休金和事故抚恤金、家庭补助、住房问题、筹建“度假中心和度假营地、医疗-心理-教育咨询机构、女社会福利员的作用”等社会活动（法国国营铁路公司，《股东大会》）。巴黎独立运输公司董事会的报告内容大致相同。而巴黎国民银行，由于处于现代主义的极点，其董事会报告则强调对员工的培训，尤其是“使每个人都能够确切地了解自己在促进银行良好运作这条责任链上所担当角色”的信息系统，以及“企业委员会的协商程序和工作方法”（巴黎国民银行，《1974年财务报告》）。

及相关的分工形式有着极其紧密的关系。①

总之，企业家们在“社会政策”方面的立场有可能取决于他们的企业在社会冲突中的特殊条件，也就是说，取决于企业的资格（是国营的还是私营的）和企业所属的经济部门（产品的性质），同样也取决于企业员工在任务划分中的等级、文化资本含量和性别方面的结构，以及企业在经济竞赛中（是作为垄断者还是竞争者，是处于上升还是衰退之中）在结构和行情方面所处的位置；所有这一切使企业家们的“社会政策”立场既取决于工会的势力，同样也取决于企业家们自身的习性，而他们的习性又是与他们的社会轨迹和学业轨迹联系在一起的（比如说，毕业于巴黎政治研究学院或
506 者某些管理类学校的企业家与巴黎综合工科学校出身的企业家之间的对立）——因为支配着运动方向、“使命”和自行遴选活动的机制使不同的企业家和他们带到自己的位置中来的或多或少具有“专制性”和“外交性”的习性并不会在不同的位置之间随机地分

① 例如，1976年，在银行、保险公司、金融机构、电力和电子工程部门，法国民主工人联合会（CFDT）代表获得赞成票的比例要高于其他行业。相反，在机械制造、船舶建造、汽车和自行车工业、航空工程等行业，我们发现，除了管理人员之外，投给法国总工会（CGT）的选票相对来说要高于其他产业部门（参见菲力普·圣杰万[Philippe Saint Jévin]：“1974年的企业委员会、企业建制与选举的统计学研究”[Les comités d'entreprise, Etude statistique de l'institution et des élections intervenues en 1974]，《法国社会事务杂志》[*Revue française des affaires sociales*]，第4期，1976年10—11月，第3—76页）。当然，还必须注意，不能将这种伴随着各种斗争方式和霸权方式的关系看成是一种因果关系。这并不仅是因为这种关系中包含着某些例外（比如说，法国民主工人联合会得到赞成票的比例在纺织业比较高，因为这个行业的命令方式相对来说更绝对一些）；此外，我们还应该考虑旷工问题——旷工或许是一种自卫方式，但由于那是没有组织的个人自卫方式，几乎令人羞愧，因而我们只能将它归入最缺乏工会传统或者政治传统的斗争方式之列。

布。显然，象征性策略的温和暴力所能得到的剩余自由不仅取决于员工斗争的强度，或者可以说在结构上强度（乐于接受商议的老板通常都出现在斗争最不激烈的地区），而且还取决于这些斗争在当时局势下的强度：反击的温和方式与强硬方式二者之间的次要对立面会随着斗争性的加强与普及而削弱。

在行动者的观念里，霸权方式的定义与霸权合法性基础的定义几乎是难以分辨的。如果我们仍然信守霸权方式的定义，我们就会因此而将三大类别的立场对立起来，而且我们立刻就能够从中认出属于经济权力场域的已经为人们所熟知的关于位置的某些类别：一方面是温和的霸权方式，也就是说，通过一整套现代的企业管理技术而高度婉转化了的霸权方式，尤其是从美国借来的，或多或少具有科学保证的那些现代企业管理技术（如“各司其职、任务多样”“公司管理统计图表”“弹性工作时间”“企业协商委员会”“采用直接的方式进行表达的经验”，等等）[①]；另一方面是强硬的老式霸权方式，即毫不掩饰地迫使人们接受家长式的或者父道主义的专制结构，这种专制结构的极限就是军事等级制度。这两种行使权力的方式与资方职能的两种定义具有一致性：一方面是“代办们”（chargés d'affaires），他们将自己继承得来的或者经过苦心经营和发展才建立起来的关系网用来为企业效力，并且还将相关的习性服务于企业的外交；因此，“代办们”常常被派去确保对外公

① 婉转化首先攻击的是通常显示等级特征的所有地址或者参照资料。因此，在欧莱雅，不必再考虑谁是领导的问题：1976年，雅克·格兰“负责整个香水和化妆品部”，G.伽若比西“负责整个人力资源部”，等等（参见欧莱雅，《董事会1976年的财务报告》）。我们可以发现这一婉转化了的美国式替代品同样也能够产生高尚的效果。

共关系和对内公共关系方面的服务，也就是说，对外负责与其他企业或者行政部门的联系，对内负责往日专制婉转化版本的顺利运行；通过这一婉转化版本，企业内部的现有秩序得以维持，至少在正常状态下是如此；而且这一新版本与既疏远又随和的父道主义中所包含的贵族政治的从宽论是一致的。另一方面是“拥有神圣
507 权力的老板”，他们对自己的使命深信不疑，并且下定决心要毫不让步地履行这一使命，除非他们的职能中所包含的家长形象迫使他们接受的让步。老板的这一形象在某些“私营”企业家身上得到了典型的体现——所有权凭证以及白手起家者心目中能力至上主义的良好感觉为他们提供了全面的保障（白手起家者的传统原本在于将等级制度中的所有级别传递给自己的继承人，但是这一传统很快就发展成了为继承者提供一份良好的代用品）。[①] 但是，在“国营部门”，也有这一老板形象的同类产品，具体表现为毕业于巴黎综合工科学校的那些企业家——他们坚信自己是全国优等生会考中的尖子，再加上他们常常恰到好处地为自己天主教大资产阶级的家庭出身（他们一般毕业于圣热纳维埃夫中学）而“感到惭愧”，因而，他们能够从这份自信与惭愧中找到依据，从而能够毫不客气地进一步肯定自己的权威。[②] 小资产阶级家庭出身的人

---

① 1968 年，弗朗索瓦·米什兰离开了法国全国雇主理事会，加入了埃莫里·杜瓦隆（Aimery d'Oiron）领导下的地区企业资本投资者全国联合会（UNICER）。他常说：“权威是能分享的，因为它已经变成了你的血肉之躯”（参见 A. 阿里斯和 A. 德塞杜伊，同前，第 257 页）。

② 虽然初看上去令人吃惊，但这或许就是权势集团周围的大老板们（比如说，彼埃尔·德加朗）与中小型企业的头头们建立联盟的真实基础（参见 B. 布里泽，同前，第 183—186 页）。

更是这样，尤其是当他们意识到自己现在的位置完全来自于自己的天赋和德行的时候。

如果说即便在最保守的资方协会中，享有神圣权力老板们的那种粗暴的父道主义也找不到多少表现机会和理论根据，然而现代开明的保守主义以及专制的专家政治主义却能够在两个风格各异的协会中得到制度上的体现：工业部门领导者争取社会与经济进步协会（ACADI）和企业与进步协会。ACADI创办于1946年，在那个年代，社会关系极其紧张；当时以神职人员为核心的一群巴黎综合工科学校毕业生创办了这个协会，如今巴黎综合工科学校的毕业生仍然是它的主要成员（成员中的企业领导人一半以上毕业于巴黎综合工科学校，成员中毕业于这所学校的人占57%），而且其中有很大一部分人来自于法国电力公司、法国国营铁路公司、法国精炼公司、罗纳-布朗克公司、拉法季水泥公司等；此类公司全部都处于国营极点那一边（坐标左边上、下两个象限）。

1977年，ACADI协会拥有501名成员（最初创办时为300名）；它没有加入法国全国雇主理事会，也不曾提出申请。它安排会见、组织讲座、筹建工作委员会；它还每月发布通报。协会力求开放，而不强调宗教信仰，尽管其成员中有很多人信奉天主教。在15年中，ACADI协会的好几位基督教成员每年都来参加教会人员之间的社会问题讨论，尤其是在协会创办之初，边做工边传教的教士们也来一起参加讨论，耶稣会会长麻冈（Magan）神甫、圣-皮 508
埃尔和圣-保尔工人传教会的洛于（Loew）、普拉多修院（Prado）院长安塞尔（Ancel）都曾来参加讨论。ACADI协会被记入 *Who's Who* 的成员中，有54%的人毕业于巴黎综合工科学校（其中的大部分来自于杰出群体),9%的人毕业于中央高等工艺制造学校或者巴黎矿业学校,7%毕业于其他工程师学校,8%毕业于政治学院,7%毕业于普通大学法学院,3%的人持有其他的高等教育文凭(仅有1%的人没有指明所受的教育)。协会的成员几乎(85%)都来自于霸权位置,其中27%的人出身于工业家、批发商、银行家、公司董事家庭,31%出身于工程师、经理、管理人员或教师家庭,8%的人出身于军官之家,仅有19%的人出身于政府高级官员或者自由职业者家庭。

企业与进步协会创办于1970年3月,即1968年过后不久。其成员大部分是工业家、批发商、公司董事家庭出身的企业家,至少在经理委员会这一级的成员是这样;而且他们一般都是普通大学法学院毕业,要么就毕业于巴黎高等商学院或者巴黎政治研究学院(从来没有巴黎综合工科学校的毕业生);他们领导的企业都位于私营极点附近。企业与进步协会的前身是合并在一起的资方机构改革研究团体,该团体集中了各大公司的老总,弗朗索瓦·达尔、让-路易·德斯古尔(Jean-Louis Descours)、弗朗西·戈蒂埃(Francis Gautier)和雅克·艾尔桑(Erhsam)的加盟为协会增添了活力;约瑟·比德甘(José Bidegain)率领下的云集着企业管理者的全国领导中心的加入更增添了协会的号召力。于是,企业与进步协会联合了一部分公司,“它们都感到有必要共同思考与研究企业和企业在国民经济生活中的真正作用”(摘自企业与进步协会简介)。与ACADI不同,企业与进步协会的成员实际上是企业,是会员企业指定企业的某些领导人以企业代表身份进入委员会,而不是个人。

表 41　ACADI 协会和企业与进步协会的领导者及其成员的社会出身和学历状况 509

总人数	企业与进步协会（企业领导者委员会成员）	ACADI（公司董事会成员）	ACADI（会员总人数*）
父亲的社会职业类别			
大众及中等阶层	1	1	8
企业管理人员、经理、工程师	2	8	32
军官、土地所有者	–	2	8
自由职业者、高级官员	1	4	18
工业家、批发商、银行家	11	12	27
未提供信息	9	3	7
总　计	24	30	100
文　凭			
巴黎综合工科学校、矿业学校	–	8	21
巴黎综合工科学校、桥梁学校	–	4	9
巴黎综合工科学校（仅此文凭或外加其他学校文凭）	–	5	27
其他工程师学校	3	5	16
法律或经济学文凭	6	2	7
巴黎政治研究学院	4	2	8
巴黎高等商学院或其他商校	6	1	8
其他文凭	–	–	3
无文凭	1	–	–
未提供信息	4	3	1
总　计	24	30	100

* 关于 ACADI 协会成员的统计数据，我们选择了协会的 100 位成员作样本。

就协会的立场与宣言来说，两者之间并无明显差异。因为两个协会都倡导对于人的崇拜，只是其中的一方突然转向了军事基督教，或者说童子军基督教；而另一方则强调现代的**企业管理学**：前者热衷于谈论阶级，谈论不平等；他们满怀着能力至上主义者的坦诚，将“合法的、完全有益的不平等”（在这一点上，他们考虑的是“智慧”，是文凭）与“仅仅是由于陈规和滥用权力所导致的不平等”（在这个问题上，他们考虑的则是“私营”部门老板们）对立起来；他们以学业优胜者的自信断言，“不平等是进步的条件”，而“平均化
510 将会导致一个僵化的、懒散的、不负责任的社会”。后者却不会采用这么老气的语言；他们更多的是谈论生活质量，呼吁人们“认同劳动者的尊严”；他们为“被排除在社会之外的人们”担忧，期望通过“协商”来度过“不可避免的紧张关系”。前者在任何时候都把自己当作“头儿”和“领头人”，即使在进行“对话”的时候也是如此，他们以“服务于公共利益”的名义，力图使自己成为“改革的不懈的发动机和推进器”，因此他们的演说在政治上更为公开：他们宣布废除“极权道路”和“极权改革”，更明确地要求“自由体制”。相比之下，后者更多地将自己看成是“推进器”，而不是“头儿”；他们操心的事情是在国营与私营之间建立一座“跳板”，并且在“企业的领头人与行政部门的负责人之间创造一种相互信任的气氛”；此外，他们在任何事情上都指靠革新和引进新技术。上述引文分别摘自于1977年9月ACADI协会创建30周年之际向新闻界发布的声明（《ACADI协会通报323》，1977年9月），以及企业与进步协会的介绍手册。或许我们还可以进行这样的推测：前者或许更喜欢看《费加罗报》，并且更倾向于希拉克和戴高乐主义；而后者可能更多

地选择《世界报》,并且更接近于德斯坦和"激进的自由主义"。但是有一点是可以肯定的,那就是代表资方前卫分子的企业与进步协会在方式上根本有别于ACADI协会,当然包括演说的方式,因为演说的方式也是一种霸权策略;但是更主要的是这两者在与霸权的联系方式上存在着差异,或者也可以说,它们在推行霸权的必要方式上存在着差异。

511

附录3　关系人物平凡的一天①

一位“国营”大老板普通的一天（“比较有代表性的一天”）不仅为我们提供了许多与**生活方式**有关的细节（比如说，由一位穿着黑色连衣裙、围着白围兜的女佣伺候着在床上用早餐；墙上挂着名家的作品，但室内陈设舒适有度，并不奢华；从他的车可以看出他的过分谨慎——一辆雷诺R5型，没有配司机；时间观念强，一边剃胡须一边听新闻，并且准时收听法国音乐台；听英语磁带，这是为了节约时间，接着听国际关系、《埃罗论坛》，与政治和国际主义保持距离；因为生意上的事情经常外出旅行，等等），而且还提供了比较准确的**职务情况**，同时，还准确地展示了主人公在一天之内所能够调动的各种**社会关系空间**（espace des relations sociales）。这个职务首先就在于安静地听取合作者们的各种汇报（“善于倾听”的必要的素质），合作者们就期待这种自由的天性（“或许你会取笑我过于天真”），而由于人被支使做同样的事情，这种天性就愈发珍贵（我们访谈的朋友亮给我们看的一本已经排满未来两个月的日程安

---

① 参见R.亚历山大（R. Alexandre）和G.勒·格莱克（G. le Querrec）：“与罗杰·马丁共度一天”（“Une journée avec... Roger Martin”），《拓展》杂志，1977年5月，第117—121页（R.亚历山大当记者，G.勒·格莱克作摄影师。他们获准“观察罗杰·马丁一天生活中的每一分钟”）。

排的记事本就很好地说明了这一点……)。关系空间总是极为同质的,除了女佣和女秘书之外,几乎没有什么不同:属于同样的阶层、毕业于同样的学校(加在方括号里的有关我们遇到的人物的文凭和社会出身方面的信息就证明了这一点);我们那天遇到的企业家都就职于法国200家最大的企业之一(我们在这些企业家的名字后面加了星号),除了其中的保尔·德鲁弗里耶之外,其他人全部都出现在第二轴的正值那一边。

7:45　咖啡、一些软面包、面包干、果酱。今天早晨,罗杰·马丁放弃了往常的习惯,没有让穿着黑色连衣裙、戴着白围兜的女佣伺候着在床上用早餐。这是阿沙斯街上一幢用大方的石块建成的公寓楼,电梯已经陈旧,上上下下,不断发出哐哐当当的声音。罗杰·马丁就住在最顶层的一套明亮的 512
住房里;他的家舒适,但并不豪华。在米色和本色的墙面与物件之间,点缀着几幅画,属于会勾起人们回忆的那种。他最喜爱的是马尔尚(Marchant)的那幅《飞翔中的玫红色火烈鸟》。那是一幅几近抽象的水彩画,但却能让人想起"发生在卡马尔格[①]的一些事情"。

8:15　罗杰·马丁开着他那辆海蓝色R5。我们弄得他有些晚了,但这将会是这一天里的最后一次耽搁,他是个非常守时的人。他一边剃胡须一边听广播电视音乐台(RTL)或者欧洲台的新闻。"这样人可以很放松,剃得又快"。在车

① 卡马尔格(Camargue),位于法国南部普罗旺斯地区罗纳河三角洲两条主要支流之间的地区。——译者

里,他收听法国音乐台或者听磁带里的英语歌曲。他说:“我需要完善自我。”他只随身带着一份报纸,《埃罗论坛》。

在季风桥的奥什大街,有一幢简陋的从前外省过往旅人常在那里落脚的楼房;如今,这房屋并没有什么变化。罗杰·马丁从地下车库乘电梯到了五楼,推开一扇很平常的门,他来到了自己的办公室。作为公司的老板,他的办公室有20平方米,这是严格规定的面积,内部陈设反映出一种斯巴达式的刻苦耐劳。

8:55 秘书打来电话,随后进了办公室。他看了一眼备忘录:又是比较典型的“巴黎人的”一天。签好几份文件,都是日程中早有安排的会见和会议,接着就处理信件。

9:15 司机风风火火地打开了604室的门。罗杰·马丁去参加罗纳-布朗克公司的董事会会议。9点29分,他急忙赶到蒙田大街,差一点迟到。一个半小时之后,安托万·里布[*](Antoine Riboud)第一个出来,他走进庭院,跳上他那辆黑色的R5山地车。

罗杰·马丁与贝西奈公司的皮埃尔·儒旺[*]一起走在安托万·里布的后面。他讨厌开会,但是某些公司董事会的会议除外(因为在这些会议上可以遇见一些非常有趣的人)。他参加了吗?“会议的内容是认清罗纳-布朗克公司的形势,以便确定下一步行动计划,我一直在听。”

11:05 办公室。几分钟的清闲,微笑……差旅服务部负责人进来,罗杰·马丁将赴澳大利亚开会,他还将借此机会周游世界,顺便拜访设在亚洲和美洲的分公司及集团委派的代表机构。

11:20　财政总管雅克·贝格伯德进来[他先后毕业于巴黎矿 513
业学校和巴黎政治研究学院]。

“来点咖啡？——好。我们进行了一次调查，是关于我们金融部下属的几家银行品牌形象的……”两个人彬彬有礼地打着招呼。但是，我们的印象是他们正在继续刚才被打断的话题。问与答常常都只讲半句，涉及的都是以前的谈话内容。罗杰·马丁一边翻阅，一边批注，然后把那些东西放进了他的公文包里，主要的东西都在那里了。“我清醒一下再看”。

秘书回来了，征询对一次紧急会晤的处理意见。“能不能改在罗马？”他在记事本里搜寻，枪毙了一次受勋仪式或者一次纽约之行，5分钟之后，总算找到了一段空白，但却是在两个月之后。

12:00　每日例行的“碰头会”。大楼里当天上班的所有集团领导人围桌而坐，非正式地交流着信息。罗杰·马丁列举着罗纳-布朗克集团遇到的一些困难，接着他问集团是否感觉到了？有关的负责人纷纷予以肯定。爱德蒙·皮尔罗·德科尔比翁[巴黎国立高等矿业学校毕业，圣-戈班-季风桥公司副总经理，1970—1975年担任圣-戈班工业公司董事长，同时还是集团许多家公司的董事；他的父亲是安德烈·皮尔罗·德科尔比翁，律师]刚刚接待了韩国来的一位业务代表；有谁对此感兴趣吗？一只、两只、三只手举了起来。圆桌会议继续进行。

12:50　罗杰·马丁来到顶楼餐厅,绝缘品生产部门的负责人一起在等他。集团各部每年都要来这里聚一两次午餐:领导与下属见面的机会。

13:00　罗杰·马丁入席……交谈开始了,各人介绍自己的工作情况。

罗杰·弗鲁[先后毕业于巴黎高师和国家行政学院,自1975年担任圣-戈班工业公司总经理;父亲是戴奥·弗鲁,
514 男子公立中学校长]低声纠正雅克·歇弗纳尔的讲话,引得大家笑了起来,因为雅克[毕业于巴黎高等经贸学院,绝缘品生产部门经理,诺克莱纳公司的董事长;父亲是皮埃尔·歇弗纳尔,矿业工程师,法兰西研究院院士]正谈到某些"骇人听闻"的污染性工业企业。罗杰·马丁很少作评论。"你们或许会笑话我,说我太天真了……",这位先后毕业于巴黎综合工科学校和矿业学校的集团老总就这样引出了几个问题,有关于长期规划的,也有关于技术研究的……

14:45　"好了,谢谢各位的光临,同时也祝贺你们所取得的成绩。你们做的是真正的工业家的行当,你们掌握了一门技术,并且使这门技术在我们星球的每一个地方都能够实现增值。"

15:00　办公室。让-路易·伯法[先后毕业于巴黎综合工科学校和巴黎矿业学校,SGPM公司计划部门经理;父亲是爱德蒙·伯法,工程师],与老总最接近的顾问之一,呈上来一份有关造纸企业的报告,以便准备下一次与雨戈·德·勒斯杜瓦罗[自1974年起在政府工业与研究部主管工业,毕

业于巴黎综合工科学校和国家高等航空学校；父亲是莫里斯·德·勒斯杜瓦罗将军]就行业调整方面的问题进行会谈(因为集团里也有企业生产松木纸浆)。看来并无明显解决办法。“这根本就是无法解决的问题”，罗杰·马丁嘟囔着。

15:30　克里斯蒂安·丹布里纳[1975年起担任耐火材料部经理，1976年起担任石英和硅石公司经理，毕业于巴黎综合工科学校，造船工程师]进来谈了一个人事方面的问题。

15:55　签阅信件。一边等着国际摩根·斯坦利公司的两位领导人，其中一位是纽约一家公司的董事长。罗杰·马丁还不清楚他们的来意。

16:07　来访者进门。罗杰·马丁在办公室里绕了一圈与来者逐一握手，然后用法语解释道：“《拓展》杂志的记者很想知道集团总裁一天里都忙些什么。”美国人笑了……

17:00　罗杰·马丁动身去参加运动治疗性质的健身活动。 515

18:45　来到法国电力公司大门口。生活基金董事会将在这里开会……罗杰·马丁将会遇见一群不同寻常的企业家。其中有保尔·德鲁弗里耶*，他是今夜的主人；还有雷诺·吉莱*[罗纳-布朗克公司]、让-雷翁·多纳笛厄*[圣-纳扎尔饼干业公司]、伊迪耶·德·诺克莫海尔*[阿歇特出版社]、弗朗索瓦·比扎尔[财政稽核，巴黎银行董事；父亲是雷翁·比扎尔，教授]、皮埃尔·勒杜*(Ledoux)、吉拉尔·卢埃林[巴黎国民银行副总经理，许多家公司的董事，巴黎政治研究学院毕业；父亲是埃德加尔·卢埃林，银行家]、亨利·舒尔兹-罗贝拉兹[标致汽车公司经理,毕业于巴黎国立高等矿业学校;父亲是皮埃尔·舒尔兹,证券经纪人]。坐在罗杰·马丁对面的菲力普·维亚奈开始进行基金会的工作总结。一场令人惊讶的相会:维亚奈是个外向的人,他涉足的活动真是各种各样(帆船学习与实习中心、新闻出版业、新闻工作者培训中心);而罗杰·马丁则是一个静于思考的人……然而,两人却是这家基金会的倡导者。基金会的目的在于为协调工业企业和它的外部环境做准备。这也是罗杰·马丁的一个重要问题,在一个半小时的沉默与等待之后,他还是以倡导者的精明手法又一次强调了这个问题。

20:30 保尔·德鲁弗里耶邀请冷餐会。

22:30 罗杰·马丁的蓝色 R5 雷诺车驶向阿沙斯大街。

附录4　有选择的一致性，制度化的关系和信息流通 516

社会资本的总量作为人们所拥有的**社会联系的全部资本**是非常重要的，而且联系越多、越稳固①、越有回报、越**隐秘**（在许多情况下要求如此），这些资本就越重要（机构，如董事会机构，或者机构所辖的个人拥有的资本越多，社会资本的作用就越大）：许多联系之所以能够产生效能，只因为它们尚且处于不为人知的，甚至是秘密的状态之中；大多数相对来说比较远的亲戚关系都属于这种情况，姓氏不同者之间的关系，或者由妻子带来的各种关系也属于这种情况（政府高级职能和政治人物企图树立一种中立化的形象，其社会真实性在一定程度上得益于通常为大多数人所不知的家庭关系，然而正是家庭关系使政府部门的高级官员或者政治家与实业大资产阶级结合在了一起）。正因为如此，金融联系（如银行和它持有其股份，并且给予大笔贷款的企业之间的联系）总是伴随着

---

①　俱乐部聚集的成员都在生活方式方面具有某一实际特征（比如说，从事像马球这样的比较少见的运动），而且它还根据惯习的预测性指标来选择自己的成员（如从前属于贵族或者属于资产阶级的人，以及能够通过姓氏、各类头衔、最高决策者等等而得到保护的人），因此，俱乐部能够通过制度化的形式加强以惯习的自发性组织为基础的个人之间的联系的稳固性。

私人联系，而银行又借助这种联系实现自我，同时美化自己的形象：事实上，由于银行赖以建构自我的那些个人都是极其相似的社会生产条件的产物，因此，银行必须将得到普遍认同的最合法的互相选择原则作为自己的唯一基础，这就是友谊，或者说是在惯习的同质性中滋生起来的以生活趣味和生活方式的一致性为依据的好感：因此，新闻界要庆祝贝西奈公司和犹齐纳-库尔曼公司的合并，庆祝两家公司的两位领导人 P. 儒旺和 P. 格雷泽尔联合，庆祝这对儿时的朋友、今日的网球搭档和邻居的又一次相逢。[①]

517　由于人们的位置与习性之间存在着对应关系，因而生活方式的一致性与客观位置的一致性是不可分离的。为了阐明与客观位置联系在一起的生活方式的一致性，同时也为了让那些装腔作势地要对这种一致性提出疑问的人都亲眼看一看支配整个经济权力场域的权势集团的统一性，因此，我们一方面必须建立一张群体之间的所有相互认同关系的图表，因为群体在整体上的同质性及其在某些专用场所（如学校、俱乐部等）的汇集为我们提供了这方面的保证，尽管要做到这一点几乎有点不可能；另一方面，还必须建立一张**制度化了的关系**网的图表——某些直接地或者间接地朝着这个目标发展的机构，如董事会、俱乐部、协会、“工会”、联谊会、计划委员会等，一直在刻意地维持着这种**关系**；然而这种**制度化了的关系**不仅混合着金融关系和技术关系方面的内容，而且还通过制度化逻辑进一步增强了惯习的一致性和生活方式的一致性所产生

① 参见 M. 伯德（M. Beaud）、P. 丹儒（P. Danjou）和 J. 达维（J. David）：《贝西奈-犹齐纳-库尔曼：法国的跨国公司》，巴黎，色伊出版社，1975 年，第 86 页。

的效应。由于无法建立这张完整的关系网，我们一方面可以仔细观察位于资方空间不同区域的某些总经理的一大堆私人联系的概貌（仅以参加公司董事会这项指标来定义他们的私人联系）；另一方面，在这张私人联系网中，处于不同位置的总经理领导下的公司董事会就是它的中心。在这一问题上以及在许多其他问题上，吉·德·罗特希尔德堪称为那些大的私人王朝（位于问卷分析图表的右上象限）的典型代表——他与他们一样，几乎总是在位于同一空间的公司董事会占有席位，因为像这样，私人联系就能够极其准确地加强金融联系；他们有时也出任国营部门（位于图表的左上象限）的那些最大的公司的董事，但是这种情况比较少见；然而他们绝对不会在那些尚且不入流的私营公司担任董事，除非委派代理。因此，（参见表42和表43）吉·德·罗特希尔德1972年担任罗特希尔德-巴黎银行的总经理，勒-尼盖尔镍金公司的总经理；以及波纳华亚公司、萨加公司、弗兰卡莱普公司、北方公司、国际罗特希尔德银行股份有限公司伦敦分公司，N. M. 罗氏伦敦标准音响公司、伦敦葡萄酒公司等公司的董事，这些公司都不同程度地在罗氏家族的控制之下。如果他本人没有在总经理归属于别的部门的公司（如法国国营铁路公司）担任董事，那么作为罗特希尔德银行董事、北方公司总经理（1967—1973年）的米歇尔·德·布瓦西厄（Mechel de Boissieu），以及先后担任罗特希尔德银行和北方公司副总经理的雅克·杰丹（Jacques Getten）就会代表罗特希尔德集团进入法国国营铁路公司的董事会；而法国国营铁路公司也将一如既往地继续向作为其前身的铁路公司（如巴黎-里昂-地中海列车、北方公司）支付其原始股本的6%的固定利息（参见前书第148

页，P. 阿拉尔、M. 伯德、A. M. 莱维、S. 列纳尔合著）。

518 **表 42 1972 年部分公司的董事会**

公司	姓名	名人录	实业资产阶级	穿袍资产阶级	军官、土地所有者	与公司董事会其他成员的亲属关系	无高等教育文凭	巴黎政治研究学院	财政监察机关	二级或三级国家荣誉勋位	巴黎综合工科学校	矿业学校	桥梁与公路工程学校	巴黎高等商学院	一直在公司任职	父亲为工程师，小资产阶级	骑士勋章
柯达-巴岱公司*	保尔·维约姆													X	X	X	
	让·马罗		X											X			X
	乔治·洛克														X	X	
	贝尔纳·布朗夏	X			X									X	X		X
	皮埃尔·克莱芒															X	X
	雅克·拉德雷伊													X	X	X	X
	让·加诺														X	X	X
	吕西安·瓦歇														X		
F. 贝甘公司	费尔迪南·贝甘	X	X			X	X			X					X		
	让-马克·凡尔纳	X	X				X										
	爱德华·阿尔尚波**																
	克罗德·德康		X			X	X								X		
	弗朗索瓦·德佩努**	X															
	马塞尔·吉尔弗热										X					X	
	皮埃尔·马勒	X	X			X									X		
	艾蒂安·波雷	X	X														
	弗朗索瓦·波雷	X	X														
电力总公司	昂布华兹·鲁	X	X	X						X	X		X				
	雷蒙·佩勒梯埃		X								X				X		
	皮埃尔·拉贝**										X						
	罗贝尔·巴布万	X		X							X	X					
	里夏尔·波姆加特纳	X	X	X							X						
	保尔·于夫兰	X	X			X				X	X						
	皮埃尔·儒旺	X		X						X	X	X					
	居伊·马尔西耶	X		X													
	让·马特隆		X			X					X		X				

续表 42

	乔治·贝伯罗			X							X		X				
	杰罗姆·里歇				X										X		
	克罗姆·马西亚西	X		X										X	X		
银行集团（监督理事会）	雅克·德·福歇	X		X		X		X	X	X							
	雅克·布律内	X		X				X	X	X							
	弗朗索瓦·布洛克-莱内	X	X	X				X	X	X							
	雅克·比翰·德·罗季埃	X	X	X			X										
	阿莫里·德·卡扎诺夫	X			X		X										
	雅克·费罗尼埃	X	X					X	X								
	路易-夏尔·德·福歇	X		X		X		X									
	罗兰·拉贝	X	X					X		X							
	克里斯蒂安·德·拉瓦莱纳	X			X			X	X	X							
	让-马克西姆·罗贝尔	X			X			X	X	X							
	让·雷尔	X	X					X							X		

* 只列出了该公司董事会的法国董事。
** 对于这些董事会成员，我们收集到的材料不多。

相对来说，安托万·里布的位置就不那么典型，他与同一部门 520
的其他总经理（如吉·德·罗特希尔德、费尔迪南·贝甘等）不同，他不仅是 BSN 集团的某些公司的股东，而且还是巴黎-荷兰银行、罗纳-布朗克公司、里昂信贷银行等的股东（就是说，他还是在图表中总经理处于左上象限的某些公司的合伙人）。

属于国家金融寡头的那些总经理（位于左上象限）通常积累了许许多多的重要关系，而且他们所在的董事会几乎全部都是由占有霸权位置的总经理领导的。昂布华兹·鲁（Ambroise Roux）就是这样，他向不少公司参了股，而且这些公司的总经理都处于与他紧密相邻的位置，其中包括皮埃尔·儒旺（贝西奈-犹齐纳-库尔曼

表 43 关系资本总表

			巴黎-荷兰银行	苏伊士金融公司	工商业信贷银行	国民信贷银行	银行集团	巴黎国民银行	里昂信贷银行	法国工商银行	PUK 集团	SGPM 企业集团	电力总公司	罗纳-布朗克集团	法国石油公司	BSN 公司	汤姆森-布兰特公司	德楠-东北-隆维	里昂水源公司	Esso 标准件公司	斯奈德公司	旺岱尔-西德罗公司	100 位企业家*	大型企业征集储蓄金协会	全国雇主理事会	核能源生产咨询委员会**	全国名牌大学发展委员会***	法兰西基金
雅克·德·福歇	审计法院庭长	巴黎政治研究学院，财政稽核	P		A	A	P				A				A	A	A						X	M			M	A
罗杰·马丁	工业家	巴黎综合工科学校、矿业学校		A	A					A		P		A					A			VP	X	M				
W. 波姆加特纳	外科医生；岳父：电力联盟、石油公司董事长	巴黎政治研究学院，财政稽核									A			P	A			A					X					
弗朗索瓦·布洛克-莱内	银行家、拉扎尔银行合伙人兼经理	巴黎政治研究学院，财政稽核				A	A		P		A												X				A	
米歇尔·卡普兰	工程师	巴黎政治研究学院，财政稽核		P	A						VP								A				X	M	PC			
弗朗索瓦·德·福莱尔	剧作家、法兰西学院成员	巴黎政治研究学院，财政稽核	A	A													A				A							
保尔·于夫兰	酒类批发商；岳父：大公司董事长	巴黎综合工科学校		A							A		A				VP						X		P			
皮埃尔·儒旺	建筑师，1937 年世界博览会大奖	巴黎综合工科学校、矿业专业				A					P		A	A									X	M	PC	M	PH	
C. 德·拉瓦莱纳	军官	巴黎政治研究学院，财政稽核	A		P	A	A																					

续表 43

让·雷尔	批发商	巴黎政治研究学院	A				A								A		A							M				
爱纳蒙·比佐	财政总监；岳父：里昂信贷银行、罗纳－布朗克集团董事	巴黎综合工科学校，矿业学校				A					A			A														
皮埃尔·大卫－维尔	拉扎尔银行合伙人、法兰西银行董事	?	A								A			A									X					
雅克·乔治－比柯	法国工商银行、工商信贷银行董事长	巴黎政治研究学院，财政稽核		PH	VP										A													A
雷诺·吉莱	人造纤维纺织业信贷银行董事长、罗纳－布朗克集团董事等	里昂工业化学高等学校	A											A		A							X	M				
多米尼克·德·格里耶季	工程师	巴黎政治研究学院，财政稽核		VP								A							A									
罗朗·拉贝	冶金工厂厂主	巴黎政治研究学院			A		A											PH										
埃马纽埃尔·拉米	库尔曼副董事长	巴黎政治研究学院，财政稽核		VP							A				A													
皮埃尔·勒杜	批发商	巴黎高等商学院，财政稽核				A		P									A						X	M				A
昂布华兹·鲁	（保险公司）事故险总公司董事长	巴黎综合工科学校，桥梁与公路工程学校				A				A		P											X	M	VP	M	M	
里夏尔·波姆加特纳	外科医生；岳父：电力联盟、法国石油公司董事长等	巴黎综合工科学校、工程学											A		A											M		
亨利·比佐	财政监察官	法学、财政稽核						A				A																
比翰·德·罗季埃	意外事故保险经理	圣·德·龚扎格学校					A					A																
拉扎尔·卡尔诺	法国粘纤纺织业、玻璃纸生产等的缔造者	巴黎矿业学校		A										A														
皮埃尔·塞里埃	银行家；岳父：冶金工厂厂主	法学、财政稽核						A														A		M				

续表 43

路易·德尔斯	财政总管	巴黎综合工科学校，桥梁与公路工程学校		A																		A						
弗兰西·法布尔	船东、西普里安－法布尔公司董事长、集运公司董事	巴黎政治研究学院	A																	A			X					
雅克·费尔尼埃	银行家	巴黎政治研究学院，财政稽核					A			P																		
让·福尔若	兽医	法学、财政稽核																		A	A			M				
皮埃尔·格雷泽尔	烟草业工程师	巴黎综合工科学校，矿业学校									PH						A						X				M	
雅克·梅尔兰	船东	诺伊利圣十字中学									A	A											X					A
埃马纽尔·默尼克	?	巴黎政治研究学院，财政稽核	PH															A										
居斯塔夫·朗波	里昂高等工艺制造学校教授	巴黎综合工科学校，矿业学校	A																	A								
安托万·里布	里昂工业存款与信贷公司董事长	巴黎高等商业学校	A												P								X	M			M	A
菲力普·托马斯	工业家	巴黎综合工科学校，财政稽核						A			VP																M	
阿尔诺·沃盖	戈班公司副董事长、城市保险公司董事长	文学院		A								PH												M				

注：上表列举了 1972 年最有影响、最具“精英性”的 20 家银行或者大型工业企业，指明了各公司的起源，其董事会成员读书时所在的学校或专业。此外我们还收集了当时在这 20 家公司中的某两个董事会任职的成员的名单，并且我们还按照他们担任职务的多少对所有这些成员进行了排序。

列表中的缩略词：
P：董事长
HP：荣誉董事长
VP：副董事长
A：董事
M：成员
PC：委员会主席

＊《100 位企业家》：“ x ”表示 1972 年 9 月《拓展》杂志上公布的名单。
＊＊ 核能源生产咨询委员会是为原子能委员会设立的咨询机构。根据政府法令，咨询委员会成员的任期为 4 年。
＊＊＊ 全国名牌大学发展委员会是由“企业的上层管理者、名牌大学的领导人、名牌大学历届毕业生协会代表于 1970 年 10 月创办的”。它被定义为“有志于维护和改善名牌大学设立的高等教育形式，以便使这种教育形式更有效的群体”（参见全国名牌大学发展委员会的《政党与名牌大学的命运》，1978 年 2 月，第2页）。

公司）、雅克·德·福歇（巴黎-荷兰银行）、克里斯蒂安·德·拉瓦莱纳（硫化橡胶绝缘品公司）、让-路易·皮亚尔（无线电技术公司）。W.波姆加特纳（W. Baumgartner）也是一样，1972年，他担任罗纳-布朗克公司总经理，同时还担任贝西奈-犹齐纳-库尔曼公司（由皮埃尔·儒旺领导，位于图表的左上象限）、联合运输公司、德楠-东北-隆维公司、标致股份有限公司（这三家公司分别由弗兰西·法布尔、皮埃尔·尚班和莫里斯·乔丹担任总经理，而且三家公司都处于坐标的右上象限）、法国石油公司（经理为勒内·格拉尼埃·德里亚克，处于左上象限）的董事。再说巴黎-荷兰银行的总裁、银行集团监督委员会主席雅克·德·福歇，他同时还是贝西奈公司、BSN公司、汤姆森-布兰特公司、法国石油公司、施兰贝格等公司的董事会成员。表面看来，其中存在着某些例外，但是这些例外都是由于在个别情况下公司的特性与公司总经理的特性之间的不协调造成的（比如说，保尔·里卡尔位于坐标的右下象限，担任汤姆森-布兰特公司的总经理，毕业于高等工艺学校，但是却占据了一家特大型公司的首要位置，而且这家公司董事会的所有成员几乎无一例外，全部来自于权势集团；再说勒内·格拉尼埃·德里亚克，他是工程师的儿子，位于图表的左下象限，法国石油公司的总经理，而公司董事会的成员同样也主要是由权势集团的成员构成的）。

二流私营公司的总经理或者外国公司分部的总经理（位于右下象限）很少有机会进入位于其他象限的公司的董事会。与某一国外集团（如柯达公司、壳牌公司等）有着直接依赖关系的公司的总经理和刚进入大公司场域（如勒华-索梅尔公司、比克公司等）的总经理一样，他们加入的董事会数量有限，而且几乎全部都是二流 521

公司。所以说，柯达-巴岱公司的总经理保尔·维约姆没有进入其他任何公司的董事会；1972 年，法国壳牌化学公司的总经理雷奥纳尔·卡鲁斯也只进入了壳牌-加蓬公司，市政工程投资公司，天然气合理配给公司，法国石油、碳氢燃料、润滑油研究所的董事会。马塞尔·毕克男爵也一样，他只是毕克公司的创始人，没有进入其他公司的董事会；乔治·沙瓦纳是勒华-索梅尔股份有限公司执行长官和液态空气集团的下属公司瑟拉普监督委员会的主席，他只在 1975 年担任了西方工业信贷银行(一家地方银行)的董事。

至于国营企业的总经理，他们一般只进入同样也由国家控制的公司的董事会：皮埃尔·德雷福斯 1972 年担任国家经管的雷诺汽车公司的总经理，同时也是东部优质钢公司(雷诺公司下属的分公司)的总经理。勒内·拉沃自 1971 年起担任国营飞机发电机研制公司的总经理(该公司由国家控股 80%)，同时也是国营巴黎发动机公司(国营飞机发电机研制公司的分公司)的董事，以及国营飞机发电机研制公司下属的另外一家分公司——法国国际发动机股份有限公司的董事。

纵观董事会的构成，我们也能够发现完全相同的逻辑。1972 年担任 F.贝甘公司董事长的费尔迪南·贝甘出生于北方的蒂梅里，他的父亲亨利·贝甘是一位糖厂主；费尔迪南·贝甘在让松公立中学完成学业，此后没有受过高等教育。公司董事会的其他成员中有四位是总经理的亲戚(我们一直没有找到任何有关爱德华·阿尔尚波的资料)：皮埃尔·马勒娶了费尔迪南·贝甘的妹妹弗朗索瓦·贝甘，克罗德·戴岗则娶了约瑟夫·贝甘的女儿洁尼·贝甘，艾蒂安·波雷和弗朗索瓦·波雷属于北方的一个大家族，而且这个家族也与贝甘家族有姻亲（艾蒂安·波雷与约瑟夫·贝甘的一个女儿结了婚）。马塞尔·基尔菲格是个例外，他的父亲是政府官员，他本人毕业于巴黎综合工科学校；而董事会的大多数成员都没有什么文凭（让-马克·凡尔纳任凡尔纳银行的总经理，他在让松中学完成学业，仅持有业士文凭；克罗德·戴岗曾经在巴黎天主教学院学习，但是并没有拿到高等教育文凭）。只有让-马克·凡尔纳和克罗德·戴岗还在其他大公司担任董事，至于 F. 贝甘公司的其他董事，他们都没有在其他公司占据任何席位，即便有，也只是二流公司。

柯达-巴岱公司 1972 年由保尔·维约姆担任总经理。保尔·维约姆是杂货商路易·维约姆的儿子，毕业于巴黎高等商学院，一 522
直服务于这家公司。柯达-巴岱公司的董事会有 5 位美国董事，全部都是东方人柯达公司董事会的成员；除了保尔·维约姆本人之外，法国董事有 7 位。在这些法国董事中，有 3 位出身于工程师家庭，1 位出身于商人家庭，1 位是将军的儿子，只有 1 位出身于公司董事家庭（最后 1 位已经去世，因而没能确定他的家庭出身）；至于他们的文凭，4 人毕业于巴黎高等商学院，3 人毕业于普通工程师学校，1 人毕业于大学法学院。他们几乎一直都在柯达工作，没有加入任何其他公司的董事会，所以从某种意义上来说，他们就是公司的“管家”。此外，在这几位法国董事中，有 5 位居住在相对来说比较边缘的街区（巴黎 12 区、15 区、20 区，枫特纳小树林区，加西区）；没有任何人得到过官方的极其罕见的荣誉，只有 5 位得到过荣誉骑士勋章，由此我们可以看出他们的生活方式中的某种一致性的征象。

电力总公司的董事长是毕业于巴黎综合工科学校的昂布华兹·鲁。在董事会的12位成员中,至少还有另外8位也毕业于巴黎综合工科学校(雷蒙·贝勒笛埃、皮埃尔·阿贝、罗伯特·巴班、理查德·波姆加特纳、保尔·于弗兰、皮埃尔·儒旺、让·马特隆和乔治·贝伯罗):其中2位毕业于矿业专业,2位像昂布华兹·鲁一样毕业于桥梁专业;中学时期,除了昂布华兹·鲁之外,另外还有2位在斯塔尼斯拉中学完成学业。所有这些法国董事都出身于穿袍大资产阶级或者实业大资产阶级家庭。[①]

1972年,银行集团监督委员会的11位成员中就有9位毕业于巴黎政治研究学院,其中包括委员会主席雅克·德·福歇本人;6人是财政稽核,其中也包括雅克·德·福歇。监督委员会的成员们一般都属于贵族和从前的大家族(如穿袍资产阶级、实业资产阶级或者军队资产阶级),他们全部都被列入了《名人录》,取得的
523 荣誉也最高(其中6人获得的法国荣誉勋位在三级以上)。

类似的例证不胜枚举。需要进一步阐述的是,家庭出身、所受教育、生活方式的一致性并不会与政治选择或者政治观点没有联

① 即便在社会空间中这个最推崇专家的区域也远远不可能脱离家庭联系:理查德·波姆加特纳早年毕业于巴黎综合工科学校,后来娶了欧尼斯特·梅尔歇的女儿安娜-玛丽-法兰西·梅尔歇为妻;欧尼斯特·梅尔歇也毕业于巴黎综合工科学校,并且是电力联盟、法国石油公司、里昂水源与照明等公司的董事长。保尔·于弗兰,毕业于巴黎综合工科学校,是葡萄酒批发商易波里特·于弗兰的儿子,他娶了亚历山大·基罗的女儿马德莱娜·基罗为妻;岳父也毕业于巴黎综合工科学校,担任电力企业总公司的董事长(现在该公司下属于电力总公司),同时还是许多公司董事会的成员,尤其是电力工业部门的公司。让·马特隆,巴黎综合工科学校毕业,父亲若阿纳司-克罗迪俞斯·马特隆是矿业学校毕业的民用工程师;他娶了亚历山大·基罗的另外一个女儿丹尼斯·基罗。

系。因此，BSN 公司的董事长安托万·里布（他的父亲是银行家，他本人以最后一名的成绩毕业于巴黎高等商业学校）向来以反陈规著名，1972 年，在法国全国雇主理事会马赛会议上，他作了关于生活质量的报告，提倡在每个企业内部制订“有关社会与人道的 5 年计划，计划的目的在于确定人们除了占有，即除了工资之外的生存目的”（见 B. 布里泽：《企业家们》，巴黎，色伊出版社，1975 年，第 188—191 页）。BSN 公司董事会的主要成员一般都出身于里昂的实业资产阶级家庭。法朗西·戈迪埃出现在董事会的名单中，而他的父亲就是好几家公司的董事；法朗西·戈迪埃本人先后毕业于大学法学院和巴黎高等商学院，并且是企业与进步协会领导委员会的成员。菲力普·多布兰毕业于巴黎农艺院，任法国基督教雇主中心的主席，其父则是农民。杰罗姆-塞杜-佛尔尼耶·德克罗松纳毕业于图卢兹国立高等电力学校，他的父亲也是几家公司的董事，并且是里布的好友；他的母亲热娜维耶芙·施兰贝格出身于一个实业大资产阶级家庭，并且被认为是弗朗索瓦·密特朗在工商界的助手之一（《观点》杂志[*le Point*]，1974 年 5 月 13 日）。

同样的逻辑通常还存在于与政府很接近的各种委员会的构成中。创办于 1966 年的工业发展委员会的任务在于负责工业发展的第 5 项计划的实施情况。该计划的报告人是弗朗索瓦-格扎维埃·奥尔多里，他毕业于国家行政学院，并且担任财政稽核。这个委员会的所有成员清一色地毕业于名牌大学，并且大多数都出身于上流阶层。在委员会的 14 位成员中，有 8 位财政稽核，4 位属于巴黎综合工科学校矿业群体。国营企业委员会的报告人是西蒙·诺拉，他也是财政稽核；相对来说，这个委员会的目标或许没有那么冠冕堂皇（因为它必须“分析国营企业的活动情况”，而不是“对法国工业部门的预期发展进行评估”），因此，委员会的成员中，财政稽核的人或者来自矿业群体的人数都少了（11 人中有 4 人）；然而我们发现这个委员会中却出现了 2 位审计法院的推事，1 位最高法院的审查官，1 位部长办公室主任，等等。行政委员会的报
524 告人是担任过行政法院推事的克罗德·拉斯里，这个委员会的 8 位成员中就有 3 位是行政法院的推事。

即便倾向于经济主义也不应该低估了私人联系的重要作用，尤其是不应该低估了在经济权力的运作中，特别是银行部门经济权力的运作中通过董事会正式化了的私人联系。信息，尤其是关于权力的信息，比如说，对资本控制状况的了解，本身就是权力资源。我们可以去追寻雅克·德·福歇的足迹，这样我们就会想起，在银行权力中已经加入了很大一部分的文化资本，而且随着时间的延长，还会有信息资本加入进来，而这种信息资本是通过经济资本积累起来的；此外，银行资本对于工业资本的霸权能够说明金融资本的特性，而这种霸权在一定程度上则是由于银行有能力通过合理化的、有组织的研究工具（如智囊团、研究所等）和各种形式的经济“经验”来积累科学知识，从而实现能够合理地左右经济策略的经济信息的积累：如通过接触某些不得不提供担保材料的贷款人所获得的经济信息，因为这些材料中除了其他的东西之外，主要就是信息，以及应邀跳槽的大官们带来的经济信息，“私人联系”所确保的经济信息，出入董事会、各类委员会，尤其是出入某些负有专门的“研究使命”的委员会（如汝埃夫-阿尔芒委员会）所得来的

信息。正如弗朗索瓦·贝鲁所言，与经济资本所赋予的权力一样，文化资本所赋予的权力也能够在某些条件下变成为一种支配资本的权力："一家商业银行本身几乎就是一套完整的控制系统，它能够截取和分析大量的信息，从中提取最有用的部分：关于宏观经济的信息——不仅有国家的，而且还有世界的宏观经济信息；关于每个产业部门短期、中期和长期开发条件的信息；关于企业的信息；关于人的信息；关于构想与技术的信息。①银行借助其智囊团募集的信息资本，也就是说，借助文化资本的集中——因为经济资本使进入银行的文化资本的集中成为可能，而且文化资本的集中又有利于这一资本行使对于经济资本的支配权；此外，银行还借助自己建立和维持的关系（应该说这些关系的涉及面远远超过了仅仅以金融参股这一项指标定义的企业集团的范畴），再加上银行的现金参股，尽管份额是有限的，而且是象征性的，商业银行就能够对 525
工业企业行使霸权：当然，这一切都是以一种尽可能温和、尽可能谨慎、最不容易让人察觉的，当然也是最经济的方式完成的；不仅如此，银行还能够借助这一切实现对于企业的支配，比如说，左右它们的经营方向，甚至左右企业选择自己的领导集体。

因此，雅克·德·福歇指出，"集团是由所有与银行有关的企业构成的。银行为这些企业提供服务，而每一个企业内部都有银行的位置。这是一张复杂的相互关联的网，它的运作是双向的：其中人际关系、习惯、利益等所起的作用是难以估量的。"这种局面的

① 所有关于雅克·德·福歇的引文都摘自 R. 普里乌莱(R. Priouret)："雅克·德·福歇访谈录"，《拓展》杂志，第 44 期，1971 年 7 月，第 143—163 页。

形成是因为，作为银行提供的象征性服务的交换物（当然，它们的服务不能够简单地归结为金融信贷），银行必须取得向企业参股的权力，而且参股的重要意义并不仅仅局限于资金投入的多少，“我们在法国的许多工商企业都有股份，但是我们主要并不靠参股的收入活命。确切地说，那些股份只是一种象征，它代表了我们在某某企业已经取得的位置，因为我们提供了服务。总体上，我们只保持少量的参股，而且常常要进入公司的董事会；但是在接纳这些企业，让它们加入这个不断强化、不断壮大的关系集团的同时，我们也从它们的生命力中获取好处，比如说，我们掌握着它们的往来账户，并且以排头兵的身份参加它们的金融交易和信贷交易。”这就意味着银行的控制权已经远远超出了仅仅从经济霸权方面考虑的“少数控股权”所规定的最基本的限度。[①] 因此，借助纯粹的文化霸权的典型效应（在经济权力王朝的中心能够找到这种纯粹的文化霸权效应确实是很有趣的事情，只是这种二分法过于简单了），我们可以通过文化影响（文化影响也是一种权力）同样有效地控制企业，就像通过金融信贷来实现对于企业的控制一样。

正如雅克·德·福歇所说，“在知识、措施和谈判方面所作的投资”，以及这些投资所累积和调动起来的私人关系资本和信息资

① 其中还不包括临界的定义问题，实际上，对于临界的抽象定义根本就没有任何意义，因为参股的比例已经非常清楚地参照公司股本的分布结构确定好了，而股本的分布结构又确定了适用于每一企业权力场域的结构。关于这个问题，雅克·德·福歇说得好：“什么叫作微弱参股？反过来说，什么又叫作大量参股呢？在这个问题上，我们必须考虑公众所持有的资本的份额。以尤西诺集团（Usinor）为例：我们所持有的德楠-东北-隆维公司的股份还不到4%，其余的股份都分散在公众手里，而且都是小股东，这样一来，我们就成了除集团本身之外的最大的股东。”

本，能够使纯粹的金融策略得以实施，这项策略的要义就在于将金 526
融参股用在最为关键的地方，以确保“主宰金融工程的特权位置”，也就是说，确保纯粹的文化权力——高度施事化（performative）的信息正是向被支配的企业行使这种文化权力，从而以最小的银行资本达到他们期望获取的控制权的最大效应。① 现在，我们可以更清楚地理解这一点：位于银行空间两个极点的银行家构成了分别以雅克·德·福歇和吉·德·罗特希尔德为代表的对立面，而学业称号及其附属物就是这一对立面的根源；吉·德·罗特希尔德曾经有一天对罗杰·普里乌莱说，“他永远也弄不明白，一个人怎么能够既是巴黎-荷兰银行的好经理，同时又是巴黎-荷兰银行所参股的企业的好经理”。

① 关于这种纯粹的文化控制，我们还是再从雅克·德·福歇那里借一个例子：“从家族式公司变成一家更加开放的公司，其中的转变往往很艰难，会遇到各种各样的问题，有情感方面的、不同家族成员之间利益方面的、法律方面的、税收方面的——其实也就是金融方面的，所有这些问题都是最基本的问题。诸如此类的困难我们解决过几十次，我们确实算得上这方面的专家了。确实有这方面的诀窍，或许我可以称之为从解决困难的经验中得来的妙方。”他还说：“由于我们关系的多样化，由于我们的特殊技能，由于我们的谈判习惯，也就是说，如果你不反对的话，由于我们的外交才能，因而我们的班子常常能够找到最好的解决问题的方法，并且运用这些方法来摆脱最困难的处境。”

527 # 附录5　昂布华兹·鲁"拆除里布炸弹"

国家金融寡头对经济权力场域的支配和影响总是很难为人们所察觉,即便人们置身于它的支配和影响之中。然而,这种支配和影响之所以能够成立,在很大程度上得益于金融寡头通过控制资方社交礼仪中的不成文规矩所获得的权威,以及他们所拥有的其他象征性权力。1972年10月,法国全国雇主理事会在马赛举行了第二次全国企业大会。透过大会"难忘的"一天的关系,我们可以看到寡头集团成员之间的**相互奉承**的威力——被吸引到寡头集团中来的成员对他们自己的这个群体的认同,这种认同对寡头集团"变革者"的习性作了绝对的规定,同时使他们意识到,相对于其他无法进入这个群体的人们来说,与这个群体一体化所能得到的种种好处,以及如果被驱逐出去则可能要付出无法承受的代价。

10月24日下午,安托万·里布,"这位不守陈规的企业家,直到那一天还从未对资方的什么机构发生过太大的兴趣",①却在委员会做了题为《经济发展与生活质量》的报告。"他的观点得到了委员会某些成员的热烈支持……安托万·里布并没有和委员会一起工作过,因而他没有考虑到委员会所做的准备工作。委员会起

① 所有引文均出自B.布里泽:《企业家们》,同前,第187—191页。

草的报告是关于环境问题的，而他却准备了一份关于生活质量问题的演讲稿。不仅如此，当有些老板们正拖着文绉绉的长腔在谈论污染问题和各种危害环境的问题时，他却宣言道，熟练工人的工资太低，每月1000法郎是正当的要求；他还宣称，生活质量的问题已经到了贫穷的人只能够维持生计的地步……这时，一位老板嚷道：‘这家伙彻底疯了。’有位建筑业代表喊道：‘要是不满意，让他到中国去好了。’最后，一名来自外省的老板打断了他，出言不同寻常：‘先生，我们来这里不是要讨论细节，而是要讨论原则。’安托万·里布愤然离开了会场，令全场目瞪口呆。不一会儿，理事会的领导们阅读了安托万·里布选来的蒙太奇胶片……其中的进步观点和对工业发展的谴责所表现出来的大胆着实让他们吃了一惊。
理事会的领导们显得更加不安，因为他们不知道安托万·里布第 528
二天会说些什么。而安托万则坚持准备他自己的发言稿，并且没有将文稿上呈给理事会。”

10月25日，欧洲一台的记者皮埃尔·莫德伊在他早晨的社论文章中宣布：“法国资方群体有分裂的危险……今天，一切都将见分晓。”然而，法国全国雇主理事会的领导们似乎不相信会有这种可能性，因为弗朗索瓦·塞拉克(François Ceyrac)接替保尔·于弗兰担任理事会主席的候选人资格得到了全会的一致通过。“但是这一天却显得既艰难又不可预料。代表不同思想流派的群体(企业与发展协会、为公正离婚而战协会)带来了各地的‘强大阵营’。他们在会议大厅里划地为营，只等着自己的领袖约瑟·毕德甘的一声令下，便会介入到论战中来。‘进步主义分子’和皮埃尔·德·卡朗麾下的斗士们怒目相向，互不示弱。”上午的会议由弗朗索瓦·塞拉克主持；在这场会议快要结束的时候，自由企业领导者协会的一位代表作为中小企业的代言人宣称："我们谈论的这些话题只涉及规模在100人以上的企业，对于其他的企业则一点关系也没有……我们担心全国雇主理事会将会比以往任何时候都更多地代表大企业的利益，而其他的企业都将被看成是可以忽略的资方群体。为此，小业主群体应该注意到这一事实：全国雇主理事会中不再会有你们的位置。"弗朗索瓦·塞拉克成功地避开了话锋，并反驳说，"同样性质的人类问题存在于所有的企业中，即使这些企业的规模不同，解决问题的能力各异。"下午会议开始的时候，"昂布华兹·鲁登台主持会议，这时，保尔·于弗兰冲他说了一声：'我们就靠你了。'企业与进步协会的代表们坐在第一排，随时准备插话。冶金雇主联合会主席雅克·费里第一个发言，紧张的气氛终于缓和了下来。他的报告是关于经济发展中的投资问题。他一上台就说：'人们对经济发展的谴责实属荒诞，因为关键的时候起作用的仍然是企业领导者'……"随后，与会者和聚集在马赛的观察家们观赏了"昂布华兹·鲁非凡的走钢丝表演——他以温和和悦的声音，极其巧妙地用鲜花来遮盖安托万·里布锋芒。事后，一位企业领导人说，'他把安托万·里布说成了一个天才，他的观点是不容置疑的。'十分钟后，与会者明白：'里布炸弹'终于被拆除了，也就是说，资方'冲突'将不会成为新闻报刊和公众舆论沸沸扬扬的话题。昂布华兹·鲁接着说，'里布总经理的报告的精彩之处
529 就在于他不仅仅是做了一个综合性的报告……这一切首先应该归功于里布总经理个人的品格……同时，所有的一切也表明，这次会议的最终目的并不是要端出一项已成定论的议题来这里走过场。

工商界的所有专家共同来争论这个有待解决的全新论题，这是很正常的。若是1800位企业家在短短的几分钟内就达成了共识，那才是令人惊讶的事情。如果真的出现这种情况，我将会感到十分担心，因为这样的共识肯定是靠不住的。’”此后才轮到安托万·里布来播映他的胶片。人们先是“静寂无声地听他说，然后鼓掌。没听见有人喝倒彩。最后，他宣读了自己的报告。他抛弃消费性社会……他期望企业能够倾听消费者团体和国家的呼声……一位大老板竟然像这样重操盛行于1968年5月的思潮和话语，一部分与会者真是惊讶不已。但是不管怎么说，安托万·里布还是赢得了热烈的掌声。昂布华兹·鲁只需要对下午的会议做一下总结就行了。《世界报》将会刊登这样的消息：‘法国全国雇主理事会成功地控制住了局面，会议在代表们完全一致的意见中圆满结束。’”

第五部分

国家权力与支配国家的权力

一个人得不到命运之神的赏识，但却可能会有更好的名声，因为名声是他报效国家所能够得到的唯一好处：为祖国做得越多，他就会越幸福，尽管祖国不会给他什么回报；能够让所有的公民都感激祖国的恩泽，这就是他的幸福之源。

我们承认宽厚的胸怀确实能够轻松地挣脱私利的束缚，但是真的要为公众谋取利益，至少还应该有一个正直而美好的向往——这个向往能够取代一切，并且能够不断地激励他、支持他、使他能够更加坚强地服务于崇高而艰难的事业，以报效他的祖国。

阿格索(D'Aguesseau)，《祖国之爱》，周三大会[①]的发言，第十九

① 法国大革命前的高级法院会议，一年举行两次，都定在星期三，会上由法院院长提出对司法及法官的批评意见。——译者

专制就是渴求普遍的，超出自身范围的统治权。力、美、才智和虔诚各自主宰着自己的空间，互不逾越。然而，它们有时也会交锋，力与美也会发生碰撞；但若要探究谁能够主宰对方，那将是不明智的，因为它们是不同领域的主人。它们之间之所以无法沟通，其中的错误就在于它们都想把自己的统治伸展到其他的地方。事实上，谁都无法做到这一点，即便是强权——强权只能够支配那些外在的行为；面对智者的王国，它是没有任何力量的。

帕斯卡尔，《思想录》，332

科学分析揭示了教学机构在维护社会秩序方面所起的作用，533
它给公立学校的捍卫者带来的难堪并不会比它的反对者更少——捍卫者们对“救星学校”怀有共和主义的崇拜，他们都是公立学校狂热的拥护者，反对者们的怀疑和指责反倒给公立学校戴上了进步主义的桂冠。旧政体的缺陷与推崇能力的学业体制的优越之间的比较几乎总是心照不宣地进行着，我们在社会学的一些明确的断言中看到的极端激进的不负责任的言论都是以这种比较的名义制造出来的：他们将某种只能令共和国的缔造者失望的最糟糕的政治伪装成了乌托邦式的平均主义。[①] 祖父为农、父亲做小学教员、儿子毕业于巴黎高师的社会上升三步曲，以及“平凡人家”出身的共和国总统的奋斗史，或者通过匿名会考战胜任人唯亲、偏袒徇私的“救星学校”的神话，这些故事都是富有教育意义的；然而，这一大堆有教益的历史故事正如贵族的信仰一样，实际上都是围绕着人们的出身和社会本性建构起来的，只是如今，出身和社会本性都是在天赋和个人功德这一民主的意识形态外衣的掩护下复兴起来的。诸如此类的传奇已经融入了教学机构最深刻的实践状态之中；无论是组织教学的传统和规则，还是教师的信念和习性，都离不开这一类的神话，只是不同水平的教育所传诵的神话略有差

① 在我看来，这正是对教学机构进行社会学分析所激起的各种反应的根源；表面看来，这些反应千差万别，但却都非常强烈，很值得进行社会学分析。

534 异。[①] 正因为如此,人们便可以泰然地将学业精英放在血统贵族的对立面来考虑,并且赋予他们作为霸权群体的一切特性,使他们像那些出身于贵族的人,或者本质高贵的人一样,也享有合法的霸权。[②] "早熟"被认为是"天赋"的最好征象,持续不断地敦促往往能够强化这种特性;因此,"早熟"能够使人们更快地步入出生所赋予的权力,也就是说,更早地享有与生俱来的权力;我们的分析就先从"早熟"开始:帕斯卡尔曾经说过:"贵族出身是一种巨大的优势,它能够使一个人刚步入 18 岁就出名、就受人尊敬;而换作他人,必须等到 50 岁才有可能获得这一切！真是不费吹灰之力就赢得了 30 年。"(《思想录,322》)

---

① 共和主义的神话涵盖了所有的学业实践,甚至包括那些表面看来最权威的教学实践:在法国北方共产党统治的一个市镇里,有一所从事"高等初级教育"的教学机构;在那里,诸如场馆的维修、体操课的教学、文化实践活动的筹划等等之类的学业活动,无不充斥着共和主义的神话。要想了解这种共和主义的神话究竟是怎样变成一种普遍存在的现实,可参阅 Y. 德尔索(Y. Delsaut)发表在《社会科学研究》上的"班级合影"一文(Une photo de classe),第 75 期,1988 年,11,第 83—96 页)。

② 各种各样的社会诡计很难被识破。有的人叫嚷着,反对学校选拔人才时受到贵族概念(concept)的制约,然而,同样还是这些人却会毫无保留地接受人们将这种概念作为高贵的暗喻来引用:"人家是巴黎高师毕业生,等于是皇家血脉。尽管他在外表上没有什么特殊的标记,尽管他很客气,甚至很有人情味,不愿意让别人感觉到自己的与众不同,但是我们仍然看得出,也感觉得到……这种素质是一种共性。他们这些人生来就是巴黎高师的毕业生,就像有的人生来就是骑士一样,后天是无能为力的。会考只不过是一种受封仪式,就像骑士受封一样。这种仪式还有它自己的惯例,根据约定,骑士受封的前夜一般都是在国王(圣路易、亨利四世、路易大帝)保护下的隐居地度过的。议会将评委会的名称当作圣-戈拉尔(Saint-Graal)圣器的捍卫者,而这些捍卫者们也很乐意认同他们年轻的同类,并且将这些年轻人召唤到自己身边来"(G. 蓬皮杜,同前,第 14—15 页,A. 佩瑞费特编辑)。在巴黎高等商学院和其他管理类学校,这种哲学表达得更加直接:"1938—1957 年,马克西姆·贝林(Maxime Perrin)每年都要致辞欢迎新同学,学校的毕业生们至今还记得他那掷地有声的一句话:'你们是领导阶级!'"(M. 奴斯奇,同前,第 41 页)

所有这一切似乎并不能够使分析者更容易理解继承人和传奇人物一直眷恋着的某一教学机构的真实性。事实上，一切都使人们倾向于将新型的学业“精英”当作传统的贵族政治的对立面来理解，“出身”与“功德”作为一对逆命题，已经进入了共和国的知性范畴中，在这种情况下，分析者怎么可能将这些“精英”放在贵族的位置上来思考？我们这个空间充斥着各种各样的表现，这些表现或多或少都是属于无意识的；越是笼罩着进步主义的光环，这些无意识的表现就越阴险狡诈；因此，必须与这样一个空间决裂才能够渐渐地发现，还有一种魔法活动（用涂尔干的话来说，就是宗教活动）是通过传输有时能够令人摆脱束缚的普遍知识来完成的：世俗学校通常反对教会干预政治，但是正如马尔克·布洛赫所说，与骑士受封仪式以及其他所有的制度化仪式一样，世俗学校开凿的社会鸿沟，以及它所完成的神化行动或圣职授任行动实际上也是在建 535
立**等级**，韦伯将这种等级说成是 *stände*，即与普通人分离开来的被神化了的群体，就像从前拥有贵族血统的人一样。①

国家的魔法

通过学业选拔建构起来的群体不同于种族、种姓或者家族，但是又具有这三者的某些特性。这些学业群体履行的职能尽管与家

① 像这样建构贵族产生过程的等级，我们就能够运用我们从其他分析中得出的所有结论——不管是恒量（如布洛克所说的圣职授任礼），还是特殊差异——来丰富我们的分析方法，从而有利于我们对某某特殊情境进行经验性的分析，无论对中世纪的贵族，或是如今学校里的精英。

族的职能极其相似(因为他们与家族的效能是联合在一起的),然而,由于他们的再生产方式,尤其因为他们是通过学业称号与国家联系的,他们又完全不同于家族。从这个意义上来说,学业称号与贵族爵位很接近,因为它也能够确保它的持有者得到一种受到国家保护的合法的垄断权,也就是说,由于国家对于某些职位的专权而受到法律保护的垄断权。官僚权力机构将这一切变成了进入政府职能部门的必要条件,他们有权力维持学业称号的稀罕性(rareté),进而维护这些称号的价值;同样,他们也有权力使学业称号的持有者免遭贬值的风险和学业称号的生产过剩所引起的危机。即使学业称号像旧政体中的贵族爵位一样,也构成一种"特权",[①]但是不管怎么说,学业称号毕竟与贵族封号不同,它不是人们用钱可以买卖的财产,也不是可以留传给后代的财产;学业称号的取得与运用在不同程度上取决于人们所具备的专业技能。[②]

---

① D. 比安(D. Bien):"职务、群体、国家信誉:旧政体下特权的运用",见《高等商业学校年鉴》(*Annales ESC*),1988 年 3—4 月,第 2 期,第 79—404 页,主要见第 381 页。

② 如果大规模的历史比较果真有意义,也就是说,如果大规模的历史比较真的能够为历史演变的基本法则提供理论依据,那么我们就可以承认:随着时代的发展,取得同样水平的社会技能所需要的科学能力和技术能力的水平越来越高了;在家族内部,无论采用何种方式,要成功地完成经济资本和象征资本的直接传递,越来越取决于人们所积累的学业资本,因此也就越来越取决于某种程度的技术能力。但是我们在对这种演变的意义和价值发表意见之前,比如说,在讨论合理化和民主化之前,至少应该考虑学业资本的取得实际上与另外一种可继承的传递方式紧密相关,这就是文化资本的传递方式。

旧体制的基础是父亲将所有的家产直接传递给儿子，[①]而且 536
这种传递是公开进行的；围绕着教学机构建立起来的再生产方式则不同，它遵从的是统计学逻辑，同时它也是再生产策略与再生产工具的史无前例的组合，因而从某种意义上来说，它是无与伦比的。由此可见，蕴涵在社会秩序合法结构中的一部分信息不可避免地会在父代向子代传递的过程中消失，尽管所有投身于学业竞赛的人们——无论是评判者还是被评判者——完成了无以计数的神化行动：事实上，拯救霸权者的总体行动根本无法避免霸权者个人（如这个人或那个人）所遭受的失败。因此，假如找不到更特别、更有效的方式来掩盖资本的传递过程，以弥补资本传递中的损耗，假如不能够因此而更有效地强化现有秩序的专制性所具有的不认同作用，并且确保它的永存，假如不能够在此基础上进一步强化这一秩序的认同作用，那么，围绕着教学机构建立起来的再生产体系将会遭到那些被排除在继承行列之外的人们的反抗，[②]并将永远处于它所特有的危机之中。

然而，通过救世学校的神话表现出来的对学校作用的着魔并不能仅仅归结为统计学机制的模糊效能，而这种效能只能通过以统计学为手段的科学分析才能被揭示出来；事实上，这种着魔还与学业称号及其效应的根本的模糊性有关。比如说，学业称号在社

① 尽管如乔治·杜比（Gorges Duby）所阐明的那样，中世纪贵族中盛行的继承方式也造就了一批动荡不安的**年轻人**（juvenes），即贵族家庭中的那些差不多永远被排除在继承和婚姻之外的下一代。

② 关于带学业成分再生产方式的特殊危机以及1968年所特有的表现形式，可参阅布尔迪厄：《学院人》，第209—250页。

会秩序的再生产中起着决定性的作用，与此同时，它也向那些最终取得了某种文凭的被支配者提供一种最可靠的保障，使他们能够避免无限制地遭受剥削或利用：学业称号作为得到官方认同的权力，
537 至少在国家严密控制下的劳动市场上能够保护它的持有者们，使他们能够抵抗其他的特权，退一步说，至少能够制约其他特权的效应。

如今，人们有时候却能够从学业称号的效应中看到一种令人害怕的社会保守因素；而且有时候，学校的上流精英还会在不作任何反省的情况下，极其盲目地揭露学校的下层精英通过他们的“文化执照”（韦伯语）谋取的特权，这种情况尤其出现在国家控制的市场上。其实，学校的上流精英就是一种国家精英。他们在一定程度上与国家联系在一起，因为他们打着献身于“公益服务”的旗帜，为国家的“上层利益”效力，只是他们在提供此项服务的时候，必须能够兼顾到他们自身的利益。因此，在学业称号和国家大官僚之间确实存在着一种关系，只是这种关系并不像韦伯所说的那样简单、那样单义：由于专业化考试的出现，学校教育，尤其是学校选拔学生，都得以合理化，韦伯只看到了其中通过政府形式表现出来的合理化过程的一个方面（或者说一种效应）；而且他所看到的这一合理化过程的最终趋势是要在政府职能中排除“爱和恨，以及一切纯粹属于个人情感的因素，因为从特性上来说，这些因素都是非理性的，也是无法预料的”，他还认为，这一合理化过程还将通过任务的明确分工和任务的专门化而促使专家（spécialiste）的出现，而专家“对人文因素是无动于衷的，因此，他们是极其客观的”。[①]

① M. 韦伯：《经济与社会》，第2卷，第718页，版本同前。

在此，不用对韦伯的分析进行深入的评说，我们就能够发现，在阐述自己的中心论题的那段文字（这也是唯一被大评论家逮着不放的地方）的字里行间，韦伯提供了考试或者学业称号特性或效应方面的征象，但是要根据这些征象进入他的模型却并不容易。因此，即使韦伯似乎忽略了如前所述的学业称号的**模糊性**，那么在他谈起这种模糊性通过他所说的不带任何限定成分的“民主”激起情绪矛盾反应的时候（实际上，他并没有真正考虑这些情绪矛盾），仍然没能让学业称号的模糊性清晰地显现出来：“在专业化考试面前，‘民主’处于一种模棱两可的位置；在面对所有官僚主义化现象的时候也一样，因为它本身就有利于这些现象的产生。”韦伯接着说，一方面，“民主”提倡用来自于社会各阶层的“能人”（Qualifi- 538
zierten）的霸权取代显贵们的霸权；而另一方面，它又惧怕并且抵抗考试和学业称号可能产生一个享有特权的“喀斯特”阶层（Bildungspatent）。[①] 稍后，他考虑到了这个问题，他甚至已经提到学业称号类似于从前的贵族爵位。[②] 然而，以上引文都处于与他所要驳斥的中心论题并列的位置，类似的情况原文中还有多处，只是这样一来，真正的交锋本该引出的问题却像变魔术一样消失了。

韦伯片面地表现了学业称号和官僚主义，因此也片面地表现了这两者之间的关系；在这一点上，他几乎与黑格尔受唯心主义欢迎一样，受到自认属于“全民阶级”（classe universelle）的国家精英的欢迎；因此，我们必须彻底地摆脱韦氏的片面性，并且通过分析

① M. 韦伯：《经济与社会》，第2卷，第735页。

② 同上书，第736页。

来重建教学机构的深刻的二重性——它们常常以“现代性”和合理性的外表来掩盖的那些通常与最陈腐的社会联系在一起的社会机制所产生的效能。事实上，学业称号就是人们所说的国家魔法(magie d'Etat)的最好体现，尽管这两个词组合在一起或许让人觉得不好理解：颁发文凭属于书面证明(certification)或者宣布有效(validation)的行为类别，官方权力机关作为中央象征性信贷银行(即国家)的代理人，正是通过这类行为确保并且神化事物的某一状态，也就是说，确保和神化字面与实物之间、话语和现实之间的关系的一致性，比如说，图章和签名就能够证明一份证书或者一纸书面文件的确凿性和真实性、复印件与原件的一致性、某一材料或者证明的有效性。表面看来，官方注册的这些证书是在为事物的某一状态备案，比如说，两个人之间的关系、对某一位置的占有、疾病或者伤残状况等，然而事实上，这些证书却让他们经受了真正的本体论意义上的晋升、蜕变，或者一次性质或本质的改变。诸如新生儿身份的确认，甚至最简单的新生儿出生登记、结婚、对代理或“代职者”的正式任命等正规化手续，全部都是官僚主义的勾
539 当——从某种意义上来说，它们无济于事；在另外一种关系中，它们却能够改变一切；就是说，公众对某一行为或者某一有关的事物所赋予的意义或者所认同的价值，往往能够带来极为现实的后果：继承权、家庭补助金、残废抚恤金、病假，等等。

学业称号是得到公众认同的权力机关颁发的关于能力的证明——它是公共的，也是官方的。对于学业称号所证明的能力，我们永远都不可能分辨出，也不可能衡量出究竟其中有多少技术成分，又有多少社会成分；但是这种能力却永远独立于主观的和局部

的估计(比如说,称号持有者本人的估计,或者他周围人的估计)。从权力意义上来说,特权或者优先权的授予,以及学业称号赋予其持有者的法定特性,如“才智”、“文化”等,都由于社会关系所具有的自我超越的效能而被赋予了一种客观性和普遍性;这种客观性和普遍性迫使所有的人(包括特性的拥有者本身)都来感知这些特性,就好像这些特性是某种在社会关系上得到保证的性质或本质中所固有的,本来就包含着权力和义务的东西。因此,教学机构是国家赖以对合法的象征暴力进行垄断的法庭之一:学业评判通过对它进行神化的行为(如巴黎综合工科学校毕业生的行为,或者大学和中学教师资格获得者的行为等)或者对它进行否定的行为(如被排除在文凭之外的人的行为),迫使每一位行动者接受它的合法展望,并以此消除行动者之间的敌对状态,至少在一定程度上是这样;此外,学业评判并不是从根本上结束这种为了夺取对于观点的合法霸权而展开的人人与人人为敌的竞争,而是在此基础上建立一种卓越的视点,所有的人都必须重视这个视点,哪怕对此存有争议。

王朝议员与国家谎言

如果说学业称号是与国家联系在一起的,那么在这种联系中,学业称号是作为国家建立和保证的象征性特权,也就是说,是作为“行使某项职能和享受某类收益的独一无二的权力”[①]进入这种联

① D.比安,同前。

540 系的;无论是在它的历史发展中(正如大卫·比安所揭示的那样),还是在它的运作中,这种象征性特权在一定程度上都与国家有联系。从某种意义上来说,我们可以对这种情况作如下定义:无论资本是以信用货币的形式出现,还是作为普遍有效的学业称号而存在,国家对每一资本类别所提供的保障或许就是国家作为国库而存在的最重要的(即使不说是最明显的)效应之一,因为这个国库保证为私人占有提供必要的物质资源和象征资源。

历史学著作在学科的两个彼此分离的领域描绘了国家(或精英群体)的谎言和所有新型的教学机构的平行发展,如科学院(académies)、私立中学(collèges)、寄宿制学校(pensionnats)。只要在所有这些历史学著作之间建立起联系,我们就可以提出一个假设,根据这个假设,以穿袍贵族为主要形式的国家精英和作为特权之保障的"文化执照"都出自于彼此关联、相互补充的各种谎言:作为国家精英组成部分的权力和权威,无论是从它们的即时效能还是从它们的再生产活动来看,在很大程度上都是以学业称号为基础的,而且这一基础尚处于不断扩大之中。因此,国家精英是一项建构性工程的产物;这项工程必须既具有实践性,又具有象征性;它的目的是建立相对来说独立于已经建立的物权与神权(如佩剑贵族、教士)的官僚权力位置,并且创立行动者的继承群体:凭借教学机构所确认的能力(这样的教学机构是专门用来再生产这种能力的),行动者们便有了占据这些位置的资格。

事实上,我们不能满足于证实从16世纪中叶到17世纪中叶欧洲各国大学生人数的迅猛发展,也不能局限于将这种发展与教会和国家官僚主义机构的发展[①]联系在一起，更不应该对各种教学机构的平行发展这一漫长的过程仅仅作一次简单的巡游：以法国为例，16 世纪上半叶，科学院得到了发展，这些机构的出现使贵 541
族得以接触昔日为教士和王朝议员(robins)所独揽的书本知识[②]；一个世纪之后，私立中学也经历了首次发展，这些学校在社会关系上的选拔极其严格，它们按照路易大帝中学的模式为军队和官僚机构培养高级官吏[③]；到了 1760—1770 年间，在驱逐了耶稣会士之后，与最有名的私立中学合作的寄宿制学校大量涌现——寄宿制学校接收来自于最惠阶层的子弟，主要是贵族和担任终身官职者的子弟，因此，出身于拥有终身官职者家庭和自由职业者家庭的学生在寄宿制学校中占很大的比例。[④] 我们还必须仔细观察国家

① L. 斯通(L. Stone)："英国的教育革命"，见《过去与现在》，第 28 期(The Educational Revolution in England 1560—1640)，1964 年，第 41—80 页；F. K. 林格(F. K. Ringer)："高等教育的历史问题评论"(Problems in the History of Higher Education：A Review Article)，见《社会与历史比较研究》(*Comparative Studies in Society and History*)第 19 期，1977 年 4 月 2 日，第 239—255 页；R. L. 卡冈(R. L. Kagan)：《现代西班牙早期的学生与社会》(*Students and Society in Early Modern Spain*)，巴尔的摩，霍普金斯出版社，1974 年。

② R. 夏尔迪耶(R. Chartier)、M. M. 龚贝尔(M. M. Compère)、D. 朱利亚(D. Julia)：《16 世纪至 18 世纪的法国教育》(*L'éducation en France du XVIe au XVIIIe siècle*)，巴黎，塞德斯出版社，第 168—169 页。

③ D. 朱利亚主持的《法国大革命图表集：1760—1815 年的教育》(*L'enseignement, 1760-1815, Atlas de la Révolution française*)，巴黎，法国高研院出版社，1988 年。

④ R. 夏尔迪耶、M. M. 龚贝尔、D. 朱利亚：《16 世纪至 18 世纪的法国教育》，第 169 页；W. 福里约夫(W. Frijhoff)、D. 朱利亚："从旧制度时期到王朝复辟时期著名的寄宿制学校"(Les grands pensionnats de L'Ancien Régime à la Restauration)，见《法国大革命编年史》(*Annales historiques de la revolution française*) 第 243 期，1981 年 1—3 月，第 153—198 页；W. 福里约夫、D. 朱利亚："富人的教育：贝雷和格勒诺布尔两所寄宿制学校"(L'éducation des riches. Deux pensionnats：Belley et Grenobles)，见《历史手册》(*Cahiers d'histoire*)，1976 年，第 21 卷，第 105—121 页。

的精英群体是如何建构起来的，确切地说，就是审视精英群体的存在，审视维持之基础的新的再生产策略体系，以及这一策略体系中的教育策略——与婚姻策略和象征性策略相比，教育策略是唯一能够确保特殊能力和合法性的策略，它所占据的地位与日俱增，不断扩大。关于婚姻策略，弗朗索瓦兹·奥特朗已经对“巴黎的议员们”进行了分析[1]；而要发明和强制穿袍贵族的概念，以及通过特权关系将这种概念与国家联系在一起的新的象征体系，如“公共事业”的理念或理想，都不可能没有象征性策略的参与。[2] 议员们对于文化和教育事务的兴趣[3]或许与这个群体的历史一样悠久，这
542 一点早已从各种征象中反映出来；而大学的创办总是与议会的所在地联系在一起，[4]这就足以说明问题；在 1760—1789 年间（这一时期的特点是寄宿制学校的繁荣昌盛），议员们对于文化和教育的兴趣更是热情有加，与此同时，王国的各种议会提出来的教育方案，以及法国基督徒德·拉摩瓦农的提案（1783 年）或者 R. 戴尔斯维勒的提案也相继出台。[5] 由于在同样的学校读书，又由于同

① F. 奥特朗：《国家上流群体的产生：巴黎的议员们》（*Naissance d'un grand corps de l'Etat, les gens du Parlement de Paris*），巴黎，索邦大学出版社，1981 年。

② F. 奥特朗指出，从 14 世纪末开始，为国效力的典范表现为王国的伟大公仆们将他们为国王做的祈祷“融化”在他们的遗嘱中（F. 奥特朗，同前书，第 128—130 页）。

③ 通过各种学术著作（主要是通过 F. 布吕歇在前书第 290—296 页中做了长篇分析的雷季纳·贝迪的论文《18 世纪巴黎的国会议员们的藏书》），我们认识和了解到：“早在 17 世纪，国会议员们就已经处于文化收藏者榜首的位置”（F. 布吕歇，同前书，第 327 页），并且成了文化社会的中心人物。

④ R. 夏尔迪耶、M. M. 龚贝尔、D. 朱利亚，同前书，第 250 页。

⑤ R. 夏尔迪耶、M. M. 龚贝尔、D. 朱利亚，同前书，第 208—214 页；以及 M. M. 龚贝尔：《从私立中学到公立中学：1500—1850》（*Du collège au lycée* [*1500—1850*]），巴黎，伽利玛出版社，1985 年，第 133—137 页。正如上述作者所指出的那样，“国民”教

样的文化和同样的头衔所赋予的一致性，在此基础上形成的连带关系，或许像家庭联系一样，对于这种全新的群体精神的起源发挥着作用。[①]

在穿袍贵族与佩剑贵族之间，在王朝议员与骑士、书本教育与骑士教育之间存在着对立面；而同样作为读书人的神职人员却不能将他的权力和特权遗传下去，因而在王朝议员与神职人员之间也存在着对立面。在上述对立面的竞争中，关键的问题是官僚场域的自主化问题，以及与之相关，在新的霸权原则和霸权合法化的相互融合之基础上建构群体的问题：如作为圣职者所具有的文化 543
资本，遗产的可继承性和可移转性，以及将效忠于公共事业看成是高尚行为，等等。一个新的秩序是逐步形成的，其中的组成部分也会在一系列的创造性构想和一系列的局部转变中找到自己的位

育提案实际上导致了等级化"学业空间"的建立。关于"天赋"的思想体系已经用来作为特权再生产的理由："每个人都应该尽可能地接受适合自己的教育，既然每个地方不可能享受到同等水平的关注，也不可能得到同样水平的教育产品，每一个心灵不会有同等程度的文化需求；既然每个人的需求不同，才华各异，因此，必须根据这些才华和需求的比例来调整公共教育"（R. 戴尔斯维勒提出的《教育方案》，R. 夏尔迪耶、M. M. 龚贝尔、D. 朱利亚引用，同前书，第 209 页）。弗朗索瓦・布吕歇引证了许多乡镇议员的例子，他们的行为都有利于教育，尤其是有利于乡村教育的发展（参见 F. 布吕歇，同前书，第 197 页及以下内容）。

① 尽管 F. 奥特朗对"议会中的人们"着墨不多，但是她还是顺带透露了与共同的学习经历联系在一起的"有势力的连带群体"的存在："因此，在勃艮第人进入巴黎的时候，闹事者正在抢劫布歇（Boucher）家的豪宅，一边还呼喊着'勃艮第'。此时，易勒-亚当（Ile-Adam）老爷，这位胜利之师的统帅正好从那里经过；他制止了抢劫，不允许他们逮捕皮埃尔・布歇。布歇是国王的书记官，也是性情激烈的阿尔马涅克伯爵。易勒-亚当与皮埃尔及布歇公署有很深的交情，因为早在年轻时期，他们就是同学"（F. 奥特朗，同前书，第 196 页）。议员们所受的教育常常是宗教分裂和政治分裂的根源，关于这一点，我们还找到了许多的征象（参见 F. 布吕歇，同前书，第 59—62 页，以及第 243—248 页）。

置，比如说，从获取一丁点技能以换取合法的终身官爵发展到获取能够占据特定位置的学业称号。我们发现，人们在这个问题上所犯的错误在原则上与“救世学校”的追随者在贵族爵号与学业称号之间的关系上所犯的错误是一样的，就是说，事实并不像人们有时宣称的那样，“议员阶层的建构其实并不排除贵族”，①相反却是在吸取构成旧贵族本质的最主要的东西的同时，将很大一部分旧贵族吸收进来。我们可以引用F.奥特朗的一段话，她谈到在穿袍贵族身上体现了各种特性的空前融合：“议会中的人们构成了新兴的贵族阶层，他们要么出身于骑士家庭，要么是有爵位人家的后代，但是不管怎么说，他们都是文人法官，而不是沙场上的战将。那么，是否仅仅因为议员们耍弄的是笔而不是剑，戴的是饰有皮毛的帽子而不是武士的头盔，披的是庄严的红色斗篷而不是金属的铠甲，我们就有理由说他们是新贵族？或者我们就有理由将贵族和骑士等同起来？事实上，贵族的血统中就包含了一种完全能够将议会群体吸收到他们的行列中去的观念：这就是公共事业的观念。无论是新贵族还是老贵族，他们都‘坚持不懈地效忠于’国王，履行他们‘对于国王，对于公共事务应尽的义务’。任何其他地方的人都不像议会中的人那样善于发挥贵族这一方面的价值，15世纪初年以来尤其如此。‘过贵族生活’，就是‘效忠国王’，无论是‘在他的战争中’，还是在别的什么地方。如果说公共事业(service public)是贵族世代相传的天职，那么为国家效力(service de l’Etat)可

① F.奥特朗，同前书，第267页。

以说是议会群体的魂灵。”[①]

穿袍贵族是一个群体，专家出身的当代治国者是他们结构上的继承人（有时也是他们的后代）。这个群体通常是在创建国家的 544
同时创建他们自己；为了建构自己，他们不得不建构国家；就是说，除了各种各样的建构之外，他们首先必须建构一整套关于“公共事业”的政治哲学；不是像旧贵族那样，把“公共事业”当成国王一个人的事情，而是把它当成国家的或者“公共的”事务，进而把它建构成为以普天下人的共同目标为目标的“大公无私”的活动。在某种意义上，“效忠于国王”是贵族的社会定义中所包含的特性，“过贵族生活”就等于是“效忠于国王”，这个等式本身就说明了这种特性。贵族是一种命运，他不需要选择，也不需要努力，因为从他诞生的那一天起，这一切就落到了他的头上。如果他真是名副其实的贵族，如果他真的要成为他应该成为的人，如果他想要“维护自己的等级”，或者说实现自己的本性，那么贵族身份也是他理所当然地必须接受的一项赋予，正如必须接受**功与过的归属**（ascription）一样。相反，与其说“公共事业”，或者说效忠于国家是一份遗产，还不如说它是一项关于使命的深思熟虑的选择，或者一种有意识地承担的职业——只是这种职业的前提条件是某些特别的习性和才华，以及通过学习获得的特殊技能。

因此，只有当众人的思想经历了整体性的转变，只有通过一种既处于表现内又处于结构中的整体的虚构工作，才能够从一种状态过渡到另一种状态。正因为如此，要想真正理解这种转变，就必

① 出处同前书，强调为我所加。

须将通常留给思想史学家、宗教史学家、教派史学家研究的问题（以及许多彼此分离的专业问题）全部纳入历史学分析的范畴，并且时刻不要忘记从中世纪的宫廷法律顾问到吉伦特派的律师，一代又一代的国家精英以混杂着政治热情、宗教激情和行会利益的情绪，在神学的或者教会的争论中所创立的所有政治理论——无论是著名的还是不著名的理论；其实，如果把第五共和国时期戴高乐派的伟大改革者考虑进去，再把议会群体导致的所有关于政治宗教、冉森教、法国教会的空洞理论也考虑进去，那么我们需要关注的问题就远不止这些。从构成现代政治哲学基础的16世纪的法学家，到整个18世纪那些设计了许多概念以唤起法国大革命的人，其间还经历了吉伦特党人，法国一代又一代的议员都是通过斗争来获取人们对他们群体的认同，因为本能促使他们将自己看成
545 是代表全体民众的群体；与此同时，议员们也为构建公共事业的官方表现——无私地献身于全体人民的共同利益——做出了决定性的贡献。

路易·勒·卡隆或路易·勒华以及大法官阿格索与那些早已离我们而去的思想先驱者具有共同之处，正因为如此，他们被认为是“国家官员中的公民人道主义”，①而这块招牌原本是为从前的那些思想先驱打造的。事实上，他们与先驱的共同之处就在于他们的意志，他们将公民的义务作为严肃的问题来对待，并且将知识作为指引全城公民行为的不可缺少的导向：他们打算创立关于公

① N. O. 凯敖阿纳（N. O. Keohane）：《法国的哲学与国家——从文艺复兴到启蒙时代》（*Philosophy and the State in France, The Renaissance to the Englightement*），普林斯顿，普林斯顿大学出版社，1980年，第84页及以下内容。

民责任的哲学体系(路易·勒·卡隆1556年在他的《对话集》中指出，哲学家是“热爱公共事务的人”)；他们还反对“个人主义者”，因为这些个人主义者像蒙田、沙朗或者弗朗索瓦·德·拉摩特·勒维耶那样，把对内，想怎么做就怎么做，对外，言行必须遵守习俗作为自己的生存格言，从而将公与私彻底地分离开来。这些公民道德的构想者表达了企图凭借能力来行使权力的群体的特殊利益，与此同时，他们还捍卫了一种绝对具有政治意义的哲学：他们拒绝“退隐”于“书斋”，而是准备创立一整套公民义务，并使之适合于那些必须以全民族的名义来履行责任的人。

多摩或尼科尔的冉森教派同时创立了私人利益的概念(即“爱自我”)和公共利益的概念，并把这两个概念与国家的理性观念联系在一起。至于其中关于公共利益的概念，即“升华了的自我之爱”，我们很难将它与宗教里的爱德(charité)区分开来。事实上，冉森教派的这一倾向构成了议会的另外一个传统。阿格索大法官正是以这一传统为依据，力图确立真正的公共事业的自主性：既要以立宪主义者的传统获取相对于王权的自主性，又要以法学家的特殊技能获取相对于教会的自主性，相对于只能将位置归功于出生的偶然性的世袭贵族的自主性，以及相对于“国家”(public)的自主性——尽管人们不断地引用“国家”的概念，但是如果不将议会简化为一种身份，一种附属于某个作为民族代理人的普通群体的身份，那么“国家”就不可能按照唯一的合法化原则建立起来。

这里应该引证一位著名的国会议员——多尔梅松。多尔梅 546
松家族是达盖索和达隆两大议员家族联姻后产生的第三大议员家

族。[①] 1693年，在他关于《律师的独立》的著名演讲中，多尔梅松试图通过赞扬公共事业那些严格的却又是解放的工作来建立一种新型的资本类别和一种新的合法性形式。从这篇不知被引用过多少次，但是可能从来没有人认真地阅读过的演讲稿中，人们或许能够看见现代专家治国论者的最初形态："……在这种近乎完全的制约中，有一种身份（Ordre）由于它所特有的性质而不同于其他的身份；这种身份像法官的历史一样悠久，像美德一样高尚，像正义一样必不可少；在所有的身份中，只有这种身份一直顺利而平安地维持着自身的独立。它自由，但它的自由并非对它的祖国没有用处；它献身于公共事务，但是又不沦为它的奴隶；它谴责哲学家的冷漠，因为他在无所事事中寻求自主，同时它又怜悯那些不幸的人，因为他们投身于公职却丢失了自由……积累财富与履行职责就是同一回事；功劳与荣誉不可分离；人，作为决定自己升迁的唯一主人，可以让所有其他的人都仰仗他的智慧（lumières），都向他优越的天资敬礼：拥有这样的身份真是幸运！有的人高贵不凡，但是出生的偶然性却是支撑他们的唯一基础；有的人名声显赫，傲慢的人总是以此为荣，就连智者也难抵挡那炫目的光环；然而，有一种职业，它那高贵的大厦只能用美德来修建，人们受到尊重只是因为他本人所做的事情，而不是因为他的父亲做过什么；如果投身于这样一种职业，那么，所谓的高贵不凡，所谓的名声显赫都将毫无用处……功劳……是唯一不可购买的财富：公众永远有选举的自由，

---

① 这些姓氏如今依然"盛行"。正如这些姓氏所反映的一样，国家精英大家族的姓氏所包含的意义或许能够显示匿名调查无法把握的某些连续性的问题。

他们会赋予你荣誉，却永远都不会将荣誉出售……这绝对不是出
于礼节而不得不向命运女神交纳的贡品，而是一种**发自内心**的敬
意，一份献给美德的不同寻常的礼物……你生活的每一天都将标
志着**你在为社会服务**，你的每一份操劳都是你为正直和诚实、正义 547
和信仰所作的修炼。祖国将不会遗忘你生命中的每一个时刻，她
甚至还要利用你的闲暇和你的睡眠。**国家**(Public) 知道你时间的
价值，她会免除你某些义务，尽管这些义务是其他的人必须履行
的……”[①]在整个这篇演讲稿中，作者不断地提到“public”一词，并
且引用了这个词的各种含义。其实，“public”是一个强大而抽象
的联合体；作为对法官大公无私的一种无私的保障(“公众鄙视那
些容易被收买的灵魂”)，同时也作为对法官行为的普遍性的一种
全面的保证，它能够让法官在一切实权面前证明他的自主性。

这篇演讲稿浓缩了新型的社会公正论的所有论题：功劳与天赋的结合，对贵族出身和唯利是图的批判，对智慧与科学的信仰，尤其是颂扬了大公无私和献身于根据完美的权力合理化原则创立的公共事业(public)(此处指词的双重含义：公共事物、共同财产和公共言论)，我们本来应该转引全文。如今，国家的事务可能由戴高乐分子中激进的民主主义者掌管，也可能是由国家行政学院之类的“救世学校”毕业的大官们在操持，不管怎么说，国家精英之所以能够摆出现实性和永恒性的架势，那是因为：精英们为了建构

① 阿格索大法官(Chancelier D'Aguesseau)：《作品集》(*Œuvres*)，第 1 卷，巴黎，联合书店出版社，1759 年，第 1—12 页。强调为我所加。

自己，并且使自己的地位得以合法化，常常不得不一开始就将某些部件纳入自己的合理化体系之中，因为这些部件必须等到新的再生产方式在经历日后的一个发展阶段之后才能够产生最高的效率；在对抗佩剑贵族的过程中更是如此——精英们毕竟与他们有不少相似之处，正如达盖索（Daguesseau）可以变成带有贵族姓氏的阿格索（d'Aguesseau）。人们对才华和功绩的信仰，进而对教学机构再生产能力的信仰就属于这种情况。说起教学机构，正如19世纪末全民义务制教育的可能性给资产阶级世界带来了忧虑一样，教学机构确实一度陷于动荡，只是后来学校又通过阿格索曾经为它提供的形式而得以复兴，正如今日，一旦传递文化资本的逻辑出色地履行了它的职能，人们就能够在“天赋”中再一次找到学业称号分布的合理性，并由此进一步发掘出权力和特权分布的合理性。这一大堆令人瞩目的实践与表现方面的问题之所以含混不
548 清，其主要原因就在于这些问题清楚地表达了某些人的利益——这些人与国家，与“公共事业”，尤其是与文凭有着一定的联系（文凭毕竟切实地开凿了通往国家公职市场的道路），而且在权力场域内部，他们往往处于被支配的位置，这就像在刚开始的时候，穿袍贵族与佩剑贵族之间的差异；时至今日，这种情况或许并没有多少改变——由于家庭出身所产生的效应，左翼与右翼的专家治国论者所处的位置仍然是不一样的。① 处于被支配地位的霸权者只有清清白白地将自己的利益与他们眼里的人民的共同事业结合在一

① 对这个群体为建构现代国家所作的贡献进行分析，并不是奢望建立国家起源的普遍理论。我们只是希望通过这项分析，人们能够回想起那些坚定勇敢地抱有此份雄心的分析家们常常容易忽略的所有问题。

起，比如说，科学解放事业，或者从前“救世学校”的事业，他们才能够使自己的利益得到发展。那些以共同事业的无私卫士自诩的人们甚至能够在并不知情的情况下从这项大公无私的事业中获取利益，关于这一点，我们确实没有什么好惊讶的，更没有什么好愤怒的——除非人们真的相信会有奇迹发生，要么就相信真的有可能存在着某种毫无动机的行动，或者相信真的存在着纯粹是为了解决意志问题，除此之外没有其他任何动机的行动，否则，就不要惊讶，更不要愤怒。

合法化环节的延长

或许没有任何一个领导者群体能够像国家的上流精英那样，同时拥有所有权凭证、学业称号和贵族头衔等多种保障；然而，也没有哪一个领导者群体会像他们那样需要提供那么多的保证，尤其是关于能力的和关于献身于共同事业的保证。因此，对于这个具有两面性的群体，无论做多少描绘都是微不足道的：如果说在不知不觉中变成了黑格尔信徒的专家治国论者窃取“全民阶级”的特权是出于本能，那么他们援引普遍性来行使自己的霸权则是迫不得已，而且他们根本不可能会在自己设计的游戏中失手，也不可能使自己的实践活动遵循所谓的普遍性准则。他们认为自己是为人民谋取幸福的所必不可少的政治中的不可缺少的行动者，尽管他们本身并无意于谋取这种幸福。此外，他们还确信，通过改革私营大企业的组织和决策程序，这场“管理上的革命”能够让人们省去 549
一场关于所有权的革命。然而，在同一情况下，他们又觉得自己有责任从“社会”前景方面去思考问题，觉得自己的行为应该像一个国家的行动者而不应该像一个商人，而且应该将自己的决策建立在“专家”的“中立性”的基础上和“公共事业”道德的基础上。同样，自动合法化的愿望导致某些由于文化技能而新加冕的官员利用这种技能来为他们自己加冕，从而使自己的位置合法化。因此，这种愿望中必然包含着对于纯粹的文化权力的认同，要获得其精神上的解毒剂，我们就必须深入到为了生产和强制社会人群的关注原则和划分原则而展开的复杂的竞争关系之中；而社会人群的关注原则和划分原则却是由于权力场域前所未有的差异化引起的，而且这些原则总是以全新的术语提出权力合法化的问题。

霸权必须得到认同，就是说，必须使人们接受和认可它所不具备的东西：“统治者就是统治者”（或者说，“权力关系就是力量关系”），这句重言式的话语就好像是一种揭露；如果霸权者来承担这句话的后果，那就等于是接受自行毁灭。就是说，与机械作用所产生的力不同，任何一种真实的权力都是作为一种象征力量在起作用，然而，矛盾的是，这种象征力量的根源却存在于否认(dénégation)之中。[①] 实际上，这种象征性权力包含着认同的要求，而认同要求其实也就是不认同的要求；此外，这种认同要求针对的是具有自主性的行动者，即一位有能力将权力和权力赋予它自己的东西协调起来的行动者——就是说，这不是一种简单而专

① 然而，控制，即操作者作用于机器或某一自动装置的运动，是通过机械手段完成的，而且这些运动是可以借助物理学分析来判断的，指令的生效取决于执行指令的人，以及他的意识和他的习性的客观配合，而他的习性是早已建构好了的，并且早已预备着要以顺从的，就是说，以满怀信仰的行动在实践中认同这一指令。

制的强制行为;实际上,只有得到某一独立的权力的特许,这一认同要求才会有价值,才能够产生社会效能。认同行为越是不受物质的、经济的、政治的、情感的外部制约的影响(也就是说,它越"真实"、越"诚恳"、越"无私"……),或者说这种行为越是仅仅受到某 550
一选择性服从的特殊理由的激励,那么它的合法性被认同的机会就越多,行使合法权力的机会也越多。因此,对于行为主体来说,他拥有寻求合法化的权力所要求的合法性的程度越高,那么他的认同行为就越容易被认为具有合法性,他行使自己合法权力的机会也就越多。

换言之,合法化行动的象征性效能是作为神化者和被神化者所认同的一种独立性发展起来的,也是作为被塑造起来的一种权威发展起来的(而且这种权威总是通过因果关系的循环与自主性联系在一起):无论是自我神化(拿破仑从教皇手里夺过皇冠给自己戴上)还是自作庆典(如作家的自我吹嘘,或者福特说,福特车是世界上最好的车),在这两种情境中,象征效能几乎都是零;有的神化工作是由花钱雇来的人完成的(请人来剧院捧场,做广告),或者是由同谋者,甚至是由朋友和亲属完成的,在这种情况下,象征效能就不可能有很大的影响力,因为这一类的评价都有奉承或自得之嫌(如"我儿子是最聪明的"之类的话);如果认同行为(如献礼、序言、读书评论等)变成了一种交换,那么象征效能也不可能会有很大的影响力——在这种交换中,交换环节和交换行为在时间上的间隔越短,交换的行为就越透明,因而象征效能的影响力也就越小。然而,当机构和有关的行动者之间涉及的物质利益和象征利益的所有实际关系或者看得见的关系都被隐藏起来,而且认同行为的主体本身也得到了更多人的认同，这时，象征效能就达到了最大的效力。

从原则上来说，庆典的主持人必须具有自主性，这是庆祝活动产生象征效能的条件。尽管这一原则或许是人类学的普遍概念，却并不是分析者提出来的准则，而是一条社会空间运作的**实用法则**。正是在现实中，行动者们运用这一原则来衡量他们的神化活动（如文学评论）的有效性；事实上，这也是各种直接的或间接的自作庆典策略中所用到的掩饰性策略的根源。通过分析利用作品评论完成的各种各样的“回敬”（或者“回报”），我们可以找出这些策略的典型，它们的最终目的都是要掩盖赞美者与被赞美者之间的关系；关于这一切，我们可以作如下概述：在庆祝与回敬之间保持一段时间间隔（A在
551 一月份赞美B，B到六月份再称赞A）；通过更换媒体来更换读者（A在X日报赞扬B，B到Y周报，或者通过电台来颂扬A）；进行人物替换，即最先受到庆祝的人用笔名进行回敬，也可以让一个与他有联系而别人又发现不了的人，比如说他妻子，来替他回敬人家，当然文章得署上她娘家的姓，或者还可以让朋友、情人、学生、“代理人”、“手下人”等来做这件事；给予一次看不见的酬谢，当然不是写评论文章，而是大学里的一个职位，或者选举中增加一票，等等；通过颂扬名人（日报或者周刊的负责人、专栏编辑、知识分子压力集团的领袖人物，等等）来积累潜在的回敬资本，因为名人有此类庆典的决定权。所有这些手段都能够相互组合或者同时并用；而且在这些调

整得几乎与古代的婚姻交换一样完善的交换中，它们给人以完全自由的表象：正因为如此，那些在新闻场域的俗权中占据高位的人们能够在整个场域发挥影响，同时还能够使知识分子场域中拥有象征资本的某些人归顺于他们；至于这些知识分子，他们受到的尊敬或多或少总归打了一些折扣。[①]

因此，我们或许可以这样来描述合法化工作的基本经济法则：由于合法化话语的象征效能是随着赞美者与被赞美者之间的实际距离或者说可见距离（即独立性）而变化的，而且相应的观点之间的距离总是呈现出与实际距离相反的变化，因此，打算介入于提高象征地位活动之中（宣传、广告等）的行动者和机构必然要在庆祝的信息含量的最大化与赞美者（可见的）自主性的最大化之间寻求一个最佳状态，也就是说，寻求庆祝活动的象征效能的最大化。这个逻辑指导着吹捧者在直接的、公开的广告策略与更间接、更隐蔽 552
的公共关系策略之间进行实际选择，因此，这个逻辑还支配着其他各种策略——不同类别的霸权者都能够求助于这些策略来制造“他们自己特权的神正论（théodicée）”[②]：由于不相信来自知识分

① 我和伊维特·达尔索（Yvette Dalsaut）一起整理了发表在1977年1月7日至5月31日《世界报》的《书籍世界》版面上的读书评论，以及1977年1月1日至5月31日发表在《文学半月刊》、1月3日至5月29日发表在《新观察家》、1月3日至6月9日发表在《文学通讯》、1976年夏季至秋季发表在《原来如此》（*Tel Quel*）和1973至1977年发表在《弓》（*l'Arc*）等刊物上的读书评论。这一切构成了我们分析的依据。

② 保尔·维纳（Paul Veyne）分析了由古罗马人的善行（évergétisme）演变而来的现代版本：无论是大企业及其基金会的慈善活动或文化活动，还是为非赢利性事业或机构举行的慈善捐赠，都是为捐赠者的利益服务的，而且不管是出于有心还是无意，这个目的永远是隐藏着的，至少对于别人是如此。事实上，这类活动完全是以完善“公司

子方面的东西，而且又想着要节省为了确保掩饰效果所必需花费的能量，因此，那些不合潮流的完整的保守主义者（比如说，那些“精锐的企业家”）制作的话语，往往是保守信息的含量很高，而象征效能却不足，至少在他们自己的空间之外是如此。现代主义者则相反，他们致力于制作的话语往往信息含量低，象征效能高；他们善于躲藏在代言人的身后，因为他们知道，自己越是不露面，越是不暴露自己的身份，代言人的象征效能就越大；而且代言人甚至还可能在收获自己的独立性所确保的由象征效能带来的收益的同时，反过来让保守话语的制作者在象征性争议中付出代价。人们都知道必须消耗一部分力量才能够使人们认同这个力量[①]，而且合法化工作的分工已经成为必然，因此，我们就能够理解社会能量的支出将会与合法化工作的象征效能一起增长，而且这种效能总是与相互合法化关系网的长度和复杂性联系在一起的。

总之，在这种情境中，如果仍然信守求人不如求己，那就不合

形象”为目的的投资，就是说，是与品牌联系在一起的象征资本：正因为如此，人们往往将这类活动作为投资来经营，因而也需要选择时机、场合和形式，以便实现象征收益的最大化。表面上的无动机只是象征效能的必要条件，因此，真正的利益动机必须尽可能完善地隐藏起来，而与经济相对应的文化领域正好能够为这类活动提供一个特权空间——通过这个空间，如今人们称之为“文化赞助”的那些活动就能够奇迹般地变成一种象征性的投资方式。

① 象征性权力不会自然生成：必须消耗力量才能产生权利（droit），或者说，必须消耗力量来再生产力量关系，并且使力量关系合法化。在《再生产》一书中，我们提出了一条原则：任何象征性权力，或者说，任何一种权力，只要它有能力迫使人们接受它，并且将它作为一种具有合法性的权力来对待，同时还能够隐藏作为其基础的力量，那么这种权力就能够将它特有的力量，即它的纯粹的象征性力量添加到作为其基础的力量中去——这一原则只不过是社会能量守恒法则中的一个表面上的例外。

时宜了：无论是对于个人还是对于群体来说，甚至是对于一种权力 553
来说，都必须致力于自身的合法化。因此，托克维尔所说的“高明的利己主义”的逻辑要求所有的权力都必须超越只赞美自己，并因此而节省辗转的必要开支和风险的倾向，这是因为合法化的象征性工作的转移(délégation)势属必然，而开支和风险则是这项转移中所固有的[①]。只有将属于他们的合法的立法权委托给自己的画家、诗人或者法学家，君王才能够从他们那里得到真正有效的象征服务。尽管表面上的自主性或不被认同的依赖性能够产生与真正的独立性一样的效应，然而，由于象征效能的条件就是具有合法权力的法庭在一定程度上的自主性，因此，一定比例的风险几乎是象征效能所必须支付的代价，因为这个拥有了合法权力的法庭会将委托给它的用来进行合法化行动的权力占为己有。正因为如此，在12世纪的波伦亚，职业法学家群体一出现，在联合了文化权力与世俗权力的独立性中并且通过这种独立性而存在的依赖关系的不确定性便清楚地表现了出来：正如坎托罗维奇[②]所阐明的那样，

---

① 拿破仑就是这一权力倾向的最典型的例子。无论是在与法学家的关系中，还是在与罗马教皇的关系中，他都把对象征性工作转移的拒绝发展到了极致，然而转移却是合法化效应的条件。由于不信任法学家，也不相信他们的诡辩，所以就在1804年，当作为法典编撰者之一的马尔维尔(Maleville)出版了他的著作《民法典的系统分析》(*L'analyse raisonné du Code civil*)来评论这部法典的时候，拿破仑几乎要叫出来：“我的法典完了。”他需要专家，但是在选择专家的时候，他首先看重的是他们的忠诚，其次才是他们的特殊技能；他把法学专家作为优秀军人来培训，而且培训专家的学校注重的是服从，而不是分析与批评(法律教学的方式是先作课程听写，然后进行讲解)。

② E. 坎托罗维奇(E. Kantorowicz)：“法学影响下的王权”(Kingship under the Impact of Scientific Jurisprudence)，见《二十世纪的欧洲与现代社会的基础》(*Twelfth-Century Europe and the Foundation of Modern Society*)，马迪逊出版社，1961年。

如果说权力的自主化所产生的效应就是为君王确保了更隐蔽、更合法的新型权力——这些权力的基础就在于法律传统及其捍卫者们征服了**与君王对抗**的那种权力——那么，权力的自主化同样也构成了为法学家所抵制的君王的种种要求的根源，以及各种权力斗争的根源，因为在这些斗争中，能够合法地操纵法律文本，并且
554 垄断此项权力的人能够运用法律所特有的合法性来对抗君王的专制。

随着自主性场域的大量出现和权力场域的多样化，人们渐渐远离了可以相互交换的权力之间（如图腾氏族统一体中的年长者或者乡村社会中的名人）在政治上的未分化状态和**简单外在的连带关系**（solidarité mécanique），远离了将霸权工作划分为少数专业化职能的基本的分工形式，比如说，分成士兵或教士这样的简单体系，而这些简单体系都是受到这种或那种原则支配的——要么神权，要么政教合一，甚至还有信仰君权神授说的世袭君主政体；所有这一切必然导致俗权法庭与神权法庭之间的公开冲突[①]。权力不再通过个人，甚至也不再通过某些特殊的机构来体现，因此权力变成了与权力场域的结构共外延的存在；只有在通过真正的**有机连带关系**（solidarité organique）联合起来的各种场域和各种权

① 霸权的基本结构必然是由两个基本部分构成的，这两个部分存在于力量领域和认识领域之中。这就说明，霸权的分工一般都是在古老的社会里围绕着俗权之间的对立面（或军事霸权，或政治霸权）或者神权或文化权力之间的对立面建构起来的；而且我们在几乎完全不同的社会里找到了权力的二元结构——这一结构，再加上被支配者，构成了法国宗教史学家杜梅泽尔（Dumézil）所说的社会三元件：乔治·杜比（Georges Duby）所分析的**骑士、僧侣、劳动阶级**这样三个中世纪的象征概念，就恰当地刻画了社会的三元件。

力的整体中，这种权力才能够得到实现和表现；从这个意义上来说，这些场域和权力既彼此不同，又是相互独立的。就其本质而言，这种权力的使用是以看不见的匿名的方式，通过“机制”完成的，比如说，确保经济资本和文化资本的再生产的机制；也可以说，权力的使用是通过行动者和机构网的那些表面看来混乱不堪，实际上却具有一定结构的行动和反应完成的，而且行动者和机构都置身于周期越来越长，越来越复杂的合法交换的循环之中，他们彼此之间既相互竞争，又相互补充。相互对立又相互补充的一对一的简单的权力关系，比如说，僧侣和骑士之间的关系，已经让位于场域之间的复杂关系，尤其是让位于大学场域与前面已经分析过的官僚机构场域之间的关系，以及这两个场域与经济场域或政治场域之间的关系。说到底，简单的权力关系已经为另外一种关系 555
所取代，即所有那些最终为霸权者的利益提供长久的庇护所，同时又冠冕堂皇地拒绝任何形式的可使资本进行继承性移转的空间之间的关系——这些空间的共同之处就在于，它们都是建立在年贡(cens)效应基础之上的高度隐蔽的再生产机制的场所。

这一过程导致了学业精英和国家精英的统治。对于如此展开的全过程，我们是否能够概括出它的特征，而又不迎合在斗争中产生的关于社会世界的各种描述，因为这些描述通常既肤浅又片面，尽管科学工作者，有时甚至是非常著名的学者在使用“民主化”“理性化”“现代化”等概念的时候总是将这些描述记在他们的功劳簿上？[①] 诚然，由于合法化环节变得越来越长，越来越复杂，因而现

① 对比关于社会进化趋势的许多争论与咖啡馆里谈论的今与夕的话题，这两者

行霸权方式的象征效能也趋向于扩大；此外，肉体上的强制与压迫渐渐让位于象征暴力的更温和、更隐蔽的制约；早期的宣判动辄与警察和监狱联系在一起，即使论及智者的言论也是如此，然而在维护社会秩序方面，警察与监狱的作用远远比不上学校和文化生产的决策机关。然而，即使我们在“理性化”方面取得了进步，那么这种进步的意义应该来自于弗洛伊德，而不是来自于韦伯①：能够以各种各样的理由来掩饰实践与制度的专制性，从而使它们倾向
556 于“理性化”的各种机制越来越有效了。作为交换，这一进步的代价是合法化所需要的社会能量支出的增加；此外，由于投身于合法化工作的行动者和机构之间在机制上的连带关系变得更复杂、也更脆弱，因而合法化所承受的风险也增加了。尤其重要的是，教学机构在权力的再生产和权力的合法化过程中起着越来越重要的

之间的区别仅仅在于争论者或比较者的抱负。正因为如此，早期的比较研究犯了许多最基本的方法错误，尽管法国大革命200周年庆典重新给予它们了以活力：首先，借助价值评判和可逆性定义，这类比较往往打着描述进化的幌子，其实，它们都是随意性的产物，因为它们只需要在本来应该进行比较的复杂的整体中选取能够证明其观点的孤立片段，便使它们具有了表面上的合理性；其次，这类比较一般仅仅立足于狭义的政治场域，因此只能涉及权力场域内部以官僚主义中心机构的权力为争夺焦点的斗争中被制度化了的部分（因为官僚主义中心机构的决策有助于确定权力场域内部斗争的工具和斗争的焦点）。因此，这类比较往往无视深层运动，就是说，无视结构的持续性变化，然而，要想真正把握结构的持续性变化，就必须运用结构历史学的方法，有序地比较结构的各种不同的状态。

① 要全面正确地评价韦伯，就应该捍卫他，使他不受他自己的伤害，尤其是不受他的那些评论者们的伤害；尤其重要的是，还必须立足于韦伯建立的形式上的合理性（rationalité formelle）与实质上的合理性（rationalité matérielle）之间的区别——韦伯在谈到合理化问题时就考虑到了形式上的合理性，而实质上的合理性，正如著名的格言物极必反（正义之极乃最不正义）所概括的那样，有可能会出现逆向变化。在与评论家们讨论的过程中，人们采用了这种有失宽厚的方式，然而这种方式并不是没有理由的，因为面对霸权性的解读所产生的强大的社会力量，人们不得不这样做。

作用，即使在经济领域中也是如此；这使得**合法化的矛盾**呈现出了一种特别尖锐的形式，世俗权力持有者在他们与带有某一文化资本权力的持有者的关系中普遍都会遇到这一尖锐的矛盾形式：这些持有带文化资本的权力的人，无论是教士还是普通人，总是企图利用霸权者被迫给予他们的自主性来为自己谋利益，因为这种自主性能够使神化活动和合法化行动更有价值；然而，事实上，要获得这种价值，他们必须在自己假想中的独立性确实许可的范围内，以"精神的"(spirituelles)方式介入"世俗的"(temporelles)领域才有可能办得到。

象征性效能所取得的"进步"与合法化环节日益增强的复杂性有关，尤其是与教学机构日益复杂、日益隐蔽的干预机制有关。但是与这一"进步"相对应的是：在差异化过程中产生了这样和那样的场域，与属于哪一个场域的问题联系在一起的特殊资本所具有的潜在的颠覆性力量得到了极大的发展。权力场域内部的不同位置所具有的利益，无论是特殊利益，还是如人们所说的等级利益，相对来说都能够独立于总体利益——总体利益则是与归属于权力场域联系在一起的，而且权力场域的不同位置中所固有的利益能够躲避行动者的视线。因此，在对于社会世界的认知斗争(luttes cognitives)中，如果社会世界的关注原则和划分原则的职业生产 557
者(他们全部都处于权力场域中的被支配位置)，以及(至少)那些处于第二种力量支配下的在文化生产场域中占据下层位置的人们，都将自己的文化资本投入于斗争之中——他们几乎能够完全而持久地把这些斗争看成是他们自己在权力场域内部的斗争，换言之，如果文化生产者中的某些人(如中世纪支持千年王国运动并且还了俗的教士、革命的知识分子等)象征性地放弃霸权者的阵营(这个阵营授予了他们从事象征性建构的权力),进而将他们建构社会秩序的权力转让给被支配者,并因此而向他们提供激发现行象征性体制所支配的潜在力量的手段;如果发生上述情况,那么在文化生产场域中,与被支配者的位置联系在一起的利益就可能导致某些能够危及社会秩序的颠覆性联盟的出现。

这种新型的霸权分工,以及这一新的分工形式中所包含的风险,使所有超越了旧分工形式的连带关系有了更特殊的重要意义,因为旧的分工是与多场域的存在以及等级化原则的存在联系在一起的,比如说,家庭联系就是交换网和联盟网的基础;在权力场域内部为了争夺权力而展开的斗争中,在"大资产阶级王朝"时间上的延续及其整个体制中,这些交换网和联盟网无不起着决定性的作用:或许正是因为这些大资产阶级王朝最终控制了各种场域中的霸权位置,所以这些大家族才能够经受住各种体制上的变迁和政治上的危机而最终得以生存下来;正如西姆早在分析古罗马时所指出的那样,所谓的变迁和危机只不过是用一个联盟网(家庭的或者学校的)来取代另外一个[①]。然而,除此之外,与所有能够促进不同场域之间的交换,进而促进场域的一体化的机制一样,不论这些机制是否制度化了,例如沙龙或俱乐部,以及各种委员会或讨

① 参见D.德塞尔(D. Dessert)和J.-L.儒尔奈(J.-L. Journet):"柯尔贝尔压力集团:王国还是家族企业?",见1975年《年鉴》(6)(*Le lobby Colbert. Un royaume ou une affaire de famille?*),第1303—1336页;以及G.肖西楠-诺加雷(G. Chaussinand-Nogaret):《精英的历史:1700—1848》(*Une histoire des élites: 1700-1848*),巴黎、拉雅,穆东出版社,1975年。

论会(不同领域的代表都要在这些场合相会),大资产阶级王朝也
要努力维持最低限度的凝聚力,以便使霸权者的群体利益足以超
过与每一个场域联系在一起的局部利益。在霸权者之间的交换 558
中,否认计算、否认工具性是人们都必须接受的将经济交易转变成象征交易的方法(比如说,用礼物来替代工资);由此产生的效应是:要加强群体的团结,只需要重申群体的团结,同时宣布用于交换的财产和服务的不可替代性,也就是宣布不同资本类别的无公度性就足够了。

这就足以说明,引起了诸多争论的关于"霸权阶级"的团结或分裂的问题几乎是没有意义的。事实上,将各种不同的权力与投身于各种不同场域的行动者结合在一起的有机的连带关系既是群体统一与分裂的根源——即交换的基础,因为正是由于这些交换,双重意义上的义务关系和认同关系才得以建立(每一个交换者都是某一关系中的支配者,另一关系中的被支配者)——同时也是以推行支配性霸权原则为目的的永恒斗争的根源,以及对于权力场域内部的权力结构是维护还是改变的根源。狭义的政治斗争的焦点是争夺对于国家的权力,对于一般法则的权力,以及对于所有重要程序的权力——因为这些程序能够确定权力场域内部的力量关系,进而操纵这些关系;因此,我们不应该由于这些狭义的政治斗争而忽略所有的地下斗争:事实上,在再生产策略表面上的无政府状态中,以及各种群体、压力集团、党派等之间的集体斗争中,始终存在着暗中争夺;正如当今以教学机构的维持与演变为焦点的争夺一样,确切地说,正如当今斗争的焦点是负责权力场域再生产的教学机构场域的结构的维持与改变,同样,暗中进行的所有斗争也

深刻而持续地影响着权力场域内部的力量关系，并且也包含着人们在为了争夺对于国家的权力而展开的斗争中形成立场或观点的原则。

显然，无论出于何种理由或动机，霸权者之间的斗争必然会使诸如理性、无私、公民的责任感之类的普遍概念或多或少地进入权力场域；这些概念都是前期斗争的产物，但是它们在现时斗争中永
559 远是能够产生象征效能的武器。人们对不同政体的优点所作的比较通常被认为是“政治哲学”，在避免对其中的某些评论进行过分宣扬的同时，我们仍然可以提出以下观点：在权力的差异化方面取得的进步始终伴随着对于**暴政**的防备，而所谓**暴政**，用帕斯卡尔的方式可以理解为一种秩序对另外一种秩序的侵占，确切地说，就是一种权力的入侵，即与某一场域联系在一起的权力干预另外一个场域的运作。这不仅是因为被支配者永远都能够在强权之间的冲突中取得利益或好处——强权也常常需要他们的协助以便在冲突中取胜；而且还因为，在霸权者之间的斗争中，最有力的武器之一就是特殊利益的符号通用化，即使出于合法化的目的或者以动员(mobilization)为目的，这种象征性普及仍然不可避免地会将普遍概念推向前进。

索　引

（条目后所注页码为原书页码，即本书边码）

译 后 记

布尔迪厄是世界闻名的社会学家和思想家，一生著述颇丰。他的研究领域涉及社会学、人类学、历史学、政治学、语言学，以至文学艺术。《国家精英》是他最重要的社会学著作之一。在这部著作中，布尔迪厄运用独特的社会学方法，分析了法国教育体制之间的关系，揭示了作为法国领导阶级原动力的文化资本的重要作用，从而描绘了国家精英的进化历程。

布尔迪厄对法国高等教育机构及作为其主体的学生群体进行了广泛的调查研究，并且取得了关于学生群体的学业状况、社会特征、日后职业生涯等方面的大量统计数据，在此基础上，他对自己提出的一系列社会学概念进行了缜密的定义和严格的论证。概念的演绎和资料的归纳相互映衬，互为补充，构成了卷帙浩大的复杂文本。

“场域”是《国家精英》的核心概念，也是布尔迪厄用于社会学研究的独特方法。“场域”究竟是什么？事实上，“场域”代表着各种不同的社会空间，它展示的是由不同的资本和权力所决定的处于不同位置的行动者之间的客观关系。行动者是资本的载体，各种资本的相互作用自然决定了他们在场域中所处的特定位置，这是不言而喻的。然而，根据布尔迪厄的社会学分析，行动者在场域中位置的确立似乎还有更为深刻的起因。这是因为，个体从幼年时代起积累起来的各种经验，包括他对各种规章制度和各种奖惩机制的理解，会在他的心智中留下轨迹，从而构成了个人的行动倾向，即布尔迪厄所说的习性。习性会引导个人走向他的未来。人们在社会世界生活或存在的各种习性的总和就是布尔迪厄所说的惯习。惯习是过去实践活动的结构性产物，是人们看待社会世界的方法，也是人们在各种社会评判中起主导作用的模式。

惯习、习性、行动者、位置以及资本和权力是场域的基本构成。他们是相互联系，不可割裂的。没有场域，惯习就没有存在的依据；场域之所以得以形成，并且产生效应，正是由于惯习的作用；没有惯习，场域就失去了意义。

布尔迪厄的语言被公认为是晦涩的。这一点或许与他的人生经历不无关系。布尔迪厄 1930 年出生于法国大西洋岸边比利牛斯省一个叫邓归因（Denguin）的山间小镇。透过《国家精英》的字里行间，我们不难想见，对于布尔迪厄来说，日后的辉煌绝不是轻而易举的。于是，站在法国社会科学高等研究院研究部主任和法兰西公学教授的高位，回顾自己走过的历程，他对法国高等教育体制的批判只能是既辛辣又隐晦的。

因此，翻译《国家精英》不是一件容易的事情，前前后后总共花去了几年的时间。在此期间，上海大学李友梅教授和北京大学高丙中教授给予了极大的帮助，尤其是商务印书馆的关群德博士为本书的翻译花费了大量的时间和精力。他逐字逐句地审阅了译稿，提出了许多有益的意见和精彩的修正，没有他严谨的态度，本书远远达不到现有的水平。但是由于译者水平有限,译文中难免有不周之处,敬请读者批评指正。

杨亚平

上海外贸学院

图书在版编目(CIP)数据

国家精英:名牌大学与群体精神/(法)布尔迪厄著;杨亚平译.—北京:商务印书馆,2020(2022.3 重印)
(汉译世界学术名著丛书)
ISBN 978-7-100-19106-7

Ⅰ.①国… Ⅱ.①布… ②杨… Ⅲ.①高等教育—教育制度—研究—法国 Ⅳ.①G649.565.2

中国版本图书馆 CIP 数据核字(2020)第 181052 号

汉译世界学术名著丛书
国 家 精 英
——名牌大学与群体精神
〔法〕布尔迪厄 著
杨亚平 译

商 务 印 书 馆 出 版
(北京王府井大街36号 邮政编码100710)
商 务 印 书 馆 发 行
北 京 冠 中 印 刷 厂 印 刷
ISBN 978-7-100-19106-7

2020年11月第1版 开本 850×1168 1/32
2022年3月北京第3次印刷 印张 22⅞ 插页 2

定价:95.00元